●盐城市盐都区人民政府 主办

盐都年鉴

YANDU YEARBOOK

《盐都年鉴》编纂委员会 编

2023

（总第25卷）

方志出版社
Publishing House of Local Records

图书在版编目（CIP）数据

盐都年鉴. 2023 /《盐都年鉴》编纂委员会编.—
北京：方志出版社, 2023.11
ISBN 978-7-5144-5888-6

Ⅰ. ①盐… Ⅱ. ①盐… Ⅲ. ①区（城市）—盐城—
2023—年鉴 Ⅳ. ①Z525. 34

中国国家版本图书馆CIP数据核字（2023）第241747号

责任编辑：李志瑜
责任校对：刘玉霞
责任印制：梅中英
出 版 者：方志出版社
地　　址：北京市朝阳区潘家园东里 9 号（国家方志馆4层）
邮　　编：100021
网　　址：http://www.zgfzcb.cn
发　　行：方志出版社图书营销中心（010-67110500）
印　　刷：南京顺和印刷有限责任公司
开　　本：889毫米 × 1194毫米 1/16
印　　张：23.25
字　　数：885千字
版　　次：2023年11月第1版
印　　次：2023年11月第1次印刷
定　　价：228.00元

《盐都年鉴》编纂机构及人员名单

编纂委员会

主　　任　罗时荣　沈振兴　李天青
副 主 任　杨正茂　李　刚　童正宇　王长江
委　　员　刘　菲　何正祥　刘　林　许建新

编　辑　部

主　　编　王长江
副 主 编　刘　菲　许建新
编　　辑　花晨明　尹　馨　沈　丹

《盐都年鉴》编辑部地址：盐城市新都路618号盐都行政中心一楼
电话：0515—88426071
邮箱：yddsb123@126.com
邮编：224005

《盐都年鉴（2023）》　《盐都年鉴（2022）》　《盐都年鉴（2021）》

《盐都年鉴（2020）》　《盐都年鉴（2019）》　《盐都区志（1983~2005）》

荣誉盐都

- 国家双创示范基地（优秀等次）
- 全国气象科普教育基地
- 国家知识产权强县建设示范县
- 全国节水型社会建设达标区
- 全国休闲农业重点县
- 首批国家乡村振兴示范县创建地区
- 江苏省第十二届双拥模范城（县、区）
- 江苏省土地执法模范县（市、区）
- 县级统计基层基础规范化建设成绩现住单位
- 江苏省高质量平安校园建设县（市、区）
- 全省深化农村公路管理养护体制改革省级试点地区
- 全省第一批“城乡公交一体化达标县（市、区）”
- 省级全域旅游示范区
- 省现代社区治理创新实验区
- “科创江苏”试点县（区）

牢记嘱托走在前　实干争先做示范

以高质量发展推进中国式现代化盐都新实践

数字盐都

- 总面积：1016.2平方千米
- 年末总人口：69.58万人
- 地区生产总值：714.81亿元
- 社会消费品零售总额：272.79亿元
- 人均地区生产总值：116523元
- 一般公共预算收入：42.82亿元
- 城镇居民可支配收入：49567元
- 农民人均纯收入：30387元

地区生产总值（亿元）

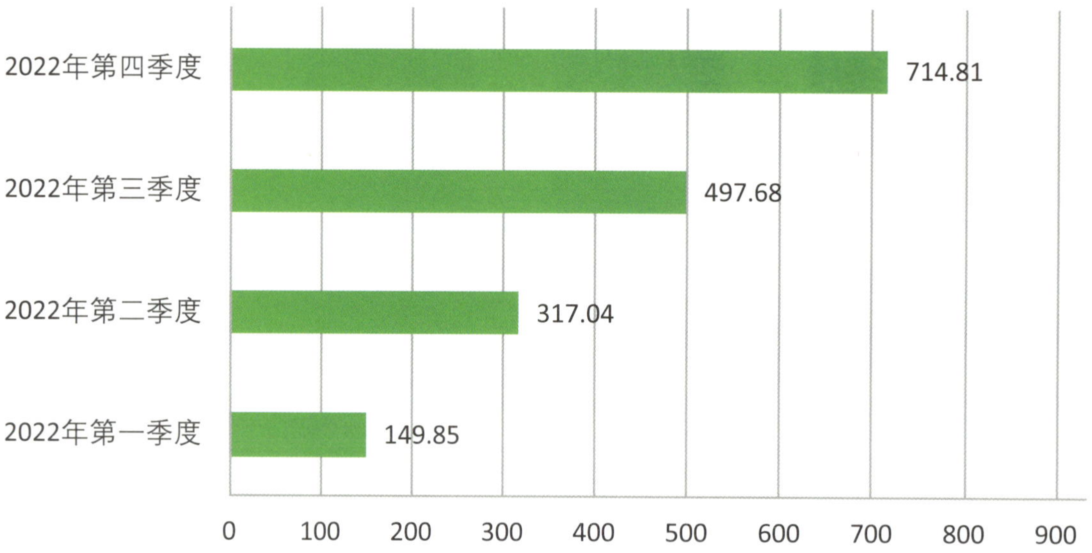

服务业增加值（亿元）

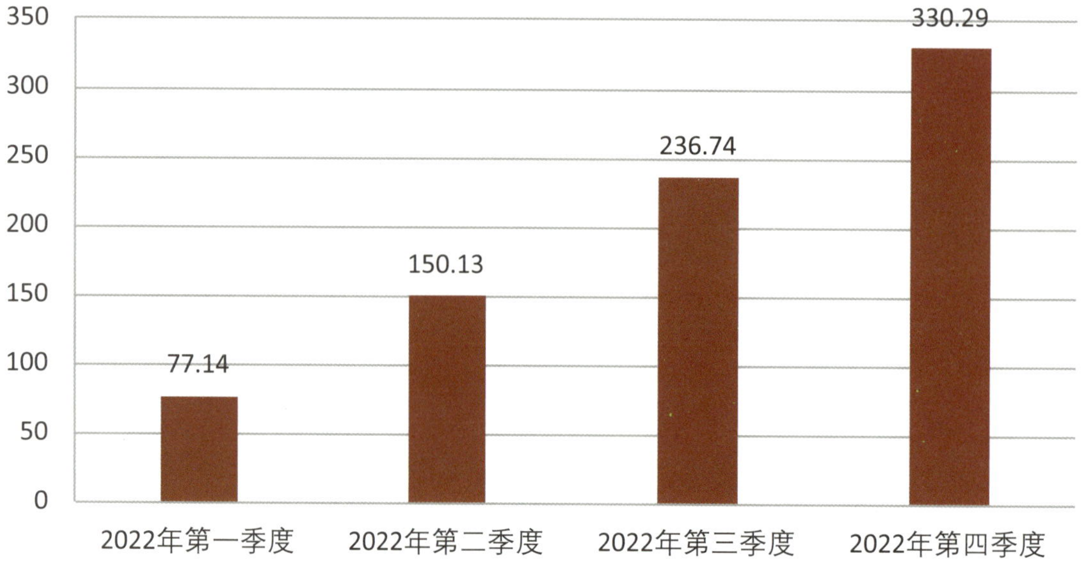

社会消费品零售总额（亿元）

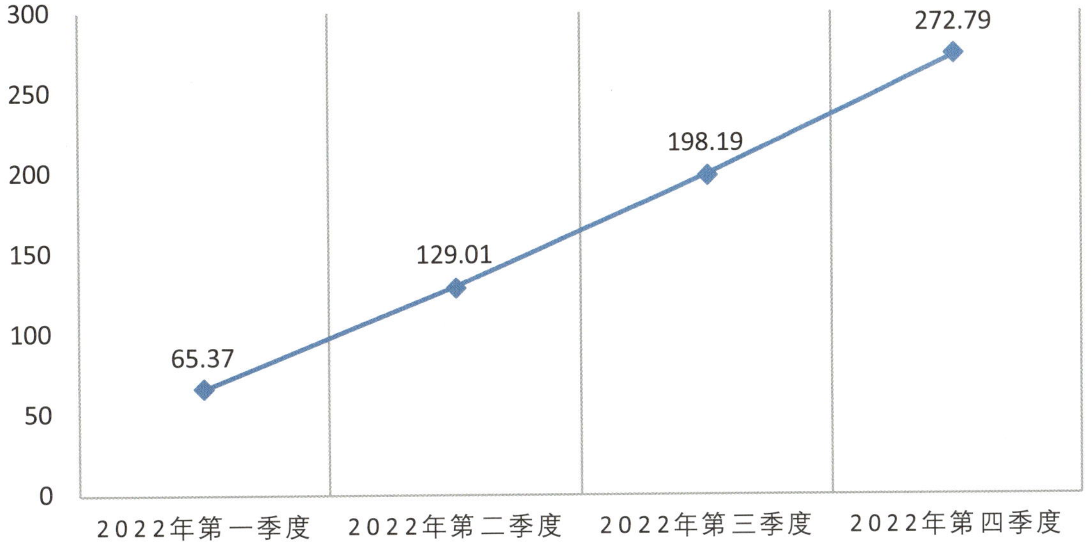

城镇居民人均可支配收入（元）

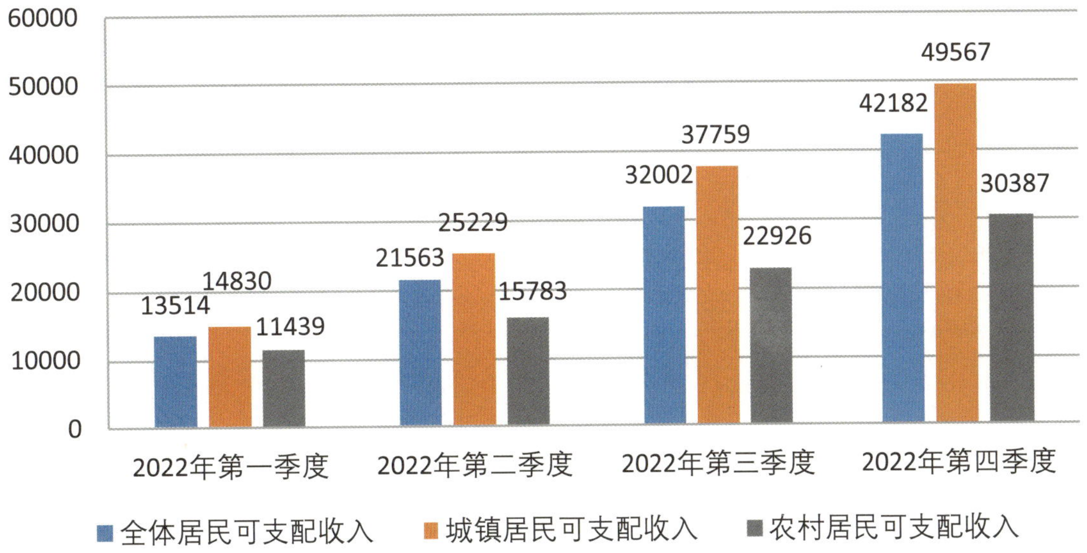

4月，红领巾宣讲团　　　　宣传部 供

6月，“强国复兴有我”点亮城市地标主题灯光秀活动　　　　张 杰 供

7月，举行“喜迎二十大 强国复兴有我”大型融媒体新闻行动授旗仪式　　融媒体中心 供

8月，举办首届“草房子杯”广场舞大赛　　教育局 供

9月，快板：颂党恩　　　　教育局 供

10月，“强国复兴有我喜庆二十大 幸福连万家”文化惠民巡演　　　　何　丹　王监书 供

10月，举办“青春献礼二十大 强国有我新征程”主题篮球赛　　盐高新集团 供

10月，庆国庆 喜迎二十大活动　　王金祥 供

10月，全国最美基层民警孙益海宣传党的二十大精神　　　　公安局 供

1月，区红十字应急救援队完成盐城市2022迎新长跑盐都区分会场的应急保障工作　　区红十字会 供

1月，区红十字会在潘黄街道半岛社区建设运行居民欢迎的红十字爱心洗衣坊　　区红十字会 供

2月，大冈镇未成年人保护工作站建设　　民政局 供

3月，侨联慰问抗“疫”一线卡口民警　　侨联 供

3月，盐都农产品驰援上海，助力疫情防控
农业农村局 供

6月，采摘葡萄　　区融媒体中心 供

7月，举办“我为家乡代言”青春助农直播节　　团委 供

10月，台创园菊花种苗生产技术示范
区融媒体中心 供

11月，大冈镇的种植户抢抓晴好天气收割晾晒
陈璐瑶 供

11月，盐都区“院校扶农专家富民”乡村人才振兴发展大会现场　　农业农村局 供

1月，盐城市第二小学“快乐口算涂涂涂”活动举行　　李海云　陈　青　纪　哉 供

3月，庆“三八”妇女体育活动举办　　教育局 供

6月，“健身走江苏”公益健步走活动举行　　教育局 供

6月，参加“中华海棠杯”盐城市第五届龙舟赛　　教育局 供

6月，第四届区级机关乒乓球联赛举办　　教育局 供

6月，快乐大课间　　教育局 供

7月，在东山精密产业园举办“融通一体——少数民族通用语言培训” 统战部 供

7月，盐都区气象局志愿者带领盐城广电融媒小记者探寻气象“风云变幻”的奥秘 气象局 供

9月，盐城市神州路小学举办2022年春学期“开学典礼”暨“开学第一课”活动　　区融媒体中心 供

10月，一线社会体育指导员技能培训班举办　　教育局 供

11月，盐都区职业技能大赛汽车维修项目赛场　　人社局 供

12月，少儿体能展示活动举办　　教育局 供

2月，千秋村创成省级生态文明示范村　　秦南镇 供

4月，佳富新型社区被确定为全区唯一新型农村社区治理服务省级示范点建设单位　　大冈镇 供

5月，东晋水城　　区融媒体中心 供

5月，蟒蛇河水上文化生态廊道　　区融媒体中心 供

6月，大纵湖国家湿地公园　　蒲国献　顾正山 供

6月，芦荡迷宫　　张　杰 供

6月，世纪公园　　　　张　杰 供

6月，盐龙体育公园　　　　区融媒体中心 供

6月，朱沥沟法治公园　　秦南镇 供

7月，草房子乐园　　学富镇 供

10月，大纵湖旅游度假区千亩湖塘花海　　董永杰　刘庆宝　供

10月，花吉新型农村社区　　区融媒体中心　供

3月，盐都法院组织开展“领导干部观庭审”活动 法院 供

4月，民警引导外来运输车辆前往防疫隔离点 公安局 供

6月，公安分局圆满完成中考、高考安保工作　　公安局　供

6月，民警向辖区群众宣传反诈知识　　公安局　供

6月，盐都法院干警走进葵花种植园开展普法宣传　　法院 供

7月，组织干警在秦南镇老年颐养中心开展防诈骗宣传活动　　法院 供

7月，盐都法院秦南法庭组织干警对照案例开展防范养老诈骗宣传活动　　法院 供

9月，公安民辅警开展“护学岗”活动　　公安局 供

9月，民警深入校园开展“平安校园 都警守候”开学安全第一课活动　　公安局 供

9月，盐都法院携手盐城市第一小学，以“法伴青春　护航成长”为主题开展“法院开放日”活动　　法院 供

11月，公安民警在盐都革命陈列馆开展警旗宣誓活动　　公安局 供

11月，盐都法院开展“冬季攻势2022”　　法院 供

11月，盐都法院民事审判第二庭走访盐城满田星农业装备有限公司、盐城东葵科技有限公司等企业　　法院 供

5月，中国电子信息产业发展大会举办　　区融媒体中心 供

5月，盐都（上海）产业招商暨合作共建推介会签约仪式　　区融媒体中心 供

7月，2022数字经济与超算产业化发展论坛在盐城国家高新区举行，盐城超级计算中心揭牌成立　　高新区 供

9月，2022年全国大众创业万众创新活动周江苏分会场活动在盐城高新区启动　　高新区 供

9月，“科创江苏”试点区县发布及授牌仪式　　区融媒体中心 供

9月，盐城高新区（昆山）投资环境说明会在昆山成功举办　　高新区 供

10月，盐城工学院研究生院（盐龙湖先进技术研究院）与共建企业签约授牌活动举行　　高新区 供

10月，智能终端产业园全景　　区融媒体中心 供

1月，大型现代淮剧《宋公堤》在盐都区艺术中心为区“两会”献演　　文广旅局供

2月，宋潮斗艺活动　　区融媒体中心供

2月，东晋水城贺新春活动　　区融媒体中心供

6月，郭猛镇“红石榴家园”阅读角　　统战部供

6月，江苏艺术基金2022年度大型舞台艺术创作扶持资助项目《宋公堤》首演在射阳杂技艺术中心举行

文广旅局 供

8月，江苏省道德模范事迹巡演　　盐渎街道 供

8月，戏剧作品《白兰花》　　宣传部 供

9月，《盐阜往事》巡演　　文广旅局 供

9月，第七届诗歌大赛暨中秋诗歌朗诵会　　诗书画社　供

10月，东晋水城景区传统节目表演现场　　王监书　供

3月，宝馨花园安置房项目建设现场　　张孜越　陈　诚 供

3月，得润电子华麟电路项目建设现场　　杨士荣　张　杰 供

3月，科创城小学、初中项目建设现场　　　　张孜越　陈　诚 供

3月，吴抬路小学、初级中学项目建设现场　　　　杨士荣　张孜越　陈　诚 供

3月，新型农村社区　　住建局 供

6月，都U+人才公寓　　组织部 供

6月，万达广场　　区融媒体中心 供

5月，腾飞路民国风情街　　区融媒体中心 供

7月，"渎上·老西门"网红夜市街　　黄　晨　葛　晨　陈　铖　供

7月，海洋路街区夜市　　盐渎街道 供

11月，吾悦广场外景图　　　　区融媒体中心 供

5月，新改善农民住房全景图　　　　区融媒体中心 供

编辑说明

一、《盐都年鉴(2023)》以马克思列宁主义、毛泽东思想、邓小平理论、“三个代表”重要思想、科学发展观、习近平新时代中国特色社会主义思想为指导,坚持辩证唯物主义和历史唯物主义的立场、观点和方法,全面、系统地记载2022年盐城市盐都区政治、经济、文化、社会、生态等方面取得的新成就、新经验和需要解决的新问题,为各界人士了解盐都、研读盐都、建设盐都,提供一部信息量大、准确度高的地情资料,为各级领导决策提供参考依据,为开展对外交往、招商引资以及全民创业提供窗口和桥梁,为广大干部群众和青少年提供乡土教材,为续修地方史志积累资料。

二、全书采用分栏法编辑,条目式纪事体。按事业、行业性质设立栏目,分栏目、分目、条目3个结构层次,共设34个栏目,237个分目,1855个条目,28个表格。正文中共有271张图照,图照取材时间根据情况适当上溯下延。

三、组织机构及负责人名录,收录中共盐城市盐都区委、区人大、区政府、区政协及其列入党政序列(含直属单位、人民团体和双管单位)副科(局)级以上机构的党政领导班子成员;镇(区、街道)领导人名录对象为党委(党工委)、人大、政府(管委会、办事处)正副职,纪委书记,以及组织委员、宣传委员、统战委员、政法委员。凡任职时间为2022年1月至12月的,一律不标明时间。各村(居)书记、主任均为2022年年底在职人员。

四、人物栏目收录盐都籍或在盐都境内工作的新当选的全国党代表、人大代表、政协委员、全国五一劳动奖章获得者、省(部)级授予的劳动模范、先进工作者和表彰的先进个人。同时,本鉴将在社会上有较大影响的盐都籍(或在盐都工作和学习过)的个人代表也收录在“新闻人物”中。以前年鉴已经收入的人物,该年鉴只作简述。荣誉栏收录省(部)、市(厅)级表彰的先进单位和市(厅)级表彰的先进个人。

五、年鉴中所使用的资料由全区各部门、各单位、各镇(区、街道)专人撰稿和提供,并经单位负责人审定,撰稿人姓名统一在条目、资料后署明。年鉴中出现“区、区内、区属、区某某局”的“区”都指“盐城市盐都区”,“镇(区、街道)”中的“区”专指“盐城国家高新技术产业开发区”或者“大纵湖旅游度假区”,“市三院”指“盐城市第三人民医院”,“市二小”指“盐城市第二小学”。

六、统计资料由区统计局提供。因统计口径不尽相同,有些数据稍有差异。文件选编栏目中的重要文件摘录基本保持原状,对有关数据未作改动。数据中的计量单位除耕地、地域等面积部分使用亩或公顷,其余一律使用国际单位。数字用法执行国家标准《出版物上数字用法》(GB/T 15835—2011),标点符号用法执行国家标准《标点符号用法》(GB/T 15834—2011)。

七、《盐都年鉴》由盐城市盐都区人民政府主办,《盐都年鉴》编纂委员会编纂。《盐都年鉴(1983—1996)》和《盐都年鉴(1996—1999)》为综合年鉴,2001年起一年一鉴,2010年起采用四色印刷,分目“大事记”调整为栏目。《盐都年鉴(2023)》是《盐都年鉴》第25卷。

总 目

目　录

特　载

讲话和报告摘要

献礼二十大　“都”做新贡献

2022年盐都十大新闻

区情总貌

区情概要

中共盐城市盐都区委员会

综　述

重要会议

重要工作

重要活动

组织建设

宣传教育

盐城市盐都区人民代表大会

综　　述

重要会议

重要工作

重要活动

盐城市盐都区人民政府

综　　述

重要会议

重要工作

人事工作

外事工作

接待工作

信访工作

地方志年鉴编修

金融与企业上市

机关事务服务工作

政府采购

政协盐城市盐都区委员会

重要会议

重要工作

重要活动

提案工作

新四军研究会

纪检 监察

综 述

重要会议

重要工作

重要活动

民主党派

中国民主同盟盐城市盐都区基层委员会

中国民主建国会盐城市盐都区基层委员会

中国民主促进会盐城市盐都区基层委员会

中国农工民主党盐城市盐都区基层委员会

中国致公党盐城总支盐都支部委员会

九三学社盐城市盐都区基层委员会

群众团体

盐城市盐都区总工会

共青团盐城市盐都区委员会

法　治

综　述

平安盐都创建

法治建设

公　安

检　察

法　院

司法行政

旅游　资源　环境

综　　述

旅游景区建设

国土资源开发与管理

矿产资源开发与管理

水资源开发与管理

农业资源开发与管理

自然资源开发与管理

废弃物资源综合利用

再生资源回收管理

环境保护

城乡建设　交通　供电

规划工作

城市建设

城市管理

新农村建设

交通运输

供　电

信息化建设

网络建设

邮　政

电　信

农　业

综　述

农业产业化

种 植 业

畜 牧 业

水产养殖业

果蔬园艺业

林果特产业

农产品市场与品牌建设

农业科学研究

农业综合执法

农业招商引资项目

农业机械化

商业流通

石油销售

消费休闲

物　流

楼宇经济

供销合作商业

医药经营

粮食购销

市场建设

农贸市场

乡镇商贸中心

大型商业综合体

人才与人力资源市场

文化市场

宾馆　餐饮

房产交易市场

财政　税务　审计

财　政

税　务

审　计

金融　保险

中国工商银行股份有限公司盐城盐都支行

中国农业银行股份有限公司盐城盐都支行

中国银行盐城盐都支行

中国建设银行盐城盐都支行

交通银行盐城城中支行

中国农业发展银行盐城盐都支行

浦发银行盐城盐都支行

江苏银行盐城盐都支行

南京银行盐城盐都支行

江苏盐城农村商业银行股份有限公司

昆山农商银行盐城盐都支行

中国邮政储蓄银行盐城盐都支行

中国人民财产保险股份有限公司盐城市盐都区支公司

中国人寿保险股份有限公司盐城市盐都区支公司

综合管理与监督

政务服务管理

招投标管理

国有资产管理

市场监督管理与消费权益保护

质量技术监督

食品药品监督管理

价格管理

青少年体育

老年体育

体育社会组织

体育产业

人民生活　社会事务

就业再就业工作

创业盐都建设

劳动关系

劳动监察

老区建设工作

老龄协会工作

慈善工作

殡葬工作

镇 街道

盐龙街道

盐渎街道

潘黄街道

张庄街道

龙冈镇

大冈镇

大纵湖镇

秦南镇

郭猛镇

楼王镇

学富镇

尚庄镇

人物·先进集体

新闻人物

组织机构及负责人名录

先进个人

先进集体

附　　录

文件选编

统计资料

索　　引

表格目录

特　　载

◆讲话和报告摘要
◆献礼二十大　“都”做新贡献
◆2022年盐都十大新闻

讲话和报告摘要

更高水平建设“四个示范区”
奋力谱写中国式现代化盐都新篇章

——在区委十五届五次全体会议上的讲话

（2022年12月30日）

区委书记　王　娟

一、自觉把思想和行动统一到中共二十大精神上来，以更加昂扬姿态走好新的赶考之路

中共二十大深刻阐释了新时代坚持和发展中国特色社会主义的一系列重大理论和实践问题，科学擘画了全面建设社会主义现代化国家、全面推进中华民族伟大复兴的宏伟蓝图。学习宣传贯彻好中共二十大精神，是当前和今后一个时期的首要政治任务。

一要学深悟透中共二十大的精神实质和丰富内涵。坚决贯彻习近平总书记“五个牢牢把握”和“全面学习、全面把握、全面落实”的重要指示精神，深入学、反复学，读原文、悟原理，自觉用中共二十大精神统一思想、统一意志、统一行动。要深刻认识中共二十大的主题和主要成果，更好把握新时代十年伟大变革的深远历史意义，坚定“四个自信”，增强历史主动，始终沿着习近平总书记指引的方向砥砺前行。要学懂弄通中国式现代化的中国特色和本质要求，加强前瞻性思考、全局性谋划、整体性推进，打造更多具有盐都辨识度的标志性成果。要全面把握党的中心任务和未来五年统筹推进“五位一体”总体布局、协调推进“四个全面”战略布局的重大部署，更加自觉践行以人民为中心的发展思想，全面贯彻总体国家安全观，奋力谱写“强富美高”新盐都现代化建设新篇章。要清醒认识以党的自我革命引领社会革命的重大要求，牢记“三个务必”的谆谆教导和团结奋斗的时代要求，弘扬伟大建党精神，坚决扛起“全面从严治党”政治责任，把严的基调一贯到底，确保党始终成为现代化建设的坚强领导核心。

二要深刻领悟“两个确立”的决定性意义。学习贯彻中共二十大精神，最重要最根本的是要深刻领悟“两个确立”的决定性意义，切实增进政治认同、思想认同、理论认同、情感认同。要深刻领悟“两个确立”是中共十八大以来发生伟大变革、取得历史性成就的决定性因素，是新时代十年最大政治成果、最重要历史经验、最客观实践结论。要深刻领悟“两个确立”对全面建设社会主义现代化国家、全面推进中华民族伟大复兴、实现党的第二个百年奋斗目标具有决定性意义，是我们应对一切不确定性的最大确定性、最大底气、最大保证。要深刻领悟“两个确立”是在实践中形成并且已经得到实践证明的最宝贵的政治经验，是我们走好新的赶考之路必须始终坚持的重大政治原则，也是必须全面贯彻的重大实践要求。我们要更加坚定地忠诚核心、信赖核心、紧跟核心、维护核心，坚决维护党中央权威和集中统一领导，胸怀“两个大局”、牢记“国之大者”，做到政治上绝对忠诚、思想上高度统一、意志上更加坚韧、行动上坚决有力，紧跟习近平总书记走好新的赶考之路。

三要牢牢把握习近平新时代中国特色社会主义思想的立场观点方法。把“两个结合”“六个必须坚持”作为学深悟透习近平新时代中国特色社会主义思想的“金钥匙”，深刻领会党的创新理论的道理学理哲理，真正让伟大思想的真理力量和实践伟力在盐都充分彰显、造福人民。要在学懂弄通上下真功，坚持全面系统学、及时跟进学、联系实际学，对重大论断、重大观点、重大要求了然于胸，对内在本质和客观规律充分领会，真正理解把握习近平新时代中国特色社会主义思想的核心要义、精神实质、丰富内涵、实践要求。要在知行合一上出真招，大力弘扬理论联系实际的马克思主义学风，着力解决好实践遇到的新问题、改革发展稳定存在的深层次问题、群众急难愁盼问题、党的建设面临的突出问题。要在常悟常进上见真章，深刻体悟蕴含其中的真理力量和实践伟力，体悟贯穿其中的坚定信仰信念、强烈历史担当、真挚为民情怀，自觉做习近平新时代中国特色社会主义思想的坚定信仰者和忠诚践行者。

四要以实际行动贯彻落实中共二十大精神。踏上新的征程，我们必须对标对表中共二十大精神，认真落实省市委决策部署，以新目标、新理念、新要求奋斗当下、谋划未来。市委明确提出，要锚定勇当沿海地区高质量发展排头兵目标定位，以建设绿色低碳发展示范区为总抓手，展现"国际湿地、沿海绿城"的生态魅力、发展活力，奋力谱写"九个新篇章"。我们要主动置身全市发展大局，找准工作的切入点和着力点，更高水平建设双创引领、智能制造、融合发展、"两山"实践"四个示范区"，以与时俱进的过硬成果展现中国式现代化盐都新篇章的美好图景。在发展导向上，要坚定不移推进生态优先、绿色发展，聚力聚焦绿色制造、绿色能源、绿色生态、绿色宜居之城建设，用好国家生态文明建设示范区、全国"两山"实践创新基地、中国天然氧吧三块金字招牌，全面推动产业绿色化、绿色产业化，将生态优势转化为发展胜势，打造绿色低碳发展先行区。在动能指向上，要更好发挥国家高新区创新引擎作用，深化改革、扩大开放，突出产业为先、项目为王、创新为要，推动质量变革、效率变革、动力变革，形成更加符合新发展理念的产业结构、空间布局、要素配置、生态环境，锻造绿色低碳发展新优势。在价值取向上，要始终把人民对美好生活的向往作为奋斗目标，推动城乡协调融合、乡村全面振兴，社会保障体系更加健全，就业更加充分更有质量，教育更加公平更为优质，医疗服务更为发达更有保障，养老服务更为完善更有温度，共同富裕取得更为明显的进展。

二、攻坚克难承压奋进，盐都发展站在新的历史起点上

即将过去的2022年极不平凡、极不寻常，我们经受了新冠疫情冲击、宏观经济下行等多重考验。一年来，我们坚持以迎接中共二十大、学习宣传贯彻中共二十大精神为主线，认真贯彻中央和省市委决策部署，全面落实"疫情要防住、经济要稳住、发展要安全"重大要求，竞逐绿色低碳发展新赛道，加快建设"四个示范区"，以非常担当应对非常形势、落实非常责任，各项工作取得新进展新成绩。经济发展呈现新的态势。统筹抓好疫情防控和经济社会发展，预计全年实现地区生产总值首超700亿元，一般公共预算收入42.8亿元、同口径增长7.7%，固定资产投资增长8%，进出口总额增长9.3%，经济运行保持在合理区间。全面落实稳经济一揽子措施，支持实体经济特别是为中小微企业纾困解难，累计减税降费18亿元，有效激发市场主体活力。深入开展"企业大走访、项目大推进、产业大招商"活动，总投资50亿元的国电投高效储能电池、东山IC载板开工建设，总投资10亿元的龙创智能驾驶、博盛新材料竣工投产，总投资30亿元的善行智能、10亿元的钛罗机器人签约落户。推动企业"争星创优"，预计获评市三星级以上企业40家，其中市五星级企业7家，位居全市前列。跨境电商实绩首次突破千万美元。改革创新取得新的成效。落实好市委市政府支持高新区高质量发展政策意见，盐城超算中心建成运营，盐城工学院研究生院入驻招生，国家高企净增预计超100家、占全市一半。获评国家知识产权强县建设示范县，入选首批"科创江苏"试点县建设名单。实施智能化改造数字化转型三年行动，新增国家级专精特新"小巨人"企业3家、省级25家、总数全市第一，创成省智能工厂1家、省示范智能车间3家、省星级上云企业89家，东山精密获评全市唯一省"两化"融合AAA级示范企业。盘活闲置工业用地781亩、低效厂房51万平方米，连续五年荣获省自然资源节约集约利用模范区。承办全国创新创业活动周江苏分会场活动，新引进名校优生194人、高层次人才创业项目24个。全市率先试行许可闹钟、"准入准营"一件事等改革举措，高新区入选行政审批标准化国家级试点。城乡环境展现新的面貌。"三区三线"全面划定并严格落实，城北地区改造扎实推进，青年路高架西延等一批交通项目加快实施，安置房建设、老旧小区改造等城建项目温暖人心。全国首批、全市唯一入选国家乡村振兴示范县创建名单，新改善农民住房2208户，新增中国传统保护村落3个、省级特色田园乡村和省级传统村落各2个、总数全市第一，农村人居环境整治连续四年位列全省第一等次。扛起稳粮保供政治责任，建设高标准农田5.2万亩，适度规模经营比重达68.9%，盐龙街道强村富民举措入选全省农民增收典型案例。创成省级全域旅游示范区，仰徐村获评全市唯一全国乡村旅游重点村，大纵湖旅游度假区创成省职工(劳模)疗休养基地、非公经济人士理想信念教育基地。社会事业实现新的提升。因时因势调整落实疫情防控政策，全面加强应急处置能力建设，做好重点人群医疗服务，最大限度减少了疫情对经济社会发展的影响。多措并举稳就业稳增收，城镇新增就业8160人，企业职工养老保险新增参保1.13万人，全体居民人均可支配收入增长5.8%。年度民生实事全部完成，盐城复兴医院建成运营，市三院通过三级甲等综合医院评审，获评全省首批高质量平安校园建设区。《盐阜往事》获省紫金文化艺术节"优秀剧目奖"，3部作品获省"五星工程奖"。政府债务管控成效明显，国企改革三年任务基本完成，债务规模和债务率连续实现"双下降"，城镇化集团、国控集团获AA+主体信用等级。区领导班子"五找五促"走访活动扎实开展，安全生产"三年大灶"圆满收官，"信访突出问题攻坚化解年"行动纵深推进，"精网微格"全面建设，圆满完成中共二十大维稳安保重大政治任务。党的建设展现新的气象。牢牢掌握意识形态工作领导权，强化主流思想舆论宣传，加强领导干部政治能力、专业能力培训，区委理论学习中心组获评全省党委理论学习中心组示范点。严格落实基层党建"五聚

焦五提升”要求，以党建引领经济发展、乡村振兴、社会治理，各级党组织政治功能和组织功能持续增强，涌现出全国“最美基层民警”孙益海等一批先进典型。深入开展“作风效能提升年”行动，抓好涉粮问题专项巡视和反馈意见整改落实，高质量推进十五届区委巡察，风清气正的政治生态进一步巩固。区委充分发挥总揽全局、协调各方作用，人大监督工作有力加强，政协协商议政水平不断提高，党管武装工作持续强化，民主法治建设深入推进，共青团、妇联、工商联、残联换届工作圆满完成，民族、宗教、双拥、老干部、关心下一代等工作取得新进步。

奋斗成就发展，历程蕴含艰辛。即将过去的一年，我们在多重大战大考下，取得这样的成绩实属不易。这得益于党中央和省市委的坚强领导，饱含着全区人民的不懈奋斗。每一名参与者都了不起、都值得点赞！在此，我代表区委，向辛勤奋斗在全区各条战线的广大党员干部群众表示衷心感谢、致以崇高敬意！

在总结成绩的同时，我们更清醒地认识到存在的问题：部分中小微企业、服务业企业面临困难；产业基础还不厚实，百亿级重特大项目有待突破；国家高新区在全国排位不高；民生供给质量还需提升；全面从严治党仍需向纵深推进，少数干部的政治能力、工作作风与现代化建设新要求还不相匹配，等等。对此，我们必须高度重视，切实加以解决。

三、坚定信心勇挑大梁，扎实做好明年各项工作

2023年是全面贯彻落实中共二十大精神的开局之年，是实施“十四五”规划承上启下的关键之年。中央经济工作会议提出“六个坚持”“六个更好统筹”，明确了明年经济工作的总体要求、预期目标、政策取向。省委经济工作会议强调，要抓好大力实施扩大内需战略、加快构建现代化产业体系、强化教育科技人才支撑、坚定不移深化改革扩大开放、着力增进民生福祉、有力有效防范风险隐患等六项重点任务。市委经济工作会议要求，牢牢把握稳字当头、稳中求进这一总基调，改善预期、提振信心这一突破口，统筹兼顾、协同发力这一方法论，安全发展、社会稳定这一底线，具有很强的指导性、针对性和实践性。我们要深入学习领会、坚决贯彻落实，确保把中央和省市委的各项部署落实落细。重点把握好四个方面：一要坚持“稳”的定力。“稳”是主基调、是大局，要按照中央和省市委要求，把工作重心聚焦到加快经济恢复、巩固延续回升向好势头上，抓牢重大项目“牛鼻子”，稳住实体经济“压舱石”，以实实在在的措施稳增长、稳就业、稳投资、稳预期，着力在强化新亮点新动能支撑中实现“稳”，在提升发展质量效益中实现“稳”。二要增强“进”的信心。增强发展信心是做好明年工作的关键所在。尽管宏观环境不确定性和经济下行压力仍然存在，但我们要看到，盐都正处在绿色低碳发展的重大关口，结构调整的积极因素增多、支撑转型升级的内在动力增强这个态势没有变，特别是我们产业“高新优绿”特征明显、营商环境便利度全省前列等方面优势显著。要用好政策红利、释放积极信号，让万千市场主体提振信心、迸发活力，为未来发展积蓄势能、打下基础。三要提高“统”的本领。新形势下，不断解决两难多难问题，是对我们各级领导干部能力的考验。要学好用好“六个更好统筹”的方法论，坚持系统观念、守正创新，增强大局观念和全局意识，把握好政策出台、工作推进的时、度、效，把握好各方面因素的关联性、耦合性，善于在复杂环境、多重约束下解决现实问题，推动经济实现整体好转、风险得到有效管控、社会大局保持稳定。四要发扬“拼”的精神。要坚持“敢”字为先、“干”字当头，时刻焕发“今天再晚也是早、明天再早也是晚”的拼搏精神，全面营造干部敢为、地方敢闯、企业敢干、群众敢首创的浓厚氛围，深入解放思想、大胆开拓创新，在没有先例的方面率先探索、在普遍在做的方面形成特色、在具有优势的方面作出示范，用“实干、实绩、实效”推动中国式现代化盐都新篇章开好局起好步。

明年工作的指导思想是：坚持以习近平新时代中国特色社会主义思想为指导，全面贯彻中共二十大精神，按照中央和省市委部署，坚持稳字当头、稳中求进，完整准确全面贯彻新发展理念，主动服务融入新发展格局，着力推动高质量发展，锚定“勇当沿海地区高质量发展排头兵”和“国际湿地、沿海绿城”目标定位，更好统筹疫情防控和经济社会发展，更好统筹发展和安全，更高水平建设“四个示范区”，为盐城建设绿色低碳发展示范区勇挑大梁，奋力谱写中国式现代化盐都新篇章。

主要预期目标是：地区生产总值增长7%左右，一般公共预算收入增长7%左右，社会消费品零售总额增长8%，城乡居民人均可支配收入分别增长7%、7.5%以上，全社会研发投入占比达2.7%，城乡居民收入增长高于经济增长，单位GDP能耗、单位GDP二氧化碳排放量完成省市定任务。

围绕上述目标，重点做好七个方面工作：

1.聚焦高质量发展首要任务，推动实体经济行稳致远。实体经济是盐都经济发展的家底。要坚定工业强区不动摇，扎实开展“工业经济提质增效年”活动，切实提升“企业大走访、项目大推进、产业大招商”成效。以集群发展壮大产业链条。坚定不移做强三大主导产业，电子信息产业突出智能终端产品，加快拓展汽车电子、能源电子领域，年内产业规模达360亿元；高端装备产业以高端化、智能化、成套化为主攻方向，在提升发展传统装备基础上，培育发展电子信息装备和新能源装备生产企业，实现产业规模140亿元；新能源产业主动融入全市“风光火气氢”一体化发展，加快布局储能电池、光伏、氢能等绿色产业，产业规模突破50亿元。对照市优化调整后的23条重点产业链，专注培育13个细分产业集群，加快打造地标产业、做强优势产业、突破潜力产业。对标全市“5+2”战略性新兴产业体系，立足盐都实际加快构建新一代信息技术、数字经济等现代化产业体系，促进数字经济和实体经济深度融合，将高新区打造成新型算力核心区。以扩大开放引进优质增量。把招商选资作为“重中之重”，接续开展“重大项目奋进年”行动，高新区攻坚30亿元以上龙头产业项目，两个市级工业园重点招引10亿元以上重大项目，其他板块全力招引3亿～5亿元以上产业链配套项目，确保全年招引亿元以上项目

100个、50亿元以上项目4个、100亿元项目1个，形成大项目顶天立地、小项目铺天盖地的生动局面。深度融入长三角一体化发展，突出上海、深圳、苏州、常州四个城市，深化与常州高新区、武进高新区合作，提升产业招商、驻点招商、以商引商成效。抢抓对外开放新机遇，加大出国招商选资、外商入境服务等力度，加强中韩产业联动区建设，扩大与德国茨威考市友好合作领域，有效突破一批外资项目。鼓励有实力的企业加快“走出去”，积极开拓“一带一路”沿线市场，确保全区进出口贸易稳定增长。以项目建设扩大有效投资。稳投资是稳增长的基础。要把重大项目作为稳投资、调结构、促发展的重要抓手，按照建成一批、开工一批、推进一批、谋划一批的思路，深化“月月有招商活动，季季有项目开工”机制，对列省、市重大项目和区“两重”项目实行全流程跟踪管理，提升项目开工率、列统率和投资完成率、竣工达产率。要通过政府投资和政策激励有效带动社会投资，抢抓用好当前优惠政策和低利率优势，加快实施“十四五”规划的重大工程，提速推进民生领域基础设施补短板建设。要坚持用市场化的办法稳投资，完善支持政策，破除各种隐性壁垒，充分调动民间投资的积极性。以惠企强企助力产业升级。要以更大的力度支持民营经济，主动为企业解决用工、融资、办证等各类难题，全面落实减税降费、助企纾困政策，增强民营企业长远发展的信心。要把企业“不敢”的顾虑所在作为改善营商环境的切入点，以全周期、全要素、全闭环的优质高效服务，持续擦亮“都满意”服务品牌。要梯度培育骨干企业雁阵，努力把更多星级企业做成链主企业，把更多“专精特新”做成单项冠军，年内创成市三星级以上企业45家，新增省级以上“专精特新”企业30家，培育销售超亿元企业110家，进入上市及股改企业4家。要扎实推进智能化改造数字化转型，年内规模以上企业“智改数转”覆盖率达80%以上，新增省智能工厂2家、省示范智能车间5家，高新区争创省“互联网+先进制造业”特色产业基地。

2. 坚持扩大内需战略基点，增强经济发展动力韧性。充分发挥消费的基础性作用，把恢复和扩大消费摆在优先位置，加快释放内需潜力。推动消费扩容提质。营造便利消费的环境条件，加快万达、吾悦等核心商圈智慧化品质化改造，推动渎上·老西门创建省级步行街区，激发夜间经济、假日经济、舌尖经济等新经济活力，扶持零售、餐饮、住宿等行业恢复发展，办好“春夏秋冬”四季主题购物节，打响“约惠盐都·乐享消费”品牌。培育壮大新型消费，加快东方汽车广场向高端品牌汽车和新能源汽车销售转型，促进医疗、健康、养老、家政、文化、体育等服务消费线上线下融合发展，不断创造新消费场景，发展新消费模式，培育消费新增长点。提档升级消费流通体系，优化城西南物流园产业定位和发展质态，发挥国家级电商示范基地品牌效应，推动物流、电商、跨境电商和智能仓储融合发展，做强直播电商、社交电商等新业态，增强消费的可获得性和便利性。始终把楼宇经济作为城市经济的重要形态，加快科创城、盐西科技园等载体建设，全年新招引科技服务、高端商务、金融保险等项目200个，新培育税收亿元楼宇3座。增强城镇发展能级。城镇化是扩大内需的重要支撑，是经济发展的重要推动力。要提升盐都新城品质内涵，有序实施城市更新行动，促进城北地区产业集聚，全力建设绿色低碳宜居宜业新城，让城市更富魅力更添活力。稳步推进盐都副中心建设，坚持镇区、园区、景区“三区”联动，对公共设施配置进行增补完善，做大做强义丰工业园，打造集商贸流通、文旅休闲、教育医疗于一体的区域副中心。发挥好集镇连接城乡的关键节点作用，完善功能配套，做美全域环境，全面提升集镇精细化管理水平，促进城乡基础设施一体发展、公共服务普惠共享。用好用活房地产新政，引进更多品牌优质房企，开发更多满足市场需求的多元化品质产品，有效促进刚性和改善性住房消费，解决好新市民、青年人等住房问题，扎实做好保交楼保民生保稳定各项工作，推动全区房地产市场平稳复苏健康发展。激发文旅消费活力。紧跟旅游业发展新趋势，策应全市里下河水乡风光带建设，打造更多契合市场需求的周末游、短途游、近郊游、健康游产品，高品质举办各类文旅活动，加大全方位立体式宣传推介力度，拓展旅游直通车的范围与频次，让更多游客“在盐都，遇见美”。做强大纵湖旅游度假区龙头，加快疗休养基地建设，更新东晋水城业态，增建老景区体验项目，提升露营基地品位，塑创文旅融合发展新优势。做精草房子研学旅游组团，精心打造三胡故里书法研学基地，推动龙冈桃花园创成国家AAAA级旅游景区，致力构建各具特色、联动融合的文旅研学片区。做美蟒蛇河水上文化生态廊道，推进“一廊两道多节点”开发运营，带动沿线镇村积极培育观光采摘、农事体验、精品民宿等项目，打造集“产、景、人、文”于一体的水乡旅游“金腰带”。

3. 强化科教人才战略性支撑，全面激活创新发展动能。坚持科技第一生产力、人才第一资源、创新第一动力，扎实推进教育强区、科技强区、人才强区建设，深入实施“科技创新提升年”活动，为竞逐新赛道提供有力支撑。强化科技创新能力。打造高新区创新驱动新高地，全市率先启动创新积分制试点，深化“一区多园”改革，加快高质转型、二次创业，做大总量、集聚变量，确保实现全国排名持续进位。强化企业创新主体地位，把高企培育作为科技创新的基础性工程，出台三年行动方案，加大内培外引力度，将更多的规模以上企业、科小企业培育成国家高企，年内总数突破480家。巩固“科创森林”成长计划成果，开展创新型企业培育行动，年内通过市级以上评估瞪羚企业、潜在独角兽企业10家。统筹推进孵化载体建设提优，开展区级孵化平台评价工作，突出打造高新区中小企业园，积极构建全链条孵化育成体系。实施科研平台提质计划，加快建设盐龙湖科创中心，鼓励企业与高校院所共建研发机构，以新型研发平台赋能产业发展，争创省级创新型示范区。集聚高端创新人才。释放“都智汇”政策红利，做好人才“引育留用”文章，促进产业链与创新链、人才链深度融合。拓宽聚才方式，紧盯主导产业发展前沿、领军企业定制需求，办好中国电子信息行业创新创业大赛、海外人才创新创业大赛等活动，年内引进高层次创业项目20个、引培领军人才80人。汇聚青年人才，深化“名校优生”汇盐行动、百名菁英“强村行动”，引进“双一流”高校优秀青年人才200名以上，吸纳本科以上学历毕业生2500人。做优留才环境，加快人才公寓建设，完善“拎包入住”扶持体系，做强“都U+”人才服务品牌。坚持教育优先发展。全面落实立德树人根本任务，加快实现教师队伍和教学质量、学生健康和学业成绩、校园安全和学校特色“三个双提升”，让老百姓感受到“满意教育在盐都”。深化集团化办学改革、区管校聘改革，持续缩小城乡师资队伍、教育质量差距，创建全国义务教育优质均衡发展区。实施名校长、名教师、名班主任“三名”培养工程，重抓校长梯队建设、骨干教师数量扩充、班主任素养提升，以高素质教师队伍保障教育高质量发展。深化产教融合协同育人，发挥好盐城工学院研究生院作用，打造“专业—就业—产业”的最短通道，为盐都产业发展、科技创新培养更多高素质人才。

4.加快绿色低碳发展，不断深化“两山”实践内涵。深入践行“两山”理念，协同推进降碳、减污、扩绿、增长，做精做美生态、经济“双面绣”。筑牢生态保护屏障。实施国土绿化行动，打造龙冈华都森林公园“国家碳汇林”，推进蟒蛇河、朱沥沟等湿地生态修复工程，建设大马沟中央公园、小马沟景观绿廊、冈沟河工业绿带三条生态廊道，有效提升里下河地区生态系统碳汇能力。以大纵湖湿地“生态岛”试验区建设为契机，推进入湖河网流域综合治理，开展生物多样性长期跟踪监测，构建河湖植被缓冲带，加强生物保护基础设施建设，充分展示生态岛建设成效。巩固中央环保督查反馈问题整改成果，深入打好污染防治攻坚战，确保大气质量稳居全省前列、国省考断面水质全面达标、土壤环境质量稳定向好。提升绿色发展质效。致力打造绿色园区，推进园区循环化改造，扩大绿电应用比例，加快实施高新区工业废水近零排放项目，创建国家级绿色低碳示范园区。建设一批绿色工厂，通过绿色金融、绿色采购等方式，鼓励企业开发推广应用绿色制造技术、绿色产品，开展清洁生产、循环低碳改造，为企业发展注入绿色动能。实施亩均效益倍增计划，深入推进载体焕新，盘活600亩存量工业用地，清理40万平方米标准厂房，为优质产业项目、科创资源落地提供空间。争当乡村振兴示范。认真贯彻中央农村工作会议精神，以国家乡村振兴示范县创建为抓手，推动农业农村现代化保持全省前列。坚决扛起保障粮食安全政治责任，新建（改造）高标准农田5.5万亩、生态渔场5000亩，培植数字农业示范基地10个，创成国家水产生态健康养殖示范区。坚持把产业振兴作为重中之重，依托食品未来科技园大力招引农产品精深加工项目，积极发展产地直销、网络直销等新型流通业态，加强“鲜之都·盐都”区域公用品牌运营推广，培育在省内外有影响的乡村特色产业示范镇、村。深入实施乡村建设行动，高质量抓好新型农村社区建设和传统村落保护，统筹推进农村人居环境“四治理四提升”，积极开展厕所革命，建设一批宜居宜业和美乡村。用好用活村级发展引导资金，确保年集体经营性收入超50万元的村（居）占比达65%以上。

5.扎实推进共同富裕，用心用情增进民生福祉。始终把保障和改善民生作为工作的出发点和落脚点，不断实现广大群众对美好生活的向往。完善社会保障体系。稳住就业民生就有了基本保障。要全面落实就业优先政策，支持多渠道灵活就业和自主创业，创造条件让群众通过辛勤劳动增收致富，全年新增城镇就业8000人，支持成功自主创业2000人。持续实施社会保险扩面征缴提升行动，加强农民工、灵活就业人员、新业态从业人员等重点群体参保，新增企业职工养老保险8000人。健全完善社会救助体系，格外关注关爱困难群体，做好扶弱、救病、帮孤、助残等工作，让各类群体的生活更有保障、更有尊严、更有质量。优化公共服务供给。扎实精准办好民生实事，坚持尽力而为、量力而行，稳步提升“民生七有”水平。聚焦“一老一小”等群众关切的重点领域，大力发展养老事业和养老产业，完善生育支持政策措施体系，健全未成年人福利保障制度，创建全国学前教育普及普惠示范区。扎实推进健康盐都建设，深化医药卫生体制改革，加强医共体建设，实施镇村医疗卫生机构改造提升工程，市三院南区二期工程年底竣工运营。促进交通互联互通，主动服务盐泰锡常宜高铁和阜溧高速建设，推动青年路高架西延、大庆路西延等重点工程年内建成通车。深化精神文明建设。围绕争创全国文明典范城市，推进新时代文明实践中心提质扩面，全方位提升城乡居民文明素养。实施文化惠民工程，创作更多讴歌伟大时代、彰显盐都精神的精品力作，推广各类群众性体育活动，丰富人民群众精神文化生活。践行社会主义核心价值观，广泛选树道德模范、最美人物等先进典型，让文明风尚浸润盐都大地。

6.加强民主法治建设，凝聚推动发展强大合力。坚持党的领导、人民当家作主、依法治区有机统一，推动民主法治建设取得新突破。扩大人民有序参政。支持人大依法行使职权，积极探索县区层面全过程人民民主的内容和形式，提升人大代表履职能力，加强“家、站、点”建设，健全民生实事项目人大代表票决机制，进一步发挥好街道议事代表会全市首创示范带动作用。持续深化工会、共青团、妇联等群团组织改革和建设，引导各自所联系的群众投身全区经济社会发展大局。完善协商民主体系。充分发挥人民政协“重要阵地、重要平台、重要渠道”作用，用好“委员工作室”“协商议事室”两大载体，放大尚庄塘桥、高新区创新中心基层协商议事示范点效应，筑牢政协协商与基层协商有效衔接、嵌入基层治理、服务人民群众的阵地网络。坚持和完善大统战工作格局，巩固和发展最广泛的爱国统一战线，进一步叫响“都同心”工作品牌。深化全面依法治区。更好发挥法治固根本、稳预期、利长远的保障作用，以创建全国法治政府建设示范区为目标，坚持法治盐都、法治政府、法治社会一体建设，严格执法、公正司法、全民守法共同发力，健全职责明确、依法行政的政府治理体系，高质量推进“八五”普法工作，加快建设诚信盐都。

7.更好统筹发展和安全，确保社会大局和谐稳定。牢固树立总体国家安全观，以“时时放心不下”的责任感，扎实推进安全体系和能力现代化建设。科学精准高效抓好疫情防控。坚决贯彻落实疫情防控的新要求新部署，把工作重点由“防感染”转变到“保健康、防重症”上来，全力保障好群众就医用药需求，加快推进疫苗接种，强化重点场所、重点人群的防控和保护，加强政策解读、舆论引导和科普宣传，抓好医疗资源薄弱的农村疫情防控和医疗救治，确保平稳转段、社会安定。防范化解风险隐患。平衡好促发展与防风险关系，推动“三债统管”提档升级，严格实施国企重大项目预算审核、财政承受能力论证和债务风险评估制度，加强国企投资行为和经营性债务管理，坚决遏制增量、化解存量。毫不松懈抓好安全生产，强化“三年大灶”典型经验和制度成果复制推广，加强危化品、交通消防、城镇燃气、自建房等重点领域监管，不断提升本质安全水平。加强食品药品安全监管，提升能源电力、民生商品保供能力，全力保障群众生活需求。强化社会治理创新。坚持和发展新时代“枫桥经验”，持续开展“信访突出问题攻坚化解年”行动，着力将矛盾处置在早、化解在小。大力推进区域社会治理现代化，构建网格化管理、精细化服务、信息化支撑、开放共享的基层管理服务平台，开展“都美网格”创建，夯实基层治理之基。巩固拓展政法队伍教育整顿成果，常态化开展扫黑除恶专项斗争，纵深推进禁毒示范城市创建，严厉打击网络诈骗等违法犯罪，争创全国社会治安防控体系建设示范城市。

四、坚持党要管党从严治党，为更高水平建设“四个示范区”提供坚强保证

事业成败，关键在党、关键在干部队伍。全区各级党组织要认真落实新时代党的建设总要求，弘扬伟大建党精神，知责于心、担责于身、履责于行，推动全面从严治党迈上新台阶。

一要砥砺绝对忠诚的政治品格。始终把政治建设摆在首位，坚持理论武装同常态化长效化开展党史学习教育相结合，引导广大党员干部牢记“三个务必”，赓续红色血脉，扛起时代担当，以实际行动坚决拥护“两个确立”、做到“两个维护”。实施党的创新理论学习教育计划，分期分批开展学习中共二十大精神集中轮训，紧密结合党中央即将在全党开展的主题教育，面向全区党员开展多形式、分层次、全覆盖的全员培训。全面落实意识形态工作责任制，推动宣传思想工作守正创新，深化媒体融合发展，牢牢把握正确政治方向、舆论导向。严格执行民主集中制，严明政治纪律政治规矩，增强党内政治生活的政治性、时代性、原则性、战斗性。

二要锻造善作善成的干部队伍。坚持党管干部原则，坚持新时代好干部标准，做深做实干部政治素质考察，从严把好政治关、廉洁关。强化各级领导班子建设，推动常态化、多层次干部轮岗交流，加强领导干部实践锻炼、专业训练，提升招商选资、产业研究、服务群众、财政金融、防范化解风险等方面的素质本领。特别要加强学习，在干中学、学中干，缺什么补什么，致力成为行家里手、内行领导。不断完善年轻干部成长链条，切实用好各年龄段干部。贯彻落实领导干部能上能下规定，抓好综合考核、“红黄旗排座次”考核结果运用，激励各级干部在新征程上留下无悔的奋斗足迹。

三要筑牢坚强有力的战斗堡垒。坚持大抓基层的鲜明导向，统筹推进农村、城市、机关、国企、“两新”组织等各领域党建工作，持续加强新业态新就业群体党的建设。聚焦党建引领乡村振兴，建强用好村(社区)干部队伍，深化“十大院校联产业、百名专家驻基地”乡村人才振兴行动，不断夯实乡村振兴的组织基础、人才基础。强化党建引领基层治理，挖掘“都来汇”党建联盟新内涵，推进支部建在网格、党员纳入网格、党建服务点设在网格，打造“四美小区”“四全社工”等治理品牌。扎实做好“党建+”文章，以高质量党建引领高质量发展。

四要弘扬真抓实干的优良作风。锲而不舍落实中央八项规定精神及省市委各项要求，扎实开展“转作风、树新风、带民风”专项行动，重点纠治形式主义、官僚主义，以优良党风政风带动社风民风持续向好。坚持严管与厚爱相结合，落实“三个区分开来”要求，健全澄清保护机制，旗帜鲜明地为担当者担当、给出彩者喝彩。全面激发“争第一、创唯一”昂扬斗志，对照市内外赶超标杆，迅速掀起比学赶超竞赛热潮，推动板块比发展、部门比服务、园区比项目、党员干部比实干，以条条块块的进位争先推动全区面上的进位争先。大力弘扬党的光荣传统和优良作风，工作保持“在线”、状态始终“满格”，以风风火火的干事激情，开拓红红火火的发展局面。

五要打造人民满意的清廉盐都。坚持不敢腐、不能腐、不想腐一体推进，同时发力、同向发力、综合发力，坚决打赢反腐败斗争攻坚战持久战。聚焦教育医疗、养老社保、安全环保等重点民生领域，纵深推进“一领域一专项、一地区一治理”行动，深入整治群众身边腐败和不正之风。加大国有企业、开发园区、金融等领域反腐败力度，深化开展国有企业融资突出问题专项整治，切实防范化解腐败风险及关联性经济社会风险。更好发挥巡察综合监督作用，提高对“一把手”和领导班子监督实效。加强新时代廉洁文化建设，开展“一路清风·看盐都”廉政文化教育系列宣传，让清风正气充盈盐都大地。

政府工作报告

——在盐城市盐都区第十七届人民代表大会第二次会议上

（2023年1月2日）

区长　马正华

2022年工作回顾

刚刚过去的一年，面对复杂严峻的外部环境和多重超预期的困难挑战，我们坚持以习近平新时代中国特色社会主义思想为指导，以迎接中共二十大、学习宣传贯彻中共二十大精神为主线，认真贯彻习近平总书记重要指示和中央、省市决策部署，紧紧围绕“勇当沿海地区高质量发展排头兵”目标定位，统筹疫情防控和经济社会发展，统筹发展和安全，加快“四个示范区”建设，竞逐绿色低碳发展新赛道，完成区十七届人大一次会议确定的主要目标任务，“强富美高”新盐都现代化建设迈出坚实步伐。

一年来，我们主动应变、精准施策，经济运行蓄势向好。主要指标稳中有进。扎实开展“企业大走访、项目大推进、产业大招商”活动，有效应对疫情冲击影响和经济下行压力，千方百计稳住经济“基本盘”，完成地区生产总值720亿元（预计，下同）、增长2.6%，一般公共预算收入42.8亿元、同口径增长7.7%，固定资产投资增长8%。工业经济凸显韧性，全口径工业开票销售突破600亿元，规模以上工业开票销售474亿元，分别增长17.4%、15.5%。服务业承压趋稳，实现规模以上服务业企业营收90亿元、社会消费品零售总额280亿元，跨境电商交易额首次突破千万美元。项目建设加压升温。组织实施“重大项目攻坚年”行动，在上海、苏州、深圳等地举办招商活动6场次，新签约亿元以上项目137个，其中10亿元以上项目13个，总投资50亿元的东山IC载板、国电投高效储能电池等项目相继落户。加快推进77个省市区三级重大项目、重点工程，京泉华、瑞莱铂机器人等64个亿元以上项目开工建设，龙创智能驾驶、博盛新材料等41个亿元以上项目竣工投产。实施载体焕新行动，腾退低效企业97家，盘活闲置工业用地781亩、低效厂房51万平方米，连续五年荣获省自然资源节约集约利用模范区。服务企业扎实有效。主动为企业“送政策、送服务、解难题”，助推企业成长壮大，新增“四上”企业255家，培育销售超亿元工业企业80家，认定市三星级以上企业40家。兑现企业奖补资金2.7亿元，减免缓退企业税费18亿元，让广大企业轻装上阵。开展“约惠盐都·乐享消费”系列活动，投放现金消费券550万元，惠及中小商户近300家。新增贷款余额178.2亿元，其中普惠贷款35.9亿元，金融服务实体经济能力持续增强。

一年来，我们聚力转型、矢志创新，发展质态稳步提升。产业结构持续优化。电子信息产业规模达280亿元、增长60%，印制电路板、集成电路、光电显示产业链规模全市第一。“智改数转”高效推进，获批省智能车间3家、省星级上云企业89家，维信电子创成省智能工厂，东山精密获批省工业互联网标识解析二级节点，高新区获评省工业大数据应用能力评估示范区。新增国家级专精特新“小巨人”3家、省级“专精特新”中小企业25家，认定省服务型制造示范企业5家，总数均列全市第一。招引入驻科创文创、金融保险等楼宇经济项目168个，培育税收超亿元楼宇2幢、超千万元楼宇10幢。创新资源加速集聚。全市唯一入选“科创江苏”试点县（区）建设名单，获评国家知识产权强县建设示范县。国家高企预计净增超100家，培育“瞪羚”企业12家、潜在“独角兽”企业1家，高新技术产业产值占比达65%、居全市首位。新增省级企业技术中心7个、工程技术研究中心18个，规模以上工业企业研发投入强度达3.28%。盐城超算中心建成运营，盐城工学院研究生院建成招生，与南京信息工程大学签署战略合作协议，成功举办数字经济与超算产业化发展论坛、全国“双创”周江苏分会场等活动。建成“都U+”系列人才公寓1810套，引进领军人才80人、高层次人才创业项目24个。改革开放全面深化。主动融入长三角一体化发展，与常州高新区、武进高新区签订南北园区共建合作协议，促进资源互补、合作共赢。“三争一创”深入推进，创成省级以上品牌27项，争取竞争性资金7.1亿元。积极落实稳外贸系列措施，全年外贸进出口总额14.8亿美元、增长9.3%。全市率先试行许可闹钟、“准入准营”一件事等改革，高新区入选行政审批标准化国家级试点。

一年来，我们全域联动、建管并重，城乡融合展现新貌。城市功能日趋完善。编制完成美好盐都2035发展战略规划和盐都新城规划，“三区三线”成果正式启用。实施城建重点项目101项，科技广场中央商务区等功能性项目加速推进，青年路高架西延等一批交通项目加快实施，建成口袋公园15个。有序组织城市更新，新建安置小区3个，整治老旧小区8个，惠及群众6300余户。开展文明城市创建“1+12”专项行动，创成生活垃圾分类省级达标小区20个，完成小区雨污分流改造10个，打造日月路、黎明路特色样板街区，“渎上·老西门”获评省级放心消费示范街区。乡村振兴深入推进。全市唯一入选首批国家乡村振兴示范县创建地区，全省首家试点开通农村集体资产智慧监管服务平台，获评全国休闲农业重点县。新建高标准农田5.2万亩，“盐麦3号”

"盐糯20"通过国家新品种审定,大纵湖小龙虾获评国家地理标志证明商标。新增省级合作社示范社3家、示范家庭农场6家,粮食科技产业园被列为全省农业农村重大项目典型。新建农村污水处理设施62个,改建农村户厕4535户,改造老旧村庄9个,改善农民住房2208户,省级特色田园乡村、省级传统村落、中国传统村落总数保持全市第一。生态底色愈发靓丽。高标准迎接中央环保督察"体检",21件交办问题全部整改到位。深入开展环境质量"提质争优"专项行动,郭猛省级生态安全缓冲区建成投用,兴盐界河治理"百日攻坚"行动圆满完成,6个国省考断面水质稳定达标,创成中国天然氧吧,获评全国节水型社会建设达标区。持续擦亮生态文旅品牌,仰徐村获评全国乡村旅游重点村,大纵湖景区入选中国红色基因水利风景名录,草房子乐园入选省科普教育基地,创成省级全域旅游示范区。

一年来,我们情系民生、办好实事,人民生活不断改善。社会保障更加完善。统筹推进稳就业促创业,"盐城市零工市场"在我区建成启用,新增城镇就业8160人,城乡居民人均可支配收入分别达49832元、30660元,增长5.2%和7.5%。新增企业职工养老保险参保1.13万人,企业退休人员养老金实现"18连增",城乡居保基础养老金最低标准提高到每人每月235元。全域构建"15分钟医保服务圈",高质量通过省级首轮验收。区社会大救助中心建成使用,实行"一表登记、一门受理、协同办理",更好服务困难群众。社会事业更加进步。新建中小学6所、公办幼儿园4所,新增学位11500个,南师大盐城实验学校智创校区揭牌成立,全区中小学幼儿园全部实行集团化办学,创成省高质量平安校园建设区。市三院顺利通过三甲综合医院复评,盐城复兴医院、区老年医院建成投用。全年送戏下乡500余场次,3部作品获省"五星工程奖",淮剧《宋公堤》、曲艺剧《盐阜往事》晋京献礼二十大。出台"一老一小"解决方案,新增托位980个,区老年大学新校区建成使用,入围全省示范性居家社区养老服务网络建设地区,通过全国未成年人保护示范区评估,尚庄镇庆福村创成全国示范性老年友好型社区。社会治理更加高效。畅通群众诉求表达渠道,扎实开展"信访突出问题攻坚化解年"行动,全区信访总量下降29.4%。依法严厉打击各类违法犯罪,有效整治突出治安问题,盐龙派出所获评全国优秀公安基层单位。加强社工队伍建设,推广"响应式"社区治理模式,创成省现代社区治理创新实验区。深入开展"八五"普法,扎实推进法治盐都建设,楼王镇花季园村获评全国民主法治示范村。

一年来,我们坚守底线、筑牢屏障,社会大局和谐稳定。疫情防控毫不放松。坚持常态化精准防控和局部应急处置相结合,严格落实"四个一"工作机制,成功处置多轮突发疫情,有效保障了经济社会平稳发展和人民群众身体健康。改造提升标准发热门诊5个,21家医疗机构发热诊室实现全覆盖,亚定点救治医院建成备用,全人群疫苗接种率达省市规定指标。先后派出医务人员255人次,驰援上海、四川、苏州等地,温情服务1205名连云港、上海外转隔离人员,为疫情防控"一盘棋"作出盐都贡献。安全生产平稳有序。高质量完成"三年大灶"专项整治任务,生产安全事故起数和死亡人数持续"双下降"。深入推进城镇燃气、消防安全等重点领域隐患排查整治,建成消防站11座,非居民用户燃气预警系统实现全覆盖。强化既有建筑全生命周期管理,整治安全隐患房屋90栋、C、D级危房18栋。持续加强道路交通安全管理,完成农村公路安全生命防护工程176公里,盐都治超站建成投用。强化食品药品全链条监管,省级食品安全示范城市顺利通过现场复审。风险防范坚定有力。落实"镇债区管",推进"三债统管",完成省定化债任务,实现"四降"目标。国企改革三年行动圆满收官,城镇化集团、国控集团获AA+信用评级,国有资产运营管理水平不断提高。实施政府投资项目评审机制,强化国有资产监督管理,国有企业经营行为进一步规范。排查处置房地产领域风险隐患,23个小区6547户居民不动产登记历史遗留问题圆满解决。防范化解金融领域风险,农民资金互助社"三压降"水平位居全市前列,金融生态环境综合评估列全省前十。

各位代表,过去的一年,我们坚决贯彻全面从严治党要求,深入开展"五找五促"走访活动,政府系统服务效能不断提升,自身建设得到持续加强。自觉接受区人大法律监督和区政协民主监督,106件人大代表建议、180件政协委员提案全部按期办结。依法公开政务信息9823条,受理"12345"热线工单54261件,政务诚信考核连续三年获评全省第一等次。认真贯彻中央八项规定精神,集中整治"四风"突出问题,基层减负取得阶段性成效,政府系统党风廉政建设得到进一步深化。与此同时,审计、统计、邮政、气象、民族宗教、机关事务、供销社、住房公积金、对口协作等工作有了新提升,外事、侨务、对台、地方志、档案、科协、人武、双拥、退役军人事务等工作取得新进步,工会、妇女、儿童、青少年、老龄、慈善、残疾人、红十字、关心下一代等工作迈出新步伐。

各位代表,过去一年的成绩来之不易,这是市委市政府和区委正确领导、统揽全局的结果,是区人大、区政协有效监督、鼎力支持的结果,是全区上下凝心聚力、务实苦干的结果。在此,我谨代表区人民政府,向全区干部群众,向各位代表和委员,向离退休老同志,向各民主党派、工商联、人民团体,向驻盐都部队官兵、单位干部职工,向所有关心和支持盐都发展的各界朋友,致以崇高的敬意和衷心的感谢!

在总结成绩的同时,我们也清醒地认识到工作中存在的问题:部分市场主体生产经营困难,经济保稳求进的压力较大。支撑经济发展的大企业、大项目不多,产业集聚度还不高,战略性新兴产业发展需进一步加快。城乡居民持续增收难度加大,民生领域还有短板弱项,优质公共服务供给与群众需求相比尚有一定差距。社会治理水平和治理效能有待提升,一些领域风险隐患不容忽视。少数干部干事创业的激情和敢于担当的精神还不足,加强政府系统作风建设依然任重道远。对此,我们将毫不回避问题,坚决扛起责任,认真予以解决。

2023年工作安排

今年是全面贯彻落实中共二十大精神的开局之年，是实施“十四五”规划承上启下的关键之年。当前我国经济恢复的基础尚不牢固，需求收缩、供给冲击、预期转弱三重压力仍然较大。在世纪疫情与百年变局交织的大背景下，进一步巩固经济增长的“稳”、抓住产业风口的“势”、实现区域竞争的“进”、托住民生保障的“底”，是对我们政府工作的巨大考验。按照省市区委全会部署要求，要突出抓好“三个坚持”：坚持把学习宣传贯彻中共二十大精神作为当前和今后一个时期的首要政治任务。深入理解习近平总书记“五个牢牢把握”的重要要求，全面学习、全面把握、全面落实中共二十大精神，在“九个深刻认识”上下足功夫，自觉用中共二十大精神统一思想、统一意志、统一行动。深刻领会党的创新理论的道理学理哲理，牢牢把握省委“九个坚持”和市委“九个新篇章”目标追求，不断提高工作的科学性、预见性和主动性，奋力开创盐都各项事业发展新局面。坚持把共建绿色低碳发展示范区作为推进中国式现代化盐都新实践的主攻方向。深刻把握中国式现代化五大特征和本质要求，聚焦四个“绿色盐城”建设，积极培育绿色产业，做大绿色财富，在绿色低碳发展新赛道上展现盐都担当、彰显盐都特色。放大国家生态文明建设示范区、全国“两山”实践创新基地、中国天然氧吧三块金字招牌效应，加快构建绿色产业体系，积极服务“双碳”战略，不断探索可复制可推广的经验做法，为全市绿色低碳发展示范区建设贡献更多盐都力量。坚持把更高水平建设“四个示范区”作为厚植盐都高质量发展新优势的关键举措。主动将盐都放到全省、全国的时空坐标中找准发展定位、找准发展方向，与时俱进丰富“四个示范区”建设内涵，在双创引领上再发力，在智能制造上再加力，在融合发展上再用力，在“两山”实践上再聚力，在提升综合发展实力、人民生活品质、生态环境质量、社会文明程度、共同富裕水平、社会治理效能上不断赋予新的发展使命，勇当沿海地区高质量发展排头兵。

今年政府工作的总体要求是：坚持以习近平新时代中国特色社会主义思想为指导，全面贯彻落实中共二十大精神，按照中央、省市委经济工作会议和区委全会部署要求，坚持稳中求进工作总基调，完整、准确、全面贯彻新发展理念，更好统筹疫情防控和经济社会发展，更好统筹发展和安全，锚定“勇当沿海地区高质量发展排头兵”，全面深化改革开放，大力提振市场信心，有效防范化解重大风险，推动经济运行整体好转，更高水平建设“四个示范区”，切实扛起“争当表率、争做示范、走在前列”的光荣使命，在建设绿色低碳发展示范区上勇挑大梁，为奋力谱写中国式现代化盐都新篇章开好局起好步。

今年经济社会发展的主要预期目标是：地区生产总值增长7%左右，一般公共预算收入增长7%左右，固定资产投资增长10%以上，实际使用外资1亿美元以上，外贸进出口总额增长9%，社会消费品零售总额增长8%，全社会研发投入占GDP比重达2.7%，城乡居民人均可支配收入分别增长7%、7.5%以上，节能减排等指标完成省市下达任务。

围绕上述目标，重点做好六个方面工作：

一、坚持产业强区，重抓有效投资，筑牢实体经济根基。把制造业作为高质量发展的着力点，组织开展“工业经济提质增效年”活动，加快构建绿色低碳产业体系，努力实现质的有效提升和量的合理增长。培育壮大主导产业。围绕市“5+2”战略性新兴产业体系，加强2条地标产业链、4条优势产业链、7条潜力产业链建设，打造“龙头带动、配套跟进、整链融合”的产业集群。深耕电子信息产业，巩固印制电路板、光电显示等制造优势，主攻集成电路、精密结构件等关键项目，突破消费终端、网联汽车等核心产品，产业规模达360亿元。拓展高端装备产业，引导数控机床、涂装机械、节能环保等产业向智能化、模块化、高端化转型，加快研发设计、生产制造和集成服务链式发展，推动价值链向中高端攀升，产业规模突破140亿元。延伸新能源产业，推进整区屋顶分布式光伏建设，加快突破储能电池、电池管理系统、智能输变电装备等环节，聚力引进产业链龙头企业，产业规模突破50亿元。立足资源禀赋和产业基础，加快布局新能源汽车及核心零部件、新材料和大健康产业，引导汽车配件、机械制造、纺织服装等传统产业链接新技术、应用新设备、研发新产品，以产业“含新量”提升发展“含金量”。攻坚突破重大项目。牢固树立“项目为王、招商为先”理念，深入开展“重大项目奋进年”行动，坚持专班谋划、专业推进、专项突破，举办重点招商活动10场次以上，新签约亿元以上项目100个，其中10亿元以上项目15个，实现50亿元、100亿元项目新突破。加强重大产业项目谋划，制定目标企业靶向清单，主攻大型央企国企、行业领军企业和上市公司，打好以商引商、驻点招商、基金招商组合拳，加快引进一批产业链关键项目。全面深化开放融合，发挥高新区主阵地作用，强化与上海、苏南等地产业协作，深度融入长三角产业链供应链。组建外资招商局，紧盯太仓、烟台等外资集聚区，瞄准德国、韩国、台湾等重点国家和地区，加大外资项目招引力度，确保制造业利用外资比重达55%。加强项目全生命周期管理，推动服务再优化、建设再提速，年内新开工嘉捷通PCB、致控电驱动等亿元以上项目90个，新竣工昶屹精密结构件、善行智能等亿元以上项目60个。做大做强企业梯队。完善企业培育机制，梯次推进“个转企”“小升规”“规改股”“股上市”，形成“头雁领航、雁阵齐飞”的发展格局。实施企业培强工程，助力企业争星创优，新增规模以上工业企业70家，培育开票销售超亿元工业企业110家，认定市三星级以上企业45家。引导企业攻关核心技术、提升产品质量、拓展市场份额，打造更多细分行业单项冠军、隐形冠军，新增省级以上“专精特新”企业30家。鼓励企业主动对接多层次资本市场，年内盛安传动北交所上市、闪奇电器新三板挂牌。促进外贸稳量提质，培育外贸企业270家，新增进出口超千万美元企业3家。鼓励支持民营经济和民营企业发展壮大，加强企业家队伍建设，积极营造尊重企业家的浓厚氛围，让盐都企业家始终勇立发展潮头。

二、坚持改革创新，加快动能转换，激发区域发展活力。积极探索实践，勇当开路先锋，着力形成更多引领性、竞争性成果，将改革创新的关键变量转化为高质量发展的最大增量。增强科技创新能力。开展"科技创新提升年"活动，构建创新生态体系，促进产业链与创新链、人才链深度融合。强化企业创新主体地位，支持企业引培研发人员、申报研发项目、加大研发投入，年内国家高企总数达到480家，新建省级企业研发机构35家，培育"瞪羚"企业10家，实现准"独角兽"企业再突破。加快推进盐龙湖科创中心建设，推动中科院计算所高通量研究院等研发机构依托母体加快技术攻关、推进成果转化、衍生孵化企业，着力打造区域创新高地。统筹推进孵化载体提质增效，积极构建全链条孵化育成体系，新增市级以上孵化器和众创空间2家。发挥"科技镇长团"作用，助推企业与高等院校、科研机构加强合作对接，新签约产学研合作项目180项。完善"柔性引才"机制，全年引进高层次人才创业项目20个，引培领军人才80人，让更多"千里马"在盐都竞相奔腾。加大数智赋能力度。全力推进产业数字化、数字产业化，以产业赛道、基础设施、场景应用为切入口，加快构建数字经济、数字政府、数字社会生态体系。大力推进"智改数转"，年内规模以上工业企业覆盖面达80%以上，创建省智能工厂2家、省示范智能车间5家。加强大数据、云计算、物联网等数字技术创新应用，促进数字经济和实体经济深度融合，新增省工业互联网标杆工厂2家、省星级上云企业60家，高新区争创省"互联网+先进制造业"特色产业示范基地。加快数字政府建设，不断增强云网环境、数据共享、应用平台等基础能力，提升公共服务与社会治理数字化、智能化水平。打造最优营商环境。围绕政策更优、办事更快、成本更低、服务更好，积极营造公平有序的市场环境、高效便利的政务环境、公正透明的法治环境、亲商富商的人文环境、综合更优的政策环境，持续擦亮"都满意"服务品牌。搭建政策直达平台，推广"免申即享"措施，推动减税降费、助企纾困政策"精准滴灌"。持续深化"放管服"改革，扎实推进"一次办、网上办"，积极推广"超时默认制、缺席默许制""交地即发证、拿地即开工"，最大限度减环节、压时限、提效率。开展"清风企业行"，规范涉企收费和执法检查，做到"有求必应、无事不扰"，构建亲清新型政商关系。多渠道多途径加强与企业家沟通交流，摸准企业的痛点堵点需求点，多措并举帮助企业解决融资、用工、办证等难题，切实减轻企业发展负担，增强企业发展信心。

三、坚持生态优先，聚焦绿色低碳，拓宽"两山"转化路径。牢固树立绿水青山就是金山银山理念，协同推动降碳、减污、扩绿、增长，让美丽盐都更增"颜值"、更显"价值"。厚植绿色生态优势。加强污染综合防治，以更高标准打好蓝天、碧水、净土保卫战，巩固中央环保督察反馈问题整改成果。紧盯$PM_{2.5}$平均浓度、空气优良天数比率等主要指标，扎实开展挥发性有机物、工地扬尘、餐饮油烟等污染物专项治理，不断改善空气质量。大力开展水环境治理，推进养殖池塘标准化改造，加强河道水生植物集中处置，建成农村生活污水处理设施50个，确保国省考断面水质稳定达标。加强重点行业遗留地块管控治理，增强危废固废管理处置能力，切实守牢土壤安全底线，争创省级"无废城市"。深化生态保护和修复，加快实施大纵湖湿地"生态岛"试验区和生态安全缓冲区工程，建设农村生态河道71公里，增强生态系统恢复力、稳定性。树牢绿色生态导向。全面落实"双碳"要求，用好10亿元碳达峰产业投资基金，推进产业结构调整和能源结构优化。强化工业企业资源利用绩效评价，落实差别化激励约束政策，倒逼企业转型升级、提质增效，确保工业企业亩均税收、产值利润率、工业增加值率分别增长12%、10%、15%。更大力度推进载体焕新，盘活低效厂房40万平方米、低效企业80家，再利用闲置土地600亩，争创全国自然资源节约集约利用示范区。大力发展循环经济，建设高新区低碳近零排放再生水厂，创成国家绿色工厂2家，高新区争创国家级绿色低碳示范园区。深入开展节约型机关、绿色校园、绿色社区等创建活动，积极倡导简约适度、绿色低碳的生活方式，让绿色消费、绿色出行、绿色办公成为市民的自觉行动。放大绿色生态效益。立足生态资源禀赋，做活生态旅游文章，让"美丽风景"托起一方"美丽经济"。以创建国家全域旅游示范区为目标，加强旅游资源整合力度，做优文旅产品，打造文旅热点，不断叫响"在盐都，遇见美"城市品牌。加强核心景区品质提升和开发运营，加快完善大纵湖景区疗休养功能，丰富草房子乐园研学内涵，做美蟒蛇河水上文化生态廊道，龙冈桃花园创成国家AAAA级旅游景区。统筹推进乡村旅游重点村建设，大力发展赏花摘果、农事体验、民宿客栈等农旅融合业态，释放旅游综合效应。紧跟后疫情时代旅游业发展新趋势，大力开发周末游、短途游、近郊游、亲子游、健康游产品，高水平举办旅游节事活动，充分挖掘本地和周边旅游市场潜力，最大程度提振旅游市场活力。

四、坚持产城融合，丰富功能内涵，提升现代城市能级。统筹优化全区空间布局、产业布局、功能布局，深入推进以人为核心的新型城镇化，不断增强综合承载力和辐射带动力。致力提升城镇形态。树立融合化、集约型、组团式发展理念，统筹实施11大类110个城建重点工程，促进主城扩容提质、城北融入市区、副中心发展壮大、集镇精致精美，实现城镇品质升级蝶变。围绕空间更清朗，坚持"留改拆"并举，采取小规模、渐进式、强功能等形式，科学有序推进"渎上·老西门"街区、高新区创新街区等片区改造，打造城市更新示范项目。围绕出行更便捷，推动青年路高架、大庆路西延等重点道路建设，完善提升小马沟组团、城西南交通路网，实现城市道路与内环高架、国省干道无缝对接。围绕环境更优美，推进大马沟中央公园、冈沟河工业绿带建设，建成口袋公园7个，打造公园绿地10分钟服务圈。围绕生活更美好，试点完整社区建设，改造老旧小区5个，实施雨污分流小区13个，建成污水处理提质增效达标区3个，争创省级宜居示范小区1个。系统优化城市管理。深入推进全国文明典范城市创建，广泛开展新时代文明实践活动，加强农贸市场、背街后巷、沿街商铺等重点部位监管，强化占道经营、私搭乱建、乱停乱放等违规行为整治，让城市秩序更井然、文明风尚更彰显。推进城市管理数字化升级，建设“城市大脑”，加强“一网统管”，完善智能高效的城市管理模式。制定全区规范物业管理指导意见，完善物管企业“红黑名单”制度，探索建立小区物管和业主“双向”约束机制，不断提升群众对物业管理的满意度。常态化开展违法建设整治，确保存量违建有序消化、新增违建有效遏制。实施城市生命线安全工程，加强城市地下基础设施信息化管理，建成使用盐都人防指挥所，构建布局合理、功能完善的城市防护体系。繁荣发展城市经济。把恢复和扩大消费摆在优先位置，鼓励汽车、家电、家居等大宗商品消费，支持零售、餐饮、住宿等行业恢复发展，积极培育医疗健康、养老托育、家政服务等消费新热点，全力拓展首店经济、夜间经济、假日经济等消费新场景，全年新增限上批零住餐企业100家。加强城市商圈建设，引导万达广场、吾悦广场优化业态，推进科技广场中央商务区招商运营，“渎上·老西门”创建省级步行街区，争创省现代商贸流通体系示范区。集聚壮大楼宇经济，招引研发中心、商务金融等楼宇项目200个，新增税收超亿元楼宇3幢，不断提高楼宇经济贡献度。放大省级跨境电商产业园集聚效应，加快城西南物流园提档升级，推动电商、物流、仓储等产业链资源融合发展，争创省级县域电商产业集聚区。

五、坚持城乡统筹，强化示范引领，打造乡村振兴样板。以创建全国乡村振兴示范县为抓手，夯实“三农”发展基础，加快促进农业高质高效、乡村宜居宜业、农民富裕富足。发展现代特色农业。严守耕地保护红线，坚决遏制耕地“非农化”、防止“非粮化”，全力保障群众的“菜篮子”和“米袋子”。统筹推进农业稳产高产和绿色发展，推广优质良种和绿色高质高效技术模式，争创全国农业绿色发展先行区。以“六园”为主阵地，加快推进种子种苗、种植养殖、精深加工、冷链物流全链条发展，新招引亿元以上食品加工项目3个，打造国家草莓种质资源备份圃，现代农业产业示范园通过省级验收。加强农业基础设施建设，新建和改造提升高标准农田5.5万亩，培植数字农业示范基地10个，创成省农业生产全程全面机械化示范县。实施“三品一标”提升行动，打造标准化全产业链，新增绿色有机农产品5个，新建生态渔场5000亩，建设大闸蟹交易市场，进一步扩大“鲜之都·盐都”区域公用品牌影响力。深化和美乡村建设。大力实施乡村建设行动，让乡村焕发新颜、增添内涵。坚持典型示范、片区带动，以125省道、331省道、蟒蛇河风光带为轴线，统筹推进新型社区建设和老旧村庄改造，争创省级特色田园乡村、省级传统村落各1个。稳妥有序引导农民进城入镇，分类指导群众新建、改建、迁建农房，改善1980年前农房3000户，打造市级农房改善示范项目5个。深入开展农村人居环境整治提升行动，扎实推进“厕所革命”，争创省级生态宜居美丽乡村示范县。主动服务盐泰锡常宜高铁开工建设，全力推进343国道改线工程，积极争取204国道绕城改道项目，创成全国城乡交通运输一体化示范县。实施乡村治理“都积分”行动，促进农村移风易俗，培育文明乡风，打造一批乡村治理典型。加快富民强村步伐。开展农民合作社、家庭农场质量提升行动，发展全程托管、“菜单式”半托管专业社会化服务组织，培植国家级合作社示范社1家、省级示范家庭农场6个。实施集体经济“一村一策”，有效盘活村级资产资源，探索发展物业经济、服务经济、“飞地”经济等新路径，确保年集体经营性收入超50万元的村（居）占比达65%以上。大力培育高素质农民、农村创业青年等乡村人才，加快发展农村电商、乡村旅游等新型经营业态，创造更多“家门口”就业机会，多渠道促进农民增收。稳慎推进农村土地“三权分置”和农村产权制度改革，深化集体经营性建设用地入市试点，不断激发农业农村发展活力。

六、坚持共建共享，统筹发展安全，创造幸福美好生活。深入践行以人民为中心的发展思想，回应民生关切，加大民生投入，推进共同富裕，让发展成果更多更公平惠及全区人民。提升群众获得感。强化就业优先导向，把促进重点群体特别是高校毕业生就业工作摆在更加突出的位置，全年城镇新增就业8000人。深入开展社保扩面提升三年行动，新增企业职工养老保险8000人，引导45周岁以上城乡居民应保尽保，确保被征地农民即征即保。提高基层医保经办服务能力，发展普惠商业补充医疗保险，优化多层次医疗保障体系，切实减轻群众就医负担。完善保障农民工工资支付长效机制，积极构建和谐劳动关系。进一步梳理整合各类救助政策，建立健全分层分类的社会救助体系，确保低保、特困人员、困难残疾人等特殊困难群体精准救助率达100%。加大临时救助力度，及时有效缓解结构性物价上涨给部分困难群众带来的影响。围绕群众“安居梦”，加快推进安置小区建设，建成交付安置房3561套。提升群众幸福感。加强城乡学校结对共建，深化教育合作办学、集团化办学，推动教育优质均衡发展，不断叫响“满意教育在盐都”品牌。更好落实“双减”要求，不断提升课后延时服务质量，全面加强青少年身心健康教育，让孩子们既勤奋学习又健康成长。学习借鉴三明医改经验，深化“三医”联动改革，实施镇村医疗卫生机构改造提升工程，组建区域医共体4个，持续优化医疗卫生服务体系和服务能力。扩大养老重点保障对象范围，健全普惠托育服务体系，实现老有所依、小有所托。深入推进全民阅读，创作更多反映时代风貌的文艺精品，组织基层巡演500场以上。深入开展全民健身活动，增强人民群众身体素质。提升群众安全感。始终坚持“人民至上、生命至上”，认真落实新阶段疫情防控各项举措，保障好群众的就医用药，重点抓好老年人和患基础性疾病群体的防控，确保顺利渡过流行期，实现平稳转段。坚持房子是用来住的、不是用来炒的定位，支持刚性和改善性住房需求，扎实抓好“保交楼”工作，确保房地产市场平稳发展。实行最严格的食品药品安全监管制度，构建从源头到消费全过程监管链条，切实让群众吃得安心、吃得放心。压紧压实安全生产责任，紧盯道路交通、建筑施工、消防安全等重点领域，常态化开展安全隐患大排查大整治，加强防灾减灾抗灾能力建设，不断提升本质安全水平。强化政府性债务管理，严格国有平台公司经营性债务管控，不断提升市场化经营能力。持续加强平安盐都、法治盐都建设，积极推动信访矛盾源头处置、有效化解，常态化开展扫黑除恶专项斗争，建成区矛盾纠纷一体化调处平安服务中心，争创全国社会治安防控体系建设示范城市。

加强政府自身建设

扛起新使命、谱写新篇章，对政府工作提出了新的更高要求。我们将主动担当、勤勉实干、奋发进取，加快转变政府职能，提升政务效能，努力建设人民满意政府。

坚定信念，忠诚干事。始终将政治建设摆在首位，坚持用习近平新时代中国特色社会主义思想武装头脑、指导实践、推动工作，不断提高政治判断力、政治领悟力、政治执行力。严守政治纪律和政治规矩，自觉践行、忠诚捍卫“两个确立”，增强“四个意识”，坚定“四个自信”，做到“两个维护”。坚持把党的领导贯穿政府工作的全过程各环节，胸怀“两个大局”、心系“国之大者”，确保中央、省市和区委决策部署得到有力有效的落实。加强政府系统党的建设，严格落实意识形态工作责任制，汇聚现代化新实践的强大合力。

依法行政，规矩干事。坚持把法治理念、法治思维、法治方式贯穿政府工作始终，深化法治政府示范创建，坚决按照法定权限和程序行使权力、履行职责。严格规范公正文明执法，让执法有力度更有温度。认真执行重大行政决策程序，落实民主集中制、“三重一大”事项决策机制，做到依法、民主、科学决策。自觉接受人大法律监督、政协民主监督和社会各界监督，高质高效办好人大代表建议和政协委员提案。高度重视国务院“互联网+督查”、“12345”热线等诉求办理，加快巡视、审计发现问题整改，深入推进政务公开和信息公开，让权力在阳光下运行。

务实严谨，高效干事。始终把抓落实作为政府工作主旋律，紧盯全年目标任务，健全推进、协调、督查、考核全过程闭环工作机制，确保各项决策部署落地生根。大力倡导“真抓实干、马上就办”，牢固树立“今天再晚也是早、明天再早也是晚”的理念，该办的事“事不过夜”办、难办的事攻坚克难办，让紧张快干在政府系统蔚然成风。对标对表先进地区，敢于同强的争、勇于同快的赛，以只争朝夕的速度、不甘落后的干劲，迅速掀起比学赶超、争先进位的热潮。始终昂扬拼搏奋斗姿态，敢于挑大梁、担重责，以“时时放心不下”的责任感、“人十之我百之”的精气神，创造更多经得起检验的业绩。

清正廉洁，干净干事。严格落实党风廉政建设责任制，切实履行“一岗双责”，巩固发展风清气正的良好环境。锲而不舍落实中央八项规定精神，紧盯“四风”问题隐形变异新动向，坚决防止反弹回潮。带头树立过“紧日子”思想，加强预算执行监督，严格绩效跟踪考核，压降“三公”经费和一般性支出，把有限的资源和财力用在推动发展、改善民生上。加强廉政风险防控，强化重大项目、国有资产、招投标等领域的行政监督、审计监督，进一步扎紧制度的笼子。支持执纪执法机关查处违纪违法问题，着力整治侵害群众利益的不正之风，永葆为民、务实、清廉的政治本色。

献礼二十大　“都”做新贡献

高新区：“高”“新”作笔　书写靓丽答卷

盐城高新区从无到有、从小到大，成为省高新企业和高新产业集聚区；先后创成全国首批国家产城融合示范区、国家知识产权试点园区、国家火炬智能终端特色产业基地、国家双创示范基地、国家创新型产业集群（试点）……一个个金字招牌相继汇聚。

创新高新区，十年跨越。党的十八大以来，高新区牢记“高”“新”使命，坚定不移贯彻新发展理念，持续擦亮国家高新区“金”字招牌，大力培育电子信息、高端装备、新能源三大主导产业，实施“科创森林成长”“科研平台提质”“都智汇”优才三大计划，经济社会高质量发展取得全方位跃升，交出一份亮丽的十年非凡答卷。

招商选资持续突破

2021年，高新区开展“重大项目突破年”活动，修订完善招商选资政策，调优配强专业招商人员力量，举办各类招商活动，主攻融入长三角、深耕大湾区、拓展环渤海，年内新签约东山IC载板、国电投储能电池两个50亿元以上项目的历史性突破，累计签约总投资10亿元的昶屹结构件、总投资10亿元的京泉华变压器、总投资10亿元的龙创智能驾驶等亿元以上项目31个，新开工大因多媒体、瑞莱铂机器人等亿元以上项目15个，新竣工康佳存储芯片封装测试、维信线路板二期等亿元以上项目14个，形成电子信息龙头牵引，高端装备、新能源梯次发展格局。

产业质态显著优化

继续奠定电子信息产业“领跑”地位，产业规模达200亿元，全年完成市三星级以上企业7家，其中东山精密、维信电子达到工业五星标准。神鹤科技、东九重工、亚一智能被认定为省级工业设计中心。维信电子获批全市唯一省互联网标杆工厂，同时获批省小巨人企业。7家企业获批省四星级上云企业，1家企业获批省智能示范车间。实施“产业载体焕新行动”，厂房高效利用取得实效，年内完成腾挪“三类载体”

空间6万平方米，土地、厂房利用率显著提升。

创新动能不断释放

中科院半导体集成技术研究院、无锡超算中心合作共建盐城超级计算中心相继落户，中科院高通量研究院累计实现技术服务收入7500万元，吉大盐城研究院挂牌本科生、研究生实践基地；开展“科技创新推进年”活动，推进主体培育、载体建设等重点工作，国家高企总数达281家，873家国家科技中小企业评价，汉印、吉能达等6家企业获市瞪羚培育入库，盐西孵化器、伦科技孵化器分别获得省市级认定；调整科技政策奖励模式，对企业进行分类评价，加大对优质企业扶持力度，激发企业创新主动性；制定“南北创新组团”发展目标，进一步明确载体定位、入驻标准，注重对科技、人才类项目招引和本科从业人员的考核，逐步规范项目评审机制和入驻流程，初步构建起大院大所引领、高新企业主导、孵化平台支撑的创新创业格局。举办电子信息行业发展大会、中国电子信息创新创业大赛等双创活动40余场及10次专场人才活动，签约落户科技项目15个、10个项目入选市领军人才项目、36个项目晋级总决赛，万名本科及以上比例达24%，双创氛围日益浓厚。

融合发展快速推进

举办新城项目开工活动，科技广场商业中心、创享街区、港府君澜大酒店、锦江都城酒店相继投入使用；科技广场中央商务区快速推进，建成后将成为盐城主城区西翼标志性建筑群和高新区重要的商务核心。合景泰富商业综合体完成规划审批，高新嘉园安置小区一期建成。体育公园西延滨河景观带对外开放，青年路两侧街头节点口袋公园建成投运，智创小镇学校等重点民生正在抓紧建设，中心城区品质显著提升。

民生事业持续繁荣向好

党的建设全面加强。开展党史学习教育和“两在两同”建新功行动，精心编印《璀璨盐龙》、拍摄《初心答卷》，在央视、人民日报等主流媒体发布报道10篇，拍摄

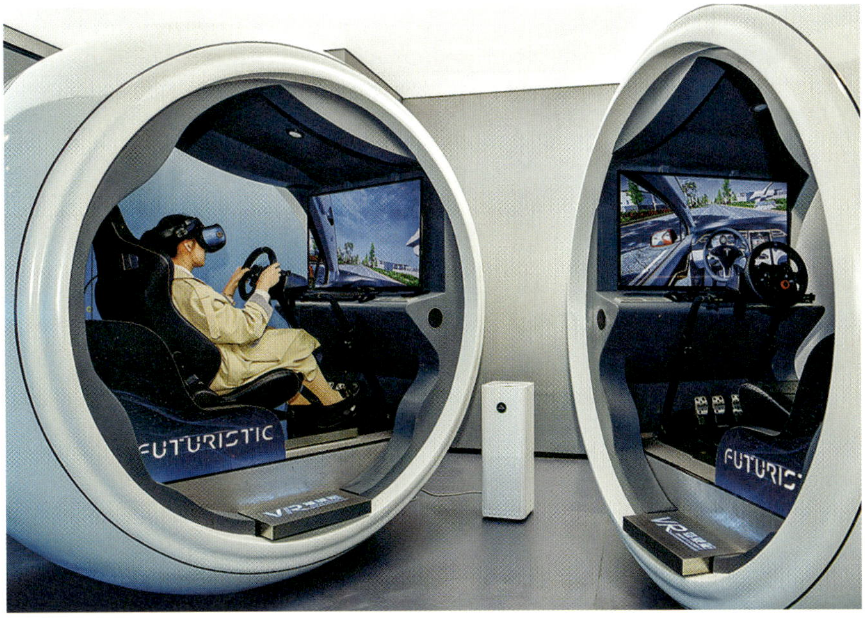

高新区智能终端展示馆体验区　　区融媒体中心　供

《盐龙人情新风民约》短视频，引导社会良好风尚，东山精密产业园、金贸集团、中恒宠物等党建品牌特色彰显。开展2021—2022年度基层党员冬训工作，街道133个党总支（支部）主要负责人带头讲好第一课，切实担负起第一责任人的职责，形成一级抓一级、层层抓落实的冬训格局。社会治理精准高效。持续深化“全员引领、全民参与、全域覆盖”实践，“28+1”安全监管工作机制有效管控危化品、燃气、消防等重点领域风险；扬州人员隔离点为“盐扬一家亲”作出积极贡献；创文工作位居全市同类板块前列；全省一流、全市领先的“一局三中心”为全市社会治理现代化工作观摩提供现场。群众幸福里子殷实。15个村（居）通过成立集体劳务公司、闲置土地出租、资金变资产、国有平台投资等方式，拓宽集体增收渠道，集体年收入全部达到50万元以上，其中超100万元5家。高新嘉园一期1298套安置房于12月21日分房，团购1500套安置房预公告已上网，住有所居得到缓解。

盐城高新区将贯彻党的二十大会议精神，围绕绿色低碳发展总体定位，以“争第一、创唯一”的精神状态，推动高新区二次创业、进位争先，确保“五年超千亿、挺进五十强”。

在做强优势产业上勇挑大梁

狠抓“大招商”、掀起招商选资百日攻坚热潮，力争再引进亿元以上项目15个，其中30亿元项目3个，100亿元项目1个。狠抓“大推进”，按照“跟踪项目抓签约、签约项目抓落地、落地项目抓建设、建设项目抓投产”，切实将投产达效作为检验项目重要标准，快推东山IC载板、国电投储能等重大项目建设。狠抓“大走访”，推进东山精密二级节点验收，维信牵头成立产业技术创新联盟，总量过百亿；加快推进企业智能化改造和数字化转型行动，年内覆盖面达60%，创成省级以上示范智能车间6个、智能工厂2家；大力推进“载体换新”行动，亩均税收达12万元。

在激发创新动能上勇站排头

加快中科院半导体所、上硅所二期建成运营，组建黄海实验室。推行企业创新积分制试点，力争在企业上市、境外研发机构建设等5项指标清零上取得突破。联合火炬中心办好新能源产业创新探讨会，推进新能源产业区域协同创新。用好20亿元高新技术产业母基金、安芙兰科创基金等投资矩阵，引培一批创新型企业。实施科技部“工业废水近零排放”项目，力争成为国内首个近零排放碳达峰的国家高新区。

在提升发展能级上勇争一流

深化与常高新、武高新合作成果，在产业协作发展、项目定向转移、科技协同

创新领域取得成效，对标常熟高新区，确保国家高新区排名进入前75名。深化“一区多园”建设，推进体制机制改革，建立岗位聘用制度和竞争性选人用人机制，激发人员动力和干事创业热情。提升园区载体能级，启动创新街区建设，打造“都U+”汇文公馆，加快科技广场中央商务区建设，放大“拿地即开工”示范效应，通过营商环境的“进”，带动经济发展的“优”。

盐龙街道：敢为善为勇挑大梁　只争朝夕奋发有为

年内，盐龙街道在区委、区政府和高新区党工委、管委会的坚强领导下，坚决贯彻落实“疫情要防住、经济要稳住、发展要安全”重大要求，牢固树立“争第一、创唯一”理念，全力推进“四个示范区”建设，聚焦服务高新区“产业超千亿、挺进五十强”导向，攻坚克难、担当奋进，街道经济社会高质量发展呈现“稳字当头、稳中求进”态势。

全力防控疫情　维护生产生活秩序

明确责任，做到坚决果断。成立街道主要负责人为组长的防控指挥部，细化制定25个工作责任清单，进一步明确具体事项，由科级干部牵头负责，下沉一线发现问题、解决问题，根据新情况打补丁、堵漏洞。成立5个督查组，时刻释放疫情防控责任“一刻不能松”“失责必问、问责必严”的鲜明导向。

立足早小，做到快速发现。持续造浓“戴口罩、查两码、测体温、扫场所码”“来盐报备”“有奖举报”的全员防控氛围。开展“扫楼行动”，摸清常住、重点、特殊等人群底数，按规定开展核酸筛查。加强管控集中隔离人员、居家健康监测人员，确保“盯到位”。全力推动企业稳产保供，形成接驳专班统筹、分管负责人负责、涉关部门承办的“一对一”接车保供闭环模式。

强化应急，做到以快制胜。坚持24小时值班、每日复盘研讨，及时接收上级交办数据，下发村（居）和相关条线，立即开展“三合一”专班流调核查，确保风险人员“第一时间”管控。科学制定全员核酸检测、“三区”封控、应急追阳等工作预案，多次在孙吴小区、福锦苑、锦尚花城开展实战演练，确保发生情况迅速处置。

多措并举增收　擦亮强村富民底色

全员招引项目。牢固树立“抓招商就是抓就业”理念，持续推动街道全员摸排项目信息、专职招商局跟踪推进项目，重点跟踪格科微电子、绿点科技等11个项目信息，嘉士伯啤酒扩能、大兴汽配扩能项目均已签约，正在积极实施，将提供更多就业岗位。

盐龙街道　　区融媒体中心　供

壮大集体经济。积极发挥产城融合发展优势，支持村（居）通过劳务输出、资产出租、平台投资等方式增加集体收入，创新运用健仁社区红色文化资源，成立金剑仁物业服务公司，打造“红色物业、幸福邻里”品牌，集体和群众实现“双赢”。

促进农业增产。严格落实还耕要求，将400余公顷林木移植在林保区、河边、路边，土地全部完成整理，并按照“三资”管理规定公开招标出租，完成农作物种植。有力应对疫情影响，组织“三夏”大忙抢收抢种，完成566.67公顷小麦收割，最高产量达36.67千克/公顷，完成773.33公顷水稻种植。顺利完成秸秆还田、“双禁”任务。

优化基层治理　提升文明创建成效

创新治理体系。坚持党建引领和精简高效原则，树立“大政法”“大执法”“大安全”理念，综合执法局力量下沉街道，牵头负责政法综治、信访稳定、安全生产、城市管理等条线工作，综合运用“网格”铁脚板、现代指挥系统、智能宣教设备等方式，有力实现人、物、环境系统联动防范。

强化法治意识。推进“一村（社区）一法律顾问”工作，大力培育102名“法律明白人”，8个村（社区）评为省级民主法治示范村（社区）。在全区率先成立街道法律咨询委员会，聘请4名法律顾问，全程参与人民调解和法律援助，为街道科学决策和依法行政提供法律支持，引导社会法治水平提升。

重抓创文行动。实施“1+12”专项整治行动，聚焦社区小区难点，按照一月一重点原则，推动环境卫生、集贸市场、背街后巷、线杆线缆等方面整治，切实推动各部门真正把硬功夫下在平时。街道新时代文明实践所承办区2022年“学雷锋志愿服务月”启动仪式等活动20场次。街道居民获评盐都好人2名，推荐盐城好人1名，获批新时代好少年1人。

快办民生实事　增强幸福生活指数

打造民生工程。持续改善丁晏小区、孙吴小区、教师公寓等老旧小区硬件设施，雨污分流、墙体出新、消防通道拓宽等工作完成70%以上。提供优质教育服务，智创小镇学校建筑和内装施工基本完成，室外工程进入扫尾阶段，智创路幼儿园动工。新建6座道路遮阳棚，方便交通出行。鹿鸣路等4处“口袋公园”全部投入使用。

兜牢民生保障。开展特殊困难群体救助帮扶专项排查整治行动，完成1015人入户走访，形成问题清单67条并处置销号，其中重点跟踪帮扶48人，已明确街道、村(居)两级帮扶责任人，定期回访并建立动态台账。开展“喜迎二十大、夏日送清凉”慰问活动，对低保对象、分散五保对象、困境儿童等人员及时发放救助资金。

加强民生扶持。开发疫情防控临时性公益岗位30个。指导并帮助辖区内创业人员申请一次性创业补贴2万元、创业带动就业补贴3.4万元、富民创业担保贷款15万元。160名人员进行就业困难认定并申请社保补贴。组织辖区内65人参加2022年首届家政服务培训，帮助提升再就业能力。

树牢底线思维　共建和谐稳定环境

守牢安全底线。与辖区所有企业签订2022年度安全生产目标责任书。紧盯危化品、易燃易爆、住宅小区等重点领域，开展安全整治，立查立改、闭环销号。完成工贸企业风险报告填报更新，村(居)自然灾害普查材料核查工作。组织《生命重于泰山》等安全警示教育、“5·12防灾减灾日”应急科普宣传、有限空间等专题培训。15个村(居)完成应急消防演练，与企业开展联合演练8次。

守牢环保底线。高标准完成3个中央环保交办信访件整改提升并通过省市复核。对涉溶剂源企业逐企检查，督促

科技广场　　区融媒体中心　供

废气达标排放；对餐饮油烟噪声污染、在建工地扬尘、砂石场未覆盖等问题联合检查，落实相关整改措施。启动黄刘、方向截污纳管工程，完成丁晏小区南侧管道整改提升；对冈沟河排污口进行排查，完成违规排污口封堵工作。

贯彻落实好党的二十大精神，是各层各级的“第一政治任务”。盐龙街道将围绕这一重中之重，按照区委区政府决策部署，以进位争先为导向，持续深化“全员引领、全民参与、全域覆盖”的社会实践，聚力推进全国文明、平安、生态街道“三个品牌”创建，奋力开创盐龙新气象。

筑根基　夯实稳定发展支撑

坚定不移强党建。加强《习近平谈治国理政》等理论学习，打造“党建+社会治理”“党建+红色物业”等特色品牌。开展基层党组织专项整治行动，提振干群战斗力。

持之以恒推项目。主动融入“产业大招商”，确保签约1个50亿元以上重大项目和1个5亿元以上项目，加快推进上半年3个签约项目竣工投产。

千方百计促富民。持续推进村(居)排查盘活闲置资源，通过平台投资、资产出租、劳务外包等措施，推动辖区15个村(居)集体年经营性收入全部超100万元，有序推进合心社区股份制分红，逐步在其他村(社区)推行。

惠民生　凝聚稳定发展合力

做实兜底保障。积极推动村(社区)书记“家家到”“户户访”，开展特殊困难群体慰问活动，完成优质企业结对帮扶32名困难学生任务。

改善居住品质。加快推进老旧小区改造，提速建设高新嘉园二期安置房，同步推进安置房团购。

提升幸福指数。全力推进全国文明街道、平安街道、生态街道创建，发挥新时代文明实践所阵地作用，做好“精”“细”文章，促进移风易俗，深化法治建设，提升绿色含量，提高群众满意度。

守底线　营造稳定发展氛围

疫情要防住。强化常态化防控措施落实到位，在25个工作责任清单引领下，推动科级干部下沉企业、村(居)一线，找漏洞、打补丁，筑牢全民防疫体系。

安全要确保。压实“28+1”安全生产责任，常态化实施“全覆盖、抓重点、靠智能、强应急、严惩处”策略，提升本质安全水平。

盐渎街道：砥砺奋进挑重担　跨越赶超当排头

党的十八大以来，盐渎街道以习近平新时代中国特色社会主义思想为指引，积极践行新发展理念，奋力推动高质量发展，在各项工作中勇于"争第一、创唯一"，经济引擎持续发力，民生福祉增强，街道经济社会保持良好发展态势，人民群众获得感、幸福感、安全感显著提升。

经济高质量发展篇

经济实力稳步增长。2021年，面对严峻复杂的宏观形势，盐渎街道积极应对、精准施策，各项主要指标均完成年度目标，实现一般公共预算收入超11亿元、地区生产总值105亿元，分别突破十亿和百亿大关。服务业增加值、社会消费品零售总额总量和增幅全区第一；新增"四上企业"17家，数量全区第一。

产业发展提质增效。2021年，商务商贸、汽车消费、数字经济三大百亿服务业实现主营业务收入超350亿元。电商物流园借助国家电子商务示范基地品牌优势，扩大跨境电商业务，全年入驻跨境电商企业20家，实现跨境电商交易额20亿元，创成全市唯一省级跨境电商产业园；智能制造业轰响发展油门，伯恩特5G精密件、亿豪智能阀门等项目稳步推进，同力糖果工业旅游区创成全市唯一省级工业旅游区。新签约特斯拉盐城服务中心、盐城跨境电商产业园等项目15个，计划总投资20亿元；新开工临港智能研究院、顺丰客服等项目12个，总投资15亿元；新竣工普洛斯智能仓配中心、中心金库等项目13个，总投资20亿元。

城市经济注重"特色打造"。吾悦广场、恒大名都、盐渎明城三大特色商圈，新增商户65家，实现总销售额12亿元；神州路、海洋路两大特色街区"书香、金融、文明"和"智慧、乐活、生态、宜居"主题更加凸显；商务楼宇围绕科创服务、数字经济、金融保险等特色，加快优质企业集聚，新增楼宇总部企业105家。汽车服务大厦持续发挥亿元楼宇的样板效应，全年实现税收1.28亿元。金融大厦特色楼宇紧跟其后，新入驻苏州银行盐城分行、天安财险盐城总部等金融机构7家，实现税收5000万元。

村级经济迈向"共同富裕"。巧用资金，各村居以每平方米低于市价3000多元的价格团购紫峰大厦房产，产权明确到村，街道公司租赁运行保收入；用好土地，在同桂村、杨韦村试办集体农场，实现年增收25万元；发展农旅，重点打造花吉村千亩葵园，将民宿体验、景观休闲等旅游元素嵌入其中。最终，15个村居年经营性收入均超70万元。

盐城国家电商示范基地　　区融媒体中心　供

党的建设篇

2021年，盐渎街道始终坚持把党的政治建设摆在首位，党建工作走在全区前列。

政治引领坚定有力。精心做好建党100周年庆祝工作，认真做好"两优一先"评选表彰工作，对获得党内功勋荣誉表彰的党员、生活困难党员、烈士遗属开展走访慰问。学习宣传习近平新时代中国特色社会主义思想，立足市基层党员冬训试点，打造"书记直播间"，推动党的创新力量飞入寻常百姓家。精心创作，党建作品《沉默的炽热》获得"百年风华"全省党员教育全媒体作品创作大赛三等奖。

阵地建设稳如磐石。建成网红直播基地、物联大厦楼宇党建阵地2个；实现15个村居新时代文明实践站、点全覆盖，开展送戏下乡等文化惠民活动200多场次，花吉文化大院入选省"最美公共文化空间"。

人才队伍精干高效。积极推进"两新"组织党务工作者专业化建设，9名企业支部书记获得区委组织部资格认证，沈书荣被评为全市首批高级党务工作者。实施"新业态、新青年"——"两新"党员发展计划，加大在网红直播基地、电商物流园和汽车后服务业发展党员力度，9人光荣入党。

民生实事篇

2021年，盐渎街道教育公平、创业就业、全民健身等社会事业取得全面进展。教育公平显著增强。新建吾悦和府、观棠府、凤麟府三所幼儿园和吴抬路中小学，教育资源空间布局更加优化；启动冈中初中食堂内装、传达室拆建及消防改造工作，第一初中和神州路小学改扩教室16间，让孩子们在家门口享受优质教育。

创业就业更有动力。帮助创业人员申报担保贷款近200万元，扎实开展属地企业专场招聘会，提供岗位624个。

汽车城外景　　区融媒体中心　供

依托网红直播基地，培养新业态人才。

全民运动蓬勃发展。积极组织“乐动万家，健美盐都”新年长跑、“颂歌献给党，幸福舞起来”广场舞展演、“乡村振兴大众骑行”盐都分站赛等活动，群众收获健康快乐，街道荣获“区长杯”机关乒乓球比赛乡直组团体第一名、区首届足球赛第二名。

美好家园建设篇

2021年，盐渎街道坚持“为民建城、建城为民”理念，城乡共同发展成为显著特征。

城市功能有机更新。全年出让经营性土地4宗27.82公顷，在建精品楼盘11个，开创家园安置房建设稳步推进，盐塘家园二期按期分房，居民住房条件持续改善。聚焦城市空间的公共性与多样性，谋划推进“道路+”工程，实施完成海洋路提升改造，纬支三路道路新建；加快推进“公园+”项目，新增11个口袋公园，植入更多海洋、法治、消防等特色元素，让居民在休闲娱乐中享受文化趣味、接受知识熏陶。

乡村建设提速升级。扎实推进现代乡村美丽风光工程，新建道路3000米、污水管道2500米、桥梁9座，维修道路8000平方米，新增路灯800盏。花吉新型农村示范社区创成省“美丽家园”，全年接受国家、省市区各级领导150余次观摩指导。

治理效能稳步攀升。践行全过程人民民主，构建共建共治共享的城乡治理新格局。持续放大全市首家街道“议政代表会”效应，全年征集处理群众意见建议46条，社会安防等实事项目有序推进。充分发挥政协“有事好商量”平台优势，“厕污共治全纳管，改善提升水环境”等主题协商议事活动得到群众肯定。真诚回应居民诉求，切实维护群众合法权益。立足一支157名网格员队伍，积极探索“一格六员”党建引领社会治理体系，城乡治理现代化水平显著提高。

下一步，盐渎街道将学习贯彻落实党的二十大会议精神，借鉴邗江区园区发展、企业转型、生态文旅等方面经验，以“人一之我十之”的劲头，切实稳经济、促发展、挑重担，在绿色低碳发展的新赛道上奋楫争先。

快转型　增强发展动能

持之以恒强产业。推进工业转型，实施悦达棉纺等企业智改数转和龙济机械等企业载体焕新；加快服务业提档，提升物流园数字化、智慧化水平，加大汽车广场高端品牌和新能源汽车销售比重，做优吾悦广场首店经济和夜间经济。开展“企业大走访、项目大推进、产业大招商”活动，推进闪奇电器新三板上市，全年新培育78家“四上”企业，各项经济指标全面完成。

招大引强攻项目。开展招商百日攻坚活动，年内再签约亿元以上项目7个；依托全市唯一省级跨境电商基地，全年新增跨境电商企业10家，交易额超3000万美元；挖掘楼宇资源潜力，招引总部经济企业30家。

快开快建促投产。超前谋划怡宁综合能源、华晓医药、冈中5.33公顷联动区等明年市“家家到”拟观摩项目；快推由禾家电、广汽埃安等项目年底投运；加快21个“两重一实”和13个城乡重点项目建设，确保按序时完成任务。

强基础　改善城乡面貌

打造绿色生态宜居环境。进一步提高思想认识，全员发动、全员上阵、齐抓共管，巩固文明城市创建成果。

高水平推进生态环境治理。深化扬尘污染综合治理，强化建筑工地、道路、堆场等扬尘管控；推动餐饮行业规范发展，推进餐饮企业油烟治理，加强执法监管，推进重点管控区域内餐饮经营单位安装在线监控；持续打好黑臭水体治理攻坚战，巩固前期中央环保督察组来盐期间的治理成效，对街道辖区内水体进一步排查，实行即时整治，动态消除。

高标准实施农村人居环境整治。加快推进19座厕所改造，开展以清理垃圾、清理塘沟、清理废弃物为主要内容的乡村清洁行动。加大居民家前屋后的环境整治，努力打造环境优美、舒适安全、居民满意的乡村美丽庭院。

潘黄街道：对标先进争排头　绿色赛道跑在前

渎上·老西门夜景　　　　　　　　　　区融媒体中心　供

党的十八大以来，潘黄街道上下坚持以习近平新时代中国特色社会主义思想定向领航，认真落实中央和省市区委决策部署，统筹疫情防控和经济社会发展，统筹发展和安全，奋力推动组团开发建设和乡村振兴，交出一份让组织放心、百姓满意的优秀答卷。

坚持创新驱动　产业质态大幅提升

潘黄街道始终把发展作为第一要务，聚焦新兴产业，突出创新创业，一手抓平台建设、一手抓项目招引，实现经济总量和质量双提升。2021年完成一般公共预算收入5.6亿元、提前2个月完成全年目标任务。16万方科创城一号产业园首批入驻启迪信通、易虎网、电老虎网等头部企业区域总部；盐西科技园创成省级孵化器。老西门成为网红新商圈，全街道批零住餐总额超过20亿元。同步做好“筑巢引凤”和“腾笼换鸟”文章，实现总部经济减量集约、提质增效发展，特色楼宇税收超过4亿元。

强化全域统筹　城乡面貌深刻变化

抢抓小马沟宜居组团一体化推进的重大机遇，提速实施安置房建设、市政设施等6大类28个重点项目，完成投资89.78亿元；城市设计和规划研究成果形成，鹿鸣路、吴抬路等7条道路竣工通车；盐龙体育公园全面运营、小马沟绿廊全线贯通，9个口袋公园建成开放，高规格承办全市迎新年长跑、马拉松等体育竞技赛事。高效设施农业、乡村旅游业和农产品加工齐头并进，完成产业发展、环境提升、服务配套等项目23个，培育做强草莓产业组培、育苗、种植、冷链物流、深加工产业链，新民村成为新思想实践典型、创成全国“一村一品”示范村和乡村特色产业亿元村，夺得第十届世界草莓大会举办权，荣获全国农业农村信息化示范基地和江苏省乡村旅游重点村等金字招牌。

突出以人为本　民生福祉全面增进

坚持以人民为中心的发展思想，全力推进教育、医疗、文化等民生实事，东进路中小学、科创城中小学建成办学，3所幼儿园竣工交付。重点攻坚城市微更新、微改造，完成7个重点项目扫尾清零、296户安置分房，宝馨花园、馨德苑等2个安置小区主体封顶，世纪新村、桃源居等4个老旧小区完成改造，前进合心花苑“共同缔造”试点获评省级宜居示范居住区。大力开展杨中河水环境治理，集中实施城镇污水处理提质增效达标区，城南污水处理厂三期工程主体封顶，30条河道水质环境改善。扎实开展文明典范城市创建工作，挂牌攻坚整改老小区、老厂区等安全隐患百余个；常态化做好疫情防控、疫苗接种、矛盾化解、涉羟整治，人民群众的幸福感、获得感显著增强。

坚持同心同向　党的建设更加有力

扎实开展党史学习教育，融合推进“两在两同”建新功行动和“我为群众办实事”实践活动，广大党员干部理想信念更加坚定。发挥红色教育基地等阵地作用，先后组织党委中心组学习12次、“红色大讲堂”27讲，线上线下受众超千万人次；解决群众急难愁盼问题近100个，惠及群众1.2万人。打造“万达商圈”“旭日社区”“半岛服务站”等一批党建示范点和先锋点，完成街道党委、村居“两委”换届工作。作风建设突出问题专项整治纵深推进，牢牢守住稳定、安全、廉政、生态“四条底线”，化解信访矛盾30条，党风政风持续向好。

年内，潘黄街道统筹经济发展、疫情防控和发展安全，各项工作实现较好突破。经济发展稳中提质。主要经济指标大多数位居全区前列，实现一般公共预算收入3.5亿元、外资实际到账552万美元，新增“四上企业”13家，圆满完成“双过半”；瀚赛电子投产，颐高科技入驻，老西门夜市人气爆增。城乡建设展现新貌。完成478户安置分房，8条道路开工，千亩草莓基地进场，仰徐创成全国乡村旅游重点村。民生福祉显著增进。4个市、区为民办实事项目交付使用，科创城中小学和2所幼儿园建成招生，敬老院创成区域示范养老服务中心。

下一步，潘黄街道将学习贯彻党的二十大会议精神，对标邗江、主动争先，开展“企业大走访、项目大推进、产业大招商”活动，自觉以“排头兵”的干劲和担当，奋勇跑在绿色低碳发展新赛道前列。

推动经济发展更加强劲

集聚科创链条。发挥启迪信通、颐高科技等专业优势，聚焦工业互联网、数字经济等领域，紧盯在手项目，集聚上下游科创企业、研发机构80家，加快打造科创新城。叫响老西门商圈。以夜间经济蓬勃发展为契机，联动盐龙体育公园，通过设立直播专区、沿河景观，发展更多业态，争创市级现代服务业集聚区。扩宽载体能级。提速建设大孙科创大厦、领翔大厦等楼宇，开展焕新行动，招引入驻科技企业和结算中心，打造更多亿元税收楼。

打造宜居宜业幸福家园

持续推进城市更新。快建鹿鸣路等8条道路，加快安置房扫尾，统筹老西门和老集镇片区更新，力争以微更新微改造打造极具烟火气的市井街区、老镇回忆。精心扮靓生态底色。坚决完成中央第二轮环保督察问题整改，推进提质增效达标区建设，抓好文明典范城市创建，营造水清、岸绿、景美的宜居空间。融合发展绿色农旅。以筹办第十届世界草莓大会为抓手，建好千亩草莓基地，构建组培育苗、高效种植、精深加工及休闲旅游于一体的生态农业体系。

书写品质发展高分答卷

铆足干劲、抢抓开局。紧扣全年目标任务，以“开局就是决战、起步就是冲刺”的奋斗姿态，以“争第一创唯一”的工作豪情，重点攻坚产业项目招引，积极推进组团整体开发，精心做好乡村振兴建设，强化主要经济指标监测，用心用情帮助企业解决好用工、资金、市场等难题。创塑品牌、奋勇争先。积极开展国字号、省字号优质品牌创建行动，以创促建、以创争优，进一步提升发展成色、彰显潘黄特色。担当作为、务实笃行。坚持把真干作为本分、实干作为责任、苦干作为追求，全面提高调查研究、创新发展、应急处突和群众工作等能力，一锤接着一锤持续用力，努力创造经得起历史和实践检验、人民群众充分认可的一流业绩。弘扬真抓实干、马上就办的作风，引导党员干部把全部心思向“谋实事”聚焦、向“干实事”用劲，锤炼破解难题、善作善成的本领，掀起激情澎湃、勇立潮头的干事创业热潮，用干部的“辛苦指数”换取高质量的“发展指数”。

大纵湖旅游度假区：对标找差再发力　创新实干促赶超

近年来，大纵湖旅游度假区在区委的坚强领导下，坚决贯彻中央和省市区委决策部署，坚持稳中求进工作总基调，去年度假区实现地区生产总值6.12亿元，同比增长7.1%；服务业增加值5.15亿元，同比增长8.3%；固定资产投资同比增长8.4%；城镇乡村居民可支配收入分别为47166元、27609元，同比分别增长8.6%、9.5%；一般公共预算收入1888万元，同比增长29.6%。

强化党建引领
党的建设得到新加强

创新“两新组织”党建+旅游项目，制作特色党建微视频。完成党建示范点创建暨基层党建品牌建设工作，东晋水城党支部活动案例被区委组织部评为“两新”组织党组织“十佳”示范案例，圆满完成村（社区）“两委”班子换届，全年发展党员24名。

文明创建工作再突出，大纵湖旅游发展有限公司获评“江苏省文明单位”，“文明旅游伴我行志愿服务队”被评为盐城市“最佳志愿服务组织”，大纵湖文明旅游志愿服务队被评为盐都区“十佳文明新事”，刘磊、薛培阳、宋忠凯被评为“盐都好人”。

党管武装工作持续强化，民主法治建设推进，群团、双拥、老干部、关心下一代等工作取得新进步。

景区建设集中提质
旅游产业高质量发展

品牌创建成果丰硕。度假区被国家体育总局授予国家体育产业示范基地；大纵湖旅游景区被评为“中国优秀旅游景区”、荣获盐城首个国家级服务标准化试点；大纵湖国家湿地公园被江苏省生态环境厅等4部门命名为“江苏省生态文明教育实践基地”；湖塘花海旅游项目入选“江苏省主题创意农园”名单，创成“苏韵乡情”省四星级园区；大纵湖获得江苏美丽河湖称号，建成江苏省首批、盐城唯一省级水情教育基地；湖鲜产品白壳螺蛳、鳙鱼、鳊鱼等通过国家有机产品认证；东晋水城开元观堂酒店荣获“第十三届中国最佳文化主题酒店”。

景区改造提档升级。完成入口、停车场、游客中心土建、红色大礼堂土建、内部道路提升、外湖码头改造等多处景

鸿雁放飞　　区融媒体中心　供

东晋水城　　大纵湖旅游度假区　供

点项目设施改造。提升大纵湖景区内涵。创建柳堡学院红色教育基地、二妹子菜馆沉浸式场馆。打造北宋党支部—孙兰生平陈列馆—芦荡迷宫—柳堡村的红色文化路线。优化东晋水城景区业态。清退商铺46家，引进十二乐坊、小莹春、无锡锡笼记等一批优质品牌商铺，提高业态集聚水平。

项目建设取得新业绩。5000万元风聆酒吧顺利竣工，固投达0.25亿元。完成接轨上海“三基地”建设，签约康养娱乐项目1个，总投资5000万元。建成湖塘花海农旅景区项目。培育“四上企业”2家、“个转企”2家。

绿色低碳持续推进
生态治理成效斐然

践行“两山”理念，推进生态振兴。以“水体治理”为重点，开展湖河清理、养殖污染整治、散乱污治理“三大”环保行动，获得中央生态扶持资金8700万元。大纵湖创成江苏省最美湖泊。大纵湖过冬的候鸟数量比往年增长25%。对景区、集镇实施绿化提升，2021年新增绿化面积24公顷。

社会事业全面进步
民生福祉不断增进

集镇面貌明显提升。完成集镇陈琳路、平湖南路和农贸市场等项目的改造提升；完成宋曹路东侧棚户区170户的拆迁等项目建设工作。改善农民住房条件。完成农房改造92户，完成土地复垦6.8公顷，推进进城入镇62户。

用心用情关爱困难群众。全民参加养老保险“三年行动计划”提前完成。2022年的医保缴费率达90%以上。巩固脱贫成果，对脱贫的276户进行回头看，将26户纳入低收入人口。

“农旅”融合发展加快。以湖塘花海景区为主体，打造集农耕体验、农事教育、旅游观光、亲子和特色民宿等功能为一体的农旅融合的田园综合体。完成镜湖、陈庄、迎湖三个行政村污水管网建设，实现村村有污水处理设施。打造倪杨市级美丽宜居乡村，并创建省级新型农村示范社区，成功通过省级验收。

教育教学水平显著提升。在2021年中考中，大纵湖初中创建校以来最好成绩。大纵湖初中被江苏省教育厅评为“十三五”期间江苏校园足球工作先进学校。

发展与安全统筹兼顾。常态化抓好疫情防控，无一病例发生。压实安全责任，安全生产平稳发展。开展“百团进百万企业千万员工”“安全发展示范城市创建”等安全生产宣讲活动，强化安全隐患督查和专项整治。强化社会治理，度假区社会大局和谐稳定。

下一步，大纵湖旅游度假区将把高质量旅游经济发展作为度假区的发展核心、紧扣创建国家级旅游度假区目标，丰富东晋水城业态，加快大纵湖景区提升和湖荡风情小镇建设，争做绿色低碳发展的典范，加快建设生态环境优美、旅游体验丰富、配套设施完善的高品质度假区。

群策群力抓招商引资

抢抓省级湖荡特色风情小镇创建机遇，依托大纵湖水产资源禀赋，就地取材，打造湖鲜一条街，提升镇容镇貌；打造东晋水城主题街区，优先打造小吃一条街和非遗一条街；建设大纵湖景区亲子亲水类项目，实施九九艳阳天红色文化的内涵提升；对湖塘花海重新定位提升，探索精品垂钓等项目的落地可能性；影视城、绿丘营地探索对外招商运营。

加大品牌创建力度

推动“大纵湖白壳螺蛳”国家地理标志、湖塘花海景区中国休闲农业和乡村旅游精品五星级园区、省级湖荡风情小镇的创建工作。对标国家旅游度假区创建标准，进一步完善硬件设施和软件标准，丰富旅游度假产品，提升业态和服务水平，推进度假区旅游业高质量发展。践行两山理论，推动绿色发展，全力推进里下河风光带建设，融入“戏水湖荡湿地”和“西部湖荡湿地”旅游经济带，擦亮大纵湖国家湿地公园名片。

持续提升景区内涵

东晋水城围绕长三角知名湖荡康养休闲度假目的地定位，重新规划现有布局，打造特色餐饮街区和非遗文化示范区。丰富“建安大街、石梁街、宋街”三条主街的街区氛围，提升演艺效益；利用“一门双状元”元素，开发沉浸式演艺节目；对现有的“九九艳阳天”水秀表演、灯光秀进行再提升；开发汉服巡游、篝火晚会等多项度假夜游产品，推动夜经济发展。

丰富景区内涵，提升大纵湖景区品质。对湖中湖餐厅、清风阁长廊实施拆除重建，景区内增加湖鲜餐厅等美食，童心岛增设游乐设施等。完善服务功能，推进绿丘营地提升。翻新游客服务中心、平整草地和路面；置换陈旧老化的房车、对现有的露营地行外立面更新，搭建帐篷营地；配全户外烧烤、亲子主题餐厅等。

全面提升发展软实力

招引专业人才。着力打造一支集设计策划、创意营销、宣传包装、政策指导、项目管理及教育服务等为一体的高素质旅游管理队伍，为度假区打造生态康养度假基地提供智力支撑和人才保障。

开发文旅产品。围绕IP打造景区独有的文创产品（包含农副产品等），开发富有特色的文创“伴手礼”，对大纵湖蟹油、蟹黄、特色芦苇编织品等进行创意化包装加工，拓展销售市场，提升旅游人气。举办螃蟹节、螺蛳节等特色活动，扩大旅游节庆效应，延伸旅游产业链，实现“以文塑旅，以旅彰文”的契合，推动度假区经济发展。

提升服务质量。建立健全旅游服务质量监管和提升制度体系，完善旅游质量安全风险评估等制度；建立和完善旅游服务质量评价体系，推动形成旅游质量目标管理长效机制。

“农旅融合”助力乡村振兴

以景区带动，把旅游元素更多地融入镇村，使旅游发展与践行“乡村振兴”战略紧密结合起来。“农业+旅游”，打造渔业乡村。争创渔业发展示范区。把倪杨社区打造成省级美丽宜居渔村，让旅客亲身体验里下渔民的生活感受，吸引更多游客宜游宜玩，实现景区和村庄融合式发展。“农民+旅游”，带动富民强村。鼓励引导有条件的农户，开办农家乐、乡村酒店、特色民宿，有效提高村民经济收入，带动本地农民创业就业。“农产品+旅游”，推动一二三产业融合发展。以农业产业为基础，发展农产品精深加工，促进农产品向特色旅游商品转变，并围绕乡村旅游主题拓展衍生产业，开发文创旅游商品，提升乡村休闲旅游价值链。

台创园：提振信心聚焦关键　精准发力凝聚合力

台创园以125省道为中心轴，按照“两纵两横”的空间布局，建成“一港八园”的特色花卉专业园区，形成鲜切花、盆栽花、观赏花“三花”联动发展格局，先后获评全国农村创业创新示范园区、江苏省现代农业产业园区、盐城市AAAAA级现代农业园区，成为科技型花卉企业和人才的摇篮。

党的十八大以来，台创园在区委、区政府的坚强领导下，上下团结一心、奋力拼搏，统筹抓好疫情防控和经济社会发展，干出实实在在的新业绩。

凝心聚力　迈出高质量发展新步伐

经济运行稳中有进。上半年地区生产总值同比增长8.6%；规模企业工业总产值同比增长62.5%，全社会固定资产投资预计实现1.04亿元。产业项目有序推进，美青花卉育苗组培项目竣工投产，越丰食品加工顺利落户，设备已进场。

特色项目扩容增量。益商源花卉富民基地7万平方米连栋温室大棚上半年全部竣工投产，带动10余户本地花农富民增收。台海花卉港入选“省农耕实践基地”。

乡村振兴持续推动。建成高标准农田820公顷。村庄河塘按照“一村一河”开展实施清淤疏浚，岸边绿化。完成李庄村、三湾村新型农村社区配套工程建设。兴盐界河300米以内12个养殖塘口全部退养复垦到位。新建三湾新型农村社区三期62户、李庄新型农村社区146户，三湾村创成省级特色田园乡村，郝荣村入选省级传统村落、市级特色田园乡村。李庄村被市委市政府表彰为“全市乡村振兴先进集体”。开展先进典型推选活动，持续推进乡风文明建设。获评镇级文明家庭、最美家庭24户，“好婆婆·好媳妇·好妯娌”等十星级文明户2836户，占户比30.1%。2022年来共组织开展敬老助残、结对帮扶、文明劝导、法制宣传、环境整治等各类志愿活动484次，助力形成邻里互助、守望相助的乡风文明新风尚。

社会事业务求实效。常态化疫情防控工作慎始如终，重点人员摸排管控无遗漏、零差错；肇基小学、葛武初中基础设施完善，教学质量提高，葛武卫生院医疗设备更新换代，医疗能力提升。建立“食品安全倒逼机制”，加强村居食品安全工作建设。筑牢公共卫生屏障，加强妇幼卫生工作，健全社区卫生服务网络。

组织建设持续加强。扎实开展党史学习教育，李庄村特色主题党日活动、党建引领花卉富民、驻无锡创业支部党史学习教育等3个特色案例以及《平凡的坚守》微视频受到省、市媒体推广报道。入选区百佳党建示范创建单位7家9个示范点。

履职尽责守牢底线。强化底线思维，增强忧患意识，开展安全生产大排查大整治等行动，将监管关口前移到生产源头，采取全过程监管、追踪式督办等方式，抓住每一个环节和区域，严格执行安全生产“一票否决”制，坚决防范和消除各类安全隐患，守牢安全、环保、稳定、廉洁底线，社会大局保持和谐稳定。

进位争先　确保排名前移

年内，台创园积极谋划，找准短板，逐项研究措施、逐项落实工作责任，对标对表压实责任，成立工作专班，做到责任

连栋温室大棚航拍　　区融媒体中心　供

落实到人。

找准症结靶向发力。突破空白指标，补齐弱项指标。确保完成“一年跳档次，二年抢位次，三年进前列”目标。

学习先进奋勇争先。借鉴学习邗江以及其他全国先进园区经验，创新体制机制，探索符合自身发展实际的管理和运行机制。

立足产业　实现高质量发展

盘活闲置设施。重点盘活兰博园6万平方米闲置设施，跟踪洽谈普罗旺斯花卉公司和四川宜宾勤益农业公司，加大切花蝴蝶兰和切花红掌项目洽谈力度，加快项目签约速度。

强化院校合作。强化与南京农业大学、省农科院等高校院所合作，共建花卉果蔬科创中心，积极构建“园区+企业+院校”合作模式，提升产品质量和市场竞争力。

加强农旅融合。把农旅融合发展作为实施乡村振兴战略的重要抓手和载体，主动挖掘学生社会实践资源，打造游学基地，引导种植大户在草莓、葡萄、花卉等各类产业中植入休闲采摘、农业科普、农耕体验等旅游元素。

加大项目招引。持续加大总部经济招引，力争年内形成税收超百万元。强化楼宇经济招引项目，上半年招引1个项目已落户盐渎街道汇都商务楼，力争下半年再招引一个。

开展企业“大走访”活动。帮助企业协调解决用工、资金等问题，稳定企业发展。抓好限上批发零售涉农企业培育，力争再完成2家农业企业申报入库，“四上”企业总数达到6家。努力培植税源，招引总部经济企业20家以上。

强化保障　推动乡村振兴

走好乡村振兴道路。重抓125省道沿线“一村一品”产业品牌化培植，依托三湾葡萄、民强黄桃、李庄花卉、新杨肉鸽产业特色，争取创成省示范村3个，市乡村振兴示范村（特色村）6个。推动“新芽”嫩姜片、“乌健”葛根粉、“夏氏”鲜鸽蛋打造全省农业企业知名品牌。擦亮乡村振兴底色，助推文明城市创建。积极做好文明城市创建复查迎检工作，持续推进创文常态长效。

加快提升集镇品质。积极引导群众进城入镇，宅基地有偿退出150户、土地复垦5.33公顷。推进宗凌村凌华老村改造和郝荣村庄环境整治，打造凌华2.0版本、提升郝荣村庄文化内涵，争创省级特色田园乡村。扎实开展农村人居环境整治五年提升行动，进一步提升“五位一体”工作质效，全面推进厕所革命、生活污水处理、村容村貌提升。加强村集体农场管理和闲置资源盘活利用，实现村集体经济收入达35万元以上。巩固文明城市创建成果，新建富祥路停车场，实现集镇管理及街道绿化管理全面规范化、秩序化。建成启用镇级规范化、标准化便民服务中心，方便群众一站式办理业务。

以人为本　确保和谐稳定

持续推进疫情防控常态化。做好“外防输入、内防反弹”各项工作，坚持“人物同防”，筑牢疫情防控的坚固防线。

抓好安全生产工作。夯实各方责任，常态化开展安全隐患排查，紧盯冈沟河、兴盐界河重点断面，消除影响水质隐患，密切关注重点行业领域，高度重视人群密集场所，持续开展安全生产排查整治行动，强化问题整改，全面消除事故隐患，营造良好的安全氛围。

台创园将坚决贯彻“疫情要防住，经济要稳住，发展要安全”的重大要求，坚持系统精准施策，敢为善为，对照“勇当沿海地区高质量发展排头兵”，围绕“四个示范区”建设定位，持续发力，久久为功，推动各项工作再上新台阶。

龙冈镇：绿色发展争排头　奋勇争先当先锋

龙冈镇位于盐城主城区西郊，由原龙冈镇、鞍湖镇、盐城市果树良种场“两镇一场”于2001年6月合并而成。水陆交通便捷，省道233、234、331穿境而过，蟒蛇河、盐宝河横贯东西，下辖2个办事处（鞍湖中心社区、镇街道办事处）、1个果树良种场（盐城市果树良种场），共有34个行政村（社区、管理区）。辖区面积94.86平方千米，户籍人口71892人。

2021年，实现地区生产总值69.06亿元，一般公共预算收入1.44亿元，全口径开票销售33.8亿元。城镇居民和农民人均可支配收入分别达51275元、30953元。

生态禀赋独特。拥有桃花园、盐龙湖、凤凰古街、张本古村落等独具特色的生态人文资源和旅游资源，是国家级生态镇、国家生态公园（试点）镇、省级生态文明示范镇、省级卫生镇；桃花园核心区建设中，“三胡故里”初步建成对外开放。拥有省级非物质文化遗产保护项目2个（八桅立式大风车、龙冈柳编）、区级非物质文化遗产保护项目1个（面塑）。

产业特色明显。集聚以中联电气为龙头的输变电企业12家，被国家科技部认定为“中国变压器之乡”、国家火炬计划特色产业基地。坐拥市级工业园主园区，平台优势、发展空间得到进一步拓展。产业结构持续优化，电子信息产业从无到有，终端食品产业加快集聚，灰太狼食品获评省农产品产业化重点龙头企业，心思源食品与江南大学共建联合研发中心。省级科技孵化器龙冈科技创业园高质量通过省市绩效评价。

宜业宜居宜游。紧抓城北地区改造机遇，借好力、扬好势，致力打造大市区百万市民的后花园。蟒蛇河大桥、盐宝河大桥陆续建成，交通路网完善提升；凤凰幼儿园全省优质，龙冈卫生院全市乡镇一流，教育医疗水平全区领先；镇为民服务中心全区一流，村级文体活动广场全覆盖，群众幸福感、获得感持续增强。

龙冈镇坚持以习近平新时代中国特色社会主义思想为指导，全面落实“疫情要防住、经济要稳住、发展要安全”的重大要求，统筹做好疫情防控和经济社会发展工作，疫情防控取得明显成效，经济社会发展有序推进。

坚持稳增长 经济运行平稳向好

经济指标稳中有进，主要经济指标正增长。市场主体稳步回升。坚决落实国家和省市区助企纾困和减税降费政策，新增“四上”企业12个，新发展个体工商户169个，注册法人企业123户。营商环境优化，新建凤凰、桂吴、港北等村级便民服务站，累计帮助企业和个体工商户解决问题148条。

坚持抓投入 产业基础不断夯实

招商选资精准发力，围绕产业招商，优化招商体制机制，调优配强招商人员，新签约亿元以上项目9个。项目建设扎实推进，新开工亿元以上项目3个、新竣工3个。大力推进载体焕新，共腾退低效企业5家，盘活闲置用地1.73公顷、低效厂房2.85万平方米。科技创新成效明显，获批省星级上云企业4家，第二批11家正在申报。持续壮大高新技术企业集群，新申报国家高企9家、复审4家，获批科技型中小企业31家。3家企业申报省级工程技术研究中心，7家企业申报省科技副总，7家企业成功认定市科技副总，签订7个产学研合作协议。规上工业企业研发投入达6459万元、增长31%。

坚持重统筹 镇村面貌持续改善

集镇品质提升，聚焦集镇建设和古镇更新，完成“三区三线”划定工作，修改完善古镇更新方案，启动编制龙冈集镇和鞍湖中心社区控制性详规。建设凤凰社区、北港二组和鞍湖中心社区污水管网，龙湖名邸安置小区主体封顶，二纵沟、三纵沟与蟒蛇河实现连通。加强住宅小区建设管理，5个小区成立物业管理委员会。扎实开展文明城市创建“1+12”专项行动，累计排查整治问题82项，清理生活垃圾2.16万吨，拆除违法建筑1800平方米。乡村振兴加速推进，加快农业现代化建设，亿元农业重大项目开工1个，完成投资5000万元，“龙冈茌梨”获得国家农产品地理标志认证。持续推进农民住房条件改善，杨斌新型农村社区、军营和兴福新型农村社区二期、大吉新型农村社区工程基本完成。新建农村生活污水处理设施10个，启动户厕改造840户。生态建设力度加大，推进打好污染防治攻坚战，203处拦河渔网全部清理，池塘生态化改造和设施大棚虾整治水采样抽检达标率100%，国考断面水质稳定达标，环境空气质量改善。

坚持保民生 社会大局和谐稳定

民生保障持续改善，有序推进9件列区、7件镇为民办实事工程。统筹推进稳就业促创业，开展就业创业技能培训100人，援助就业困难人员再就业418人，为29家企业申请稳岗补贴45.25万元。城乡居民人均可支配收入分别达41665元、25426元，分别增长4.5%和5.9%。社会事业加快发展，积极探索幼托一体化保教新模式，桃花园幼儿园加快建设，新建康复医院高压氧舱，全面更换老旧小区体育健身器材，完善“一老一小”服务体系，新建大潘、刘垎2个居家养老站点。风险防范坚定有力，开展安全生产专项整治三年行动，扎实组织安全生产大检查，重点开展经营性自建房、龙冈中学周边群租房、燃气安全等方面排查整治，关停企业2家，新建市政消火栓12个，拆除泡沫夹芯板出租房14间。有效防范金融风险，严厉打击非法集资、涉老诈骗，切实加强农民资金互助社和专业合作社日常监管。全面加强社会治安综合治理，持续开展扫黑除恶斗争，保持涉羟涉毒等各类犯罪严打态势，扎实推进信访问题攻坚化解。

下一步，龙冈镇将围绕“疫情要防住、经济要稳住、发展要安全”，着力抓好以下几方面工作：

强化赶超意识 全力以赴稳住经济发展大盘

高效统筹疫情防控和经济社会发展，研究经济工作，主动学习赶超对象，紧盯年度目标任务，逐条逐项研究分析指标支撑数据，查漏补缺、补齐短板，确保各项经济指标稳步上升。持续完善助企纾困、减税降费政策“点对点”送达机制和跟踪监测机制，服务专班送政策上门做宣传，帮助企业组织申报，让企业应享尽享、能享快享。开展“企业大走访、项目大推进、产业大招商”活动，鼓励引导企业打足设备投入、全力开拓市场，年内新增“四上”企业16个，培育星级企业6个。

坚持项目为王 全力以赴加快项目招引建设

增强危机意识，压紧压实全员全面全年招商责任，在全镇上下进一步造浓“言必谈招商，行必为招商”的招商热潮。坚定不移把产业项目作为稳增长的重中之重，围绕全区产业链，聚焦电子信息、高端装备、终端食品产业，努力招引一批龙头型、强链补链型项目。重抓项目投产达效，强化专班服务，全力保障涛生保健品等3个在建项目快竣工快投产，智能硬件等6个项目快开工，确保全年新竣工亿元以上项目5个。严把项目落户关口，全面推进载体焕新，对不符合产业定位、不达亩均税收标准的逐一制定腾

江苏恒隆通新材料科技有限公司　　区融媒体中心　供

退方案，年内再腾退低效企业2家以上、低效厂房1.5万平方米以上，为大项目好项目腾出发展空间。

聚焦创新驱动 全力以赴推动产业转型升级

进一步放大国家高新区示范带动效应，强化“一区多园”的发展担当，扎实推进“科技创新推进年”，年内国家高企总数突破40家。加大智改数转工作力度，鼓励支持恒隆通、中联电气等企业实施智能化改造、数字化转型，确保规上工业企业智改数转覆盖面达60%以上，恒隆通公司争创“专精特新”小巨人企业、创成省示范智能车间。鼓励引导企业与高校、科研院所合作借智发展，年内引进领军人才2名、高层次人才创业项目1个。

追求绿色低碳 全力以赴提升镇村发展品质

持续做优总体规划布局，完成集镇区域控规编制工作。优化集镇管理体制机制，将创文自觉融入日常，推进创建工作走深走实，做到全域争先、全员尽责、全面出彩。加快完成北港二组雨污水、凤凰社区一期污水管网工程，启动凤凰社区二期污水管网工程。完成龙湖新村、永明商住楼小区不动产权证办理工作，加快农房一体化办证。聚焦村（社区）产业发展，强化农业项目招引，确保年内新签约亿元以上农业项目2个。“一村一策”实施集体创收项目，确保年底前村集体经营性收入均超32万元，其中50万元以上不少于50%，村级债权下降50%以上。省级生态循环农业试点工作确保通过省验收，创建省级农机示范合作社1个。抓好新型农村社区建设与管理，分类改造兴福、晓庄老村庄。完成农村宅基地有偿退出工作，引导群众进城入镇，持续改善住房条件。从严加强耕地保护，严格落实路长制、河长制、林长制，进一步压实“五位一体”责任。扎实做好中央环保督察“后半篇”文章，继续打好蓝天、碧水、净土保卫战，确保下半年国考断面水质、空气质量稳定达标。大力发展生态文旅产业，配合做好桃花园、三胡故里景区建设运营，培育壮大乡村休闲旅游，放大生态富民效应。

重抓社会治理 全力以赴兜牢民生福祉底线

坚持人民至上、生命至上，认真做好疫情防控工作，该管的坚决管住，该保的坚决保住。落实就业保障政策，年内再开展技能培训300人，确保零就业家庭至少有一人尽快就业。紧盯“一老一小”和困难群体，实施鞍湖敬老院改造提升工程，做好高龄人群适老化改造和社区养老，开展多种形式的活动关爱未成年人、关爱困难弱势群体，巩固脱贫攻坚成果。全面提升医疗卫生机构服务能力，推动医疗资源整合，打造“家门口”优质医疗，着力构建15分钟医保服务圈。开展平安龙冈建设，开展房屋出租管理专项整治，打造张本、晓庄等一批乡村治理样板。持续推进网格员队伍提升工程，配足、用好专职网格员，在服务群众、发现问题上下功夫。开展社会稳定风险隐患大排查大化解行动，化解各类矛盾纠纷，持续推进全国禁毒示范城市创建，坚决打赢涉羟涉毒人员核查管控会战，严厉打击各类违法犯罪行为。防范化解金融风险，严厉打击各类非法金融活动。扎实开展安全生产百日攻坚行动，认真组织安全生产隐患大排查大整治，进一步压实“三个责任”，确保安全生产形势持续稳定向好。

大冈镇：富民增收有保障　平安和谐展新貌

2014年7月，大冈镇被住房城乡建设部等七部委确定为全国重点镇。

2018年3月，江苏省环保厅公布大冈镇为首批江苏省生态文明建设示范镇村。

2021年10月，大冈镇上榜2021年全国千强镇名单，排名第908位。

大冈镇是苏北里下河地区的一个古老集镇，亦为江淮名镇，黄海之滨的经济重镇，始建于汉朝，因“沙岗之巨”而得名。位于沿海开放城市—盐城市的正南大门，距市区20多千米。一级公路贯穿镇区。区域总面积81平方千米，全镇共有30个行政村、250个村民小组，一个街道办事处、9个居委会，总人口5.3万人。大冈镇是全国文明乡镇、省综合实力五十优乡镇、省文明单位。

大冈镇坚持以习近平新时代中国特色社会主义思想为指导，深入贯彻党的十九大和十九届历次全会精神，完整、准确、全面贯彻新发展理念，聚焦“四个示范区”建设，锚定市外学兴仁，市内赶时堰学赶目标，坚定不移做好富民增收文章，提升公共服务水平，打造平安和谐大冈，加快建设沿海城市卫星镇、乡村振兴样板镇，开启“强富美高”新大冈现代化建设新篇章。

经济发展迈上新台阶

主要指标稳健增长。2022年上半年全镇积极应对新冠疫情等因素影响，全力稳定经济基本盘，完成一般公共预算收入5387万元，增长9.2%；地区生产总值、固定资产投资、规模以上工业增加值、服务业增加值分别增长1.9%、10.3%、4.1%和1.1%，全口径工业开票销售、规上工业开票销售均增长2%。项目攻坚有力突破。扎实开展“重大项目攻坚年”行动，加大外出招商、全员招商力度，总投资5亿元的江苏品盐实业、总投资超亿元的韩进汽车配件、建邦汽车空调配件等项目签约落户，新开工项目3个，新竣工项目3个，其中，列市5000万元以上重点项目鸿华特种设备上半年开建并投产，建邦汽车空调配件项目上半年引进、上半年建成投产。企业培育量质并举。用好用足各项扶持政策，支持企业应对疫情影响，持续做大做强，新申报入库“四上”企业6家，规上工业增长面保持在52%以上。引导企业苦练内功、强筋健骨，新增省三星级上云企业4家。实施载体焕新计划，腾退盘活亩均

D档低效企业6家。创新动能持续增强。重新申报、新申报国家高企22家，新申报"瞪羚"培育库入库企业1家，新增国家科技型中小企业评价入库30家，新认定市级以上工程技术研究中心2家。新立项省产学研合作项目2项，新认定市科技副总5名。企业与高校签订产学研合作项目14项，其中新实施长三角地区产学研合作项目7项。新增发明专利授权19件，净增15件。

城乡建设彰显新面貌

集镇形象提升。集镇控制性规划调整工作有序推进，街区空间布局进一步优化。政府停车场、双创园停车场充电桩安装等市政工程全面完成。扎实抓好深化全国文明城市创建工作，占道经营、乱停乱放等不文明现象得到治理，老旧小区、后街里巷等整治工作常抓不懈，镇容环境持续改善。乡村建设稳步推进。省为民办实事项目——丰乐村党群服务中心正在建设。佳富新型社区建设已成为全市样板。傍徐、丰乐新型社区基础设施配套到位，光明新型社区基础设施配套正在扫尾。完成有偿退宅25户，新增耕地0.8公顷。耕地占补平衡项目入库23个地块，可新增耕地面积11.11公顷，拓宽改造农村公路3条15.6千米，新建公路桥梁5座，实现农村公路安保设施全覆盖。现代农业提档升级。现代农业园区被认定为全国农村创新创业园区。中国农科院郑州果树研究所研究生专业实践训练基地在大冈镇正式挂牌成立。江苏省食材配送联合体二期项目如期推进，绿色稻米基地新流转土地66.67公顷。镇农产品质量监管站创成省四星级乡镇农产品质量安全监管机构、省100家优秀乡镇监管站，397个农业大户纳入省监管平台监管，成功续报绿色食品品牌16个，累计拥有绿色食品品牌39个、有机品牌1个，全镇绿优占比83%。新增农业发明专利15项，育成桃果新品种2个。退林还耕58.93公顷。环境质量持续改善。省政府民生实事工程——佳富整村户厕改造工程正在建设。佳富村生活污水治理工作为全市农村生活污水治理工作现场推进会提供现场。农村河道生态治理项目通过验收，复垦兴盐界河沿线蟹塘168.53公顷，生态化改造养殖塘口245户，清理渔罾渔簖和养殖网箱55个，国省考断面水质稳定达标。创成绿美村庄2个。秸秆禁烧继续实现"零火点""零通报"。

全国农村创新创业园区——大冈特色桃果产业园区　　大冈镇　供

民生福祉交出新答卷

疫情防控扎实有力。坚持平战结合、精准防控，守住"外防输入、内防扩散"防线。社会保障力度加大。完成高新区智创园入职在岗112人，新增城镇就业356人，援助困难人员就业141人，安置临时公益性岗位45人。新参保各类社会保险1068人。低保、特困、困境儿童等弱势群体得到及时救助，累计发放救助资金770多万元。镇慈善分会被表彰为市优秀基层慈善组织，获评市慈善爱心企业2家、市"99公益日"活动先进单位1个。社会事业协调共进。大冈中学高考实现新突破，本科达线近300人。大冈初中中考700分以上27人。大冈中心卫生院全面落实14大类55项公共卫生服务项目，提升医疗服务质量。精心组织开展"喜迎二十大，阅读颂辉煌"大型图片展览等文化活动，推动全民阅读，传递奋进力量。

平安建设得到新加强

本质安全水平持续增强。"三年大灶"有序推进，聚焦重点行业，突出重点时段，共检查企事业单位和场所400多家（次），排查整改问题隐患1300多条，市区挂牌交办问题及时整改到位，新安法学习宣传、"百团进百万企业千万员工"宣讲活动等工作扎实推进，全镇安全生产态势平稳。社会治理能力持续提升。扎实开展特殊困难群体救助帮扶和妇女儿童权益保障问题专项排查整治行动，排查发现的问题得到有效处置。积极推进禁毒示范创建，荣获区禁毒工作优胜单位，镇禁毒办创成市禁毒示范点。

大冈镇将严格按照中央和省市区委部署，扛起光荣使命，保持奔跑姿态，坚定"市外学兴仁，市内赶时堰"信心，加快沿海城市卫星镇、乡村振兴样板镇建设步伐，在勇当沿海地区高质量发展排头兵中体现担当、进位争先。

争先进位　比学赶超立潮头

始终把项目招引摆在头版头条位置，着力招引建链补链强链等制造业关键节点项目，力争签约亿元以上项目2个以上。加强数字技术、工业互联网创新应用，促进数字经济与实体经济深度融合，新增省星级上云企业4家以上。继续实施智能制造赋能、专精特新提升和龙头企业扩容工程，新增省智能化首台（套）重大装备企业1家，争创市级以上专精特新"小巨人"企业2家，新认定区星级企业3家，新增工业定报企业2家以上，培育纳税超400万元企业2家、超100万元20家以上。重抓载体焕新，继续对亩均低效、厂房低效、闲置土地提档升级，提升规模效益。依托全民双创园省级孵化器、省鞋机商会等载体，延伸科技服务功能，打造助力科技企业创业的硬核平台。突出企业创新主体地位，加大科技型企业引培力度，新认定国家高企13家。坚持“有事解忧、无事不扰”，严格实行科级干部挂钩服务企业制度，全面落实减税降费以及各级惠企政策，认真解决企业用工、融资等各类难题，当好政策更大力度、审批更快速度、服务更有温度的“金牌店小二”，让服务“软环境”产生“硬效益”。

创新发展　厚植优势争一流

大力实施乡村振兴示范镇村培植行动，更富成效推进农业农村现代化，建设农业强、农村美、农民富的新时代鱼米之乡。特色桃果产业园强化与中国农科院郑果所等科研单位合作，选育本地特色桃果品种，依托佳富村数字化管理平台，促进农业物联网应用，提升特色桃果、绿色蔬菜等农产品市场竞争力。大力实施乡村建设行动，积极引导农民进城入镇。积极探索承包地“三权分置”实现路径，鼓励发展家庭农场、集体农场，增强农业社会化服务能力，提高适度规模经营水平，培植省、市级示范家庭农场4家。实施村集体经济发展三年行动计划，做足资产、资金、资源“三篇文章”，增强自身“造血”功能，年内村集体经营性收入全部达32万元以上。

人民至上　着力提升幸福感

顺应群众对美好生活的新期待，高质量推进民生实事项目，走好新时代共建共享、共同富裕之路。跟踪推进集镇控制性规划调整工作，整治老旧小区，加强物业管理，提升小区宜居指数。以深化全国文明城市创建为重要抓手，以“绣花功夫”提升精细化管理水平。健全完善医保公共服务网络，打造“15分钟医保服务圈”市级示范点。开展低收入人口动态监测，加大低保对象、特困人员、低保边缘家庭和支出型困难家庭救助力度，提高困境儿童、残疾人、失能失智老人等特殊群众兜底保障能力。实施农村医疗卫生机构服务能力提升三年行动，大冈中心卫生院创成省社区医院、省健康促进医院。积极开展“三送”活动，传播先进文化，更好的满足群众求知、求美、求乐需要。如期完成敬老院“双提升”改造等为民办实事项目，深化敬老院公建民营改革，完善多层次养老服务体系。

以人为本　和谐发展谱新篇

强化底线思维和风险意识，深化平安法治建设，筑牢安全发展屏障，确保群众安居乐业、社会安定有序。认真贯彻“外防输入、内防反弹”总策略、“动态清零”总方针，坚持常态化精准防控和局部应急处置相结合，进一步筑牢疫情防控屏障。开展安全生产专项整治行动，推动问题隐患及时有效整改，全面提升本质安全水平。推进平安法治大冈建设，持续推进网格化社会治理，提升群众幸福感获得感安全感。

大冈镇将在区委、区政府和镇党委的坚强领导下，把奋斗的目标盯得更紧、把前进的步伐迈得更实，凝聚精气神、干出加速度、拼出高质量，为加快建设沿海城市卫星镇、乡村振兴样板镇而努力奋斗，以优异成绩向党的二十大献礼。

张庄街道：融入主城区　当好新示范

张庄街道地处盐城大市区西郊，是刘少奇等老一辈无产阶级革命家曾经战斗和生活过的地方，素有“小江南”美誉。总面积22.8平方千米，人口约3万人。街道党委共有基层党组织106个，党员1671人。

张庄街道是盐城市政府命名的“齿轮之乡”，齿轮产业园被科技部授予“国家火炬盐都齿轮特色产业基地”称号，是省“小微企业创业创新示范基地”。街道还是市内外闻名的“葡萄之乡”“草莓之乡”，“绿田”牌葡萄是省级无公害农产品，获市知名商标称号，“张庄”牌草莓是国家级有机食品。“威肴”牌藕粉圆被作为城市名片在中央电视台国际频道宣传，“保凤”牌藕粉圆积极申报省非物质文化遗产。

突出转型升级　发展动能显著增强

提升综合实力。地区生产总值从2012年的18.5亿元增至2021年的31.5亿元，规上工业总产值从2012年的10.1亿元增至2021年的18.9亿元，社会消费品零售总额从2012年的1.36亿元增至2021年的2.6亿元，进出口总额从2012年的263万美元增至2021年的805万美元，一般公共预算收入从2012年的6017万元增至2021年的1.13亿元，城镇、农村居民人均可支配收入分别从2012年的2.05万元、1.06万元增至2021年的3.42万元、2.03万元。

突出项目招建。坚持“招商第一、项目为王”理念，围绕电子信息、高端装备、新能源和齿轮动力传动特色产业，发扬狼性精神拼抢大项目，先后招引亿元以上项目26个，投产达效23个，5亿元以上重大项目持续取得突破。总投资10亿元的盐城复兴医院和新之恒智慧物流装备、普兹智能分动箱等一批列市“两重”、区“三重”项目按序时推进。

注重企业培育。激励扶持企业向“专精特新”转型，金洲机械、盛安传动入选国家“专精特新”小巨人企业、省服务型制造示范企业，盛安传动创成省智能制造示范车间、省五星上云企业，芯丰电子、台普动力等4家企业创成省四星上云企业。加大人才招引力度，获评省创新创业人才项目2个、省六大人才高峰项目1个。

强化载体建设。坚持高起点规划、高标准建设，先后建成全民双创园、创新创业产业园，改造提升瑞都创业园，芯丰集成电器、龙鑫达智能无线充电系统等一批重点项目落户园区。2012年被中国齿轮产业联盟授予“中国齿轮特色产业基地”称号，2016年创成“省现代产业集群转型升级示范区”，被科技部授予“国家火炬齿轮特色产业基地”，2017、2018连续两年被评为市AAAAA级乡镇工业园区，2019年创成“省创新创业示范基地”，2021年被列入盐城国家高新区分园区。

注重融合发展　城乡面貌明显改善

提升城镇品质。按照市委、市政府部署安排，2019年10月启动城北地区改造。编排棚户区改造、安置房建设、市政设施建设、环境综合整治、公共服务配套等5大类26个项目，先后实施新洋港蟒蛇河沿线、西环路以东、开创路北延等地块房屋搬迁，搬迁居民户2827户、非居民户165户。全市首个“拿地即开工”安置房项目—东晖锦园小区开工建设。占地6.8公顷的七里沟森林公园、四纵沟生态游道以及西徐小游园等10个节点公园建成开放。

推进乡村振兴。实施乡村振兴三年行动计划，全街道建档立卡低收入户全部脱贫，获评全市脱贫攻坚工作先进集体。新增集体农场20家，张庄葡萄申报国家地理标志。大力发展高效设施生态农业，提升以勇葡萄园、荣信生态农场等项目，丰富田园采摘、农事体验内涵，获评省葡萄特色小镇。持续完善“五位一体”环境长效管护机制，人居环境质量全面提升。

优化生态环境。扎实开展“263”专项行动，全面推行“河长制”，污水管网实现街道、村组全覆盖。深化蓝天、碧水、净土保卫战，空气优良天数明显增多，国省考断面水质实现稳定达标，被评为“省生态文明建设示范街道”。

坚持以人为本　民生福祉持续增进

完善基础设施。振兴路跨蟒蛇河大桥建成通车，实现张庄与大市区、高新区的无缝对接，振兴北路、康庄大道、钱龙大道等道路相继建成通车，新洋港大道西延、西环路高架正在抓紧施工，张庄社区卫生服务中心、张庄小学、张庄中心幼儿园、社区教育中心等先后新建并已投入使用。

深化社会治理。在突如其来的新冠疫情面前，街道各基层党组织闻令而动，充分发挥战斗堡垒作用，组织带领全街道广大干群严防死守，实现疫情防控“零感染”“零疑似”。突出抓好社会治安防控体系建设，组织开展重点行业领域安全排查和专项整治活动，从严压实安全工作责任，筑牢安全生产防线。

盐城复兴医院　　区融媒体中心　供

弘扬文明乡风。全面践行社会主义核心价值观，扎实开展“中国梦”主题教育，深化全国文明城市创建，常态化开展“欢歌笑语走基层”惠民演出、送电影下乡、送书下村活动。高标准建设新时代文明实践站所，大力宣传群众身边先后涌现的江苏好人洪刚、江苏最美网格员钱爱娟、盐城好人吴启珍等先进典型，开展“文明单位”“最美家庭”“美丽庭院”评比，培育文明乡风、良好家风、淳朴民风，社会文明程度提升，成庄获评省级“文明村”，东盛、西徐、钱庄等6村（社区）获评区级“文明村”，街道获评“江苏省文明乡镇”。

下一步，张庄街道将担负“争当表率、争做示范、走在前列”使命，围绕“勇当沿海地区高质量发展排头兵”目标定位，聚力“四个示范区”建设，致力打响“三张名片”。城市工业集聚区，聚焦电子信息、高端装备、新能源产业，培育项目集中布局、资源集约利用、功能集合共享的封测产业园。产城融合新样板，提升城市功能品质，合理安排生产、生活、生态空间，建设美丽宜居新家园。现代康养先行地，以盐城复兴医院为平台，加快健康产业发展，打造数字化+专业化+联合体的区域康养医院，着力发展智慧医疗、智慧养老新模式。

聚焦产业发展，努力实现新突破

突出项目招引。坚持项目为王，围绕智能终端和齿轮动力传动产业，配强招商选资专班，精准招引一批延链、补链、强链的大项目、好项目。突出为高新区、市级工业园区招商，聚焦大上海，深耕长三角，发扬狼性精神，全力跟踪拼抢，在10亿元项目上求得突破。加快项目建设。配强项目推进专班，快推芯丰集成电器、华腾智能半导体等重点项目，放大国字号特色产业基地效应，拓展创新创业产业园，推动双创大厦投入使用、邻里中心建设完成，加快形成配套健全、绿色集约、高端高效的都市工业园。注重企业培育。开展企业“争星创优”活动，配强企业服务专班，激励扶持企业向“专精特新”转型，鼓励传统产业以技术革新、设备更新、产品创新为重点，加大研发、技改投入，大力实施“机器换人”“设备换芯”“生产换线”，促进制造向智造转变。

聚焦城市建设，宜居宜业换新貌

推进城北地区改造。坚持全域城市化理念，抢抓空间规划调整契机，寻求国土空间规划支撑；加大土地整理力度，开拓更多有效空间。加快建成东晖锦园、日升地块、馨盛苑等3个安置小区，综合运用多元安置，保障搬迁户住有所居。新建宏大路实验学校，为搬迁居民提供优质均衡的教育资源。提升城镇功能品质。完善新洋港大道西延段等主要道路和东纬十路等内部道路，形成内外通畅的路网体系，打造张庄路等5条精细化管理示范街区。发展城市新兴业态。主动融入大先锋岛组团，发展功能突出、优质高效的现代城市服务业，提高城市活力指数。以“盐城第一、苏北领先、辐射长三角”的复旦医疗康复中心为龙头，推动现代康养特色产业发展。高起点打造李家舍，打造集田园体验、康养文化、休闲度假等功能为一体的田园康养休闲乡村。

聚焦生态文明 绿色发展闯新路

发展现代农业。坚持标准化生产、品牌化经营，持续丰富田园采摘、农事体验新内涵，打造集休闲、观光、旅游为一体的都市农业。成功申报“张庄葡萄”“张庄草莓”等国家地理标志，进一步叫响张庄葡萄、草莓品牌。优化生态环境。压实“河长制”，常态化整治蟒蛇河、皮岔河沿线环境，完善污水管网，打造可见、可进、可感的环高速圈绿色生态廊道。统筹做好“治污、添绿、留白”文章，筑牢生态基底。推进乡村振兴。建立健全动态管理机制，安排公益性岗位，持续拓宽脱贫户增收渠道。推动村级集体农场尽快见效，带动低收入人群、村集体收入稳步“双增加”。充分挖掘村级资源，推进“万企联万村，共走振兴路”行动取得新成效。

聚焦品质提升 美好生活谱新章

强化服务供给。深化基本公共服务标准化建设，完善提升张庄小学、社区卫生服务中心等绿带游园，打造2条旅游公路。持续开展“欢歌笑语走基层”、送电影送书下乡等群众性文体活动，丰富文化供给。完善民生保障。健全居民医疗、社会救助、养老服务等保障体系，整合升级街道为民服务中心，强化东盛、金都路社区服务站功能，打通公共服务保障“最后一公里”。加强街道养老中心、村级居家养老站点、儿童之家建设，常态化开展关爱老人、留守儿童活动。创新社会治理。纵深推进安全生产专项整治，全面提升本质安全水平。推进全要素网格化社会治理，加快建成振兴路平安法治街道、智慧小区、村级法律服务工作室，维护社会大局平安稳定。

大纵湖镇：打造产镇融合高地 争做绿色发展示范

党的十八大以来的十年，是大纵湖镇发展史上综合实力提升最快的十年，转型发展进展最大的十年，群众得到实惠最多的十年。在习近平新时代中国特色社会主义思想的指引下，大纵湖镇5万多人民，开拓创新、砥砺奋进，统筹推进稳增长、促转型、重生态、惠民生、保稳定等各项工作，创造大纵湖历史上又一个黄金发展期。先后获得国家生态镇、全国重点镇、国家卫生镇、全国特色小镇、中国民间文化艺术之乡五个国家级称号，被确定为盐都区副中心。

着力强化调结构，产业发展实现新突破。大力推进大众创新、万众创业，新建标准厂房25万平方米，新上工业项目20个，全口径开票销售翻番，被认定为全市首批市级工业园，成为国家高新区“一区五园”之一。传统产业加快发展，新增国家高32家，中国驰名商标1只，省服务型制造示范企业、省专精特新小巨人企业各2家，省首台套重大装备5只；剑桥涂装、申江科技、联益肠衣、顺驰科技等企业成为区星级企业，剑桥涂装获评省级智能车间，创成国家火炬计划涂装设备产业基地，省小微企业创新创业示范基地。电子信息产业从无到有，联群电子、帅兢科技等企业发展势头良好，伊登智能科技、乐谱电子、德源笔电精密配件实现设备投入超亿元项目突破。农业基础夯实，实施省市高标准农田整理项目6个，面积超2000公顷；新增省级家庭农场4家，农业适度经营规模由42%提高到70%；农业品牌建设成效明显，大纵湖大闸蟹、小龙虾获批国家地理标志产品，获批省农业产业强镇，创成部级健康示范养殖场2家，认定国家有机农产品2只，荷藕、稻米被认定为省绿色优势农产品；三官村先后获批省五星级乡村旅游区、省乡村旅游重点村；大纵湖镇被认定为省电子商务示范镇，鱼范村、石庄社区分别被认定为省、市电子商务示范村。

大纵湖镇　　区融媒体中心　供

着力强化塑形象，镇村建设焕发新面貌。加快集镇建设，新镇区建成“四纵两横”道路，园区新建凤栖路、经二路，对老镇区道路进行全面改造，镇区园区实现循环畅通，发展框架初步拉开；建工家园、西城领秀、康嘉名城、丰华名都、阳光御园等一批体量大、环境美的居民小区拔地而起。以宅基地自愿有偿退出为抓手，退宅还耕1865户，改善农民住房条件近2000户，其中进城入镇近500户，三官新型示范社区和兴湖、红星、兴盛安置近400户，三官村获批省特色田园乡村。

出行条件明显改善，学义线、石仇路、大沙线等县级道路改造工程竣工，农村公路提档升级工程全面竣工，自然村支巷道硬化全覆盖。以“厕所革命”为抓手，大力推进农村环境综合整治，先后投入1.5亿元，完成20个村（社区）、66个自然村的环境整治任务，建成二星级康居示范村1个，一星级康居示范村19个，环境整洁村46个，财政每年拿出500多万元，建立垃圾清运、绿化管护等“五位一体”的农村环境长效管护模式。做优生态环境，集镇新增绿化近千亩，湛龙沟、朱沥沟、蟒蛇河生态防护林工程竣工，镇村河道疏浚全覆盖；新建省级森林村庄6个，创成省生态文明示范镇、市森林小镇。

着力强化惠民生，社会事业实现新进步。实施精准扶贫脱贫，按照“两不愁三保障”要求，强化产业扶贫、兜底保障、就业脱贫，880户建档立卡贫困户全部脱贫摘帽。坚持“一村一策”，利用土地众筹、兴办家庭农场等方式增加经济薄弱村收入，20个村（社区）集体经营性收入全部达到20万元以上。提升教育医疗，义丰初中创成省智慧校园，中考屡创佳绩；新建8轨48个班的新义丰小学，创成省技术装备先进校，中小学与区内名校联办共建。义丰幼儿园通过省优质园验收，“三色文化”教育品牌影响力进一步扩大；卫生院与上海岳阳医院合作成立疼痛科名医工作室，与市三院合作成立医共体，创成“全国群众满意乡镇卫生院”，20个村（社区）全部建成省级标准卫生室。兴办民生实事，区域供水工程竣工，全镇人民吃上与大市区同网同质的自来水；建成区域污水处理厂，铺设主支管网30千米，工业园区污水处理全覆盖，集镇污水处理率达60%以上，20个行政村实现全部建成污水处理设施。文化事业繁荣，大纵湖舞龙队代表盐城在省第十九届全运会群众项目舞龙比赛中荣获自选动作第一名，获批中国民间文化艺术之乡。

着力强化促和谐，治理水平得到新提升。提升文明程度，新建镇新时代文明实践所、20个村（社区）新时代文明实践站和29个文明实践点，成立百姓名嘴工作室，入选江苏好人1人，盐城好人3人，盐都好人20人。按照安全生产专项整治三年行动工作方案，推动“一年小灶”和“三年大灶”有机融合，聚焦16个重点行业领域，开展专项整治行动，安全生产形势持续向好。加强社会治理，禁毒重点关注镇脱帽，扫黑除恶专项斗争取得阶段性胜利，镇法治广场、“村村通”技防建成投用，创成国家和省民主法治示范村各1个。筑牢基层堡垒，新建村（社区）党群服务中心9家、改造便民服务大厅10个，打造剑桥、三官党建示范点，培育可借鉴、可复制的企业和村（社区）党建典型。重视干部梯队培养，建立村（社区）后备干部库，逐步改善干部年龄老化、青黄不接的问题。加强廉政建设，开展正风肃纪“镇村行”“看机关”专项行动，规范招投标程序，建立“一工程一档案”，出台农村财务管理制度，加强村（社区）党组织书记离任审计，确保以制度管事、管权、管人。严格执行中央八项规定，从严处理违纪违规党员，营造风清气正的政治生态。

下一步，大纵湖镇将以党的二十大精神为指引，立足“盐都文化旅游与西部产业集聚区、里下河绿色转型与水韵文化示范地”总体定位，突出“以产兴城、以城促产、产城融合”，统筹园区、镇区、社区联动发展，打造盐都副中心，融入国家高新区，奋力谱写“强富美高”大纵湖发展新篇章，勇当高质量发展排头兵。

主体经济实现更高质量发展

持续开展重大项目攻坚行动，紧盯上市公司、行业龙头，配强专业招商队伍，提升以商引商、驻点招商成效，每年引进设备投入超亿元项目5个以上，其中超5亿元、超3亿元项目各1个。加快标准化厂房建设，为项目提供“拎包即住”服务，适应客商快投快产需求。引导化纤机械、涂装设备行业专注细分领域、专心精耕细作，加快数字化、智能化、专业化升级，实现标准由非标向国标转变，经营由生产向服务延伸，打造一批智能工厂、智能车间和瞪羚企业，示范带动传统产业转型升级，向价值链高端攀升。加快园区建设，实施朝阳路东延、经二路南延、义丰路东延等道路建设，实现新老园区循环畅通；将现有35KVA变电所迁址扩容至110KVA，污水处理厂日处理量扩容至3000吨，满足发展需求。

积极争取连接主城快速道路建设，缩短与主城区空间距离，加快融入“一主一副”发展版图。全力推进阜溧高速互通项目建设，大力推动盐宁高速西延和盐蚌高速大纵湖互通项目落地，做优对外联络通道。实施朝阳路拓宽、健康路延伸工程，统筹做好现有道路“黑色化、亮化、绿化、美化”四化升级工作，构建贯通循环的内联交通路网。加强供水、供电、通信、物流、污水垃圾处理等基础设施建设，提升综合配套水平和承载能力。推进老镇区有机更新，全面提升宜居品质。新镇区重点布局邻里中心、商业综合体、全民健身中心等生产与生活性服务业，为西部片区提供优质的公共服务。

生态环境实现更高要求提升

牢固树立绿水青山就是金山银山理念，统筹生态保护和产业发展，努力走出一条生态优先、绿色发展的新路子。依托水网纵横的生态环境，联动旅游度假区，串联蟒蛇河风光带，发展生态观光科普、现代农业休闲等业态。打好污染防治攻坚战，加强环境系统保护与修复，建设生态技术示范、农业面源污染治理示范基地。以三官农庄为基础，S125为轴线，布点大纵湖大闸蟹区域批发集散市场、大纵湖龙舞非遗传承中心等农旅、文旅融合节点，串线式发展生态文旅康养片区。

人民生活实现更高水平改善

秉持普惠共享理念，认真落实惠民、利民、安民各项措施，切实解决群众呼声强烈的民生问题。坚持公共财政支出向民生领域倾斜，增强教育、卫生等公共服务能力，建立健全广覆盖、多层次的社会保障和救助体系。丰富群众精神文化生活，建成一批公共文化设施，居民文明素质和社会文明程度明显提高。深化平安建设，进一步落实安全生产、食品药品监管等工作机制，促进社会公平正义，奋力开启现代化建设新征程。

秦南镇:提振精神　真抓实干 进位争先

秦南镇,地处盐都中部,区域总面积114.92平方千米,常住人口为7.2万人。秦南镇认真贯彻落实中央、省市区决策部署,统筹抓好疫情防控和经济社会发展,实现“双过半”目标,完成地区生产总值18.6亿元,一般公共预算收入5130万元,全口径开票11.5亿元,新开工、新签约亿元以上项目各3个,新增四上企业6家,载体焕新项目5个,社会大局保持稳定。

常抓不懈　疫情防控更有力度

面对2022年复杂严峻的疫情形势,秦南镇迅速落实上级疫情防控各项指令,调整充实疫情防控领导小组,组建货运闭环接驳、高速卡口查验、返盐人员管控、追阳流调溯源等工作专班,充分调动各方力量,形成联防联控、群防群控的强大合力,全力保障广大人民群众的生命健康安全。落实“大数据+网格化+铁脚板”工作机制,“敲门行动”精准摸排,闭环接驳货运车辆2000多趟次,高标准建成健康小屋2个,重点场所严格开展“三查一测一扫”工作,重点人群核酸检测应检尽检。

提速增效　经济发展更有活力

主要指标稳步提升。上半年完成全口径开票11.5亿元,同比增长0.4%;规上工业总产值9.03亿元,同比增长15.13%;固定资产投资7.84亿元,同比增长12.9%;规上服务业开票销售2.59亿元,同比增长12%;城乡人均可支配收入22501元,同比增长5%。项目招建扎实推进。持续强化“项目为王”理念,聚焦电子信息、高端装备、新能源三大产业项目,发动全员招商。抽调年轻干部充实招商队伍,班子成员带头“走出去”,先后奔赴深圳、苏州、无锡等城市,拜访重点企业60余家。列区“两重”项目3个,其中,晶汇半导体材料项目完成开竣工并接受区家家到现场观摩,龙圣海上风电保障、铭岳智能二期项目稳步推进。企业培育有所突破。新增“四上”企业6家,申报国家高新企业16家,签署长三角地区产学研合作项目7项,引进市科技副总8名。大明生物工程装备荣获省“专精特新”产品和市“科技小巨人”称号,锐特健康、吉盛达环保等5家企业完成“智能化改造、数字化转型”,在全区率先完成全年任务。将“载体焕新”作为重要抓手,腾退D档企业5个,盘活低效厂房9000平方米,为全镇发展注入活力。

齐抓共管　镇村面貌更有魅力

持续推进农房改善。做好农房改善后半篇文章,做好秦兴、东方红、福泉、孙伙4个村的小组团建设各项准备工作,拆除集镇破旧房屋14户,宅基地有偿退出有序推进,全面排查集镇和农村经营性自建房852幢,按序时推进危房整治,整改违法用地11宗10.13公顷,拆除北陇线违建12处,更新人民中路店面招牌500平方米。持续推进乡村振兴。惠农政策全面落实,发放农业支持保护补贴849.69万元、种粮农民一次性补贴314.28万元;夏熟作物丰产丰收,全镇5233.33公顷小麦总产量3.82万吨,18家村集体农场取得产值和效益双赢,秸秆综合利用率达100%;创牌总量实现突破,5家农产品生产企业农副产品获得国家级“绿色食品”10个;666.67公顷高标准农田顺利通过市级验收,退林还耕80公顷,超额完成任务,位列全区第一。持续推进生态建设。扎实做好第二轮中央环保督察迎查准备和交办问题整改工作,对近三年172件环保交办和信访问题进行“回头看”,高质量完成国盛纺织环保督查问题整改,36家小铸铝企业全部关停,全面完成一、二级水源保护区内生活污水纳管工程,整治养殖塘口264户1400公顷,率先完成河道清网整治行动,擦亮生态秦南底色。

情系百姓　社会事业更有温度

社会保障更加健全。上半年发放临时救助金58.2万元、博爱超市救助卡170张,临时救助大病患者70多人次;完成城乡居民养老保险扩面238人,基本

集镇面貌俯瞰图　　区融媒体中心　供

医疗保险扩面239人，企业职工社会保险扩面306人，公积金扩面502人；服务高新区用工204人、本地企业用工215人，开发疫情公益性岗位68个。社会事业协调并进。北蒋实验学校中考实绩综合排名保持全区农村初中前列，泽夫初级中学中考成绩实现新的突破。新敬老院正式投入运营，状况良好。230户农村改厕提升项目进场实施。持续开展文化、科技、卫生“三下乡”活动，丰富群众精神文化生活。治理能力全面提升。积极开展安全生产大检查，突出燃气、粉尘涉爆、危化品等重点领域，聘请第三方专家常态化开展安全生产巡查督查工作，对标对表整改上级交办的143条问题隐患，安全生产形势总体平稳。深化平安秦南、法治秦南建设，持续强化人武、宗教、消防、共青团、妇联、三老一关等工作，社会大局保持和谐稳定。

秦南镇将坚决贯彻“疫情要防住，经济要稳住，发展要安全”的重大要求，提振“争第一、创唯一”精气神，全力做好农旅融合的乡村振兴文章，为盐都在全市发展大局中勇挑大梁多作贡献。

聚焦主体经济发展　增强发展后劲

强化项目招引。紧扣电子信息、高端装备、新能源等产业链，提升专业招商能力，利用人脉招商、以商引商，全力跟踪3个亿元在手项目，下半年招引亿元以上项目3个、竣工项目3个。聚力项目建设。服务军用伪装新材料、科润模塑签约项目快落地，推动铭岳智能、晶汇晶体在建项目快建设，力促必赋汽配、怡达电子竣工项目快达效，力争培育三星级企业3家、二星级企业2家、一星级5家，“四上”企业10家以上。深化“载体焕新”。坚持“亩均论英雄”，盘活低效用地3.33公顷以上、闲置厂房2.3万平方米，为招大引强腾足空间。强化科技赋能。创成省工程技术中心2家，引进领军人才2人，力争打造一批细分领域的专精特新小巨人和单打冠军。

聚焦绿色秦南建设　推进乡村振兴

以创建全国文明典范城市为引领。加大老集镇整治力度，提升日常精细化管理水平；完善基础设施配套，实施集镇主干道出新工程，提升集镇形象。以生态宜居为追求。加快农村环境综合整治，完成改厕500座以上、河道整治10千米以上，推进村庄微动力污水管网建设，紧抓蟒蛇河水上游线建设契机，打造泾口、东方红乡村旅游亮点，加快秦兴、孙伙小组团建设。以生态农业为抓手。推进2000公顷高标准农田建设，加快打造孙伙数字化集体农场，提升18个集体农场效益，年内新招引高效农业项目2个，创成农副产品品牌3个以上。

聚焦增进民生福祉　建设和谐家园

坚守疫情防控底线。严格按照疫情防控要求，落细落实各项疫情防控举措，保障人民身体健康。提升公共服务水平。提高教育惠民质量，打造特色医疗专科，推进敬老院公建民营高效运行，做好“一老一小”关爱文章，提升幸福指数。筑密安全稳定网络。扎实开展安全生产“百日攻坚”专项整治行动，有效防范各类风险，更高水平推进平安秦南、法治秦南建设，确保社会大局和谐稳定。

郭猛镇：竞逐绿色低碳新赛道　跑出发展加速度

郭猛镇是以革命烈士命名的乡镇，全镇总面积43平方千米，人口近4万人，下辖10个村（社区）。近年来，围绕“富民强镇兴村”总定位，锚定“市内学东台安丰，市外学苏州黄埭”追赶目标，坚持融入盐都新城、融入高新区“双融”发展路径，紧扣集镇区、工业园区、乡村旅游区“三区”联动发展，突破区域、乡镇、单向、惰性“四种思维”，以燃烧的激情跑出郭猛发展加速度，先后荣获国家级生态镇、国家级卫生镇、江苏省文明镇等荣誉，交出不负历史、不负时代、不负人民的精彩答卷。

产业集聚集群发展

郭猛镇坚持项目为王，持续培育、壮大产业经济。紧紧围绕高新区高端装备协作基地建设目标，致力做强“2+1”主导产业链，即高端装备、新材料两大主导产业以及疏浚打捞特色产业。全镇现有工业企业84家，其中规上企业21家，市四星级企业1家、市三星级企业1家、区星级企业7家。拥有国家级“专精特新小巨人”企业2家、国家高企23家、院士工作站1家、国家驰名商标2个。建有133.33公顷工业园区，入驻企业53家，2021年实现开票销售15.59亿元，亩均税收0.53万元/公顷。

向海发展，赋能未来，郭猛镇对接沿海开发战略，引导疏浚打捞企业转型海上风电安装，形成拥有66家企业、开票销售达15亿元的产业集群，实现年税收4000多万元，打造蓝色经济增长极。

农旅文旅融合发展

坚持绿水青山就是金山银山，切实将生态资源转为发展优势，依托“全国文明村”“全国乡村旅游重点村”“中国最美休闲乡村”—杨侍村，融合果品采摘、曲艺文化等元素，发展家庭农场17家，组建阳光玫瑰精品葡萄产业联盟，形成杨侍路、护西路、繁荣路3大农旅融合产业带，获批国家地理标志“郭猛大米”，连续四年举办全国乡村优秀曲艺节目交流展演活动、七年举办杨侍美食节活动，新上青少年研学项目，实现多年接待游客超百万人次，旅游总收入超亿元。

城乡生态宜居

秉持生态宜居建设理念，建成紫郡湾、景苑等9个现代居住小区，集镇集聚人口近2万人；建设1～5期杨侍新社区，集聚农户676户，配套绿化道路、网络、污水管网等，高效运行日处理1000吨污水处理厂，让农民同步过上现代文明生活；开展乡村建设行动，在做好“五位一体”长效管护的基础上，做美杨侍

城市生态宜居　　区融媒体中心　供

新型社区建成后的管理文章，推进明朗村特色田园乡村建设，持续开展"美丽郭猛　全民共创"活动，发挥群众伟力，打造环境优美、整洁有序的美丽乡村，全力绽放精美郭猛新容颜。郭猛实验学校被评为全国教育系统先进集体、全国青少年校园足球特色学校，郭猛幼儿园获评省级优质幼儿园，郭猛卫生院为全国群众满意乡镇卫生院，镇敬老院为省三星级敬老院，镇退服站获评省级"百家红色精品退役军人服务站"，郭猛镇入选省首批民族工作"红石榴家园"，拥有中国好人2位。

党建坚强有力

筑牢信仰之基，建成镇村新时代文明实践所（站），宣讲习近平新时代中国特色社会主义思想，自觉用新思想引向定航；打造郭猛烈士生平展馆、拍摄《永远的雕像》，用红色故事激励党员干部不忘初心；获评中国好人2位及省、市、区好人13位，树立守望相助、崇德向善的文明新风。开展基层党组织强基行动，激发"争第一，创唯一"的昂扬斗志，提升基层组织战斗力；扎实开展学习型、服务型、高效型、廉政型"四型"机关建设，提升机关干部综合素质。扎实开展廉政教育，扎紧制度笼子，筑牢防腐拒变思想防线，形成风清气正的良好政治生态。

郭猛镇将紧紧围绕"疫情要防住、经济要稳住、发展要安全"的重大要求，按照省委工作会议和市委八届三次全会部署，认真贯彻落实区委全会精神，紧扣绿色低碳发展主题，只争朝夕抓好各项工作，锚定全年目标，全力实现最好结果。

聚力项目建设促发展

牢固树立政府与企业"命运共同体"的意识，开展企业大走访工作，稳定企业发展预期，做强郭猛镇高端装备、新材料两大主导产业和疏浚打捞特色产业，年内确保星级企业8家以上，力争销售超亿元企业9家以上。紧紧扭住项目这个牛鼻子，倒排工期，专班负责，争分夺秒推进在手项目建设，年内确保开工项目5个，竣工投产项目3个。强化"一区多园"理念，锚定高新区高端装备协作基地的发展定位，突出电子信息产业首位度，对照"3+5"产业链图谱，全员发动，精准招引，力争再招引亿元项目2个以上。深化暖企服务，整合经贸、安监、统计、科技等部门集中办公，开展"一门式""专班式""保姆式"服务，打通企业发展绿色通道，提升行政服务效能，让企业专注自身发展，推动招引项目快速落地见效，打造最优营商环境。

聚力绿色低碳促转型

强化大气污染防治工作，加大工地扬尘、餐饮油烟、机动车尾气管控，全力将PM2.5浓度压降达到目标要求；推进民乐生态缓冲区项目建设，加快园区、集镇农贸市场、6个村庄污水管网建设，展现水清岸绿的田园风光；牢固树立绿色低碳理念，在兰丰、博拓成功申报省绿色工厂的基础上，快速推进省级智能车间建设，加快企业技改步伐，确保年内规上企业智改数转覆盖率达80%；推动载体焕新，淘汰落后产能，年内腾退D档企业11家，盘活低效厂房3.1万平方米，推动企业向高新轻绿转型。

聚力民生福祉促稳定

以乡村振兴示范镇为抓手，开展新型经营主体壮大行动，培育省、市示范家庭农场，通过村企联建、村村共建、村贤帮建等方式，稳步增加村集体经营性收入，拓宽农民就业增收渠道，助力农民增收致富。深化全国文明典范城市创建和农村人居环境整治，持续开展"美丽郭猛　全民共创"活动，发挥群众伟力，打造舒心的镇村环境；加快推进新农汇项目，盘活海洋大厦，以优质项目丰富提升集镇建设品质；发挥神农大丰院士工作站品牌效应，推进盐都现代种业产业园建设，做强阳光玫瑰精品葡萄特色农业产业项目，促进农民增收，实现富民强村；打好安全生产三年专项整治收官战，持续开展"五找五促"走访行动，确保全镇疫情防控、安全生产和社会大局平稳可控。

楼王镇：厚植水绿底色　谱写发展新篇

楼王镇地处盐都西北部，常住人口7.5万，耕地总面积7306.67公顷，2020年全镇农林牧渔总产值88.56亿元，被农业农村部认定为农村特色产业超10亿元示范乡镇。

楼王镇坚持把实施乡村振兴战略作为新时代乡镇工作的总抓手，创新思路，系统谋划，先后创成江苏省水稻绿优基地，江苏省荷藕绿优基地，江苏省"美丽乡村"花季园村，盐城市AAAA级农业现代化示范园，建成1000公顷高标准农田，全镇农业农村高质量发展取得良好成效，实现"十四五"良好开局。

高质量提升产业质态　特色产业日益兴旺

稳产保供成效明显。2021年粮食种植面积6133.33公顷、总产2.1亿斤，超额完成区下达任务。隆顺供沪蔬菜基地二期项目建成6.67公顷连栋大棚和育苗中心，园区规划正在提升。全面落实省"新九条"，有序推进种猪场和规模猪场增养补栏，出栏1.2万头，存栏6000头。

培育新型主体。立足该镇实际，在坚持和完善农村基本经营制度的基础上，精心构建集约化、专业化、组织化、社会化相结合的新型农业经营体系，力促新型农业经营主体逐步成长壮大。2021年新增家庭农场10个，村集体农场8个，市级示范家庭农场3个，区级示范家庭农场4个，星级合作社1个，市级龙头企业1家。

打造品牌农业。成功申报绿色农产品品牌7个，成功创成省级"范得珍"品牌蔬菜，鼎绿蔬菜种植专业合作社入围全国百强榜、获评省蔬菜病虫害绿色防控"A"级示范区，3000公顷水稻基地被认定为省级绿色优质水稻基地，"湖景蜜露"桃果荣获省第三届优质桃果大赛金奖，农机安全生产管理工作受到省农业农村厅及市、区农业农村局嘉奖，成功创成粮食生产全程机械化示范镇、平安农机示范镇。

高品质建设美丽乡村　农村面貌持续改善

重抓农房改善。首推"进城入镇"，全镇已登记进城入镇购房对象户75户，其中进城39户，入镇36户，已发放《结算凭证》75份，推进集中居住点建设，续建花季园三期5.6公顷171户。推进宅基地有偿退出，共退出764户，新增耕地26公顷。全面完成区级认定的农村危房整治任务239户。

做优民生实事。以重点工程推动集镇改造提升。2021年全面完成阜溧高速主线范围内征地工作，确保高速工程的顺利施工，共搬迁房屋31户，征收土地72.67公顷，退让鱼蟹虾塘90.67公顷。新建楼王、北龙港两个农贸市场，实施北龙港污水二级管网工程，派出所营房建成使用，建成文明实践所（站）27家，打造新风路、龙潭路两个精细化管理示范街区，高标准建设10个居家服务标准化站点。开展"欢歌笑语走基层"村村到文化惠民巡演活动，计划全年开展60场次，在全镇28个村（社区）开展巡回演出。纵深开展全面阅读，开设"大喇叭故事会""理论之光"等栏目，拓展田间地头听故事、学理论的宣讲方式，让每个角落都能成为学习阵地。

全面整治环境。做美蟒蛇河风光带。实施危旧房拆除、农村生活污水治理、村容村貌整治等14个项目，"红线"范围内所有障碍全部清除。扮靓市旅游2号线颜值。对沿线5个村（社区）环境集中整治，精心打造万亩荷田、龙港菜花等旅游节点，成为盐都西部网红打卡点。推进全域环境综合整治。以花季园新型社区为试点，因地制宜整治，被认定为市级人居环境整治示范村。以点带面，对盐金线、331省道等主干道沿线16个村（社区）集中实施户厕改造、垃圾分类、污水治理、危房拆除等工程。高起点实施"一片林"工程，新增成片林40公顷，潭溪村创成省级绿美村庄。完成圩堤绿化4.8千米，农村公路绿化7.8千米。扎实推进农村环境"五位一体"长效管理，2020年疏浚农村河道29条、清淤34.16万立方米，投入4000多万元完成省、市交办"两违三乱"4处整治任务，11个村庄污水处理设施建成使用，畜禽粪污处理中心竣工并交第三方运营。

高标准助推乡风文明　乡风民风更加和谐

推进精神文明创建。积极做好全国文明城市创建工作，发动机关、村（社

集镇面貌俯瞰图　　区融媒体中心　供

区)干部走上街头巷尾参加创文志愿活动。在全镇范围内开展“十星级文明户”“文明家庭”评比活动,共评选出7028户,占全镇总户数的30.87%,城头村陶明军等3户入选“盐都区文明家庭”,盐城市非遗文化传承人王柏林入选“盐都好人”。

强化公共服务建设。完成楼王中心幼儿园教学楼省标改造,楼王小学创成省智慧校园,楼王初中中考成绩在全区同层次学校排前列,楼王成人校获评省社会教育先进集体。通过国家卫生镇复评,盐都二院创成省首批农村区域性医疗卫生中心基本建成单位,荣获省“五一”劳动奖状,获评“江苏省健康促进医院”,全市同类医院首批建成用于新冠病毒核酸检测的检验室。

推动文旅深度融合。民歌《荡里小伙就爱唱》荣获省第十四届“五星工程奖”,全省唯一由镇级文化单位独立参评的音乐作品。莲湘、剪纸通过省非物质文化遗产初评。燕子阁七烈士入选全国第三批著名抗日英烈英雄群体名录。丁马港古村落完成3幢古民居修复、老巷道改造等工程,入选省首批传统古村落名录。每年举办“萌桃有约”楼王镇“桃花荡”迎客赏花活动。

高水平推进富民强村 发展活力不断释放

抓好农民创收增收。大力发展特色产业,鼓励扶持农民就地就近自主创业、支持农民返乡创业,推动农村经济和农民收入持续稳定增长。截止2020年底,全镇农村经济总收入达到10.93亿元,年均增长8%;农村常住居民人均可支配收入达到22877元,年均增长10.8%以上;所有村集体经济收入全部达到28万元以上。

深化产权制度改革。扎实推进农村集体产权制度改革,全面完成改革任务,28个村(社区)全部成立以村(社区)为单位的股份经济合作社并完成登记赋码工作,确保相关成果按时录入国家和省级平台。加快推进村(社区)“政经分离”工作,实现村级集体资产的增值、保值,积极探索多渠道发展壮大农村集体的新模式、新路子。

全面巩固脱贫成果。2021年下发《开展富民强村帮促行动实施意见》,积极构建低收入农户增收和乡村振兴重点帮促村发展长效机制。促进农民创业就业,新支持农民自主创业178人,新安排低收入农户就业38人,预计年底实现农村居民人均可支配收入29200元、同比增长10.8%。

楼王镇将深入贯彻党的二十大会议精神,以绿色发展贯彻全镇工作,全面提升提质经济、农业、民生等各方面,在新时代全力建设好新农村。

坚持融合发展 提升镇村品质

做靓美丽镇区。服从服务于阜溧高速、331省道服务区等重点工程,带动集镇及周边基础设施完善。深化创文成果,突出老小区、老街巷改造,抓好防违治违、镇容秩序整治,提升集镇建管精细化水平。巩固“263”成果,完善农村环境“五位一体”长效管护,放大森林小镇效应,建成省级绿美村庄1个。持续改善人居环境,抓实垃圾分类、污水处理、户厕改造等重点工作,实现镇域全覆盖。高质量实施1000公顷农田改造工程,重点打造公兴万亩示范区。巩固现代农业产业园市AAAA级创建成果,新落户千万元农业项目。整合水面资源,推广标准化养殖规程,打造万亩数字渔场。推进品牌创建,创成省级万亩荷藕绿色防控示范区,新增楼王银鲫农产品地理标志证明商标。发展美丽经济,依托蟒蛇河风光带、市旅游2号公路,招引精品农家乐和民宿项目。

坚持民生优先 提升幸福指数

续建花季园三期,完善社区配套,新入住234户。宅基地有偿退出300户,新增耕地10公顷。以“四清一治一改”为重点,扮靓老村庄颜值。筑牢疫情常态化防护网,确保平稳可控。优化便民服务,楼王卫生院建成标准化发热门诊,镇文化中心投入使用,创成省级基层文化服务示范单位。深化平安楼王建设,纵深推进“扫黑除恶”,及时化解矛盾,维护信访稳定。继续保持安全生产专项整治高压态势,全面提升本质安全水平。持续排查关注重点人群,开展“梦想改造+”和居家养老服务,构建镇、村、组三级联动服务机制,全面提升重点人群生活水平。

坚持政治引领 提升党建质量

持续深化党性教育,巩固“不忘初心,牢记使命”主题教育成果,加强党的二十大会议精神理论宣传,建设燕子阁烈士纪念馆,打造红色教育阵地。加速建设利民、风南两个党群服务中心,实现村(社区)达标全覆盖。加大在产业发展、乡村振兴等一线培养干部力度,选好一班人,优化基层干部队伍。推进作风建设,开展专项治理行动,强化警示教育、监督执纪、严肃问责,把全面从严治党要求贯穿全部工作,为推进楼王高质量发展提供强有力的保障。

学富镇:锚定绿色示范　点燃争先激情　做出更大贡献

近年来,在区委、区政府坚强领导下,学富镇坚持以习近平新时代中国特色社会主义思想为指导,学习贯彻党的十九大和十九届历次全会精神,迅速落实习近平总书记视察江苏重要讲话指示精神,认真贯彻省市区委全会要求,深度践行"强富美高"高质量发展路径,紧紧围绕"四个示范区"建设要求,坚持疫情防控与经济社会发展"两手抓""两手硬",找准工作重点和主攻方向,全力打造医疗用品、生态旅游、红色文化三张特色名片,全镇高质量发展步伐坚实有力,综合实力稳中有进,社会事业全面进步,镇村面貌日益改善,人民生活更加幸福,先后获得国家卫生镇、江苏省文明镇、江苏省生态文明示范镇、盐城市森林小镇等荣誉称号;实现"十三五"圆满收官和"十四五"顺利开局。

坚持久久为功
统筹推进项目建设和产业发展

工业经济"稳"的基础不断巩固,"好"的态势愈发明显。多个指标实现翻番。2021年实现国内生产总值18.5亿元,增速8.3%,完成全口径开票销售11.06亿元,增长18.8%;规上工业企业开票销售6.5亿元,增长6.3%;一般公共预算收入8080万元。实体经济量质齐升。五年来,先后与上海宝山区高境经济开发区、上海闵行区颛桥镇、上海市医疗器械行业协会建立战略合作关系;先后入驻普塞利、明亮减速机等6个重点工业项目,11个重点技改项目顺利投产达效;新增开票销售超亿元企业3家,纳税超百万元企业10家;8家企业与上海交通大学等高等院校签订产学研合作协议15份,完成科研成果转化16项。科技创新成效明显。五年来,新增国家高新技术企业6家,新增高新技术入库企业10家、市瞪羚企业2家,新增省首台套重大装备产品3个,新增市工程中心5家、市工程研究中心3家;新增市四星级企业1家、市三星级2家、区一星级2家。富勒传动公司荣获第二届中国盐城创新创业大赛成长企业组一等奖、省赛三等奖、全国赛优秀奖,汇达生物公司建成省智能制造示范车间。

坚持系统思维
统筹推进脱贫攻坚和乡村振兴

加快农业转型升级,抓实富民增收措施,全力打造绿色生态发展路径。高质量完成脱贫攻坚任务。五年来,因户施策制定产业扶贫、安排公益性岗位、兜底保障等脱贫巩固措施,1个省定经济薄弱村、17个低收入村全部实现摘帽脱贫;因村施策助力村级经济发展,全镇所有村(居)集体年收入均超30万元。高水平引领农业转型升级。围绕产业富民发展定位,充分发挥水乡地域优势,依托碧水蓝天和金虎家庭农场等项目,丰富"水八仙"品种。扎实开展"万企联万村　共走振兴路"行动,畅通村企合作交流渠道,引导资源要素向农村流动;创成市级现代农业示范园区2个,田盛源生态农场被评为国家级水产健康养殖示范场;建成千亩设施果蔬和万亩优质稻米种植基地,先后认定绿色食品A级产品5个,两家公司入选省"名特优"食品小作坊,小麦、荷藕两个万亩省级农产品绿色优质基地通过市验收,成功签约施湾生态采摘园项目并推荐为区2021年三重项目。培育高素质农业经营主体。指导家庭农场和专业大户搞好建章立制、完善内部核算体系、推进规范化建设;五年来,累计创办家庭农场85家,组建农民专业合作社32家、农机合作社4家,培植各类种养大户280户,市级农业龙头企业3家。

坚持生态优先
统筹推进环境保护和镇村建设

紧扣建设生态文旅高地要求,大力推进全域旅游,以生态为底色、以文化为底蕴,建设美丽家园。人居环境持续改善。五年来,创文和"五位一体"长效管护工作长期保持全区前列,空气优良天数比率攀升,集镇整体环境提升,环境信访件同比下降50%,群众对环境的满意度达到98%以上;2021年周伙、蒋河两村分别创成省级特色田园乡村和传统村落,国家级"两山"实践基地在蒋河村成功揭牌。中兴二级污水管网三个标段全部完工,9个村(社区)新接入管网,铺设管道11千米;提升改造集镇、农村道路36条,70千米;畜禽粪便处理中心投入运行,集镇生活污水收集常态化,日收集生活污水达724吨,收集率达89%以上。农房改善稳步提升。五年来,先后实施

蒋河村新型社区　　　　区融媒体中心　供

宅基地有偿退出1499户，新增耕地84.5公顷；着力打造农房改善2.0升级版，新建蒋河、联河2个新型农村社区和施湾、华府2个集中居住点，蒋河新型农村社区获评首批省级示范项目。推进规划发展村庄、保留村庄农房原地翻改建及发证工作，引导农户进城入镇，加快实施危房排查及整治，蒋河新型农村社区获评首批省级示范项目。乡村旅游融合发展。对蟒蛇河水上文化生态廊道沿线环境进行提升，实施景观改造提升、河道绿化、危旧破矮房拆除等八大工程；按照“四季有花、四季有景”的要求对跃进河两侧绿化进行提升；倾力打造周伙特色文化村，全面改善草房子乐园景区周边环境，在秦施线、洪学线实施道路升级、景观打造、绿化提升等工程；草房子乐园盛大开园，AAAA级景区如期创成，“全民阅读宣讲基地”“优秀阅读品牌”等旅游、研学综合效应接续释放。

坚持以人为本 统筹推进社会事业和民生实事

始终以人民为中心推进各项工作，基层基本公共服务功能提高，群众幸福感、获得感持续增强。社会服务能效提升。常态化抓好新冠疫情防控，重点地区重点人员排查管理到位，重点场所管控到位；五年内，先后举办15场全镇“服务企业用工·帮助群众就业”用工引才招聘会，精心举办育婴师、电子商务等专业技术技能培训班，受训人数达2446人次；连续举办五届草房子全民阅读周、群众文化艺术节等文体活动，省级健康镇创建顺利通过验收；认真做好第七次全国人口普查工作，不漏一户，不落一人，数据真实、精准、有效；推进农村留守儿童关爱行动，镇校外教育中心辅导站获省文明办、关工委表彰。社会保障能力持续增强。强化低保、特困户、无固定收入、重度残疾人等困难群体的兜底保障措施，对他们及时进行帮扶救济，对全镇45户老人住宅进行适老化改造；全镇471名优抚对象各种定补、优待、抚恤等补助资金全部及时足额发放；城乡居民养老及医疗保险参保率达100%，做到应保尽保。社会治理水平稳步提高。政法综治中心正式启用，接待群众来访700余件，排查涉黑涉恶线索30条；开展涉羟犯罪专项整治工作，重点人员排查一个不漏；网格化工作长期位列全区前茅；重抓安全生产工作，扎实推进各项专项整治行动，检查企事业单位和场所1162家次，排查事故隐患9392条，开展“五进”活动，保持安全生产形势平稳。

坚持党建引领 统筹推进思想建设和队伍建设

牢牢把握新形势下从严治党新要求，深入推进党建创新工程，为高质量发展提供坚强的组织保障。丰富红色基因传承载体。加强红色遗存遗址保护，对镇烈士陵园进行修缮，建成学富镇红色文化展示馆；拍摄“你的身影从未走远——传承红色基因行动系列微电影”之《守护生命的防线》；开展“重温红色记忆，传承红色精神”等主题活动，拍摄学富红色文化展示馆云寻访视频，在“交汇点”等平台广泛宣传；100余篇党建文章被市级及以上媒体转载，承办盐都区第二届红色文化教育周。拓宽干部队伍培养渠道。从种养大户、退役军人、高校毕业生等群体中择优选拔40周岁以下村级后备干部；成功完成“两委”换届工作，村干部年龄结构和文化水平有较大提升，村(社区)书记主任“一肩挑”比例达100%；2名村书记入选“百千万”工程，1名入选“十佳”书记，创新开展“高校教授学富行”等活动。筑牢廉洁自律思想防线。开展“正风肃纪镇村行”等专项活动；组织全镇党员干部在射阳等地参观廉政教育基地，着力营造“不想腐、不能腐、不敢腐”的氛围，在全镇形成风清气正的政治生态。

尚庄镇：勇毅争先谋发展　奋力谱写新篇章

尚庄镇是红色的热土，素有“阀门之乡”“番茄之乡”的誉称。先后创成“国家级生态镇”“国家卫生镇”“江苏省文明镇”“江苏省公共文化服务体系示范镇”……绘就成一幅乡村振兴美丽画卷。

美丽番茄小镇，十年跨越践行。党的十八大以来，尚庄镇坚定不移贯彻新发展理念，始终坚持阀门产业首位度，持续擦亮“尚庄番茄”中国地理标志“金”字招牌，重点重抓城乡统筹、民生改善，切实维护和谐稳定、民生幸福。过去十年，是全镇上下主动作为、经济社会全方位跃升、镇村面貌改善、民生福祉增进的十年，成功打造“一村一品、一村一特、一村一貌”的美丽乡村格局。

经济实力稳健增长。尚庄镇始终紧扣经济发展中心，重抓产业提升与资源整合，加快总量增长与结构优化，经济运行呈现稳中有进、进中有升的发展态势。2021年实现地区生产总值18.58亿元、一般公共预算收入3016万元、全口径开票销售10.7亿元，分别同比增长9%、10.6%、46.4%，经济运行质态与结构调优调强，各项工业指标持续增长。

转型升级取得实效。始终坚持招商选资不动摇，加快内培外引步伐，企业规模与数量同步提升。开展“重大项目突破年”活动，主动融入长三角，新签约新能源汽车配件、固晶机配件、全自动温度传感线材等项目3个，在手跟踪项目6个，新增“四上企业”6家，引进高层次人才5人。坚持招优引强和培大育强并举，盐电阀门获评省双创人才、省服务型制造示范企业、市长质量奖提名奖，提前完成市三星级企业税收任务。

农旅产业融合发展。加快农业转型升级，延伸农业产业链、价值链，培育农业农村发展新动能，扎实推进113.33公顷高标准农田建设。新招引江苏先优达农业科技有限公司缤纷番茄示范项目，示范带动全镇番茄种植产业持续向好。连续举办8届番茄节，瑞尚鲜番茄通过中国绿色食品认证，持续放大“尚庄番茄”品牌效应。积极发展壮大特色优势产业，邵氏水产大闸蟹生态化养殖项目改造提升，完成新一轮53.33公顷高标准鱼池建设，建成40个标准化塘口，配套“四池三坝”多级尾水净化区，获评国家级农民合作社示范社。

生态质量持续改善。牢固树立绿水青山就是金山银山理念，坚持绿色发展不动摇，生态质量持续改善。积极开展全国文明城市创建，倡导“清洁家园”行动，推进家屋前后、水岸田园环境绿化美化。开展大气、水、土壤环境整治行动，严格落实夏秋两季秸秆“双禁”工作，进一步完善镇、村、组三级网格化管理责任体系，实行全天候督查巡查，近8年无着火点，“禁烧禁抛”实现全覆盖。强化农村生态河道建设，疏浚河道16条，森林绿化率33.8%。河水清澈、空气清新已成为尚庄新常态。加快实施“厕所革命”，农村环境综合整治全覆盖，“五位一体”长效管理体系全面形成。民胜新型农村社区创成省特色田园乡村，联胜村创成省水美乡村，北堡村、古殿村创成省级传统村落。

人民幸福持续提升。高度关切城乡统筹和民生福祉，大力兴办民生实事，城乡供水全覆盖、城镇公交一体化，镇为民服务中心建成“15分钟医保服务圈”省级示范点。以培育和践行社会主义核心价值观为根本，建设乡风文明，深化文明村居创建，中国好人当选率居全市首位。构建公共文化服务体系，丰富农民文化生活。建成高标准新时代文明实践所1个，新时代文明实践站18个，华泽书社创成“长三角市民终身学习体验基地”。积极开展美丽乡村、森林村庄建设，纵深推进人居环境改善，建成塘桥村、民胜村、联胜村、庆福村4家新型农村社区，完成集镇农贸市场、人民公园提档升级，打造美丽宜居幸福之镇。塘桥村创成全国乡村治理示范村、庆福村创成省新农村建设示范村、南吉村创成国家综合减灾示范社区。

尚庄镇将以习近平新时代中国特色

5月，15分钟医保圈　　　　尚庄镇　供

社会主义思想为指引，全面贯彻新发展理念，服务和融入新发展格局，坚持稳字当头、稳中求进工作总基调，统筹疫情防控和经济社会发展，推动高质量发展迈上新台阶。

坚定不移招项目，大力发展实体经济。强化创新驱动、产业支撑、项目突破，抢抓“长三角一体化”发展机遇，推动经济跨越式发展。加大深圳创达半导体精密加工项目洽谈力度，密切跟踪在手重点项目，力争取得实质性突破。全力推进该镇D档企业腾退、低效厂房盘活等工作，强化华枫园区和全民双创园两个园区厂容厂貌形象提升和入驻管理，新增4家工业企业上云，培育销售超5亿元企业1家，超1亿元企业1家。力争年内新增规上工业企业1家，新培育“四上”企业2家，申报省双创、市领军各1人，实现工业产值超2000万元以上企业10家。

坚定不移强产业，加速助推乡村振兴。依托S125省道现代农业产业观光带，高品质规划农业示范园区，强化农业科技和人才支撑，重点培育招引农业龙头企业，发展现代高效农业。加快推进邵氏水产养殖、麦晶郎经典面食精加工等农业项目，提升农产品附加值，形成一定规模的产业集群。放大尚庄番茄品牌效应和文化辐射效应，实施番茄公园提档升级工程，以“瑞尚鲜”为核心品牌，打造番茄全产业链，把尚庄番茄打造成上海“菜篮子”的重要供应基地，辐射带动农民增收致富。积极推进S125省道旅游驿站项目，以点带面，建设一批干净整洁美丽舒适新农村，串珠成链打造S125省道沿线乡村风貌带，加快融入大纵湖度假区、三官农家乐精品旅游路线，推动全域旅游全面开花。

坚定不移保民生，着力强化薄弱环节。高要求写好“后半篇文章”，推动基础设施向新型社区拓展，优质公共服务向新型社区延伸；以宅基地有偿退出为抓手，加快推进危房改造，加速推进番茄小院安置房项目建设，稳妥安置前期宅基地有偿退出农户，切实改善农民住房条件。健全基本养老服务清单制度，全力推进区域性养老服务中心改造、适老化改造项目，改造提升尚庄敬老院，积极推进农村敬老院公建民营改革试点，整合多方资源，探索医养结合模式，为老人提供综合性社会服务，完善“一老一小”服务体系，真正做到“幼有所养、老有所依”。关注热点焦点问题，加大医疗和教育领域投入，推动16座农村危桥提档升级，着力解决好群众的“急难愁盼”。加大低保户、留守老人、留守儿童等困难群体的救助力度，制定常态化帮扶措施，切实把“我为群众办实事”实践活动落到实处。

坚定不移促和谐，全力维护社会稳定。按照稳定大局、统筹协调、分类施策、精准拆弹的方针，坚决打好防范化解风险挑战的主动仗。围绕进一步深化安全生产三年专项整治工作任务清单，全面推进各行业领域安全生产工作，强化部门联合检查、沟通协作、联合攻坚行动，实现部门监管和综合监管“双覆盖”。加大力度推动企业落实主体责任，切实整改各项安全隐患。以安全生产宣传“五进”为重点，全面提升群众安全意识。重点关注交通、环保、安全等与群众切身利益相关的民生问题，着力解决好群众的“急难愁盼”。全面梳理排查治安、矛盾纠纷、社会面人员等问题，有效化解各类矛盾和风险要素，切实提升全镇平安维稳的综合质效。

坚定不移抓作风，提振干事创业激情。坚持以新思想定向领航，知责于心、担责于身、履责于行，更好地践行初心使命。自觉践行、忠诚捍卫“两个确立”，增强“四个意识”、坚定“四个自信”、做到“两个维护”。巩固拓展党史学习教育成果，提高政治判断力、政治领悟力、政治执行力，牢记“国之大者”，确保中央和省、市、区委决策部署落地落实。从严从实抓好作风建设，聚焦形式主义、官僚主义，强化日常监督，激励担当作为，该办的事马上就办、办就办好，难办的事想方设法、创造条件去办，推动广大干部以优良作风狠抓工作落实。严格执行中央八项规定精神和省市区委作风建设要求，营造风清气正的良好政治氛围。创新政务公开方式，强化行政监督和审计监督，主动接受社会各界监督。牢固树立“过紧日子”思想，严控“三公”经费和一般性支出，把有限的财力更多地用在推动发展、改善民生上。

2022年盐都十大新闻

1.迅速掀起学习宣传贯彻党的二十大精神热潮

10月16—22日，中国共产党第二十次全国代表大会在京召开。会议期间，盐都广大干群通过各类媒体平台收听收看大会盛况，反响热烈，央视《晚间新闻》进行专题报道。大会胜利闭幕后，盐都迅速持续兴起学习宣传贯彻热潮，切实将广大党员干部的思想和行动统一到党的二十大精神上来。通过集中学习、理论宣讲、新闻宣传、社会宣传、文艺宣传等多形式，全区上下深入理解习近平总书记“五个牢牢把握”的重要要求，全面学习、把握、落实党的二十大精神。盐都区委理论学习中心组紧紧围绕学习贯彻习近平新时代中国特色社会主义思想这一主题主线，不断丰富学习内容，注重方式创新，追求学以致用，获评全省党委理论学习中心组示范点。

2.区委十五届五次全会举行动员，全区上下在新征程上奋力谱写中国式现代化盐都新篇章

12月30日，中国共产党盐城市盐都区第十五届委员会第五次全体会议举行。会议高举习近平新时代中国特色社会主义思想伟大旗帜，深入学习贯彻党的二十大精神和中央经济工作会议精神，认真落实省委十四届三次全会、市委八届四次全会和省市委经济工作会议部署要求，回顾总结2022年工作，研究部署2023年任务，动员全区上下踔厉奋发、勇毅前行，更高水平建设“四个示范区”，在新征程上奋力谱写中国式现代化盐都新篇章。

3.电子信息产业规模增长60%，全区产业结构持续优化

年内，盐都电子信息产业规模达280亿元、增长60%，印制电路板、集成电路、光电显示产业链规模全市第一。获批省智能车间3家、省星级上云企业89家，高新区获评省工业大数据应用能力评估示范区。新增国家级“专精特新”小巨人3家、省级“专精特新”中小企业25家，认定省服务型制造示范企业5家，总数均列全市第一。培育税收超亿元楼宇2幢、超千万元楼宇10幢。

4.获评国家知识产权强县建设示范县，“创新链”“产业链”“人才链”融合发展

年内，获评国家知识产权强县建设示范县，全市唯一入选“科创江苏”试点县（区）建设名单。国家高企净增超100家，占全市一半。高新技术产业产值占比达65%，居全市首位。盐城超算中心建成运营，盐城工学院研究生院建成招生，成功举办数字经济与超算产业化发展论坛，承办全国“双创”周江苏分会场等活动。落实好“黄海明珠”人才计划，入选国家级重点人才工程项目5个，入围省“双创计划”8个，入选市领军人才项目21个，均居全市前列。打响“都U+”人才服务品牌，承接全市人才公寓“家家到”现场会。

5.践行“城建惠民”理念，城市更有温度、百姓更加幸福

年内，编制完成美好盐都2035发展战略规划和盐都新城规划，“三区三线”全面划定并严格落实，实施城建重点项

目101项，城北地区改造扎实推进，科技广场中央商务区等功能性项目加速推进，青年路高架西延等一批交通项目加快实施，建成口袋公园15个。"渎上·老西门"获评省级放心消费示范街区。

6.全国首批、全市唯一，入选首批国家乡村振兴示范县创建名单

年内，入选首批国家乡村振兴示范县创建名单，获评全国休闲农业重点县，举办"院校扶农·专家富民"乡村人才振兴发展大会，实施"十大院校联产业、百名专家驻基地"乡村人才振兴行动。大纵湖小龙虾获评国家地理标志证明商标，获评全省特色农产品优势区。粮食科技产业园被列为全省农业农村重大项目典型。新改善农民住房2208户，中国传统村落、省级特色田园乡村、省级传统村落总数持续位于全市第一，农村人居环境整治连续四年位列全省第一等次。

7.创成中国天然氧吧，生态底色愈发靓丽

年内，深入践行"两山"理念，聚力聚焦绿色制造、绿色能源、绿色生态、绿色宜居"四个绿色之城"，协同推进降碳、减污、扩绿、增长，做精做美生态、经济"双面绣"。深入开展环境质量"提质争优"专项行动，推进兴盐界河治理"百日攻坚"，大力推动大纵湖湿地"生态岛"试验区建设，创成中国天然氧吧，获评全国节水型社会建设达标区。

8.被命名为省第十二届双拥模范城（县、区）

8月1日，在全省第十二届双拥模范城（县、区）命名暨双拥模范单位和先进个人表彰大会上，盐都区被省委、省政府、省军区命名为"江苏省第十二届双拥模范城（县、区）"。盐都是革命老区，也是优质兵源大区。全区现（退）役军人近2万人，有各类优抚对象5844人。全区军民秉承光荣传统，弘扬时代精神，以创建双拥模范城为载体，拥军优属和拥政爱民实现良性互动。

9.创成省级全域旅游示范区

年内，持续擦亮"在盐都，遇见美"区域文化品牌，创成省级全域旅游示范区。仰徐村获评全国乡村旅游重点村，大纵湖旅游度假区创成省职工（劳模）疗休养基地、非公经济人士理想信念教育基地，入选中国红色基因水利风景名录。草房子乐园入选省科普教育基地。龙冈桃花园被列入2022年度国家AAAA级景区创建名录。以发展全域旅游为方向，以融合发展为手段，不断丰富旅游业态，做精做特做优旅游文章，积极构建全域旅游发展新格局，让更多游客"在盐都，遇见美"。

10.《宋公堤》《盐阜往事》晋京献礼二十大，文化事业繁荣发展

全省首部曲艺剧《盐阜往事》、大型现代淮剧《宋公堤》分别于8月31日、9月21日晋京献礼党的二十大。音乐剧《白兰花》、舞蹈《e起回乡》、盐阜说唱《荡里小伙在成长》等3部作品荣获江苏省第15届"五星工程奖"，登瀛老茶馆入选江苏省示范小剧场。持续打造"欢歌笑语走基层"村村到惠民演出活动品牌，全年送戏下乡500余场次。

区情总貌

区情概要

【位置面积】 盐城市盐都区位于江苏省中部偏东，北纬33°07′52″～33°25′22″，东经119°40′49″～120°13′22″，紧临盐城市亭湖区，最大纵距33.4千米，最大横距50.2千米，北、东北、东、东南与盐城市亭湖区相连，南隔兴盐界河与兴化市相望，西、西北与宝应、建湖两县毗邻。全区土地面积1016.2平方千米，人口69.58万人（不含住亭湖区人口），区人民政府驻盐渎街道，距省会南京260千米。

【地形地貌】 盐都区地形东西宽、南北窄，呈不规则的长条形。全区地势平坦，河网稠密。由于河流、海洋堆积程度的差异及人类开挖河道、兴修水利、改良土壤等经济活动影响程度的不同，地面呈现出一些低冈和洼地，形成局部微小的起伏。境内略呈东高西低，地面高程一般在1.8～2.2米之间。串场河沿岸是全区最高处，地面高程2.8米以上；朱沥沟、仇垛河、直挺河以东为次高地，地面高程均在2米左右；西部湖荡地区是全区最低点，地面高程1.5米左右。区境属里下河平原地貌单元。平原上还分布有残存的古沙堤，俗称“沙冈”。

【土壤】 境内土壤分为水稻土、沼泽土两大类，其中水稻土分布面积最广，占耕地面积的90%以上，由于长期开发，土壤得到改造，有利于种植业、养殖业的发展。

【河流】 区境河网纵横交错，所有河流均属淮河流域。所有河流均属于里下河水系。客水从西南入境，向东北流出。境内主要河流为蟒蛇河，边缘河流为串场河。蟒蛇河源于区境西南大纵湖，到九里窑与新洋港相连，干流为自然河流，支流主要有朱沥沟、东涡河、冈沟河等，流域面积约640平方千米，覆盖区境西、中部大部分区域。区境河流水位变化受降水量和上游来水量以及新洋港等闸启闭的影响，汛期大致为每年6—9月，年最高水位一般出现在7月中旬至9月上旬，年最低水位，通常出现在冬、春或6月上、中旬，一般在1.5米左右，也有超过1.6米警戒线水位的年份。兴盐界河古殿堡站历年平均水位为1.9米，历年最高水位3.22米，大纵湖北宋庄站历年平均水位1.06米，历年最高水位为2.8米，串场河盐城站历年平均水位为0.98米，历年最高水位为2.66米。

【气候】 2022年全年气温正常；降水量偏少；日照时数正常。冬季（2021年12月至2022年2月）平均气温正常，降水量偏少，日照正常；春季（3—5月）平均气温显著偏高，降水量偏少，日照正常；夏季（6—8月）平均气温异常偏高，降水量偏少，日照正常；秋季（9—11月）秋季平均气温正常，降水量显著偏少，日照正常。全区极端最高气温38.8℃，出现在8月14日；极端最低气温-8.5℃，出现在2021年12月24日。全年降水总量为748.8毫米，与常年相比少255.5毫米。全年总雨日89天。

重要天气事件及其影响：

（1）强冷空气、寒潮：

4月12—13日受冷空气和地面气旋影响，出现5～7级的大风天气。10月3—4日受副热带高压南退和强冷空气南下共同影响，出现6～7级大风天气。受强寒潮天气影响，11月28—30日出现小到中雨，其中大部分地区出现弱雨雪天气，并伴有7级左右的偏北大风。12月10日下午至11日，受冷空气影响，出现寒潮天气。11日最低气温降至0℃。同时，10日下午至11日前期，伴有4～5级阵风6～7级的偏北大风。盐都区气象台2022年12月9日17时11分发布寒潮蓝色预警信号。12月15日夜间至16日出现小雨转雨夹雪或小雪。气温明显下降，其中16—18日48小时最低气温下降8～10℃，并伴有6～7级的偏北大风。

（2）大风：

2022年3月12日夜间至13日出现小到中雨，局地伴有6～7级大风。3月14日早晨出现对流性天气，伴有6～7级阵风和短时强降水。3月24日夜间至25日受江淮气旋发展东移北上的影响，出现中到大雨，并伴有6～7级偏南转偏北大风。3月27日冷空气南下，风力较大，出现6～7级偏北风。4月12—13日受冷空气和地面气旋影响，出现5～7级的大风天气。6月27日夜间到28日白天，出现一次雷阵雨天气过程，并伴有雷电和局地6～7级雷暴大风。7月19—20日受副热带高压西伸北抬以及西风槽东移影响，同时地面有气旋过境，伴有5～7级大风。7月28日最大17.8米/秒（10级）出现在楼王镇。2022年8月23日冷空气南下，风力较大。9月5日出现6～7级阵风。9月14日出现5～6级阵风；14日夜间至15日出现暴雨、局部大暴雨，同时伴有8～9级阵风，最大风力出现在盐渎街道21.7米/秒（9级）。9月19日出现7级阵风。23日中路偏东路径冷空气南下，出现5～6级大风天气。10月3日下午至4日出现6～7级阵风，最大15.5米/秒，出现在盐渎街道。10月8日夜间至9日多云到阴，受冷空气南下的影响，9日出现5～6级阵风。12月16—18日伴有5～6级的偏北大风。12月21—22日受较强冷空气影响，气温明显下降，并伴有5～6级阵风7～8级的偏北大风。

（3）暴雨：

2022年7月14日至15日出现阵雨或雷雨天气，雨量为大到暴雨，全区有8个站达到暴雨量级，其中最大降水量出现在学富镇75.9毫米。7月26日盐都区出现明显风雨，雨量分布不均，全区有4个站达到暴雨量级，其中最大降水量出现在大冈镇69毫米。2022年8月16日盐都区大部分地区出现中到大雨、局部暴雨。9月12日至15日受台风“梅花”影响，出现明显风雨天气。12日至14日白天主要受台风外围影响，盐都区出现小雨天气，同时伴有8～9级阵风；14日夜间至15日受台风本体影响，风雨明显增强，盐都区出现暴雨、局部大暴雨，最大降水量出现在盐渎街道124.8毫米。

（4）雾霾：

2022年大雾天气较去年同期明显减少，霾天气与去年同期持平。1月9日白天有中度霾，9日夜间霾转为雾或浓雾。3月14日早晨大部分地区出现大雾天气。5月21日早晨部分地区有雾。6月15日早晨盐都区大部分地区出现能见度不足200米的大雾。9月9日出现大雾天气。9月28日早晨盐都区部分地区出现能见度不足200米的浓雾。10月15日盐都区出现大雾天气。10月21日夜间至22日早晨、23日早晨出现雾或浓雾。10月31日夜间出现雾或浓雾。11月8日盐都区部分地区有能见度不足200米的浓雾。11月10日凌晨到上午大部分地区有浓雾或强浓雾。11月26日早晨有雾或浓雾。

（5）大雪：

受冷暖气流共同影响，2月6日后半夜起出现降雪天气，截至7日16时出现中到大雪、局部暴雪。盐都本站降雪量为9.7毫米。

（6）雷暴：

6月13—15日受东北冷涡和低层切变线的共同影响，多阵雨或雷雨，有雷雨的地区雷雨时伴有局地短时强降水、8级以上雷暴大风等强对流天气。受高空槽影响，6月22日夜间至24日出现一次明显降水过程，雨量达中到大雨，降水期间伴有强雷电、短时强降水和雷暴大风等强对流天气。6月27日夜间到28日白天，出现一次雷阵雨天气过程，雨量为小到中等，并伴有雷电和局地6～7级雷暴大风。2022年6月29—30日多云，部分地区出现雷阵雨天气。7月10日受高空槽和副高的影响，大部分地区有阵雨或雷雨，降水期间伴有雷电、短时强降水和雷暴大风等强对流天气。7月20日出现风雨天气，期间伴有雷电、短时强降水、雷暴大风和局地龙卷等强对流天气。7月26日、28日出现明显风雨，降水期间伴有雷电、短时强降水和雷暴大风。8月15、16日大部分地区出现中到大雨、局部暴雨，并伴有雷电、短时强降水和雷暴大风等强对流天气。19日夜间、20日白天出现小雨。8月23日阴有阵雨或雷雨，同时部分地区伴有6～7级阵风。10月3日下午到4日出现小到中雨，最大19.9毫米，出现在张庄街道。

（7）台风：

①轩岚诺

2022年第11号台风“轩岚诺”于8月28日下午在西北太平洋洋面生成，并快速加强，于30日2时加强为超强台风级，向西偏南方向移动。9月2日在台湾以东洋面停滞、逗留，减弱为强台风级，9月3日向偏北方向移动，夜间强度再次加强为超强台风级。5日16时距离浙江省舟山市朱家尖岛东偏北方向约370千米，距离盐都区大约568千米，中心附近最大风力有50米/秒（15级），中心最低气压为940百帕，强度逐渐减弱，并继续向北偏东方向移动，逐渐远离盐都区。

受台风“轩岚诺”影响，9月3日、5时至6日5时出现小雨天气，同时伴有6～7级阵风。自动站中共有2个站出现7级以上阵风。最大风速出现在盐都本站15米/秒（7级）。

②梅花

台风“梅花”于9月8日8时在西北太平洋洋面生成，并快速加强，于11日3时加强为强台风级，12日14时由强台风级减弱为台风级，以每小时5千米～10千米的速度向北偏西方向移动，随后又增强，14日20时30分前后以强台风级在浙江省舟山普陀沿海登陆，登陆时中心附近最大风力有42米/秒（14级），中心最低气压为960百帕，以每小时25千米～30千米的速度继续向北偏西方向移动。15日0时30分前后在上海奉贤沿海再次登陆，登陆时中心附近最大风力有35米/秒（12级），中心最低气压为975百帕。15日5时前移入江苏省，并减弱为强热带风暴级，5时其中心位于江苏省海门境内，最大风力有30米/秒（11级），15日中午由强热带风暴级减弱为热带风暴级，13时30分前后由江苏盐城移入黄海南部海面，15日夜间对盐都区的强风雨影响逐渐减小。

受台风“梅花”影响，12日20时至15日20时盐都区出现暴雨到大暴雨，区域站共有6个站超过100毫米，最大降水量134.4毫米，出现在盐渎街道。共有7个站阵风达8级以上，其中盐渎街道阵风风力达21.7米/秒（9级）。

（8）梅雨：

2022年梅雨非典型性特征明显，梅雨期间多晴热高温天气，梅雨量明显偏少，以对流性降水为主。梅雨期全区平均气温29.8℃，比常年同期异常偏高4℃，全区高温日数4～6天。盐都基本站梅雨量44.5毫米，与常年相比异常偏少8成以上。梅雨期多短时强降水、雷

7月，渎上·老西门夜景　　　　潘黄街道　供

暴大风等强对流天气，有5个区域自动站出现7级以上雷暴大风，最大16.2米/秒，7级（尚庄镇），最大小时雨强23.7毫米（北龙港街道）。

（9）极端暖事件：

高温出现时间早、日数多、范围广、强度高。6—8月出现三轮较大范围的连续高温天气：6月16—18日、7月8—14日、8月2—15日。高温日数29天，突破历史极值。连续高温日数14天，突破历史极值。8月14日出现极端最高气温38.8℃。

10月2—3日大部分地区出现35℃以上高温。极端最高气温36.1℃，出现在3日。极端最高气温突破61年以来10月份极值。　（徐　凯）

【自然资源】　2022年，全区土壤主要分为水稻土、沼泽土两大类，其中水稻土分布面积最广，占耕地面积90%以上。全区共有湿地面积14253.12公顷，其中，自然湿地面积4213.67公顷。受保护的自然湿地面积2528.2公顷，主要是盐城市区饮用水源地蟒蛇河、朱沥沟、冈沟河、大纵湖等。全区自然湿地保护率达60%。境内野生动物资源中，鱼纲类有鲤鱼、鲫鱼、乌鱼、鳊鱼等30多种；爬行纲类有龟、鳖、蛇等20多种；鸟纲类有野鸡、野鸭、鹰、雀等30多种；哺乳纲类有野兔、刺猬、鼠等十余种。野生植物资源有数十科几百个品种，分布在田间、河边、滩边，用于农牧渔业生产、手工业编织及治疗疾病。

【建置沿革】　区境在商周时为“淮夷地”。春秋时始属吴，后属越，战国时属楚。西汉元狩四年（前119），始设盐渎县（一说元狩四年前置）。东晋义熙七年（411），改盐渎县为盐城县。北齐于此设射阳郡，南朝陈时改为盐城郡。隋末，韦彻起义据此置射州。民国22年（1933），江苏省于盐城设行政督察区，后改为盐城区。民国25年（1936），又改为第六督察区，盐城县先后隶属之。民国29年（1940）10月，盐城县成立抗日民主政府。民国35年（1946）4月，改盐城县为叶挺县。1949年4月复名为盐城县。自1940年10月后，盐城县先后隶属盐阜区、盐阜分区、苏皖边区第五行政区、苏北盐城行政区、苏北盐城专区、江苏省盐城专区、江苏省盐城地区。1983年年初，实行市管县（区）体制，盐城为省辖市，盐城县撤销，盐城镇成立盐城市城区，其余乡镇为盐城市郊区。1996年9月，国务院批准撤销盐城市郊区，设立盐都县，隶属盐城市。2004年年初，国务院批准撤销盐都县，设立盐城市盐都区，仍隶属盐城市。

【行政区划】　2022年年底，全区共有8个建制镇、4个街道、1个国家级高新区、1个省级度假区和1个国家级台湾农民创业园，拥有250个村（居）。

【交通】　区行政中心以西4千米有宁靖盐高速公路，90千米有京沪高速公路；以南4千米有盐徐高速公路；以西2千米有204国道，以东6.6千米有盐城高铁站、新长铁路，10千米有盐通、盐连高速公路，19千米有盐城机场，50千米有大丰港、80千米有射阳港，204国道东侧还有国家三级航道通榆河。经高速公路驱车到达南京只需2.5小时、到上海3.5小时、到北京10小时，铁路南接京沪线和宣杭铁路，北接陇海线，除开通货运外，还开通南通至淮安、连云港至南京、泰州至成都、兰州、哈尔滨、青岛，南通至北京、太原以及扬州至四方、成都的往返客运列车。国内航线开通北京、广州、温州、南通往返航班，国际航线开通韩国首尔航班。除此，境内还有盐淮、盐兴、盐金省道公路和盐邵、盐宝线和兴盐界河等级航道。镇村公路普遍实施黑色和硬化工程，公路网四通八达。

【旅游景点和人文景观】　境内主要旅游景点和人文景观有：大纵湖旅游度假区、东晋水城、龙冈华都森林公园、盐渎世纪公园、郭猛杨侍欢乐水上乐园、学富草房子乐园、大纵湖三官农庄、秦南泾口湿地风情园、潘黄仰徐乡村乐园、大纵湖清代书法家宋曹祖居、北龙港明代翰林院大学士朱升墓、潘黄名人徐铎园、大纵湖名人郑板桥教书馆、郭猛名人沈拱山墓、秦南宋泽夫烈士塑像园和墓园、龙冈三胡纪念馆和胡乔木故居。

【土特产品】　境内土特产品主要有：大纵湖清水大闸蟹，北龙港青虾、荷藕、无铅松花皮蛋，龙冈茌梨、鸭梨、柳编制品，葛武嫩姜片，学富腊香鹅，秦南水牛肉，潘黄龙须粉丝、豆制品，义丰慈姑，尚庄番茄，台创园花卉，张庄绿田牌葡萄，大冈黄桃等。

【区划地名管理】　2022年，围绕推进城乡一体化进程目标，全方位做好区划调整后的地名梳理和规范命名工作，推动区域经济社会全面、协调、可持续发展。年内，完成国家地名数据库质量建设专项行动。7月，盐渎被列入盐城市首批市级地名文化遗产古城类保护名单。加强界线界桩巡查与管理。7月，全区30个界桩重新签订界桩委托管护责任书，确定界桩管理员，年底及时下发界桩维

护管理费。年底，完成8个镇（街道）地名规划编制工作。（万明珠）

国民经济和社会发展计划执行情况

【概况】 2022年，有效应对新冠肺炎疫情散发等突发因素带来的影响，巩固拓展疫情防控，较好完成全年目标任务。全区实现地区生产总值714.81亿元，增长2.6%，三次产业增加值占国民生产总值比重为8.8:45:46.2。

【工业生产增长】 全区开票销售额超亿元工业企业82家，其中，维信电子销售额86.8亿元、东山精密销售额21.4亿元，复汉海志、中恒宠物、悦达棉纺销售额均超10亿元。全口径工业开票销售额突破600亿元，规模以上工业开票销售额473.6亿元，分别增长17.6%和15.4%；实现规模以上工业总产值467.3亿元，增长6.9%。

【强化项目投资】 服务全市高质量发展项目观摩推进会，组织实施"重大项目攻坚年"行动，开展全区"企业大走访、项目大推进、产业大招商"活动、招商选资和项目推进"百日竞赛"，举办深圳、苏州、上海等6场招商活动，签约项目137个，总投资超480亿元。扎实推进77个省、市、区重大项目和重点工程，东山IC载板、国电投高效储能电池项目开工建设，实现50亿元以上项目新突破，筑牢高质量发展根基。

【优化消费市场】 开展"约惠盐都·乐享消费"主题系列活动百余场，启动海洋路国潮星空、渎上·老西门两大夜市，创新体验经济、直播带货、网红打卡等新业态新模式，扩大万达、吾悦、渎上·老西门等重点商圈影响力，通过微信小程序发放各类消费券8万余张，惠及中小商户近300家，拉动消费超1.5亿元，全年实现社会消费品零售总额272.8亿元。

【推进农业经济发展】 全年粮食总产47.12万吨，实现面积、产量"双增长"，新开建高标准农田3.5千公顷，"盐麦3号""盐糯20"通过国家新品种审定，"盐都草莓"进入全国草莓区域公用品牌20强，新民村获评全国草莓产业亿元村，盐都获评全国畜牧业统计监测评估优秀县、入选全国乡村振兴示范县创建名单。

【壮大工业经济】 全年电子信息、高端装备、新能源三大主导产业实现开票销售额375.2亿元，占规模以上工业的79.2%。印制电路板、集成电路等重点产业链实现开票销售额386.5亿元，增长23.7%。新培育国家专精特新"小巨人"企业3家、省"专精特新"中小企业25家，总数分别达11家、52家，均列全市第一。启动实施"智改数转"三年行动，新增省示范智能车间3家，入选市"智改数转"服务商资源池企业3家，东山精密获评全市唯一省"两化"融合AAA级示范企业、获批省工业互联网标识解析二级节点，维信电子获批省智能工厂。

【提升服务业经济】 6月，出台《关于进一步加快现代服务业高质量发展的若干政策意见》，创成市级服务业高质量发展集聚示范区2个、市级现代服务业集聚区1个。高新区省级"两业"融合试点顺利推进，苏力机械等5家企业获批省级"两业"融合试点单位，数量居全市第一。全区规模以上服务业企业实现营收93.94亿元；实现服务业增加值330.29亿元，增长1.4%。

【激发创新活力】 5月，实施"科创森林"成长计划，国家高企净增129家。全年申报省产学研合作项目10个、立项科技成果转化项目35个、申报省成果转化项目双碳专项1个，技术合同成交额累计完成14.4亿元。

【提升载体平台能级】 年内，中科院高通量研究院等12家高端科创平台实效运营，国家超算无锡中心盐城分中心建成并实现首年开票销售额超4000万元，半导体集成技术研究院完成验收交付，盐龙湖先进技术研究院建成开学并入驻首批研究生400多人。9月，举办全国"双创"活动周江苏分会场、数字经济与超算产业化发展论坛，赴南京、深圳、上海等地举办技术交流对接会和推介会，组织清华长三角研究院、东南大学项目线上路演等各类产学研活动，新签产学研合作项目137项。

【深化对外合作】 年内，与青海省称多县建立东西部协作关系，与常州高新区、武进高新区签订南北园区共建合作协议。新业态初具规模，跨境电商交易额首次突破千万美元，开展RCEP协定政策宣传培训。全年完成外贸进出口总额14.28亿美元，增长5%。

【优化营商环境】 8月，制定出台《盐都区优化营商环境突破年实施方案》《盐城市盐都区深化"放管服"改革工作要点》，深化"放管服"改革，办好政府服务"一件事"。全年新登记企业法人3193家，免费送章2947户，半日办结率达98.6%，免费邮寄证照274户，区营商服务专线累计帮助164个企业、353位个体工商户解决问题536个。

【开展助企纾困活动】 4月，积极落实国家、省、市等各项政策，出台盐都区《关于进一步帮助市场主体纾困解难稳定增长的政策意见》，对冲新冠肺炎疫情影响，用实际行动惠企暖企，提振市场主体信心。2022年度新增减免缓退税19.8亿元；审批发放2886家企业稳岗返还1825.04万元，惠及职工45984人；政银企专场对接活动、拉网式政银企对接、银行机构"进园区""进镇村"等活动15次，共授信（投放）企业215家，金额185.57亿元；省综合金融服务平台线上累计解决企业资金需求4270项，金额209.43亿元。

【城乡面貌更新】 年内，新开工3个安置房项目2825套，基本建成4个安置房项目4118套，新开工保障性租赁住房项目1个600套（间）。建设完成口袋公园15个、改造老旧小区8个、提质达标区3个、老旧小区雨污分流改造10个。三年城北改造实施各类项目160个，累计完成投资230亿元。乡村建设完成农房改善2208户，创成中国传统保护村落3个、省级传统建筑组群3个、省级特色田园乡村2个、省级传统保护村落2个，创牌数量列全市第一。建成农村污水处理设施62个，9个集镇污水处理厂实现厂网一体化运行，11个新型农村社区开通管道天然气。仰徐村创成全国乡村旅游重点村，花吉村创成省级乡村旅游重点村。

【完善基础设施】 年内，阜溧高速公路完成建设总量80%以上，盐都治超站项目投入使用，完成农村公路安全生命防护工程176千米，完善提升省道一级公路中央分隔带护栏23千米、农村公路13千米，维修桥梁11座。在全市率先完成"盐都区智慧农路时空云平台"主体研发，"交通+客货同网"获全省"十佳城乡物流服务品牌"。

【改善人居环境】 年内，在全市率先实现农村生活垃圾全区域全封闭运输，累计处理城乡生活垃圾约15万吨。创成生活垃圾"四分类"小区36个和省级达标小区20个，完成遮阳挡雨棚20座、新建农村无害化卫生户厕4535座、新建农村公厕8座，建成日月路精细化样板街、黎明路样板巷和龙冈镇样板镇。第二轮中央生态环境保护督察交办问题在全市率先完成整改并通过市级核查。生态环境质量继续保持稳定，$PM_{2.5}$平均浓度28微克/立方米；6个国、省考断面水质达标比例均达国家Ⅲ类水标准，地表水无劣Ⅴ类水体；土壤环境质量总体保持稳定。开展"双碳"工作布局，编制完成新能源电池产业链"两图三清单"，印发《盐都区2022年碳达峰碳中和工作要点》。扎实推进减煤工作，全区规模以上工业企业煤炭消费量为0，减煤成效显著。光伏试点开发工作稳步推进，分布式和集中式光伏全年发电量突破1亿千瓦时；全区屋顶分布式光伏装机累计容量达76兆瓦。

【推进社会事业】 年内，高质量完成省、市、区三级为民办实事项目，新建中小学6所、公办幼儿园4所，新增公办学位11500个。广泛开展全民健身活动，获评"江苏省体育工作先进单位"，省县级体育重点工作考核苏北排名第二。盐城复兴医院建成运营，市三院南院二期1号楼、2号楼主体封顶，亚定点医院基本建成。为601名16～59周岁低保和低保边缘户精神智力、重度肢体残疾人提供居家托养服务。《宋公堤》《盐阜往事》晋京演出，献礼中共二十大；《e起回乡》《白兰花》《荡里小伙在成长》3部作品获第十五届江苏省"五星工程奖"。

【完善民生保障】 全年举办重点产业链等专题线上线下招聘活动48场次，解决企业用工7905人；实施就业援助工程，审批发放灵活就业人员社保补贴9679人6083万元，全年城镇新增就业8160人，城乡居民人均可支配收入分别为49567元、30387元，增长4.6%和6.5%。推进托幼一体化项目，年底托位数达每千人2.87个；开展老年人运用智能技术培训2914人次，任务完成率达104%；庆福村创成全区首个"全国示范性老年友好型社区"，"一老一小"工作取得实效。

【维稳社会大局】 9月，完成中共二十大安保维稳工作，实现人员在京"零滞留、零非访、零滋事、零聚集"。推进"六大工程"，在全区879个综合网格开展深耕"都美网格"守护平安幸福活动。创成省现代社区治理创新示范区、省首批高质量平安校园建设示范区，泾口村等10个村（社区）被评为全市首批"援法议事"典型范例，军营村等8个村（社区）被评为省级民主法治示范村（社区），花季园村被命名为全国民主法治示范村。推进安全生产，加强宣传培训，全年累计排查发现问题隐患25028处，完成整改24378处，整改率97.4%。全区生产安全事故起数和死亡人数持续"双下降"。

【组织"盐都发改大讲堂"】 3月，每周组织召开"盐都发改大讲堂"，授课内容围绕发展改革重点工作，分享交流经验，相互探讨、共同学习，授课结束后由发改委全体工作人员评课、打分。区发改委党委从盐都发改大讲堂、"红黄旗排座次"、市对区综合考核、学习调研成果等方面进行年度综合考核。 （潘　凡）

5月，盐城国家电商示范基地　　发改委　供

民主法治建设

【强化财经领域监督】 年内，重视审查批准计划草案，定期听取计划执行情况报告，依法作出关于批准计划调整方案的决议，保障区域经济平稳运行。发挥预算联网监督平台作用，建立完善全口径、全过程、全方位的预算监督机制。专题听取审议全区政府债务管理情况，组织全区国有资产管理情况专题调研，作出关于加强国有资产管理情况监督的决定，着力提升国有资产管理质效，有效防范和化解债务风险。听取审议审计查出突出问题整改情况汇报，加强跟踪监督，促进有效整改。督促财税、国资、审计等部门完善相关制度、拿出治本之策、健全长效机制，助力实体经济健康发展。

【重视乡村振兴监督】 年内，围绕实施乡村振兴战略和实现农业农村高质量发展，专题听取和审议区政府关于乡村振兴促进工作的情况报告，作出加快实施乡村振兴战略，勇当沿海农业农村高质量发展排头兵的决定，为乡村振兴提供支撑。组织代表视察全区粮食安全生产情况，推动政府及相关部门筑牢粮食安全根基，提高农业综合生产和服务能力。组织部分区人大常委会委员和人大代表视察农村饮水安全保障工程和“15分钟医保服务圈”建设，提升人民群众对饮水安全和医保公共服务的幸福感、满意度。

【推进司法执法监督】 年内，组织对《中华人民共和国种子法》《中华人民共和国科学技术进步法》《中华人民共和国产品质量法》等法律法规执行情况开展检查，促进相关法律法规的贯彻执行。听取审议全区关于落实认罪认罚从宽工作情况报告，加强司法监督，优化法治环境，维护司法公正。组织开展基层立法点、公安基层派出所和“一村居一法律顾问”工作视察调研，打通基层法律服务的“最后一公里”。听取区监委关于开展廉政教育工作情况的报告，落实人大和“一府一委两院”拟任职人员宪法宣誓及任前法律知识考试制度，对9名员额法官、检察官开展履职评议，对2021年度规范性文件进行备案审查，修订并严格执行区人大常委会关于规范性文件备案审查的实施办法，提升司法监督的约束力。（马云洁）

8月，《白兰花》获第十五届江苏省“五星工程奖” 宣传部 供

精神文明建设

【概况】 年内，全区精神文明建设工作坚持以习近平新时代中国特色社会主义思想为指导，学习宣传贯彻落实中共二十大精神，统筹抓好文明创建、文明实践、文明培育各项工作，为更高水平建设“四个示范区”，奋力谱写中国式现代化盐都新篇章提供强大精神力量和丰润道德滋养。

【构建文明实践新矩阵】 4月，制定出台《盐都区深化拓展新时代文明实践中心建设实施方案》，编排年度提质增效工作计划，区实践中心搭建线上线下一体融合的信息枢纽和互动服务平台，深化与中江网、江苏有线的合作，实现中心与所（站）、群众与平台的实时互动实施，改造完善区新时代实践中心活动功能区。组织全区新时代文明实践现场交流会，定期开展全区新时代文明实践督查考核并排名通报，推动各级文明实践阵地全面整改提升完善。召开文明单位新时代文明实践点建设现场会，全面推动实践点布局建设。打造文明实践样板，郭猛新时代文明实践所、旭日新时代文明实践站、泾口新时代文明实践站分别被盐城市文明委命名为首批新时代文明实践市级示范所（站）。通过“两中心一平台”融合推进，完善新时代文明实践“云平台”点单、送单、评单流程，每月在“云平台”发布重点实践活动近200项。将文明实践活动常态长效与精准有效相结合，用“群众发声、中心吹哨、各方参与、服务报到”的工作模式办惠民实事。2022年7月，省委宣传部、省文明办评估组对新时代文明实践工作进行评估，获评“A”级。

【推动志愿服务品牌化】 3月，成立由区委宣传部、区文明办、区民政局等22个成员单位组成的区志愿服务工作协调小组，构建全区统筹、上下协同的协调机制，规范化推进各地各部门志愿服务工作。组建应急志愿者储备队伍，区直部门、文明单位储备志愿者403人，镇（区、街道）456个重点点位储备志愿者1.4万人，并统一备案，服从调度。培育特色志愿服务组织，打造“都来帮”志愿服务品牌，培育“盐渎书虫”“古韵水乡”“巧姐俏农家”等30多个志愿服务项目，“梦想改造+”“心灵护航”等项目入驻区新时代文明实践中心志愿服务孵化区。拓展区级“1+8+N”志愿服务队伍体系，徐兆学青年志愿服务队、益海志愿服务联盟、华泽书社等一批中国好人为领军人物的志愿服务组织走进新时代文明实践所（站）、道德讲堂带头开展理论宣讲、经典阅读、志愿服务故事分享等活动。开展3月学雷锋志愿服务月主题活动、“喜迎二十大，强国复兴有我”“我们的节日”等系列活动。开展2022年度学雷锋志愿服务先进典型推荐评选表彰活动，薛银铸被推选为省、市“优秀志愿者”，和悦读书会、盐渎街道花吉村、“都青春”护童项目和“布谷鸟”理论宣讲项目等被推选为市优秀志愿服务先进典型和优秀项目。周磊等40人被推选为区“优秀志愿者”，“都”小警宣讲团等11个组织被推选为区“优秀志愿服务组织”，“爱心年夜饭”等11个项目被推选为区“优秀志愿服务项目”，盐龙街道乔庄社区等11个社区被推选为区“优秀志愿服务社区”。《“四联”举措让志愿服务为社会文明塑

3月，盐都区2022年"学雷锋志愿服务月"活动启动仪式　　宣传部　供

形铸魂》获2022年度全市宣传思想文化工作创新奖。

【推动文明创建提质效】 1月，坚持全域全面全员全时创建，印发《2022年盐都区深化推进全国文明城市创建"1+12"重点行动方案》，深入实施"1+12"重点整治项目，落实重点民生实事项目，出台《深化全国文明城市创建问责办法》。以区块化清单化达标率为重点，聚焦主次干道、老旧小区、线杆线缆、集贸市场等主要方面，279名领导干部挂钩镇村、5000人(次)党员志愿者进社区、39家文明单位结对经济薄弱村城市老旧小区合力深化文明创建，进一步压实创建责任提升创建质效，在中央年度测评盐都区点位零失分。设立《创建面对面》和《文明随手拍》专题专栏，区创文办牵头成立区督查指导专班，实行全覆盖、高密度、多形式的常态化督查，下发《督查通报》61期，交办整改问题3000余条。

【选树道德典型立标杆】 年内，深入推进社会公德、职业道德、家庭美德、个人品德建设强化典型示范引领，完善区镇村三级联动、行业系统广泛覆盖、全媒体联动推介的典型推选机制。评选出王文涛等10人第二届新时代"最美盐都人"，蔡亚华等10人获第二届新时代"最美盐都人"提名奖。姚万顺获评"江苏好人"，宋红浩、吴启珍、姚万顺、仇万东、曹扣宝5人获评"盐城好人"，评选潘铭等23名"盐都好人"。杨长春家庭获评"省文明家庭"，薛银铸家庭等2户被评为"第五届盐城市文明家庭"，戚举官、梁爱辉等38户家庭被评为"第五届盐都区文明家庭"。综合运用新闻宣传、文艺作品展示、基层巡演巡讲、公益广告等多种形式，宣传先进典型的先进事迹，组织开展道德模范"五进"暨礼遇道德模范活动。组织各级道德模范、身边好人深入学习习总书记给中国好人回信精神，承办盐城市第20个"公民道德宣传日"主题活动。8月24日，由省委宣传部、省文明办、省教育厅主办的"道德的力量"——新时代江苏道德模范与身边好人事迹巡演在盐渎街道花吉村首演。徐兆学、乐华泽、乐绍琪、孙益海、武红梅、杨长春6名盐都区"中国好人"受邀参加活动。

【树乡风文明助力乡村振兴】 年内，制定《乡村振兴战略乡风文明提升工程实施方案》，统筹推进城乡一体的文明创建，建设宜居农村、培育新型农民、涵养文明乡风，城乡文明程度提升。聚焦创建目标，开展生活垃圾治理、违法建筑整治、城乡环境提升三大攻坚战，推进农村环境"五位一体"长效管理，将乡风文明建设的具体要求融入城市管理、社区治理、乡村振兴各环节全过程。组织多种形式"实践+创建"活动，开展"弘扬时代新风、传播道德力量""推进移风易俗、倡导文明新风"文明集市镇村行等系列主题活动，仰徐道德银行、"都洁分"文明积分、福利社区道德评议会等经验做法得到群众的认可和参与。11月10日，全市深化全国文明城市创建暨乡风文明建设工作现场推进会在盐都区召开，观摩花吉文化大院、仰徐道德银行、晓庄孝老文化大院、泾口村居家宴中心等文明乡风建设现场点。

【文明礼仪养成教育】 6月，以喜迎宣传贯彻中共二十大为主线，组织学习贯彻习近平总书记给淮安市新安小学少先队员重要回信精神一周年专题活动，组织"牢记谆谆嘱托　争做强国少年"学习宣传、"喜迎二十大　筑梦向未来"系列教育实践活动。在清明节、儿童节、"七一"、国庆节等重要节日前后，依托网站、"学习强国""盐都人"等新媒体平台，组织参与"清明祭英烈向国旗敬礼"等专题活动。组织开展"红领巾"宣讲观摩活动，进一步推动红色文化在中小学校园的传播，推动文明礼仪教育常态化、制度化。10月20日，盐城市"四仪"教育十岁成长仪式示范观摩活动在腾飞路小学举行。组织参与"童心里的诗篇""童话里的世界""梦想与担当"等征集活动，神州路小学、高雨彤等一批集体和个人获评省市组织奖和优秀作品奖。强化教育引导、实践养成，推出、宣传一批事迹突出的青少年典型，陈星宇、郝宣亦获评"新时代盐城好少年"，评选周国强、宋毅仁等20名"新时代盐都好少年"。

（王　萍）

大事记

1月

1日　上午，市委副书记、代市长周斌率队在盐都区慰问一线人员，检查新冠肺炎疫情防控、安全生产和节日市场保供工作。他强调，要始终坚持人民至上、生命至上，强化底线思维、压实各方责任，让人民群众度过一个平安祥和的节日。

同日　盐都区举行盐都新城重点项目开工观摩活动。区委书记、高新区党工委书记王娟出席活动并讲话，区委副书记、代区长马正华主持。此次新城建设重点项目开工共计10个，总投资额达102亿元，其中，高新嘉园安置小区，总投资11亿元，总建筑面积16万平方米。

4日　上午，江苏中科兆能新能源科技有限公司与无锡海潮新能源科技有限公司在高新区举行战略合作签约仪式，双方进行D1型电池样品的交接。副市长汤如军，区委书记、高新区党工委书记王娟，中科院上海硅酸盐研究所所长宋力昕、副所长吴成铁等共同出席签约仪式。

8日　《人民日报》头版头条报道《住房保障扎实推进　城市更新稳步开展　农村人居环境改善——安居优居温暖民心(稳健前行开新局)》，点赞盐都区周伙新型农村社区。

10日　盐都区江苏盐电阀门有限公司入选2021年度江苏省质量信用AAA级企业名单、江苏坤泰机械有限公司和海悦电缆制造有限公司入选2021年度江苏省质量信用AA级企业名单。

12日　上午，盐城《百姓春晚》摄制组走进楼王镇，以“剪虎贺年”为主题，在镇文化中心拍摄市级非遗项目——北龙港民间剪纸。

13日　淮安市双拥考评组在盐都区开展“省双拥模范城”交叉互评。考评组一行通过查阅台账、听取讲解、观看汇报片、现场察看等方式，详细了解盐都区创建工作开展情况，对盐都区在组织领导、宣传教育、拥军优属、军民团结等方面取得的成绩给予肯定。

14日　全市党史学习教育总结会议召开，市委副书记、代市长周斌出席会议并讲话。省委党史学习教育第四巡回指导组组长方标军到会指导。会议以视频会议形式召开，盐都区设分会场组织收听收看。区委书记、高新区党工委书记王娟等在区分会场收听收看。

同日　大纵湖镇大范村、三官村和秦南镇千秋村被命名为第四批江苏省生态文明建设示范村(社区)。

15日　上午，区委常委会召开党史学习教育专题民主生活会，围绕“以大力弘扬伟大建党精神，坚持和发展党的百年奋斗历史经验，坚定历史自信，践行时代使命，厚植为民情怀，勇于担当作为，团结带领人民群众走好新的赶考之路”为主题，紧密联系思想和工作实际，盘点收获、检视问题、深刻剖析，开展批评和自我批评。

同日　全区党史学习教育总结会议召开，深入学习贯彻习近平总书记重要讲话指示精神，全面贯彻中共十九届六中全会精神，落实中央和全省、全市党史学习教育总结会议精神，系统总结盐都区党史学习教育的成效和经验，区委书记、高新区党工委书记王娟出席会议并讲话。市委第一巡回指导组组长张瑞卿、副组长赵春城到会指导。

16日　江苏省休闲旅游农业协会公布“苏韵乡情”2021年江苏及全国休闲旅游农业精品企业(园区)培育与推介活动结果，盐城市隆顺现代农业发展有限公司、江苏润都旅游发展有限公司、江苏省盐城市大纵湖湖区资源开发有限公司、盐城市北京庄园生态农业有限公司入选省级休闲旅游农业精品企业。以上4家全在盐都。

17日　全国安全生产电视电话会议及全省安全生产电视电话会议暨省安委会全体(扩大)会议召开，深入学习贯彻习近平总书记关于安全生产重要论述和对江苏工作重要指示精神，认真落实国务院总理李克强重要批示和国务院副总理刘鹤、国务委员王勇讲话要求。会议以视频会议形式召开，盐都区设分会场组织收听收看。

同日　第四届“盐城工匠”颁奖典礼在盐城广播电视总台隆重举行。此次活动共评选出10名“盐城工匠”和10名“盐城工匠”提名奖获得者。盐都区的水利规划设计院有限公司高级工程师王银榜上有名。

同日　由江苏省文化和旅游厅组织开展的2021年江苏省示范小剧场和小剧场精品剧目评选结果正式公布，盐都区文化馆创作、演出的话剧《为钱癫狂》（又名《幸福来敲门》）入选江苏省首批小剧场精品剧目。该节目为盐城唯一入选剧目。

18日　全国双拥工作领导小组致信江苏省双拥工作领导小组办公室，对盐都区在协调解决徐文烈士遗孀工作和家庭困难工作上的突出表现给予肯定。

同日　省公安厅内保总队副总队长张青带领省考评组，对盐都区创建省高质量平安校园建设区工作进行考评。省考评组通过听取情况汇报、查阅台账资料，对盐都区创建省高质量平安校园建设区工作给予肯定。

19日　区委书记、高新区党工委书记王娟在信访接待中心接待信访群众、调研信访工作并看望慰问全体信访工作人员。

同日　省农业农村厅公布2021年江苏省绿色优质农产品基地名单，盐都区盐渎街道、潘黄街道和台创园等单位建设的10个农产品基地通过验收，种植品种主要有小麦、水稻、荷藕和草莓，总面积1.014万公顷，实行动态管理，有效期5年。至此，盐都区省级绿色优质农产品基地达14个，总面积2.314万公顷。

24日　省发改委正式印发《2022年省重大项目清单》，盐城高新区东山IC载板和长盈超精密连接器分别获列。

26—28日　中国人民政治协商会议盐城市盐都区第十五届委员会第一次会议开幕。28日下午，会议闭幕。区委书记王娟发表讲话。区政协主席张建洋代表区政协第十四届委员会常务委员会向大会作工作报告。

27—28日　盐城市盐都区第十七届人民代表大会第一次会议开幕。28日，会议闭幕。区委书记王娟出席大会。区委副书记、代区长马正华代表区人民政府向大会作政府工作报告。区人大常委会主任顾其斌主持大会。28日，大会选举季晓春为区第十七届人大常委会主任，选举马正华为区人民政府区长。

30日　省政协党组书记张义珍日前率省有关部门负责人在盐都区到基层走访慰问困难群众，向他们致以新春祝福，送去关怀温暖。调研组先后在潘黄街道、盐渎街道花吉村、潘黄街道敬老院进行慰问。

2月

1日　司法部、民政部印发《关于2021年度“全国民主法治示范村（社区）”复核工作情况的通报》，决定保留3802个村（社区）“全国民主法治示范村（社区）”称号，潘黄街道仰徐村、大纵湖镇三官村和秦南镇泾口村上榜。

6日　市委副书记、代市长周斌到盐都区企业江苏中恒宠物用品股份有限公司察看节后复工复产情况。副市长唐敬，市政府秘书长刘光球参加，区委书记、高新区党工委书记王娟等陪同。

8日　市委、市政府公布2021年度全市开发园区“等级创建”考核结果，盐城高新区继2017年、2018年、2019年、2020年获评经济技术园区类别“AAAAA级园区”后，再度上榜。

同日　教育部公布2021年全国青少年校园足球特色学校、“满天星”训练营、试点县（区）、改革试验区和全国足球特色幼儿园名单，盐都区郭猛初中、肇基小学、高新区幼儿园分别荣获2021年全国青少年校园足球特色学校、足球特色幼儿园称号。

同日　教育部公布2021年全国足球特色幼儿园创建评审结果，盐城高新区幼儿园获得命名表彰。

9日　大纵湖国家湿地公园亮相央视《新闻联播》和《朝闻天下》栏目。

同日　省卫健委官网发布关于命名2021年江苏省卫生镇、卫生村的决定，潘黄街道新民村、兆泉社区，盐龙街道孙吴社区、先锋社区、北港村，台创园宗凌村、李庄村等15个村为“江苏省卫生村”。

10日　区委书记、高新区党工委书记王娟专题调研人才公寓建设工作。她强调，要精心打造“人才之家”，进一步优化引才留才环境，促进各类人才集聚，为勇当沿海地区高质量发展排头兵提供人才支持和智力保障。

同日　省卫健委、省爱卫办正式发文公布2021年度江苏省健康企业建设评估结果，盐都区江苏赛隆节能技术工程股份有限公司获评省“健康企业”称号。

12日　市委副书记、代市长周斌率队调研盐都科技创新工作，强调要坚持创新驱动发展，坚定信心、迎难而上，在政府支持、研发投入、高企培育、载体建设、成果转化等方面下更大功夫，进一步激发科技创新活力，为勇当沿海地区高质量发展排头兵提供强有力支撑。

14日　教育部公布2021年全国中小学思政课教师教学基本功展示交流活动典型经验名单，盐都区实验小学教师乐琰入选，是盐城市唯一入选教师（全国200人，江苏仅6人）。

17日　高新区举行京泉华项目开工仪式。京泉华项目总投资10亿元，占地103亩，建筑面积10万平方米，新上新能源光伏、中高端磁性元器件研发、生产项目。

19日　区委常委会召开会议，传达学习中央和省委、市委政法工作会议精神，审议产业高质量发展及推进乡村振兴实施意见等文件，研究部署有关工作。区委书记、高新区党工委书记王娟主持会议。会议传达学习中央、省委、市委政法工作会议和全国、全省、全市政法队伍教育整顿总结会精神，听取2021年全区政法工作情况和2022年工作计划汇报，审议产业高质量发展及推进乡村振兴实施意见等相关文件，研究《2022年度“红黄旗排座次”活动方案》。

21日　区长马正华调研盐渎街道经济社会发展，强调要聚焦主导产业发展，创新发展思路，深入推进重大项目招引，以“比学赶超、争先创优”的浓厚氛围，勇当高质量发展排头兵。副区长吕杨参加调研。

22日 市委副书记、代市长周斌看望出席盐城市九届人大一次会议的盐都代表团代表，勉励大家集中精力开好大会，认真履行代表职责，不负全市人民重托，圆满完成大会各项任务。

24日 省退役军人事务厅党组书记、厅长谢晓军率队在盐都区调研退役军人事务工作。谢晓军一行实地察看盐都区郭猛退役军人服务站、郭猛烈士生平展馆，详细询问镇、村(社区)两级服务站服务辖区退役军人工作开展情况。

25日 市九届人大一次会议盐都代表团召开全体会议，集中审议市人大常委会和“一府两院”工作报告。市委副书记、代市长周斌参加盐都代表团审议并讲话。市委常委、组织部部长费坚，市政协副主席孙大明，市政府秘书长刘光球参加审议。区委书记、高新区党工委书记王娟主持审议。盐南高新区党工委书记、管委会主任高尚德，区人大常委会主任季晓春参加审议。

同日 省农业农村厅公布全省“共同富裕、百村实践”新型农村集体经济发展典型案例名单，盐都区潘黄街道新民村入选。

同日 江苏省农业农村厅公示2021年江苏省畜牧生态健康养殖示范场名单，盐都区楼王镇新楼家庭农场、秦南镇康农牧家庭农场、大冈镇同巧家禽养殖场等9家养殖场入选。

27日 市委、市政府举行全市城乡建设重点项目暨南海未来城鸿蒙科创园开工活动。市长周斌讲话并宣布全市63个城乡建设重点项目开工。市领导王荣、陈红红、羊维达、勾凤诚、薛盛堂、吴本辉、陈平、夏思军、王娟、唐伯平出席。活动以视频连线形式举行，盐都区在高新区人才公寓项目现场设立分会场，马正华、季晓春、王铁根等区四套班子领导参加分会场活动。

3月

2日 副市长、区委书记、高新区党工委书记王娟主持召开区委常委(扩大)会议暨区四套班子月度工作例会。区委副书记、区长马正华主持会议并部署3月份重点工作。季晓春、王铁根、刘源等区四套班子领导出席会议。

5日 全区科技创新暨智改数转工作会议召开。区长马正华强调，要以更高标准、更大力度、更实举措，加快推进科技创新，全面启动智改数转，不断壮大实体经济、增强发展动能，为“四个示范区”建设提供有力支撑。副区长吕杨主持会议并对全区科技创新和智改数转工作进行全面部署。副区长谢戎、贾中军，高新区管委会主任高翔出席会议。

9日 全省疫情防控工作视频调度会议召开，进一步部署连云港疫情防控和全省面上防控工作。盐都区设分会场收听收看。副市长、区委书记、高新区党工委书记王娟，区长马正华在区分会场出席会议。

10日 盐城东山精密制造有限公司、盐城申源塑胶有限公司等5家企业荣获2021年度盐城市专精特新“小巨人”企业称号，盐城东山通信技术有限公司的5G通信金属滤波器、江苏精仪达科技有限公司的智能液晶屏升降一体机等6个产品荣获2021年度盐城市“专精特新”产品。至此，盐都区拥有市级专精特新“小巨人”企业31家、市级“专精特新”产品105个。

同日 国家医疗保障局医疗保障事业管理中心副主任隆学文在盐都区调研基层医疗保障工作。副区长孙高明参加调研。调研组一行实地察看尚庄镇“15分钟医保服务圈”省级示范点、塘桥村医保服务点，详细了解本地医保相关政策落实、医保经办流程服务、医保基金监管等相关情况。

同日 由中国园艺学会草莓分会与亚果会联合主办的中国草莓品牌大会成功召开。会上，盐都草莓获2022年度受市场欢迎草莓区域公共品牌，品牌影响力全国第四、江苏第一。在同期举办的全国草莓擂台赛上，盐都区选送参赛的草莓获6金3银。

11日 全市第一次全国自然灾害综合风险普查现场会在盐都区召开，副区长贾中军出席会议。

12—15日 区四套班子领导以“四不两直”方式现场督导疫情防控工作。强调各地各部门要保持高度警觉，时刻绷紧疫情防控之弦，持续做好人员密集场所疫情防控，从严从紧做好“外防输入”“人物环境同防”各项工作，确保疫情防控各项工作万无一失。

14日 副市长、区委书记、高新区党工委书记王娟主持召开专题会议，传达学习全国“两会”精神。区委副书记、区长马正华，区人大常委会主任季晓春，区政协主席王铁根，区委副书记、副区长刘源等出席。会议强调，全区上下要把智慧和力量凝聚到贯彻落实中央精神和省市委要求上来，推动全国两会重大部署在盐都落地见效。

同日 烈士徐文原部队向盐都区委区政府、区双拥办、区退役军人事务局赠送五面锦旗，感谢盐都区政府的关心和帮助。

同日 省商务厅发布全省现代商贸流通体系建设示范区名单，盐都区被认定为全省现代商贸流通体系示范创建区。

17日 由央视纪录频道摄制的《大美中国·春天系列》点赞盐城大纵湖国家湿地公园水鸟鱼共存的良性生态系统。

19日 江西省吉安市青原区富滩镇(郭猛烈士家乡)党委书记罗红艳率镇党政干部代表团一行在郭猛镇参观考察，两镇结为“友好乡镇”。

同日 在收听收看全国新冠肺炎疫情防控工作电视电话会议后，省召开疫情防控工作视频会议，盐都区设分会场组织收听收看。副市长、区委书记、高新区党工委书记王娟，区长马正华，区人大常委会主任季晓春，区政协主席王铁根，区委副书记、副区长刘源等在分会场出席会议。

23日 省疫情联防联控指挥部召开会议，深入贯彻习近平总书记在中共中央政治局常务委员会会议上的重要讲话精神，全面落实全国疫情防控工作电视电话会议部署，按照省委要求，调度疫情防控重点工作。会议以视频方式召开，盐都区设分会场组织收听收看。副市长、区委书记、高新区党工委书记王娟，区长马正华，区人大常委会主任季晓春，区政协主席王铁根等在分会场出席会议。

27日　省长许昆林在盐城主持召开省疫情联防联控指挥部会议，调度全省疫情防控工作。省会结束后，盐城市随即召开续会传达省长许昆林在盐调研讲话精神，并对全市疫情防控工作进行再部署。盐都区设分会场组织收听收看。副市长、区委书记、高新区党工委书记王娟，区长马正华等在分会场出席会议。

31日　全省疫情防控工作领导小组会议召开，会议以视频方式召开，盐都设分会场组织收听收看。副市长、区委书记、高新区党工委书记王娟出席市主会场会议。区长马正华等出席区分会场会议。

同日　在收听收看全国安全生产电视电话会议后，全省安全生产电视电话会议暨省安委会全体（扩大）会议召开，会议以视频方式召开，副市长、区委书记、高新区党工委书记王娟在市主会场出席，区长马正华等在区分会场收听收看。

同日　省自然资源厅公布2021年度"江苏省土地执法模范县（市、区）"创建结果，盐都入选为盐城地区唯一。

4月

1日　江苏省农村人居环境整治联席会议办公室发布《关于2021年度农村人居环境整治提升工作评估情况的通报》，盐都区获评农村人居环境整治提升工作评估第一等次。这是盐都区继2019年、2020年后第三年位列全省第一等次。

2日　省疫情联防联控指挥部会议召开，会议以视频方式召开，盐都区设分会场组织收听收看。副市长、区委书记、高新区党工委书记王娟，区长马正华等出席区分会场会议。

6日　省疫情防控工作领导小组会议召开，会议以视频方式召开，盐都区设分会场组织收听收看。副市长、区委书记、高新区党工委书记王娟，区长马正华，区政协主席王铁根，区委副书记、副区长刘源等出席区分会场会议。

9日　副市长、区委书记、高新区党工委书记王娟察看重点项目建设情况。一行人先后参观无锡超算盐城分中心项目现场、番茄主题公园、邵氏水产养殖专业合作社、大纵湖镇扣蟹养殖基地等项目现场。

10日　区委副书记、区长马正华主持召开全区招商选资汇报会。听取全区招商选资工作情况汇报，研究部署下一步招商选资工作。会上，区发改委通报2021年考核认定竣工产业项目投产达效情况，各地各相关部门就在手跟踪项目、近期可签约项目和下一步工作计划等方面进行汇报。

同日　省疫情联防联控指挥部召开会议，落实省委要求，研判疫情发展态势，调度部署疫情防控工作。会议以视频方式召开，盐都区设分会场组织收听收看。副市长、区委书记、高新区党工委书记王娟，区长马正华等领导出席会议。

13日　由盐城市文化广电和旅游局、盐阜大众报报业集团共同举办的"盐城最美赏花地"评选结果揭晓，大纵湖旅游度假区"湖塘花海"入选。

14日　在收听收看省疫情联防联控指挥部会议后，市长周斌主持召开全市疫情防控工作视频调度会，会议以视频方式召开，副市长、区委书记、高新区党工委书记王娟在市分会场出席。区长马正华等在区分会场收听收看。

17日　省疫情联防联控指挥部会议召开，落实省委要求，研判全省疫情发展态势，调度部署疫情防控工作。会议以视频方式召开，副市长、区委书记、高新区党工委书记王娟在市主会场出席。区长马正华等在区分会场收听收看。

18日　省疫情防控工作领导小组会议召开，会议强调，疫情防控是惊心动魄的大战，也是艰苦卓绝的大考。会议以视频方式召开，副市长、区委书记、高新区党工委书记王娟在市分会场出席。区长马正华等在区分会场收听收看。

20日　副市长、区委书记、高新区党工委书记、区委全面深化改革委员会主任王娟主持召开区委全面深化改革委员会第一次会议。区委副书记、区长马正华，区委副书记、副区长刘源，区委全面深化改革委员会委员及区有关部门负责人参加会议。会议集中学习中央全面深化改革委员会第二十四次会议、省委全面深化改革委员会第二十一次会议和八届市委全面深化改革委员会第一次会议精神，研究审议相关文件。

20日　副市长、区委书记、区委审计委员会主任王娟主持召开区委审计委员会第四次会议。区委副书记、区长马正华，区委副书记、副区长刘源及区委审计委员会其他组成人员参加会议。会议传达省委审计委员会第七次、第八次会议精神，学习省委办公厅、省政府办公厅《关于建立健全审计查出问题整改长效机制实施意见》和《中共江苏省委审计委员会关于贯彻落实〈中央审计委员会关于加强地方党委审计委员会工作的指导意见〉的实施意见》《设区市党委审计委员会重大事项请示报告实施办法》文件精神，听取《区审计局2021年审计工作情况汇报》，审议《盐都区2022年审计项目计划（草案）》。

24日　副市长、区委书记、高新区党工委书记王娟督查重大项目建设情况。区长马正华等参加。督查组一行先后调研龙创智能驾驶、得润华麟电子、高新区张庄园区、盐城复兴医院等项目现场。

同日　全国首届全民阅读大会·乡村阅读推进论坛暨2022"新时代乡村阅读季"启动仪式在北京举行。尚庄镇南吉村华泽书社创办人、南吉村农家书屋管理员乐华泽获评"全国乡村振兴十大阅读推广人"。

25日　区委常委会召开会议，传达学习中共中央、国务院《信访工作条例》，听取首季全区经济形势分析、特殊困难群体救助帮扶和妇女儿童权益保障问题专项排查整治行动、涉羟整治和禁毒工作情况汇报，部署当前重点工作。副市长、区委书记王娟主持会议。

26日　在收听收看省疫情联防联控指挥部会议后，市长周斌主持召开市疫情防控工作视频调度会，会议以视频方式召开，副市长、区委书记王娟在市主会场出席。区长马正华等在区分会场收听收看。

同日　市长周斌到盐都区工业企业一线实地察看复工复产情况。强调要坚决落实中央和省、市各项部署要求，统筹好疫情防控和经济社会发展，进一步增强工作责任感和紧迫感，坚持“两手抓、两手硬”，确保经济社会发展平稳有序运行，为全市经济社会高质量发展夯实基础。副市长唐敬、市政府秘书长刘光球、区长马正华、副区长吕杨、高新区管委会主任高翔参加。

28日　盐都区举办“家家到”项目观摩活动，集中观摩西部片区6个板块的项目现场，全面检阅一季度产业发展、项目建设工作成果，激发全区上下向最好的学、跟最强的比，持续掀起“比学赶超、进位争先”的项目攻坚热潮。王娟、马正华、季晓春、王铁根、刘源等参加观摩活动。

29日　省委常委会召开会议并视频连线到各市县，省委书记吴政隆主持会议并讲话。会议以视频方式召开，副市长、区委书记王娟在市分会场出席。区长马正华，区人大常委会主任季晓春，区政协主席王铁根，区委副书记、副区长刘源等在区分会场参加会议。

5月

4日　副市长、区委书记、高新区党工委书记王娟专题听取市《关于支持盐城高新技术产业开发区高质量发展的实施意见》推进落实情况。区长马正华等出席会议。

5日　在收听收看省疫情联防联控指挥部会议后，市长周斌主持召开全市疫情防控工作视频调度会。会议以视频方式召开，副市长、区委书记王娟在市分会场出席。区长马正华等在区分会场收听收看。

同日　省农业农村厅发布《关于认定一批江苏省省级农作物品种展示评价基地的通知》，首批认定36个基地作为省级农作物品种展示评价基地，盐都区2个基地入选。

6日　区水产技术推广站收到国家知识产权局核准注册的“大纵湖小龙虾”地理标志证明商标证书，这是盐都区第10件地理标志证明商标。

8日　市政府办公室通报《关于公布2021年度全市建筑业发展目标考核“第一等次”县（市、区）和盐城市建筑施工企业30强（盐城市建筑业发展第一等次企业）名单的通知》，盐都区再次荣获全市建筑业发展目标考核“第一等次”第一名，这也是盐都区连续第三年获此殊荣。

9日　全国和省、市疫情防控电视电话会召开。会议以视频方式召开，副市长、区委书记王娟在市分会场出席。区长马正华，区人大常委会主任季晓春，区政协主席王铁根，区委副书记、副区长刘源等领导在区分会场收听收看。

10—11日　全市高质量发展项目观摩推进会在盐都区召开。市委书记徐缨主持会议并讲话，市长周斌，市委常委、市人大常委会主任王荣，市政协主席陈红红，市委副书记羊维达等出席。此次推进会，与会人员先后参观龙创智能驾驶、运鸿辉MiniLED背光源、得润华麟电子、博盛新材料、嘉士伯啤酒、芯丰12寸晶圆封测、华腾LED半导体封装、盐城复兴医院等项目现场。观摩盐都产业培育、科技创新、园区建设的新成效，察看产城融合的新面貌。

11日　副市长、区委书记王娟主持召开区委常委会（扩大）会议。会议通报全市高质量发展项目观摩推进会观摩项目情况，并传达会议精神。

12日　全省20条“喜迎二十大　见证新江苏”红色旅游精品线路名单出炉，盐都区大纵湖旅游度假区成功入选“铁军铸魂　生态盐城”精品线路。

14日　市委书记徐缨在调研盐都区智慧养老综合服务中心时强调，要认真学习领会、贯彻落实习近平总书记重要指示精神和全国老龄工作会议精神。市委常委、秘书长薛盛堂，副市长夏思军，副市长、区委书记王娟参加调研。

16日　盐都区成功举办盐都专场政银企对接活动。副市长、区委书记、高新区党工委书记王娟出席。区长马正华，市地方金融监管局局长朱金明，人民银行盐城中心支行行长吴从法，银保监盐城监管分局局长刘金锋出席并讲话。对接会上，盐都区举行银企合作项目和政银战略合作协议集中签约仪式。

同日　农业农村部印发《2021年全国乡村特色产品和乡村工匠名单》，盐都草莓入选。

23日　省市场监管局、省发展改革委印发《关于下达2022年江苏省战略性新兴产业和服务业标准化试点项目的通知》，盐都区“郭猛江海综合服务标准化试点”成功获批，为全国江海服务领域首家。

25日　全省宗教工作会议召开，会议以视频方式召开。副市长、区委书记王娟，区人大常委会主任季晓春，区政协主席王铁根，区委常委、统战部部长张素东在区分会场收听收看。

同日　在收听收看全国稳住经济大盘电视电话会议后，省召开续会，会议以视频方式召开。副市长、区委书记王娟等在区分会场收听收看。

同日　全国公安系统英雄模范立功集体表彰大会在北京人民大会堂召开，隆重表彰近5年来在各项公安工作中做出突出贡献的先进集体和个人，郭猛派出所一级警长孙益海获评全国特级优秀人民警察，盐龙派出所获评全国优秀公安基层单位。

28日　市委书记徐缨在盐都区调研服务业复工复市情况，强调要深入学习贯彻习近平总书记重要指示精神，认真落实全国稳住经济大盘电视电话会议部署和省委常委会最新要求，高效统筹疫情防控和经济社会发展，坚定信心多措并举促进消费全面复苏，为完成全年目标任务打下坚实基础。市委常委、秘书长薛盛堂，副市长、区委书记王娟，市有关部门负责人等参加。

6月

2日　市委书记徐缨在盐都区调研生态文明建设工作。强调要深入学习贯彻习近平生态文明思想和习近平总书记在《求是》杂志发表的重要文章《努力建设人与自然和谐共生的现代化》精神，完整准确全面贯彻新发展理念，市委副书记羊维达，市委常委、秘书长薛盛堂，副市长、区委书记王娟等参加。

5日　全市"放鱼日"增殖放流活动在区大纵湖旅游度假区举行，进一步加大水生生物资源养护力度，维护水生生物多样性。副市长、区委书记王娟，副区长孙高明出席。

7日　区委常委会召开会议，传达学习国务院和省市重要会议精神，研究部署有关工作。副市长、区委书记王娟主持会议。会议传达学习国务院、省、市稳定经济增长会议精神，分析研究当前经济形势，进一步安排部署工作，传达学习省委、市委人大工作会议精神，全省民族、宗教工作会议和市委常委会会议精神，全省文化产业高质量发展推进会议和市委常委会会议精神。

10日　市长周斌主持召开全市中央环保督察反馈问题整改部署会和安全生产（防汛防台专题）、疫情防控视频调度会，会议以视频方式召开，副市长、区委书记王娟在市主会场出席。区长马正华在区分会场出席并汇报盐都相关工作。

11日　市委宣传部公布盐城市第九届精神文明建设"五个一工程"组织工作先进单位和获奖作品名单，区委宣传部获"组织工作奖"，盐都区曲艺剧《盐阜往事》、曲艺《爱我你就抱抱我》2部作品获"优秀作品奖"。

14日　省委统战部常务副部长李国华一行在盐都区调研统战工作。市委副书记、统战部部长羊维达，市政协副主席李东成，区委常委、统战部部长张素东参加。调研组一行实地察看盐城东山精密产业园，到企业生产线详细了解经济发展和民营企业统战工作情况，对区统战工作特色亮点和工作成效予以肯定。

同日　省教育厅、省委政法委、省公安厅联合公布2021年全省首批高质量平安校园建设区创建评估结果，盐都名列其中，是全市唯一通过评估的县（市、区）。

同日　省文化和旅游厅、省发展和改革委员会联合公布2022年江苏省乡村旅游重点村名录入选单位名单，盐渎街道花吉村获2022年"江苏省乡村旅游重点村"荣誉称号。

17日　江苏省政府办公厅对2021年落实有关重大政策措施真抓实干成效明显地方予以督查激励，盐都区获得省政府督查激励。

18日　区委常委会（扩大）会议召开，传达学习省委十四届二次全会精神、省政府稳定经济增长视频调度会议精神、市委常委会会议关于经济工作部署要求及全市安全生产、环保督察和疫情防控视频调度会议精神，分析当前经济形势，研究部署下一阶段重点工作。副市长、区委书记王娟出席并讲话。区长马正华主持会议并对全区重点工作作具体部署。

20日　副市长、区委书记王娟带领相关部门负责人调研全国文明城市创建工作。她强调，要始终秉持为民情怀，坚持问题导向，攻坚短板弱项，以实实在在的创建成果满足人民群众对美好生活的向往。

同日　江苏省科学技术协会、江苏省哲学社会科学界联合会、江苏省科学技术厅、江苏省教育厅联合下发《关于命名2022年度江苏省科普教育基地的通知》，认定2022年度江苏省科普教育基地126个，区气象局及草房子乐园入选。

21日　盐都（深圳）电子信息产业投资说明会在深圳成功举办，现场签约项目17个，总投资额50亿元，涉及高端装备制造、电子信息等多个产业领域。区长马正华出席会议并致辞，市政府驻深圳办事处主任薛友祥出席，副区长吕杨作电子信息产业推介，高新区管委会主任高翔主持投资说明会。

同日　"中国网事·感动2022"二季度网络感动人物评选启动，将从24位（组）"感动人物"候选人中评选产生10位（组）季度当选者。由区融媒体中心选送的"中国好人"乐华泽上榜候选。

23日　全市农村生活污水治理工作现场推进会在盐都区召开，并观摩区农村生活污水治理现场。副市长蒋巍出席并讲话，区长马正华、副区长徐启楼陪同观摩。与会人员先后实地观摩潘黄街道新民村生态河道整治现场、大冈镇佳富村生活污水治理现场及尚庄镇塘桥村农村黑臭水体治理现场，并在盐都区召开会议。

24日　副市长、区委书记、高新区党工委书记王娟率队赴常州高新区、武进高新区考察学习，感受两地改革创新脉动，探寻高质量发展"密码"，并分别与两地签订南北园区共建合作协议。

27日　上午，市委、市政府举行全市城乡建设第二批重点项目暨城北地区解放路实验学校开工活动。市委书记徐缨出席并宣布60项城乡建设重点项目开工，市长周斌讲话，市人大常委会主任王荣，市政协主席陈红红，市委常委、秘书长薛盛堂出席，市委常委、副市长吴本辉主持。活动以视频连线形式举行，盐都区在开创花苑开工现场设立分会场，区长马正华在区分会场报告盐都区项目开工情况。

28日　省政协副主席周继业一行在盐都区围绕"完善一老一小服务体系"工作开展专题调研。陈红红、王娟、戴荣江、王铁根、吴军等市、区领导参加。

同日　省疫情防控工作视频调度会召开，深入贯彻习近平总书记和党中央"疫情要防住、经济要稳住、发展要安全"重大要求，认真落实全国疫情防控工作电视电话会议部署和省委要求，科学研判疫情防控形势，持续巩固疫情防控成果。会议以视频方式召开，区长马正华在区分会场收听收看。

7月

1日　2022盐城暑期游暨大纵湖露营嘉年华启动仪式举行。市委常委、宣传部部长陈卫红,副市长唐敬,副市长、区委书记王娟,区长马正华,区委常委、宣传部部长罗时荣出席。

同日　省文化旅游厅公布江苏省革命文物名录(第二批),胡乔木故居入选不可移动革命文物名录。至此,盐都区共有11处不可移动革命文物。

2日　盐都区举行瑞莱铂智能机器人项目开工暨全区二季度项目集中开竣工活动。副市长、区委书记王娟出席活动并讲话,区长马正华主持。区人大常委会主任季晓春、区政协主席王铁根等区四套班子领导参加。

4日　省政协农业和农村委员会主任顾小平一行在盐都区围绕"大力推进农村人居环境整治"工作开展集中视察。市政协主席陈红红、副主席李东成参加。副市长、区委书记王娟,区政协主席王铁根陪同。顾小平一行先后在秦南镇泾口村、蟒蛇河生态廊道、草房子乐园等农村人居环境整治项目现场,通过听取汇报、实地察看、观看视频短片等方式,详细了解农村人居环境整治工作开展情况,并就工作中存在的问题和难点提出具体意见和建议。

6日　江苏省特色田园乡村建设工作联席会议办公室公布江苏省第九批次特色田园乡村名单,盐都区学富镇蒋河新型农村社区(二期)和尚庄镇民胜新型农村社区入选。至此,全区创建总数累计达13个,创建数量位列全省前列。

7日　中国农业科学院郑州果树研究所研究生专业实践训练基地揭牌仪式在大冈特色桃果产业园成功举行。副区长孙高明出席仪式。

8日　盐城职工"劳动创造幸福——喜迎二十大·阅读颂辉煌"主题演讲比赛暨第十三届职工读书月活动启动仪式在盐都区举行。市政协副主席、市总工会主席徐龙波,区委常委、组织部部长周达虎,区人大常委会副主任、区总工会主席陈育群参加活动。

9日　由区新四军研究会、区政协文史委和大纵湖旅游度假区联合编著,中国文史出版社出版的《蟒蛇河纪事》发行。

10日　在收听收看省疫情联防联控指挥部视频会议后,市随即召开全市疫情防控工作视频调度会,对全市疫情防控工作进行再研究、再部署。会议以视频形式召开,副市长、区委书记王娟在市主会场参加。区长马正华等在盐都区分会场收听收看。

11日　全国和省、市安全生产电视电话会议召开。会议以视频方式召开,副市长、区委书记王娟在市分会场参加会议。区长马正华等在盐都区分会场收听收看。

13日　副市长、区委书记王娟主持召开专题会议,认真学习贯彻习近平总书记关于巡视工作的重要论述,听取十五届区委第二轮巡察情况汇报,研究部署下一阶段区委巡察工作。

16日　江苏省第四届优质早熟梨品鉴活动成功举办,盐都区果树良种场选送的"苏翠1号"梨获"金奖"。

19日　2022数字经济与超算产业化发展论坛在盐城国家高新区举行,盐城超级计算中心揭牌成立。市长周斌出席并致辞。中国科学院院士钱德沛等专家学者出席。副市长唐敬参加,副市长、区委书记王娟主持论坛。

同日　省财政厅、省科技厅下发《关于下达2022年全省高新技术产业开发区奖励资金的通知》,盐城国家高新区获得800万元奖励资金。

19—21日　区委副书记、区长马正华率队赴青海省玉树州称多县开展对口协作考察交流活动。称多县委书记靳生华,称多县委副书记、县长却洛,县人大常委会主任蒋树财,县委副书记李振陪同考察或出席座谈会。盐都区副区长雷昊参加。

21日　副市长、区委书记王娟在区信访接待中心,接待来访群众,会办信访事项。她强调,要坚守人民立场,厚植人民情怀,主动扛起为民解难、为党分忧的政治责任,真正把信访工作做到群众心坎上,全力营造和谐稳定的社会环境。

23日　副市长、区委书记王娟在学富镇调研。她强调,要持续深化党建引领,厚植生态优势,全力以赴推进重点项目建设,不断培育壮大镇村产业,以农旅融合赋能乡村振兴,推动镇域经济实现高质量发展。

25日　省委常委、统战部部长惠建林一行在盐都区调研统战工作,先后在盐城东山精密产业园企业党群服务中心、职工之家、活动室、图书馆等场所调研。省委统战部副部长、省工商联党组书记顾万峰,市委副书记、统战部部长羊维达,市政协副主席、市委统战部常务副部长李东成参加,副市长、区委书记、高新区党工委书记王娟,区委常委、统战部部长张素东参加。

25日　全区国有企业高质量发展工作座谈会召开。副市长、区委书记王娟出席会议并讲话,强调要加强国有企业党的建设,不断深化国有企业改革,以高质量党建引领和推动国有企业高质量发展。区长马正华主持会议。会议传达学习全市国有企业高质量发展工作座谈会精神,相关部门和板块分别汇报工作情况。

27日　省农业农村厅发布《关于印发2022年全省农业农村重大项目省级示范项目清单的通知》。

28—29日　第九届"创青春"中国青年创新创业大赛(乡村振兴专项)在盐城举办,盐都青创项目"授虾以蚕"荣获银奖,盐都"新农菁英"代表们参加青年创新创业展洽会,以实际行动助力乡村振兴,展现青春风采。

29日　"开放合作　携手共赢"盐都(苏州)投资说明会成功举办,现场集中签约项目32个,总投资120亿元,涉及电子信息、高端装备、新能源、现代服务业等领域,涵盖光电显示、集成电路、精密结构件等多条产业链。省工商联副主席熊杰应邀出席。副市长、区委书记王娟致辞。区长马正华主持。

同日　盐都区荣获省委省政府省军区表彰,被命名为"江苏省第十二届双拥模范城(县、区)",这是盐都区双拥工作取得的又一佳绩。

同日　省"巾帼建功"领导小组、省"双学双比"领导小组、省妇联联合发布《关于表彰2022年度全省城乡妇女岗位建功先进集体(个人)的决定》,盐都检察院被表彰为江苏省巾帼建功先进集体。

30日 副市长、区委书记、高新区党工委书记王娟率队赴常熟高新区考察学习,开拓眼界格局,创新思路理念,对标找差、比学赶超,进一步激发盐城高新区干事创业激情。常熟市委书记周勤第,常熟市委常委、高新区党工委书记王建国参加。盐城高新区管委会主任高翔参加。

8月

1日 盐都区被省委、省政府、省军区命名为"江苏省第十二届双拥模范城(县、区)"。

2日 副市长、区委书记王娟开展"企业大走访"活动,面对面听企业心声,解发展难题,强调要坚决贯彻"疫情要防住、经济要稳住、发展要安全"重大要求,深入走访企业、真心服务企业、精准帮扶企业,全方位护航企业健康平稳发展,不断夯实全区经济高质量发展基石。

3日 "水韵江苏·这里夜最美"璀璨夏夜主题活动在淮安里运河中洲岛启动,活动现场公布"2022水韵江苏·网红打卡地"评选最终榜单,大纵湖旅游度假区荣获"网红度假空间"称号。

5日 省委工作会议在南京召开,深入学习贯彻习近平总书记在省部级主要领导干部"学习习近平总书记重要讲话精神,迎接中共二十大"专题研讨班上的重要讲话精神和党中央决策部署,总结2022年以来工作,部署下一阶段工作。会议以视频形式召开,盐都区设分会场组织收听收看。副市长、区委书记王娟,区长马正华,区人大常委会主任季晓春,区政协主席王铁根等在区分会场收听收看。

6日 副市长、区委书记王娟率区党政代表团赴扬州邗江区,实地考察学习邗江区在园区发展、产业培育、科技创新、生态文旅、乡村振兴等方面的经验做法。扬州市委常委、政法委书记、邗江区委书记张耀武,邗江区委副书记、区长张新钢参加。

8日 秦南镇泾口村党群服务中心举行"都来问"泾口公共法律服务工作室揭牌仪式,这是盐都区成立的首家村级公共法律服务工作室。区委组织部和区司法局相关负责人共同为法律服务工作室揭牌。

同日 江苏省工信厅发布《关于江苏省第四批专精特新"小巨人"企业和第一批专精特新"小巨人"复核通过企业名单的公示》,全省共425家企业进入第四批专精特新"小巨人"公示名单,盐都区的江苏盛安传动股份公司、江苏亚一智能装备有限公司、江苏大明生物工程装备有限公司入选国家级第四批专精特新"小巨人"企业。

11日 中国共产党盐城市盐都区第十五届委员会第四次全体会议举行。全会由区委常委会主持。副市长、区委书记、高新区党工委书记王娟代表区委常委会讲话。区委副书记、区长马正华作会议总结。

同日 市长周斌率队在盐都区调研"专精特新"企业,强调要完整准确贯彻新发展理念,靶向发力、精准服务,加快培育壮大一批专精特新"小巨人"企业和制造业单项冠军企业,为盐城勇当沿海地区高质量发展排头兵奠定坚实产业基础。副市长唐敬,市政府秘书长刘光球,市有关部门负责人等参加。副市长、区委书记王娟,区长马正华,副区长吕杨陪同。

12日 副市长、区委书记、高新区党工委书记王娟开展"项目大推进"活动。一行人先后在京泉华变压器项目和大因多媒体项目建设现场,盐城市兰丰环境工程科技有限公司开展活动。区委常委、常务副区长吴军,副区长周昉,高新区管委会主任高翔参加。

同日 区长马正华到街道、市场、社区实地察看深化全国文明城市创建工作,一行人先后在盐渎明城、西城农贸市场、桃源居小区开展调研。区人大常委会主任季晓春,区委常委、宣传部部长罗时荣,副区长徐启楼参加。

16日 央企运营管理养老机构国投健康产业投资公司副总经理、国投健康养老产业发展(盐城)公司董事长徐从瑞一行在盐都区交流座谈。副市长、区委书记、高新区党工委书记王娟,区委常委、常务副区长吴军参加。徐从瑞一行实地考察国投健康长者公寓等。

同日 盐城市盐都区融媒体中心地面无线数字电视发射系统成功开机发射,成为全省首个建成启用该系统的县级融媒体中心。

17日 区长马正华在龙冈工业园开展"项目大推进"活动。副区长吕杨参加活动。马正华先后在力动机械、涛生药业、三富巧液晶显示屏、诚达环保、富源科技、云涛变压器等企业,龙冈工业园区等开展活动。

同日 省文旅厅公布第十五届江苏省"五星工程奖"评奖结果,盐都区获奖数量全市第一。其中,区文化馆和盐渎街道文化服务中心的舞蹈《e起回乡》取得了全省第一的好成绩,区文化馆的音乐短剧《白兰花》得分列戏剧类第二名,区群艺馆和龙冈文化站的盐阜说唱《荡里小伙在成长》得分列曲艺类第三名。盐阜说唱《荡里小伙在成长》和快板剧《卖鱼曲》获得网络最佳人气作品。

18日 《人民日报》报道《江苏盐城市盐都区织密乡村防溺水安全网——小竹竿发挥大作用》,点赞盐都区织密乡村防溺水安全网,筑牢水域安全屏障的做法。

同日 省农业农村厅公布2022年省级示范家庭农场和家庭农场典型案例名单,盐城市盐都区秋之恋家庭农场、盐城市盐都区新美满家庭农场等6家农场入选省级示范家庭农场。

同日 国家标准化管理委员会下达第八批国家级社会管理和公共服务综合标准化试点项目通知,盐城高新区行政审批标准化试点项目获得立项。盐城高新区是全市首家获得国家级社会服务和综合管理试点资格的开发区,同时也是本批次全市唯一入选项目。

26日 马鞍山市政协副主席郑啸一行在盐都区考察交流制造业高质量发展工作。市政协副主席唐伯平,区政协主席王铁根陪同。郑啸一行实地考察盐城东山精密制造有限公司,详细了解柔性电路板、LED封装等主要生产车间,对盐都区产业定位、规划引领、政策扶持等工作给予肯定。

28日　2022"苏韵乡情"乡村休闲旅游农业(盐城)专场推介暨"葡写美景　萄醉郭猛"盐都葡萄节启动仪式在杨侍生态园举行。省农业农村厅副厅长孙翔,市委副书记羊维达,副市长、区委书记王娟,区长马正华,副区长孙高明、周昉出席活动。

29日　市委书记徐缨调研盐都区基础设施项目建设。一行人先后在江苏兴邦能源科技有限公司、盐城高新区加氢站等调研。市委常委、秘书长薛盛堂,副市长、区委书记、盐城高新区党工委书记王娟,高新区管委会主任高翔参加。

30日　盐都(泉州)绿色食品产业投资说明会成功举办,100多名知名食品企业客商应邀参加活动。区长马正华出席会议并致辞,副区长孙高明就盐都区现代农业发展情况进行推介。

9月

1日　副市长、区委书记王娟率队检查秋学期开学及疫情防控工作。一行人先后在盐城市鹿鸣路初中教育集团科创城校区、盐城市聚亨路小学教育集团科创城校区、高新嘉园幼儿园检查工作。副区长孙高明随同检查。

同日　省科技厅公布2022年第五批入库科技型中小企业名单,盐城市丰顺家居科技有限责任公司、江苏晟华半导体有限公司等72家盐都区企业入选。

5日　副省长马欣率队在盐,调研盐都区秋粮生产工作。市委常委、常务副市长勾凤诚,副市长、区委书记王娟,副区长孙高明、周昉,区政协副主席张鸿新参加。

8日　国家能源局油气司副司长王晶一行在盐都区调研中俄东线盐都南分输站建设情况。副市长、区委书记王娟,区委常委、常务副区长吴军参加。中俄东线天然气管道在盐都境内途径学富镇、龙冈镇、秦南镇、台创园、郭猛镇和大冈镇,管线全长40.3千米,设置盐都分输站和盐都南分输站及阀室1座。

11日　副市长、区委书记王娟"四不两直"检查疫情防控、安全生产以及值班值守工作。王娟先后在恒大商业综合体、恒大影院、江苏中贵重工有限公司、学富镇和楼王镇检查工作。

13日　在收听收看省防指台风"梅花"防御视频调度会议后,市防指召开视频调度会议,研判会商当前形势,对落实各项防台措施进行安排部署。会议以视频方式召开,副市长、区委书记王娟,区长马正华在区分会场收听收看。

同日　2021年度盐城市市长质量奖获奖组织名单揭晓,江苏盐电阀门有限公司获评市长质量奖。

14日　第四届大运河城市文旅消费论坛上"2021—2022江苏文旅消费热力榜"正式发布,盐都区"渎上·老西门"风情夜市街入选江苏文旅促消费优秀案例。

15日　2022年全国"大众创业万众创新"活动周江苏分会场活动在盐城高新区启动,深入学习贯彻习近平总书记关于创新创业工作的重要论述,认真落实党中央、国务院决策部署,集众智、汇众力、创众业,以实际行动迎接中共二十大胜利召开。副省长胡广杰出席并致辞。市长周斌,省政府副秘书长张叶飞,省政府新闻办副主任胡竹,省发改委副主任王显东,省科协副主席李千目,省工信厅副厅长石晓鹏出席,市委常委、常务副市长勾凤诚主持,副市长、区委书记王娟,市政府秘书长刘光球,区长马正华等参加。活动中,省发布"科创江苏"试点区县名单并进行授牌,盐都区入选,并发布省"双创计划"项目优秀单位名单。

17日　第七届中国杨侍生态美食节暨"杨侍"杯盐城地方烹饪技能大赛在郭猛镇杨侍村开幕,数百种特色美味佳肴吸引众多游客品尝,副区长周昉出席开幕式。

21日　省人大常委会调研组在盐都区调研乡村振兴、现代农业发展情况。调研组一行先后实地调研盐都区现代农业产业示范园、尚庄镇塘桥村和大纵湖国家湿地公园等地,对乡村振兴工作取得的成绩给予肯定。

同日　南京信息工程大学与盐都区人民政府举行战略合作签约仪式暨合作交流会。南京信息工程大学党委书记管兆勇出席,校长李北群出席并致辞,党委常委、副校长金自康主持仪式,副校长刘博出席。区长马正华出席并讲话。合作交流会上,南京信息工程大学和盐都区签署战略合作协议。南京信息工程大学副校长刘博对大学生实习基地进行授牌。

同日　由中国戏曲现代戏研究会、区人民政府主办,区文化广电和旅游局承办,创演的大型现代淮剧《宋公堤》在北京梅兰芳大剧院唱响。这是市淮剧团第9次晋京,第4次向党的全国代表大会献礼。副区长周昉观看演出并参加淮剧《宋公堤》专家研讨会。

22日　2022年中国化纤协会超高分子量聚乙烯纤维分会年会暨行业高质量发展研讨会在盐城高新区举行。中国科学院院士朱美芳出席并致辞,中国工程院院士蒋士成线上视频致辞。中国化学纤维工业协会会长陈新伟,副市长、区委书记、高新区党工委书记王娟出席。

同日　盐城高新区(昆山)投资环境说明会在昆山成功举办,现场集中签约项目27个,总投资达102亿元,100多名来自各地的电子信息、高端装备、科创服务等领域的企业客商应邀参加活动。区长马正华出席会议并致辞,副区长吕杨主持,高新区管委会主任高翔作产业推介。

25日　中共中央宣传部、公安部向全社会宣传发布38名2022"最美基层民警"先进事迹,盐城市公安局盐都分局郭猛派出所一级警长孙益海名列其中。这也是全省公安系统唯一当选民警。

同日　全省水稻新品种新技术现场观摩会在盐都区召开。省农业农村厅相关处室负责人,及全省各市(县)区农业农村局、农技推广部门相关负责人,有关种业企业负责人参加观摩。副区长孙高明,区政协副主席张鸿新陪同。观摩人员实地参观郭猛镇水稻绿色高质效创建示范片、盐龙街道水稻新品种"盐糯

20”毯苗机插绿色高质高效示范点、区农科所江苏(盐都)现代农业(水稻)产业技术体系新品种新技术综合展示基地等地。

10月

7日　盐城工学院研究生院(盐龙湖先进技术研究院)与共建企业签约授牌活动举行。盐城工学院党委书记方海林,副市长、区委书记王娟出席并致辞。盐城工学院校长邵荣,党委副书记薛浩,盐城工学院党委常委、副校长崔刚,党委常委、副校长王资生,市政协副主席、盐城工学院副校长丁成,区长马正华,高新区管委会主任高翔参加。活动期间,盐城工学院研究生院(盐龙湖先进技术研究院)与是石科技等2家企业签订共建实验室协议书、与东山通信等6家企业签订共建研究生培养基地协议书,并向研究生培养实践基地授牌。

10日　市长周斌率队在盐都区调研“专精特新”企业培育和企业股改上市工作,副市长唐敬,市政府秘书长刘光球,区长马正华,副区长吕杨,高新区管委会主任高翔参加。调研组先后在江苏中贵重工有限公司装配车间、江苏神鹤科技发展有限公司进行调研。

同日　省卫生健康委网站对44家医院综合评审结果予以公示,盐城市第三人民医院评定为三级甲等综合医院。

11日　省工信厅公布省级新型工业化产业示范基地名单,盐都区电子信息·盐城高新技术产业开发区入选。根据《创建江苏省新型工业化产业示范基地工作意见》,申报省级新型工业化产业示范基地,应满足在规模水平、节能减排、研发创新、质量品牌、安全生产、两化融合、人才培养、公共服务、政府支持等方面的指标要求。

同日　省委宣传部、省委组织部联合印发《关于2020—2021全省县以上党委(党组)理论学习中心组示范点评选情况的通报》,全省共有20个地区和单位党委(党组)理论学习中心组获得表彰,中共盐城市盐都区委理论学习中心组获评全省示范点,为全市唯一。

12日　省自然资源厅发布《关于2022年度省级耕地保护激励单位的公告》,对耕地保护工作成效突出的县(市、区)和镇予以表彰激励,盐都区学富镇入选,获得200万元激励资金。

13日　市长周斌在盐都区调研督办市政协“加快智能化改造、数字化转型,赋能盐城市制造业高质量发展”重点提案办理情况。市政协主席陈红红,副市长唐敬,副市长、区委书记王娟,市政协副主席潘道津,市政府秘书长刘光球,市政协秘书长殷勇,区政协主席王铁根等参加。周斌先后在江苏恒隆通新材料科技有限公司、江苏同力食品科技有限公司调研工作。

14日　区长马正华到一线检查全区疫情防控工作,强调要清醒认识当前疫情防控形势,盯紧盯牢重点区域、重点人群,严之又严、实之又实、细之又细地做好疫情防控各项工作,坚决筑牢疫情防控屏障,全力守护好人民群众生命健康安全。副区长孙高明参加。马正华先后在郭猛高速服务区、盐渎街道的东立物流园、盐都区方舱医院项目现场调研。

同日　2022第二届中国盐城盐都海外人才创新创业大赛颁奖仪式举行。地下管网清淤检测机器人及地网一体化系统项目获得大赛一等奖。省科协副主席方胜昔应邀出席颁奖仪式。市委常委、组织部部长费坚,区长马正华分别致辞。区委常委、组织部部长周达虎主持,高新区管委会主任高翔出席并就产业与人才政策作推介。

同日　由中国红十字会总会主管主办、中国红十字报刊社出版发行的第2382期《中国红十字报》,在第三版刊发2022年度报刊宣传先进集体和先进个人及红十字优秀新闻作品名单。盐都区红十字会获先进集体二等奖,负责宣传工作的区红十字会秘书长王金海作品获评优秀,被表彰为先进个人。

16日　中国共产党第二十次全国代表大会16日上午在人民大会堂开幕。习近平代表第十九届中央委员会向大会作题为《高举中国特色社会主义伟大旗帜为全面建设社会主义现代化国家而团结奋斗》的报告。大会的主题是:高举中国特色社会主义伟大旗帜,全面贯彻新时代中国特色社会主义思想,弘扬伟大建党精神,自信自强、守正创新,踔厉奋发、勇毅前行,为全面建设社会主义现代化国家、全面推进中华民族伟大复兴而团结奋斗。

17日　副市长、区委书记王娟专题听取全区信访工作,会议听取当前全区信访稳定工作情况汇报,全区房地产情况,与会区领导及有关部门就做好相关工作提出意见建议。

18日　省检察院检察长刘华在盐都区调研检察工作。副市长、区委书记王娟,市检察院检察长葛冰,区检察院检察长张扣华参加。在参观区人民检察院法治文化广场、未成年人法治教育馆、法治思想研习长廊等场所,听取检察文化建设、未成年人检察工作开展情况后,刘华对检察工作取得的成绩给予肯定并提出具体要求。

20日　上海市浦东新区商务委考察团在盐都区考察优质农产品产销对接情况。区委副书记、副区长朱伟,副区长孙高明陪同。此次考察团汇集上海浦商集团、上海农产品中心批发市场、上海悦圣商业经营管理有限公司、上海盒米网络科技有限公司、清美集团、上海鲜吉达农副产品配送服务有限公司等众多优质农产品经销企业,实地考察江苏同力食品科技有限公司、盐都现代农业产业示范园、邵氏水产养殖专业合作社等。

同日　市政协主席陈红红带队在盐都区调研指导基层协商议事工作。市政协副主席李东成,秘书长殷勇,区长马正华,区政协主席王铁根,区政协副主席阮宜春、许丽萍、沈德成、李庆銮参加。陈红红一行先后在潘黄街道旭日社区、大冈镇佳富村、尚庄镇塘桥村、秦南镇泾口村协商议事室,认真查阅台账资料,详细了解协商平台运行、委员下沉、群众参与、活动开展、成果转化和示范点建设等情况,并观摩大冈镇佳富村协商议事会。

27日　文化和旅游部官网公布第四批全国乡村旅游重点村名单,潘黄街道仰徐村入选，为全市唯一。

29日　盐都区举办“万家灯火”爱心接力仪式，弘扬盐都人崇德向善、美在心灵的社风民风，引导全区民营经济人士弘扬社会美德，推动共同富裕。市委副书记、统战部部长羊维达，副市长、区委书记王娟出席并讲话。区委常委、统战部部长张素东，区人大常委会副主任万光清，区政协副主席、区工商联主席阮宜春，区政协副主席许丽萍参加。

11月

3日　副市长、区委书记、高新区党工委书记，区新时代文明实践中心主任、志愿服务总队队长王娟在区新时代文明实践中心调研，向基层宣讲中共二十大精神。王娟先后在区新时代文明实践中心、新时代文明实践中心道德讲堂调研。

同日　盐都区召开区关工委成立30周年纪念会议，认真落实全国和省、市关工委工作要求，总结成绩、表彰先进、部署任务，推动全区关心下一代工作迈上新台阶。市关工委主任陆树臻到会祝贺。副市长、区委书记王娟出席会议并讲话。区委常委、组织部部长周达虎主持。

5日　区长马正华在察看全区重点项目时强调，要深入学习贯彻中共二十大精神，坚持把发展经济的着力点放在实体经济上，全力推进重点项目加快建设早见成效，不断为盐都经济社会高质量发展注入新动能。区委副书记翟大伟，副区长吕杨参加。

同日　盐城市盐都区妇女第十七次代表大会开幕。副市长、区委书记王娟出席并讲话。市妇联主席徐丹到会讲话。区长马正华，区人大常委会主任季晓春，区政协主席王铁根，区委常委、组织部部长周达虎，副区长、区妇儿工委主任周昉出席会议。

同日　经过前期的认真筹备，“鲜之都·盐都”大市区官方旗舰店正式投入运营，旗舰店由鲜之都集团直营、农场直供、厂家直采。

7日　学习贯彻中共二十大精神中央宣讲团报告会在南京举行。中央宣讲团成员、全国政协经济委员会副主任谢伏瞻作宣讲报告。省委书记吴政隆主持报告会并讲话。报告会采用视频会议形式，盐都区设分会场组织收听收看。副市长、区委书记王娟，区长马正华，区人大常委会主任季晓春，区政协主席王铁根，区委副书记翟大伟等在盐都分会场收听收看。

同日　市委书记徐缨在盐都区督查全国文明城市创建工作。一行人先后在张庄街道、盐都区新时代文明实践中心检查工作。市委副书记羊维达，市委常委、秘书长薛盛堂，副市长、区委书记王娟，区委副书记、区长马正华等参加。

8日　区关工委向潘黄街道关工委发来贺信，祝贺该街道关工委制作的专题片《老少心向党　喜迎二十大——盐城市盐都区潘黄街道关工委校外教育中心辅导站系列活动纪实》在省文明办、省关工委比赛中获特等奖，并在省校外教育辅导站工作经验交流会上展播。

10日　区长马正华主持召开全区工业企业家座谈会，强调要进一步凝聚发展共识，汇聚发展合力，共同推动盐都经济社会高质量发展。

11日　在收听收看全国新冠肺炎疫情防控工作电视电话会议后，江苏省召开全省疫情防控工作电视电话会议。省委书记吴政隆主持会议并讲话。盐都区设分会场组织收听收看。副市长、区委书记王娟，区长马正华等在区分会场出席。

12日　市长周斌在盐都区调研秋收秋种工作，强调盐城作为农业大市，要深入学习贯彻中共二十大精神，始终牢记“国之大者”，不误农时抓好秋收秋种工作，不折不扣做好秋粮收购，持续做强粮食种类品质，牢牢把住粮食生产主动权，坚决扛起粮食安全使命担当。副市长、区委书记王娟，市政府秘书长刘光球，区长马正华，区委副书记、副区长朱伟参加。

同日　央视《新闻直播间》播出《十万多只候鸟越冬创历史之最》，再度聚焦盐城大纵湖国家湿地公园“百万水鸟飞平湖”的壮观景象。

14日　省农业农村厅公布2022年省级农民合作社示范社名单，盐都区的盐城市现代养蜂专业合作社、盐城市盐都区林峰粮食专业合作社、盐城市盐都区新华仁农机专业合作社入选。

16日　省交通厅城乡交通运输一体化发展督导交流会在盐都区召开。活动中，专家组成员实地察看青年路宝兴路SRT公交站点、市公交公司智能调度指挥中心等现场，详细了解新型公交模式。

19日　副市长、区委书记王娟主持召开专题会议，深入学习贯彻习近平总书记关于巡视工作的重要论述，全面贯彻落实中共二十大部署要求，听取十五届区委第三轮巡察情况汇报，研究部署相关工作。区长马正华，区委副书记翟大伟出席。根据区委统一部署，本轮巡察分别对全区5家一、二级国有企业开展常规巡察。

21日　市委书记徐缨以“四不两直”方式检查疫情防控工作。先后在东山精密产业园、盐都区崇礼路小学进行检查工作。市委常委、秘书长薛盛堂，副市长王连春，副市长、区委书记王娟参加。

22日　市长周斌率队在盐都区检查企业疫情防控工作，调研战略性新兴产业培育工作。调研组在江苏汉印机电科技股份有限公司调研后召开座谈会。市委常委、常务副市长勾凤诚，副市长唐敬，副市长、区委书记王娟，市政府秘书长刘光球等参加。

同日　江苏省首届“最美社区教师”评选活动经逐级推荐、专家核实、评审，共评出113名“最美社区教师”，盐都区北龙港社区教育中心刘万华获评。

同日　市委宣讲团成员、副市长、区委书记、高新区党工委书记、区委宣讲团团长王娟在盐城高新区宣讲中共二十大精神。她指出，中共二十大报告思想深邃、内涵丰富、博大精深，全区上下要坚持学原文、读原著、悟原理，结合工作实际抓好贯彻落实。区委常委、宣传部部长罗时荣参加。

12月

4日　省交通运输厅发布全省第一批城乡公交一体化达标县(市、区),16个县(市、区)经综合评估,完成城乡公交一体化达标县(市、区)各项建设任务,确定为城乡公交一体化达标县(市、区),盐都区位列其中。

9日　中国共产党盐城市第八届委员会第四次全体会议举行。全会由市委常委会主持。市委书记徐缨代表市委常委会讲话。会议以视频形式召开,盐都区设分会场组织收听收看。副市长、区委书记王娟,区委副书记、区长马正华在市主会场参加。区人大常委会主任季晓春,区政协主席王铁根,区委副书记、副区长朱伟等区在区分会场收听收看。

10日　第十二届中国粮油榜正式开榜,江苏盐粮集团荣获“中国十佳粮油创新典范企业”称号,至此连续十二届获中国粮油榜奖项。

11日　副市长、区委书记、高新区党工委书记王娟在高新区开展“项目大推进”活动时强调,要深入学习贯彻中共二十大精神和省委、市委全会精神,围绕电子信息产业夯实发展根基,以高效服务力促项目提质增效,聚力做大做强工业支撑,努力在全市发展大局中挑大梁、作贡献。区长马正华,区委副书记翟大伟,高新区管委会主任高翔参加。

12日　国务院第三次全国国土调查领导小组办公室、自然资源部印发《关于表彰第三次全国国土调查先进集体和先进工作者的决定》,盐城市自然资源和规划局盐都分局荣获“第三次全国国土调查先进集体”称号。

13日　市委书记徐缨调研盐都大纵湖生态岛试验区建设情况,强调要深入学习贯彻中共二十大精神,认真践行习近平生态文明思想,按照省市委全会部署要求,学习借鉴基于自然的解决方案理念,大力推动生态岛试验区建设,强化规范引领,完善管护体系,努力探索经验、率先突破,加快建设绿色生态之城,为全面推进人与自然和谐共生的现代化贡献更多盐城力量。市委常委、秘书长薛盛堂,副市长、区委书记王娟参加。

15日　区委常委会召开会议,传达学习习近平总书记在中共中央政治局会议上的重要讲话精神及省、市稳定经济增长视频调度会议精神,听取2022年全区生态环境保护、食品安全工作情况汇报,研究部署相关工作。副市长、区委书记王娟主持会议。

16日　区委、区政府隆重举行区消防救援大队荣立集体三等功授奖仪式。副市长、区委书记王娟,市消防救援支队党委书记、政治委员孙仲玉,区长马正华,区委常委、组织部部长周达虎,区委常委、人武部部长宋海东出席,区委常委、常务副区长吴军主持授奖仪式。在授奖仪式上,王娟和马正华为区消防救援大队颁发集体三等功奖牌和证书。

17日　副市长、区委书记王娟利用一天时间,主持召开全区学习贯彻中共二十大精神调研成果交流会暨2023年工作思路研讨务虚会。区委副书记、区长马正华等参加。

同日　盐都区残疾人联合会第六次代表大会召开。副市长、区委书记王娟,市残联党组成员、副理事长杜鸿儒出席并讲话,区长马正华,区人大常委会主任季晓春,区政协主席王铁根,区委常委、组织部部长周达虎,副区长周昉出席会议。

19日　区长马正华在盐渎街道检查疫情防控工作。一行人先后在盐渎街道社区卫生服务中心发热诊室、江苏万佳药业有限公司、兴城社区检查工作。

同日　区委宣讲团成员、区委副书记、区长马正华到盐渎街道兴城社区宣讲中共二十大精神,并与基层党员干部群众交流学习体会。

20日　副市长、区委书记王娟到社区、亚定点医院等处,检查疫情防控工作。她强调,要深入贯彻习近平总书记关于疫情防控的一系列重要指示精神,按照党中央、国务院决策部署和省市最新要求,坚持“民有所呼、我有所应”,加快医疗资源储备和建设,提升医疗救治服务水平,确保防控措施调整转段平稳有序。副区长孙高明参加。

同日　省“食品安全在眼中”摄影大赛获奖作品揭晓,盐都分别获一个二等奖和二个三等奖,总数居全省县(区)等级奖第一。

30日　中国共产党盐城市盐都区第十五届委员会第五次全体会议举行。全会由区委常委会主持。副市长、区委书记王娟代表区委常委会讲话。全会以视频会议形式召开,区设主会场。区发改委、商务局、高新区及大纵湖旅游度假区在区主会场作交流发言。区委委员,区委候补委员出席,区纪委委员、区有关方面负责人列席。各镇(区、街道)设分会场收听收看。

31日　据统计,盐城市盐都区2022年实现地区生产总值714.81亿元,按可比价增长2.6%,财政一般公共预算收入42.82亿元,同口径增长0.7%。城镇常住居民人均可支配收入49567元,同比增长4.6%,农村常住居民人均可支配收入30387元,同比增长6.5%。

改革开放
园区建设

改革开放

·开放型经济·

【概况】 2022年,全区完成注册外资实际到账5951万美元、总量全市第7,同比下降50.44%、增幅全市第9。全区制造业实际使用外资5851万美元,同比增长100%,占全区总量的98.32%,较上年同期提高97个百分点。其中,高新技术产业实际使用外资5148万美元,占全区总量86.51%,同比增长100%,增幅位居全市第一。全区新设备案外资企业14家(制造业9家,其中含高新技术企业2家;服务业4家;农业1家),同比增长100%,新增数量与响水县并列全市第二;注册资本2.71亿美元,同比增长883.75%,增幅位居全市第一,其中3000万美元以上5家。实际利用新加坡外资4500万美元,占全区总量75.62%,成为盐都区外资主要来源地;实际利用韩国外资491万美元,列三位;实际利用美国外资51万美元,实现利用美资零的突破。

(祁晓红)

【重大经贸活动】 5月,运用盐城"5·18"经贸洽谈会平台,邀请34名重要客商参加主会场开幕式和云会场直播,现场签约重大项目2个(总投资50亿元方形软包电池和总投资20亿元兴橙IC载板);同步设立分会场组织全区14个板块、部门主要负责人以及50名企业负责人收听收看。借助第四届中韩贸易投资博览会载体优势,邀请参展商、采购商、专业观众130人次参展,实现成交额约500万美元,签约3000万美元以上产业项目4个。

·招商引资·

【签约项目】 2022年,盐都区共认定签约项目95个。从投资规模看,亿元以下项目26个,1亿~10亿元项目58个,10亿元以上项目11个,其中10亿~30亿元项目7个,30亿~50亿元项目4个。从产业结构看,工业项目68个,占比71.6%;服务业项目21个,占比22.1%,农业项目6个,占比6.3%。从招引单位看,各板块中:高新区(含盐龙街道)28个,龙冈镇9个,盐渎街道、潘黄街道各8个,张庄街道6个,大冈镇、秦南镇、学富镇、大纵湖旅游度假区各5个,大纵湖镇、郭猛镇、尚庄镇和台创园各4个,楼王镇3个。区直部门中:区发改委、盐高投集团各2个,区委台办、区教育局、科技局、民政局、财政局、人社局、住建局、城管局、交通局、水务局、农业农村局、卫健委、市场监管局、供销社、工会、工商联、城镇化集团和国控集团各1个。

【开工项目】 2022年,盐都区共认定新开工项目82个,从投资规模看,亿元以下项目13个,1亿~10亿元项目60个,10亿元以上项目9个,其中10亿~30亿元项目7个,50亿元以上项目2个。从产业结构看,工业项目52个,占比

5月,盐都区税收亿元楼宇汽车服务大厦　　商务局　供

5月，盐都区税收亿元楼宇研创大厦　　商务局　供

63.4%；服务业项目23个，占比28%；农业项目7个，占比8.6%。从招引单位看，各板块中：高新区（含盐龙街道）18个，盐渎街道、潘黄街道各12个，龙冈镇7个，郭猛镇6个，大冈镇5个，张庄街道、秦南镇各4个，学富镇、尚庄镇、台创园各3个，大纵湖镇、楼王镇各2个，大纵湖旅游度假区1个。区直部门中：区发改委、财政局、交通局、农业农村局、市场监管局、供销社、城镇化集团、国控集团和盐高投集团各1个。

【竣工项目】　2022年，盐都区共认定新竣工项目52个，其中41个为2022年新招引项目。从投资规模看，亿元以下项目9个，1亿~10亿元项目37个，10亿元以上项目6个。从产业结构看，工业项目35个，占比67.3%；服务业项目12个，占比23.1%；农业项目5个，占比9.6%。从板块分布看，高新区（含盐龙街道）11个，盐渎街道、潘黄街道各8个，龙冈镇5个，大冈镇、张庄街道、秦南镇、郭猛镇、台创园各3个，大纵湖镇2个，楼王镇、学富镇、尚庄镇各1个，大纵湖旅游度假区无新竣工项目。

【招商活动】　5月，举办5·18盐都区投资环境说明会、2022盐都（深圳）电子信息产业投资说明会、盐都（苏州）投资环境说明会、盐城高新区（昆山）投资环境说明会、盐都（泉州）绿色食品产业投资说明会、盐都长三角产业招商推介会共6场招商活动，共签约项目137个，总投资481亿元。　（祁晓红）

·对外经济贸易·

【概况】　2022年全区实现进出口额14.28亿美元，占计划进出口总额（14.66亿美元）的97.4%，同比增长5.5%。其中，出口6.15亿美元，同比增长8.7%；进口8.13亿美元，同比增长3.2%。

【镇街板块】　年内，14个镇（区、街道）中，进出口实绩超10亿美元的1家，为高新区（10.8亿美元）；超1亿美元的1家，为盐渎街道（1.28亿美元）；超3000万美元的2家，为大纵湖（4960万美元）和尚庄镇（3950万美元）；超1000万美元的7家，为秦南镇（2990万美元）、潘黄街道（2650万美元）、楼王镇（1570万美元）、龙冈镇（1330万美元）、张庄街道（1300万美元）、郭猛镇（1150万美元）和大冈镇（1080万美元）；低于500万美元的3家，为学富镇（350万美元）、旅游度假区（96万美元）和台创园（45万美元）。

【企业出口】　年内，大圆汽配、进阳汽配等44家企业进出口超300万美元，实现进出口13.3亿美元，占总量（14.28亿美元）的93%。其中超1000万美元的进出口企业16家。盐城维信电子有限公司、复汉海志（江苏）科技有限公司和江苏中恒宠物用品股份有限公司分别完成进出口4.67亿美元、3亿美元和1.3亿美元，在全市进出口30强企业中位居第7位、14位和25位。从结构看，出口产品中，机电产品出口3.1亿美元、占比51%，宠物用品出口1.33亿美元、占比21%；纺织原料及制品、农产品分别出口4300万美元、2600万美元。

【对外贸易总量增长】　年内，全区全年完成外贸进出口14.28亿美元，同比增长5.5%；258家企业形成进出口实绩，同比增长9.8%。新业态初具规模，跨境电商交易额首次突破千万美元。开展RCEP协定政策宣传培训，惠及企业近百家。　（宋　健）

【注册外资加速发展】　年内，新设备案企业14家，注册资本2.71亿美元，同比增长883.75%。重大经贸活动成果丰富，累计签约项目10个，其中3000万美元以上5个。　（祁晓江）

园区建设

·盐城高新技术产业开发区·

【概况】　盐城高新区成立于2006年4月，2012年11月获批省级高新区，2015年2月经国务院批准升格为国家高新区。盐城高新区实施创新驱动发展战略，立足“高”“新”定位，完善区域创新体系、壮大高端产业集群、优化创新创业环境、提升载体配套水平，先后创成国家产城融合示范区、国家知识产权试点园区、国家双创示范基地、国家创新型产业集群（试点）。获批省级新型工业化产业示范基地、工业大数据应用示范区、智慧园区、特色创新产业园区，智能终端小镇获得命名。

综合实力再上台阶。高新产业区2022年实现全口径工业开票销售341.3亿元、规模以上工业开票销售额315.9亿元，分别增长30.6%、28.5%，分别约占全区60%、69%，规模以上工业企业增长面53.1%。到账外资5287万美元、外贸进出口总额12亿美元。培育市三星级以上企业14家、同比翻番，其中市五星级企业4家。新增四上企业32家，其中工业规模以上企业22家，规模以上企业总量达101家。开票额超亿元企业达43家，其中，超80亿元企业1家、超60亿元企业2家、超20亿元企业3家、超10亿元企业4家、超5亿元企业10家。国家高企101家、省级企业研发机构86家、省级以上专精特新“小巨人”企业34家、高新技术产业产值占比达79.3%，在全国169家国家高新区综合评价中位列93名，在51家省级及以上高新区中位列30名。

主导产业持续壮大。电子信息产业成势。集聚东山精密、维信电子、康佳电子等产业链项目120多个，产业规模达200亿元，培育LED封装、FPC柔板、MiniLED背光源3个细分领域行业冠军，打造印制电路板、精密结构件、光电显示、集成电路、5G、智能视听等细分领域百亿级产业集群。高端装备产业快步发展。以高端化、智能化、成套化为主攻方向，已培育汉印机电、神鹤科技等关联企业130多家，创成涂装设备、精密齿轮、输变电等国家火炬特色产业基地，产业规模达150亿元。新能源产业日益崛起。已落户华锐风电、国电投储能等企业，发展储能电池、氢燃料电池等重点领域，成为全市新能源产业重要配套协作区。支持龙头企业向绿色工厂转型，实施科技部“工业废水近零排放”项目，加快打造省“近零碳”排放示范园区。

科技创新成效显著。建强科创载体大平台。实施科创森林成长、科研平台提质、“都智汇”优才“三大计划”，建成运营江苏省产业技术研究院高通量计算所、上硅所新能源创新中心、盐城超级计算中心、盐城工学院研究生院（盐龙湖先进技术研究院）等一批高端科创平台，其中5家列省新型研发机构。打造科创企业强梯队。打造盐龙湖科创中心和盐城中小企业园“南北创新组团”，建成省级以上孵化载体5家，其中国家级2家，形成“苗圃—孵化器—加速器—产业园”全链条孵化体系。率先推进规模以上企业“智能化改造、数字化转型”覆盖率达70%，拥有市三星级以上企业31家，省示范智能车间（工厂）14个，建设东山精密工业互联网标识解析二级节点。提升创新创业优生态。用好用活“黄海明珠”人才政策，定期举办中国电子信息行业创新创业大赛、电子信息行业发展大会等品牌活动，累计引进人才项目近400个、“国家重大人才工程”专家42人。建设都U+人才公寓、合景公寓等一批人才公寓，营造人才安居环境生态。

产城融合加速推进。高起点优化空间布局。扣住建设盐都新城定位，打造世纪大道与振兴路城市界面“核心”，培塑世纪大道科技创新、盐渎路产业发展、青年路生活配套“三条路带”，重点开发科技广场中央商务区、青年路商业综合体、智能终端产业园“三组团”，形成活力创新、配套完善、绿色宜居的“一核三带三组团”城市格局。高品质建设生活配套。万达广场、吾悦广场、港府君澜酒店、盐龙体育公园等城市配套建成运营，南师大教育品牌全面融入高新区基础教育，科技广场中央商务区、合景商业综合体等城市地标提速建设，13万平方米汇文人才公寓建成入驻，6.5万平方米合景人才公寓全力建设，城市发展能级攀升，核心区形象初步展现。高标准提升服务业态。突出区域联动发展，打造科技广场、科创新城、合景商业综合体“三大商圈”，持续推进高新区现代服务业发展，重点围绕总部经济、科技、中介、金融等业态开展招引工作。

体制机制不断健全。内部运转更加顺畅。坚持以市场化、专业化、国际化理念推进园区建设，在机构设置上，按照“统一、精干、高效”的原则，实行扁平化管理，下设“一办一部七局”9个内设机构和3个专业园区管理办公室，精简管理层级，深化人事改革，提升工作效率。“一区多园”纵深推进。确立以高新区为核心区，义丰、龙冈、冈中、郭猛、大冈工业园为分园区的“一区多园”发展格局，实现招商选资、规划建设、行政审批、科技人才、综合执法“五统一”管理。营商环境持续改善。围绕打造“运营成本最低、办事效能最高、贸易投资最便利、发展预期最稳定”的营商环境，推进“放管服”改革，率先全市实行“一窗通办、一网通行”和重大项目“拿地即开工、交房即发证”，营商环境评价位列全省前列、政务诚信考核全省第一等次。

【创成江苏省智慧园区】 1月，江苏省商务厅发布江苏省智慧园区名单和江苏省特色创新产业园区名单的通知，盐城高新区评定为江苏省智慧园区，高新区智能终端产业园评定为江苏省特色创新产业园区。智能终端产业园位于盐城高新核心发展区，总规划面积6平方公里，于2015年9月启动建设，以发展智能终端产业为特色，打造智能终端产业集群为目标，建有总部研发区、生产制造区、企业孵化区、综合服务区、生活配套区，形成“一园五区”规划布局。

【通过国家知识产权试点园区验收】 2月，江苏省知识产权局下发《关于2022年国家知识产权试点园区期满验收情况的通知》，盐城高新区通过国家知识产权试点园区验收。

3月，盐城高新区创新中心　　融媒体中心　供

2月，盐城高新区与瑞莱铂(上海)智能科技有限公司签约　　高新区　供

【入选科技金融创新服务“十百千万”专项行动】 2月，科技部火炬高技术产业开发中心与中国工商银行联合发文，同意在58家国家高新区首批实施科技金融创新服务“十百千万”专项行动，盐城高新区上榜。

【优质智能制造项目落户】 2月23日上午，盐城高新区与瑞莱铂(上海)智能科技有限公司签约，标志着智能机器人项目在高新区正式落地生根。该项目总投资10亿元，新上自动化物流及AGV机器人项目，包括搬运机器人、智能物流和WCS等智能制造软件系统开发。全部投产达效后，年可实现开票销售额10亿元，税收5000万元。

【获评国家双创示范基地优秀等次】 3月，国家发改委、中国科协公布2021年度国家双创示范基地评估结果，盐城高新区在全国212个国家双创示范基地中获评优秀等次。

【入选省级新型工业化产业示范基地】 3月，省工信厅公布省级新型工业化产业示范基地名单，电子信息·盐城高新技术产业开发区入选。

【签约外资项目】 5月16日上午，全省外资项目“云签约”暨外资总部企业“云授牌”活动举行。晶科光伏电池组件及光伏电站项目总投资8亿美元，东山精密IC载板项目总投资7.8亿美元。盐城维信电子有限公司获授“外资总部企业”称号。

【举办国家级发展论坛】 7月19日，2022数字经济与超算产业化发展论坛在盐城国家高新区举行，盐城超级计算中心揭牌成立。

【举办盐城高新区(昆山)投资环境说明会】 9月22日上午，盐城高新区(昆山)投资环境说明会在昆山成功举办，现场集中签约项目27个，总投资达102亿元，100多名来自各地的电子信息、高端装备、科创服务等领域的企业客商应邀参加活动。

【举办国家级研讨会】 9月22日，2022年中国化纤协会超高分子量聚乙烯纤维分会年会暨行业高质量发展研讨会在盐城高新区举行。作为中国化纤协会超高分子量聚乙烯纤维分会的会长单位，江苏神鹤科技发展有限公司多年来始终坚持科技创新，不断提升企业自主研发能力，拥有专利近200项，获国家制造业单项冠军。

【第三届中国电子信息行业创新创业大赛选拔赛】 11月24—25日，由盐城高新区承办的“智联万物、慧赢未来”第三届中国电子信息行业创新创业大赛选拔赛在南京成功举行。大赛围绕智能终端、电子材料、集成电路、物联网等产业领域开展，以电子信息产业作为突破口，搭建聚才引智、创新创业的服务平台，营造鼓励创新、支持创业的良好生态，旨在为广大科技型中小企业搭建最佳展示平台，为各类人才打造创业平台。

【被评为优秀(A类)】 12月，科技部火炬中心公布国家级科技企业孵化器2021年度评价结果。其中盐城中小企业创业投资实业有限公司国家级科技企业孵化器被评为优秀(A类)。近年来，高新区大力实施创新驱动战略，强化科技支撑作用，打造盐龙湖科创中心和盐城中小企业园“南北创新组团”，建成省级以上孵化器5家，打造海创国际人才(盐城)创新中心、氪空间等一批专业孵化平台，形成“苗圃—孵化器—加速器—产业园”全链条孵化体系。

(张荣峰　张业伟　桂　杰)

·大纵湖旅游度假区·

【概况】 2022年，度假区实现地区生产总值6.35亿元，同比增长2.3%；服务业增加值5.16亿元，同比增长1.2%；固定资产投资同比增长9.7%；城镇乡村居民可支配收入分别为49571元、29542元，同比分别增长5.31%、7%；一般公共预算收入1913万元，同比增长1.3%。

重新定位发展。9月，度假区重新确定“三突出三重抓”工作思路，即突出主责主业，重抓文旅产业发展；突出运营运行，重抓景区业绩提升；突出创新创牌，重抓国家级旅游度假区的创建，致力建设长三角知名的生态康养度假胜地。

提升景区业态。年内，签订大纵湖景区亲子亲水项目意向协议2家、佛教文化提升区意向单位1家。编制东晋水城非遗、小吃、农副产品、宋文化“四条街区”及大纵湖景区佛教文化区的策划方案；编排集镇湖鲜美食街推进方案。承办和组织“盐城秋季美色节、大闸蟹开捕仪式、大闸蟹美食节、芦花艺术节颁奖典礼等系列活动。

改善园区环境。年内，对景区、集镇实施绿化提升。新增绿化面积280亩，林木抚育1000亩。投资2200万元对朝阳河、向阳河、庄沟河进行整治；新建迎湖村污水泵站，完成60户户厕改造。建设生态岛试验区。贯彻落实省市区委决策部署，初步完成生态岛试验区建设规划方案。

创建特色品牌。湖荡风情小镇通过省级年度验收；省级职工疗休养基地高分通过省级专家组评审；大纵湖景区荣获江苏省文明单位；湖塘花海荣获全国五星级农业休闲旅游园区、入选省"水韵江苏·春游大赏"最受欢迎十大景区；开元酒店获"江苏餐饮名店""江苏绿色餐厅""亲情中华·魅力江苏·中餐文化海外推广中心"；"纵湖八鲜"获江苏名菜称号；"大纵湖白壳螺蛳"国家地理标志创建被国家知识产权局受理商标注册；大纵湖获盐城市"首批湿地艺术创作基地"。

"农旅"融合发展。着力生态"农旅"融合发展。"农业+观光"：建成水田迷宫、春季油菜花海和秋季稻田画等农业观光项目；"农业+体验"：推出亲子采摘项目和收菜籽、插秧、捉稻花鱼等农事体验项目，成为时下"网红打卡地"；"农业+品牌"：做优园区现有的生态大米、小榨菜籽油、菜花蜂蜜、醉蟹、蟹黄油等地域特色明显的旅游农副产品，提升乡村休闲旅游产业价值链。完成退林退渔还田384亩，复垦248.5亩，复垦和种植进度均排名全区第一。

增进民生福祉。常态化抓好疫情防控工作，组织开展全员核酸检测、疫苗接种、扫楼行动，疫情防控取得决定性胜利。改善农民群众住房条件。完成农房改造35户，推进进城入镇36户。为低保户、五保户和残疾人办理救助手续，共发放救助金11.39万元。做好困难党员、退役军人慰问帮扶工作。城乡居民45岁以上养老保险参保率达95%。全年新增就业职工200多人，新增灵活就业120多人。鼓励扶持群众自主创业。全年新增个体工商户61户，企业10户。教育教学水平进一步提升。在2022年中考中，大纵湖初级中学刷新教学质量历史纪录，115人中考，被盐城中学等重点高中录取达46人。大纵湖小学创建成盐城市内涵发展先进校。

加强党建工作。深化基层党群服务中心示范点创建，打造倪杨暖"心"驿站。编排《烽火湖荡》微党课，打造大纵湖红色教育基地，获评国家级红色基因水利风景区。发展"直播+"农业新业态新模式，组织村（居）干部网红直播技能培训。强化党员教育管理。开展"学党史、映初心、践使命、勇担当"等特色党日活动，有序推进党员"七式"教育管理。强化意识形态和精神文明建设。大纵湖旅游发展有限公司获评"江苏省文明单位"，宋忠凯、程兆文2人获评"盐都好人"，有278名志愿者获"盐都区新冠肺炎疫情防控志愿服务证书"。

【获评"2022水韵江苏·网红打卡地"】 8月3日晚，"水韵江苏·这里夜最美"璀璨夏夜主题活动在淮安启动，活动现场公布"2022水韵江苏·网红打卡地"评选最终榜单，大纵湖旅游度假区荣获"网红度假空间"称号。大纵湖风景区以"生态旅游"主题为核心，融合生态、湿地、休闲、度假、运动等元素，逐步打造以休闲、旅游、度假为一体的湖泊型旅游度假区。景区于2021年荣获国家湿地公园称号，多样的湿地类型为湿地生物提供丰富的栖息地，大纵湖湿地及动植物资源在里下河区域具有典型性和代表性，空气质量指数优，负氧离子含量高，是康疗养生之所。景区内包含合欢大道、古芦舟、求鲤湖、水月观音、芦荡迷宫、柳堡村、外湖生态风光等知名景点。

【程兆文深夜救七旬老人】 9月25日夜，大纵湖旅游度假区退役军人服务站职工程兆文和婶婶包桂英在回台创园程拾村，途经村西河边时，救起落水老人。

【盐城秋季美食节在大纵湖启幕】 11月19日，"2022盐城秋季美食节"在大纵湖东晋水城拉开帷幕，此活动由盐城市文化广电和旅游局、盐都区人民政府主办。大纵湖景区内气候宜人，湖水清洌甘甜，野鸟翔集，盛产白壳螺蛳、白条鱼、清水大闸蟹等水产品，尤以"大纵湖清水大闸蟹"闻名遐迩，远销海内外。本届美食节以秋季纵湖三白之"大闸蟹"为特色，打造具有显著辨识度的盐城"螃蟹"美食IP，以进一步推动全市文旅产业发展，促进消费市场繁荣。

【徐缨调研大纵湖生态岛试验区建设情况】 12月13日上午，市委书记徐缨调研大纵湖生态岛试验区建设情况，强调要深入学习贯彻中共二十大精神，认真践行习近平生态文明思想，按照省市委

11月，盐城秋季美食节　　大纵湖旅游度假区　供

全会部署要求，学习借鉴基于自然的解决方案理念，大力推动生态岛试验区建设，强化规范引领，完善管护体系，努力探索经验、率先突破，加快建设绿色生态之城，为全面推进人与自然和谐共生的现代化贡献更多盐城力量。徐缨强调，生态岛试验区建设是一项长期的系统工程。要充分彰显生态资源禀赋优势，巩固好大纵湖湿地的保护成效，总结经验做法，梳理短板弱项，常态化开展保护修复及周边环境整治工作，以实际行动践行“绿水青山就是金山银山”的理念。要先行集成经验、发挥示范作用，努力为美丽中国建设做出更多盐城贡献。市委常委、秘书长薛盛堂，副市长王娟等参加。

2022年大纵湖旅游度假区村（居）主要负责人一览表

表1

村（居）名	村（居）书记、主任
北宋居委会	刘顺志
平湖居委会	徐德华
迎湖村	王爱荣
镜湖村	徐　勇
倪杨村	宋孝亮
陈庄村	王建磊

【入选国家级《红色基因水利风景区名录》】 12月，盐城大纵湖水利风景区入选水利部《红色基因水利风景区名录》。大纵湖国家水利风景区包括“芦荡迷宫”和“柳堡村”等红色资源，形成独具特色的水荡湿地红色旅游景点，先后获评“国家水利风景区”“国家AAAA级旅游景区”“国家级湿地公园”“江苏省生态文明教育实践基地”等。

【获评全国休闲农业与乡村旅游五星级园区】 12月，“湖塘花海”被中国旅游协会休闲农业与乡村旅游分会评为“全国五星级企业（园区）”。“湖塘花海”是大纵湖旅游度假区精心打造的农旅融合项目，其中，特色农业种植区域45.33公顷，水系及围堰修筑区域33.33公顷，拥有水田迷宫、油菜花海、亲子萌宠乐园、农耕教育等多个景观。该景区每年举办菜花节、风筝节、钓鱼节和丰收节、农耕亲子节等节庆活动，每年接待游客20万人左右。带动当地农民开办农家乐、乡村酒店、特色民宿等，增加农民的收入。2022年春季，在江苏广播、江苏省文化和旅游厅举办的“水韵江苏·春游大赏”评选活动中，塘花海景区获评“最受欢迎十大景区”。

（胡为兵）

·台湾农民创业园·

【概况】 盐都台创园区域面积50平方千米，下辖12个村（社区），3.327万名户籍人口，2867公顷耕地，形成107公顷设施果蔬、400公顷花卉苗木、733公顷畜禽水产养殖、1600公顷优质稻麦四大主导产业。园区先后创成全国创业创新园区、省级现代农业产业园区和全市AAAAA级现代农业园区，成为展示盐都现代农业发展水平的示范样板和对台合作交流的重要窗口。2022年，台创园在区委、区政府的坚强领导下，紧紧围绕区委、区政府“四个示范区”战略部署，聚焦进位争先目标，全力打造乡村振兴样板，园区发展建设评价良好，在全国27家台创园中排名第12位，比上年度前进11位，创历史最好成绩。

6月，东晋水城　　融媒体中心　供

【做好产业兴旺文章】 年内，坚持保粮食重安全。建成3个绿色防控示范区，2个粮食高产示范畦口。夏季小麦1333.33公顷，总产量1.04万吨，公顷产7650公斤，产量和品质创历史新高。保富民促增收。利用成片大棚优势，在民强、宗凌、三湾发展以草莓、葡萄、黄桃为主的设施农业，让农民共享乡村振兴红利。坚持做好特色花卉产业发展，进一步引导花卉核心区农民参与种植。花卉富民基地龙头企业呈祥园艺、美青花卉等带动广大农户增收致富。

【强化“项目为王”理念】 全年切实推动项目建设提速提质增效。招引农业产业亿元项目3个。主动为企解难纾困，帮助农业企业招工70余人，指导皇达兰园、美青花卉开通线上直播带货平台。新增农业产业化市级龙头企业11家，绿之岛家庭农场被授予“省级家禽养殖全程机械化”标杆基地，呈祥园艺育苗公司被确定为2022年第八批江苏省园艺作物标准园。

【配强“三农”干部队伍】 年内，建强基层组织。探索“党建+”的党建引领乡村振兴模式，推进民富合作社党支部、花卉联合党支部、果蔬联合党支部规范化建设，培育15名产业致富带头人，带动近百名农户参与到园艺产业。健全农村干部培训机制。以农业产业需要、农民群众满意为评价基准，每村（社区）培养1～2名懂农业农村工作的后备干部。每季度开展业务知识培训和党风廉政教育，打造专业化的村级干部队伍，提升村（社区）“两委”班子的履职能力。加强乡土人才培育。通过人才培训为百姓提升拓宽创业就业保障。结合农业园区特色，举办2期65人的乡土人才技能提升培训班，课程包含乡村振兴政策形势、创业知识培训、辅导企业管理、市场营销等多方面内容。

5月，三湾村新型农村社区　　台创园　供

【弘扬以文化人新风】 年内，彰显志愿精神，开展志愿服务。镇村两级共组织开展敬老助残、结对帮扶、文明创建、疫情防控、心理辅导等各类志愿活动484次，助力形成邻里互助、守望相助的乡风文明新风尚。开展典型推选活动，推进乡风文明建设。营造学习、关爱、崇尚、争当道德模范和身边好人良好氛围。评出镇级文明家庭、最美家庭24户，“好婆婆·好媳妇·好妯娌”等十星级文明户2836户。利用文明实践站所，推动党史学习教育。发挥新时代文明实践所（站）作用，广泛开展对象化、分众化、互动化宣讲。开展“礼赞新时代，追梦复兴路”主题特色宣讲活动76次，进一步推动党的红色历史和创新理论“飞入寻常百姓家”。三湾村、葛武社区获评市级文明村（社区）。

【优化农村人居环境】 年内，完成三湾和李庄新型农村社区分房150户，整治农村CD级危房135户，完成原地翻建22户。先后完成三湾村东湾、李庄村李庄、宗凌村常熟、董伙村韩盛4个重点自然村的农村生活污水治理工程，全面完成155户改厕目标任务。袁邵村、民强村获评江苏省卫生村。对宗凌、郝荣老村基础设施配套和公共服务水平进行提档升级，提取村庄特色文化元素，突出“一村一韵”“一村一景”。新杨村、育才社区获评市级生态文明示范村。

【夯实“三农”基层基础】 年内“微组织”提升凝聚力。组织群众信得过的农村党员、村民代表等，对村（居）公益事业、财务支出等事项协商，提升农民群众的参与感和获得感。“微服务”提升服务力。41名网格员，运行盐政通软件，强化信息收集、矛盾化解、重点人员管控等。做好与区域内党员、乡贤能人等联络对接，及时反馈群众意见建议。“微管理”提升自治力。通过健全完善村规民约，推行诚信村民积分管理、道德评议激励、诚信“红黑榜”等措施，规范村民日常行为。李庄村获评省级“民主法治示范村”。

（孙晓东　周春斌）

2022年台创园各村（社区）主要负责人一览表

表2

村（社区）名	村（社区）书记、主任
袁邵村	袁　兵
三湾村	陈　楼
李庄村	商文荣
民强村	成汉忠
宗凌村	宗永江
程实村	花保军
新杨村	浦玉广
董伙村	陈建标
富王社区	程　亮
葛武社区	葛富荣
育才社区	朱得军
郝荣村	郝瑞荣

中共盐城市盐都区委员会

综　述

【概况】 2022年是中共二十大召开之年，是全面落实省市区党代会精神的关键之年，面对复杂严峻的外部环境和多重超预期的困难挑战，全区坚持以习近平新时代中国特色社会主义思想为指导，以迎接中共二十大、学习宣传贯彻中共二十大精神为主线，贯彻习近平总书记重要指示和中央、省市决策部署，围绕“勇当沿海地区高质量发展排头兵”目标定位，统筹疫情防控和经济社会发展，统筹发展和安全，加快“四个示范区”建设，竞逐绿色低碳发展新赛道，向“强富美高”新盐都现代化建设迈出坚实步伐。

【提升经济发展】 10月，有效应对疫情冲击影响和经济下行压力，完成地区生产总值720亿元、增长2.6%，一般公共预算收入42.8亿元、同口径增长7.7%，固定资产投资增长8%。服务业承压趋稳，项目建设加压升温。组织实施“重大项目攻坚年”行动，其中，10亿元以上项目13个。加快推进77个省市区三级重大项目、重点工程。实施载体焕新行动，服务企业扎实有效。主动为企业“送政策、送服务、解难题”，助推企业成长壮大，新增“四上”企业255家，培育销售超亿元工业企业80家，认定市三星级以上企业40家。兑现企业奖补资金2.7亿元，减免缓退企业税费18亿元，让广大企业轻装上阵。开展“约惠盐都·乐享消费”系列活动，投放现金消费券550万元，惠及中小商户近300家。新增贷款余额178.2亿元，其中，普惠贷款35.9亿元，金融服务实体经济能力持续增强。

【提升创新动能】 年内，产业结构持续优化。“智改数转”高效推进，获批省智能车间3家、省星级上云企业89家，维信电子创成省智能工厂，东山精密获批省工业互联网标识解析二级节点，高新区获评省工业大数据应用能力评估示范区。新增国家级专精特新“小巨人”3家、省级“专精特新”中小企业25家，认定省服务型制造示范企业5家，总数均列全市第一。招引入驻科创文创、金融保险等楼宇经济项目168个，培育税收超亿元楼宇2幢、超千万元楼宇10幢。创新资源加速集聚。全市唯一入选“科创江苏”试点县（区）建设名单，获评国家知识产权强县建设示范县。高新技术产业产值占比达65%、居全市首位。新增省级企业技术中心7个、工程技术研究中心18个，建成“都U+”系列人才公寓1810套，引进领军人才80人、高层次人才创业项目24个。改革开放全面深化。主动融入长三角一体化发展，与常州高新区、武进高新区签订南北园区共建合作协议，促进资源互补、合作共赢。“三争一创”深入推进，创成省级以上品牌27项，争取竞争性资金7.1亿元。积极落实稳外贸系列措施，全年外贸进出口总额14.8亿美元、增长9.3%。全市率先试行许可闹钟、“准入准营”一件事等改革，高新区入选行政审批标准化国家级试点。

【完善城乡建设】 2022年，编制完成美好盐都2035发展战略规划和盐都新城规划，“三区三线”成果正式启用。实施城建重点项目101项，科技广场中央商务区等功能性项目加速推进，青年路高架西延等一批交通项目加快实施，建成口袋公园15个。有序组织城市更新，新建安置小区3个，整治老旧小区8个，惠及群众6300余户。开展文明城市创建“1+12”专项行动，创成生活垃圾分类省级达标小区20个，完成小区雨污分流改造10个，打造日月路、黎明路特色样板街区，“渎上·老西门”获评省级放心消费示范街区。乡村振兴深入推进。全市唯一入选首批国家乡村振兴示范县创建地区，全省首家试点开通农村集体资产智慧监管服务平台，获评全国休闲农业重点县。新建高标准农田3000公顷，“盐麦3号”“盐糯20”通过国家新品种审定，大纵湖小龙虾获评国家地理标志证明商标。新增省级合作社示范社3家、示范家庭农场6家，粮食科技产业园被列为全省农业农村重大项目典型。新建农村污水处理设施62个，改建农村户厕4535户，改造老旧村庄9个，改善农民住房

2208户，省级特色田园乡村、省级传统村落、中国传统村落总数保持全市第一。生态底色愈发靓丽。高标准迎接中央环保督察"体检"，21件交办问题全部整改到位。开展环境质量"提质争优"专项行动，郭猛省级生态安全缓冲区建成投用，兴盐界河治理"百日攻坚"行动完成，6个国省考断面水质稳定达标，创成中国天然氧吧，获评全国节水型社会建设达标区。持续擦亮生态文旅品牌，仰徐村获评全国乡村旅游重点村，大纵湖景区入选中国红色基因水利风景名录，草房子乐园入选省科普教育基地，创成省级全域旅游示范区。

【提升民生福祉】 10月，完善社会保障，统筹推进稳就业促创业。区社会大救助中心建成使用，实行"一表登记、一门受理、协同办理"，更好服务困难群众。社会事业更加进步。新增学位11500个，全区中小学幼儿园全部实行集团化办学。全年送戏下乡500余场次。区老年大学新校区建成使用，入围全省示范性居家社区养老服务网络建设地区，通过全国未成年人保护示范区评估，尚庄镇庆福村创成全国示范性老年友好型社区。社会治理更加高效。畅通群众诉求表达渠道，开展"信访突出问题攻坚化解年"行动，全区信访总量下降29.4%。依法严厉打击各类违法犯罪，有效整治突出治安问题，盐龙派出所获评全国优秀公安基层单位。加强社工队伍建设，推广"响应式"社区治理模式，创成省现代社区治理创新实验区。深入开展"八五"普法，扎实推进法治盐都建设，楼王镇花季园村获评全国民主法治示范村。

【维护社会大局】 年内，坚持常态化精准防控和局部应急处置相结合，严格落实"四个一"工作机制，处置多轮突发疫情，有效保障经济社会平稳发展和人民群众身体健康。改造提升标准发热门诊5个，21家医疗机构发热诊室实现全覆盖，亚定点救治医院建成备用，全人群疫苗接种率达省市规定指标。先后派出医务人员255人(次)，驰援上海、四川、苏州等地，服务1205名连云港、上海外转隔离人员，为疫情防控"一盘棋"作出盐都贡献。安全生产平稳有序。完成"三年大灶"专项整治任务，生产安全事故起数和死亡人数持续"双下降"。深入推进城镇燃气、消防安全等重点领域隐患排查整治，建成消防站11座，非居民用户燃气预警系统实现全覆盖。强化既有建筑全生命周期管理，整治安全隐患房屋90栋、C、D级危房18栋。持续加强道路交通安全管理，完成农村公路安全生命防护工程176千米，盐都治超站建成投用。强化食品药品全链条监管，省级食品安全示范城市通过现场复审。风险防范坚定有力。落实"镇债区管"，推进"三债统管"，完成省定化债任务，实现"四降"目标。国企改革三年行动收官，城镇化集团、国控集团获AA+信用评级，国有资产运营管理水平不断提高。实施政府投资项目评审机制，强化国有资产监督管理，国有企业经营行为进一步规范。排查处置房地产领域风险隐患，23个社区6547户居民不动产登记历史遗留问题解决。防范化解金融领域风险，农民资金互助社"三压降"水平位居全市前列，金融生态环境综合评估列全省前十。

重要会议

【党史学习教育专题民主生活会】 1月15日，区委常委会召开党史学习教育专题民主生活会。区委书记、高新区党工委书记王娟主持并作总结讲话。市委党史学习教育第一巡回指导组组长张瑞卿、副组长赵春城到会指导。区人大常委会主任顾其斌，区政协主席张建洋列席会议。会议通报《2020年度区委常委会民主生活会整改措施落实情况》。

【全区党史学习教育总结会议】 1月15日，全区党史学习教育总结会议召开，深入学习贯彻习近平总书记重要讲话指示精神，全面贯彻中共十九届六中全会精神，落实中央和全省、全市党史学习教育总结会议精神，系统总结党史学习教育的成效和经验，持续巩固拓展党史学习教育成果，引导全区上下大力弘扬伟大建党精神，奋进新征程、建功新时代，以优异成绩迎接中共二十大胜利召开。区委书记、高新区党工委书记王娟出席会议并讲话。市委第一巡回指导组组长张瑞卿、副组长赵春城到会指导。区委副书记、代区长马正华主持会议。

【盐都区委十五届四次全会】 8月11日，中国共产党盐城市盐都区第十五届委员会第四次全体会议举行。全会坚持以习近平新时代中国特色社会主义思想为指导，动员全区上下竞逐绿色低碳发展新赛道，为盐城勇当沿海地区高质量发展排头兵多作贡献、扛

1月15日，全区党史学习教育总结会议召开　　区委办　供

起担当，以实际行动迎接中共二十大胜利召开。

【全区冲刺全年目标任务工作部署会】 9月29日，副市长、区委书记、高新区党工委书记王娟主持召开全区冲刺全年目标任务工作部署会。会议指出，要迅速贯彻落实市冲刺全年目标任务暨全市高质量发展项目推进会精神，按照“时间一刻不能耽误、工作一刻不能停歇、民生一刻不能懈怠、底线一刻不能放松”的要求，以实际行动迎接中共二十大胜利召开。

【盐都区委十五届五次全会】 12月30日下午，中国共产党盐城市盐都区第十五届委员会第五次全体会议举行。会议高举习近平新时代中国特色社会主义思想伟大旗帜，深入学习贯彻党的二十大精神和中央经济工作会议精神，认真落实省委十四届三次全会、市委八届四次全会和省市委经济工作会议部署要求，审议通过《中共盐城市盐都区委关于深入学习贯彻党的二十大精神更高水平建设“四个示范区”奋力谱写中国式现代化盐都新篇章的决定》《中国共产党盐城市盐都区第十五届委员会第五次全体会议决议》。

重要工作

【周斌调研盐都区安全生产工作】 1月30日，市委副书记、代市长周斌在盐都区检查安全生产工作，强调要坚持以习近平新时代中国特色社会主义思想为指导，坚持以人民为中心，坚决扛起责任担当，统筹做好安全生产、疫情防控和节日期间各项工作，确保全市人民健康安全、欢乐祥和过年。市政府秘书长刘光球，区委副书记、区长马正华，区委常委、常务副区长吴军，区政协副主席李庆銮和市、区有关部门单位负责人等参加。

【王娟调研重大项目建设情况】 4月5日，副市长、区委书记、高新区党工委书记王娟督查重大项目建设情况。强调项目建设单位要在确保疫情防控和安全生产的前提下，真抓实干，全力推进项目建设提质增效，切实做到疫情防控和重点项目建设“两不误”。要建立工作机制，实时掌握项目最新进展情况，及时会办打通项目建设过程中的堵点、难点，全力做好服务保障和推进落实工作。要拉高标杆、做精做细，深化项目建设内涵，凸显项目建设亮点，增强核心竞争力，以一流的形象展示盐都区高质量发展新成效。区委副书记、区长马正华，区委常委、常务副区长吴军，副区长吕杨，高新区管委会主任高翔参加。

【周斌调研盐都工业企业复工复产情况】 4月26日，市委副书记、市长周斌深入盐都区工业企业一线，实地察看复工复产情况，强调要坚决落实中央和省、市各项部署要求，统筹好疫情防控和经济社会发展，进一步增强工作责任感和紧迫感，坚持“两手抓、两手硬”，确保经济社会发展平稳有序运行，为全市经济社会高质量发展夯实基础，企业进一步落细落实疫情防控各项要求，用好常态化核酸检测这一重要防疫措施，全力保障职工健康安全，尽最大努力实现稳产满产。要强化区域内产业链供给，有效发挥工业设计创新支撑作用，提升产品品质，打响企业品牌。副市长唐敬，市政府秘书长刘光球，区委副书记、区长马正华，副区长吕杨，高新区管委会主任高翔参加。

【徐缨调研养老事业发展情况】 5月14日，市委书记徐缨在调研养老事业发展情况时强调，要认真学习领会、贯彻落实习近平总书记重要指示精神和全国老龄工作会议精神，始终坚持以人民为中心的发展思想，高度重视、用心用情解决“一老一小”问题，加快老龄事业和产业协调发展，让全市所有老年人都能安享幸福美满晚年，不断提升人民群众获得感满意度。市委常委、秘书长薛盛堂，副市长夏思军，副市长、区委书记、高新区党工委书记王娟，区委副书记、区长马正华参加调研。

【徐缨调研生态文明建设工作】 6月2日，市委书记徐缨在盐都区调研生态文明建设工作强调，要深入学习贯彻习近平生态文明思想和习近平总书记在《求是》杂志发表的重要文章《努力建设人与自然和谐共生的现代化》精神，完整准确全面贯彻新发展理念，坚决扛起生态文明建设和生态环境保护的政治责任，深入推进绿色低碳循环发展，夯实美丽盐城“生态基底”，打造“两山”理念实践典范，全面建设人与自然和谐共生的现代化。市委副书记羊维达，市委常委、秘书长薛盛堂，副市长、区委书记、高新区党工委书记王娟，高新区管委会主任高翔等参加调研。

【羊维达调研全国文明城市创建工作】 8月4日，市委副书记、统战部部长羊维达在盐都区调研全国文明城市创建工作，强调文明镇村应加强农村精神文明建设，倡导现代文明理念，通过强化基层文化阵地等内涵建设，深入开展移风易俗、人居环境整治，大力提升农村文明水平和群众文明素养，在基层治理建设方面发挥示范引领作用。区委副书记、区长马正华，区人大常委会主任、党组书记季晓春，区委常委、宣传部部长罗时荣参加。

【徐缨调研全国文明城市创建工作】 11月7日，市委书记徐缨在盐都区督查全国文明城市创建工作。她强调，要深入学习宣传贯彻中共二十大精神，牢固树立以人民为中心的发展思想，坚持物质文明和精神文明相协调，进一步增强做好新时代全国文明城市创建工作的使命感和责任感，聚焦短板弱项、精准发力施策，持续深化文明培育、文明实践和文明创建，让群众在文明城市创建过程中有更多获得感。市委副书记、统战部部长羊维达，市委常委、秘书长薛盛堂，副市长、区委书记、高新区党工委书记王娟，区委副书记、区长马正华，区委常委、宣传部部长罗时荣参加。

重要活动

【张义珍在盐都开展走访慰问】 1月30日，省政协党组书记张义珍率省有关部门负责人在盐都区深入基层走访慰问困难群众，向他们致以新春祝福，送去党和政府的关怀温暖。省政协秘书长黄继鹏参加。市委副书记、代市长周斌，市政协主席陈红红介绍有关情况。区委书记、高新区党工委书记王娟参加活动。

【谢晓军在盐都区调研】 2月24日，省退役军人事务厅党组书记、厅长谢晓军率队在盐都区调研退役军人事务工作，强调提高政治站位，用好用活红色文化资源，打造好红色文化教育基地。基层服务站要以退役军人为中心，完善功能设施，优化服务质量，提高信息化水平，确保退役军人活动有场所、诉求有渠道、解困有平台，进一步推动新时代退役军人事务工作再上新台阶。

【省委统战部调研统战工作】 6月14日，省委统战部常务副部长李国华一行在盐都区调研统战工作。市委副书记、统战部部长羊维达，市政协副主席李东成，区委常委、统战部部长张素东参加。调研组一行实地察看盐城东山精密产业园，深入企业生产线，详细了解经济发展和民营企业统战工作情况，对盐都统战工作特色亮点和工作成效予以肯定。盐城东山精密产业园是苏州东山精密制造股份有限公司在盐都区投资建设的高科技产业园，产业园重视统战工作，建成1500平方米党群服务中心，将统战工作与公司发展有机结合，打造统战“五个一”工作模式。

【2022盐城暑期游暨大纵湖露营嘉年华启动仪式】 7月1日，2022盐城暑期游暨大纵湖露营嘉年华启动仪式举行。（详见《旅游 资源 环境》，第151页）

【省委统战部调研统战工作】 7月25日，省委常委、统战部部长惠建林一行在盐都区调研统战工作。省委统战部副部长、省工商联党组书记顾万峰，市委副书记、统战部部长羊维达，市政协副主席、市委统战部常务副部长李东成，副市长、区委书记、高新区党工委书记王娟，区委常委、统战部部长张素东参加。

【马欣调研秋粮生产工作】 9月5日，副省长马欣率队调研秋粮生产工作。市委常委、常务副市长勾凤诚，副市长、区委书记、高新区党工委书记王娟，副区长孙高明、周昉，区政协副主席张鸿新参加调研。他强调，企业负责人要盯紧盯牢秋粮生产，加强田间管理，强化技术支撑，不断提高农业质量效益和竞争力，做好产销对接，提高经营效益，实现“藏粮于地、藏粮于技”。

【刘华调研视察】 10月18日，省检察院党组书记、检察长刘华调研视察检察工作，强调盐都检察工作亮点纷呈，检察文化氛围深厚。刘华要求，要提高政治站位，强化党建引领，始终坚持党对检察工作的绝对领导，确保检察工作始终沿着正确的政治方向前进。要坚守为民情怀，创新方式方法，同心同力守护未成年人健康成长，全力守护民生福祉。副市长、区委书记、高新区党工委书记王娟，市检察院党组书记、检察长葛冰，区检察院党组书记、检察长张扣华参加。

组织建设

【概况】 至2022年年底，全区共辖39个党(工)委，24个党组，48个二级党委，党总支373个，党支部2251个。其中，区直党(工)委22个，二级党委12个，党总支68个，党支部478个；镇(区、街道)党(工)委17个，二级党委36个，党总支305个，党支部1773个；“两新”组织党委2个，二级党委6个，党总支40个，党支部562个。党员总数47357人，其中，女党员10703人，农村党员36438人，农村建国前党员58人，全年发展党员460人。

【创新开展党团队一体化建设】 年内，出台《构建党团队一体化培养机制的实施意见》，印发《2022—2023学年度党团队一体化培养任务推进清单》，条目化列出20项具体工作任务，配套推进举措、主体单位、完成时限，为深化党团队一体化建设提供有力支撑。举办“红色年轮·初心如炬”党团队一体化传承仪式，现场上一堂微团队课，开展入队、入团、入党和集中宣誓仪式，推动仪式感教育活动在全区推广。指导录制“党团

7月，露营节开幕式　　　　大纵湖旅游度假区　供

队一体化思政教育课”开讲，引导少先队员、共青团员扣好新学期的“第一粒扣子”。

【创设“红色年轮·初心如炬”政治生日仪式】 5月，印发《关于开展“红色年轮·初心如炬”政治生日仪式的通知》，以党员过政治生日为出发点，党龄逢“十”为创新点，规范“筛查统计、档案校核、公示公开、制定方案、集中庆生、上门祝福、志愿服务、风采展示”8个基本程序，创新设置逢“十”整生日“大庆”仪式6项流程、当月小生日“小庆”仪式5项流程，引导基层党组织坚持和完善为党员过政治生日这一组织生活形式。“七一”前夕，全区基层党委先后为2100余名党龄逢“十”党员举办政治生日仪式，为965名党龄50年及以上老党员颁发“光荣在党50年”纪念章。

【开展“青春心向党”系列宣讲活动】 年内，针对农村(社区)、“两新”组织、科教文卫组织等重点领域的35周岁以下青年群体，开展为期1个月的集中宣讲、推优、培优活动。各级党组织书记和模范党员共开展“青春心向党”主题宣讲活动188场次，惠及青年7600余人(次)，印发宣传册3000余份。1523人向基层党组织咨询入党问题，655名青年递交入党申请书，基层团组织集中推优青年299人。

【在疫情防控一线锤炼“三支队伍”】 年内，谋划制定《在抗疫一线发现、考验、培养“三支队伍”的工作方案》，108名先进分子在抗疫一线向党组织递交入党申请书，338名入党积极分子奔赴疫情防控岗位，24名在货车接驳点、交通运输卡口、隔离点位等岗位表现突出的入党申请人被确定为入党积极分子。结合4月份基层党组织统一活动日，开展以“主题党日‘疫’线开，防控前沿‘分外红’”为主题的党日活动，相关党组织为17名新发展党员举行入党宣誓仪式。

【实施发展党员风险管控】 年内，在全市率先制定出台《发展党员风险管控实施办法》，围绕发展党员五个阶段25个环节，列出“异地申请”“严重违反入党程序”“弄虚作假”“带病转正”等风险点14个，制定“专项报告”“三阶段政审”“三级公示”“签字承诺”等管控措施15项。分领域制定的11项“不得接受入党申请”的负面清单，对基层党组织甄别对象身份具有直接指导作用。

【高标准推进党员档案管理工作】 年内，深入学习贯彻《盐城市党员档案管理办法(试行)》，在充分调研全区各镇(区、街道)党(工)委党员档案室的基础上，制定《盐都区党员档案管理推进计划表》。各党(工)委已完成党员档案室的硬件设施配套、制度上墙和人员配备等工作，党员档案的整理和完善正在逐步提升。潘黄街道充分利用红色教育基地资源，开发并使用党员档案电子化管理系统，方便党员就近查询档案资料。

5月，“红色年轮 初心如炬”政治生日仪式　　组织部　供

【规范抓好流动党员教育管理】 年内，谋划制定《盐都区流动党员教育管理职责清单》，明确党(工)委、党支部、流动党员、家乡联络人四个主体的工作职责。督促各党(工)委每半年组织1次流动党员流动情况全面筛查，全区共有流动党员1818人。及时发放流动党员活动证1800余本，确保流动党员应发尽发、持证活动。

【组织开展喜迎中共二十大、学习贯彻大会精神等活动】 10月，组织全区各基层党组织收听收看中共二十大开幕式，在盐都党员e站开设“信心满怀观盛会，踔厉奋发启新程”专栏，先后发布机关、农村社区、“两新”组织、教育卫生、新业态新就业群体等各领域党组织党员和建国前老党员、省党代表、名校优生等重点群体观后感共17篇。征订并发放《中共二十大报告学习辅导百问》等辅导用书3500套、《中国共产党章程》47000本，确保每个基层党组织和每名党员、科级干部深入学习中共二十大精神。

【打造直播助农品牌】 年内，下发《关于进一步发挥电子商务推动党建富民的通知》，组织开展潘黄草莓等10期“乡村振兴”系列主题直播，同时在线人数5000多人，累计观看超3万人(次)，点赞25.8万次。组织家庭农场主、村书记、青年村干实训营6期，促成4家直播带货公司与10位家庭农场主签订意向协议书。高标准打造潘黄街道新民村等10个“网红”直播村，7月底举办首届“党建网红·播响盐都”专场活动，分别评选出电商直播示范村10个、电商直播能手17人。

【规范村(社区)书记选任流程】 年内,深化省、市基层组织专项整顿成果,制定《盐都区村(社区)党组织书记选拔任用办法》,细化明确分析研判和动议沟通、联审联查、专项报告等7个具体流程,提高基层党组织书记人选质量。

【开展“集中组建月”和标准化建设行动】 8月,下发《关于开展全区两新企业党组织“集中组建月”活动的通知》,对全区900余家非公企业逐户摸排,利用1周时间完善已建立党组织、有党员未建立党组织、无党员非公企业“三本台账”,全年已组建江苏任卓金属科技有限公司党支部、江苏春潮科技发展有限公司党支部等27个非公企业党组织。下发《关于开展全区两新党组织标准化建设的通知》,从党组织队伍建设、党组织生活开展、活动阵地和工作品牌打造三个方面共13条进行细化指导;在非公企业组织中开展“中国共产党是什么样的政党,为什么要加入中国共产党,怎样加入中国共产党”为主题的集中宣讲;镇(区、街道)围绕新成立党组织的非公企业开展各类党建活动,赠送党旗、党徽和党建书籍,并召开专题座谈会。

【打造“红骑士·都守护”新业态新就业群体党建品牌】 8月,创新开展新业态新就业群体“红骑士 都守护”行动,选聘一批盐小哥义务网格员,组建5支“盐小哥”先锋服务队,进社区入网格报道参与疫情防控、文明创建等志愿服务活动,全市首家开发“义务网格员智慧管理平台”,市级试点设置“盐小哥”积分兑换点2个,汇聚基层治理“新”力量。

【搭建“2+4+N”暖“新”驿站服务平台】 年内,制定暖心驿站规范化建设标准,“2+4+N”即吾悦广场、万达广场商圈驿站,盐龙、盐渎、潘黄、张庄街道社区服务站窗口及其他镇(区、街道)暖“新”续航

7月,直播助农品牌　　组织部 供

站,为新业态新就业群体提供避暑取暖、歇脚饮水、自助充电等关爱服务。同时举办“夏日送清凉”“亲子夏令营”“集中服务”“权益护航”等系列活动20余场(次)。

【日常考察识别干部】 年内,搭配组合部机关干部、组织、人才等不同条线的人员,建立8个考察组,对全区71家镇(区、街道)和部门单位进行分组,每个考察组定向考察考核,了解组内单位班子整体运行状况和干部个体日常表现,同时经常性、近距离、常态化开展谈心谈话,将考察了解范围延伸到干部的社交圈、生活圈、朋友圈,做到“全领域全过程、多渠道多层次”日常考察识别干部,全面掌握干部的见识见解、思维方法、性格气质和能力水平。全年科级干部谈心谈话覆盖率100%,股级干部覆盖率40%,人均谈话2次以上。

【实施“熔炉计划”】 年内,引导年轻干部在防疫一线、招商一线、项目建设一线、安全生产一线、处突一线、信访一线“六个一线”实践锻炼,完善成长档案、年度考评、专项考察、日常考察、能进能出等长效管理机制。抽调干部在交通卡口、机场、火车站、村(社区)计818人,55名区直机关科级干部担任疫情防控集中医学隔离观察点或临时集中观察点点位长;成立31个招商局,区直单位、镇(区、街道)交流招商一线干部96人;在信访一线脱产挂职锻炼的新提拔科级干部、新录用人员和名校优生共114人。

【干部队伍建设】 年内,以实绩实干为导向,对部分区直部门主要负责人进行调整,充实高新区和区属国有企业干部队伍力量,大力选拔使用年轻干部。全年共调整科级干部3批次262人次,其中,新提拔39人、进一步使用8人,轮岗交流50人,晋升职级70人,试用期满正式任职35人。新提拔85后9名、95后2名。从区直机关选派年轻科级干部挂任镇(街道)党委副书记,配合市委组织部完成双向交流干部、挂职干部和选调生的考核工作,完成区军转安置工作。

【成立“青年人才智库”】 年内,紧扣青年人才保值增值内在需求,既“搭台子”,也“压担子”,在全面摸排专业背景、能力特长、兴趣爱好以及工作岗位的基础上,围绕“四个示范区”建设目标和主导产业发展方向,结合区域发展需求和痛点,创新成立青年人才智库,组建产业发展、创新创业、乡村振兴、城市建设、教育卫生

5个专业课题组，建立组织部门牵头、相关单位配合、实践导师指导、成员动态管理的运行机制，把青年人才的智力优势和发展的现实需求结合起来，提升青年人才的参与度和融入度，为高质量发展贡献"智慧因子"。

【"一县一校"对接工程落地】 9月，举办盐都区—南京信息工程大学战略合作签约仪式暨合作交流会，与南信大达成战略合作，并在引才工作站设立、大学生实习基地建设、科研成果转化、企业家与专业人才培养等方面签订多项合作协议。

【承办全市人才公寓"家家到"现场会】 9月，围绕"优质的入住环境和人才服务""浓厚的创新创业氛围"，改造提升"汇文公馆"人才公寓，新建"新城创客"人才公寓，省委组织部人才处叶绪江处长、宿迁市委常委、组织部部长高飞、扬州市委组织部副部长康尧先后参观调研。推出"都U⁺"人才服务品牌，出台《盐都区人才公寓建设使用管理暂行办法》，拍摄人才公寓宣传片《热土》，承办全市人才公寓"家家到"现场会。

【承办乡村人才振兴发展大会】 11月，以"院校扶农·专家富民"为主题，通过举办"1+10"系列人才、技术、项目对接活动，展示盐都农业农村发展成果，推介盐都全新的产业人才政策，联络对接一批全国重点农业院校，吸引集聚一批农业产业顶尖人才和高端智力，促成实现"十大院校联姻十大产业、百名专家助力百家基地、十大主播带货十大农品、百个岗位引进百名菁英"的目标成果。

【出台"都智汇"2.0版人才政策和实施细则】 年内，对标先进发达地区人才、科技、产业政策，构建集人才培养、引进、使用、服务为一体的"全链条"政策体系，出台《关于优化提升"都智汇"人才政策促进高水平人才创新发展示范区建设的意见》，打破"四唯"，重点奖励业绩好、贡献多、能力强的人才。联合区人社、科技、工信、卫健、民政等部门，出台《"都智汇"人才政策实施细则》确保政策措施能够落实到位。

【国家级项目实现新突破】 全年有效申报2022年度国家级项目27个，入选5个，创盐都记录。5名人才中，有乌克兰院士3人、俄罗斯专家1人、本土企业家人才1人。外籍院士率先来华，为全市唯一。

【成立盐都区引才工作团】 年内，出台《关于成立盐都区引才工作团的通知》，成立南京、上海、北京、深圳、武汉、成都、西安、东北共8个区域工作团以及教育、卫生2个专业工作团，团员近300人。出台《关于建立盐都区引才工作团"双招双引"联动机制的通知》，发挥科技镇长团、引才大使、在外杰出人才、名校优生的人脉优势，开展招才引智工作，通过"以才引才"的方式实现海内外高层次人才向盐都区集聚。

11月，"院校富农·专家富农"乡村人才振兴发展大会　　组织部　供

【举办盐都创新创业大赛】 7月，举办中国·盐都创新创业大赛，6个项目（人才团队组5个，企业组1个）进入市总决赛，"有升成光""光圣有为"项目分别获得江苏人才创新创业大赛、"科创江苏"总决赛三等奖。举办中国盐城盐都海外人才创新创业大赛，大赛自8月启动，大赛共吸引118个优质项目参赛，地下管网清淤检测机器人及地网一体化系统、新一代超高效新能源电机等6个优质项目获奖。

【受处分党员和干部的教育管理使用】 年内，贯彻落实市委、区委关于大力锻造"看得出、站得出、豁得出"干部队伍要求，根据《关于做好受过处分的党员干部教育管理使用工作的通知》，检查受处分党员所在单位的党委（党组）是否做好受处分党员干部在处分影响期内的教育、管理、关心、激励和帮扶等日常教育管理工作，查看帮扶责任人每月与受处分人开展谈心谈话的记录。

【盐都区红色研学实践教育基地】 年内，多次在大纵湖旅游度假区开展实地调研，邀请相关人员进行访谈，围绕抗战时期里下河地区斗争史和改革开放后大纵湖经济生态发展史，将红色教育资源、历史人文资源、生态环境资源充分整合，展现"湖荡精神"的历史由来，以及大纵湖广大干群传承和发扬"湖荡精神"，把大纵湖旅游度假区从偏僻落后的渔业小村落发展成为"两山"理念实践的样本。

【召开全区干部教育培训工作座谈会】 3月，召集乡镇和区直部门召开全区干部教育培训工作座谈会，各单位介绍各自教育培训工作特色做法，交流干部教育培训工作中存在的难点问题，在培训内容设计、培训形式、培训时间安排上对干部教育培训提出建议，整理汇总建设性的意见建议，完善形成干部教育培训工作年度方案，提高全区干部教育培训工作的整体水平和实际效果。

【重抓部门干部特色培训】 年内，针对各部门的工作特点和对专业人才的需求，加强对全区各镇（区、街道）、区直各部门干部培训工作的协调指导，采取“线上+线下”的培训模式，各镇（区、街道）、区直各部门条线开展业务技能培训，通过把培训的内容和对象扩展到各个层面，达到各行业人员整体素质的提高。

【完善综合考核体制机制】 年内，对区、区对下考核结果全面复盘，针对指标分析得失，对存在问题较多、指标成绩不理想的部门单位，通过发放提醒函的形式，进行督促改进。在承考单位开展调研，了解全区综合考核工作面上情况，理顺全区考核工作脉络。制定“4321”工作机制，即4项机制：对接汇报机制、指标预警机制、领导会办机制、定期督查机制；3类会议：考核办主任会议、弱项指标调度会、联络员会议；2张清单：责任清单、联络清单；1个月报。以制度约束工作、规范工作、提升工作。

【重新构建区内考核体系】 年内，按照“全面承接市考、突出党建引领、聚焦重点工作、分类精准考核”的原则，制定《2022年考核意见》及细则。将承担市考高质量发展指标的政府部门编入同一组，进行同组竞争；对不承担高质量发展的其他单位仍按单位性质、工作职能进行合理分组。将15个板块根据发展现状、承担职能不同，重新进行分组，实行指标设置及赋分权重差别化。在设置区内考核文件时，将党建考核设置A、B、C三个等级，并规定对应的评定规则和运用条件。聚焦招商引资和重点项目，对镇（区、街道）、区级机关单位分类设置“招商引资和项目推进”专项指标，赋予较大权重，设立激励性考核政策，切实将所有板块和部门单位聚焦到“争项目、创品牌”上，以综合考核助推全区经济发展。

【分解落实市考指标责任】 年内，对全年市考66项高质量考核指标、16项重点工作考评指标、30项党的建设指标、5项满意度评价以及书记抓基层党建工作述职评议、加减分项等考核内容，应分尽分，能拆尽拆，细化分解任务，明确责任单位。健全覆盖所有考核指标的联系网络，建立区分管领导、部门主要负责人、分管负责人、具体科室、具体负责人全参与的指标联络体系，确保沟通顺畅，随时了解每项指标的运行态势。

【做好市考工作推动督查】 年内，市考指标任务下达后，第一时间会同统计局、党建办分别做好高质量指标、党建指标的业务培训，并督促各责任单位研究指标内涵、计分方式、核心要素，确保对各项指标都真正学懂弄通。按照“月度跟踪、季度分析、半年评估、年底攻坚”的既定工作计划，做好指标的全过程推进、全流程监管。针对弱项指标及存在问题，结合半年评估反馈及省考指标反馈，通过“红黄绿”预警机制，发放提醒函、上门督办、提请区领导会办等形式，及时提醒、及时会办、及时解决。

【完成“综合考核结果运用”调研报告】 年内，创新考核指标设置，突出党建引领、项目为王，《“五聚焦五强化”助力综合考核结果精准运用》课题获省委考核办、省社科联精品项目三等奖，为全省县区唯一获奖课题。（童　智）

宣传教育

【概况】 2022年，全区宣传思想文化战线在迎接宣传贯彻中共二十大中高举思想旗帜，在统筹疫情防控和经济社会发展宣传引导中凝聚社会共识，在竞逐绿色低碳发展新赛道、加快建设“四个示范区”中勇担职责使命，宣传思想文化各项工作共获得市级以上奖项140多个，承办市级以上活动30多场次。

【深化理论学习】 年内，做好《习近平谈治国理政》第四卷、《习近平新时代中国特色社会主义思想学习纲要》（修订版）、中共二十大报告及辅导读本等学习宣传工作，举办中共二十大文件及学习辅导读物盐城首发式，开展中心组集中学习18次、交流研讨7次，区委理论学习中心组获评“全省县以上党委（党组）理论学习中心组示范点”。常态化办好“盐都大讲堂”，举办5期全区领导干部政治能力、专业能力“双提升”培训班，党员干部综合素养显著提升。创新举办“党员冬训网络直播课堂”，《我是冬训主讲人》宣讲微视频多次被“学习强国”平台采用，盐都区获评全省基层党员冬训示范区。

【开展理论宣讲】 年内，会同26个区直部门组建领导干部宣讲团、理论骨干宣讲团、文艺宣讲团、红领巾宣讲团等宣讲队伍，在企业、农村、机关、校园、社区、网站、新时代文明实践场所（站），集中宣讲中共二十大精神。开展“礼赞新时代，追梦复兴路”主题宣讲活动，区镇同步构建“打造1支特色理论宣讲队、培养10名理论宣讲骨干、组织100场理论宣讲活动”的全方位理论宣讲矩阵，党的创新理论深入人心。创新开展“中共二十大精神典型讲”视频直播、“宣传二十大　志愿伴我行”志愿服务系列活动等，把党的创新理论宣讲融入惠民服务、文化生活、情景体验等，扩大宣讲覆盖面、影响力，推动中共二十大精神家喻户晓、入脑入心。

【推进理论研究】 2月，开展“坚决扛起新征程新的光荣使命，奋力开创盐都现代化建设新局面”领导干部专题读书调研活动，在《盐阜大众报》理论周刊等用稿10余篇。精编理论学习口袋书《都读》，推出“全民阅读”“中共二十大精神”等学习特刊，营造全员学、随时学、随处学的浓厚氛围。印发《关于推动党史学习教育常态化长效化的实施意见》，结合盐都实际及地方特色，明确16项具体举措，切实推动党史学习教育成果转化为各项事业高质量发展的实际成效。

【强化主题宣传】 年内，聚焦迎接宣传贯彻中共二十大，精心组织开展“奋进新征程　建功新时代”大型主题采访活动，开设“盐都这十年”“践行二十大精神　一线书记话发展”等专题专栏40多个，开展“踔厉奋发争排头”主题新闻行动9

2月，“布谷鸟”理论宣讲　　宣传部　供

次，造浓了喜庆热烈、团结奋进的社会氛围。聚焦“四个示范区”建设、乡村振兴、文明城市创建、生态建设等重点工作，推出“勇当排头兵　一起向未来”“我的家乡我代言”“新城北　新未来”等系列报道，生动展示高质量发展的“盐都答卷”。

【加强对外宣传】　年内，推进与中央和省市媒体合作共建，开展对外宣传，在省级主流媒体用稿超2000篇，550次登上中央媒体，融媒产品点击量破百万的近20条，其中，《新闻联播》《人民日报》等多次点赞盐都湿地保护、现代农业、新业态带动夜经济等特色做法。中共二十大召开期间，央视综合频道黄金时间以《团结奋斗创伟业、万众一心向未来》为题报道盐都广大干群激情满怀奋进新征程。

【致力融合传播】　年内，推进“报台微端号”移动传播矩阵建设，在全省第三季度评估情况通报中，“盐都人”微信及视频号、微博、抖音号等影响力指数排名位列全省前列，盐都人App注册量超24万人，融媒产品点击量破百万的近20条。区融媒体中心新址全面投入使用，实现4K采编、4K制作、高清化播出，指挥中心系统实现“一体策划、一次采集、多种生成、全媒发布、全覆盖传播”的融媒体传播格局。

【加强理想信念教育】　9月，开展“强国复兴有我”红色文化研学暨盐都革命陈列馆、点亮城市地标、特色融媒行动等145项重点活动，举办市“铁军魂　盐城红”红色文化主题活动、区“赓续红色血脉　传承红色基因”红色故事宣讲大赛等，茆圆圆、沈玥分别获评市红色故事宣讲大赛“金牌讲解员”“金牌志愿讲解员”。拍摄《奋楫》等7部红色系列微电影，并在“学习强国”平台发布。“引导青少年厚植爱国情怀”的经验做法被省《宣传工作动态》推介。

【培树道德典型】　8月，高水平承办省道德模范巡回演讲、市第20个“公民道德宣传日”、市“四仪”教育示范观摩十岁成长仪式、市深化全国文明城市创建暨乡风文明建设工作现场会等活动，渎上·老西门志愿服务街区、仰徐道德银行、泾口村民家宴中心、晓庄孝老文化大院等一批文明实践示范点。突出道德主线、示范带动和典型引领，常态开展道德模范、身边好人、文明家庭推荐评选活动，获评“江苏好人”1人、“盐城好人”4人，省文明家庭1户、市文明家庭2户，省优秀志愿者1人、市优秀志愿者1人、市优秀志愿服务组织1个、市优秀志愿服务社区1个，省岗位学雷锋标兵1人。开展第二届新时代“最美盐都人”评选活动，“红色故事伴成长”百人百场红领巾宣讲获评省志交会金奖项目。

【开展系列创建活动】　年内，坚持全域全面全员全时推进全国文明城市创建，实施“1+12”重点整治项目，中央年度测评盐都点位零失分。提升建设区实践中心云平台，实现中心与所站的实时互动。建成郭猛、尚庄、楼王等5个示范所和23个示范站，郭猛镇创成市级示范所，旭日社区、泾口村创成市级示范站。新时代文明实践工作代表盐城市接受省文明办的测评考核，等次为“A”，省市委领导多次调研盐都新时代文明实践工作。创建申报市级文明村镇、文明单位101个。健全“1+8+N”志愿服务队伍体系，推出23个有鲜明标识的特色志愿服务队，全年共开展各类志愿服务活动1万余（次），近15万名志愿者积极参与。招募储备疫情防控志愿者1.5万人，近万名志愿者用行动照亮抗“疫”一线，“戴口罩·强防疫”文明劝导行动受群众好评，颁发疫情防控志愿服务证书近万份。

【促进全民阅读】　5月，举办第九届农民读书节、和悦读书“云讲座”、《草房子》喜马拉雅线上“悦”听等形式多样的全民阅读活动500多场次，承办市“学习贯彻二十大·书香盐城向未来”主题读书活动，“盐渎·言读”全民阅读活动获评市优秀阅读品牌，盐渎书城获评市优秀阅读空间，“老西门”读诗会获评市优秀阅读活动，乐华泽获评“全国乡村振兴十大阅读推广人”，华泽书社创成“长三角市民终身学习体验基地”，盐都通过江苏省书香城市建设测评。

【深化文旅融合】　10月，创成省级全域旅游示范区，叫响“在盐都，遇见美”城市品牌。仰徐村获评全国乡村旅游重点村，花吉村获评省乡村旅游重点村，草房子乐园入选省科普教育基地，大纵湖旅游度假区入选省红色旅游精品线路、省网红度假空间，龙冈桃花园景区入选江苏省国家AAAA级旅游景区创建名单，举办盐城首届露营节，渎上·老西门、“国潮星空夜市”等文化乐游项目被中央和省市主流媒体密集报道。推进文化产业发展，全年新增加入库规模以上文化企业18家，各项数据做到应报尽报、应统尽统。省文化和旅游厅党组书记、厅长杨志纯在盐都调研，实地参观省级示范小剧场“登瀛老茶馆”，对盐都小剧场传承非物质文化遗产，丰富群众精神文化生活的运营质态给予肯定。

【推进文化惠民】 8月，新创大型淮剧《宋公堤》等文艺作品18部，盐阜说唱《荡里小伙在成长》获省文艺大奖。音乐剧《白兰花》等3个作品获省“五星工程奖”，曲艺《卖鱼曲》等2个作品获省“五星工程奖”网络最佳人气作品，获奖总数全市第一。曲艺剧《盐阜往事》入选省基层文艺院团优秀剧目展演，获评省紫金文化艺术节最高奖优秀剧目奖，淮剧《宋公堤》演出23场次并晋京献礼中共二十大。将传统文化、志愿服务、文明旅游、诚信经营等文明元素有机融合，建成公益性小剧场13个，渎上·老西门登瀛老茶馆获评第二批江苏省示范小剧场，淮剧《老荆树下》入选小剧场精品剧目。开展“我们的中国梦”——文化进万家等主题活动20多场，送戏下乡400余场，新建2家乡镇影院，放映农村公益电影3000场次，群众文化幸福感提升。

（陈丽云）

8月，《白兰花》获第十五届江苏省“五星工程奖” 宣传部 供

统战工作

【概况】 2022年，区委统战部学习贯彻中共二十大精神和《统一战线工作条例》，全面落实中央和省市关于统战工作的决策部署，开拓创新、踔厉奋发，各项工作持续保持奋进态势，获得全市统战系统考核第一等次第一名。2022年共创成国家级品牌1个，省级品牌和特色亮点工作12个；承办市级及以上活动14场次；接待各级领导调研、考察23人（次）。

【共同思想基础实现新融合】 年内，把学习宣传贯彻中共二十大会议精神作为重大政治任务。精心谋划和组织全区统一战线学习宣传贯彻中共二十大精神“入心学行”主题活动，组织统战系统全体工作人员、各镇（区、街道）统战委员进行中共二十大精神应知应会知识测试；组织各镇（区、街道）统战委员，各党派团体负责人、骨干成员撰写中共二十大精神学习心得，并在“盐都统战”微信公众号“学习二十大·学思践悟”专栏发表。开展集中收看中共二十大开幕式、中共二十大精神交流座谈会等活动近10场次。面向党外知识分子、党派成员、侨界代表人士、民族宗教界代表人士开展专题宣讲11场，以强大的主流思想舆论凝聚人心、汇聚力量。

【党外干部队伍建设迈上新台阶】 11月，实施“同心英才”计划，及时更新80、90后党外后备干部人才库，截至年底在库39人。全年共提拔党外干部7人，全区党外科级干部26人（其中，正科7人，副科19人），股级干部90人。加强民主党派领导班子建设，开展全区各民主党派队伍建设提升工作，指导民建、民进完成换届并升格为基层委；指导民盟、农工党、致公党、九三学社进行届中调整，增补90后、副科级领导干部进领导班子。

【民营经济“两个健康”培育新动能】 年内，牵头对204家“四上”民营企业开展精准服务。以全区204家“四上”民营企业作为样本，从企业基本情况、经营状况、研发投资、企业用工等方面进行详细调查，并帮助解决318个困难和问题。在盐都电视台和盐都人公众号上，开辟“创·闯”先锋 工匠风华专栏，共计宣传报道12期36名青年企业家典型。牵头实施异地商会“千名企业家计划”。异地商会全面布局、全面开花，2022年建成南京、宁波、重庆商会，上海商会顺利完成班子交接，盐都企业家千人计划已初具规模。牵头组织“万家灯火”陪伴式帮扶活动。从2月份开始，对全区670名孤儿、困境残疾儿童、困境低保老人等“一老一小”实行陪伴式结对帮扶。10月29日，举办“万家灯火”爱心接力仪式，全年企业家与结对对象互动3200多次，捐资捐物折合人民币500多万元。

【统战工作迎来新发展】 年内，完成区知联会换届工作，保留副会长1名，新增副会长3名。疫情期间，组建“都同心”党外青年抗疫志愿服务队，组织18名党外年轻干部下沉到街道开展志愿服务。支持党外知识分子开展调查研究，全年提出意见建议30多条，形成高质量调研报告4篇。区新联会组织开展“学习二十大 同心跟党走”主题活动，举办苏新暖冬行动、少年急救官等系列活动，组建“一起益企”服务团，开展16场次惠企服务，帮助解决196个发展难题。建立网络人士数据库，成立区新联会“网红”直播基地专委会，升级打造“盐之有物”、人才产业园新阶层实践创新基地。

【侨务工作开辟新阵地】 年内，举办侨法宣传月、“‘侨’相聚 共团圆”座谈会，在澳大利亚《大洋时报》上推出“在盐都·遇见美”区域宣传专版。举办“奋进在盐都”港台企业家沙龙活动，帮助解决困难和问题32个。区欧美同学会荣获全省奋进新时代多语种朗诵比赛二等奖，为全市唯一。打造“心满阳光 扬帆成长”关爱青少年心理健康特色服务品牌。

（曾 慧）

机构编制管理

【概况】 2022年，在区委、区委编委的坚强领导下，在市委编办的关心指导下，盐都区机构编制工作坚持以习近平新时代中国特色社会主义思想为指导，聚焦主责主业，服务中心大局，锐意进取、攻坚克难，各项工作取得成效。

【基层“三整合”改革】 年内，联合印发社会治理局、职能运行与公共服务能力建设的专项文件，进一步加强基层治理平台建设，破解体制机制障碍、优化机构职能配置、充实基层服务力量；在14个镇（区、街道）统一设置6个单设职务，进一步为基层工作者明责、赋能、提效；以建成区、镇两级权力事项清单库为契机，联合司法和审批部门对赋权基层事项执行情况进行专项督查，形成总体评估意见，确保权力“放得下、接得住、管得好、有监督”。

【综合行政执法体制改革】 年内，原安全生产监察大队更名为区应急管理综合行政执法大队，以应急管理局名义统一执法，实行“局队合一”体制；以盐龙街道、龙冈镇、大冈镇、大纵湖镇为中心，推行“1+4”区块派驻执法模式，织密全区应急执法网；全面梳理、甄别全区执法队伍，建立全区行政执法队伍统计库，对盐都区市场、农业、城管、应急等8支执法队伍及203名事业编制实行锁定管理。

【深化事业单位改革】 年内，确定市场监管、交通运输为首批事业单位改革试点，为改革全面推开探索有效路径；按照“积极稳妥、试点先行”原则，成立改革工作专班，印发《事业单位改革试点实施方案（模板）》，确保改革方向不偏离；调研摸排试点单位人员编制、职能履行等情况，确保改革动作不走样；《盐都区深化事业单位改革试点方案》通过市委编办审核备案，通过资源整合、优化配置，两家单位的事业机构数从15家减少至6家，精简比例60%；事业编制数从146名减少至117名，精简比例20%。

【保障经济社会发展】 年内，进一步厘清区发改委涉粮机构职责，协调配齐2名行政专职监管人员，实现涉粮职能配置、科室设立、人员配备“三个到位”，为夯实粮食安全根基提供机构编制保障；撤销盐都区市场监督管理局尚庄分局、学富分局，重新组建盐都区市场监督管理局高新区分局，新设盐渎分局、潘黄分局作为盐都区市场监督管理局的派出机构。策应市名校优生“汇盐行动”，响应区人才引领驱动战略，为高层次人才引进提供体制机制保障。全年，引进名校优生117名，同比增长125%。将单设的综合行政执法局改在安全生产监督管理局挂牌，新设的组织人事部承担党建、组织、考核职能，为高新区搭建起“一办七局一部”的“四梁八柱”。为充分保证高新区创新发展的核心功能，核增8名行政编制，调入17名专业人员，进一步充实人才队伍。为破除政府部门在时代发展过程中遇到的体制机制不顺、机构运行不畅、部门职能弱化等难题，深度剖析区城工办、供销社等后计划经济时代设立机构，形成调研报告，提出优化方案。

【保障重点民生领域建设】 年内，推进中小学校党组织领导的校长负责制改革，在市二小、区实验初中等5所试点学校，拟核2名党委书记，3名党支部专职副书记；出台“区管校聘”改革实施意见，实现教师由“学校人”向“系统人”转变；规范义务教育编制管理，19名义务教育阶段公办学校在编教职工有序退出民办教育学校；打造“15分钟就学圈”，成立科创城、吴抬路、智创6所中小学，新增公办学位8790个；切实保障卫生健康领域人才需求，下达年度用编计划180名，并在疾控、卫生监督、中医院3家科级机构增设安全生产监督管理科；统筹全区空编岗位，力保应往届大学生就业，本年度，公务员招录70人、事业单位公开招聘人员59人、卫健系统招聘87人、教育系统招聘110人和安置军转、退役军人若干人。

【强化机构编制刚性约束】 年内，对全区机关事业单位的机构编制及人员有关事项进行大起底大排查，对接纪检监察、组织、财政、人社等部门进行比对核实。

9月，区应急管理综合行政执法大队揭牌仪式　　编办 供

针对清理出的问题，建立起机构编制违规问题台账，形成一套问题反馈、实地调研、专项督导、挂牌督办、跟踪问效层层递进的闭环整改模式。出台《盐城市盐都区事业单位信用等级评价办法（试行）》，构建事业单位信用评价体系，实现传统监管向信用监管转变，该创新举措受到区级通报表扬、列为市级信用实践案例、并被国家登记局和省委编办网站采用。围绕"1+N"机构编制党内法规学习宣传，多点投放《中国共产党机构编制工作条例》宣传视频，巧用盐都IP小精灵"都都"宣传《机构编制违规违纪违法行为处理和问责规则（试行）》，原创漫画问答解读《机构编制监督检查工作办法》，多形式多层级多渠道地宣传。制定请示报告标准化模板，压实部门党组（党委）主体责任，确保动议规范合理；首次将机构编制批复落实情况纳入考核，确保批复的机构编制事项落地落实；与纪检监察、组织、检察等多部门建立协作配合、联动管理机制，在专项巡察、干部监督、职能厘清等方面发挥作用。

【优化机构编制资源配置】 年内，向市争取中小学编制"周转池"名额30个。创新开展职能运行监管，以教育系统的成人校、教师发展中心和机关事务服务中心、开放大学等政府直属单位为突破口，把握职能履行情况，鉴别工作饱和度，为下一步科学配置机构编制资源提供依据。推动25%的新核编制和人员力量流向镇街，干部队伍结构得到优化。

（王慧敏　华映嘉）

巡察工作

【概况】 2022年，先后组织开展2轮常规巡察、1轮对村（社区）巡察，共巡察10家单位党组织和17个村（社区）党组织。同时，按照市委统一部署，对区法院、区检察院和亭湖公安分局开展市县联动巡察。

【实现村（社区）巡察全覆盖】 年内，坚持不赶进度、务求实效，有序推进村（社区）巡察，顺利实现中共二十大前对全区250个村（社区）党组织巡察全覆盖，有力打通了全面从严治党"最后一公里"。2022年1月，对盐龙街道、尚庄镇、台创园、大纵湖镇、郭猛镇所辖的17个村（社区）进行巡察，共发现各类突出问题249个，移交问题线索13件，监督立行立改问题9个。

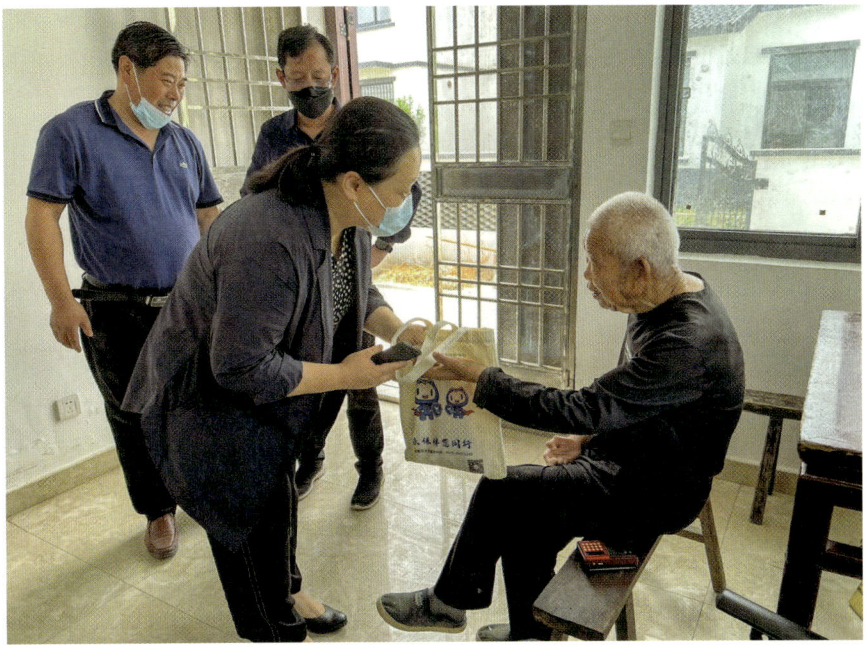

6月，巡察组下乡走访五保老人　　巡察办　供

【开展两轮常规巡察】 4月和8月，启动两轮常规巡察，分别对区教育局、区机关事务服务中心、区交运局、区住建局、区民政局5家单位党组织和区国控集团、盐西公司、盛州集团、湖区公司、盐龙湖公司5家国有投融资平台进行巡察；同时，按照市委统一部署，对区法院、区检察院和亭湖公安分局开展市县联动巡察。巡察期间，共发现各类突出问题379个，移交问题线索16件，监督立行立改问题11个，发放巡察监督建议书1份，清收挽回损失2910.54万元。

【深化巡察监督与其他监督贯通融合】 年内，建立和完善巡察机构与区统计局、区审计局之间的协调协作机制，研究出台《关于建立区委巡察机构与区统计局协调协作机制的意见（试行）》《关于巡察监督与审计监督同步推进的实施办法（试行）》等相关制度。坚持监督对象共同研商、监督过程同向发力、监督成果同享共用"三同"实现巡察监督与审计监督同频共振。加强与纪检监察机关协作配合，建立和完善问题线索会商研判工作机制，积极推动巡中成案、立查立处，形成"四项监督"合力。

【推动巡察整改监督落地落实】 年内，贯彻落实中共中央、省委关于加强巡视整改和成果运用的有关文件精神，明确被巡察党组织整改主体责任和纪检监察机关、组织部门整改监督责任，强化有关职能部门对巡察成果的运用。发挥巡察机构统筹督促责任，建立对被巡察党组织新任主要负责人巡察整改工作提醒机制，对新任职主要负责人发送整改工作提醒函。健全巡察与其他监督的协作机制，增强巡察整改监督合力，构建整改监督闭环，做深做实"后半篇文章"。

【打造盐都巡察品牌】 年内，总结工作经验做法、结合巡察案例故事，开展巡察对外宣传工作，提升盐都巡察的影响力和美誉度，形成50余篇工作信息、宣传报道，其中《坚守政治巡察定位　推动巡察监督精准化》《紧盯群众身边事　对村巡察暖人心》、视频小故事《群众工作札记：追回迟迟未缴的水塘租金》等被中纪委网站刊用，《巡察组收到的一份特殊心意》《撑好"安薪伞"，让农民工兄弟不在"忧薪"》《盐都区委联动巡察组：开展"六个一"活动 提升巡察实效》《盐都区委联动巡察组：巡察人+检察人"+"出好质效》等先后被省纪委网站、新华网、交汇点、《党的生活》等推介和转发。

（纪晶晶）

农村工作

【概况】 2022年，实现农村居民人均可支配收入30387元，增长6.5%，增幅连续10年高于城镇居民收入，城乡居民收入差距继续缩小。入选全国首批乡村振兴示范县创建名单，创成中国天然氧吧，乡村振兴实绩考核连续三年获全省第一等次，自然资源节约集约利用获省政府督查激励。

【村级经济稳健发展】 年内，坚持产业强村、"三资"强村、项目强村"三策并举"，通过土地规模流转、发展"一村一品"、兴办集体农场、村企合作联建等路径，新编排实施增收项目2614个。实现村级经营性收入2.32亿元、各村平均经营性收入94.48万元，所有村（社区）经营性收入均达32万元以上。

【农村改革加快突破】 年内，出台《盐都区集体经营性建设用地入市收益分配使用管理办法》，新挂牌6个地块、21公顷，累计成交18宗、62.58公顷。全省首家试点开通农村集体资产智慧监管服务平台，全省首创村级服务采购全闭环管理模式，"三资管理"新路径入选省全面深化改革典型案例。

【重大项目提速增效】 年内，推进47个列省、市农业农村重大项目，涛生药业、粮食科技产业园等亿元项目投产达效，粮食科技产业园入选全省农业农村重大项目典型，嘉士伯啤酒接受市高质量发展项目观摩。

【人居环境稳步提升】 年内，印发《更高水平推进农村人居环境整治提升三年行动的实施意见（2022—2024年）》，完成农村户厕"过筛式"摸排，累计改厕4535户。纳入省政府民生实事的大冈佳富538户、尚庄民胜360户整村推进户厕改造项目全部实施到位。新创建"美丽庭院"示范户1100户，建成农村生态河道78.16千米，新增"双60"治理标准的行政村46个，农村生活污水行政村治理率达30%。推进农村生活垃圾分类，楼王镇通过省级试点镇评估，农村生活垃圾无害化处理率达100%。郭猛等"一镇四村"创成省级生态宜居美丽乡村示范镇村。

【推进乡村治理】 年内，试点实施乡村治理"积分制"行动，通过"积分超市+物资兑换"，激发村民参与乡村治理热情。规范村级自治议事程序，全面推行"四议四公开一监督"工作法，强化清单制等推广应用，小微权力清单典型经验获全省推广，创成省现代社区治理创新实验区，楼王镇花季园村获评全国民主法治示范村。

【开展禁种铲毒工作】 3月，为推进新时代禁毒人民战争，助推全国禁毒示范城市创建，组织开展禁种铲毒工作，守住非法种植毒品原植物"零种植""零产量"成果。通过户外媒介展示、宣传图册发放、展板集中宣传等传统手段和微信、微博等新型媒介，强化宣传非法种植毒品原植物的危害。强化局属场圃禁种铲毒工作，逐户发放告知书，推行精准化、"靶向式"的教育宣传模式。加大毒品原植物种子的管理力度，综合行政执法检查工作，开展对全区农药经营单位、种子门店进行排查检查，签订禁种铲毒承诺书。发挥网格员、禁毒社工"铁脚板"作用，成立禁种铲毒工作队，开展多轮次、地毯式踏查，确保不漏一户、一地。

（杨 伟）

9月，郭猛镇高标准农田项目 农业农村局 供

对台事务

【概况】 2022年，在区委、区政府的领导和市台办的指导下，认真学习贯彻中共二十大精神、习近平新时代中国特色社会主义思想，探索新形势下对台工作的新思路和新举措，围绕"奋力谱写'强富美高'新盐都现代化建设新篇章"目标，对台各项工作取得一定成绩。

【对台经贸工作】 年内，全区对台经济工作围绕中共中央、省市区委的部署要求，围绕打造"沿海台资集聚新高地"的目标，抢抓长三角一体化的机遇，依托盐城高新区和盐都台湾农民创业园2个国家级平台，通过线上线下、驻点拜访、委托招商、集中推介等方式方法，加大对台项目招引力度，取得一定成绩。

【对台招商成效明显】 年内，签约智能机器人项目。项目总投资2亿元，计划2023年3月开工。项目投产后，年可实现开票销售额2.5亿元，税收750万元。欣日兴电子产品项目。该项目为台湾上市公司全资子公司准备计划中，生产电脑零组件、弹簧件、冲制件等，笔电、液晶显示器、通讯类转轴头部企业。7月，对接高新区驻苏州招商局跟踪孚因流体动力设备项目。拟投资1.5亿元，至上海对接洽谈。阀门电动设备研发制造，广泛应用于石油、天然气、电力、水利、船舶等行业，主要供应中石化、中海油、国家电网、中船等头部企业。金鼎联合科技纤维项目。项目拟落户龙冈工业园区，投资2000万美元，其产品主要功能有电磁防护、抗静电、导电、耐高温等，广泛应用于汽车玻璃、印刷电路板、太阳能板等产业。

【对台交流交往工作】 10月27日，中国台湾地区前行政机构负责人郝柏村（尚庄镇人）先生孙女郝汉祥女士一行在盐都考察交流，进行祭拜祖先、观光旅游和商务考察，并为区介绍台湾籍科技、经贸、教育、人文等方面的人士赴盐都考察交流。接轨上海，7月21—23日，上海市黄浦区台协会徐国愚一行6人参访交流，对盐都区的自然环境、人文资源、经济发展表示肯定。加强与闵行区台办、台协和台企的联系，先后多次组织闵行台企考察参访，开展交流联谊活动。7月3日至8月3日，台湾大学生一行3人在市第三人民医院进行为期1个月的实习培训，在盐期间组织参加“相约鹤乡·筑梦盐城”——2022台湾大学生盐城实习就业特训营；11月2日，台湾中华青年联合会副理事长李东宪一行6人，对盐城高新区的半导体产业进行考察调研。

【对台宣传调研工作】 年内，加大惠台政策宣传力度。对国家“31条”、省“76条”、市“50条”和农林“22条”等惠台政策进行宣传，并将相关材料编印成册，发至在盐都的台商和台企。

【加大涉台信息报送力度】 年内，根据省、市要求，重点抓对台信息报送工作，年初制定对台信息报送工作计划、工作重点和目标任务，明确专人负责。年内计向上级单位和网站报送各类信息、调研文章30余篇。

【开展涉台调研】 年初，根据省市台办要求，将台创园提档升级作为重点调研课题，通过座谈调研、考察学习等方式，撰写《关于涉台农业园区提档升级的思考与对策——以盐都台创园发展看涉台农业园区的不足与方向》送省台办参加调研成果评选。

【对台服务工作】 年内，江苏进典控制阀有限公司员工从上海返盐，台商吕民政请求帮助协调，台办多次与区防控办沟通咨询相关防疫政策，并与秦南镇政府对接，协助做好集中隔离和居家健康监测。

【开展特色活动】 6月，举行“奋进在盐都”——台港企业家沙龙活动，邀请盐都区10多家中国台湾、香港地区企业负责人参加，区委常委、统战部部长张素东出席活动。

【组织法律巡回演讲】 年内，在服务台资企业的过程中，台办针对台资企业的纠纷情况，聘请上海熊兆罡（盐城）律师事务所专业律师为常年法律顾问，为广大台企、台商提供专业咨询和帮助。5月、10月，与顾问律师走访江苏进典控制阀有限公司、盐城九和通商汽车服务有限公司、江苏聚能橡塑科技有限公司、江苏复海汉志等台企，向台商进行法律知识宣传，并针对台企提出的签订商业合同、追讨货款、办理工伤保险和商业保险等方面的问题，进行解答。通过“以案说法”的形式向台企台商宣传法律知识，引导台企加强对法律法规的学习研究，强化法律风险防范意识，依法办事，依规管理，实现企业经营生产平稳、规范、有序。

（许金山　王　玉　许　燕）

机关党建

【落实抓党建工作责任】 年内，召开区委党建工作领导小组会议，研究部署2022年全区党建工作任务，印发《区委党建工作领导小组工作要点》。组织党建领导小组成员单位先后多次研究、修改对下党建考核指标及细则，围绕市对区考核细则，征集并督促32家党（工）委有序推进书记抓党建创新重点项目，强化党组织书记抓党建主业主责意识。

【打造“两新”党建示范阵地】 年内，围绕“引领新业态，引导年轻人”目标定位，打造盐城“网红”直播基地党建阵地示范点，形成由面到点、线上线下的宣传，改变传统的销售模式，先后接待省、市委组织部领导指导和市内外组织部门学习30余次。推进市级层面电商快递物流产业党群服务中心建设，从走进园区、基层治理、行业党委、服务窗口等方面展示。提升盐渎街道汽车服务大厦阵地功能，谋划思考潘黄街道渎上·老西门商圈党建阵地打造。

（童　智）

老干部工作

【概况】 2022年，全区老干部工作在区委、区政府的领导和市委老干部局的指导下，落实全国老干部工作“双先”表彰大会和上级老干部工作部门有关会议精神，统筹疫情和老干部工作。全区全年共有离休干部68人。以老干部原工作单位隶属关系划分，属行政机关的31人，属事业单位的13人，属企业单位的24人。以老干部参加革命工作时期划分，抗日战争时期的13人，解放战争时期的55人。享受副省长级标准报销医疗费待遇的1人，享受厅局级医疗、乘车待遇的2人，享受副司局级医疗待遇的10人，享受县（处）级政治、生活待遇的24人，享受一般待遇的31人。平均年龄达93岁，最高101岁，最低86岁。

【开展“党建质量提升行动”】 年内，推进离退休干部党的建设融入党建工作大局。认真学习贯彻落实中办印发的《关于加强新时代离退休干部党的建设工作的意见》（以下简称《意见》），坚持以《意见》为根本遵循，推进“六有一提升”工程，推动离退休干部党组织全面进步、整体提升。中办《意见》印发后，召开老干部工作者专题会议进行传达学习。各基

2月，组织四套班子老干部调研考察　　老干部局　供

层老干部党组织把学习贯彻落实《意见》精神作为离退休干部党建工作的重要内容，采取集中宣讲、专题辅导、支部学习、座谈讨论、送学上门等多种形式，组织广大离退休干部全面系统地学习。部署开展“迎接二十大，学习二十大，争当银发先锋”主题党日活动，通过“银发讲堂”“支部书记讲党课”“党课大家讲”“微党课展播”等形式，引导老同志在学思践悟中捍卫“两个确立”，做到“两个维护”。巩固和深化“六有一提升”达标创优成果，大纵湖镇老干部党支部、楼王镇老干部党支部被市委老干部局评为第三批市级示范党支部。

【建制性党组织建设】 7月，指导区农业农村局离退休干部党员之家和“躬休乐园”杨长春志愿者工作室等基层单位创建申报盐城市老干部示范阵地。9月，研究下发《关于开展“六好”离退休干部党支部创建工作的通知》部署创建工作。加强建制性党组织建设，引导全区离退休干部党组织在组织设置、班子建设、教育管理上创新创优，贯彻落实市局《关于进一步规范全市离退休干部党支部“统一活动日”制度的实施意见》，规范提高离退休干部党组织生活质量。以提升组织力为重点，围绕党的组织覆盖和工作覆盖“两大任务”，按照“一方隶属，多方管理”原则，规范离退休干部党组织设置。

【推进“辉耀盐都·银龄行动”】 年内，推进老同志发挥作用融入现代化建设新征程。高标准推进老年人才聚合，落实《江苏省老干部志愿服务促进办法（试行）》，扩大范围选聘专家、能人，建立动态专家库。8月，组织上报全省第二届“最美老干部志愿者、最美老干部志愿服务团队、最佳老干部志愿服务项目”候选对象。加强特色团队创建，镇（区、街道）培树有一定影响力和地域特色的志愿服务团队。

【突出党建引领】 年内，推行“党支部+社团协会”“党支部+志愿团队”的做法，在3个志愿服务团队建立非建制性党支部，健全“党建+作用发挥”工作机制，提高志愿服务组织化程度。发挥平台融合，紧扣中心大局，为老同志发挥作用搭建平台载体。在全区离退休干部中开展“奋进新时代，开启新征程，喜迎二十大”主题实践活动，组织“建言二十大”“我看中国特色社会主义新时代”考察调研活动。10月上旬，组织区四套班子老领导前往东台市学习考察弶港镇巴斗村、三仓镇现代农业示范园、东台条子泥湿地、黄海森林公园等特色项目。

【开展“强国复兴有我”群众性主题宣传教育】 年内，开展“辉耀盐都·银龄行动”，鼓励支持老同志在助力党的建设、乡村振兴、基层治理、科技创新、培育时代新人等方面献智出力。区委离退休干部工委、区退协联合举办以“凝聚银发力量　助推乡村振兴”为主题的考察调研，组织基层离退休干部党组织书记、退协理事长及部分老科技专家参观考察秦南镇径口村新农村建设和蟒蛇河生态廊道，建言乡村振兴。广泛利用各种宣传媒介，放大“正能量之星”品牌效应，宣传“正能量之星”先进事迹，引领广大老干部、老专家“比学赶超”发挥作用，在潘黄街道建成合兴花苑老干部志愿工作室和新民村五老乡村振兴志愿工作室。

【开展精准服务提质行动】 年内，推进离退休干部服务管理融入老年事业发展。研究谋划惠老、助老、敬老、爱老的新思想新举措，提升老干部服务管理质效。提升离休干部精准化服务水平，持续推进以“三有一落实”为重点的离休干部医疗保健工作，完善家庭医生签约制度，建立服务档案。坚持常态化走访慰问制度，及时解决离休老干部的关切。9月，重阳节组织慰问住院离休干部和区四套班子老干部。提升退休干部社会化服务水平，发挥“单位尽责、家庭尽孝、社区尽力、社会尽心、老干部工作部门尽职”的“五方联动”服务机制，融入社会养老服务体系建设，让老干部在社会化养老服务中“先行一步”。

【学习活动阵地示范化建设】 年内，提升学习活动阵地示范化建设水平。新建4000多平方米的区老年大学，并成立盐都区老年大学校务委员会，由区委常委、组织部部长周达虎担任主任，加大对全区老年教育工作和老年大学的领导力度。

【重抓“信息化建设升级行动”】 年内，推进老干部工作高质量发展融入信息化时代。按照中组部“一化带两化促三性”

总体思路，加大老干部工作信息化建设力度。建强信息化网络平台，完善信息化建设服务平台，提升全省离退休干部服务管理系统动态完善和应用工作。引导更多的老同志订阅、关注"离退休干部""江苏老干部""盐城老干部"微信公众号，组织收听收看老干部网上公开课，并开展交流讨论，深化学习成果。加强信息宣传报道工作，鼓励引导老干部向上级老干部网站、公众号、刊物报送老干部工作信息。全年在上级老干部网站（公众号）、新闻媒体推介、宣传全区老干部工作信息宣传稿87篇。

【助跨信息化数字鸿沟】 年内，利用多种形式，加大智能手机、智能技术的培训力度，帮助更多老干部迈过"数字鸿沟"；加强老干部"健康码"读取、扫码点餐、在线挂号、网购车票、网约车出行等专项辅导和宣传普及。区老年大学开设智能应用课程，潘黄、龙冈等镇、街道组织老干部智能手机应用集中培训班。丰富信息化教育业态。贯彻中共中央、国务院《关于加强新时代老龄工作的意见》，多路径扩大老年教育供给，镇（区、街道）利用老干部活动中心、成人校等相关活动阵地开办老年教育课堂或临时性办学点。区老年大学聘请学有专长的老干部、老专家到老年教育课堂中担任讲师；开设适合老年人特点的培训课程，向老年学员推送国家老年大学、江苏老年大学优秀课程视频，发展线上学习、互动交流等数字教育新业态。（杨友鸿）

·退休干部协会·

【概况】 2022年，区退协坚持以习近平新时代中国特色社会主义思想为指导，以加强退休干部思想政治工作为主线，以"银发生辉勇担当、发挥余热建新功"为主题，以强化阵地建设和开展特色活动为抓手，退休干部精神生活更加丰富，发挥主体作用，为"强富美高"新盐都建设和全区疫情防控做出贡献，退协工作有新进展。

【持之以恒强化学习】 年内，全区退协组织建立固定学习日制度，采取专题授课与心得交流相结合，定期辅导与个人自学相结合、集中学习与送学上门相结合、网上学习与印发资料相结合，使日常学习活动成为广大退休干部的内在要求。利用网上"学习强国"资源，重点学习习近平总书记系列重要讲话和中共二十大精神、学习国家法律法规、学习党史和其他知识。印发书面资料进行辅导，通过开展各种形式的学习活动，增强"四个意识"、做到"两个维护"。

【发挥优势争做"十大员"】 年内，倡导全区退休干部争做"党的政策宣传员、高质量发展推进员、社情民意传递员、邻里纠纷调解员、校外教育辅导员、社会治安维护员、生态环境保护员、移风易俗倡导员、乡村振兴参与员、弱势群体关爱员"的"十大员"，为盐都区高质量发展贡献余热。年内，结合评选优秀"十大员"组织开展"不忘初心献余热，续写忠诚做贡献""'两在两同'建新功，银发生辉再出发""聚焦乡村振兴，为发展献一策""'疫'战到底，'银'在行动——积极投身疫情防控志愿服务"等系列活动。

【法制教育进校园】 年内，退休干部进校园、到社区，做好普法工作。由退休老干部组成的盐都区"夕阳红"法治宣传队，坚持"送法进校园，丹心护花蕾"工作品牌，在加强传统法制宣传教育的同时，注重加强法治文化建设，教育引导青少年远离黄、赌、毒，弘扬传播法治精神。

【传递温暖奉献爱心】 1月28日，区直机关退协部分干部自筹资金在县前社区举办"童心向党，爱心帮扶助成长"主题活动，向10位需要帮助的学生发放慰问金、赠送书包、文具盒等学习用品和《中国共产党简史》。9月17日，部分退休女干部自筹资金到秦南小学开展"金秋助学"主题活动，为10多名贫困学生发放助学金，赠送书包等学习用品。

【农业科技送到田头】 年内，由农业农村、学富等分会退休干部组成的"不老松"等多个农业科技志愿服务团，开展"送科技下乡"活动，被农民朋友称为"农业科技保姆"。常态化开展"银发生辉，助农兴农"主题活动，为农民朋友解决农业科技难题，深入农户、深入田头，讲给农民听，做给农民看，指导农民干，帮助农民富。2月17日，楼王镇老科技服务队在作为上海市市外蔬菜供应基地的"得珍农场"果蔬大棚，指导大棚内无土栽培白玉兰草莓方法，就栽培技术要领与棚区技术员进行面对面交流。

【文化生活丰富多彩】 年内，开展"太极表演、垂钓比赛、扑克牌"掼蛋"、摄影展览、文化艺术节、观摩考察"等系列文体活动。农业农村等分会利用举办老干部体育运动会和文化艺术节活动，为老同志展示各种才艺提供舞台。3月，组织部分老同志观摩"大丰荷兰花海、大洋湾生态旅游景区"等大市区内重要景点和本区"大纵湖旅游湿地，蟒蛇河风景带"等主要景观，以及"冈中花吉、秦南径口"等美丽乡村建设典型。

【召开老干部党建工作座谈会】 6月25日，区委老干部局、区退休干部协会召开加强老干部党建工作座谈会，各退协分会理事长、老干部党支部书记出席。会上，学习中办印发的《关于加强新时代离退休干部党的建设工作的意见》精神，区退协理事长孙万青作题为《强化党的建设，为夺取盐都区疫情防控和经济社会高质量发展双胜利做出新的贡献》辅导报告，5名老干部分别从不同的角度交流学习体会。区委离退休干部工委书记邓华主持会议。

【开展主题教育活动】 7月，盐都区直机关退协分会、老新闻工作者协会盐都分会为庆祝"七一"党的生日，举办"银发焕新彩，红心永向党"主题教育活动，进行"三比""三看"，即：比学习，看党性；比作为，看作为；比活动，看成效。活动学习《人民日报》"七一"社论：《坚定历史自信　保持历史主动　续写历史新篇》，以及中办印发的《关于加强新时代离退休干部党的建设工作的意见》，认识新时代加强离退休老干部党的建设工作重要性。

【用心用情做好服务】 年内，完善走访慰问、定期体检、报刊征订、驻外流动人员学习活动等一系列制度，服务工作更加高效，服务质量更加提高；老干部工作活动方案在年初上报，老干部活动计划纳入本单位年度整体工作之中。提升老干部支部党建“六有一提升”创优工作。

【银发助力同心抗“疫”】 年内，全区退休干部按照区委防疫工作要求，参与所在社区核酸检测、走访排查、心理疏导、困难帮扶等各项志愿服务活动，在疫情防控中彰显盐都区退休干部“银发”风采，为全区疫情防控实现动态清零目标做出贡献。4月10日，区退协理事长孙万青和区直机关部分退休干部在宁靖盐高速盐城西出口，代表全区退休干部看望防疫一线工作者，盐都电视台和《盐城晚报》进行报道。

【召开区退协换届会议】 11月30日，召开盐都区退休干部第六次代表会议。盐都区退休干部协会第五次代表会议于2015年4月选举产生新一届理事会，根据协会章程要求，任期5年，应于2020年4月期满换届，由于突发新冠疫情影响，未能按期换届。根据区委组织部统一安排，区退协换届会议顺延至11月。会议按照协会章程规定，选举产生新一届理事会，选举孙万青为新一届退协理事长，选举陆海桐、陈荣豹、徐寿洪为副理事长。

（陆海桐）

档案管理

【概况】 2022年，区档案馆坚持以习近平新时代中国特色社会主义思想为指导，认真贯彻落实习近平总书记关于档案工作的批示精神，突出“档案姓党”政治属性，以“政治机关、服务机关、文明机关”建设为抓手，推动档案工作干在实处走在前列，推进档案基础业务和档案资源开发利用工作，取得一定成效。

【通过规范馆测评】 年内，根据省档案馆关于综合档案馆业务建设评价工作通知，对照《江苏省市县国家综合档案馆业务建设评价标准》中的70个指标，制定《盐都区档案馆业务建设评价任务分解表》，逐项列出清单，明确责任科室，提出完成时限与工作要求，组织全馆人员对标找差、落实任务，定期召开会议听取各科室工作推进情况，扎实做好各项迎评准备，7月通过规范馆测评。

【档案基础业务】 年内，修订《盐都区档案馆收集档案范围实施细则》，按计划接收文书档案679件，照片档案10415张，音频档案4407分钟，实物档案288件，出生证明档案8238件，扶贫档案4926件；6月，举办全区专兼职档案人员培训班，全区80多名专兼职档案人员参加理论和业务技能培训；9—10月，区档案局和区档案馆联合组成检查组，从文件材料归档、基础设施建设、开发利用等方面，按照听取汇报、实地查看、互检观摩、综合评议的程序，对全区2021年度机关单位档案工作进行年检，并进行通报表彰。

11月，查档大厅接待查档群众　　档案馆　供

【档案保护利用】 年内，组织人员对馆藏档案进行普查，掌握馆藏档案实际情况，完善相关台账。对馆藏100万页档案进行全文扫描，对1990年前的138个全宗进行档案鉴定，提高档案利用率；加强查档服务窗口建设，改善查阅场所环境，全年共接收查档1万多人（次），调阅档案2万件（次），满足群众需求，服务全区高质量发展，查档服务满意率100%。

【档案宣传报道】 6月，在“6·9国际档案日”联合城建档案馆、融媒体中心在世纪公园开展以“喜迎二十大　档案颂辉煌”为主题的国际档案日宣传活动，通过广场宣传、发放档案手册、制作文创作品等方式宣传档案法律法规，扩大档案声音传播面，全民档案意识增强。年内，媒体关于区档案馆工作的报道50多次，获全省档案宣传工作一等奖。

【档案安防工作】 年内，遵守档案库房八防规定，针对存在安全隐患申请财政专项资金，做好馆内消防整改工程，增加气体灭火器、防火窗帘、防爆灯等设备设施，提升物防水平；加强对全体职工的安全教育，邀请专家开展安全消防讲座，组织2次安全消防训练，干部职工的安防能力得到提高。

【党风廉政建设】 年内，开展警示教育活动，传达纪委会议精神、案例通报，集中观看《守住第一次》廉政教育片，深化以案说纪、以案说法、以案说德、以案说责，馆领导班子对馆内党员干部开展廉政谈话，掌握思想动态，履行全面从严治党主体责任；强化风险防控，对馆内重点岗位、关键环节梳理查找廉政风险点，注重跟踪监督；实施“三重一大”由领导班子集体研究决定，并报纪委派驻组备案，消防工程整改、档案数字化扫描等项目邀请区纪委派驻组同志全程监督指导并参与项目验收。

（陈天姝）

党史编研

【概况】 2022年，盐都区委党史办以习近平新时代中国特色社会主义思想为指引，聚焦主责主业，围绕区委、区政府中心工作，深化工作思路，转变工作作风，做好史志业务工作，为全区经济社会发展做出史志工作的贡献。7月2日，成立盐都红色文化研学联盟，以红色场馆作为全区首批红色文化研学基地、研学点、定期开展学习交流活动，实现场馆间资源共享，互通有无。

【推进党史学习教育】 年内，挖掘本土红色资源，打造盐都红色文化品牌。在村志编纂的过程中注重红色史料挖掘，8月，开展追寻烈士足迹活动，走访郭猛烈士生前所在部队（老虎团），开展军地共建，召开专题座谈，挖掘烈士事迹。开展党史宣讲。以《中共党史　盐都记忆》为题，面向盐都区新录用名校优生、入党积极分子和部分机关工作人员先后开展多场党史宣讲，讲明盐都为何能被称作一方红色热土，受众人数逾千人，宣讲方向明确、重点突出，受到与会干群肯定。

【编纂党史书籍】 年内，组织编纂《百年征程——盐都大事回眸》。全书分党的创立和大革命时期、土地革命战争时期、全民族抗日战争时期、解放战争时期、中华人民共和国的成立和社会主义制度建立时期、社会主义建设的探索和曲折发展时期、伟大历史转折和中国特色社会主义开创时期、把中国特色社会义主全面推向21世纪时期、全面小康建设时期和新时代十个专题。全面记录盐都1921—2021百年间中国共产党在盐都的奋斗历程、光辉足迹及领导盐都人民取得的辉煌成就。为全区广大党员干部和青少年提供一部较为完整、简明扼要的地方党史学习读本。

【加强党史教育基地建设】 年内，加强对红色资源的保护传承，以推进党史教育基地建设，打造党史宣传的"红色阵地"。在胡乔木生平陈列馆、盐都革命陈列馆2个市级党史教育基地的基础上，创成郭猛烈士生平展厅、佳富红色纪念馆等5个区级党史教育基地。同时注重党史教育基地新建工作，革命战争时代的盐都区大冈镇抬头村，八路军、新四军曾在这的曹家庙胜利会师，中共冈南区委员会、冈南区民主政府曾在此设署办公，领导人民群众开展武装斗争。高度重视冈南区公署建设工作，开展专题调研，现场察看指导展览布局、资料收集、实物展陈等建设情况。（刘　菲）

7月，盐都区红色文化研学联盟成立　　　　党史办　供

关心下一代工作

【概况】 2022年全区关心下一代工作，在区委、区政府的领导下，按照年初区委常委会讨论的意见，坚持政治引领，把握服务青少年的正确方向，通过广大"五老"的辛勤努力，各项工作取得新成绩。

【主题教育常抓不懈】 年内，开展"老少心向党，喜迎二十大"主题教育活动。各镇（区、街道）关工委依据区关工委编印的辅导材料进村入校，开展"线上""线下"多种形式的主题教育宣讲活动。龙冈镇关工委制作的"线上"主题教育示范讲课视频，被省老干部局、省关工委推广。在省关工委组织的"党的光辉照我心，童心喜迎二十大"主题征稿活动中，共上传作品3321件，位居盐城市第2名。区教育局关工委及腾飞路小学等8所学校（幼儿园）获省优秀组织奖。调整区关工委主题教育报告团成员，与"夕阳红"法治宣传队实行"两块牌子、一套班子"。在区直学校开展宣讲活动，对全区主题教育活动中的好做法、好经验及时宣传报道。全区各级关工委全年被江苏少年网用稿36篇，"中国火炬"用稿547篇，"今日关工事"用稿102篇，中共中央宣传部"学习平台"用稿6篇，《薪火》杂志用稿7篇，《盐阜大众报》《盐都日报》用稿52篇，并在《盐阜大众报》《盐都日报》各出1期专刊。

【创建关爱工作平台】 全年，全区各级关工委发挥广大"五老"优势，参与社会治理活动，政法系统关工委创建公、检、法、司关爱工作新平台。区"夕阳红"法制宣传队，坚持19年送法进校园，年内2次在全区中小学校园进行法律法规的宣传教育。暑假期间，在重点镇、村开展"创三无、争三好"活动。全区14个派出所建立"关爱工作站"，大纵湖、盐渎、盐龙派出所被市关工委、市公安局表彰为关爱工作先进单位。区法院在神州路初级中学设立"青少年法制教育暨审判进校园实验基地"，区检察院在郭猛中学设立"法诵青春"工作室，区公安局在潘黄设立青少年禁毒教育基地，向社会开放。区政法关工委老年志愿者社区矫正帮教

6月，为留守学生讲解北宋庄第一届党支部活动情况　　关工委　供

队39名队员，3次集中走基层，三年内帮助220名社区矫正对象顺利解矫。教育局发文为全区98所中、小学、幼儿园聘请政法工作者为学校政法副校长。区司法局关工委组织全区12个司法所关工组在各自辖区内选择一个村居指导开展“双零”（零犯罪、零伤害）创建活动。全区配备80多名“五老”参加网吧义务监督工作，优化校园周边环境。

【校外辅导站建设水平提升】 年内，盐都区校外辅导站建设以示范创建为抓手，深化“校站结合”，打造“家站结合”，推进“村站融合”，主动应变“双减”，开展丰富多彩的课外辅导活动。推进校外辅导站建设，打造一批优秀校外教育辅导站。全区由各级关工委负责管理的校外辅导站（点）142个，其中，获省优的3个，市优的7个，区优的27个。参加辅导队伍的在职教师72人，“五老”300多人，参加活动的青少年3000多人。

【开展主题教育活动】 年内，各镇（区、街道）依托校外辅导站开展多种形式的宣讲活动。潘黄街道关工委中心辅导站编导的《牵手向未来，喜迎二十大》活动视频，作为全市唯一参加全省校外教育辅导站优秀活动视频展示，获“特等奖”。辅导站以郭猛、佳富、杨斌等革命烈士和红色教育基地为教材，组织红色故事宣讲比赛、“铁军精神”演讲等老少同台展演活动。按部署开展《中华人民共和国家庭教育促进法》《中华人民共和国反家庭暴力法》等法律的宣讲。开设科普、书法、美术、乐器、阅读、剪纸、社会实践等特色课程。尚庄镇华泽书社辅导站开设的周日乡村“九点课堂”，设置“国学诵读”“童声世界”等课目，成为省、市宣传部、文明办的特色品牌。

【开展“五老”关爱工程】 年内，开展多种形式的关爱活动。区关工委、区教育局联合市钢铁商会，在大冈镇开展“金秋助学”活动。向神州路小学赠送图书，向海阔路幼儿园捐赠教学设备。暑期开学前联合市关工委到潘黄街道，为龙冈镇、盐龙街道、潘黄街道的31名贫困生发放助学金。春节前后各镇（区、街道）关工委对辖区的孤弃儿童、病残儿童、困境儿童、留守儿童等逐一走访登记，累计发放救助资金10多万元，争取扶贫助学资金。6月，全区有27名新入学的大学生向《扬子晚报》申报阳光助学金，每人获助5000元，在全省县（市、区）中位于前列。上半年全区12名学生获省基金会千人助学金；24名学生获得省关心下一代周报社冰凌花助学金。发动企事业单位、社会团体、和爱心人士合力关爱，多渠道筹集助学资金近70万元，受助学生超千人。

【打造“银辉壮苗”品牌】 年内，“三扶两创”工作，区“不老松”专家服务团负责全区“三扶两创”工作的面上指导、农技培训、新技术推广、品牌创建等，乡镇老科技服务队主要负责与种养大户结对帮扶，实行挂牌服务。对重点大户和新特色农业项目全部实行区镇合作指导服务。按照种植业、养殖业、现代农业、种业开展线上服务，实现扶创服务的便捷化和常态化。区“不老松”专家服务团和镇老科技服务队不仅定点帮扶指导68个家庭农场、农民专业合作社，开展大面积技术指导服务。老科技帮扶学富田盛源家庭农场采用“公司+农户”的产业化经营模式，带动周边50多户农民，发展特种养殖533多公顷，增收600多万元。宣传报道“三扶两创”服务活动和典型事迹，全市“三扶两创”工作表彰暨现场推进会在盐都区召开，全区有3名青年农民被表彰为创业之星，4家家庭农场（公司）被评为创业示范基地，2人被评为最美老科技。着力打造“银辉壮苗”特色品牌，通过抓内涵提升和广泛宣传，省、市关工委和农业农村部门给予肯定，盐城主要媒体和省、国家级媒体作报道。

【坚持党建引领】 年内，全区各级关工委完善党建带关建工作机制。每月底向区委分管领导汇报当月工作任务完成情况和下月工作安排，2月19日，区委常委会讨论区关工委工作，各镇（区、街道）党委在春节前后专题会办关工委工作。5月，在省关工委、农业农村厅联合召开的苏北、苏中地区“三扶两创”工作现场推进会上，盐都区作交流发言。5月18日，由区委常委、组织部部长牵头召开区关工委成员单位联席会议。6月，全市“三扶两创”工作表彰暨现场推进会在盐都区召开，会议表彰的先进典型的获奖数量列全市县（市、区）首位。11月，区委、区政府召开区关工委成立30周年纪念会议，表扬一批关心下一代工作的先进集体和先进个人。组建一批民营企业关工委，帮助街道、社区青年就业创业3000多人。龙冈双强管桩有限公司董事长、关工委主任凌德祥关爱青工的事迹，被编入江苏省关工委成立30周年《“五老”赞歌》一书。　（徐文彬）

盐城市盐都区人民代表大会

综　　述

【概况】 2022年，全年共举行人民代表大会5次，召开常委会会议44次、主任会议72次，听取和审议“一府一委两院”专项工作报告31项，依法作出决议决定26项，开展专题询问5次、执法检查13次、部门工作评议16项、专题视察调研48项、法制培训讲座7次，办理代表议案建议556件，为推动全区经济社会发展和民主政治建设贡献人大智慧力量。

【盐都区第十七届人大第一次会议】 1月27日上午，盐都区第十七届人大第一次会议开幕。区委书记、区长王娟代表区人民政府向大会作政府工作报告。区人大常委会主任、党组书记顾其斌主持大会。大会表决通过大会选举办法，书面印发盐城市盐都区2021年国民经济和社会发展计划执行情况与2022年国民经济和社会发展计划草案的报告、盐城市盐都区2021年财政预算执行情况与2022年财政预算草案的报告，提请全体代表一并予以审议。28日上午，召开第二次大会，听取人大常委会工作报告、人民法院工作报告和人民检察院工作报告，并提请代表审议；全体代表以现场投票的方式，对2021年民生实事办理情况进行满意度测评，确定2022年民生实事项目。29日下午，盐都区第十七届人大第一次会议完成各项议程后闭幕，区委书记、区长王娟在闭幕大会上讲话。全体代表以举手表决的方式，通过《关于盐城市盐都区人民政府工作报告的决议》《关于盐城市盐都区2021年国民经济社会发展计划执行情况和2022年国民经济社会发展计划的决议》《关于盐城市盐都区2021年财政预算执行情况与2022年财政预算的决议》《关于盐城市盐都区人大常委会工作报告的决议》《关于盐城市盐都区人民法院工作报告的决议》和《关于盐城市盐都区人民检察院工作报告的决议》。 （马云洁）

重要会议

【区人大常委会会议】 2022年，区人大常委会共举行8次会议。

1月19日，召开区第十六届人大常委会第四十四次会议，会期半天。会议审议表决区政府有关人事任命事项；听取和审议区人大代表辞职事项；审议通过区第十七届人大第一次会议有关事项；审议通过区人大常委会工作报告稿；听取区第十七届人大第一次会议筹备工作情况报告。

2月18日，召开区第十七届人大常委会第一次会议，会期半天。会议审议

1月，盐都区第十七届人民代表大会第一次会议召开　　人大办　供

1月，盐都区第十七届人民代表大会第一次会议闭幕　　人大办　供

表决市人大代表补选和辞职事宜。

3月26日，召开区第十七届人大常委会第二次会议，会期半天。会上，马正华代表区人民政府提出相关人事任命议案。经投票表决，决定任命谢戎、贾中军为区人民政府副区长；决定任命李庆銮等为新一届政府组成部门主要负责人。会议还通过盐都区第十七届人大常委会代表资格审查委员会组成人员名单；审议通过盐都区各街道人大工作委员会组成人员名单、区第十七届人大常委会各工作委员会组成人员名单、区人大常委会组成人员守则、区人大常委会会议议事规则。

6月30日，召开区第十七届人大常委会第三次会议，会期半天。会议审议通过关于《加快推进制造业智能化改造和数字化转型的议案》（第1号）处理意见报告、关于《施行教师交流轮岗，促进区域教育优质均衡的议案》（第2号）处理意见报告、区人大常委会关于加强国有资产管理情况监督的决定（草案）、区人大常委会关于同意将旧城区改建项目纳入2022年度国民经济和社会发展计划的决议（草案）；听取和审议关于全区2021年度环境状况和环境保护目标完成情况的报告、关于规范性文件备案审查工作情况的报告；审议表决有关人事任免等事项。

8月25日，召开区第十七届人大常委会第四次会议，会期半天。会议听取和审议区政府关于2022年上半年国民经济社会发展计划和财政预算执行情况的报告；区政府关于2021年度区本级财政决算草案的审查报告；区政府关于全区普惠托育服务开展情况的报告。会议还听取和审议检察院关于全区落实认罪认罚从宽工作情况的报告；审议通过盐城市盐都区人大常委会规范性文件备案审查实施办法（修订草案）。

10月21日，召开区第十七届人大常委会第五次会议，会期半天。会议听取区监委关于开展廉政教育工作情况的报告；听取和审议关于代表建议办理情况的报告；听取和评议关于两官履职工作情况的报告；听取和评议关于区文广旅局、区人社局、区发改委工作情况的报告；审议表决有关人事任免等事项。

12月16日，召开区第十七届人大常委会第六次会议，会期半天。会议审议通过有关人事任免事项和区人大代表辞职事项；听取和审议关于《加快推进智能化改造和数字化转型的议案》（第1号）办理情况的报告；听取2022年民生实事项目完成情况的报告；听取和审议关于审计查出突出问题整改落实情况的报告；审议通过区十七届人大二次会议的有关事项。

12月28日，召开区第十七届人大常委会第七次会议，会期半天。会议审议通过区人大常委会委员辞职事项；听取和审议代表资格审查报告；听取和审议关于全区国有资产管理情况的报告；听取和审议关于《实行教师交流轮岗的议案》（第2号）办理情况的报告；听取和审议关于预算调整情况的报告；审议通过人代会相关事项草案；听取和讨论区人大常委会工作报告；听取人代会筹备工作情况报告。

【区人大常委会主任会议】 年内，区人大常委会主任会议共举行7次，主要是研究处理常委会重要事项和工作日常。会议讨论通过区人大常委会2022年工作要点；听取关于《加快推进制造业智能化改造和数字化转型的议案》（第1号）处理意见的汇报；听取关于《实行教师交流轮岗的议案》（第2号）处理意见的汇报；听取关于全区2021年度环境状况和环保目标完成情况的调查汇报；听取人大评议政府部门工作动员会议准备情况；分别听取关于评议区发改委、文旅局、人社局工作的调查情况报告；听取和审议全区认罪认罚从宽制度落实情况的汇报；听取关于2021年区本级财政决算和全区审计工作情况调查汇报；听取关于全区上半年国民经济计划和财政预算执行情况调查汇报；听取和审议全区普惠托育服务开展情况的汇报；听取和审议关于对员额法官检察官开展履职评议的情况以及对相关员额法官检察官个人的评议意见的汇报；听取关于区政府向人大报告国有资产管理工作的有关情况；听取关于区第十七届人大第一次会议代表建议办理情况的调查汇报；听取2022年区级预算调整情况的调查汇报；听取关于2021年9月至2022年7月常委会审议意见办理情况的调查报告；听取关于审计查出突出问题整改落实情况的调查汇报；听取评议区发改委、文旅局、人社局工作整改落实情况；听取关于推进安全生产专项整治“三年大灶”行动情况的报告；研究区第十七届人大第二次会议有关事项；讨论修改区人大常委会工作报告稿；讨论人事任免事项。（马云洁）

【区人大常委会主任办公会议】 年内，主任办公会议由常委会主任会议成员和机关各委办负责人参加，每个月月初召开，年内共举行10次，主要是按照常委会年度工作要点的安排，就常委会阶段性工作和机关建设管理工作进行沟通协调、明确职责要求，保证机关高效运转，推动重点工作落实。主任办公会议的常规议程是：组织学习法律法规或重要文件；传达区四套班子月度工作例会精神；机关各委办汇报交流上月工作情况和当月重点工作，常委会分管领导就相关工作提要求；常委会主要领导根据交流发言情况，对上月工作进行系统总结，对当月工作作出部署安排。年内历次主任办公会议，传达学习的重要内容有：习近平总书记在中共中央政治局第三十五次集体学习时所强调的：坚定不移走中国特色社会主义法治道路，更好推进中国特色社会主义法治体系建设；习近平总书记在《求是》杂志上的文章：《以史为鉴，开创未来，埋头苦干，勇毅前行》；学习文章《做好新时代经济工作的根本遵循》——习近平新时代中国特色社会主义经济思想的重大意义和丰富内涵；省委书记吴政隆在江苏省传达学习贯彻全国"两会"精神会议上的讲话；省委书记吴政隆的文章《全面深入贯彻总体国家安全观，筑牢扛起新使命谱写新篇章的安全屏障》；汲取党史智慧力量，走好新时代赶考路专题党课；区委第十五届第四次会议精神；中共二十大精神；省委第十四届第三次全会精神。（马云洁）

重要工作

【坚持强化党的领导】 年内，强化习近平新时代中国特色社会主义思想的学习和领会，尤其是对中共二十大确立的重大理论观点、重大战略思想、重大工作部署的理解和把握，牢牢把准新时代人大工作的正确方向，忠诚捍卫"两个确立"，自觉增强"四个意识"、更加坚定"四个自信"、始终做到"两个维护"。严格执行"第一议题"制度，常委会会议、主任会议常态化组织集体学习，定期不定期召开党组（扩大）会、机关支部集中学习交流会等，及时传达学习习近平总书记系列重要讲话精神和省市区委相关要求，努力把学习成果转化为推进人大工作的强大动力和实际成效。常委会党组始终把坚持党的领导作为根本政治原则，坚决维护区委"总揽全局、协调各方"的领导地位。协助区委组织召开人大工作会议，深入学习中央和省、市委人大工作会议精神，对进一步坚持和完善人民代表大会制度、做好新时代人大工作进行动员部署；认真落实区委主要领导负责人对人大工作作出指导、批示，严格执行重大事项请示报告制度，重大事项、重点工作、重要会议主动及时向区委请示报告，坚决贯彻落实区委决策部署和人事安排意图，依法作出决定7项、任免国家机关工作人员169人（次）。

【服从服务发展大局】 年内，围绕重大项目建设、优化营商环境、推进乡村振兴等经济社会发展热点问题，及时提请研究决定重点监督议题、重要会议活动。突出产业数字化、数字产业化，抓好"加快推进制造业智能化改造和数字化转型"1号议案跟踪督办；组织开展高新区发展专项调研和科技项目申报实施工作专题调研等活动，力促"四个示范区"建设和勇当沿海地区高质量发展排头兵序时任务顺利达成。统筹推进全区安全生产监督检查，专门听取关于推进全区安全生产专项整治"三年大灶"行动情况报告，有力保障全区安全生产形势平稳。围绕打赢疫情防控阻击战，组织人大机关干部下沉街道社区，抽调精干力量积极参与相关板块、重点卡口、隔离场所等疫情防控工作；认真完成区委布置的文明城市创建、五找五促、城北地区改造、工作专班、挂钩联系企业等各项任务，助力疫情防控和经济社会发展"双胜利"。

【强化财经领域监督】 年内，持续关注疫情冲击下的财政收支状况，重视对国民经济和社会发展计划的监督，审查批准计划草案，定期听取计划执行情况报告，依法作出关于批准计划调整方案的决议，保障区域经济平稳运行。有效发挥预算联网监督平台作用，建立完善全口径、全过程、全方位的预算监督机制，看好人民的"钱袋子"。专题听取审议全区政府债务管理情况，组织全区国有资产管理情况专题调研，作出关于加强国有资产管理情况监督的决定，着力提升国有资产管理质效，有效防范和化解债务风险。听取审议审计查出突出问题整改情况汇报，加强跟踪监督，促进有效整改。督促财税、国资、审计等部门完善相关制度、拿出治本之策、健全长效机制，助力实体经济健康发展。

【重视乡村振兴监督】 年内，围绕实施乡村振兴战略和实现农业农村高质量发展，专题听取和审议区政府关于乡村振兴促进工作的情况报告，作出"加快实施乡村振兴战略，勇当沿海农业农村高质量发展排头兵"的决定，为乡村振兴提供有力支撑。组织代表视察全区粮食安全生产情况，推动政府及相关部门筑牢粮食安全根基，不断提高农业综合生产和服务能力。组织部分区人大常委会委员和人大代表视察农村饮水安全保障工程和"15分钟医保服务圈"建设，切实提升人民群众对饮水安全和医保公共服务的幸福感、满意度。

【推进司法执法监督】 年内，组织对《中华人民共和国种子法》《中华人民共和国科学技术进步法》《中华人民共和国产品质量法》等法律法规执行情况开展检查，有效促进相关法律法规的贯彻执行。听取审议全区关于落实认罪认罚从宽工作情况报告，切实加强司法监督，优化法治环境，维护司法公正。组织开展基层立法点、公安基层派出所和"一村居一法律顾问"工作视察调研，打通基层法律服务的"最后一公里"。首次听取区监委关于开展廉政教育工作情况的报告，坚持落实人大和"一府一委两院"拟任职人员宪法宣誓及任前法律知识考试制度，对9名员额法官、检察官开展履职评议，对2021年度规范性文件进行备案审查，修订并严格执行区人大常委会关于规范性文件备案审查的实施办法，提升司法监督的约束力。

【助力社会事业发展】 年内，将"施行教师交流轮岗，促进区域教育优质均衡"列为年度2号议案重点督办，督促区政府及教育主管部门有序推进教师交流轮岗,更大力度、更深层次促进课程资源、教学资源、检测资源共享。组织开展中小学生心理健康教育调研,深入教育教学一线了解中小学生心理健康情况,提出针对性意见建议,得到区委充分肯定。对全区普惠托育服务开展情况进行调研,梳理存在问题和不足,及时反馈相关部门处理,年内全区新增托位620个。围绕基层文化阵地作用发挥、全域旅游和文旅融合等开展专题调研,提出意见建议。将加强农村道路安全管理列为重点议题,研究制定督办方案,邀请人大代表,会同公安、交通等部门召开督办会议,推进建议办理工作,取得成效。

【助推民生实事落实】 年内,推进民生实事项目人大代表票决制实现区镇两级全覆盖,细化分解票决产生的区级10件、镇级162件民生实事,通过"每月视察推进、半年集中评议、年终大会审议"等方式开展监督,组织部分人大代表实地察看农村居民住房条件改善、老旧小区环境提升等民生实事工程落实情况。专题听取区政府关于民生实事项目完成情况的报告,督促政府切实加大项目推进力度,加快补齐民生短板,有力推动民生实事项目顺利实施、民生福祉持续改善。在市人大常委会召开的全市践行全过程人民民主工作座谈会上,盐都区围绕构建"五单"工作闭环、深化民生实事票决作专题发言。

【助攻生态环境改善】 年内,牢固树立"绿水青山就是金山银山"理念,紧扣生态文明和环境治理,依法开展专项监督。持续推进中央环保督查交办信访问题整改销号,不断压实主体责任,从源头上防止新的环境污染产生。围绕年度环境状况和环境保护目标完成情况,开展专题询问,区政府分管领导和相关职能部门主要负责人现场应询,推动政府全面落实生态环境保护和修复责任。突出农村污水处理基础设施建设、流域内河道保洁、养殖塘口退养复垦、水产养殖废水处理等,组织代表开展城乡重点工程专题视察活动,全面提升区域环境治理水平,促进生态环境高水准保护和经济社会高质量发展"双赢"。 (马云洁)

重要活动

【搭建代表履职平台】 年内,着力加大"家站点"新建改建工作力度,全区113个"代表之家"实现提档升级,137个基层联系站、31个代表联系点有效使用,打通人大代表联系服务群众的关键一环,受到市人大常委会的肯定。打造人大特色工作品牌,升级开发盐都人大代表履职App,实现代表履职"双码双联双评价",实时扫码积分、即时排名。新一届常委会每位组成人员固定联系3位人大代表,邀请代表列席常委会会议、参加视察调研等活动,听取代表意见建议,拓展代表参与常委会工作的深度和广度。

10月,区人大常委会党组会议暨"学习宣传二十大 履职担当促发展"活动部署会
人大办 供

【督促代表建议办理】 年内,坚持以解决问题为目的、代表满意为标准,持续优化代表建议交办、督办、评办工作机制。通过现场督查、常委会领导牵头督办、各委办联合督查等方式,及时查纠发现各类典型问题,督促承办单位严格规范办理,切实提高代表建议的办理质量。常委会多次专题听取代表建议办理工作情况报告,区人代会第一次会议上代表提出的106件建议,办理办结98件,因政策和条件所限不能解决作情况说明的8件,代表满意率达99.1%。开展"创先评优"活动,表彰优秀议案建议10件,先进代表小组6个,先进人大代表"家站点"20个,代表建议先进承办单位8个、优秀人大代表30名,全区各级人大代表的履职动力得分释放。

【丰富代表履职活动】 年内,根据专业特长和工作经历,全区1046名各级人大代表、议政代表全部下沉一线,按照产业相似、专业相近、区域相邻、便于活动原则,编入"家站点"活动,充分体现代表的专业优势,为提高常委会审议质量发挥重要作用。定期开展"代表接待选民日"服务群众活动,竭力为基层解决难题,受到代表和群众的普遍好评。组织全区各级人大代表积极投身市人大"聚焦发展高质量、勇当五个排头兵"主题实践活动;在全区人大系统组织开展"学习宣传二十大、履职担当促发展"主题实践活动,有序组织全区人大代表开展"六个走进"系列活动,累计开展宣讲活动250多场(次),征集民生实事项目78项,选民建议200多条。 (马云洁)

·人大议案·

关于加快推进制造业智能化改造和数字化转型的议案

案由:为贯彻落实省第十四次党代会精神,坚持把数字经济作为江苏转型发展的关键增量，加快推进数字产业化、产业数字化，深化实施先进制造业集群培育和产业强链行动计划，全面推动全省制造业智能化改造和数字化转型，2021年12月10日省政府办公厅印发了《江苏省制造业智能化改造和数字化转型三年行动计划(2022—2024年)》。计划明确提出通过三年的努力，全省制造业数字化、网络化、智能化水平显著提升，新业态、新模式、新动能显著壮大，制造业综合实力显著增强，率先建成全国制造业高质量发展示范区。到2024年底，全省规模以上工业企业全面实施智能化改造和数字化转型，劳动生产率年均增幅高于增加值增幅；重点企业关键工序数控化率达65%，经营管理数字化普及率超过80%，数字化研发设计工具普及率接近90%。市级层面也在酝酿出台相关文件。盐都作为大市区主要板块，能否在智改数转中领跑其他板块，走前列、做标兵，从根本上取决于能否夯实工业互联网平台、工业软件、智能硬件和装备、网络设施及安全等基础支撑，加大优秀服务商培育和典型案例推广应用力度，只有先人一步、抢人一拍方能抢得机遇，赢得未来。

案据：我区有良好的产业基础、优秀的典型案例、丰富的资源要素，具备推动智改数转的要素条件。我区应当结合区情实际，迅速行动，通过多角度拓展合作领域，深层次强化沟通协作。智能化改造和数字化转型是应对全球新一轮科技和产业变革、推动制造业创新发展、实现“碳达峰、碳中和”目标的必然选择，加快推进数字产业化、产业数字化，全面推动全区智能化改造和数字化转型，增强企业竞争力和可持续发展能力，促进制造业高质量发展，加快推进盐都实体经济发展质量变革、效率变革、动力变革，努力走出一条质量更高、效益更好、结构更优的发展新路径。

方案：一是打造现代化产业高地。坚定产业培育定力，彰显“高新优绿”特色，全力推动产业基础高级化、产业链现代化，实现经济规模和发展质效同步跃升。智能终端产业，依托东山精密、康佳电子、得润电子、长盈精密等一批上市公司、行业龙头企业，做大做强印制电路板、精密器件、新型显示、封装测试四大细分领域，做强智能终端产业地标，力争到十四五末产业规模达到800亿元。高端装备产业，引导恒力机床、东九重工、神鹤科技等本土重点企业转型升级，以高端化、智能化、成套化为主攻方向，提升发展现有传统特色装备、汽车配件产业，培育发展电子信息和新能源设备生产企业，打造一批企业集聚度高、创新能力强、品牌效应明显、市场占有率高的高端装备产业集群。力争到十四五末产业规模达到100亿元。新能源产业，以富能宝、国投中科为引领，以华盛、中科院上硅所为科创支撑，着力抢抓储能产业风口，提前布局氢能加注产业应用场景建设，聚焦输电、变电、配电等配套零部件产业领域，力争十四五末产业规模达到100亿元。三大主导产业中百亿级规模企业达到3家、规上企业数量突破300家、高新技术企业数量突破400家、企业研发投入超100亿元、园区GDP占全市比重达15%。

二是鼓励企业创新发展。以创新为突破口，锁定高端产业，加快布局一批重大科技创新工程和战略项目，立足自身有基础、有优势、能突破的领域，大力支持核心技术原始创新、重大集成创新、自主突破性创新，全面激发创新创业的蓬勃生机，培育扶持本土优质企业上市。依托高通量研究院、智能装备研究院等现有科研平台建设一批联合实验室，突破一批具有自主知识产权的“高精尖”产品，孵化一批“小而美”的创新型企业，努力让“大院大所”的富集优势转变为强链补链的产业优势。经过5年努力，列统企业研发投入占营收比重由1.2%提高至3%，“双五”企业数由1家提高至6家，企业利润率由4.2%提高至9%，国家级研发机构数量达到3家、设立境外研发机构或孵化器的内资企业达到3家、主导制定国际标准的内资企业1家、本土上市企业5家、年均孵化100家科技型中小企业、培育准独角兽企业5家。

三是引导企业加大智能化改造投入。实施制造业数字智造升级工程，聚焦“设施互联、系统互通、数据互享、产业互融”等内容，以覆盖生产全流程、管理全方位、产品全生命周期为重点，鼓励企业加快机器换人、设备换芯、生产换线步伐，全面推广东山精密、德联达、聚泰科技等已创成智能工厂(车间)的先进经验，着力培养一批创新能力强、市场占有率领先、把控产业链关键环节的专精特新“小巨人”企业，力争到十四五末，省级以上智能工厂(车间)达到10个、专精特新“小巨人”企业达到50家。

四是助力企业加快数字化转型步伐。以维信电子创成省互联网标杆工厂为抓手，加快推进中小微企业上云上平台进度，着力引导企业生产要素、运营管理、研发设计、智能应用、设备运营上云，推进工业互联网软件和工业App的开发，培育一批面向特定行业、特定场景的工业App，不断丰富云应用供给，引进和培育转化程度高、综合实力强、模式可复制推广的服务机构，对标引导企业数字化转型。力争到“十四五”末，建成省重点工业互联网标杆工厂、工业互联网平台5个，园区200家省星级企业上云。

五是推进企业系统实施“两化”融合。围绕“支撑制造业高端攀升”目标，以“系统推进、多维推进、关键突破”的总体思路，推动工业化和信息化深度融合。技术融合方面，着力加强产品功能、结构、外观等方面的设计服务供给，提升工业产品附加值和市场竞争力；产品融合方面，鼓励企业将电子信息技术渗透到产品中，增加产品的技术含量；业务融合方面，推动企业业务创新和管理升级，提高生产自动化、智能化程度，降低生产成本；产业衍生方面，构建工业互联网标识解析体系，加强新型信息网络基础设施安全防护、监测预警和应急处置；力争到“十四五”末，建成二级节点企业2个，园区创成省智能制造示范区、省“工业互联网+”先进制造业特色产业示范园区。

关于施行教师交流轮岗，促进区域教育优质均衡的议案

案由：我区现有义务教育(中小学)教师3938人，其中专任教师3622人。近年来随着城市扩容，我区先后新建盐都

区实验小学、盐城市第一初级中学、东进路实验学校，扩建了盐都区潘黄实验学校。神州路实验学校生数偏多，为解决驻近城学校教师缺口，近三年区教育局先后从乡镇选调骨干教师140多人；同时新招聘教师561人，以解决乡镇教师缺额。

案据：一是城乡骨干教师比例差距较大。从人数看，通过招聘新教师，乡镇教师缺额暂时得到补充，但从骨干教师比例看，驻近城学校一般是集团或共同体领衔校，骨干教师比例本来就较高，选调的一些骨干教师稍加锻炼就成为新学校的教学中坚力量；近年来的教师进城考录，骨干教师向驻城学校流动的比例增大，一部分乡镇教师老龄化严重，45岁以下的青年教师人数偏少，不少乡镇中心校、幼儿园出现“青黄不接”的现象，通过选调，乡镇骨干教师所占比例稀释，所剩的有业务称号的教师人数太少，甚至有些学科就根本没有骨干教师支撑。

二是新进教师教学能力亟须提高。新入职的青年教师虽然有冲劲，肯学习，但一部分是非师范类的高校毕业生，毕竟没有接受过系统教育专业学习，个别是通过速成培训班短期培训考进教师队伍，并没有通过见实习真正走进课堂，仅凭个人揣摩摸索远远不够，这些新教师在农村学校也很少遇到市、区名教师、学科带头人、教学能手等名师引领，专业素养急待提升，课堂教学能力亟须提高；驻城教师中骨干教师居多，名师团队力量雄厚，尽管作为集团、共同体领衔校能带动乡镇学校实现共建共赢，但受区域限制，也存在教研不实，教师培训落实不力等各方面影响，教师专业发展不平衡。

三是城乡学校教学质量差距明显。目前乡镇学校留守儿童居多，家庭教育得不到家长的重视和配合，加上乡镇教师年龄结构两头偏重，新入职教师教学需要磨练，而一部分老教师安于现状，工作缺乏激情，工作积极性不高；驻城学校教学经验丰富的老师居多，有浓厚的教研氛围和积极向上的动力，加上家长的支持和社会的关注，在教学质量管理方面坚持高标准严要求，导致城乡教学质量差距越来越大。

四是区域优质教育发展不够均衡。部分家长为了孩子能得到更好的发展，不惜举债购置学区房，拥入驻城优质学校就读，造成一部分学校生数饱满，周围学区房价格居高不下，老百姓不满意，社会反响较大；而乡镇学校学生生数逐年减少，个别学校人数甚至不足300人，没有驻城学校一个年级的人数多，教育资源浪费。

方案：一是创新交流轮岗施行机制。加快建立和完善区域内义务教育教师交流轮岗制度，不断扩大教师交流轮岗覆盖面，改善师资队伍结构，推进区域内优秀骨干教师资源共享，建立健全有利于义务教育均衡发展的教师管理制度和资源均衡配置机制。力争用3～5年时间实现区域内教师交流轮岗的制度化、常态化。实现区域内教师资源均衡配置，促进教育公平和择校问题的解决，整体提升办学水平和教育质量。

中小学教师交流轮岗工作主要通过转任交流、团队交流、跟岗学习、支教帮扶等多种方式有效推进，以现有的教育集团或教学共同体内部交流为主，让名教师、市区学科带头人、教学能手等优秀教师在乡镇学校充分发挥骨干示范引领作用，推动乡镇学校教研工作有效开展，同时让部分青年教师到领衔校进行跟岗培训，多途径多渠道助推青年教师快速发展。

二是完善交流轮岗激励机制。优化乡村学校教师高级职称的比例，可以将驻城中小学教师到乡镇学校或薄弱学校任教1年以上作为申报高级教师的必要条件；将交流轮岗时长与教师提拔任用、业务晋升和职称评定挂钩，对长期在乡镇交流的优秀教师开设绿色通道，鼓励教师积极参与交流轮岗，特别是没有乡镇教学经历的驻城优秀教师须安排到成员校任教至少1年；在乡镇交流轮岗期间，按规定享受当地相关补助政策，吸引优秀人才向乡镇农村学校流动。

“一个人遇到好老师是人生的幸运，一个学校拥有好老师是学校的光荣，一个民族源源不断涌现出一批又一批好老师则是民族的希望。”新时代赋予中国教育前所未有的重任，唯改革者进，唯创新者强，唯改革创新者胜。希望通过实施教师交流轮岗，积极打造一支师德高尚、业务精良的“四有”好教师队伍，推动区域教师业务素质在短期内整体提升，深入推动我区教育优质均衡发展，全面推进我区教育高质量发展示范区的建设，努力办人民群众满意的教育。

盐城市盐都区人民政府

综　述

【概况】　2022年，全区上下坚持以习近平新时代中国特色社会主义思想为指引，认真贯彻落实中共二十大精神，紧紧围绕“勇当沿海地区高质量发展排头兵”目标定位，统筹疫情防控和经济社会发展，统筹发展和安全，扎实推进“四个示范区”建设，全力竞逐绿色低碳发展新赛道，完成年度各项目标任务。2022年实现地区生产总值714.3亿元、增长2.6%，一般公共预算收入42.8亿元、同口径增长0.7%，固定资产投资增长10%，外贸进出口总额14.28亿元、增长5.5%，社会消费品零售总额达272.8亿元，全社会研发投入占GDP比重2.5%，城乡居民人均可支配收入分别增长4.6%、6.5%以上，节能减排等指标均完成省市下达任务。

【综合实力提升】　年内，深入开展“企业大走访、项目大推进、产业大招商”活动，全面落实稳经济一揽子措施，千方百计稳住经济“基本盘”。发展质态持续向好。产业结构进一步优化，二、三产业占GDP比重达92%，高新技术产业产值占比达65%、居全市首位。工业经济凸显韧劲，全口径工业开票销售额超600亿元，规模以上工业开票销售额474亿元，分别增长17.4%和15.5%，其中电子信息产业规模达280亿元、增长60%，印制电路板、集成电路、光电显示产业链规模全市第一。服务企业扎实有效，累计减免缓退企业税费18亿元，兑现企业奖补资金2.7亿元，全年新增“四上”企业255家，培育销售超亿元企业80家，认定市三星级以上企业40家，获批国家级专精特新“小巨人”3家、省级“专精特新”中小企业25家、总数全市第一。深入开展“约惠盐都·乐享消费”活动，实现规模以上服务业企业营收90亿元，社会消费品零售总额280亿元，跨境电商交易额首次突破千万美元。楼宇经济繁荣发展，培育税收超亿元楼宇2幢、超千万元楼宇10幢。发展后劲不断积蓄。牢固树立“项目为王、招商为先”理念，在上海、深圳、苏州等地举办招商活动6场次，全年新签约亿元以上产业项目137个，总投资50亿元的东山IC载板、国电投高效储能电池等项目相继落户。深入推行重大项目“一名领导挂钩、一个班子专抓、一套方案运作”推进机制，新开工京泉华、瑞莱铂机器人等亿元以上项目64个，新竣工龙创智能驾驶、博盛新材料等亿元以上项目41个，77个列省市区“两重”项目基本完成年度投资计划。“载体焕新”成效明显，腾退低效企业97家，盘活闲置工业用地52.06公顷、低效厂房51万平方米，连续五年荣获省自然资源节约集约利用模范区。“三争一创”深入推进，创成省级以上品牌27项，争取竞争性资金7.1亿元。发展动能更加强劲。科技创新纵深推进，国家高企预计净增超100家、占全市一半，培育瞪羚企业12家、潜在独角兽企业1家，规模以上工业企业研发投入强度达3.28%。“智改数转”高效推进，获批省智能车间3家、省星级上云企业89家，维信电子创成省智能工厂，东山精密获批省工业互联网标识解析二级节点，高新区获评省工业大数据应用能力评估示范区。盐城工学院研究生院入驻招生，国家超算盐城中心建成运营，与南京信息工程大学签署战略合作协议，成功举办数字经济与超算产业化发展论坛、全国“双创”周江苏分会场等活动，全市唯一入选“科创江苏”试点县（区）建设名单。引进领军人才80名、高层次人才创业项目24个，获评国家知识产权强县建设示范县。全市率先试行许可闹钟、“准入准营”一件事等改革，高新区入选行政审批标准化国家级试点，“都满意”营商环境品牌叫响。国企改革三年行动圆满收官，城镇化集团、国控集团获AA+信用评级。

【优化城乡生态环境】　年内，坚持把绿色生态作为发展底色，城乡面貌持续改善。统筹推进城市更新、乡村振兴和生态修复，加快构建功能互补、优势共享、生态靓丽的城乡发展新格局。城市功能日趋完善。致力城市品质提升，实施城建重点工程101项，新建安置小区3个，改造提升老旧小区8个，打造口袋公园15个。科技广场中央商务区、合景悠方商业综合体等一批功能性项目有序推进，青年路高架西延等一批交通项目加快实施，文明路、跃北路等10条城市道路竣工通车。系统优化城市管理，扎实开展文明城市创建"1+12"专项行动，完成小区雨污分流改造10个，创成生活垃圾分类省级达标小区20个，打造日月路、黎明路特色样板街区，"渎上·老西门"获评省级放心消费示范区。乡村振兴加快推进。全市唯一入选首批国家乡村振兴示范县创建地区，获评全国休闲农业重点县，乡村振兴实绩考核位列全省第一等次。新建高标准农田3466.66公顷，粮食生产面积达6.47万公顷，总产量达48万吨，实现"双提升"，累计获评国家地理标志证明商标10个。新增省级合作社示范社3家、示范家庭农场6家，粮食科技产业园被列为全省农业农村重大项目典型。改造老旧村庄9个，改善农民住房2208户，新增中国传统保护村落3个、省级特色田园乡村和省级传统村落各2个，总数为全市第一。新建农村生活污水处理设施62个，改建农村户厕4535户，农村人居环境整治评估连续4年位列全省第一等次。生态建设成效明显。顺利完成中央环保督察迎查工作，21件交办问题全部整改到位。深入实施生态环境治理"十大工程"，扎实开展空气质量"提质争优"专项行动，兴盐界河"百日攻坚"行动圆满完成，郭猛省级生态安全缓冲区建成投用，国省考断面水质全部稳定达标，创成中国天然氧吧，获评全国节水型社会建设达标区。持续拓宽"两山"转化通道，仰徐村获评全国乡村旅游重点村，大纵湖景区入选中国红色基因水利风景名录，草房子乐园入选江苏省科普教育基地，创成省级全域旅游示范区。

【提高民生福祉】 年内，始终坚持以人民为中心的发展思想，切实解决好群众"急难愁盼"问题，群众的幸福感、获得感和安全感不断提升。社会服务持续完善。突出优质均衡、共建共享，省、市、区三级民生实事年度任务全部完成。新建中小学6所、公办幼儿园4所，南师大盐城实验学校智创校区正式揭牌，创成全省首批高质量平安校园建设区。市三院顺利通过三甲综合医院复评，盐城复兴医院、区老年医院建成投用。出台"一老一小"解决方案，新增托位980个，入围全省示范性居家社区养老服务网络建设地区，通过全国未成年人保护示范区评估。文化事业繁荣发展，3部作品获省"五星工程奖"，淮剧《宋公堤》、曲艺剧《盐阜往事》晋京献礼二十大。社会保障不断加强。多措并举稳就业稳增收，"盐城市零工市场"在盐都区建成启用，新增城镇就业8160人，城乡居民人均可支配收入分别达49832元、30660元，分别增长5.2%、7.5%。稳步推进社保扩面提标工作，新增企业职工养老保险参保1.13万人，企业退休人员养老金实现"18连增"，城乡居民保险基础养老金标准提高到每人每月235元。全域构建"15分钟医保服务圈"，高质量通过省级首轮验收。区社会大救助中心建成使用，分层分类的社会救助体系进一步健全。社会大局更加稳定。严格落实疫情防控"四个一"工作机制，改造提升标准发热门诊5个、发热诊室21个，全人群疫苗接种率达省市要求。安全生产"三年大灶"圆满收官，生产安全事故起数和死亡人数持续"双下降"。扎实开展城镇燃气、建筑施工、道路交通等重点领域隐患治理，建成消防站11座，整治安全隐患房屋90栋，完成农村生命安全防护工程176公里，盐都治超站建成投用。排查处置房地产领域风险隐患，23个小区6547户居民不动产登记历史遗留问题圆满解决。常态化开展扫黑除恶专项斗争，扎实推进"信访突出问题攻坚化解年"行动，农民资金互助社"三压降"水平居全市前列，金融生态环境综合评估全省前十，创成省现代社区治理创新实验区，楼王镇花季园村获评全国民主法治示范村。

（王　杰）

2月，大纵湖水利风景区　　政府办　供

重要会议

【区政府常务会议】 全年共召开区政府常务会议12次，即区政府第1次至第12次常务会议。

第一次常务会议　2022年2月18日召开。学习《江苏省生态环境保护例行督察办法（试行）》《中共中央办公厅国务院办公厅关于更加有效发挥统计监督职能作用的意见》汇报列市重大项目、区"两重"项目推进情况，审议《盐都区制造业智能化改造和数字化转型三年行动计划（2022—2024年）》《盐都区重点产业链培育行动计划（2022—2025年）》《盐都区产业发展载体焕新三年行动计划（2022—2024年）》《关于支持制造业高质量发展的政策意见》《2022年全区产业高质量发展的实施意见》《关于在全区组织开展"重大项目攻坚年"活动的意见》《关于加快科技创新促进"双创引领示范区"建设的激励意见》《关于做好2022年全面推进乡村振兴重点工作的实施意见》《关于促进农业农村高质量发展的政策意见》《关于加快盐都区文化旅游产业高质量发展的实施意见》《关于推进全区义务教育学校教师"区管校聘"管理体制改革的实施意见（试行）》《关于深化教育改革加快推进教育高质量发展示范区建设的意见》《关于深化提升安全生产专项整治三年行动的实施意见》，签订盐都区2022年度安全生产目标管理责任书，研究高新区综合评价工作。

第二次常务会议　3月16日召开。研究盐都区文旅集团公司组建方案、盐都区农投公司组建方案。

第三次常务会议　3月30日召开。学习《中华人民共和国审计法(2021年修订)》《地方党委和政府领导班子及其成员粮食安全责任制规定》，审议《盐都区重大行政决策程序规定》《盐都区12345在线平台综合管理办法》《关于加快推进企业上市挂牌的激励政策》，听取粮食巡察整改工作情况、“两重一实”项目推进情况、首季“开门红”工作情况、全区道路交通安全隐患整治情况、迎接第二轮中央生态环境保护督察工作汇报，研究疫情防控有关工作。

第四次常务会议　4月23日召开。学习《盐城市防范化解重大金融风险问责办法》《河南郑州“7·20”特大暴雨灾害调查报告》，分析研判当前全区经济形势、研究部署实现“双过半”推进措施，审议《盐都区耕地保护激励暂行办法》《盐都区关于进一步帮助市场主体纾困解难稳定增长的政策意见》《2022年度盐都区“放管服”改革工作要点》《关于开展农村宅基地有偿退出工作的实施意见》，汇报全区农村宅基地有偿退出实施情况、全区“三争一创”工作情况、全区涉羟整治和禁毒工作情况。

第五次常务会议　5月31日召开。学习《中华人民共和国乡村振兴促进法》、传达学习全国、省、市自建房安全专项整治会议精神、全省“三区三线”划定工作部署会议精神，听取全区自建房排查情况、全区“三区三线”划定情况，汇报全区重大项目、重点工程推进情况、全区市场主体纾困解难政策落实情况，审议《关于进一步规范和加强全区国有资产管理暂行办法》《关于进一步加快现代服务业高质量发展的若干政策意见》《关于更高水平推进农村人居环境整治提升三年行动的实施意见(2022—2024)》、2021年度“区长质量奖”评选结果，研究常态化疫情防控工作。

第六次常务会议　6月25日召开。集中学习固定资产投资统计工作，传达学习江苏省中央生态环境保护督查报告和吴政隆、许昆林在中央第二生态环境保护督察组督查江苏省情况反馈会上的讲话，汇报全区环保督察整改工作情况、经济运行“双过半”预测情况、全区重大项目、重点工程推进情况、全区“三争一创”工作情况、上半年安全生产工作情况及安全生产月工作开展情况，审议《盐都区加强法治政府建设实施意见(2021—2025年)》《盐都区被征地农民社会保障实施办法》。

第七次常务会议　7月28日召开。集中学习旅游品牌创新开发与提升路径，传达学习《国家防汛抗旱总指挥部关于深入学习贯彻习近平总书记在四川考察时的重要指示精神抓实抓细防汛救灾各项工作的通知》、吴政隆在省委理论学习中心组学习会上的讲话精神，汇报全区“三农”工作情况、全区防汛抗旱工作开展情况、全区上半年各项主要经济指标完成情况、全区载体焕新和智改数转工作推进情况、全区“两重一实”项目、城建重点工程推进情况、全区上半年食品安全工作开展情况，审议《盐城市盐都区城市管理委员会成员单位及工作职责》。

第八次常务会议　9月1日召开。集中学习《习近平法治思想学习纲要》，传达学习《关于进一步加强市县法治建设的意见》《盐城市关于建立健全审计查出问题整改长效机制实施意见》，汇报“企业大走访、项目大推进、产业大招商”活动开展情况，汇报全区法治政府建设情况、全区人大代表建议和政协委员提案办理情况、全区道路交通安全工作情况、全区环境质量“提质增优”攻坚工作推进情况、全区信访工作情况，审议《关于深化应急管理综合行政执法改革的实施方案》《盐都区数字经济发展三年行动计划(2022—2024)》。

第九次常务会议　9月24日召开。集中学习“双循环”背景下电商高质量发展的机遇和挑战、《习近平谈治国理政》第四卷部分篇目，汇报全区招商选资和项目推进“百日竞赛”活动开展情况，汇报市、区为民办实事项目推进情况、维护全区安全稳定工作情况，审议《盐都区国家知识产权强县建设示范县工作方案(2022—2025年)》。

第十次常务会议　10月29日召开。传达学习中共二十大精神，辅导部署进出口总额、注册外资实际到账和固定资产投资等考核指标相关工作，汇报全区重大项目、重点工程推进情况，汇报二十大期间信访工作情况，审议《盐都区产业链赋能行动方案(2022—2024年)》《盐都区完善重要民生商品价格调控机制实施方案》《盐都区推进“个转企”“小升规”“规改股”“股上市”工作的若干意见》《盐城市盐都区行政许可事项清单》。

第十一次常务会议　11月28日召开。宣讲中共二十大精神，辅导部署服务业增加值和规模以上工业增加值等考核指标相关工作，汇报全区“三争一创”工作情况、全区企业“争星创优”工作情况、全区保障农民工工资支付工作情况、全区信访积案攻坚化解和防范化解重大金融风险工作情况、区国控集团相关事项，审议《盐都区学习福建省三明市医改经验深化医药卫生体制改革实施方案》《全区深化医药卫生体制改革重点工作任务及分工》《盐都区推动公立医院高质量发展实施方案》《盐都区紧密型区域医疗卫生共同体建设实施方案》《盐都区“十四五”退役军人服务和保障规划》。

第十二次常务会议　12月28日召开。传达学习中央经济工作会议和省委经济工作会议精神，听取2023年区“两重一实”项目和城建重点工程编排情况，讨论《政府工作报告》《国民经济社会发展计划报告》和《财政预决算执行情况报告》，审议《关于加快建设绿色低碳发展示范区的实施意见》和《盐都区加快建设绿色制造之城行动方案》《盐都区加快建设绿色能源之城行动方案》《盐都区加快建设绿色生态之城行动方案》《盐都区加快建设绿色宜居之城行动方案》《盐都区政府数字化转型实施方案》《盐都区深化新时代教育评价改革实施办法》。

【区长办公会】　全年共召开区长办公会8次，分别就2020年度区级服务业引导资金、其他政策性粮食财务挂账消化计划、新冠病毒疫苗及接种费用、大型现代准剧《筑堤县长》创排经费、全区网上政务服务能力改造提升资金、区精防院设备及技术支持经费、龙冈镇卫生院等发热门诊建设及设备购置等项目资金、疫情防控数据核查及流调溯源工作信息化建设相关经费、公安急需保障事项费用、部分科技奖励资金、盐都治超站项目立项、大纵湖度假区演艺外包、顺丰综合服务中心装修工程项目立项、盐塘家园一期立体停车场机械车位采购及安装工程立项、开元路景观游园工程项目立项、驿都金陵大酒店电梯采购及安装项目、购买市城投持有的上海电气研砼(盐城)建筑科技有限公司30%股权以及购买上海电气研砼建筑科技有限公司持有的上海电气研砼(盐城)建筑科技有限公司55%的股权事项、盐龙体育公园门球场膜结构封闭项目立项、人员性地方政府资金以弥补人员经费补助、新冠病毒疫苗及接种费用、建设区纪委监委大数据查询研判中心和电子数据调查区、申请第一次全国自然灾害综合风险普查专项资金、安排2021年秋学期课后服务补助资金预算、安排2022年课后服务补助资金预算、拨付新冠肺炎定点救治医院设备购置、拨付隔离点防控经费、潘黄街道关于城北开发二周年现场会项目建设、新农村实践典型建设、合心花苑实践典型建设、2021年度农药零差率配供和包装废弃物回收财政补贴资金、兴盐界河沿线水产养殖池塘退养经费、兑现2021年度全区企业上市挂牌专项奖励资金、兑现企业外省留盐员工500元过节红包、兑现2021年度工业经济高质量发展专项资金、实施新一轮全区老年人居家上门服务、开展疫情防控感知"微单元"补盲建设、建设公安综合执法专用停车场立项、龙冈消防站设计变更增加造价、2022年度旅游事业专项资金预算、2019—2021年新增耕地土壤污染环境防治状况调查服务工作经费、疫情防护物资购置经费、增加新冠肺炎疫情防控费用部门预算、疫情防控专项财政补贴、实施锦都大厦正式用电项目、办理2022年区自建高标准农田建设项目立项、草莓与粮食作物轮作及配套设施建设项目立项、"约惠盐都,乐享消费"活动费用及补贴、生活垃圾分拣中心配套工程二期项目立项、2022年1—5月份疫情防控物资经费拨付、新冠肺炎疫情防控隔离点住宿餐饮等费用、区为民办实事敬老院改造提升项目追加预算、省为民办实事区域性养老服务中心提升项目追加预算、建设盐都公安数据中心、盐都创建全国社会治安防控体系建设示范城市相关项目建设及运维经费、"紫峰大厦装饰装修工程"项目立项、兑现2021年度科技创新奖励资金及市激励创新20条政策配套资金、追加2022年困境儿童生活补助专项资金、兑付2021年加快推进农业农村高质量发展促进乡村振兴奖补资金、盐都区低收入农户补助项目资金、开展农村户厕改造、防贫基金资金、拨付2021年区级服务业引导资金、拨付2022年度纾困解难资金、入河(湖)排污口排查、溯源工作经费、设置四处交通安全隐患交通安全管理设施、建设防灾减灾示范体验基地、盐城市第三人民医院南院二期热源系统工程采购、办理万达公寓电力增容工程立项、江苏盐城江海粮油收储有限公司股权转让事宜、《2022年盐城市"黄海明珠人才计划"领军人才盐都区项目资助方案》等事项进行专题会办,并形成会办纪要。 (王 杰)

7月,2022数字经济与超算产业化发展论坛在盐城国家高新区举行 政府办 供

重要工作

【创成省生态文明建设示范村(社区)】 1月14日,省生态环境厅公布第四批省级生态文明建设示范县(市、区)、乡镇(街道)、村(社区)名单,大纵湖镇大范村、三官村和秦南镇千秋村被命名为第四批江苏省生态文明建设示范村(社区)。

【创成全国民主法治示范村(社区)】 1月31日,司法部、民政部印发《关于2021年度"全国民主法治示范村(社区)"复核工作情况的通报》,决定保留3802个村(社区)"全国民主法治示范村(社区)"称号,潘黄街道仰徐村、大纵湖镇三官村和秦南镇泾口村榜上有名。

【盐城高新区获评国家双创示范基地优秀等次】 3月3日,国家发改委、中国科协公布2021年度国家双创示范基地评估结果,盐城高新区在全国212个国家双创示范基地中获评优秀等次。盐城高新区以打造全市领先、全省争先创新创业中心为引领,围绕产业链部署创新链,围绕创新链培育产业链,快建北京大学科技园等一批创新载体,提升吉林大学盐城智能终端产业研究院、南京理工大学盐城技术转移中心运作能效,加快建设全省有影响力的5G智能网联车研发中心,推动经济发展质量变革、效率变革、动力变革。

【创成全省现代商贸流通体系示范创建区】 3月14日，省商务厅发布全省现代商贸流通体系建设示范区名单，盐都区被认定为全省现代商贸流通体系示范创建区。盐都区大力发展商贸流通业，不断提升商贸兴区水平，在数字化转型、多业态融合、人才队伍建设等方面取得成效。

【创成江苏省土地执法模范县（市、区）】 4月7日，省自然资源厅公布2021年度“江苏省土地执法模范县（市、区）”创建结果，盐都榜上有名，为盐城地区唯一。盐都区推进耕地保护督察等各类违规问题整改、违法违规用地问题“清零”及开展临时用地、设施农用地整治专项行动，集中精力开展省2021年土地卫片执法和耕地保护督察核查，有力有序推进乱占耕地建房问题专项整治，坚决遏制耕地“非农化”，防止基本农田“非粮化”，保障全区自然资源和规划管理事业的持续健康发展。

【获评江苏省自然资源节约集约利用模范县（市、区）】 4月19日，省自然资源厅下发文件，表扬激励20个2021年度获“江苏省自然资源节约集约利用模范县（市、区）”称号地区，盐都名列其中，至此，盐都区已实现获“江苏省自然资源节约集约利用模范区”称号“五连冠”。盐都区坚持“以亩产论英雄”导向，实施全面节约战略，大力加强资源保护与生态修复，将存量建设用地盘活利用任务、建设用地地均GDP增长目标、单位GDP建设用地占用下降目标任务完成情况，纳入镇（区、街道）党政领导班子和领导干部综合考核评价体系，实行年度考核评估。

【通过第二批全省现代社区治理创新实验区验收】 4月25日，省民政厅印发《关于确认第二批全省现代社区治理创新实验区通过结项验收的通知》，经过实验区自我评估、专家组评估、省民政厅审核等工作程序确认，盐都区完成全省第二批现代社区治理创新实验区各项实验任务。在实验区建设工作中，盐都区紧扣目标任务，围绕推动人才队伍建设，探索建立了“四全”社区工作者队伍职业体系，这一创新成果被省民政厅通报表扬。

6月，“江苏省乡村旅游重点村”盐渎街道花吉村　　政府办　供

【入选“十佳城乡物流服务品牌”名单】 6月8日，省交通运输厅公布全省“十佳城乡公交线路”“十佳城乡物流服务品牌”名单，盐都区“交通+客货同网”品牌入选“十佳城乡物流服务品牌”名单。盐都区紧紧围绕“政府主导、部门主推、企业主创、融合发展”的工作思路，打造“交通+”赋能高质量发展方式以及公交客运与货运专线配送相辅相成的“客货同网”运营模式。

【创成省级全域旅游示范区】 6月10日，省文化和旅游厅按照《国家全域旅游示范区验收标准（试行）》等要求，组织完成第五批省级全域旅游示范区验收认定，盐都区入选。盐都区围绕“建设两山实践示范区”的战略部署，以打造全域旅游为抓手，重抓项目推进、品牌创建、运营管理，着力构建“龙头带动、三廊贯通、全域覆盖”的大生态文旅格局，打造集旅游度假、文化游览、农家美食、乡村休闲、生态游憩于一体的旅游胜地。

【创成全国平安校园】 6月14日，省教育厅公布2021年全省首批高质量平安校园建设区创建评估结果，盐都区名列其中，是盐城市唯一一家通过评估的县（市、区）。

【入选省乡村旅游重点村】 6月14日，省文化和旅游厅、省发展和改革委员会联合公布2022年江苏省乡村旅游重点村名录入选单位名单，盐渎街道花吉村获2022年“江苏省乡村旅游重点村”荣誉称号。花吉村位于新125省道北，由三个自然村合并而成，现有村民小组7个，总面积5.56平方公里，全村有1024户。花吉村先后荣获江苏省和谐社区建设示范村、江苏省卫生村、盐城市文明村居、江苏省特色田园乡村、盐都区“五位一体”管理先进村等荣誉称号。

【入选省特色田园乡村】 7月6日，江苏省特色田园乡村建设工作联席会议办公室公布江苏省第九批次特色田园乡村名单，盐都区的学富镇蒋河新型农村社区（二期）和尚庄镇民胜新型农村社区入选。至此，全区创建总数累计达13个，创建数量位列全省前列，全市第一。

【举办数字经济与超算产业化发展论坛】 7月19日，2022数字经济与超算产业化发展论坛在盐城市高新区科技广场举行。盐城市委副书记、市人民政府市长周斌、江苏省发改委副主任高清致辞，盐城市副市长、盐都区区委书记王娟主持开幕式。

【创成江苏省第十二届双拥模范城（县、区）】 8月1日，在江苏省第十二届双拥模范城（县、区）命名及双拥模范单位和先进个人表彰大会上，盐都区荣获省委省政府省军区表彰，被命名为“江苏省第十二届双拥模范城（县、区）”，这是盐都区双拥工作取得的又一佳绩。盐都是革命老区，也是优质兵源大区。全区军民秉承光荣传统，弘扬时代精神，以创建双拥模范城为载体，拥军优属和拥政爱民实现良性互动。

【入选省特色农产品优势区名单】 8月8日，2022年江苏省特色农产品优势区名单公布，盐都区大纵湖大闸蟹入选。盐都区河蟹养殖面积达22.61万亩，年产河蟹2.26万吨，产值达15亿元。全区养蟹户约3900户，其中，13.33公顷以上规模化养殖户356家，总面积2893.33公顷，占比达19.19%。先后被评为"中国河蟹产业先进市（区）""中国河蟹之乡"，2015年"大纵湖大闸蟹"获批国家地理标志证明商标。

【入选国家级第四批专精特新"小巨人"企业】 8月8日，江苏省工信厅发布《关于江苏省第四批专精特新"小巨人"企业和第一批专精特新"小巨人"复核通过企业名单的公示》，全省共425家企业进入第四批专精特新"小巨人"公示名单，盐都区的江苏盛安传动股份公司、江苏亚一智能装备有限公司、江苏大明生物工程装备有限公司入选国家级第四批专精特新"小巨人"企业。

【创成国家知识产权强县建设示范县】 8月29日，国家知识产权局公布国家知识产权强县建设试点示范县确定名单，全国48个县（市、区）被确定为国家知识产权强县建设示范县。盐城市盐都区榜上有名，是全市唯一一家入选县（市、区）。

【入选"科创江苏"试点区县名单】 9月15日，2022年全国"大众创业万众创新"活动周，江苏分会场活动在盐城高新区启动。会上发布2022年度"科创江苏"试点区县名单并进行授牌，盐都区成功入选，全市唯一。

【入选国家乡村振兴示范县创建名单】 10月8日，2022年国家乡村振兴示范县创建名单公示，盐都区入选，成为全国首批、全市唯一。盐都区先后创成国家生态文明建设示范区、全国"两山"实践创新基地、全国农村创新创业典型县，是国家商品粮生产基地、蔬菜产业大县、中国河蟹之乡，乡村振兴考核连续2年位列江苏省第一等次。

【创成全国示范性老年友好型社区】 10月19日，国家卫生健康委、全国老龄办公布2022年全国示范性老年友好型社区名单，盐都区尚庄镇庆福村入选。盐都区对照创建标准从居住环境、社区服务、孝亲敬老、管理保障等8个方面做好争创工作，尚庄镇庆福村通过省级评估，获"全国示范性老年友好型社区"。

【入选全国乡村旅游重点村名单】 10月27日，文化和旅游部官网公布第四批全国乡村旅游重点村名单，盐都区潘黄街道仰徐村入选。潘黄街道仰徐村地处盐城大市区西南，盐靖、盐洛高速交叉贯穿境内，距市、区两级行政中心约15分钟车程，先后被评为"国家农村创新创业园区""中国美丽休闲乡村""全国文明村""国家级生态村""全国民主法治示范村""江苏省级水利风景区""江苏省乡村旅游重点村""江苏省四星级乡村旅游区""江苏省最具人气乡村旅游镇村""江苏省农家乐集聚村示范村"等。

【创成全国气象科普教育基地】 11月28日，中国气象学会公示第八批全国气象科普教育基地认定结果，盐城市盐都区气象局为全市唯一入选单位。盐都区认真贯彻落实《气象高质量发展纲要（2022—2035年）》，围绕省、市气象局党组工作部署，在省、市、区科协系统的关心指导下，加快气象科普宣传教育和文化基地建设。

【创成全省城乡公交一体化达标县（市、区）】 12月4日，省交通运输厅发布全省第一批城乡公交一体化达标县（市、区），16个县（市、区）经综合评估，完成城乡公交一体化达标县（市、区）各项建设任务，确定为城乡公交一体化达标县（市、区），盐都区位列其中。 （朱 俊）

【入选《红色基因水利风景区名录》】 12月12日，水利部公布一批《红色基因水利风景区名录》，50家水利风景区入选，江苏盐城大纵湖水利风景区上榜。大纵湖国家水利风景区拥有"芦荡迷宫"和"柳堡村"等红色资源，形成水荡湿地红色旅游景点，先后获评"国家水利风景区""国家AAAA级旅游景区""国家级湿地公园""江苏省生态文明教育实践基地"等。 （王 杰）

9月，全国"大众创业万众创新"活动周江苏分会场　　政府办 供

人事工作

【概况】 年内，实行事业单位公开招聘全覆盖，着重抓好报名、笔试、面试和体检考察等各个招聘环节，履行公开、公正、公平

的招聘原则,制定和实施科学、合理、可行的招聘方案,送上级部门审批,积极探索低成本、高效能的运行模式。

【事业单位招录工作】 全年通过报名、笔试、资格复审、面试、体检,政审等工作共招聘事业单位工作人员59名。协助卫生系统事业单位公开招聘卫生技术人员85名,协助教育系统下属学校公开招聘教师110名。 (陆雪松)

外事工作

【概况】 年内,深入学习贯彻习近平外交思想,坚决执行落实中央和省、市、区委决策部署,不断强化党管外事机制创新,开展对外交流合作,在国际友好城市交流、外事活动服务、民间外事交往等方面做大量工作,推动盐都高水平对外开放取得新成效,为全区高质量发展做出贡献。

【召开重要会议】 7月23日召开区委外事委第二次会议,会议传达学习省、市委外事工作委员会会议精神,听取2021年全区外事工作情况,研究审议《中共盐城市盐都区委外事委2022年工作要点》。

【助力外资外贸量质齐升】 年内,与区商务局密切沟通协作,配合做好涉外招商引资和经贸交流工作,共同助推全区全年进出口贸易同比增长9.6%。重点外贸骨干企业稳中求进,中恒宠物获得全市首家RCEP《经核准出口商》证书。新增注册外资企业12家,注册资本2.4亿美元(同比增长371%),累计签约项目10个(其中,3000万美元以上4个)。

【多形式开展对外交流活动】 年内,发挥友协对外交流阵地作用,举办首届"盐都友好日"活动、国际友城小学生"线上绘""喜迎中韩建交30周年"都韩合作恳谈联谊会等联谊活动。

【建立"海外平安盐都"工作专班机制】 年内,全面摸排盐都区境外公民和机构底数并建立通畅高效的网络机制,为"走出去"企业和人员提供有力政策指导和安全风险信息,保障共建"一带一路"安全推进。 (费 凡)

1月,"新春圆梦乐业盐都"直播 人社局 供

接待工作

【概况】 年内,盐都区共接待来宾407批4313人次,向市委、市政府报送重要客情计18次。成功完成2022全国"大众创业万众创新"活动周江苏分会场、2022盐城国家高新区数字经济与超算产业化发展论坛、"科创江苏"科技服务团盐都行暨产业创新发展论坛、"国际湿地·沿海绿城"盐都新城品牌开发建设企业座谈会、盐都(上海)长三角产业招商推介会、盐都(苏州)投资环境说明会、全市高质量发展项目观摩推进和重大项目集中开竣工活动、全区青年企业家座谈会等25次区重大活动;承接省委办公厅、省政府办公厅、省人大办公厅、省政协办公厅、省住建厅、省商务厅、省农业农村厅、省民政厅、省司法厅、省统计局、省金融局、省财政厅等上级单位参观考察活动;接待苏州市、扬州市、阜新市、富顺县、江都区、称多县、泾阳县等友好市(县、区)代表团,中铁集团、国电投、中国公路车辆机械有限公司、省广电、东山精密、永莱实业、天马微电子、食行生鲜、大音多媒体、新加坡曼哈顿酒店管理有限公司等一大批客商,中科院、省社科院、省农科院、《新华日报》等科研院校及媒体,第二轮中央环保督查、国务院第九次大督查、省安全生产第九督查组、省自建房专项整治、省根治欠薪考核、"中国天然氧吧"实地复核、华东能源局管道保护督查等专项检查组保障工作。

【优化接待理念】 年内,改变旧有的"接待就是后勤保障"的传统观念,在接待过程中宣传推介、收集信息,在接待环节中统筹考虑,展示盐都区经济社会发展的成就,最大限度地发挥接待工作的经济效益和社会效益。 (王 林)

信访工作

【概况】 年内,深入学习贯彻习近平总书记关于加强和改进人民信访工作的重要思想,认真落实中央和省、市、区决策部署要求,以为党的二十大胜利召开营造和谐稳定社会环境为主线,扎实开展"信访突出问题攻坚化解年"行动,学习宣传贯彻《信访工作条例》,全力防范化解重大风险隐患,着力提升信访工作质效，有效维护群众合法权益，促进社会和谐稳定，全区信访形势呈现总量下降、结构向好、秩序规范的良好态势，得到上级和领导充分肯定，全国“两会”、二十大信访保障工作结束后，分别收到市驻京工作组、市信访联席办发来的感谢函。

【保障重大活动】 年内，聚焦重大活动、重要会议期间的信访保障工作，提前谋划部署，注重统筹协调，严格责任落实，通力协作配合，有效运行信息预警研判、联动应急处置等重大矛盾风险防控机制，强化部门协作、密切配合，加强信息共享、力量联合，深化警信联动、路地联勤，依法规范有序做好进京涉访人员劝返工作，快速稳妥处置各类紧急情况，圆满完成中共二十大、北京冬奥会、冬残奥会和各级“两会”期间信访保障工作，实现“四个不发生”的工作目标。

【强化源头治理】 年内，坚持和发展新时代“枫桥经验”，围绕重点领域、重点群体、重点问题、重点人员，充分发挥区镇两级信访联席会议职能作用，常态化开展矛盾纠纷排查、涉访风险研判，强化“零报告”“日研判”“周周清”，加强初信初访处理，不断提升一次性化解率，努力从源头上控减信访总量。

【攻坚信访矛盾】 年内，深入开展“信访突出问题攻坚化解年”行动，统筹抓好治理重复信访、化解信访积案专项工作交办和攻坚年省交办重点案件的化解，严格落实“三到位一处理”的工作要求，强化“五位一体”包保责任，加大提级包案、挂牌督办、会商会办力度，推动一大批时间跨度长、化解难度大、涉及面广的信访问题得到有效解决。2022年，中央信访联席办交办的重点信访事项，全部报结，结案率100%，化解稳定率在98%以上；省信访联席办集中排查交办的信访事项，全部报结化解。

【夯实基层基础】 年内，全面提升省、市“人民满意窗口”工程建设，挑选秦南镇、楼王镇、大纵湖镇、学富镇积极申报省“人民满意窗口”。深入实施网上信访“人民满意窗口”创建，不断打造集信访反映、事项办理、跟踪评价一体化办公平台，提升网上信访渠道便民化、规范化、智能化水平，“阳光信访”信息化平台流转办理各类信访事项2457件（次），受理办理上级转交办来信、网上信访2190件（次），网上信访占比达89.13%。

【压实信访责任】 年内，所有重点信访事项按照“五位一体”要求落实包保责任，做到“事事有人管、件件有人问”。充分发挥通报督查职能，区信访联席会议定期在四套班子月度例会、政府常务会通报信访情况，区信访联席办成立6个督查组常态化进行督查指导，确保责任和措施落实到位。制定并执行《盐都区信访工作约访办法（试行）》，推动责任落实，不断压实责任单位、包案领导和具体责任人的信访工作责任。

【坚持法治信访】 年内，认真学习宣传《信访工作条例》，加强组织领导，精心抓好落实。区委常委会、区政府常务会专题学习《信访工作条例》有关内容，5月，开展专题宣传月活动，提高依法规范办理信访事项的意识和水平。成立区依法治访领导小组，加大涉访违法行为处置力度，推动形成办事依法、遇事找法、解决问题用法、化解矛盾靠法的法治氛围，2022年共裁决行政拘留8人，不予处罚1人，终止调查12人，教育处理33人。

（倪建玲　崔银财）

地方志年鉴编修

《仰徐村志》　　党史办　供

【镇村志编纂工作】 年内，列入编纂任务的12部镇志，已经完成《潘黄街道志》《龙冈镇志》《尚庄镇志》的出版；完成《楼王镇志》《秦南镇志》《学富镇志》《大纵湖镇志》的终审，交付出版社；《盐渎街道志》《盐龙街道志》《郭猛镇志》3部镇志已经完成总纂；《张庄街道志》《大冈镇志》启动。村志方面，随着全国文明村《仰徐村志》付印发行，潘黄街道已实现所有村（社区）志全覆盖（内部印刷）；盐龙、盐渎、龙冈、尚庄、楼王、度假区、秦南等镇（区、街道）的村志已经进入总纂阶段，其中，龙冈的《张本村志》、盐龙《丁晏社区志》交付出版社；龙冈《留瑛村志》、盐龙《健仁社区志》、尚庄《北堡村志》完成终审，进入出版程序。5月，召开市镇村志评审现场观摩暨《大纵湖镇志》终审会。8月，召开镇村志编纂文化工程工作座谈会，会议邀请全区镇村志主编参加，通过分享经验，提高编纂水平和效率。采用梯次推进保证深度介入全区镇村志编纂，每一部志书的纲目设计、资料征集、志稿撰写都做到全流程深度参与，逐字逐条把关，按出书流程处理。

【《盐都年鉴（2022）》编纂工作】 5月，基本完成《盐都年鉴》组稿工作，完善充实整体框架、类目设置、分目层次、条目要素及篇目内容。装帧突出年度特色，为庆祝党的二十大顺利召开，《盐都年鉴（2022）》封面颜色继续沿用“中国红”，材质采用“触感膜”，全书正文部分采用进口雅质纸，全面提升阅读体验。内容突出重点要点，专门设置"盐都区十大新闻"专栏，全面回顾2021年盐都大事要事；年鉴内容持续关注民生，记录乡村振兴、疫情防控、草房子乐园开园、腾飞路特色街区开业、盐都革命陈列馆开馆等年度热点重点；聚焦基层工作者和普通群众，宣传"中国好人"孙益海和一批"盐都好人"。把好供稿关口，进一步明确文稿要求并发文通知各供稿单位，加强审核，确保稿件内容完整，图片要素齐全。10月，年鉴定稿，并交付印刷厂。12月，年鉴出版，向各单位发放。

【创新编纂《盐都月鉴》】 年内，为助力记录盐都发展，讲述盐都故事，1月，在全省首家启动《盐都月鉴》的编纂工作，打造"即时性记录"品牌。《盐都月鉴》坚持"权威性、综合性、易读性"的理念，以回顾全区每月之大事、要事、新事、特事的方式，及时梳理重点工作、重要活动、重大项目等内容，逐月记录发生在盐都区域范围内或与盐都区密切相关的大事、要事，为各级领导科学决策提供参考依据，为社会各界了解盐都、研究盐都提供即时性资料信息。 （刘　菲）

金融与企业上市

【概况】 年内，全区各板块各部门单位和驻区各金融机构、地方金融组织，紧紧围绕区委区政府中心工作，紧扣服务实体经济、深化金融改革、防控金融风险三项任务，聚力稳金融、抓改革、防风险、促发展，金融工作取得成效，总体上金融运行态势良好、金融服务精准有力、金融风险有效稳控、金融生态持续优化。

【信贷投放工作】 2022年，驻区各金融机构实现存款余额605.13亿元，贷款余额779.17亿元，分别增长13.71%和20.67%，贷存比为128.76%。推动落实"信保贷"业务，共授信73笔2.51亿元，均列全市第二。年内，先后组织开展的政银企专场对接活动、拉网式政银企对接、银行机构"进园区""进镇村"等活动15次，共授信（投放）企业215家，金额185.57亿元。江苏省综合金融服务。全年组织5762家各类市场主体接入平台，累计解决企业资金需求4270项209.43亿元，解决需求数和金额均居全市前列。

【企业上市挂牌工作】 年内，按照"培育一批、股改一批、辅导一批、报会一批、上市一批"的梯次推进思路，引导重点企业对接知名券商、会计师事务所、律师事务所，加快企业改制、辅导、申报步伐。建立企业上市工作领导小组和区级工作专班，动态完善由22家企业组成的企业上市后备资源库。筹备召开全区企业上市工作推进会和企业资本市场培训会，制定下发《关于加快推进企业上市挂牌的激励政策》和《盐都区"十四五"企业上市挂牌行动实施意见》，认真宣传《高企上市行动方案》，专门汇编印制《企业上市挂牌工作实务》。截至年末，全区累计培育主板上市企业2家、新三板挂牌企业11家、苏股交挂牌企业315家，盛安传动、东九重工、中恒宠物等重点企业上市挂牌工作稳步推进。

【地方金融监管工作】 年内，对纳入监管范围的小贷公司、融资担保公司、转贷公司、典当行等机构，强化日常线上线下监管排查和第三方审计，完善"双随机、一公开"监管台账，及时公布监管白名单，督促规范运营。稳妥开展农民资金互助合作社转籍及清盘关闭工作，重点重抓农民资金互助社风险压降，压降水平全市领先，2月受到省、市指挥部办公室书面表扬。创新探索委派会计、代办员清退、银行账户协同监管、挂钩督查、行业自律等措施，严守"三不三严禁"监管红线，促其回归本源。

【防范金融风险宣传】 年内，加强与各板块部门及融媒体合作，常态化开展防范非法集资、养老诈骗等非法金融活动宣传教育，大力宣传非法集资的违法性和危害性，进一步提升群众防范意识，引导群众理性理财，自觉远离非法金融活动。开展防非宣传进工地、进企业、进社区、进商圈、进养老机构等专场活动6场次，在"盐都人"公众号上推送系列处非宣传资料6期，印发宣传画、告知书、宣传册和宣传标语2.8万份。

【健全风险防范化解机制】 年内，及时调整区处非领导小组，完善"一办三组"工作机制，研究制定《盐都区贯彻落实〈防范和处置非法集资条例〉实施方案》，建立区镇两级处非工作队伍，压紧压实各板块及处非领导小组成员单位责任。研究制定《盐都区巩固防范和处置非法集资攻坚战成果严防严控风险新一轮反弹工作方案》《盐都区防范化解重大金融风险问责办法》。专门组织召开全区打击和处置非法集资工作领导小组全体会议，分析通报风险点化解情况，落实限期整改措施，切实巩固攻坚战成果。配合有关部门做好农民专业合作社排查、私

5月，政银企对接会　　金融监管局　供

9月，网络安全周——“9·9”金融日专场宣传活动　　金融监管局　供

募基金分类整治、定融产品风险提示、到期信用类债券兑付风险排查、房地产领域风险排查等专项活动，通过现场走访、专项检查、联合检查、高管约谈等多种方式，开展分类整治工作，优化全区地方金融生态环境。　　（唐康宁）

机关事务服务工作

【概况】　2022年，盐都区机关事务服务中心在区委、区政府的坚强领导下，紧密围绕“细化管理、优化服务、强化保障”的要求，不断拓宽思路、创新举措、强化落实，在立足做好机关后勤服务的基础上，稳步推进办公用房管理、公务用车管理、公共机构节能、机关食堂管理等重点任务，各项工作取得阶段性成效。

【办公用房管理工作】　年内，做好党政机关办公用房测绘工作。党政机关办公用房接轨全省“一张网”信息化建设完成全区约26万平方米办公用房数据采集工作。做好党政机关办公用房管理信息系统升级工作。按照省市相关升级要求，完成信息系统初始化和升级任务的部署工作，夯实办公用房基础数据，提高信息系统使用效率。做好党政机关办公用房权属统一登记工作。全年，盐都区党政机关办公用房权属统一登记总建筑面积6.8万平方米，统一登记率73.4%。

【公务用车管理工作】　年内，调整车辆派驻模式，将平台集中管理的9辆车派驻到离区行政中心较远的8家单位，且用车单位使用车辆前必须履行申请程序才能派车，提高公务出行的时效性。租赁社会车辆保障公务出行，印发《关于盐都区党政机关公务出行定点租赁社会车辆的通知》，为集体公务活动、重要公务接待等提供市场化公务出行保障，同时为用车方和供车方进行双向规范，明确租车流程。规范“三定”管理台账，严格执行政府采购招标规定，实行定点加油、定点维修、定点保险，按照财务规定及流程严格审批，依规使用，并健全“三定”管理台账。每个季度对公车平台所有车辆的油耗及维保费用进行公示，接受群众监督。

【公共机构节能工作】　年内，开展能效领跑者和示范创建工作，区行政中心申报创建省级能效领跑者，龙冈镇参加省节能示范单位创建，区检察院创建复核。持续做好节约型机关创建工作，第二批18家单位成功创成节约型机关，目前盐都区累计创成节约型机关52家，剩余6家单位筹备中，确保下一批全部通过。推广使用新节能系统，全区公共机构全部更新系统并上报数据，对接能耗批量上传或自动获取方式，尽快实现数据抓取。

【机关食堂管理工作】　年内，从“节约行动”上出硬招。根据机关食堂实际情况，从采供核算、服务管理、就餐模式等制度和流程上进行完善，有效减少餐饮浪费。充分利用“科技+”手段，对现有设备进行节能改造，逐步淘汰老旧高耗能厨房设备，推广使用“新技术、新能源”的节能型设施，降低能源消耗。丰富菜品选择，要求机关食堂每周更新至少5道菜肴。加强“走出去”和“请进来”，不断学习、借鉴、筛选适合食堂加工的新品菜肴。努力提高服务满意率的同时，提升菜肴品质，获得机关工作人员的一致认可。建立餐饮评价体系，开通盐都食堂公众号，安排专人发布每周菜单信息，方便就餐人员及时查看，同时推出微信终端评价系统，方便干部职工反馈用餐感受并及时调整菜品。

【后勤服务工作】　年内，加强办公设备维护。定期组织人员对中央空调、电梯、配电柜、供水和照明系统等设备进行检查和维护保养，更换中央空调风机盘管共计48台，对行政中心一、二级供水箱进行消毒清洗1次。强化会务保障工作。以统一安排、统一调度为原则，始终坚持做到“用心、细心、诚心、热心、耐心”服务好每一家会议室使用单位，全年保障大小会议、接待1000余场（次），与会人员达5万人（次），服务满意度得到各部门单位的一致好评。营造优美办公环境。加强行政中心景观硬件、绿化树木、环境卫生管理维护，定期组织人员对护城河内杂物进行清理，组织开展除四害、消除“白色垃圾”等环境清洁行动。进一步提升机关服务保障质量。为全面加强机关办公用房、公务用车、机关食堂的管理工作，提升机关事务服务质量。修订《盐都区机关事务标准化管理规范（试行）》，不断规范服务流程，提高服务标准，打造服务品牌。做好异地交流干部周转房服务保障工作。选派管理和服务人员，全力做好异地交流干部的生活起居和安全保障等服务工作。

【安全保卫工作】 年内，落实好疫情防控任务。严格按照区防控办工作要求对行政中心、机关食堂和异地交流干部周转房等重点场所做好扫码排查工作，按时对电梯、会议室、楼梯间等公共区域进行全方位卫生消杀。组织20余名党员干部深入抗疫一线，参加全区“机关党员突击队”、核酸检测和大数据摸排等抗“疫”任务。优化行政中心停车秩序。将行政中心内部环型道路改成单向双车辆车道逆时针行驶模式，提高车辆通行效率，解决会车难、易碰擦的问题。针对行政中心内部停车位少的问题，在广场西南侧新增加20个车位，缓解停车难题。坚守消防安全红线。消防控制室新增4名专职消防安全员，所有消防值班人员做到持证上岗。全年共组织2次消防安全培训与演练，消防安全员每天对行政中心所有消防点位进行4遍到点巡查。突出重点安全隐患排查。加大安全生产检查督导力度，全年组织安全检查12次，发出整改通知书7份，发现并整改安全隐患共计2类8项。 （姜天翊）

政府采购

【概况】 2022年，区公共资源交易中心以习近平新时代中国特色社会主义思想为指导，认真贯彻落实区委、区政府决策部署及工作要求，全面分析疫情防控和经济形势，主动服务，攻坚克难，多措并举，优化营商环境，切实加强电子化政府采购平台建设，进一步规范政府采购流程，持续推动全区政府采购高质量发展。

【优化政府采购营商环境】 5月，盐都区公共资源交易中心贯彻《关于进一步优化政府采购营商环境的通知》文件精神，面向中小企业预留份额。对于适宜由中小企业提供的采购项目和采购包，主管预算单位组织评估，预留采购份额专门面向中小企业采购，同时，按照相关文件规定，设置对小微企业产品价格给予扣除的条款。合同中约定预付款。在政府采购合同中，预付款比例一般不低于合同金额的30%；以人工投入为主的采购合同，一般不低于10%；中小微企业提高到50%以上；与疫情防控有关的采购合同预付款比例最高可达100%。缩短合同签订时间。为加快项目进度，压缩政府采购合同签订时间，采购人原则上在中标（成交）通知书发出之日起由原先的30日内签订合同缩短为15日内签订。加快资金支付进度。为降低中小企业交易成本，激活企业资金回笼，对于满足合同约定支付条件的，采购人在收到发票后15日内支付采购资金。

7月，机关内宣传落实“双碳”行动　　　　机关事务服务中心　供

【加大支持中小企业力度】 年内，严格落实江苏省财政厅印发《省财政厅关于进一步加大政府采购支持中小企业力度的通知》，做好财政政策支持中小企业纾困解难工作，鼓励采购人扩大预留中小企业项目范围。400万元以下的货物、服务和工程采购项目，适宜由中小企业提供的，采购人要专门面向中小企业采购；超过400万元的货物、服务和工程采购项目中适宜由中小企业提供的。未预留份额专门面向中小企业采购的货物、服务项目，给予小微企业的价格扣除优惠由6%～10%提高至10%～20%；大中型企业与小微企业组成联合体或者大中型企业向小微企业分包的，评审优惠幅度由2%～3%提高至4%～6%。优化政府采购程序，便利市场参与主体。中小企业参加政府采购活动，对法定代表人已出具委托书的，不得要求法定代表人到场参加开标、谈判等；采购人、采购代理机构免费提供电子采购文件。全区进入区公共资源交易中心的政府采购项目，提升中小企业参与采购活动的便利度。

【各项指标情况】 2022年，完成政府采购类项目12批次，预算金额0.77亿元，中标金额0.68亿元，节约财政资金941.84万元，节约率12.18%。对比2021年数据，政府采购项目减少35批次，预算金额减少0.75亿元，中标金额减少0.61亿元，节约财政资金减少1393.39万元，节约率下降了3.16%；与去年相比，采购人在“苏采云”系统上自行组织的场外交易分散采购项目大幅度增加。

【重点工作】 年内，为进一步规范政府采购流程，积极响应《关于进一步提升全市政府采购全程电子化水平的通知》文件要求，上线政府采购一体化平台系统，实现政府采购全流程“电子化”。10月中旬，举办“盐都区公共资源交易中心政采一体化平台系统视频培训会”，由全区采购人、代理公司以及中心全体工作人员共同参加，培训会上邀请软件公司的技术工程师就项目注册、上网、开评标等操作流程进行现场教学和实机演示，对操作中可能遇到的问题进行互动交流，大幅提高采购工作效率。持续推进政府采购意向公开工作，提高政府采购透明度，全年累计公开政府采购意向项目35个，金额约2.56亿元。 （周晶晶）

政协盐城市盐都区委员会

重要会议

【概况】 年内，区政协在中共盐都区委的坚强领导下，坚持以习近平新时代中国特色社会主义思想为指导，全面贯彻落实中共二十大精神，把握团结和民主两大主题，认真履行政治协商、民主监督、参政议政职能，发挥专门协商机构作用，践行全过程人民民主，提升服务基层社会治理的效能，为“勇当沿海地区高质量发展排头兵”贡献政协力量。全年共召开全委会1次，常委会议4次，主席会议4次。（徐 伟）

【政协盐都区十五届一次会议】 1月25—28日在东方玄武大酒店举行，出席委员275人。区委书记王娟在会议开幕时讲话。会议听取并审议区政协主席张建洋代表区政协第十四届委员会常务委员会所作的工作报告和副主席阮宜春所作的提案工作报告，举行建言献策大会，会议一致通过《中国人民政治协商会议盐城市盐都区第十五届委员会第一次会议决议》。与会人员列席区十七届人大一次会议，听取并讨论区委副书记、区长马正华所作的政府工作报告及其他报告。会议结束时，区政协主席、党组书记王铁根致闭幕词。

【区政协常委会议】 2022年，区十五届政协常委会共举行4次会议。

5月24日，举行第一次常委会议。区政协副主席李庆銮主持会议。与会人员先后视察高新区博盛新能源、中科院上硅所新能源中心、张庄创新创业产业园（芯丰集成电路、华腾半导体）等科技创新示范项目、基地。副区长周昉通报全区“双创引领示范区”建设情况，与会人员围绕打造科技创新“主引擎”，建设“双创引领示范区”进行了协商议政。就《聚力打造“双创引领示范区”建议案》（讨论稿）提出修改意见，并就打造科技创新“主引擎”，聚力建设“双创引领示范区”提出对策和建议，区政协主席王铁根出席会议并对盐都“人才强区”建设等方面提出相关要求。

9月21日，举行第二次常委会议。区政协副主席张鸿新主持会议。与会人员视察大冈镇佳富村、郭猛镇神农大丰种业公司等现场。副区长贾中军通报盐都区“特色田园乡村创建”工作推进情况，与会人员围绕“推进盐都区特色田园乡村高质量发展”议题进行协商议政，通过《推进特色田园乡村高质量发展建议案》。区政协主席王铁根出席会议并对做好特色田园乡村建设和当前考核形势提出相关要求。

11月16日，举行第三次常委会议。区政协副主席阮宜春主持会议。与会人员先后视察实地考察高新区人力资源服务产业园及潘黄人社服务平台、盐都区人力资源市场（盐城市零工市场）等现场。会议分为三个阶段，会议第一阶段听取区人社局关于全区就业工作的情况

5月，盐都区政协十五届一次常委会议　　政协办　供

通报；第二阶段与会人员就《关于推动实现更加充分更高质量就业的建议》（征求意见稿）提出修改意见；第三阶段区政协主席王铁根讲话，对认真学习宣传贯彻中共二十大精神、促进高质量充分就业、全力以赴进位争先三方面提出要求。

12月28日，举行第四次常委会议。区政协副主席许丽萍主持会议。会议协商通过调整部分委员名单；审议区政协十五届二次会议议程（草案）、日程（草案），和《关于表彰2022年度"双岗双优"委员和优秀提案、社情民意先进个人的决定》（草案）。讨论《区政府工作报告》（征求意见稿）、《区政协常委会工作报告》（征求意见稿）和《区政协提案工作报告》（征求意见稿）。会上，区政协主席王铁根对筹备区政协十五届二次会议工作提出相关要求。

【主席会议】 年内，区政协举行主席会议4次。会议深入学习宣传贯彻习近平新时代中国特色社会主义思想和中共二十大精神，自觉站位新发展阶段、深入贯彻新发展理念、助力构建新发展格局，围绕建设"四个示范区"和"勇当沿海地区高质量发展排头兵"目标任务，不断提高政治协商、民主监督、参政议政水平。研究部署区政协重点工作，协商确定区政协十五届二次会议重点提案。重点围绕"深入推进农业高质量发展""巩固提升营商环境""提高精细化建管水平，打造品质化宜居城市"等议题进行协商议政。

（徐　伟）

重要工作

【建言献策】 年内，围绕全区工作大局，紧扣"四个示范区"建设，谋划协商议题、组织协商活动，为推动全区经济社会更高质量发展，人民群众更有品质生活建睿智之言、献务实之策、出管用之招。区政协十五届一次会议期间，组织建言献策大会，委员们坚持问题导向、精准献计献策，向省政协、市政协提供《充分发挥商会作用　助力全区招商选资》《加快建设副中心　打造西部增长极》《推进农业农村现代化　打造乡村振兴示范区》《推动数字化转型　赋能高质量发展》《优化基层医卫体系　提升医疗服务水平》《创新校本教研路径　助力青年教师成长》《坚持智能终端首位度　打造全产业链条》《提升高端服务能力　构建区域创新生态》《做优做美水文章　扮靓水绿新盐都》《农旅融合助发展　产业转型促振兴》10篇建言材料。

6月，区政协视察区法院一站多元解纷和诉讼服务体系建设工作座谈会

政协办　供

【协商议政】 2022年，区政协聚焦"十四五"规划实施中的重大问题开展多种形式协商活动，建立党政部门与政协专门委员会沟通协作机制，采纳政协参政议政成果。围绕打造科技创新主引擎，生态宜居美丽乡村建设，打好就业组合拳、筑牢民生基本盘等重点议题协商议政，开展"创建省级全域旅游示范区"等界别协商，进行"大纵湖副中心镇区、园区、景区'三区'联动"等重点视察，对企业技术创新工作、全区"八五"普法工作、农业龙头企业招引（龙冈食品工业园）、医联体医共体建设和农村医疗卫生机构服务能力提升、大纵湖景区湖荡风情小镇建设等开展专题调研活动，围绕"有效治理和提升农村水环境质量"等民生论坛进行调研。6月，视察区法院一站多元解纷和诉讼服务体系建设。

【基层协商】 2022年，自加压力，按照"六有"标准，重点升级打造高新区创新中心、盐渎花吉等14个集协商议事室、委员工作室、社情民意联系点、商量书房、党史学习室于一体的"五位一体"示范点。全面推动384名省、市、区三级政协委员下沉，续聘区、镇、村三级协商智库成员1470名，为基层协商议事工作提供人才和智力支撑。完善30个协商议事工作小群，切实把299名召集人（村级251名，界别31名、镇级14名，园区3名）组织、统筹作用发挥好。跟进"一名主席会议成员+一个委办室+一个板块"的工作督导机制，成功录入协商议事活动427个，其中90%形成协商成果。

【创新实践】 2022年，紧扣市政协"四百"工程要求，指导14个示范议事室增设全向麦、摄像头等硬件，配备专职工作人员，全面构筑"云协商"环境，相关工作得到省市政协高度肯定，并被省政协确定为"江苏政协·有事好商量协商议事网（系统）"试点县区。参与"全过程人民民主与市县政协工作创新"理论研讨，并为研讨会提供观摩现场，区政协关于《市县政协有效服务基层社会治理的路径探索》一文在研讨会上作交流发言。执行"一名主席会议成员+一个委办室+一个板块"的工作督导机制，及时了解协商议事活动中存在的共性、个性问题，敦促各议事室抓紧落实协商意见，推动成果真转化、真落实，切实做好协商议事工作"后半篇文章"。

【畅通民意渠道】 年内，强化信息舆情汇集和民意表达功能，畅通政协委员及其所联系的界别群众反映意见诉求的渠道，积极反映事关改革发展和民生事业的普遍性、典型性问题。召开全区政协宣传和社情民意信息工作会议后，成立社情民意专班工作小组，组织委员开展社情民意“微调研”，把一般渠道不容易掌握的社会情况和群众诉求反映上去。2022年，共上报社情民意信息208件，其中，53件报省，13件报全国，《关于加强疫情期间货运司机管控的建议》得到市政府领导批示。为宣传中共路线、方针、政策，协助区委、区政府做好协调关系、理顺情绪、化解矛盾等工作，维护社会和谐稳定作出积极贡献。（徐　伟）

重要活动

【专题调研】 3月23日，围绕“农业龙头项目招引工作”课题，区政协副主席李庆銮带队部分区政协委员先后在龙冈心思源食品和灰太狼食品进行参观。5月11日，围绕一季度常委会“打造科技创新主引擎，建设双创引领示范区”课题，区政协主席王铁根带队部分区政协委员及科技局相关同志先后在大学科技园、中科院上硅所新能源中心、汉印机电进行参观考察。8月25日，区政协围绕“八五”普法开展专题调研，区政协副主席许丽萍带队部分区政协委员及法院相关同志先后在盐龙街道社会治理宣教体验区、禁毒教育基地和法治文化广场、全国民主法治示范村——秦南镇泾口村进行参观考察。9月23日，围绕“推进医共体建设，提升基层服务能力”课题，区政协副主席阮宜春带队部分区政协委员先后实地调研盐龙街道社区卫生服务中心、大纵湖镇卫生院和花陇村卫生室。10月25日，围绕协商推进大纵湖副中心镇区、园区、景区“三区”联动和大纵湖景区湖荡风情小镇建设工作，区政协副主席沈德成带队部分区政协委员先后视察大纵湖镇幸福蓝海影院、标准化厂房一期、义丰路东延项目现场。

【对外交流联谊】 年内，周密做好省、市政协领导在盐都调研视察工作，配合完成文旅融合、“一老一小”服务体系建设、印制电路板产业链培育、“15分钟医保服务圈”示范点建设等7项专题调研。先后接待河南、广西、安徽等外省市政协至盐都考察交流33批（次），组织住盐都市政协委员异地视察，加强对联络组工作的指导，联动市政协开展“送文化、送卫生、送法律”三下乡、“三走进一联系”等活动；并接待射阳、建湖等县、区政协在盐都交流学习，进一步密切政协系统的联系与协作。

【编印文史资料】 年内，认真落实全国和省市政协文史工作座谈会精神，按照总书记“以史为鉴、开创未来”的重要指示要求，系列化开展地方文史资料的征编工作。成立区政协文史资料编辑部，选聘25名特约撰稿人，确定《盐都名胜》18个部分45个具体篇目，“四名”系列文史资料中的《盐都名胜》全景展现盐都独特的自然风光和厚重的人文底蕴，得到各镇（区、街道）及宣传部、文旅局等相关部门支持，赠阅有关镇（区、街道），部门和相关人士。

1月，常委会调研　　　　政协办　供

【宣传工作】 年内，发挥公众号、门户网站在宣传中的作用，密切与各级媒体的交流合作，办好“委员风采”、微信公众号等宣传阵地，《我们一定能为破解“卡脖子”技术作出更多贡献》《践行使命担当　服务乡村振兴》《把“草房子”变成“金房子”》等委员履职故事在《人民政协报》上刊载，传播盐都政协履职“好声音”。盐都政协共发布省级以上宣传稿件15篇，其中，《人民政协报》报纸1篇，《人民政协报》早闻4篇，《人民日报》数字1篇，《现代快报》1篇，“今日头条”1篇，网易新闻1篇，腾讯新闻1篇，“江苏政协”公众号4篇。

【委员教育培训】 年内，组织政协委员收听收看中国共产党第二十次代表大会，组织开展“创新无限·创业有为”等主题读书会10次，组织开展界别委员读书分享会，推出2位委员读书荐书短视频，谋划请专家学者走进“政协讲堂”，让委员走进“委员讲堂”，委员读书活动有形有效、出色出彩。邀请省社会主义学院教授对全体委员进行集中培训，制定委员履职考核评价办法，建立委员履职数字档案，通过“数字赋能”，科学对年度履职情况考核定档。（徐　伟）

提案工作

【概况】 全年共提交提案185件，经审查立案180件，其中，创新创业类41件、智能制造类38件、融合发展类31件、“两山”实践类33件、民生改善类37件，立案的提案已全部办理答复，委员满意和基本满意率100%。重抓“精准提案、严格立案、务实办案、重点督案、双向评案”五个关键环节，打造提得好、办得好、效果好“三好”提案。

【提案征集审查】 1月，全会召开前，围绕区委、区政府中心工作和群众关切、社会关注的热点问题，通过区电视台、盐都日报、政协网站等新闻媒体征集提案选题线索，编制覆盖面广、针对性强的提案参考目录，开展提案选题预申报工作，对选题进行细化、优化，通过专题讲座、政情通报、交流研讨等形式，帮助委员拓宽知情明政渠道，把握高质量提案的标准。坚持会中初审、会后复审、交办前会审“三审”制度，力求分办合理、准确，交办对口、及时。

【提案办理协商】 年内，区委书记、高新区党工委书记王娟领衔督办“关于推动制造业技术创新，加快向智能化高端制造转型”专题3件重点提案，为高质量办理政协提案发挥示范引领作用。年内，区委、区政府、区政协领导共领衔督办8件重点提案，通过专题调研、实地考察、座谈协商等方式，推动提案建议的落地落实。以“有事好商量”协商议事平台为抓手，做好提案协商与政协协商、基层协商的融合文章，让委员、利益相关群体与承办部门开展“面对面”协商交流。

【提案办理实效】 年内，坚持提案办理全过程协商，规范提案办理协商程序，丰富提案办理协商内容，用好“有事好商量”平台，邀请社会各界出谋划策、共商解决方法，构建“办前走访沟通、办中协商问计、办后评议问效”工作闭环。发挥提案监督作用，遴选一批监督性提案，组织提案监督性调研和协商督办，开展重点提案办理“回头看”和跨年度跟踪督办活动，在推动跟踪办理和问题解决落实上下功夫，促成一批事关发展、事关民生的提案转化为工作举措。

【提案机制创新】 年内，坚持以提案工作创新更好地发挥专门协商机构作用，强化委员知情引导、选题指导、撰写辅导，搭建平台、综合分析、咨询服务，为提案者提好提案、办理单位办好提案提供保障。深化提案“清单式”办理，探索量化评议、第三方评价机制，促进提案由“办理满意”向“落实满意”转变。加强和规范提案撰写、评选、表彰工作，明确要求每位委员每年至少提交1件提案，并将提交高质量提案作为评选“双岗双优”委员的前置条件，年内共评选15件优秀提案在政协全体会议上予以表彰。

（徐　伟）

·提案选登·

充分发挥商会作用
助力全区招商选资

顾　斌

项目招引建设是永恒的主题。多年来，我区高度重视招商选资和项目推进，取得了明显成效，人人争当招商员的氛围正在逐步形成。但随着经济下行压力加大，各地都在拼命狼性招商，招商已经成为抢商。要进一步充分发挥商会作用，广泛凝聚乡贤力量，构建人脉资源网、增强招商凝聚力、下好服务一盘棋。为此，建议：

一、以商引商织密“一张网”。搭建政商交流平台，让商会成为政府与企业之间沟通链接的桥梁纽带，着眼商会在开展外引内联中的独特优势，加快推进商会网络体系建设。一是把商会建在热点区域。围绕我区细分领域招商地图，在巩固上海、宁波盐都商会的基础上，加快深圳、南京、苏州、杭州等异地商会建设，构筑横向到边、纵向到底的商会网络体系，形成商会内部资源共享、有机联系的交互生态，完成商会会员企业家“千人计划”布局，为全区推进招商选资建好“一张网”，疏通“毛细血管”，把在外盐都籍企业家凝聚起来，把他们的关系网、朋友圈转化为我区招商的优质资源。二是把商会建在产业链上。围绕我区“3+5”产业链条建设，加快组建电子信息、高端装备、新能源等行业商会，整合区内商会会员企业和区外相关行业乡贤力量，开展延链、补链、强链专项行动，着力引进一批头部企业，培育一批“群主”“链长”企业、专精特新“小巨人”和高新技术企业，为高新区“五年超千亿、挺进五十强”贡献力量。三是把商会建在培植税源上。探索建立楼宇商会新模式，在研创大厦、汽车服务大厦等楼宇筹建商会，以特色促集聚，以集聚促集群，推进楼宇资源与资本、技术、人才等要素融合发展，帮助企业由孤军奋战向整体互动、共建共享、合作共赢模式转变，助力打造站起来的园区。

二、以情招商汇聚“一条心”。开展区、镇两级“走商会、送服务、促招商”活动，加强定向招商、精准招商。一是密切联系暖心。利用春节、中秋等传统节日，走访慰问商会会长及在外乡贤代表的家庭和长辈，加强与他们的情感交流，着力帮助他们解决实际困难，让他们感受到浓浓的乡情。二是登门拜访交心。围绕我区招商重点领域和产业，梳理出对应的乡贤能人，由所在板块领导带队，会同专职招商人员主动登门拜访，了解他们在外创业的发展情况和项目建设需求，利用他们的资源进一步寻找招商信息、深挖项目线索。三是委托招商连心。在商会会员中聘请一批招商联络员，广泛进行委托招商，负责招商信息的收集，组织编发《“商会联商、以商引商”行动政策选编》，各板块要定期在长三角、珠三角重点城市召开投资说明会，全方位宣传推介我区的投资环境和招商引资、招才引智优惠政策。四是评优表彰赢心。开展“招商明星商会”“十大招商功臣”评选表彰活动，发挥典型示范作用，大力褒扬以商引商的先进典型和回乡创业的成功人士，有效激发他们的荣誉感，让他们在政治上有荣誉、社会上有地位、乡亲前有荣光。

三、服务安商下好“一盘棋”。靶向发力服务民营企业，全力帮助民营企业尤其中小企业勇攀“专精特新”高峰，让他们“扎根盐都扎得更深、攀登向上攀得更高”，为全区高质量发展增添“成色”。一是提供“培训大餐”。实施创二代打铁工程，通过线上、线下相结合送思想、送政策，开展“早餐会”“企业家沙龙”活动，设立新生代企业家培训基金，举办传承领航管理课程研修班，帮助年轻一代传承创业精神，续写发展新篇。二是建立“闭环机制”。广泛开展“一线访民意、一线解难题、一线促发展”集中调研活动，针对收集的问题，建立“收集交办、领办会办、督查催办、反馈评办”全流程闭环处理制度，确保企业的诉求和难题，在第一时间得到回应和解决。三是实施“精准服务”。聚焦企业现实需求，唯实惟先、精准发力，为企业提供项目建设、生产运营等全周期、全流程服务，主动当好联系服务企业的责任人，以最优的服务构建最优的营商环境，实现把商招进来，把商留得住，让商发展好，把盐都打造成招商选资和项目建设的新高地，为加快建设“四个示范区”作出新贡献。

加快建设副中心 打造西部增长极

黄　河

以大纵湖镇为主阵地建设盐都副中心，是区委高瞻远瞩、着眼全局做出的重大战略决策，西部板块五镇区要抓住机遇，统筹谋划，突出重点，加快实施。推动镇区、园区、景区联动发展，实现产业、生态、民生互促并进，持续增强产业承载力、人口集聚力、人才吸引力，打造全区经济社会发展新的增长极，为建设“四个示范区”多作贡献。为此，建议：

一、聚合资源要素，开创融合发展新局面。一是坚持交通先行。加强与上级交通部门对接，加快实施盐宁、盐蚌高速西延工程，增设高速互通，提高对外交通水平。争取将125省道高架建设、青年路高架西延项目纳入大市区发展规划，缩短西部板块与大市区距离，提升盐城西大门形象。加快以大纵湖镇为中心的西部地区道路建设与改造，提高内联互通水平。二是彰显生态底色。发挥湖荡湿地资源优势，优化水环境、保护水生态，传承水乡建筑特色，挖掘水乡文化底蕴，主打水乡餐饮风味，为游客提供生态旅游、休闲度假、生活居住服务，让绿水青山变成老百姓增收致富的金山银山。三是推动力量聚合。牢固树立“一盘棋”理念，加强协同合作，推动要素整合，努力构建规划设计合一、产业布局配套、资源要素流通共享的副中心建设格局。发挥纵湖新城、工业园区、大纵湖旅游度假区在集镇宜居、产业发展、文旅融合等方面的优势，取长补短，形成合力。区相关部门在政策运用、土地规划、立项审批、投资融资、项目建设等方面给予支持，确保副中心建设稳步推进。

二、力促产业转型，积聚加快发展新动能。一是主动融入高新区产业生态。主动对接产业资源、招商政策、管理机制等，重点谋划智能终端、高端装备、新能源产业发展，与高新区形成上下游产业生态关系。构建联动招商机制，借力高新区产业链招商，扩大招商渠道，建立招商项目评估体系，与高新区进行项目协调分配，发挥土地资源效益最大化。加快园区高效管理体系搭建，与高新区建立共建共享机制，优化产业项目的准入、投产、退出评估，增强园区发展的持续活力。二是提升义丰园区发展水平。全面梳理大纵湖镇现有企业，对产业用地、企业类型、开票销售、亩均税收等方面进行深度评估，建立现状企业腾挪更新清单，筛选具有发展潜力的产业，淘汰落后产能，优化特色产业结构，引导企业向自动化、智能化、数字化升级。建设现代化标准厂房，筑巢引凤，重点引进一批专业基础好、创新意识强的高成长型企业，推动园区新型产业崛起。三是打造西部产业共同体。义丰工业园积极发挥乡镇园区转型升级示范效应，先行先试探索区域联动、空间腾挪、土地增效、园区运作等方面的新模式和新方法，为西部乡镇园区发展提供借鉴。细化西部乡镇园区产业分工，建立主次园区合作体系，有序引导同类产业集聚，形成产业集群效应，发挥义丰工业园在资源整合、引领发展上的主平台作用。

三、促进农旅融合，开辟绿色发展新境界。一是发展全域旅游。抓住高铁开通机遇，策应差异化生活体验和老龄化背景下休闲养老的需求，整合区域内大纵湖、蟒蛇河生态资源、东晋水城民俗文化资源、乡村田园资源等，建设一核多点联动的旅游体系，构建“田园农旅+研学体验+养老休闲”的多元旅游发展模式，推动西部板块全域旅游建设。二是强化龙头引领。进一步完善大纵湖旅游度假区景区的开发与运营，策划更为丰富的旅游活动，逐步提升大纵湖旅游品牌的市场知名度，引领盐都西部旅游产业提升发展水平，实现以点带面的突破。三是拓展旅游产品。以丰富旅游内容为导向，利用大纵湖旅游度假区的品牌溢出效应，依托环绕大纵湖的乡村田园、农渔养殖等资源，择优重点打造多个具有游玩差异性的特色乡村旅游综合体，发展现代田园农业体验、农业科普教学、龙舞非遗传承、乡村度假休闲、采摘垂钓田园农家乐等乡村旅游活动，形成与大纵湖串联互动的乡村旅游，推动乡村振兴。

四、完善功能配套，打造协调发展新样板。一是围绕宜居宜游强配套。抓好旅游2号线沿途环境整治、高标准建好停车场、旅游厕所等设施，提升消防站、污水管网等公共服务配套，引进民宿、酒店、养老地产、度假公寓、商业娱乐等项目，优化风貌和环境，倾力打造盐都西部旅游集散地。二是围绕能级提升强配套。推动区内教育、医疗等优质资源向副中心延伸，加速布局商业综合体、特色商业街区和文体中心等现代服务业，推动大纵湖镇由生态特色小城镇向为片区提供综合服务的小城市升级。三是围绕强镇扩权强配套。按照副中心定位，争取区相关部门单位设置分支机构，金融机构设立支行，新建综合性政务服务大楼，服务西部板块。积极争取省“强镇扩权”改革试点，推进基层治理体系和治理能力现代化。

推进农业农村现代化 打造乡村振兴示范区

杨春艳

近年来，我区现代农业发展取得了明显成效，农业综合产能稳步提高，高标准农田建设、特色农产品培育、农民住房条件改善亮点纷呈，乡村振兴实绩考核位列全省第一等次。但对标新发展理念，对照现代化标准，全区农业仍呈现大而不强的特征：在协调发展方面，乡村一二三产融合发展不够充分，农产品加工业发展滞后，农业产业链供应链现代化水平仍较低。在绿色发展方面，农业标准化生产程度不够，农业面源污染治理仍不彻底。在创新发展方面，农业种业发展不快，农业科技进步贡献率低于全省平均水平，农业发展质量效益和竞争力有待提升。

区委十五届三次全会提出要加快农

业农村现代化进程，更大力度推进乡村振兴。为此，建议以推进农业现代化建设为抓手，坚持问题导向，突出重点难点，补齐短板弱项，推动由农业大区向农业强区跨越，为乡村振兴夯实产业基础。

一、推动基础装备提升，示范引领农业设施化。实施“藏粮于地、藏粮于技”战略，把高标准农田建设作为农业现代化建设的重要抓手，加强农田基础配套设施建设，改善农业生产条件。开展农业生产全程全面机械化示范县建设，瞄准园艺、畜牧、渔业等机械化短板领域，加快基础设施和作业条件“宜机化”改造，推广适应特色产业生产需要的高效专用农机具，加快形成特色主导产业机械化生产体系。

二、建强产业振兴载体，示范引领农业园区化。坚持把现代农业园区作为农业高质量发展的重要载体，深入推进现代农业园区“等级创建”，打造一批产业特色鲜明、要素高度集聚、设施装备先进、生产方式绿色、经济效益显著、辐射带动力强的现代农业产业园。以建设工业园区的力度，把人、地、钱等各类要素集中到现代农业园区建设的主战场上来，打造一批彰显绿色发展理念、智慧应用场景，示范引领作用的现代化“未来农场”，带动乡村产业振兴。落实最严格的耕地保护措施，坚决遏制耕地“非农化”、防止“非粮化”。

三、推进全产业链开发，示范引领农业融合化。依托长三角的区位优势，挖掘农业多种功能，创建一批农村一二三产融合发展先导区。以“农头工尾”为抓手，大力发展现代农产品加工业，建强一批食品加工产业园。大力发展农村电商、休闲农业、手工文创、农业生产性服务等新产业新业态，推进农业景观化发展。发挥龙头企业带动作用，探索发展订单生产、土地入股、来料加工等利益联结模式，构建农业产业化联合体，实现小农户和现代农业发展有机衔接。

四、加快发展方式转变，示范引领农业绿色化。大力发展低碳循环农业，推进农药化肥减量增效，严控农业面源污染，创建国家绿色农业发展先行区。坚持质量兴农、品牌强农，推动品种培优、品质提升、品牌打造和标准化生产，强化产地准出和市场准入机制衔接，开展国家农产品质量安全县创建。坚持区域公用品牌与特色品牌建设相结合，持续推进大纵湖大闸蟹、盐都草莓、有机稻米等一批拿得出、叫得响、销得好的特色品牌建设。

五、实施科技赋能行动，示范引领农业数字化。建设综合型农业农村大数据平台，推动涉农数据要素整合共享和高效管理。突出设施园艺、畜禽养殖、水产养殖、农机作业等重点领域，积极推进农业智能装备示范应用，实现远程监控可视化、生产控制自动化、质量溯源标准化、管理决策智能化，培育一批数字农业基地。鼓励现代农业园区、农业龙头企业加强数字农业技术的全程应用，探索建设“无人播种、无人耕翻、无人植保、无人收割”的规模智慧农场，打造全国领先的数字农业创新应用高地。

推动数字化转型
赋能高质量发展

黄　臣

近年来，我区不断完善网络基础设施建设，相继建成了一批“智慧盐都”项目，企业星级上云、工业互联网应用推广、示范智能车间建设等方面成效明显，奠定了数字经济发展的良好基础。但也面临数字经济规模不大、与实体经济融合程度不高、数字产业化发展不快等问题。为此，建议：

一、加快制造业数字化改造。一是推动企业数字化赋能。积极开展智改数转专项行动，推广“数字+制造”模式，深化关键工业软件、工业级智能硬件、智能机器人的应用，增强企业数字化设计、智能化制造、精细化管理、个性化定制、网络化协同能力，建设一批柔性生产线、数字化车间、智能化工厂，推进制造业提质增效。二是促进平台数字化转型。围绕提升制造业整体能级，引进一批工业互联网综合解决方案服务商，依托现有科创优势，打造数字引领示范园区。鼓励龙头企业争创工业互联网标杆工厂，建设行业级工业互联网平台。创新应用高端芯片、基础软件、核心工业软件、智能传感器等关键领域数字技术。三是支持行业数字化升级。聚焦重点产业，探索产业数字化转型新路径。加强智能装配、工业数据和知识、算法的综合应用，新上重大项目一步到位布局智能工厂。推动高端装备产业复杂产品设计、生产、服务全过程数字应用，促进传统特色装备转型升级。

二、力促服务业数字化转型。一是促进生产性服务业融合发展。加快推进研发设计、现代物流、金融服务、商务咨询、人力资源等生产性服务业数字化转型。推动大数据、物联网等新技术与物流融合应用，建设盐都智能物流网络，促进新物流和新零售的融合发展，打造绿色、高效、安全的物流体系。二是提高生活性服务业智慧程度。高水平建设智慧旅游、智慧体育、智慧养老等服务平台，促进数字技术在旅游休闲、生活服务、体育健身、直播电商等领域的深度应用。推进现代信息技术与旅游产业深度融合，将大纵湖旅游度假区、草房子乐园等打造成“数字景区”“智慧景区”。三是提升跨境电商运营能级。充分利用省级跨境电商产业园集聚优势，加快功能设施和载体建设，推动跨境电商公共服务平台建设，提升跨境电商运营中心、物流中心、结算中心的数字化能级。支持企业线上营销网络建设，共建共享“海外仓”，提升外贸数字化管理能力。

三、提升现代农业数字化内涵。一是集成涉农数字平台。建设盐都农业农村大数据平台和数据资源中心，集成特色应用模块，为农业生产经营、农技推广、农产品溯源、农村集体资产管理等提供统一、权威的数据支撑及应用系统，增强农业大数据分析应用能力。二是扩大产销数字应用。推动信息技术在农作物生长环境监测、智能灌溉、测土配方、动物疾病诊断、农产品质量安全的推广应用。实施“互联网+农产品”出村进城工程，完善区、镇、村三级农产品网络销售供应链体系，促进基于数字技术的冷链物流加快发展。三是推进全程数字服务。瞄准农业社会化服务，推动农资供应、病虫害防治、农机作业、信息发布、农民培训数字化转型。引导高效精品农业和都市农业数字化种养，鼓励农业经营主体培育草莓、葡萄等特色生鲜农产品，扩大我区特色农产品品牌影响力。

四、培育数字经济产业化优势。一是做大物联网产业。鼓励高新区高通量、上硅所等新型研发机构加强研发创新和成果转化，突破一批物联网基础共性技术和关键技术。积极引进物联网产业关联企业，推动物联网在交通运输、公共安全、环境保护等方面的示范应用，促进物联网产业集聚发展。二是培强集成电路产业。瞄准物联网、智能网联汽车、5G通信、高端功率器件等重点领域，开展研发公关，做大集成电路封装测试业，向上游集成电路设计、半导体分立器件制造方向延伸，探索布局大尺寸晶圆、芯片制造，打造长三角有影响的封测产业集群。三是突破软件和信息服务业。支持清华智能装备研究院、吉大智能终端研究院等科创机构研发数据库、信息安全等基础软件和工业应用软件，面向新能源、高端装备等重点产业，开发嵌入式软件，推动软件和信息服务向网络化、平台化、产业化方向转型。

优化基层医卫体系 提升医疗服务水平

陆丽伊

近年来，我区卫生事业不断发展，医疗资源日趋丰富，服务能力进一步增强。但仍存在基层医疗资源配置不合理、医技人才难引进、医养结合不紧密、中医药优势发挥不明显等问题，为此，建议：

一、突出重点环节，提升基层医疗能力。一是着力改善诊疗条件。加大资金投入，切实改变镇级医院急诊、住院、保健、康复等基础设施条件，适应常态化疫情防控需要，新建核酸实验室、区域性发热门诊、慢性康复病房。科学规划、合理布局综合性医院和专科医院，强化特色专科建设，建立一批名医工作室。鼓励三甲医院的业务骨干到镇级卫生院挂职交流，选派基层卫生院的业务骨干到三甲以上医院定向培养锻炼。分期分批为基层卫生机构招录本科以上专业医生、全科医生，定向为农村卫生室培养专业人才，从根本上解决农村医疗服务站人才短缺的问题。二是加大医联体建设力度。探索建立市三院与镇级医院业务联动协作、利益合理共享机制，推进优质医疗资源下沉。镇级卫生机构与辖区内村卫生室同样建立业务联动协作关系，建立区、镇、村上下贯通的三级联合体。三是完善医卫人才引培机制。研究制定优惠政策和激励措施，招聘一批硕士以上学历、高级职称或学科带头人等高、精、尖医疗卫生人才，充实基层医疗机构。建立灵活、高效的用人机制，多形式多渠道选拔培养医卫人才，提升基层卫生机构服务能力，积极吸引群众就近就医。

二、顺应群众期盼，积极推进医养结合。一是多措并举建好医养结合机构。支持公立医疗机构与养老机构开展业务协作，建立卫健部门、民政部门医养结合工作协调机制，在养老机构内设立公立医疗康复机构，强化医疗服务对养老服务的支撑作用。相关部门在土地供应、医保定点、税收减免、资金扶持等方面，支持社会力量举办规范的医养结合机构。二是加强医疗机构养老服务能力建设。镇级卫生机构要配备专门的老年病医护人员，设置老年病床。社区卫生服务中心要建立家庭医生上门服务制度，向辖区老年人普及基本医疗知识、开展健康教育、防治常见病，同时为行动不便的老年人，提供定期体检、上门巡诊、保健护理、健康管理等基本服务。三是提高老年人医疗保障水平。全面落实国家基本公共卫生服务项目，逐步建设数字化预防接种门诊，完善职工、城乡居民基本医疗保险制度，落实将偏瘫肢体综合训练、认知知觉功能康复训练、日常生活能力评定等医疗康复项目纳入基本医保范围的政策，为失能、失智、部分失能老年人治疗和康复提供相应保障。

三、传承医药瑰宝，彰显中医药特色优势。一是形成中医药发展合力。区级层面要编制全区中医药事业发展“十四五”规划和年度实施方案，持之以恒抓出成效，进一步细化落实政府对公立中医院的投入倾斜政策，确保中医药投入经费占比逐年提高。设立中医药专项发展经费，重点支持中医医疗机构基础设施建设、中医诊疗设备购置、中医传统疗法推广。二是培育中医药特色优势。在区级综合医院和乡镇卫生院规范化设置中医诊疗区域、中医科和中药房，配备中医药专业技术人员、基本中医诊疗设备和必备中药，保障每个社区卫生服务站、村卫生室都能够提供中医药服务。大力传承名老中医药专家学术经验，挖掘整理民间“验方、单方、秘笈”，推进中医药文化服务进社区、进乡村、进家庭，不断提升群众对中医药认同感。三是打造中医药学科团队。推广中医药“师带徒”，着力培养优秀中医临床人才、中医药特色技术传承人，依托中医重点学科、名老中医专家等资源，实施中医药领军人才、青年中医人才培养计划，培养一批具有影响力的中医药学科团队，为全区中医药持续发展积蓄后劲。

创新校本教研路径 助力青年教师成长

鲍丽斌

百年大计、教育为本；教育大计、教师为本。近年来，我区高度重视教师队伍建设，把提升教师队伍综合素质，打造名师云集高地作为推进教育高质量发展的“先手棋”，设立区级名师工作室，制订优秀教育人才考核奖励办法、组织学科素养大赛等，有力促进了青年教师素质提升、全面发展。但是面对近五年来全区新招录近千名年轻教师，且非师范毕业生占比近三成的实际，我们更应采取切实措施，加强对他们的培养培训，加快构建名师后备梯队，让盐都教育始终保持良好的发展态势。为此，建议创新校本教研路径，全力服务青年教师成长。

一、让理论学习成为青年教师成长的突破点。青年教师业务能力提升、科研理论获得，都离不开教育教学理论的支撑。各学校要立足实际，积极创造条件，倡导青年教师将专业书籍阅读、分享作为自己教育教学生涯的重要组成。一是组建青年教师学习“共同体”。学校要关注青年教师的读物，组织青年教师“共读一本好书”，为青年教师提供教育理论书籍，组织教师读书分享会，将青年教师读后感编辑成册。二是组织青年教师理论“交流会”。聚焦教学改革重点事项，组织开展“学思融通大家谈”“让学引思我来说”“双减我有小妙招”等活动，让教师分享学习感悟，督促教师吸收内化，使理论融汇贯通于教学实践。三是鼓励青年教师大胆“网上行”。充分利用“互联网+”的便捷优势，鼓励教师加入省市级网络名师工作室、凤凰语文论坛等网络教研组织，借助网络的高度共享性，拓宽教师理论学习广度。

二、让课堂实践成为青年教师成长的切入点。教科研的最终指向是课堂教学，学校教研应该围绕课堂教学展开，帮助青年教师实现知与行的统一。一是抓实常态课堂。常态课是教学最基础的部分。学校要帮助青年教师上好常态课，对青年教师常态课进行跟踪，指派名师指导帮助青年教师把学到的理论运用到课堂教学的实践中去，逐步形成具有自己特质的课堂模式，提升课堂教学效益，让青年教师获得教育教学与自身专业发展的“双丰收”。二是优化公开教学。公开课是一人展示，但准备过程却是众人受益。学校要给青年教师压担子，除了组织他们参与备课外，更要推动他们展示公开课，备课中安排骨干教师、名师全程指导；青年教师要研究每次备课的修改稿、备课组老师的每一个建议；学会多问几个为什么、多思考几个为什么；深入研究不同教师给予自己的评价，让青年教师从中博采众长、受益长远。三是放大赛课效应。赛课是教师群体提升的大好时机，老中青相结合，老同志引领、中年骨干主战、年轻教师后备，让所有老师到赛课的熔炉里转转，增强体验感。磨课、赛课的过程，可以让青年教师在教学思想、设计思路、大赛心理承受力等方面有质的飞跃。

三、让教育科研成为青年教师成长的生长点。科研是青年教师走向成熟的必经之路。学校要重视、帮助、指导青年教师积极参加教科研，在不断的研究中快速前行。一是明确学年科研目标。每学年向青年教师提出若干个具体的科研目标：如阅读一本教育专著、发表一篇论文、撰写一篇读书感悟、作一次专题讲座、出一份高质量的学科融合作业、参与一次高层次的教研活动、开设一节公开课、主持或参与一个课题研究等，让青年教师努力有方向、奋斗有目标。二是教给具体科研策略。青年教师科研主要是论文和课题。各学校要通过专家引领、同伴互助等方式，帮助青年教师掌握论文或课题研究选题、过程跟进、成果总结等策略和办法，重点帮助青年教师提高发现问题、分析问题、解决问题的能力，用高质量的科研成果推动自身发展与质量提升。三是加强年度科研考核。有布置必须要有考核。各学校要重视青年教师科研情况考核，制订具体的考核措施和办法，并将青年教师参与教研的情况和教研成果作为教师年度考核的依据。对能教研、肯教研、善教研、有成果的青年教师在绩效考核、推荐评优等方面要给予倾斜。畅通青年教师脱颖而出的渠道，帮助青年教师成长、成熟，进而成为骨干和学校质量提升的中坚力量，让更多的青年教师为教育强区做出更大的贡献。

新四军研究会

【《蟒蛇河纪事》红色丛书出版发行】2022年，通过整理编辑、筹集资金、审读加工等工作，《蟒蛇河纪事》红色丛书出版发行。组织送书下乡下基层，赠书至乡镇、街道、机关、学校等。通过报刊、杂志、电台等媒体进行宣传介绍，并组织读者座谈交流。组织系列活动使这套全区第一部反映盐都西乡抗战历史全貌的丛书成为党史教育的优质教材。

【媒体宣传红色文化】 年内，借助市委党校主办的《铁军纵横》杂志平台，连续4年向全区乡镇、街道赠阅《铁军纵横》杂志，使该刊成为基层宣传抗战红色文化重要刊物。《铁军纵横》杂志成为宣传红色文化的重要平台。借搭区融媒体中心的《盐都日报》平台，共同开办“铁军传奇，红色记忆——盐都抗战故事”专栏，报社每年提供10多个整版，登载各类抗战资料文章，已有近百篇文章在该报发表，在全区得到反响。

【撰写《抗日壮士宋泽夫》】 年内，为纪念宋泽夫先生诞辰150周年，通过多方调研，搜集资料，加以整理，撰写长篇纪念文章《抗日壮士宋泽夫》，全面系统地收集整理宋泽夫在抗战期间与日寇斗智斗勇的事迹，再现宋泽夫抗日英雄形象。同时就宋泽夫当年所建的清末民初的故居，目前存在破旧老化亟待维修的现况，向有关部门提出及早维修保护的建议。

【挖掘宣传红色文化】 年内，配合区文旅工作。大纵湖在抗战时期特殊的地理位置，红色文化资源丰富，协会通过广泛调研，帮助撰写《拓展旅游资源，增强红色底蕴——大纵湖旅游度假区增加红色文化板块的几点思考》文章，提出一系列有关强化红色文化的遗址、设置、场所和项目活动的建设设想，所提的建议和方案得到采纳和实施。同时帮助大纵湖旅游度假区重新编辑出版《湖荡群英——来自蟒蛇河源头的故事》作为对外宣传的红色文化资料。并作为出版的“蟒蛇河纪事”丛书之一，一起发行。

【走访慰问新四军老战士】 年内，收集盐都抗战史料，建立盐都区抗战老兵及其亲属台账，并在春节、中秋节日期间进行探望慰问。活动中挖掘具有历史价值的抗战史料，如骆明、彭灏、周础、成克翔、还寄萍等人参加抗战的珍贵资料。

【走访抗战遗址】 年内，充分发挥盐都红色文化资源优势，通过走乡镇、找遗址、挖资料的办法，先后走访10多处抗战遗址，掌握稀有历史资料，在秦南镇的过河尖挖掘抗日英雄胡启哲烈士的战斗故事，整理《一杆长枪震敌胆》的文章并在报刊发表。实地调研龙冈高范、仇家一带，撰写《仇家祠堂里的抗战故事》。走访考察尚庄镇北堡村，撰写《北堡阻击战》，对红色遗址起到宣传作用，使其得到及时的保护。

（卫雨明）

纪检　监察

综　　述

【概况】　2022年，在省市纪委和区委的坚强领导下，全区各级纪检监察组织以永远在路上的坚定和执着深化正风肃纪反腐，围绕全区现代化建设大局充分发挥监督保障执行、促进完善发展作用，纪检监察工作高质量发展取得新进展新成效，全区严的氛围越来越浓，党员干部作风、形象和精神面貌发生可喜变化，政治生态积极向上向好。

【学习贯彻中共二十大精神】　11月3日，区纪委监委召开会议，传达学习贯彻中共二十大精神。区委常委、区纪委书记、区监委主任杨劲松出席会议并就贯彻落实中共二十大精神提出具体要求。强调要以中共二十大精神为指引，以“永远吹冲锋号”的状态，履行监督首职、正风反腐、一体推进“三不腐”、抓好民生监督、强化队伍建设，在忠诚履职尽责中践行使命担当。　（郜晓敏）

重要会议

【召开年度工作总结推进会】　1月12日下午，区纪委监委召开2021年度工作总结推进会，学习贯彻全市纪检监察工作总结交流会精神，落实区委十五届三次全会决策部署，总结2021年度全区纪检监察工作，部署推进2022年度重点工作。区委常委、区纪委书记、监委代主任杨劲松传达全市纪检监察系统2021年度工作总结交流会精神，并就做好2022年度工作发表讲话。

【召开全区国有企业廉政工作会议】　1月25日上午，盐都区召开全区国有企业廉政工作会议，学习领会习近平总书记关于全面从严治党的重要论述，贯彻中央和省市纪委全会精神，督促国企领导班子扛起从严管党治党政治责任，引导国企党员职工知敬畏、严自律、重廉洁、强作风。会上，与会人员还集体观看警示教育片《国企之蠹》，用身边事教育身边人，筑牢拒腐防变的思想防线和行为底线。

【廉政教育第一课】　2月8日，“盐都大讲堂”第43讲暨新年廉政教育第一课在区行政中心三楼中间会议室开讲，市纪委常委、市委巡察办主任张国锋应邀做“顺应全面从严治党新态势　永葆清正廉洁政治本色”专题讲座，区委常委、区纪委书记、监委主任杨劲松主持讲座。区四套班子全体领导，法、检“两长”，高新区班子成员，各镇（街道）党委书记、台创园党工委书记、大纵湖旅游度假区负责人，区直各有关部门单位主要负责人、区委巡察组组长、高新区内设机构负责人参加。

【十五届区纪委第二次全会】　2月8日，中共盐城市盐都区第十五届纪律检查委员会第二次全体会议召开，强调要始终坚持以习近平新时代中国特色社会主义思想为指导，深入学习贯彻习近平总书记在十九届中央纪委六次全会上的重要讲话精神和省、市纪委全会部署要求，坚决打好党风廉政建设和反腐败斗争攻坚战、持久战。区委书记、高新区党工委书记王娟出席会议并讲话。区委副书记、区长马正华，区人大常委会主任季晓春，区政协主席王铁根等区四套班子领导出席会议。区委常委、区纪委书记、监委主任杨劲松主持会议。

【召开工作成果交流会】　2月12日下午，区纪委监委召开2021年度纪检监察系统工作成果交流会，对获得全区纪检监察工作先进集体称号的19个先进集体进行工作成果展示并颁发奖牌。区纪委监委领导班子成员，各镇（区、街道）纪（工）委书记和专职纪检监察干部，区委巡察机构、区纪委监委派驻、机关全体人员参加会议。

【召开领导干部家属廉洁教育大会】　2月14日下午，区纪委监委机关、区文明办和区妇联召开“树清廉家风·创最美家庭”领导干部家属廉洁教育大会。区委常委、区纪委书记、区监委主任杨劲松出席会议并讲话。会议传达贯彻党中央关于党风廉政建设和反腐败斗争的最新要求，推动各位领导干部家属参与廉洁家风建设，拒腐防变的思想根基，争做支持家人廉洁从政、鼓励亲属向善向上的“廉内助”，发挥领导干部廉洁齐家的“头雁效应”。

【召开全区作风建设问题通报会】 4月2日，全区作风建设问题通报会召开。副市长、区委书记、高新区党工委书记王娟出席并讲话，区委副书记、区长马正华主持会议，区人大常委会主任、党组书记季晓春，区政协主席、党组书记王铁根，区委副书记、副区长刘源等区四套班子领导出席会议。会上，与会人员集体观看作风建设专题片。

【专项整改工作推进会】 4月19日，涉粮问题专项巡视巡察反馈意见整改工作推进会召开，副市长、区委书记、高新区党工委书记王娟主持会议并讲话。区委副书记、区长马正华，区委常委、纪委书记、监委主任杨劲松，区委常委、常务副区长吴军，区政协副主席张鸿新等参加会议。

【“510”警示教育大会】 5月11日，全区领导干部“510”警示教育大会召开，贯彻市会精神、落实全面从严治党要求，以案明纪、以案释法，教育广大党员干部时刻警钟长鸣，筑牢拒腐防变防线。副市长、区委书记、高新区党工委书记王娟出席会议并讲话。区人大常委会主任季晓春、区政协主席王铁根等区四套班子领导出席。与会人员集体观看警示教育片《利欲熏心悔终生》。

【召开全区粮食系统警示教育大会】 7月8日上午，全区粮食系统警示教育大会召开。区委常委、区纪委书记、监委主任杨劲松出席会议并讲话。会议通报全区粮食购销领域腐败问题专项整治工作开展情况，并集体观看区纪委监委制作的粮食系统警示教育片《粮仓硕鼠现形记》。区发改委主任陈镖，江苏盐粮控股集团有限公司党委书记、董事长杨广斌分别作表态发言。

【召开物业领域专项整治工作推进会】 8月，区纪委监委召集部分镇（区、街道）纪（工）委书记及委机关相关室（组）负责人，对物业领域侵占公共资产、公共收益以及背后腐败作风问题专项整治工作进行再部署、再推进。在专项整治工作开始前，区纪委监委会同区自然资源和规划分局对全区2007—2022年居住项目配套用房情况进行摸底排查，并针对实际情况制定整治方案。

（郜晓敏）

重要工作

【压紧压实政治责任】 全年，协助区委层层压实主体责任，组织召开镇（区、街道）党（工）委书记抓基层党建和履行党风廉政建设主体责任述职评议会、高新区及各板块党政主要负责人专题会议，区委书记与区委常委逐个签订《2022年度党风廉政建设责任书》，区委书记与区纪委书记签订《2022年度党风廉政建设同级监督责任书》，区纪委监委机关向14个镇（区、街道）党（工）委书记和28个区直部门党委（组）书记送达《党（工）委（组）书记履行全面从严治党主体责任提醒函》等，压紧压实“一把手”和领导班子监督责任。

【燃气安全检查工作】 1月，盐都区纪委监委履行安全生产“再监督”职能，督促区住建局、燃气办重点对区内学校、医院以及养老机构等公共民生机构食堂开展拉网式燃气安全检查，现场指出软管老化、管道锈蚀、安全间距不足以及安全防范意识不牢等问题并落实立即整改，拧紧燃气使用“安全阀”。

【筑牢疫情防控防线】 2月18日至20日，区纪委监委19个工作督查组通过现场检查、查阅台账资料、个别交流等方式，督查各地各部门单位传达贯彻区疫情防控工作视频调度会议精神和自查自纠开展等情况，重点督查进口冷链食品、进口货物、入境邮快件、发热门诊和集中隔离点的常态化防控措施落实、高风险岗位工作人员核酸检测、闭环管理等情况。

【举办压力管理与心理调适讲座】 7月23日下午，区纪委监委特别邀请盐城市心灵绿洲心理服务中心主任、盐城市心

7月，赴尚庄镇开展“七一”走访慰问活动　　　纪委　供

11月，紧盯惠农资金落实等重点环节全过程监督，纪检监察干部了解家庭农场相关情况　　纪委　供

理健康服务协会理事长、民盟市委社会服务处副处长蒋洁为全区纪检监察干部开展心理健康辅导讲座。讲座围绕“平心静气　行稳致远”主题，从认知压力、压力对人的正面作用与负面影响、如何进行压力管理、合理宣泄正确表达等方面入手，阐述管理压力、调节情绪对保持身心健康的重要意义，结合纪检监察工作实际，通过心理测试、现场模拟释压法等多种形式与纪检监察干部互动，介绍心理压力知识和排解疏导方法。

【召开信访办信质量迎查工作培训会】 11月9日下午，区纪委监委召开会议，统一部署迎接全市纪检监察机关办信质量评查工作。区纪委副书记、区监委副主任朱正成就信访办信质量提升和迎查工作提出具体要求。各镇（区、街道）纪（工）委、各室（组）相关人员参加会议。会上，信访室解读《关于在全市纪检监察机关开展办信质量评查工作方案》，结合办信评查内容，就办理信访件的基本要求和注意事项进行交流，并说明信访件办理质量评查标准及评分细则。

【坚决有力惩治腐败】 年内，发放纪律检查建议书3份、监察建议书17份，督促研究制定《区级政府储备粮管理办法》《区级政府储备粮轮换管理办法》等系列制度，完成党政机关公车管理系统升级改造、修订完善《盐都区公务用车集中管理平台管理制度》等内控机制。

【巩固拓展作风建设】 年内，紧扣重要时间节点，围绕党员干部违规收受礼品礼金、违规发放津补贴、公款吃喝等问题，对属地区域内大型超市、土特产门市、烟酒店等重点场所进行督查。查处违反中央八项规定精神问题59件，批评教育帮助和处理96人，党纪政务处分84人，下发违反中央八项规定精神典型问题通报4期，坚决防止“四风”问题反弹回潮。深化“作风效能提升年”行动，组织召开全区作风建设问题通报会，通报三个方面6个典型案例，严格督促整改落实，并对相关责任人进行严肃处理。组织开展“三个一百”活动，累计走访各类企业130家，开展明察暗访185次，抽查投诉件134件。

【构建智慧纪委监委】 年内，响应省市纪委监委号召，构建完善智慧纪委监委体系，以智慧纪委监委建设助力民生领域监督，高标准建成大数据研判中心，完善全区公职人员廉政档案信息库，立项确定监督模型30个，在全市首推惠民领域监督建模工作，通过建模发现案件线索186条，立案49人，运用第一种形态79人，在全市纪检监察系统项目观摩会上作经验交流。　（郜晓敏）

重要活动

【开展“暖心关爱”活动】 年内，实施纪检监察干部“暖心关爱”行动，举办《纪检监察干部的压力管理与心理调适》专题讲座，举行荣誉退休仪式、开展家访活动、筹建心理赋能工作室等。一年来，全区纪检监察干部队伍政治素养、业务能力、精神面貌提升。

【陈璐在盐都考察调研】 1月5日上午，市委常委、市纪委书记、市监委代主任陈璐一行，到盐都区考察调研经济社会发展和纪检监察工作。陈璐一行先后到东山精密产业园、盐渎街道花吉村和大冈镇佳富村等地，了解企业经营发展、新型农村社区建设和“清廉村居”建设等工作情况，与基层党员干部群众交流。随后，陈璐一行与区委、区纪委监委相关工作人员进行座谈。

【开展农村公益性公墓领域专项监督工作】 年内，盐都区纪委监委在全区范围内开展农村公益性公墓领域专项监督工作。区纪委监委成立工作专班，抽调重点科室、派驻纪检组，以及审计局审计人员担任专班成员。对2013年以来反映农村公益性公墓领域党员干部和公职人员违纪违法问题线索“大起底”，对梳理排查出的线索分析研判，经过对各镇（区、街道）2013年以来公益性公墓开发、销售、管理等材料的汇总、摸排、审计，发现违规招投标、私设“小金库”、财务不规范、违规享受低保等违纪违法问题线索共13件，已成案17人。

【开展违规违纪收送礼品礼金专项督查】 1月18—19日，盐都区纪委监委联合区市场监管、税务稽查、商务等部门，聚焦节日期间违规收送礼品礼金、商业预付卡、名烟名酒名茶和名贵特产问题，开展违规收送礼品礼金和发放津补贴问题专项督查，查找党员干部及公职人员违规收送礼品礼金问题线索。通过开展短平快式明察暗访，督查组在全区范围内共检查3个商超、17个高档烟酒专卖店和5个名贵特产店，发现一批问题线索，并对问题线索进行排查梳理。

【赴大丰观摩学习纪检监察系统特色工作】 6月16日上午，区纪委副书记、监委副主任陈少华带队在大丰区实地观摩学习该区纪检监察系统特色亮点工作。区纪委监委一行先后到大丰区梅花湾党员干部政德教育基地、乡村治理“恒北工作法”项目现场、信访工作高质量发展现场点学习。还实地观摩大丰区长三角一体化产业发展“四风”监督哨、集中谈话点智慧案管项目、大数据查询研判中心、纪检监察干部心灵驿站等项目现场，并听取大丰区纪委监委特色做法介绍。

【召开平台业务培训会】 7月23日下午，盐都区纪委监委组织召开全区基层小微权力“监督一点通”平台推广使用专题培训会。会议对“监督一点通”平台从受理到闭环的整个流程进行操作演示和讲解培训。同时在“清风盐都”微信公众号功能区开设“监督一点通”栏目，同时，在区行政审批服务中心、乡镇便民服务中心、村（居）公示窗口设置“易拉宝”宣传展板、平台使用宣传台卡，做到及时受理、办结群众提出的问题。

【开展青年干部廉政教育主题活动】 11月9日下午，区纪委监委、团区委联合举办“清廉与青春同行”盐都区青年干部廉政教育主题活动。区纪委常委刘芷杉出席活动，各镇（区、街道）纪（工）委副书记、团（工）委负责人，区直部门团组织负责人和部分名校优生、青年代表参加活动。活动以青年干部廉政教育为主题，结合青年干部违纪违法事例，警醒其知敬畏、存戒惧、守底线。

【建立技术分享会机制】 年内，建立“每周技术分享会”工作机制，分享信息技术助力办案的经验、点评分享内容并现场答疑、通报上周数据查询情况、分析信息技术与办案深度融合情况。以分享会为载体，与兼职技术人员互动交流，面对面讲、手把手教，共同分析研究，推动信息技术应用水平整体提升。年内，共召开技术分享会23次，在筑牢技术根基，增强应用质效，锻造过硬队伍等方面取得成效。

【打造清廉文化品牌】 年内，在全市率先分类打造“红色传承”“清廉村居”“青少年廉洁文化”3条廉政教育专线并全线运行，启动“一路清风·看盐都”视频摄制工作。以“树清廉家风·创最美家庭”“清廉与青春同行”主题，分别组织全区领导干部家属和青年干部廉政教育主题活动。 （郜晓敏）

11月，举办“清廉与青春同行”活动，参观盐都革命陈列馆并重温入党誓词
纪委　供

民主党派

中国民主同盟盐城市盐都区基层委员会

【概况】 2022年基层委员会以中共二十大精神为指导，以思想建设为基础，以制度建设为保证，凝心聚力，团结带领广大盟员，围绕市委、市政府和区委、区政府的中心工作，发挥党派特色，全力加强自身建设，履行参政党职能，建睿智之言，谋务实之策，开展工作。

【吸收优秀人才入盟】 年内，基层委员会严格标准，做好组织发展工作。将业务能力强，群众基础好，热心盟务工作，有一定参政议政能力的优秀同志吸收到组织中来，壮大盟的力量。2022年，盐城市神州路初级中学的王小雨、盐都区文化馆戏剧中心的仇丽娟、盐城市第三人民医院的徐达强3人入盟。

【强化盟员理论学习】 年内，基层委员会通过会议、微信群等多个渠道，多次组织盟员学习中共中央和民盟的最新声音，使盟员的思想始终紧跟新时代的步伐，立足自身职责职能，坚持围绕中心，服务大局，发挥盟员在参政议政、社会服务等方面的作用，展现盟员风采。

【社会服务】 年内，戴永瑞的文章《凸显文化特色，坚持守正创新》获得盟省委第六届江苏文化发展研讨会一等奖。王小雨参加市教育局评课比赛获盐城市初中数学信息化优质课一等奖。孙焕建被区卫健委表彰为先进个人。张锦香获得区人社局颁发的突出贡献奖。

【参政议政】 2022年盟员中有市政协委员1名，区政协常委2名，区政协委员5名。基层委员会要求全体盟员参政议政，深入调研，了解社情民意，并以提案、议案等形式呈现出来，为市、区教育、经济的跨越发展建言献策。年内，基层委员会向统战部提交31篇社情民意，反映群众的心声，为社会发展尽民盟之力。杨芳被盐都政协评为“双岗双优”委员。

（杨　芳）

中国民主建国会盐城市盐都区基层委员会

【概况】 2022年，中国民主建国会盐城市盐都区总支部召开换届大会成立基层委员会（简称民建盐都区基层委），辖3个支部共45名会员，其中，女会员20人，占总数的44.4%；经济界人士33人，占总数的73.3%；会员中，仇斌当选新一届市人大代表，陈伟当选市政协委员，王明、

10月，民主同盟会学习宣传贯彻二十大精神主题活动　统战部　供

刘莉雯、单红梅当选区人大代表，荣钰、吴迅、王金海、徐礼茂、徐蕴彧、王都娟、高志淦、刁畅、邹婵、张长连、童本智、虞慧、花锦霞当选区政协委员。年内，民建盐都区基层委带领会员坚定政治立场、加强自身建设、传承优良传统、强化责任担当，综合工作考核继续保持全市民建系统先进基层组织第一名，多名会员受到市区表彰。

【完成换届选举】 年内，根据《中国民主建国会章程》和民建盐城市委会《关于民建基层组织换届工作的意见》，年初盐都区“两会”后，民建盐都区总支部向区委统战部汇报换届成立基层委及委员职数、建议人选情况，得到支持和指导；准备会议各项材料后，总支向民建盐城市委会提交，预约换届会议时间，得到认同。后因疫情影响，会议延后进行。7月中旬，经区委统战部和民建盐城市委会同意，总支分批组织全体会员专题会商，形成8月中旬召开会议的一致意见。8月13日，民建盐都区总支部换届暨基层委成立大会在盐都召开，大会选举产生荣钰为主委，吴迅、郭子贤、王金海、徐礼茂为副主委的领导班子。

【抬高政治站位】 年内，重点开展迎庆中国共产党第二十次全国代表大会活动。盛会召开之前，通过参加市委会培训会、报告会，组织工作交流会、骨干会员分享会、新会员培训会及“会员之家”集中活动，学好中共党史和民建会史，增进政治认同、思想认同、理论认同、情感认同，造浓喜迎盛会氛围。盛会召开之后，创新落实“四维一体”（集中学习+专题研讨+业务结合+实境体验）的学习机制，40多名会员将中共二十大精神学深悟透、融会贯通，并通过实践活动检验成效。11月20日，组织开展“赓续红色血脉、弘扬奋斗精神”活动，会员代表汇聚在盐都革命陈列馆，回望党的百年光辉历程，坚定服务盐都发展的决心。11月下旬，组织开展“稳就业保民生、提质效促发展”活动，委员和骨干会员深入神鹤科技、中恒宠物等民建会员

11月，民主建国会组织开展“赓续红色血脉、弘扬奋斗精神”活动　统战部　供

企业，为新形势下企业攻坚克难、求进步谋发展理清思路，提出发展建议。1月20日，赴宿迁市花园村走访慰问结对的困难家庭，送去慰问金和节日祝福。连续11年关爱郭猛2户空巢老人，优化雏鹰助学、送戏下乡工作，用“物质+精神”方式温暖寒门学子和贫困家庭。

【建言资政】 年内，盐都民建会员特别是人大代表、政协委员和经济界成员，走进村（居）和企业，以保就业、保民生、保市场主体重点，在防控疫情影响、助推乡村振兴、阻断贫困代际传递，化解教育、医疗、交通难题上深入开展调查研究，用好用准议案、提案、建议、政党协商、民主监督、反映社情民意信息等各种渠道，当好党的政策“宣讲员”、收集民意的“信息员”、助推发展的“调研员”、破解难题的“参谋员”、促进和谐的“调解员”。11月16日，区政协十五届三次常委会上，荣钰、陈伟、徐礼茂就推动更加充分更高质量就业作重点发言；当选民建江苏省委十届社会法制委员会委员的徐礼茂《关于拓宽农村电商上行流量的建议》被民建盐城市委会采用，并作为市政协组织的“发展农村电商，促进农产品销售和农村消费”民生论坛专题发言材料；王金海作为正式代表参加民建江苏省第十次代表大会，并在当选为民建江苏省委主委的洪慧民同组就大会报告进行认真审议和发言，另针对热点，第一时间写的《建议对流量网红食品从源头加强质量和价格监管》被民建江苏省委采用，《关于将非血缘关系造血干细胞捐献全面纳入见义勇为表彰的建议》被盐城市委办采用；市、区“两会”期间，盐都民建相关会员撰写提案议案10多件，集体提案1件，多篇受到区负责人关注和部门重视并采取措施加以落实。年内，王金海、吴迅被盐都区政协表彰为2022年度“双岗双优”委员，花锦霞被表彰为社情民意工作先进个人。王金海、徐礼茂被民建盐城市委会表彰为盐城市优秀会员，并与花锦霞、刁畅一起被表彰为参政议政工作先进个人。

【发挥组织优势】 全年突出密切联系经济界的组织特点，推进工作效能提升，服务经济社会协调发展。紧扣区委、区政府中心工作，服务会员企业克

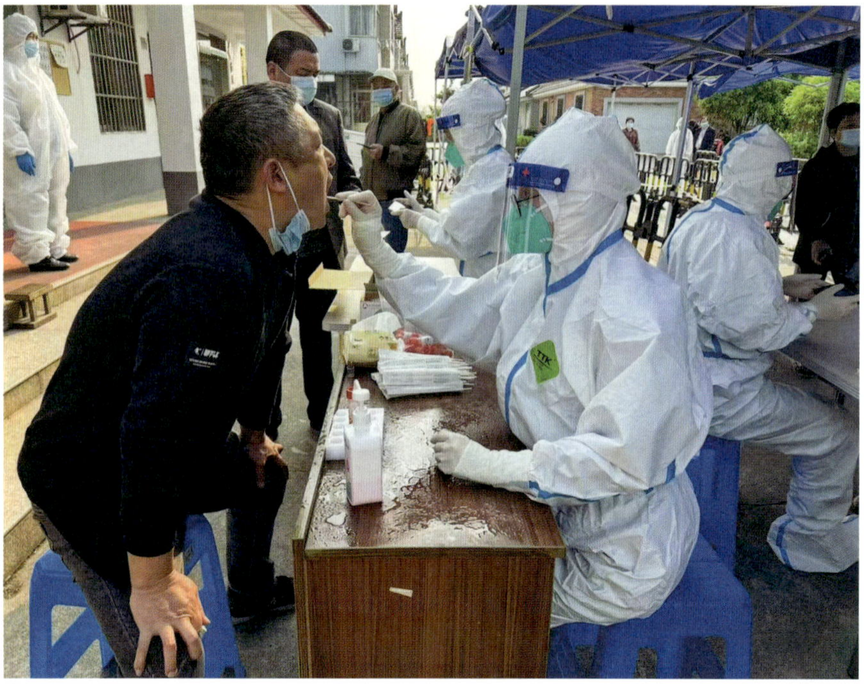

4月，民主促进会成员驰援苏州开展核酸检测　　　　统战部　供

难求进。年内通过走访会员企业，看厂房车间、谈运行实况、慰普通职工、议低碳发展，为会员企业在经济下行带来的回款难、业务开展受限和新冠肺炎疫情叠加影响环境下克难求进支招，为企业贯彻落实国家政策依法纳税保障员工收入、为经济建设和社会稳定做出贡献点赞。副主委郭子贤创办的、聚焦超高分子量聚乙烯纤维工程技术及成套装备生产线产学研用的国家高新技术企业江苏神鹤科技发展有限公司保持3000多万元纳税贡献额，并名列国家知识产权局10月31日公布的2022年度国家知识产权示范企业和优势企业名单（全区仅两家）；副主委、盐城鹰昌服饰印花有限公司总经理吴迅通过管理和创新，负责的3家服装企业年内产值超4000万元；会员仇斌创办的江苏中恒宠物用品股份有限公司克服疫情影响，积极顺应经济全球化趋势、主动服务和融入"一带一路"大局，狠抓宠物类产品质量，加快新品研发，加强对外贸易，拓宽营销思路，赢得更大市场份额，上市步伐行稳致远。在组织的定制服务下，江苏钰明集团和自强涂装、万名汽车、青山新能源及盐城金典、西都科技等会员企业也均在内联外引的经营方式转变、上下游产业的共担合作中规避风险、逆势发展。针对盐都深入践行"两海两绿"路径，扎实推进"四个示范区"建设重点，积极参加相关方面组织情况通报会和相关主题活动，对盐都经济、社会发展和生态文明建设发表意见建议。发挥会员中纪检监察监督员、专职律师、行风监督员的优势，在纪检、政法、财税等重点系统和相关业务工作方面依法依规开展监督评议工作，督促和推进相关方面不断提高办事效率、优化服务质量、推进依法行政、树立为民形象。建立和完善基层委内部监督机制，全体会员参与会内监督，加大监督检查力度，推动组织决议决定和制度等贯彻执行，把好会员纪律关，严守政治规矩和各项规章制度，认真依法履职，在遵守八项规定中作表率，形成"有集中又有民主，有纪律又有自由"的政治局面。营造会内和谐友好环境，建设有温度的党派基层组织，注重老中青会员的科学发展和健康安全，为坚定同中国共产党想在一起、站在一起、干在一起的会员成长牵线搭桥、创造条件，对生病和遭遇困难的会员登门慰问看望和及时提供帮扶。

（王金海　徐礼茂）

中国民主促进会盐城市盐都区基层委员会

【加强队伍建设】　8月17日，民进盐都支部升格为民进盐城市盐都区基层委员会。民进盐都基层委共有会员49人，主任委员徐正洲，副主任委员蒋爱东、鲍丽斌、杨红庆、王国华。年内，民进盐都基层委员会在民进盐城市委的负责人和盐都区委统战部的指导下，全面贯彻中共中共二十大会议精神，围绕市委、市政府和区委、区政府的中心开展工作。筑牢防疫防线，多人次参与防疫支援；坚守为民情怀，持续送医送教下乡；推进和完善组织建设，实施基层委员会的升格换届工作；切实履行参政议政职能，组织专题调研，圆满完成年初制定的工作任务和目标。

【组织政治学习】　年内，基层委员会要求会员牢牢把握政治方向，强化组织意识，切实增强"四个意识"、坚定"四个自信"、做到"两个维护"，增进对中国共产党和中国特色社会主义的政治认同、思想认同、理论认同、情感认同，自觉在思想上政治上行动上同中共中央保持高度一致。组织专题宣讲、座谈交流、研究阐释，教育引导会员牢固树立正确的历史观、民族观、国家观、文化观。"虚拟机关"组织处、宣传处、议政处3个虚拟工作机构，明确会员的岗位职能，发挥会员的能动性和积极性，有力提升日常工作的效度和落实度。

【提高参政能力】　年内，基层委员会要求会员保持"人民情怀"，积极主动开展参政议政工作。市区"两会"期间，会内人大代表、政协委员参加各项议政活动，积极建言献策，共提交提案13件。围绕市委、市政府和区委、区政府中心工作，不断提高履职能力。通过在新会员的发展、培训中挖掘一批优秀参政苗子，组织骨干信息员赴省民进参政议政处跟岗学习，不断充实完善参政议政和信息员两支队伍。黄正萍、成向锋、王国华、王欢等会员撰写数十件反映社情民意的信息，数件被民进省委、市委办、市政协、市委统战部采用，王国华获得民进省委表彰。王友慧、葛倩、陈沛、杨红庆、陆中中被民进市委表彰为先进个人。

【实现履职担当】 年内，来自教育和卫生系统的基层委员会会员组织“送教下乡”“义诊进村”“名师共建”“爱心助教”等活动，受到欢迎和赞扬。基层委员会先后组织会员教师分别送教至大冈小学、北龙港小学、高新区小学和龙冈小学等单位，引领和帮助乡镇教师。徐正洲、蒋爱东、杨红庆、鲍丽斌、杨传冈利用省乡村骨干教师培育站，开展系列研训活动，推动乡村数学教师专业成长，累计为盐都乡村教育培养骨干教师120人，获得省教育厅师培中心嘉奖。4月，苏州疫情局部暴发，会内三院支部王友慧、葛倩2位会员主动请缨，逆行苏州，加入盐城支援太仓战队，总计参与太仓核酸检测18轮，团队累计采样527万人(次)，为打赢苏州疫情防控保卫战贡献青春和汗水，展现盐城民进“铁军”传人的钢铁形象，受到苏州疫情联防联控指挥部的表彰。在教育医疗之外，会员陆中中、程彤参加对口扶贫、企业惠民等活动，在对口支援贵州青山小学、帮助响水留守儿童、关爱贫困老人、慰问高速防疫人员等活动中捐献爱心资金近10万元。

【强化组织建设】 8月17日上午，民进盐城盐都区总支部召开换届暨基层委员会成立大会。盐城市政协副主席、民进盐城市委主委丁成，中共盐都区委常委、统战部部长张素东出席大会并讲话，盐都区委统战部常务副部长王荣、民进盐城市委副主委兼秘书长傅秀军、民进盐城市委副秘书长朱义刚、盐都区民宗局副局长胡建军、民建盐都区基层委员会主委荣钰应邀出席会议。徐正洲当选为主委，蒋爱东、鲍丽斌、杨红庆、王国华当选为副主委；张素东代表中共盐都区委对大会的召开表示祝贺，他希望民进盐都区基委会加强自身建设，团结全体会员，充分发挥自身优势，立足职能，积极推进盐都高质量发展。丁成对新当选的民进盐都区基层委员会领导班子表示祝贺，向中共盐都区委对盐都民进工作的指导帮助表示感谢，并对基委会以后的工作提出希望：强化政治信仰，不断筑牢多党合作的共同政治思想根基；加强基层组织建设，不断提升基委会组织化建设水平；立足本职开展调研，切实提升支部参政议政能力。 （蒋爱东）

中国农工民主党盐城市盐都区基层委员会

【概况】 年内，农工党盐都区基层委员会共有党员50名，以医卫界党员为主，有市政协委员31名，区政协委员5名。2022年，农工党盐都区基层委员会坚持以习近平新时代中国特色社会主义思想为指导，带领基层委全体农工党党员，紧紧围绕中共盐都区委、区政府各阶段中心任务，服务大局，履行参政党职能，加强自身建设，提升履职水平，推进基层委员会各项工作开展。

【提高政治素养】 年内，定期组织基层委农工党党员深入学习贯彻中共二十大会议精神，习近平总书记系列重要讲话精神及《中国共产党统一战线工作条例》等系列文件精神。进一步强化政治引领、思想引导和共识教育，夯实共同思想政治基础，为把握新发展阶段、贯彻新发展理念、构建新发展格局凝心聚力。以“不忘合作初心，继续携手前进”为主线，围绕庆祝中国共产党二十大等主题开展活动。

【参政议政】 年内，盐都区基层委重视政协提案工作，多次组织党员开展多形式、多渠道的调研活动，对盐都区社区卫生服务、家政服务企业等进行考察调研，并形成调研报告。

【组织文化建设】 年内，盐都区基层委重视组织文化建设，探索创新，开展形式多样的组织生活，支持、鼓励年青党员积极进取，组织党员参加农工党盐城市委的各项活动，形成创先争优的组织文化，增强基层委的凝聚力。盐都区基层委年内根据组织发展规定的程序，经过观察和培养，吸收2名同志加入农工党，为组织增加新生力量，增添活力。

【创新社会服务模式】 年内，盐都区基层委充分发挥医卫人才集中的优势，全面履行参政党职能，开展一系列促进基层医疗卫生事业发展、义诊和健康宣教等活动。年内基层委在创新服务模式、提升内涵质量方面迈出新的步伐，开展“癫痫关爱在社区”“千县万镇卒中识别行动”“情系福利院、关爱暖人心”“庆丰村义诊、温暖老人心”等大型义诊、宣传、健康咨询活动10余次，发放宣传资料2000余份，关爱慢病患者的健康，推动基层胸痛中心、卒中中心建设，同时促进基层医疗水平的提高，受到基层医疗机构和群众的欢迎和好评，并被盐城新闻

3月，上海小区居民书法作品赠送盐城市三院采样队 统战部 供

网等媒体报道，取得良好的社会效益。“农工党党员之家”的成立，标志着农工党盐都基层委员会组织建设又开辟一个全新阵地，为全区农工党党员学习、交流提供新基地、新平台。

【立足本职工作】 年内，盐都区基层委党员共提交提案9项，其中1项被市政协评为优秀提案，报送社情民意信息20篇，采用10篇，其中1篇被农工党中央采用，多篇被省市政协、省委统战部、农工党省委采用。新时代中国特色社会主义事业的宏伟蓝图，对民主党派履行参政党职能提出新的更高要求。盐都区基层委将在农工党盐城市委会的领导和盐都区委统战部的指导下，进一步发挥自身优势，坚持改善民生，为建设“强富美高”新盐城和农工党事业的发展作出更大的贡献。（施亚明）

中国致公党盐城总支盐都支部委员会

【概况】 2022年致公党盐都支部团结和带领全体党员，履行参政党职能，加强自身建设，提升履职水平，强化社会服务能力，推进支部各项工作开展。全年吸收4人加入致公党，支部党员达到13人。

【理论学习】 年内，日常开展“党员学习日”“研讨日”“议政日”、举办“喜迎二十大专题学习会”“礼赞二十大·红色观影”“二十大精神专题学习月”等活动，持续深入学习习近平新时代中国特色社会主义思想、中共二十大精神，习近平总书记系列重要讲话以及致公党中央和省委、市委的相关文件精神。完善支部日常学习制度，推动理论武装走深走心走实，在深化学习中获得察大势、应变局、观未来的指路明灯，获得奋斗不止、精进不怠的动力源泉。坚持理论与实践相结合，把理论学习融入日常、抓在经常，丰富学习形式，营造研讨之风，提高支部党员理论素养和工作能力。

【抗击疫情】 年内，支部主委方演积极参与公共聚集场所的新冠疫情检查和督导工作，副主委吴龙文在盐城西高速口参与到接驳转运专班，战斗在阻断疫情传播的最前沿。支部党员、市三院发热门诊副主任张洪明在疫情爆发期白班晚班连轴转，坚持使命和担当。

2月，致公党支部成员积极参与抗击新冠疫情最前线　　统战部　供

【参政议政】 年内，支部共有区政协委员4人，上报个人提案5件。党员王银的2个调研课题被致公党省委采纳，《发展生态智能城市，构建低碳循环经济体系》课题与市八届三次全会聚焦绿色低碳发展、勇当“碳路先锋”的会议精神契合，《加快推进机械制造业智能化改造升级》课题致力于为盐都传统高端装备制造业智能化改造升级提供合理化建议。年内，支部共提交社情民意34条，党员王银《电动自行车蓄电池回收整治迫在眉睫》的社情民意被江苏省政协采用，副主委吴龙文被盐都区委统战部评为全区统战系统信息宣传工作先进个人。

【服务社会】 年内，党员王银深耕水利领域，研究的课题《一种用于水利水电工程的引水结构》入选2022年度盐城市职工“十大科技创新成果奖”，课题《高效节水灌溉技术在农田水利工程中的应用分析》荣获科研成果一等奖，被中共盐城市委、盐城市人民政府表彰成为盐城市劳动模范。党员沈泽亚为侨服务和社会服务，被江苏省人社厅、江苏省侨联、江苏省侨办评为江苏省归侨侨眷先进个人。党员张洪明积极开展科研与教学，发表SCI文章13篇，疫情爆发以来，他一直坚守在发热门诊，即是指挥员，又是战斗员，用责任和担当筑起一道道生命防线，被中共盐都区委、盐都区人民政府评为第二届新时代“最美盐都人”。（方　演）

九三学社盐城市盐都区基层委员会

【概况】 年内，九三学社盐城市盐都区基层委员会在九三学社盐城市委的领导和区委统战部的指导下，围绕全区中心工作和发展大局，全体社员团结一致，弘扬“科学与民主”精神，求真务实，开拓创新，全年各项工作取得较好成效，为加快建设“强富美高”新盐都发挥作用。九三学社盐都基层委，被社中央授予“九三学社全国宣传思想工作先进单位”、被社省委表彰为“组织建设优秀基层组织”、被评为市九三“2022年度优秀基层组织”；朱萍社员被社省委评为“2022年度组织工作先进个人”、季飞、秦飞2位社员被社市委评为“2022年度优秀社员”、费新茹被表彰为区统战系统“宣传工作先进个人”。

6月，九三学社开展“汇文读书 墨香传递力量”读书分享活动 统战部 供

【强化思想建设】 年内，委员会认真学习中共二十大会议精神，把习近平新时代中国特色社会主义思想融入思想和行动中，通过开展“矢志不渝跟党走、携手奋进新时代”和“跟党走风雨同舟、都同心肝胆相照”主题教育，进一步理解其核心要义、精神实质和实践要求。通过委员带头学、社员自觉学《习近平谈治国理政》，常学常新、常悟常进，深刻把握“两个确立”，自觉践行“两个维护”，与中国共产党同心同德、亲密合作。

【建言献策】 年内，共提交提案16件，其中，市提案8件；社情民意46条。其中，《加快推进“精管善治”，提升市城市治理能级》为集体提案，《关于夯实公共法律服务基层基础的建议》《关于加快推进社区“智慧矫正中心”建设的建议》《关于加强种源建设的建议》《关于做好疫情期间救助管理工作的建议》《关于对〈民事强制执行法（草案）〉第五十二条内容修改的建议》5篇被社省委、市政协采用。王磊《关于推动大纵湖度假区旅游高质量发展的建议》在政协盐都区第十五届委员会第二次会议建言献策大会交流发言，刘咏桦荣获市政协“双岗双优”委员和区政协“社情民意工作先进个人”，沈建国荣获区政协“双岗双优”委员。

【服务经济社会】 年内，配合市人大常委会副主任、社市委主委孙大明走访察看开展盐都企业大走访专题调研活动，并邀请市农业专家现场为企业把脉问诊。季飞、何飞、秦飞等社员参加区“都同心”志愿服务团队。发挥“普法讲堂”品牌效应，深入机关、企业、学校、社区、群团等地义务开展法律知识专题讲座和法治体检活动，累计达18场（次），受众达2万余人（次），社中央和社省委网站多次报道活动。

【组织创先争优】 年内，鼓励支持社员开展科技研究、创先争优，在本职岗位上建功立业，争当业务骨干、行业带头人。三院泌尿外科主任瞿兆奎带领同行社员以及科室人员，开拓创新，采用微创技术，创新研究一门集医疗、教学、科研于一体的新型学术，瞿兆奎科技创新团队荣获“市优秀科技创新团队”称号。社员何飞、陈进在本职岗位上成绩突出，分别荣获“区十佳科技标兵”“区优秀科技工作者”称号。

【加强自身建设】 年内，开展活动，增强组织活力。组织全体女社员参加社市委庆“三八”巧手慧心展风采活动，组织年轻社员以及市二小集团等受邀青年嘉宾，共同开展“汇文读书、墨香传递力量”读书分享活动。参加培训，提高履职能力。组织社员参加社中央青年骨干“坚定理想信念、赓续优良传统”线上培训活动，支持社员沈建国参加社市委企业家座谈会交流学习。夯实队伍建设，届中调整高素质、具有代表性、年轻的优秀人才，大纵湖旅游度假区副主任王磊进入班子队伍锻炼。 （朱 萍）

群众团体

盐城市盐都区总工会

【概况】 2022年，在区委区政府和上级工会的坚强领导下，围绕“全市一流、全省先进”目标，赋能勇当“排头兵”行动，创新开展“六个一”活动，产改、创模、育匠、招商等工作取得新成效，“‘工’坚克难、‘会’聚力量”打响盐都工字品牌。

【坚持政治引领】 全面加强党的领导，切实强化理论武装，增强工会组织政治性先进性群众性。认真学习中共十九届六中全会、中共二十大和习近平总书记系列重要指示批示精神，开展理论学习22场(次)。开展“党员活动日”“三会一课”等专题活动，组织开展《习近平谈治国理政》、新《工会法》等阅读交流活动10场(次)。组织全区万名(人次)职工参与省总组织的知识竞赛网上答题。利用公众号平台，发布工会信息300余篇，网上阅览量突破10万人(次)。开展“三进”宣讲活动10场(次)，受众1万余人。举办“学习新思想·喜迎二十大”“强国复兴有我”全区职工演讲比赛、读书征文活动，承办第十三届全市职工读书月活动“启动仪式”暨演讲比赛，弘扬主旋律，释放正能量。深入基层一线，开展“家家到”调研走访活动，摸清基层工会组织建设、产业工人队伍建设改革、一线职工学历状况、小微企业工会经费返还使用、职工创业贷需求等情况，提出10多条建设性意见和建议措施。指导大实践。组织开展“新思想·职工讲”活动30场(次)、1500余名职工参与，组织50名劳模、防疫一线人员以及工会干部赴成都举办赋能成长主题研修班，组队参加省第二十届运动会职工羽毛球赛、市职工运动会，举办“巾帼展风采·奋斗勇争先”三八妇女节趣味运动会，开展“学习二十大·劳模金秋行”主题活动，提高“学思践悟”成效。

【服务中心大局】 助力疫情防控。实行人员、资金、管理、服务“四下沉”，做好疫情防控和服务保障工作。组建防疫服务小组和党员突击队，驻点防疫一线，支持盐城西高速口、隔离酒店、兴城社区等区域防控工作，对重点企业加强督查，为打赢防疫攻坚战贡献工会力量。关注安全生产。7月，开展夏季安康“三送”(送清凉、送安全、送法律)活动，为企业职工、防疫人员、新就业群体和交警、环卫等户外一线工作者送去清凉和关怀。活动覆盖全区14个镇(区、街道)，涉及30多个行业100多家企业，共分送3600份清凉大礼包。组织职工参加全国“安康杯”知识竞赛活动，水务安装施工维修班组获全国“安康杯”优胜班组奖。参加“安全生产月”答题、“安全生产大家谈”“安全隐患随手拍”等活动，全区职工群众安全事故明显下降。聚焦社会稳定。开展《中华人民共和国劳动合同法》有奖答题活动，1000余人次踊跃参加。开展“尊法守法·携手筑梦”服务农民工公益法律

8月，举办“喜迎二十大·礼赞新时代”全区职工文艺大赛　　总工会　供

服务活动，督促30个企业支付5735万元滞发工资，维护农民工合法权益。建立职工法律援助工作站，全区调解员队伍达到900余人，完善“应援尽援”托底机制，推进镇（街道）和规模以上企业职工法律援助站建设。全面落实信访工作责任制，实行包干负责，12345信访平台群众满意率名列前茅。督促工厂企业依法规范用工，杜绝随意裁员减薪行为，引导广大职工依法理性主张诉求，维护社会和谐稳定。突出精准帮扶。帮助发放职工创业贷400万元，返还小微企业工会经费854万余元。帮扶困难职工、一线职工、抗疫一线人员1400余人（次）。向新就业形态劳动者赠送意外伤害保险400份，为200名家政服务员、快递员、送餐员、网约车司机等群体提供免费“两癌”筛查，完善提升户外劳动者服务站、快递小哥驿站，惠及近3000名户外工作者。指导成立外卖送餐行业工会联合会和“网红”直播基地工会联合会，吸引93名外卖送餐员和265名直播从业人员加入，覆盖物流快递外卖企业100多家、职工1800余人，全区百人以上企业建会入会率达到100%，企业建会率提升到90%以上，职工入会率达到96%以上。指导物流快递行业工会联合会举办集体协商专项活动，签订集体合同。全区集体合同签订率动态保持在95.3%，覆盖职工5万余人。组织50名一线职工赴苏州无锡、150名抗疫一线人员赴长三角地区疗休养。

【打造工会品牌】 围绕服务职工、劳模等群体，合力共建“都满意”服务品牌。培育一门技。加强职业技能培训，让职工群众建功立业。开展全区餐饮、家政、育婴师、动物防疫、供水管道等职业技能大赛，举办产业职工技能培训活动，推荐申报科技创新成果、先进工法、发明专利，增强职工成就感荣誉感。组织一场赛。牵头主办全区首届“喜迎二十大·礼赞新时代——大纵湖东晋水城杯”职工文艺大赛，组织全区镇（街道）工会、区直工会3000多名职工、236个节目参赛，展现全区各行各业职工风采。编织一张网。启动“数字工会”建设，全面系统摸排镇街工会基层建设情况，比照各单位各部门参保人数，分类摸排机关事业单位、企业、村居社区、行业四类建会数、会员数和换届情况，并建立基本台账。线上会员全面超额提前完成省总“网上评议”任务，工会会员评议百分比位列全市第一。争创一张牌。积极组织劳模评选，让劳模工匠出彩示范。2个班组获“省工人先锋号”，郭猛镇总工会“梦飞扬”爱心托管班获省级好典型。1人获省五一劳动奖章、26人获“市劳动模范”。

【改进工作作风】 开展“作风效能提升年”专项行动，持续改进作风，大胆探索改革，推进创新突破，打造职工群众满意的工会队伍。基层基础强建设。加强镇级工会和区直产业工会组织建设，推动基层选优配强工会干部，率先全市出台非公企业优秀兼职工会干部补贴办法，建立非公企业工会干部经济补助、激励保障制度，工会社工队伍在镇（区、街道）实现全覆盖。开展新业态新就业群体“暖新护航”集中服务活动，帮助解决“急难愁盼”问题，相关经验在市会交流。产改工改走前列。推进工会示范点建设，成立劳模工匠创新工作室联盟，开展“名师带徒”活动。开展非公企业党建带工建“三争创两提升”活动，引领产业工人队伍政治建设。加强高新区、义丰工业园产改试点示范建设，带动全区100家单位产改。在重点园区、重点企业设立产改工作指导站、实践指导站，产改工作接受魏国强、徐大勇等省总领导现场调研，得到充分肯定。清正廉洁树形象。深化区委巡察整改，加强“510”警示教育，开展廉政谈话提醒，组织上廉政党课，制定招标、机关工作等多项制度，教育党员干部守好位、用好权、支好钱、办好事，守住清正廉洁本色，打造“清廉工会”品牌，加强“模范机关”规范化建设。

（周　辉）

共青团盐城市盐都区委员会

【概况】 2022年，盐都团区委坚持以习近平新时代中国特色社会主义思想为指导，深入学习贯彻党的二十大精神和习近平总书记关于青年工作的重要思想，贯彻落实区委和团市委的工作部署，坚持围绕中心服务大局，聚焦主责主业，充分发挥思想引领、服务青年职能作用，在盐都高质量发展大局中的贡献度提升。

【强化思想引领】 年内，筑牢理想信念基石。5月，召开盐都区学习贯彻习近平总书记在庆祝中国共产主义青年团成立100周年大会上的重要讲话精神座谈会，区委书记王娟与青年代表进行交流。10月起，开展“学习二十大、永远跟党走、奋进新征程”主题教育，组织全区各级团组织深入学习贯彻落实党的二十大

10月，召开共青团盐城市盐都区第十八次代表大会　　团区委　供

精神。强化红色基因传承。充分运用盐都革命陈列馆及境内的22个烈士命名镇村和80多处红色遗址，选拔“红领巾”讲解员，全年开展“红领巾寻访”“红领巾宣讲”等各类活动85场，覆盖全区青少年近2万人次，让青少年在“移步换景”中融入“行走的课堂”。发挥典型示范效应。4—5月，开展“十大杰出青年”“两红两优”等评选，举办“青年荣誉当面奖”，为获奖的十大杰出青年送奖上门，在全区广大青年中掀起学榜样、学典型的氛围。推进党团队一体化建设。构建党团队一体化全链条，与区委组织部、教育团工委联合出台《盐都区构建党团队一体化培养机制的实施意见》，7月，举办“红色年轮·初心如炬”党团队一体化传承仪式，9月，面向全区中小学开设党团队一体化教育课程，11月，开展党团队一体化“学习二十大、初心共传承”主题日暨“研学、寻访、实践、弘扬”四大集中行动，坚定青少年跟党走的决心和信心。

【助推经济社会发展】 年内，积极投身疫情防控。3月，组建56支“青年突击队”，923名团员青年投身疫情防控一线，组织青年志愿者为防疫一线工作人员送温暖，动员全区少先队组织以手抄报、儿童画等形式做好疫情防控宣传，致敬抗疫先锋。积极提升“都青春·云平台”，扩大团属新媒体平台的有效覆盖面。7月，举办“都青春·我为家乡代言”青春助农直播节，邀请成杰思等优秀青年主播，采取室内户外联动直播模式，推介盐都地方文旅，宣传非遗技艺，助力特色农产品销售，以实际行动助力乡村振兴。争创“青”字号品牌。创成省级青年安全生产示范岗1个。组织东山精密产业园LED事业部参加第23届江苏省青年文明号创建备案工作，组织区气象科普支援服务队等5个集体争创市级青年文明号，9月，评选产生24个区级青年集体。打造团属新媒体平台。深入推进青春建功行动。培育“新农菁英”、青年技能人才、海归青年人才等100余名。10月，举办大纵湖水文化研讨会、蟒蛇河水上文化生态廊道运营研讨会，组织成立盐都区青年人才智库，立足盐都实际，结合青年人才学术背景、工作岗位、个人特长等，吸纳107位优秀人才精准入库。

【举办汇文人才社区联谊主题活动】 4月23日下午，由盐都团区委、盐龙街道共同开展的“青春正当时　共汇创未来”主题活动在汇文人才社区篮球场举办。活动以创作防疫创意手绘的形式展开。

【获多项表彰】 7月28日至29日，第九届“创青春”中国青年创新创业大赛（乡村振兴专项）在江苏盐城举办，盐都青创项目“授虾以蚕”获银奖。11月18日，由共青团盐城市委、盐城市教育局、盐城市少工委联合举办的“2022年盐城市少先队辅导员基本功大赛”落幕。大赛中盐都区代表团表现突出，在比赛中获团体特等奖；6名参赛辅导员代表也各展专业风采，取得特等奖3名，一等奖3名的优秀成绩。

【召开“希望导师”专项工作推进会】 9月28日下午，盐都团区委、盐都区教育局、盐都区少工委在盐城市神州路初级中学召开盐都区“希望导师”专项工作推进会。团区委书记孙杰、区教育局团工委书记陈建波出席会议，全体2022—2023学年度希望导师参加。在此前“以队带困”的工作中，盐都团区委推出的“炬火计划”小程序，团市委重视并予以推广，后续打造“盐立方公益”以队带困微信小程序，在全市范围内推行使用。

【开展基层团干部暨“青马工程”培训班】 12月15日，举办全区2022年度基层团干部暨“青马工程”培训班。出席本次开班仪式的领导有团区委书记孙杰，盐城市委党校教务处副处长于宁宁。为学习贯彻党的二十大精神和习近平总书记关于青年工作的重要思想，提高盐都区团干队伍的政治理论水平和业务能力，强化基层团组织建设，调动全区各级团干部和广大团员青年的积极性和创造性，激发基层团组织工作的活力。

【服务青少年健康成长】 年内，接续圆梦、拓面关爱。全年线上筹集“梦想小屋”建设资金58.7万元，超额完成69户小屋改造，全面推进“以困带队”工作，发布“以队带困”专用小程序——“炬火计划”。1月，走进神州路小学开展“安全‘童’行　防范未‘燃’”活动，加强青少年安全自护教育。举办“双节”走访慰问、“暖冬行动”集中服务等活动，为困境家庭送去爱心衣物和节日祝福。助力创业、助推就业。7月，青创项目“授虾以蚕”获第九届“创青春”中国青年创新创业大赛成长组银奖。全年建成汇文公馆、新城商务中心、度假区等青年人才驿站3个，举办联谊交友、创意手工、驿站寻宝等活动12场。9月，开展“都创计划”——创业青年成长分享会系列活动，聚焦重点创业就业领域，分享故事、交流经验。7—8月开展“青

8月，开设“心灵护航 童享欢乐”爱心暑托班　　团区委　供

春留盐　城就未来”大学生暑期社会实践等活动，为返乡大学生提供162个企事业单位实习岗位。7月，举办“都青春·向未来”——返乡大学生看盐都活动，组织108位返乡大学生参观盐都革命陈列馆、东山精密产业园等，并进行面对面座谈。爱心帮扶、平安照护。2022年7—8月，购买15.8万元社会服务，开设6个“心灵护航　童享欢乐”爱心暑托班，精准覆盖316名困境青少年。7—8月，关注贫困大学生，开展“苏青益筹”圆梦行动。

【深化共青团改革】 年内，健全组织建设。加强团队作风。规范开展团员发展工作，按照“十步骤、三公示、六必须”工作要求，全年发展团员780名，6月、12月，组织各学校举办新团员入团和新队员入队仪式。8月，举办全区学校团队干部培训班暨少先队辅导员基本功大赛，11月，举办全区基层团干部暨“青马工程”培训班，覆盖全区镇（区、街道）、区直单位、中小学、“两新”组织团干部和青马学员200余人。推进县域共青团改革。8月，成立改革工作专班，围绕改革要求的4个维度、26个子项，结合盐都实际，征求多方意见，形成改革方案和改革工作领导小组。加强党建带团建，团员发展和教育管理、领导保障等方面的体制机制，列出责任清单，做好工作推进。10月，召开共青团盐城市盐都区第十八次代表大会，选举产生新一届委员。12月，召开盐城市盐都区青年联合会三届二次常委会（扩大）会议，审议通过并建立青联工作制度。12月，召开区青年工作联席会议第三次全体会议，加快推动青年事业高质量发展。夯实基层基础。坚持党建带团建，执行好“三会两制一课”、团干部述职评议等各项工作制度。扎实推进“青年之家”“青年学习社”等团属阵地建设，用好盐渎书城青年之家、东晋水城“先贤之信”青年学习社线路等品牌阵地。发挥盐都籍大学生驻外团工委桥梁作用，积极对外宣传盐都形象。积极扩大团组织有效覆盖面，新建“两新”领域团组织97家，组织开展各类宣讲和专题学习。

（唐春燕）

8月，“江苏医惠保1号保障计划”发放仪式　　妇联　供

盐城市盐都区妇女联合会

【概况】 2022年，在区委坚强领导下，在市妇联指导下，全区各级妇联坚持以习近平新时代中国特色社会主义思想为指导，深入学习宣传贯彻党的二十大精神，认真落实市委八届四次全会、区委十五届五次全会和市妇联七届七次执委会精神，聚焦主职主业，服务中心大局，扎实推进各项工作取得新的成效。

【强化妇女思想引领】 年内，宣传宣讲走深走实。以“巾帼心向党　喜迎二十大”为主题，组织开展“喜迎二十大”系列活动：举办“喜迎二十大　阅读颂辉煌”主题阅读活动，造浓书香氛围，厚植爱党爱国情怀；开展“我奋斗·家国美”故事分享会、“巾帼心向党　喜迎二十大”巾帼榜样故事分享活动，展现盐都女性恪尽职守、脚踏实地、无私奉献的精神风貌；开展“学习宣传贯彻党的二十大精神巾帼志愿者在行动”主题活动，组织妇女干部热议党的二十大报告，引领广大妇女群众坚定不移听党话、跟党走；组织参加省、市女性融媒体创意大赛，以视频形式展现广大妇女学思践悟新精神的崭新风貌。先进典型出新出彩。开展“三八”红旗手（集体）、巾帼建功标兵、巾帼文明岗等评选，推荐市“三八”红旗手14名，市“十行百佳”巾帼典范5名，市“百佳自强好少年”5名，市新领域新业态新就业群体“双优”妇联组织2个、十佳“最美妇女微家”1个，岗位建功、爱心奉献、自强不息的优秀女性不断涌现。志愿服务见行见效。实施“妇联+社工+志愿者”巾帼志愿服务模式，全区100多支志愿者服务队、5000余名巾帼志愿者在筑牢疫情防线、参与基层治理、倡扬文明新风、扶贫帮困助弱中奉献巾帼之力、彰显巾帼之美。依托新时代文明实践中心（所、站），打造14个“紫薇花开”巾帼志愿阳光站，构建文明实践与巾帼志愿同步升级、遍地开花。

【引领妇女创新创业】 年内，搭建平台，赋能创新创业。认真落实“汇盐行动”，召开盐都女企业家交流分享座谈会3场，走访企业12家，搜集解决问题38条。选送纳米孔DNA测序、AGV智能巡检机器人、电流温度型保护器自动生产系统研发等项目3个博士团队参加中国盐城第三届创新创业大赛，选送翡蜜—乡村麦芽糖产业再造、百皓氯博士空气消毒

7月，巾帼创业就业培训在悦家职业培训学校开班　　妇联　供

机等项目参加“慧创新时代·科创向未来”盐城市巾帼科技创新创业大赛。助力家政服务进社区，累计开展家政培训52场次1030人，帮助954名妇女实现就业，实现1万户家庭受益，潘黄街道宝才社区获评省级巾帼家政服务社区示范工作站。深耕细作，立足岗位建功。深化农村妇女“双学双比”活动，推荐申报大纵湖度假区东晋水城导游组为省巾帼文明岗，区检察院为省巾帼建功先进集体，刘程媛为省级巾帼建功标兵，实验小学校长王琴为省“十行百星”巾帼教育之星。推荐氪空间盐城创新中心、盐城盛州集团为省女大学生创业就业实践基地，农村经济开发区桃花缘家庭农场为省级巾帼示范家庭农场，喜悦家政为省巾帼家政服务社区示范工作站。汇聚力量，助力乡村振兴。实施坚持推进“巾帼新农人培育计划”，培育种植养殖女大户5户、直播带货女“网红”3人、带民致富女书记典型2人，壮大农业生产经营女性领军人才、实用人才队伍。承办全市“巾帼科技助农直通车”启动仪式，成立区巾帼助农科技专家团，挂牌女性科技人才工作站2个，“巾帼助农科技直通车”开展活动6场次100多人，科技服务直通田间地头。组建区巾帼电商联盟，开展带货直播训练营5期150余人，直播活动15场。常态化开展“20+爱我家”美丽庭院创建活动，创成区美丽庭院示范户1175户，市美丽庭院示范点6个，省美丽家园示范点1个。

【丰富“三家”建设内容】 年内，建设好家庭。把寻找“最美家庭”、创建“文明家庭”活动融入日常、常做常新，共表彰区文明家庭52户，最美家庭37户，书香家庭15户，诚信守法示范户100户，获评全国五好家庭1户，省最美家庭1户，省五好家庭1户，省绿色家庭1户，市最美家庭6户，市书香家庭7户，让文明有礼在盐都蔚然成风。开展“学习强国”进家庭活动，引导更多家庭见贤思齐、崇德向善。涵养好家教。大力宣传实施家庭教育促进法、省家庭教育促进条例，推进落实教育、妇联双主体责任。开展“都美丽”家庭教育百村行活动，推进“三全”家庭教育进社区活动，强化入户走访，健全台账资料，推广全民阅读、亲子活动，造浓家庭教育氛围。建成省级“三全”社区家庭教育示范社区6个，未成年人阅读基地18个，开展活动128场(次)，科学家庭教育得到有效推广。培育好家风。深入开展“好家风好家训”巡讲活动，推进家风家训进广场、入橱窗、上门楣。开展“聊聊我家40年传承盐都好家风”、“盐都家风　我们的家风”故事分享会，深化“廉洁文化进家庭”主题活动，以清廉家风涵养党风政风、带动社风民风。

【加强维权关爱】 年内，构建妇儿维权新格局。完成盐都区“十四五”妇儿发展规划的编制和实施工作。围绕困难群体救助帮扶和妇女儿童权益保障问题开展专项排查，累计摸排重点家庭2637户，妇女儿童共3147人。推动家庭教育“一法一条例”工作的宣传贯彻，开展讲座15场。常年聘用法律顾问，承接涉及侵害妇女儿童合法权益的案件，提供专业、精准的法律知识。成立家事纠纷调解委员会、家事调解工作室和妇女权益法律援助工作站，提供维权求助、纠纷调解、法律援助、情绪疏导等“一站式”贴心服务。使出妇儿维权组合拳。全市首创多部门联动的未成年人综合保护体系，出台《关于进一步完善全区未成年人综合保护工作体系实施办法》。联合检察院建立“草房子”家庭教育指导站，发出督促监护令14份；联合法院对审理案件中未成年人父母开展家庭教育指导，发放家庭教育指导令6份、家庭教育指导告知书15份；联合区公安局率先在盐渎派出所挂牌设立“反家暴联调室”，发放家暴告诫书19份，构建反家庭暴力共建共治、齐抓共管工作格局。打响实事兴办民生牌。成立区妇联“都美丽”巾帼志愿服务队，开展关爱未成年人、救助社会弱势群体、普法宣传等志愿服务，被区文明办推选为“最佳志愿服务组织”。深入城乡妇女“两癌”免费检查暨求助工作，完成“两癌”筛查19000人次，举办“两癌”讲座15场。开展“美丽健康万家行”活动，争取医惠保保障名额267人，争取省级助学名额70人，“促进儿童健康成长”助童名额210人。“关爱妇女——盐都在行动”公益项目为妇儿帮扶项目筹款13.5万元，争取省市级各类奖补资金42万元，获评省妇女儿童慈善先进典型评选“99公益·优秀项目奖”。

【提升妇联组织活力】 年内，基层组织建设不断夯实。在全市率先完成12个镇(街道)、250个村(社区)妇联组织、区妇联的换届工作。在全市首家成立新业态新就业群体妇联组织2个，培树市级“双优”妇联组织2家，“最美妇女微家”1家。深化“六好”妇联创建，激发妇联组织全面活跃。干部队伍建设不断完善。借助区、镇、村三级妇联换届之机，将各行各业的优秀女性吸纳到妇联队伍中来，妇干结构进一步优化。通过开展机关妇联干部大练兵、"党课我来讲"、维护妇儿权益能力提升培训班等活动，妇联队伍理论能力、业务能力进一步提升。拓展"都美丽"妇联党建服务品牌内涵，持续深化"执委走基层"活动，开展"机关党建下基层，党员服务上一线"活动。基层治理模式不断创新。注重在网格化管理中融入妇联组织的服务功能，推进女性网格员与妇联执委"双向互动、交叉任职"，427名专兼职网格员进执委，在深扎根中走实新时代党的群众路线。整合社会资源，以"妇女儿童之家+女性社会组织+项目"模式，指导心语社工等社会组织妇联"关键小事"精准发力，将精准化、专业化服务落到基层。

【召开领导干部家属廉洁教育大会】 年内，为充分发挥广大干部家属在廉洁家庭建设中的独特作用，助力领导干部筑牢拒腐防变家庭防线，树立家庭文明新风尚，2月14日，区纪委监委机关、区文明办、区妇联联合召开"树清廉家风·创最美家庭"领导干部家属廉洁教育大会。区委常委、纪委书记、监委主任杨劲松出席会议并讲话。会议传达中央关于党风廉政建设和反腐败斗争最新要求，推动各位领导干部家属积极参与廉洁家风建设，夯实拒腐防变的思想根基，争做支持家人廉洁从政、鼓励亲属向善向上的"廉内助"，充分发挥领导干部廉洁齐家的"头雁效应"。

【举办交流分享会】 年内，为配合做好区委人才引进相关工作，搭建女企业家、名校优生、服务单位等之间沟通交流的平台，3月5日下午，区妇联在盐龙街道智创园36氪空间公司举办盐都女企业家、名校优生交流分享会，30多位区女企业家代表、名校优生代表、妇女干部代表参加分享会。

【开展我们的节日系列活动】 年内，为积极落实市委、市政府名校优生"汇盐行动"，全力做好人才引进的"后半篇文章"，6月2日，由区委组织部主办，区妇联承办的"盐都'粽'意你"名校优生端午活动成功举办，50余名名校优生参加。8月4日下午，区妇联、区总工会、团区委共同举办"'盐'夏有约，'都'聚七夕"主题活动，大家通过相互协作、相互配合，增进彼此间了解和认识，建立默契和友谊。此次活动给机关单身男女搭建互相认识的平台，增加交流的机会，也让非盐都籍单身男女增加对盐都的归属感，方便工作生活交流。9月6日下午，由区委组织部、区妇联、团区委共同主办的"青春向未来"盐都区名校优生中秋集中活动顺利举行，用实际行动温暖在盐人才的心。

【开展儿童关爱服务活动】 年内，为进一步传播科学家庭教育理念，培养儿童良好的阅读习惯，树立家庭文明新风尚，在盐渎书城开展"语你一起　共话成长"名校优生社区联动亲子阅读活动，盐都区名校优生代表和盐渎街道"三全"社区家庭代表参加此次活动。为深入贯彻落实习近平总书记关于注重家庭、注重家教、注重家风的重要论述，推进实施《中华人民共和国家庭教育促进法》，培养儿童良好阅读习惯，5月29日区妇联在汇文公馆悦享会开展"六一读'你'　走进汇文"亲子阅读活动。盐都区书香家庭代表以及盐龙街道部分家庭代表参加活动。5月31日下午，区妇联联合区税务局在肇基小学开展"心系春蕾　税暖童心"专题助学活动，30余名留守儿童参加活动。联合盐都区人民检察院共同开展"童心向党　相伴成长"检爱同行法治夏令营活动，30余名未成年学生及家长走进检察机关开启沉浸式的法治之旅。

【开展99公益日活动】 年内，召开99公益日专题工作会议，制作PPT，区妇联在官微上制作专栏，多期刊登宣传"99公益日"活动内容，并要求妇联系统里的工作人员在朋友圈、亲朋好友群里进行转发，扩大活动知晓率，激发广大干部群众参与活动的热情。要求各镇（街道）、区直机关各自成立捐款队伍发动捐款，按捐款金额进行排名，金额高的队伍将在妇联年度考核中加分，共筹集善款13.4万余元。

【推进新业态新就业群体组织建设】 年内，积极探索新业态新就业群体党建带妇建工作，以"建组织、增活力、强服务"入手，增强新业态新就业女性群体联系，聚力新业态新就业女性群体发展，不断扩大妇联组织的凝聚力和号召力。已成立城西南物流园、盐之有物网红直播基地妇联组织2家。开展"巾帼送温暖　稳岗促发展"新春暖"新"行动、"战疫同行　一路有爱"货车司机关爱暖"新"行动、"救"在身边—应急救护培训等活动。

【提前完成"两癌"筛查任务】 年内，为切实做好2022年度35～46岁妇女"两癌"免费筛查民生实事，提高盐都区妇女

5月，"六一读'你'　走进汇文"亲子阅读活动　　　　妇联　供

健康水平，维护妇女健康权益。区妇联联合相关部门明确职责、多措并举、通力协作，提前完成年度“两癌”筛查各19000人的目标任务。共完成宫颈癌检查19099人、乳腺癌筛查19163人。

【助力创新创业】 年内，联合组织部、人社等部门举办“都有你、向未来”镇江市高校招聘会，联合人社等部门举办“乐业盐都　职待你来”盐都区2022年重点就业群体网络招聘会，吸引更多人才来盐都就业创业。积极开展助企纾困，召开座谈会2场，发放调查表50多份，向女企业家们解读相关惠企政策。对3个镇（街道）的9家企业进行实地走访，及时向相关部门反映企业需求。

【推进科技创新巾帼行动】 年内，成立巾帼科技助农专家团，开展“巾帼科技助农直通车”走进乡村、走进基地、走进女大户“三走进”活动。7月14日上午，由市妇联主办，盐都区妇联承办的“慧创她力量·科技助农兴”盐城市“巾帼科技助农直通车”集中行活动启动仪式在盐都现代农业产业示范园举行。区委书记、高新区党工委书记王娟出席并致辞，区委常委、组织部部长周达虎参加。

【推进家政服务进社区】 年内，开展巾帼家政服务进社区活动，累计培训52场次，累计培训各类家政服务人员1030人，帮助954名妇女实现就业，实现1万户家庭受益。在潘黄宝才社区、东阳社区挂牌设立巾帼家政服务社区示范工作站，发挥带动效应，服务“一老一小”等民生福祉。

【建成省级“三全”社区家庭教育示范社区】 年内，盐渎、潘黄的6个社区建成省级“三全”社区家庭教育示范社区。在示范社区组建家教指导微信群，邀请专业老师进群，定期发布家教指导文章，在线解答家长困惑，并提供“一对一”的个案指导。结合节日节气，开展“童年时光广场”“情暖端午　粽享文明”“巧手做月饼　共叙亲子情”“关爱在身边、夏日送清凉”等家教实践活动；与盐都区开元路消防救援站、盐城市红十字会合作，开展“寻找身边的少年急救官”活动；开展教育讲座——如何提升孩子专注力等，让学生及家长潜移默化接受家庭教育的知识熏陶，进一步培育文明家风家教，弘扬优秀传统文化。

【开展各类主题普法宣传】 年内，充分发挥“盐都女性悦刊”公众号、妇联QQ、微信群等媒介作用，适时推送《中华人民共和国民法典》《中华人民共和国未成年人保护法》等普法文章，定期上线《中华人民共和国反家庭暴力法》《中华人民共和国妇女权益保障法》等普法视频，做到普法周周有声音，月月有动态。在“三八”维权周、国际反家暴日、禁毒日、国家宪法日等节点，发动律师、妇联执委、巾帼志愿者等到各镇、村开展法制宣传教育。联合区总工会在物联大厦（电商快递产业园）开展以“网络安全为人民，网络安全靠人民”为主题的国家网络安全宣传周活动，发放网络安全宣传册200余份。现场向群众宣传讲解钓鱼网站、恶意二维码、电信网络诈骗、勒索软件、手机安全风险、个人信息保护、防范非法集资等常见网络安全风险及其应对知识，使群众更深入地了解国家安全的意义，提高群众安全意识。积极组织开展反家庭暴力日主题宣传活动，教育引导辖区广大妇女群众掌握预防家庭暴力的方法和途径，学会运用法律的武器保护自己的合法权益，提高妇女的维权意识，有效预防家庭暴力的发生。

7月，开展助企纾困活动　　妇联　供

【市妇联开展调研活动】 8月31日上午，市妇联副主席夏红霞率队在盐都区开展“五项机制”调研活动。调研组一行先后在大冈镇佳富村、盐之有物“网红”直播基地、盐渎街道福才社区等地，通过实地查看、听取汇报、召开座谈会等方式，详细了解盐都区改革“五项机制”贯彻落实情况。调研组在大冈镇佳富村了解党建带妇建、美丽庭院创建、村（社区）妇联组织换届、美丽乡村等建设情况；在盐之有物网红直播基地，实地参观巾帼直播带货直播间、巾帼电商孵化基地、舞韵妇女微家，并就网红直播基地作为新业态新就业群体组建妇联组织进行详细的调研；在盐渎街道福才社区，调研组听取心语社工负责人孙莉详细介绍福才社区“都”美好“三全”社区家庭教育情况，翻阅台账资料，并就“三全”社区项目后续推进情况提出要求。

【举办“反家庭暴力”宣讲活动】 12月，区妇联举办“反家庭暴力”宣讲活动，邀请区司法局法律援助中心专业律师围绕“什么是家庭暴力”“家庭暴力的形式”和“面对家庭暴力时该怎么办”等方面为广大妇女群众进行讲解，向广大妇女群众普及反家庭暴力知识，增强反家暴意识。活动现场还设立宣传咨询台，向市民群众发放反家暴宣传资料，进行《中华人民共和国反家庭暴力法》宣传教育，让广大群众在知法守法懂法的同时，敢于向家暴说“不”，勇于拿起法律武器保护自己的合法权益不受侵害。

【全市首家完成三级妇联换届任务】 年内，为扎实推进妇联基层组织建设，区妇联认真贯彻落实省、市妇联关于深化妇联改革的要求，坚持党建带妇建，早谋划、早安排、早部署，多措并举，严格按照程序，全市首家完成三级妇联换届工作。下一步，区妇联将认真做好妇联换届选举后续工作，通过建章立制，结合实施基层妇联领头雁培训计划，及时全面开展妇联组织成员培训工作，帮助当选人员提高思想政治素质和履职尽责能力。

【创建“美丽庭院”】 年内，每月定时开展“20+爱我家集中清扫日”主题活动，引导妇女参与垃圾分类、污水治理、厕所革命，创建“美丽庭院”成效明显，持续改善农村人居环境，“一提前五同步”工作法获省市妇联肯定。全年计划创建“美丽庭院”示范户1050户，已创建1100户，完成率达105%，学富镇蒋河村获省“美丽家园”示范点称号，6个市级“美丽庭院”示范点成功申报。 （朱叶琴）

11月，盐都区妇联开展《反家庭暴力法》专题知识讲座　　妇联　供

盐城市盐都区科学技术协会

【概况】 2022年，区科协获中国科协全国科普日活动优秀组织单位、省科协“科创江苏”试点区、省第34届科普宣传周优秀组织单位、省科协县级科协创新发展能力提升计划优秀单位称号。在全市科协主要工作评估中被评为第一等次第一位。

【服务科技人才】 5月，向市科协推荐江苏中科兆能新能源科技有限公司温兆银团队为“盐城市优秀科技创新团队”、江苏中贵重工有限公司技术副总经理宋金德为“盐城市十佳科技标兵”、区农业农村局高级农艺师谷莉莉为“盐城市优秀科技工作者”。联合区委组织部、区人社局开展盐都区十佳科技标兵和优秀科技工作者推荐评选活动，表扬10名科技标兵和20名优秀科技工作者。5月27日，在高新区科技广场成功举办第34届科普宣传周暨第6个“全国科技工作者日”主场活动，为科技标兵和优秀科技工作者颁奖，大力宣扬盐都区三支银龄科技科普志愿团队的先进事迹。推荐大冈镇科协原副主席杨长春为省学雷锋志愿服务先进工作者，并在《江苏科技报》《盐阜大众报》报道其先进事迹。9月，组织科协系统科技工作者参加省、市科协组织的“强国复兴有我”主题活动，获得省征文三等奖5个，书法绘画三等奖2个。演讲比赛中，盐都区沈玥、糜圆2名选手分获省一、二等奖，市赛一等奖。区科协获市“强国复兴有我”主题活动优秀单位。

【“科创江苏”专项行动】 年内，成功创建“科创江苏”试点区，把试点区建设作为推进全区产业转型升级、企业科技创新能力提升的重要抓手，充分引入省级优质学会资源服务地方产业发展。8月下旬，以视频连线方式召开“助企纾困　科技赋能”——会企合作对接会。4家省级学会代表与5家企业负责人进行技术咨询对接。10月中旬，举办“科创江苏”科技服务团盐都行暨产业创新发展论坛活动。邀请东南大学能源与环境学院院长肖睿、南京工程学院汪木兰博士分别作《我国“双碳”挑战与机遇及实现途径》《江苏制造业智改数转推进实施及思考》学术报告，并召开企会对接会，为盐都区恒隆通新材料、瑞洁环境、亿豪塑业、华跃纺织、中贵重工、博拓新型建材、兰丰环境、盐电阀门8家企业的发展，现场问诊把脉，进行对接交流。联合省汽车工程学会举办第九届江苏省青年科学家年会汽车智能制造分论坛。

【组织创新创业大赛】 年内，成功申办省资助项目第二届中国盐城盐都海外人才创新创业大赛，吸引海外高层次人才和团队服务地方产业发展。大赛共征集118个项目，经过前期比赛遴选出12个优质项目参加决赛，最终6个项目获奖，并与盐城高新区签订意向性协议，3个重点项目在跟踪对接。拓展参赛参评通道，组织高新技术企业参加省市“科创江苏”创新创业大赛，参赛项目获市赛一等奖1个、三等奖2个。指导盐城中科高通量计算研究院有限公司参加中国创新方法大赛（江苏赛区）并获评优胜奖，推荐该公司研发的《面向智能网联车的智能处理芯片及无人驾驶系统》技术成功入选中国科协“科创中国”先导技术榜。

【开展技术服务工作】 年内，对盐都区15家高新企业完成企业科技专利信息

5月，盐都区第34届科普宣传周暨第6个“全国科技工作者日”主场活动
区科协　供

推送，超额完成市科协下达的10家目标数。4月29日，组织26家企业在高新区参加市科协企业科技信息平台应用培训，鼓励企业积极申报平台应用案例。在企业科协中开展技术攻关，江苏金贸科技有限公司、盐城国睿信科技有限公司、盐城市桃生缘农业有限公司3家企业科协开展的“讲理想、比贡献”活动获市科协认定。

【服务全民科学素质提升】 1月，牵头制定出台《盐都区全民科学素质行动规划实施方案（2021—2025年）》。3月起，开展“村会合作”行动，协调市级学会与楼王镇莘野村、大冈镇佳富村、台创园民强村及潘黄街道新民村结对合作，邀请省花卉、桃子专家深入台创园、大冈现场开展新技术培训指导。将科普活动融入基层党群服务中心和新时代文明实践中心建设，定期组织送科技下乡、科教进社区、科普报告会等活动。5月底，在高新区科技广场成功举办第34届科普宣传周暨第6个“全国科技工作者日”主场系列活动，集中宣传科创成果、科技法规以及开展系列科普惠民活动。6月，联合教育部门，组织全区中小学生参加盐城市首届“科普阅读推广小使者”评选活动，参赛人数和获奖人数排各县（市、区）前列，盐城市第二小学、盐城市龙冈小学、盐城市神州路小学获优秀组织奖。组织学校参加省中小学生金钥匙科技竞赛和盐城市青少年科技创新大赛、科技模型大赛等。7月，联合市营养学会开展“食育”科普助力乡村健康校园建设，此项目成功获评为中国科协“智惠行动·百会百县乡村行”科技志愿服务项目。8月9日，邀请区科学传播专家分团专家、市三院神经内科脑血管病专科副主任张娴娴到野丁社区作脑卒中健康教育及夏季防暑知识讲座。9月，联合盐渎街道举办全国科普日主场活动。通过布置宣传展板、设立咨询台、发放宣传手册、组织群众喜闻乐见的科普文艺节目表演等形式，向广大市民普及防灾减灾、危化品安全、食品安全、卫生保健、垃圾分类等科普知识。充分利用线上科普资源，发动公众注册“科普中国”App并学习宣传科普知识，组织广大农民参加全国农民科学素质网络知识竞赛活动。11月22日，邀请区消防大队防火站站长潘春兵深入福才社区作消防知识讲座。积极打造富有特色的银龄科普志愿服务品牌，积极发挥大冈躬休·银龄科普服务队、夕阳红法治科普宣传队、不老松科技志愿服务队等作用，经常化开展科普报告、技术服务、技能培训、健康咨询等科普活动，服务地方经济社会发展。11月，联合区教育局在吴抬路小学举办2022年度科技辅导员培训活动。

【推进科普示范创建】 年内，开展省级科普示范区创建相关准备工作。6月，组织指导区气象局、草房子乐园创建成功江苏省科普教育基地。7月，指导盐都区实验小学、大冈鞋机特色小镇展示馆、盐城市桃生缘农业有限公司、兴泰集团清洁供热创建成功盐城市科普教育基地。推荐盐都区实验小学、大冈佳富村、楼王莘野村3家单位入选市科协2022年度“基层科普行动计划”实施单位。

【服务党委政府科学决策】 3月起，开展“敲门行动”等线上线下活动，构建起多元一体的应急科普传播矩阵，做到“疫情不解除，科普不掉线”。科协1名职工先后2次参与区疫情防控隔离点负责工作，1名职工参加区教育培训机构防控督查，2名职工为区新冠肺炎疫情防控志愿者。开展结对共建，每月走访挂钩服务企业江苏东信电气安装工程有限公司，深入潘黄街道宝才社区、盐渎街道杨韦村、龙冈镇洪渡社区开展创文调研及结对帮扶4次，给予资金支持并经常保持电话联系跟踪帮扶。加强科技智库能力建设，组织科技工作者申报市自然科学软课题，《盐城市气象科普工作现状与对策研究》入选市选题指南。积极参与区人大、政协建议提案，区科协提出的《关于提高全民科学素质服务高质量发展的建议》被区人大立案。

【基层组织建设】 年内，推进科协基层组织建设“4+1”工作，实现镇（区、街道）科协组织全覆盖，结合工作实际，加大将学校校长、农机站站长、医院院长、科技企业董事长“四长”人员调整吸纳到基层科协组织的力度。强化科协机关作风能力建设，组织学习习近平新时代中国特色社会主义思想及省市区重要会议精神，统一思想，明确方向，准确把握主要方面和关键节点。组织“黄海云课堂”系列课程学习并撰写心得体会，组织参加“喜迎二十大·阅读颂辉煌”主题读书活动、全省百万党员学宪法学党章考法律活动、科协系统线上线下的业务培训及科学传播理论研讨班等。

（陆爱玲）

盐城市盐都区归侨侨眷联合会

【概况】 年内，围绕盐都区“争当排头兵、建设示范区”和国家省市侨联会议精神，凝聚侨心、汇集侨智、发挥侨力、维护侨益，各项工作取得新的突破。8月，区侨联主席陈荣山荣获“全省侨联系统先进工作者”称号，江苏省慰泽创伤有限公司总经理沈泽亚荣获“江苏省归侨侨眷先进个人”称号。12月，区侨联被省侨联评为“双‘五有’侨联组织”。

【阵地建设】 年内，积极推进侨联“进机关、进街道、进社区”工作，重视“侨胞之家”等阵地建设，以活动阵地团结引领广大侨界人士。已创建省市华侨文化交流基地9个，在机关、街道、社区、企业创建“侨胞之家”4个。通过“侨胞之家”等活动阵地的建设，拉近与侨界人士的距离，使侨联成海外侨胞和归侨侨眷的“娘家人”“贴心人”。

【活动丰富】 年内，开展“侨心永向党·喜迎二十大”“寻访烈士足迹·传承革命精神”“弘扬爱国精神·厚植家国情怀”等主题活动，组织侨界代表人士参观海盐博物馆、盐都革命陈列馆，观看爱国主义题材记录电影《单声》，通过观看影片、历史文物图片、播放多媒体短视频、聆听文物背后的故事等，激发侨界人士发扬爱国主义优良传统，传承革命精神，激发昂扬斗志，以更强的责任感、使命感投身工作中，以优异成绩体现学习贯彻中共二十大精神的丰硕成果。

【助推经济】 年内，开展海外侨领盐都故乡行活动，邀请10位海外侨领及海外精英人才参观“新侨创业创新基地”盐都区研创大厦、盐都区智能终端规划展示馆、东山精密企业、侨属企业，实地感受海归新侨守正创新和实业报国、智能制造时代脉搏和创新发展；通过直播互动向海外侨界精英及留学人员宣传推介经济、文化、科技等发展情况，让海外华侨华人了解科技创新、环境生态发展，感受创新创业氛围，引领带动海外侨胞投资创业。

【建言献策】 年内，主动引导区人大代表、政协委员，积极参政议政，强化界别的责任意识，参与政治协商和民主监督，提高建言献策水平和质量。在区“两会”期间，侨界代表、委员向区人大提交议案4件，向区政协提交议案6件，多数提（议）案得到相关部门的督办落实。年内，有2名侨界委员被表彰为优秀政协委员，2篇提案评为优秀提案，留学生倪菁菁委员在建言献策大会上作题为“推进绿色建造发展　提升城乡建设品质”的发言。

【为侨服务】 年内，为侨界人士办实事、做好事，切实帮助他们解决实际困难和问题。在中秋、重阳、春节期间，持续开展“送爱心　暖侨心”活动，对年纪较大的归侨侨眷开展免费健康体检和送医送药活动，为12名重点侨眷赠订1份报纸，让他们切实感受到党和政府的关心和温暖。做好侨界群众的维权工作，打造涉侨服务平台，依托区内政治素质高、服务意识强、热心侨务事业的律师顾问团，为华侨华人、归侨侨眷提供优质法律服务，开展法律知识讲座，帮助解决看病寻医、上学困难、就业安置等方面20个问题。

（朱苏丽）

盐城市盐都区工商联（总商会）

【开展理想信念教育活动】 年内，学习落实中共二十大报告中关于促进民营经济发展壮大的重要指示精神。8月26日，盐都区民营经济人士赴张謇企业家学院参加民营经济人士理想信念培训班。指导“红色大纵湖”申报并获评江苏省民营经济人士理想信念教育基地，并在大纵湖旅游度假区举办全省年轻一代民营经济人士理想信念教育活动。

【引导民营企业承担社会责任】 4月，向盐都区民营企业发出倡议，会员企业捐款捐物，抗击疫情。区青企联与上海盐都商会会长单位出资为盐都在沪乡贤捐送200份乡情大礼包，价值20余万元。5月，联合区委统战部开展“万家灯火”爱心接力活动，对全区670名孤儿、困境残疾儿童、困境低保老人等“一老一小”实行陪伴式结对帮扶。11月，举办“万家灯火”爱心接力仪式，市委副书记羊维达出席并作讲话。全年，企业家与结对对象互动3200余次，捐资捐物折合人民币500余万元。

【深入企业走访调研】 3月，开展“汇聚都力量　助企开门红”走访调研月活

6月，开展“弘扬海盐文化 携手砥砺奋进”喜迎二十大主题活动　　侨联　供

8月，盐都区在宁企业家联合会成立　　工商联　供

动，走访调研14个镇（区、街道）、26家兼职副主席、副会长单位，收集整理企业面临的困难和建议，形成《关于对部分企业生产经营难题的汇报》调研文章，开展专题会办研究，解决12个企业发展难题。10月，对全区民营企业开展摸底调研，形成《2022年全区民营企业分析报告》，采取措施为企解难，增强民营企业发展信心。

【联合服务活动】　6月，联合区税务局开展“春雨润苗”专项行动，为企业进行增值税留抵退税宣传辅导。7月，开展留底退税、出口退税“走流程、听建议”活动，确保减税降费的各项政策措施落实。8月，联合司法部门、乡镇商会等单位开展企业（商会）“大走访”暨“法治体检”专项行动，在省级鞋机商会建立法惠企业（商会）江苏省鞋机商会律师工作站，为企业依法规范经营提供法律服务。落实区“1+8”常态长效推进工作举措要求，制定出台服务民营企业7项工作机制，细化完善服务民营企业举措。

【持续促进对外交流】　2月，举办“都同心·共话未来”乡贤新春座谈会。区委常委、统战部部长张素东，区政协副主席、区工商联主席阮宜春与异地商会会长代表、区青年企业家联合会代表出席。4月，组织开展盐都区在沪企业家联合会与区医疗用品商会开展交流对接活动，帮助区医疗用品企业对接上海市场，资源共享，合作共赢。8月，在南京成立盐城市盐都区在宁企业家联合会，盐都区在沪企业家联合会完成班子交接并挂牌“招商驿站”。

【持续关注年轻企业家成长】　5月，组织召开区青年企业家座谈会，16位青年企业家交流企业发展情况、存在问题和意见建议。区委副书记、区长马正华出席会议并讲话，区委常委、统战部部长张素东主持座谈会，将区发改委和工商联联合梳理汇总的23个问题进行交办并解决。盐都电视台和盐都人开辟“‘创·闯’先锋　工匠风华”专栏，宣传报道12期共36名青年企业家典型。

【争先争牌创优】　年内，与潘黄街道共同招引颐高工业数字经济产业园楼宇项目，6月完成正式签约。对照“五好工商联”“四好”商会建设标准，对基层和行业商会进行指导和服务，协助商会开展各类活动，区鞋机商会、区医疗用品商会、大冈镇商会、龙冈镇商会获评2021—2022年度江苏省“四好”商会，“红色大纵湖”获评第三批江苏省民营经济人士理想信念教育基地，区工商联被全国工商联评为2022年民营企业劳动关系监测调查工作先进基层单位。

（周　杰）

盐城市盐都区残疾人联合会

【概况】　2022年，区残联深入学习宣传贯彻中共二十大精神，围绕部门职能，完善残疾人社会保障，优化残疾人公共服务，推进全区残疾人事业高质量发展。

6月，颐高工业数字经济产业园楼宇项目签约　　工商联　供

【残疾人社会保障】 年内，在全省率先建立18周岁以上无固定收入重度听力、言语残疾人生活补贴制度，入选"全省残联系统2022年度创新创优项目"。做好疫情期间残疾人、涉残企业和服务机构纾困解难工作，发放解困资金13.76万元。为14214名3～74周岁残疾人购买意外伤害保险。发放高中及以上阶段残疾学生教育专项补贴54人6.4万元，64名残疾小学生、25名残疾初中生接受"送教上门"服务。

【残疾人实事项目】 年内，联合残疾人托养服务机构，对筛选出的16～59周岁无业智力、精神和重度肢体残疾人开展入户评估，与符合条件的残疾人签订托养服务协议，提供康复、精神慰藉、保洁、理发、送餐等服务，累计新增16～59周岁无业智力、精神和重度肢体残疾人托养服务205人；按照"应康尽康"原则，全面开展盐都区孤独症儿童基本康复规范化服务全覆盖行动，对有康复需求的162名孤独症儿童及时转介到定点机构开展康复训练。两项工作均超额完成省为民办实事项目分解任务。

【残疾人就业增收】 年内，举办"就业帮扶·真情相助"盐都区残疾人专场网络招聘会、盐都区2022年国庆专场招聘会，承办"就业无碍'职'面未来"助残日就业专场线上招聘会，发动全区就业年龄段残疾人参加，全年新增残疾人实名制就业156人。坚持以培训促就业，组织残疾人参加线上茶艺、网络直播电商（初级）、美妆、水产养殖和非遗剪纸培训261人（次）。鼓励帮扶残疾人自主创业，发放残疾人一次性自主创业补贴12人，每人4500元。开展按比例安置残疾人就业年审工作，联合税务部门印发通告，建立微信交流群，安排专人解答企业问题，年审企业210家、按比例安置残疾人456人。

【残疾人康复服务】 年内，根据《江苏省残疾儿童基本康复服务实施规范》，对全区有康复需求的儿童进行复筛，并及时转介461名残疾儿童到各定点康复机构进行免费康复训练。对全区精神疾病患者实行"定点医院、免费治疗"，对五保、低保、无固定收入重残、一户多残、依老养残特困家庭精神病患者住院期间伙食费按50%予以补助，精神病患者享受免费服药18489人（次）、免费住院治疗453人（次）、伙食补助238人（次），投入资金约1198.31万元。实施白内障患者免费复明手术163例。完成听障儿童人工耳蜗植入手术4例，人工耳蜗体外机升级7例。为252名残疾人适配辅助器具。

12月，盐都区残疾人联合会第六次代表大会　　残联　供

【残疾人文化体育】 年内，组织全区"残疾人之家"开展"读书迎盛会·一起向未来"读书分享会，参加省市残联组织的"书香残疾人之家"评选活动，盐都区尚庄镇"残疾人之家"、郭猛镇民乐"残疾人之家"、大纵湖镇"残疾人之家"获评盐城市"书香残疾人之家"，郭猛镇民乐"残疾人之家"获评江苏省"书香残疾人之家"。选拔3名盐都籍残疾人运动员参加江苏省第十一届残疾人运动会，获得3金3银的佳绩。

【残疾人公共服务】 年内，组织专家深入32名身心严重障碍不能出门的残疾人家庭上门评残，全年完成1177人新办及到期复评残疾人证发放、429人残疾人证十年到期换发工作。坚持"一户一策"原则，为123户困难残疾人家庭实施无障碍改造。推进盐都区残疾人法律维权服务工作站规范化建设，签约法律顾问，定期开展法律宣讲和咨询服务，安排专人负责处理来信来访，切实保障残疾群众合法权益，做到件件有着落、封封有回信，信访件办结率100%、满意度100%。

【公益助残】 年内，组建盐都区"都爱助"助残志愿服务队，开展"家电圆梦""夏日送清凉·助残暖人心""为残疾人之家送辅助性就业项目"等志愿关爱服务活动。联合中国移动盐城分公司为残疾人上门办理暖心助残"爱心卡"2100余张。参加"99公益日"网络募捐，发动各级残联、助残机构、企业、个人为"携手关爱·童享未来""残疾人就业帮扶"2个项目募集资金21.68万元，区残联被省残疾人福利基金会授予2022年"公益助残项目推进奖"和"公益助残网络募捐工作推进奖"，区残联系统4名工作人员被授予2022年公益助残工作"先进个人"荣誉称号。

【残联系统换届】 年内，印发《盐都区残联关于印发基层残联换届工作意见的通知》，加强对全区残联（协）换届重点步骤、关键环节的把控。9月，全区254个村（社区）残协、14个镇（区、街道）残联

7月，“夏日送清凉·助残暖人心”关爱残疾人活动　　残联　供

换届工作全部完成。12月，召开盐都区残联第六次代表大会，选举产生区残联新一届领导班子。

【党风廉政建设】　年内，印发《区残联关于认真学习宣传贯彻中共二十大精神的通知》，举办“喜迎二十大·阅读颂辉煌”“学习二十大·书香润初心”“学思想、背金句、知要义”等主题活动，在盐都残联网站和微信公众号开辟学习中共二十大专栏，全力推动中共二十大精神在盐都区残联系统落地生根。召开全区残联系统党风廉政建设工作会议，传达中央、省、市、区纪委全会精神和《江苏省残联系统十项禁止性规定》，签订《党风廉政建设责任书》。加强残疾儿童康复、残疾人居家托养、困难残疾人家庭无障碍环境改造等项目资金管理，全面推行第三方考核验收和绩效评价制度，并接受社会监督，推动涉及残疾人切身利益的工作更加公开透明。（冯佩佩）

盐城市盐都区红十字会

【概况】　2022年，区红十字会坚持以习近平新时代中国特色社会主义思想为指导，认真学习宣传贯彻中共二十大精神，紧扣区委、区政府决策部署，力推“三救”“三献”核心业务，汇聚人道力量，建设“群众身边有温度的红十字会”，以考核总分100分、实际得分111.20分位列全市红十字会系统第一方阵第一名，保持在全市全省县级红会领先位置。

【人道真情暖病患】　1月31日除夕晚上，市三院南北两院共有留院病友近600人，区红十字会与医院群团和社会工作部工作人员在给他们分发饭菜的同时，还送上温暖的新年祝福。在疫情防控常态化背景下，为保障病友安全、愉快过年，区红十字会更加重视爱心年夜饭工作，在连续实施5年已有丰富工作经验基础上，按照疫情防控工作要求，在保证安全的前提下，按照每床位110元2份的标准，从除夕夜到正月初一晚上为住院病友及陪护人员免费提供4次团圆饭菜和送餐服务，餐具统一贴标消毒，让病友和陪护人员舒心安心度过一个平安、祥和的新春佳节。

【提高政治站位】　年内，将迎庆中共二十大和认真学习宣传贯彻中共二十大精神作为首要政治任务，以为民服务行动检验成效。组织专兼职工作者及会员、志愿者集中观看中共二十大开幕会并深入学习大会精神，按期召开理事会、意识形态培训会、民主生活会及专项学习会，提高系统人员政治判断力、领悟力和执行力。新建19个博爱家园，常态化推进群众欢迎的红十字志愿服务工作，打造群众身边有温度的红十字会。落实“理事会决策、执委会执行、监事会监督”内部治理结构，推进资金募集、财务管理、招标采购、分配使用等信息公开透明，强化法律、政府、社会、自我四方监督相结合的综合性监督体系建设，规范专兼职工作者、会员和志愿者行为，筑牢制度防线。推进惠民项目，把“AED+CPR”作为应急救护培训必备内容，全年普及培训受益达27341人，新培训初级救护员3069人，其中学校校医、体育老师、体育场所篮球教练员全员持证培训；在大纵湖、草房子乐园建设红十字救护站、成立志愿服务队保障游客安全；为6家镇村医疗卫生机构整体更新床单元、提供病员服，改善群众就医条件；组织冠名医疗机构开展博爱送健康活动20多场次，受益群众超过5000人，在大冈卫生院义诊现场用AED成功复苏1位心肌梗塞老人，中红报进行专题宣传；北龙港卫生院、仁禾中医院协同推进博爱光明行项目，为200多名困境老年白内障患者实施复明手术，为5000多名幼儿建立视力健康档案。

【保障生命健康】　年内，针对呈多区域多点散发、偶有聚集性的疫情态势，按照区疫情防控要求，强化责任，抓实防控工作。搭建公益平台，及时为盐城港龙房地产有限公司等捐款支持盐都防疫工作做好服务。抽调2名中层正职人员从4月初加入全区党员防疫突击队并坚守在企业和社区防疫阵地，其中职工季华前后在盐城高铁站和格林豪泰隔离点达5个多月。动员应急救援与养老照护志愿服务队骨干累计100多人（次）参加属地核酸检测服务保障工作。应对疫情期间临床用血紧张难题，联合市中心血站，先后在区行政中心、潘黄万达广场等地组织18场（次）活动，发动区直机关、镇（街道）和卫健、教育系统红会会员1200多人（次）参与无偿献血，献血总量超30万毫升。强化知识宣传和跟踪服务,组织“点燃生命新希望”造血干细胞捐献志愿者招募活动,新增166人加入中华骨髓库,再动员27人,吉中海、杨鑫、张叶等7人先后实施捐献,数量居全省县级红会首位,区红十字造血干细胞捐献志愿服务队队长薛银铸获评全国红十字志愿服务先进典型,盐城唯一。积极开展缅怀捐献者、慰问捐献者家人活动,线上线下宣传遗体和器官捐献知识,做好各方咨询、登记和见证等服务,年内新增1319名器官捐献线上登记志愿者。

7月,盐都志愿者捐献造血干细胞　　红十字会　供

【完善救援体系】 年内,学深悟透中共二十大的“坚持安全第一、预防为主,完善公共安全体系,提高防灾减灾救灾和急难险重突发公共事件处置保障能力”战略要求,以“时时放心不下”的责任感,强化应急保障工作落实。与应急部门深度开展协同工作,在安全生产月、防灾减灾日等重要时间节点联动开展宣传培训和演练活动,增强辖区群众的应急保护意识。加强备灾救灾仓库建设,在常态化运行新都路700平方米备灾救灾中心基础上,全面规划设计益民路上350平方米备灾仓库,采购储备80多万元的消毒液、口罩、救灾帐篷和应急家庭箱等,为快速高效参与灾害救援提供保障。加强应急救援队伍建设,落实省市红十字会“平时服务在社区村居、应急战斗在灾区疫区”工作要求,强化骨干队员的招募和实训工作,参与上级红会的救援演练和全区层面活动,在疫情防控、元旦迎新年长跑、民兵应急连拉动点验、安全文化进基层文艺演出、工业园区安全生产宣传演练及阜宁金沙湖全市红会系统模拟抗洪抢险救援综合演练活动中,救援队全部参与并赢得好评。

【推进募捐筹资】 年内,依法依规开展筹资,线下线上均有突破。广泛宣传人道事业发展情况,通报扶危济困业务工作,传播公益理念,提供捐赠服务,激发区内外爱心力量参与博爱救助金筹资活动,潘黄、盐龙、盐渎、秦南、郭猛、大纵湖等镇(区、街道)和“四办”、组织部、财政局等区直部门单位、教育、卫健、文旅、农业农村、住建等系统踊跃参与,当年新募非定向博爱救助金200多万元。持续为各界定向参与公益搭建优质平台、提供精准服务,得到湖北省慈善基金会、江苏润湖科技有限公司等多方参与,收到定向助医、助学、疫情防控等捐款达210万元。运用“互联网+公益”方式厚积爱心力量、增强救助实力。按照省红十字会统一部署,在腾讯公益平台推进“5·8人道公益日”和“99公益日”网络筹资项目,在线募集善款超20万元,获省红会表彰。

【发力人道救助】 年内,常态化开展“博爱送万家”活动,元旦、春节期间就投入22万元款物对基层核报的350名困境居民登门慰问;投入经费43.5万元对镇(街道)核报的870名帮扶对象落实博爱超市救助;拨付专款10万元落实教育系统红十字会开展“温暖助学子、博爱百校行”等关爱帮扶活动;落实志愿者为在盐城市第三人民医院除夕春节541名住院病患及对应陪护人员免费派发四餐“爱心年夜饭”,投入近6万元;依托疾控中心实施助医项目,救助30多位困境艾滋病病毒感染者和11名困境非耐药和耐药肺结核患者;关心关爱残障人员,通过赠送老花镜、放大镜、收音机方式对大冈躬休乐园50名残疾人提供定向帮扶;落实每个月应急救助,实现全年应急救助白血病、尿毒症、红斑狼疮等大病患者800多人次,投入资金80多万元。为新发白血病、先心患儿申请中国红基会项目救助并落实6名白血病患儿网络筹资每人1万元大额救助;服务对口援建工作,拨付10万元支援陕西铜川人道工作。所有支出均主动接受纪检、审计和第三方对资金使用的监管与审计,并书面向理事会、监事会报告、用微信向社会公开。

【夯实基层基础】 年内,优化镇级红十字会干部队伍的知识结构、年龄结构、专业结构,加强骨干会员、志愿者的培训学习和规范管理,为他们在推进“一个坚强有力的红十字基层组织”“一个特色鲜明的博爱家园”“一支群众欢迎的志愿服务队伍”“一个彰显人道力量的博爱基金”“一个群众受益的博爱超市”“一个知识丰富的博爱文化长廊”六个一建设进程中为群众办实事、做好事打造红十字会品牌统一思想认识、提供遵循和保障。健全学校红十字会工作体系。以红十字示范校创牌、保牌为抓手,调整多所学校红十字会理事会,统一制作会旗,推行集体入会、红十字主题班会、红十字运动知识传播、普及培训应急救护知识、教职工会员参与无偿献血、造血干细胞捐献和网络筹款献爱心活动,并分别于6月份组织2.5万名会员参加全国红十字防灾避险知识竞赛、10月份开展博爱月活

7月，盐都区红十字会六届三次理事（扩大）会议　　红十字会　供

动，规模居全市首位。年内，盐城市第二小学东进路校区投入200多万元建设的含红十字会馆、生命健康体验教室在内的6个沉浸式体验场馆建成运行、腾飞路小学博爱乐园投入使用，丰富师生校园生活。创新“博爱家园”服务模式增加群众获得感。按照“有组织、有计划、有制度、有阵地、有活动、有氛围、有亮点、有台账”标准，建设运行潘黄半岛、盐渎野丁、盐龙健仁、秦南凤翔、郭猛民乐、楼王文昌、学富周伙、大纵湖镇石庄、大冈傍徐、尚庄塘桥、龙冈兴龙、台创园三湾、张庄金都路和大纵湖旅游度假区倪杨等19个博爱家园，以丰富村居人道供给、改善农村人居环境、增强群众健康意识、提升自救互救能力为重点，在阵地建设、运行项目、募集资金、壮大力量、增加服务上进行创新，让美丽抬眼可见，幸福触手可及，潘黄东进路建成博爱通道和博爱园，盐龙健仁整合党建资源、创文成果增加居民互动，最具特色的潘黄半岛社区有效融入街道“博爱超市”救助和博爱文化主题园体系，配备AED，开通服务热线，常态化运行爱心洗衣坊，获评全省优秀博爱家园，相关经验在全省博爱家园推广。

【应急救助纾困解难】 12月22日，依据人道救助资金使用管理办法，经专题会办研究，盐都区红十字会列出12.2万元，通过银行打卡方式，对因患白血病、尿毒症、红斑狼疮等病治疗或遭遇变故致困提出救助申请，并经镇级红十字会或相关方面审核的116人（户），开展应急救助。盐都区红十字会每月采取专人受理、专题会办、专户打卡“三专”方式，2022年全年投入80多万元资金，共对因病、因意外致困的800多人（户）进行应急纾困救助，助力全区民生保障工作。

【传播博爱文化】 年内，发挥红十字运动研究基地作用，加大与红十字国际学院及人道理论研究组织的联系，并运用最新研究成果指导实践，冠名出版“中国红十字运动知识丛书”第四辑，在《中国红十字报》发表学习中共二十大精神感悟，报刊宣传和红十字理论研究工作均受到总会省红会表彰。优化新闻与传播志愿服务队，优化“博爱盐都”微信公众号栏目和内容，每周5～6次推送发布专题信息，制作形式多样的宣传视频和文化用品，常态宣传人道工作，传播博爱文化。年内，“学习强国”、《中国红十字报》、中新网、交汇点、江苏省红十字会网站、《盐阜大众报》等主流媒体刊播盐都红十字会信息300多篇（次）。发挥基层红十字会作用，在服务区域、系统的大局工作中植入人道元素过程中，推进以博爱文化长廊为主的红十字传播阵地建设，在占地66亩的潘黄大孙社区村民公园基础上两次提档升级的博爱文化主题公园多次接受省市红会领导及系统同人观摩成为典范，楼王镇在文昌公园建成博爱文化园、秦南镇在凤翔村建成博爱文化廊、台创园在三湾村建成博爱文化亭，龙冈、尚庄、大冈、北蒋进一步增加原有文化阵地内容，半岛社区启动博爱广场和小区内博爱廊桥建设。注重部门协同，在文明集市进镇村、公民道德宣传、公安禁毒防诈、文明典范城市创建、养老照护服务等活动中重点向群众普及红十字知识，取得较好效果，区红十字会已经成为相关部门单位开展大型宣传和公益活动重点联合的单位。　（王金海）

军　事

- 人民武装
- 人民防空
- 双拥优抚安置

人民武装

【概况】 2022年，区人武部党委深入贯彻习近平强军思想，深刻领会“两个确立”的决定性意义，聚焦迎接和学习宣传贯彻中共二十大精神主线，把握高质量发展主题和高端战争准备轴线，按照“高举旗帜铸忠诚、聚焦备战强能力、建强班子带队伍、瞄准目标创一流、严实作风保稳定”的工作思路，坚持目标导向、问题导向和质量导向，全力推进人武部全面建设高质量发展。

【坚定举旗铸魂】 年内，深化思想旗帜引领，坚持把思想政治建设摆在首要位置紧抓不放，持续抓好中共二十大精神学习及习主席系列重要讲话学习，组织专题教育、研讨交流和民兵学习宣讲，浓厚中共二十大学习宣传贯彻热潮，筹划开展好“五个一”配合活动，充分发挥政治向心力和思想引领力；巩固拓展党史学习教育成果，聚焦“忠诚维护核心、矢志奋斗强军”深化主题教育，开展庆祝建军95周年和“学思想、铸忠诚、担使命”实践活动，不断夯实听党话、跟党走思想理论根基；深入开展“三心两争”和“四严四整”专题教育学习，推动为盐都籍立功官兵和当年入伍的大学生亲属免费体检，贯彻《加强省军区（警备区）团级以上党委建设的意见》，切实增强党委（支部）的领导力、组织力、执行力。

【聚焦备战练兵】 年内，牢固树立战斗力标准，科学筹划开展年度军事训练和民兵组织建设等工作。严格战备值班秩序，精准修订战备方案计划，完成人武部机关作战室暨应急指挥中心建设和系统调试，完成“智慧人武”工作平台数据录入，指导盐龙街道完成“信息化、融合化”建设试点任务，战备水平进一步提升；组织机关人员学习《国防动员单位军事训练大纲》《民兵军事训练考核大纲》和省军区系统“四个秩序”建设规范，切实弄清训练内容，掌握训练标准，找准方法举措；结合“十四五”规划落地，部领导带队深入60余家企业展开调研，完成8个重点领域共100余类年度潜力调查任务，精准开展潜力援战分析，推动国防动员潜力向作战能力转化。完成基干民兵整组任务，退役军人和党员比例分别达到35.8%和43.72%，接受省军区抽查，全市得分最高。大抓按纲施训，落实“周练习、月考核、季比武”，组建民兵教练员库，连续两年代表盐城参加省军区“四会”教练员比武。完成民兵基地化轮训备勤任务，牵头完成全市冲锋舟操作手集训。

【推进动员准备】 年内，军地合力推进国防动员准备，完成适龄青年兵役登记和应急应战装备储备，健全完善国防动员委员会设置、设立国防动员委员会联合办公室和办事机构、建立国防动员指挥运用协调机制等改革任务，全面积蓄平战衔接流畅的战场支撑力量；深入贯彻“两征两退”改革部署，研究制定《盐都

4月，全区应急队伍暨基层干民兵整组点验大会　　　人武部　供

1月，盐都区专武干部、民兵营长集训　　人武部　供

区量化积分定兵实施办法》，严密组织积分定人定向，完成新兵征集任务，其中大学毕业生占比69.8%，超额完成市下达的毕业生征集任务，再创历史新高；持续推动基层规范化建设，督导基层刚性落实党管武装各项制度，开展民兵连部规范化建设“月清零”活动，全区共有251个村居（社区）完成规范化建设，完成率达到100%。进一步加强基层队伍建设，1月份集中组织百名专武干部、民兵营长开展业务培训，培养一批“想干、能干、会干”的明白人，受到军分区主要首长好评。

【双拥共建氛围】 年内，发挥区委、区政府对武装工作高度重视的优势，落实常态议军、党政述职、绩效考评等党管武装制度，党管武装效力进一步增强；主动参加社会公益性活动，挂钩帮扶贫困村、户，走进企业、学校进行国防教育宣讲。积极探索民兵参与社会治理的方法路子，出台盐都区《关于推动建立军地工作联动机制的实施意见》，推动民兵情报信息员担任兼职“网格员”。出动民兵积极参与疫情防控等任务，在辖区高速道路卡口开展人员车辆排查，得到广泛的社会赞誉。协同地方政府共同做好各类优抚安置政策的落实和涉军信访等工作，职工徐兆学开设“兆学老兵工作室”，积极主动为退役军人解难题、送温暖，取得较好社会效益。

【安全管理依法从严】 年内，坚持稳中求进工作总基调，按照“政治要稳、管理要稳、作风要稳、心态要稳”要求，深入抓好党规党纪学习，常态组织经常性安全教育、法纪教育和警示教育，干部文职职工法治意识和纪律观念进一步强化；落实《军队安全管理条例》，扎实开展百日安全活动，抓好月检查、季讲评和安全分析、评估等制度，严格安全保密、网络安全、装备管理、疫情防控、军地交往等纪律规定，严实后勤行业领域整肃治理、“飓风”系列反间谍专项行动和微信失泄密专项清理整治，坚决防范事故案件和问题，始终保持政治之年高度安全稳定。

（李越山）

人民防空

【开展人防宣传教育】 5月，5·12防灾减灾日在吾悦广场开展宣传活动；9月，9·18防空警报试鸣日在世纪公园开启；10月，10·13国际减灾日在吾悦广场举办，通过人防移动教育体验馆、展板、发放宣传资料的形式宣传防灾减灾知识。全区25所中学6631名中学生、主城区4所小学2304名小学生，人防开课率100%，受教人数8935人。

【加强军事斗争准备】 年内，对专业队进行整组，参加市组织的在人防训练基地按纲施训和平战转换专业队的训练和通信业务培训，提高队伍的应急遂行的能力。6月29日，在高新区组织抢险抢修专业队无预案实战演练，演练在省人防网站和《江苏人防》杂志上报道。及时录入更新人防工程建设审批、易地建设审批、人防专业队伍建设等数据，确保监管全覆盖。机动指挥所和地面指挥中心定期与市互联互通，新增“北斗+5G”系统、无人机等高技术设施。

【推进工程建设管理】 年内，全年人防工程立项、新竣工，完成市下达的任务。重视安全工作，对已竣工投入使用的18

6月，人武部活动展示　　人武部　供

个人防工程项目进行4次全面排查，坚持常态检查，发现问题，立查立纠，实现闭环管理，把安全事故消灭在萌芽状态，全年未发现安全风险。加强工程的维护管理工作，确保人防工程处于良好的战备状态。（朱 进）

双拥优抚安置

【概况】 2022年，全区退役军人事务系统坚持以退役军人为中心，以“让军人成为全社会尊崇的职业”为目标，以“让退役军人获得感成色更足”为主线，以“基层服务保障效能提升年”“涉退役军人信访突出问题攻坚化解年”“法律政策落实年”和“锻造过硬干部队伍年”活动为抓手，用心用情做好退役军人服务保障工作，服务效能全面提升、思想引领成效明显、优待抚恤成色更足、就业创业高质高效、双拥工作精彩纷呈、问题化解有力有序，广大退役军人和其他优抚对象获得感、尊崇感、幸福感不断增强。

【双拥共建】 年内，坚持以中共二十大和习近平总书记系列重要讲话精神为指引，拥军优属和拥政爱民实现良性互动，成功创成第十二届省级双拥模范城；投入180余万元为区人武部完成应急指挥中心及作战室、营房设施维修完善等营区综合整治建设；以军民共建为载体，先后为驻军部队投入资金100余万元开展“结对子、办实事、我为驻军做贡献”等活动；为立三等功以上的现役军人和当年参军的大学本科以上士兵直系亲属提供免费体检；妥善做好随军家属进社区、军人子女入学、军人子女中考照顾加分等工作；“春节”“八一”期间，对驻盐部队、部分现役军人家庭进行走访慰问，实现全区A级以上景区对退役军人和重点优抚对象免费开放；成功举办第二届“盐都最美退役军人”、首届盐都“最佳退役军人工作者”“十佳好军嫂、兵妈妈”等系列评选表彰活动”。

11月，“戎耀今生·江苏省退役军人就业专场招聘周”苏北片区启动仪式
退役军人局 供

【落实各项优抚政策】 年内，统筹做好建档立卡和优待证制发工作。落实抚恤补助标准动态调整机制，及时发放各项抚恤补助资金和物价补贴，不断提高优抚对象的幸福感。加强各类优抚对象认定和档案管理规范化建设，大力推进优抚信息管理系统数据共享和资源整合，建立优抚对象年度确认和信息核查长效机制。完善优抚对象医疗保障体系，为优抚对象办理意外伤害、大病医疗等商业保险，提高抵御风险能力。积极组织开展重点优抚对象免费体检、短期疗养和医疗巡诊工作，提升优抚对象的自豪感。开展现役军人立功喜报送上门工作，发放立功奖励金，为服义务兵役军人家庭发放义务兵家庭优待金和大学生奖励金，增强现役军人的荣誉感。对全区烈士纪念设施进行数据校核工作，组织徐文烈士骨灰迁葬仪式，颁发烈士光荣证。

【退役士兵安置】 年内，做好退役士兵与转业干部的安置工作。积极推动退役士兵就业，举办退役军人暨随军家属专场招聘会5次，提供岗位2500多个，签订意向协议书。加大退役士兵教育培训宣传力度，开展适应性培训、职业技能培训、个性化培训、学历教育等教育培训工作，积极拓展退役士兵就业渠道。严格落实义务兵一次性经济补助按照不低于当地上年度城镇居民人均可支配收入的1.5倍发放，并实行自然增长机制。全力做好下岗失业困难转业志愿兵（士官）帮困工作，改善服务水平，提升服务功能。全面做好军队退休干部和伤病残退役军人及无军籍职工接收安置工作，巩固“两个待遇”落实，搭建军休活动载体，开展多样化的文体活动，丰富精神文化生活，强化军休干部服务保障工作，不断提升军休服务保障水平，持续增强军休干部获得感、幸福感。（郑 军）

综　　述

【概况】 2022年，面对严峻复杂的形势和艰巨繁重的任务，全区政法战线坚持以习近平新时代中国特色社会主义思想为指导，忠诚履职尽责，积极担当作为，各项工作取得新成效，有效维护国家安全、社会安定、人民安宁，连续18年获评“省平安区”，全区法治建设综合满意度调查得分94.14分，位列全市第一，公众安全感达99.38%，位列全市第二。

【区委政法工作会议召开】 2月18日，区委政法工作会议召开。会议坚持以习近平新时代中国特色社会主义思想为指导，深入学习贯彻中共二十大精神，按照中央、省委、市委政法工作会议和区委十五届五次全会部署要求，总结工作，分析形势，研究部署全区政法工作。会前，副市长、盐都区委书记、高新区党工委书记王娟对全区政法工作作出批示。

（孙志超）

平安盐都创建

【坚持党的绝对领导】 年内，认真学习宣传贯彻中共二十大精神，举办全区政法领导干部政治轮训班，邀请区委主要领导宣讲中共二十大精神并讲授专题党课。深入贯彻落实《中国共产党政法工作条例》，严格执行向区委、区政府和市委政法委重大事项请示报告制度，对政法各单位开展政治督察2轮6批次。开展全区政法系统迎接中共二十大胜利召开系列主题活动，挂牌成立区政法系统政治忠诚教育馆，政法条线涌现出一批全国、全省有影响的先进典型和英雄模范。

【稳定社会大局】 年内，聚焦“迎接二十大、护航二十大”主题主线，在全市率先建立邪教违法犯罪活动有奖举报机制，扎实开展“信访突出问题攻坚化解年”专项行动，深入推进矛盾风险隐患大排查、大起底、大化解，全面完成七大领域25个方面维稳任务清单，守住“五个严防、三个确保”底线，圆满完成中共二十大维稳安保任务，常态化推进扫黑除恶斗争。

【夯实基层社会治理】 年内，实体化推进镇级“一局三中心”与为民服务中心的融合建设，创新开展“深耕‘都美网格’、守护平安幸福”活动，全面实施“精网微格”工程。重点考核指标“网格治理达标率”位居全市第一、全省前列。开展特殊困难群体救助帮扶和妇女儿童权益保障问题专项排查整治行动，质效位居全市前列。对严重精神障碍患者全部落实免费医疗政策。对符合政策的3133名患者监护人进行“以奖代补”，政策覆盖率达到100%。

9月，盐都区深耕“都美网格”守护平安幸福活动启动现场　　政法委　供

【深入推进队伍建设】 持续巩固深化政法队伍教育整顿成果,深入贯彻落实中央八项规定精神,推动防止干预司法"三个规定"和新时代政法干警"十个严禁"落地落实,邀请区纪委监委主要领导作廉政报告。深入开展执法司法顽瘴痼疾排查整治,全面做到专项整顿个别化、执法巡察季度化、警示教育常态化。连续四年举办政法干警交流锻炼活动,全年超3000人(次)参加各层级同堂培训、岗位练兵、技能比武。

(孙志超)

4月,公安民辅警开展日常警体训练　　公安局　供

法治建设

【学习贯彻习近平法治思想】 年内,在全区组织开展《习近平法治思想学习纲要》学习活动,举办盐都区学习贯彻习近平法治思想专题培训班,开展全战线、全覆盖的培训轮训,在盐都大讲堂活动上安排"提高领导干部法治思维能力"专题讲座,常态化开展"领导干部观庭审"活动,推动习近平法治思想在盐都落地生根。

【加强法治建设组织保障】 年内,召开区委全面依法治区委员会第四次会议和办公室全体会议,研究部署贯彻落实具体举措,制定出台了盐都区"十四五"期间法治政府建设实施意见和法治社会建设实施方案。及时调整充实区委全面依法治区委员会和"一办三组"组成人员,明确法治建设职责分工。将法治建设列入党政负责人年终述职内容,以"履职+评议"的方式推进述法全覆盖,在区委全面依法治区委员会会议上安排专题述法。

【强化法治建设监测评价】 年内,组织开展"推进习近平法治思想学习贯彻工作走深走实"专项督察,对各板块各部门党政主要负责人履行推进法治建设第一责任人职责和年度依法治区有关工作完成情况进行重点督察,压紧压实法治建设责任。委托第三方对14个板块进行法治建设满意度调查,形成《2022年度盐城市盐都区法治建设满意度调查分析报告》。

(许　鹰)

1月,公安分局举行"中国人民警察节"升旗仪式　　公安局　供

公　安

【概况】 2022年,全区公安机关以习近平新时代中国特色社会主义思想为指导,在区委区政府和市公安局的坚强领导下,全力以赴保稳定、护平安、防风险、促发展,年内现行命案和"八类"案件全破,抓获115名历年逃犯、3名命案逃犯,收网"2021—465"公安部毒品目标案、"5·24"帮信专案等大案要案;对公寓楼、群租房开展"清患安居"专项整治,对道路交通、基层消防、寄递物流、校园安全等领域大排查、大起底、大整改;研发都赋能、智护学等实战平台,救援小竹竿、反诈进课堂等做法被《人民日报》《人民公安报》推介;坚持典型引领,民警孙益海获评"全国公安机关最美基层民警",盐龙派出所被表彰为"全国优秀公安基层单位",49名同志和8个基层单位受到公安部、省公安厅、市委市政府和市公安局表彰。

【打防管控"都安1号"专项行动】 1月3日下午,公安分局召开全区公安机关打防管控"都安1号"专项行动部署会,传达贯彻省、市平安建设领导小组会议精神,部署一季度打防管控任务,动员全警昂扬斗志、全力以赴投入新一年公安工作,全面实现"双创双争"既定目标。

【举行"中国人民警察节"升旗仪式】 1月10日,公安分局举行"中国人民警察节”升旗仪式，庆祝全国第二个中国人民警察节，要求全体民辅警倍加珍惜伟大时代，坚定扛起职责使命。

【王娟检查流调溯源工作】 1月12日，区委书记、高新区党工委书记王娟在公安分局检查疫情防控流调溯源工作，现场了解防控工作情况，并代表区委、区政府对奋战在流调溯源第一线的专班全体人员表示慰问。

【获全区综合考核综合先进奖】 2月8日，区委、区政府召开盐都区勇当沿海地区高质量发展排头兵推进会暨2021年度全区综合考核表彰大会。公安分局以优异成绩荣获“综合考核先进单位”。

【获全市县级公安机关工作绩效综合考核优胜单位】 2月18日，市公安局召开全市公安工作会议暨全市公安队伍教育整顿总结会。公安分局获评“2021年度全市县级公安机关工作绩效综合考核优胜单位”。盐龙派出所、大纵湖派出所获评“2021年度争创‘枫桥式派出所’评比竞赛优胜派出所”。

【实有人口摸排“扫楼行动”】 3月10日，区政府召开实有人口摸排“扫楼行动”及社区封控预案制定部署会、社会及社区防控组督查组工作会议，就进一步抓紧抓实社区和社会面疫情防控工作进行强调部署。副区长、公安分局局长王柱军出席会议，强调要提高政治站位、细化工作措施、明确工作要求。

【全区“敲门行动”】 3月14日，区政府召开全区“敲门行动”视频部署会，全面动员部署外市、外省来盐返盐人员及特殊人员排查“敲门行动”。副区长、公安分局局长王柱军出席会议并要求各板块、各相关部门务必高度重视，杜绝麻痹思想、厌战情绪，以最快速度、最大力度把“敲门行动”推进到位。

【谢继步督导疫情防控工作】 3月27日，副市长、公安局长赴盐渎农贸市场、吾悦广场督导检查社会面疫情防控工作，强调疫情防控形势依然严峻复杂，“外防输入、内防反弹”压力持续加大，要从严把好查验关口、细致做好内部防范、坚决落实关停要求。

【部署全区反拐工作】 4月8日，区政府召开反拐联席会议，深入学习贯彻习近平总书记重要指示精神和党中央、国务院决策部署，认真贯彻落实省际、市际反拐联席会议要求，部署全区反拐工作。副区长、公安分局局长、区联席会议总召集人王柱军出席会议，要求高标推进全域线索摸排、深入开展专项打击整治、全面加强部门协作联动、系统深化社会综合治理、切实增强全民反拐意识。

5月，举行“苏安·盐靖”行动暨“清患安居”公寓楼集中整治仪式　　公安局　供

【打击整治枪支爆炸物品违法犯罪】 4月8日，区政府召开打击整治枪爆物品违法犯罪联席会议暨专项行动推进会，认真落实公安部及省、市打击整治枪爆违法犯罪专项行动联席会议部署要求，就严厉打击整治枪支爆炸物品违法犯罪进行强调部署。副区长、公安分局局长、区联席会议总召集人王柱军出席会议，要求狠抓破案打击、常态监管、风险防范、联动共治。

【研究涉羟及禁毒重点工作】 4月25日，副市长、区委书记王娟主持召开区委常委会会议，专题听取禁毒工作汇报，研究部署下一阶段禁毒工作。区委副书记、区长马正华等区领导出席会议。区禁毒委副主任、副区长、公安分局局长王柱军作专题汇报。会议强调，要深化认识，提高站位；紧扣目标，夯实基础；加强领导，凝聚合力。

【举行公寓楼集中整治仪式】 5月20日，区政府举行“苏安·盐靖”行动暨“清患安居”公寓楼集中整治仪式，副区长、公安分局局长王柱军出席仪式并宣布仪式正式启动。组织开展“清患安居”公寓楼集中整治，是严格执行区委、区政府及上级公安机关决策部署，顺应群众呼声的必要之举。要以霹雳手段、雷霆之势，对全区公寓楼进行全域式、全要素、全覆盖的整治，用一栋楼、一个单元、一户家庭的“小平安”累积全区社会面的“大平安”。

【徐亚中调研指导工作】 5月24日，省公安厅治安总队总队长徐亚中在公安分局盐渎派出所调研指导工作，实地观摩“盐之e警综合服务窗口”“派出所综合调解室”“反家暴联调室”“智能装备室”“渎尚平安党建联盟”等功能区，观看特殊警情处置专业队实战演练。

【举行群租房集中整治仪式】 5月30日，区政府举行“苏安·盐靖”行动暨“清患安居”群租房集中整治仪式，副区长、公安分局局长王柱军出席仪式并宣布集中整治正式启动。强调要按照“区不漏格、格不漏房、房不漏户、户不漏人”的标准，对群租房格格清、段段清、户户清，“清出干净清爽，清出群众口碑”，实现群租底数、房屋结构、住宿人员、安全隐患“四个全面见底”。

【校园安全暨促进青少年健康成长工作】 6月9日，区政府召开全区校园安全暨促进青少年健康成长工作推进会，认真贯彻落实上级关于校园安全工作的决策部署，对当前校园安全和促进青少年健康成长工作进行再部署再推进。副区长孙高明，副区长、公安分局局长王柱军出席会议。会议集中观看安全警示教育片，通报近年来全区涉校警情案件及安全隐患相关情况，校园安全和青少年健康成长工作情况，参会单位签订《校园安全承诺书》。

【谢继步检查指导创文工作】 6月15日，副市长、公安局长谢继步以“四不两直”方式到挂钩联系的盐都区潘黄街道，检查指导全国文明城市创建工作。实地察看东升居委会老旧小区改造及社区服务站、兆泉农贸市场，详细了解环境卫生治理、线杆线缆整治、车辆停放秩序、“飞线”充电、志愿服务开展等情况，并现场给予指导。

【开展交通文明攻坚行动】 6月24日晚，区公安交警部门在宝兴路高架出口处开展酒驾醉驾夏季夜查整治行动。经检查发现，驾驶员们普遍遵守交通规则，

7月，民辅警开展“百日行动”社会面夜间巡防工作　　公安局　供

未检查出醉驾、酒驾违法行为，但仍有部分摩托车车主存在违规上高架、超载等行为，现场交警及时进行处理。全年公安交警部门不定期开展酒驾醉驾夏季夜查整治行动，防范酒驾醉驾导致的恶性交通事故的发生。

【夏季治安打击整治“百日行动”】 6月27日，副区长、公安分局局长王柱军主持召开全区公安机关夏季治安打击整治“百日行动”部署会，认真贯彻落实部厅及市局系列会议精神，部署全区公安机关“百日行动”，强调要坚持情报引领、严厉打击整治、强化疫情防控、营造强大声势。

【区人民警察训练学校揭牌仪式】 7月9—10日，公安分局举办领导干部政治轮训班暨区人民警察训练学校揭牌仪式。市公安局党委委员、政治部主任王健，副区长、公安局长王柱军和市公安局政治部综合处处长、市警校校长出席仪式。活动强调，要淬炼绝对忠诚、绝对可靠的政治品格；保持锐意进取、枕戈待旦的精神状态；练就战胜挑战、敢于亮剑的高超本领；培育学在平时、训在常态的习惯方式；养成廉洁自律、雷厉风行的纪律作风。

8月，公安民警布置救援竹竿，预防辖区溺水事故　　公安局　供

【设置“救援竹竿”防溺水】 7月13日，盐城市公安局盐都分局在大冈镇初步开展“救援竹竿”布设行动，盐都公安民警在辖区桥梁、闸口、经常有人下水游泳或钓鱼缓坡等易发生落水事故的重点部位，张贴防溺水安全提示，投放溺水救援竹竿。一捆捆统一购置的长约6米，平均重量4公斤的竹竿被扣在石柱上，竹竿上“溺水救援，请勿占用”的蓝色救援专用标识醒目。这种贴有警示标志的竹竿，一旦有人落水，周边群众可以第一时间递上“救援竹竿”，就能实施紧急救援，把溺水者拉上岸的同时，也降低施救者溺水风险。

【“N+禁毒”宣传方式】 年内，江苏省盐城市公安局盐都分局推进禁毒人民战争，通过“阵地+禁毒”“普法+禁毒”“文艺演出+禁毒”等“N+禁毒”方式，开展禁毒宣传活动，推进禁毒工作齐抓共管、群防群治。据了解，盐都分局将禁毒宣传与淮剧、剪纸等非物质文化遗产传承项

10月，农忙时节，交通警察宣传交通安全知识　　公安局　供

目结合，组织开展“禁毒戏曲进村居”主题宣传活动，邀请中小学生前往禁毒教育基地亲身体验。此外，在多个节日宣传节点，组织盐都区“小盐粒”禁毒志愿者服务队在车站、商场等场所开展集中宣传活动。该局已累计收到各类有价值涉毒线索30余条，从专项基金直接兑现奖金200万元。

【道路交通事故“零死亡”创建工作】 7月13日，区政府召开全区道路交通安全专业委员会例会暨全区道路交通事故“零死亡”创建工作会议。副区长、区公安分局局长王柱军出席会议。会议集中观看全区道路交通安全警示教育片，通报上半年全区道路交通安全形势、上半年全区道路交通安全隐患排查整改情况，解读《全区道路交通事故“零死亡”创建工作实施方案》。

【推进文明城市创建工作】 8月7日，副区长、公安分局局长王柱军主持召开全区公安机关深化全国文明城市创建工作调度会，迅速传达贯彻市公安局会议精神，动员全警凝心聚神、竭尽全力投入迎检冲刺，奋力交上争创全国文明城市创建的“高分答卷”。

【王娟慰问高温一线执勤民辅警】 8月12日，副市长、区委书记、高新区党工委书记王娟率队在一线执勤点开展夏季“送清凉”慰问活动，看望慰问在高温下坚守岗位的民辅警，并送上防暑降温的慰问品。副区长、公安分局局长王柱军参加慰问活动。

【曾伟雄调研指导禁毒工作】 9月4日下午，国家禁毒委副主任、中国警察协会副会长、香港警务处原处长曾伟雄一行在区禁毒教育基地调研指导工作，实地观摩区禁毒教育基地展厅情况，听取近年来盐都区禁毒涉羟整治和示范创建工作情况汇报，肯定相关工作，并强调，当前毒品问题复杂多变，经历多次转型升级，禁毒工作必须坚持不懈、久久为功。

【马正华检查派出所工作】 9月10日，区委副书记、区长马正华在公安分局盐渎派出所检查中秋节日期间工作，实地查看派出所接处警大厅、综合服务窗口等功能区域，检查疫情专班运转情况，听取工作情况汇报，并代表区委、区政府向坚守岗位的一线民警辅警表示慰问和感谢。

【孙益海当选“全国最美基层民警”】 9月25日，中宣部、公安部向全社会宣传发布2022“最美基层民警”，公安分局郭猛派出所民警孙益海光荣当选，系全省唯一当选对象。这也是继2022年5月被人社部、公安部授予“全国特级优秀人民警察”称号后，孙益海获得的又一殊荣。

【法治公安建设工作】 9月28日，公安分局召开全区法治公安建设推进会暨执法管理委员会会议，贯彻落实部厅、市局系列执法管理工作会议精神，研判分析二、三季度执法质态，推进全区法治公安建设，部署四季度执法重点工作。会议要求全面推动执法问题整改、加强执法问题检查、清除执法安全隐患、夯实执法基础工作、增强执法服务保障。

【市委巡察组检查指导派出所工作】 11月28日，市委巡察组组长谢伟一行到公安分局盐龙、张庄、龙冈所检查指导，实地察看派出所值班勤务、基础建设、队伍精神风貌，充分肯定派出所前期工作，指出要以此次市委巡察为契机，在接警处警、执法办案、窗口服务等日常工作中把群众利益和诉求摆在首位，立行立改，切实用巡察整改的实际成效提升人民群众安全感、满意度。 （顾　芳）

检　察

【概况】 2022年，盐都区检察院坚持以习近平新时代中国特色社会主义思想为指导，全面践行习近平法治思想，深入学习贯彻党的二十大精神，落实《中共中央关于加强新时代检察机关法律监督工作的意见》，坚决扛起服务保障“四个示范区”建设的使命担当，能动履行检察职责，持续强化法律监督，各项工作取得新进展。集体、个人荣获市级以上表彰24项，院获评全国节约型机关、江苏省文明单位、江苏省巾帼建功先进集体。

【服务发展大局】 年内，助力疫情防控，组建党员突击队、志愿服务队，赴交通卡口、社区开展防疫服务500余人（次）。助推绿色发展，充分履行生态检察职能，提起公诉破坏环境资源犯罪7人，放流鱼苗30余万尾，环资案件办案团队被省生态环境厅、省检察院、省公安厅联合表扬；会同相关职能部门建立河湖共管机制，推动开展非法渔具“清网”、河道沉船清理等专项整治，共清理渔罾网箱等640余个、沉船120余条；在区委政法委领导下，联合多部门建立大纵湖湿地生态保护基地，作为高质量发展亮点项目接受全市检察机关观摩。

深化“检网融治”，与区网格中心建立协作机制，检察官对530余名网格员开展法律知识培训。推动诉源治理，发挥法治参谋作用，结合办案分析研判社会治理状况，区委主要领导批转4次；针对办案中发现的社会治理问题制发检察建议、关注函、督促令25份，推动开展“清患安居”等专项行动，2份检察建议获评全市优秀。

【维护社会和谐稳定】 年内，依法打击违法犯罪，全年批准逮捕犯罪嫌疑人95人、提起公诉581人，突出办理严重危害社会安全稳定的犯罪43件。常态开展扫黑除恶，贯彻总体国家安全观，认真执行反有组织犯罪法，办理聚众斗殴、寻衅滋事等涉恶类犯罪19件，院集体和1名干警被市委、市政府表彰。充分发挥认罪认罚从宽制度准确及时惩罚犯罪、化解矛盾促进和谐的作用，协同公安、法院强化落实，全年适用率93.16%，一审服判率99.55%。规范落实少捕慎诉慎押刑事司法政策，对犯罪情节轻微不需要判处刑罚的不起诉114人，确保办案既有力度又有温度。有效化解信访矛盾，纵深推进“信访突出问题攻坚化解年”行动，院领导包案办理群众初信初访24件、化解重复信访12件，其中，1件入选省检察院典型案例。

【护航经济健康发展】 年内，为重大项目保驾，用足用好司法政策，出台《服务保障“重大项目突破年”行动实施意见》，落实全市政法系统服务“企业大走访、项目大推进、产业大招商”活动“1+4”举措，制定服务措施17条，走访企业39家，帮助解决涉法涉诉问题20余个。为企业发展赋能，开展侵害企业权益问题专项监督，让法治成为企业家实干创业“定心丸”；牵头开展“检企同行”党建联盟主题活动3期，新吸纳10多家民营企业参与；持续探索涉案企业合规改革，办理相关案件3件，助力企业建立健全经营管理制度，企业合规评估工作做法被省检察院转发。为金融安全护航，会同监管部门完善线索移送、追赃挽损等机制，提起公诉洗钱、金融诈骗等犯罪15人，追赃140余万元。

2月，区检察院将听证室“搬”到申诉人所在社区“上门听证”　　检察院　供

【办好民生领域案件】 年内，维护群众“舌尖上”的安全，落实“四个最严”要求，对制售不符合质量标准的食品等问题，制发检察建议，督促加强市场监管。维护群众“钱袋子”安全，提起公诉非法吸收公众存款、组织领导传销活动等犯罪13人；持续加大电信网络诈骗打击力度，提起公诉187人，对“卡贩子”、职业中介追加起诉4人；依法推进打击整治养老诈骗专项行动，严惩1件打着提供养老服务、投资养老项目“幌子”非法吸收百余名老年人逾千万元“养老钱”的集资诈骗犯罪，追加起诉3人。

【强化未成年人综合保护】 年内，从严惩治侵害未成年人犯罪，批准逮捕6人，提起公诉9人。坚持“宽容但不纵容”原则，对未成年人犯罪，情节严重的提起公诉17人，情节轻微并有悔罪表现的附条件不起诉22人、相对不起诉2人，对5名未达刑事责任年龄的开展教育矫治，竭力挽救“问题少年”。推进共同保护，开展“涉未有爱暑期行”法律监督专项行动，针对电竞酒店监管履职不到位的问题，发出检察建议2份，督促整改到位；持续抓好最高检“一号检察建议”落实，推动全区教育、医疗系统建立侵害未成年人犯罪强制报告制度。拓宽法治教育路径，组织法治夏令营、公开课、模拟法庭等活动30余场（次），“检爱同行·法治进乡村”公开课线上直播受众14万余人。促进家庭教育，联合妇联建成家庭教育指导站，向涉罪和有严重不良行为未成年人的家长发出督促监护令、家庭教育指导令25份。

【开展主题帮教活动】 7月，盐都检察院联合区“夕阳红”法治宣传队、司法社工共同开展“青春心向党、同心护未来”主题帮教活动，采用视频连线方式对3名涉罪未成年人进行“云帮教”。集中训诫环节，检察官结合具体犯罪行为，从法律后果、社会危害、个人及家庭影响、犯罪原因等方面进行释法说理和教育，并向涉罪未成年人家长发出《督促监护令》。“夕阳红”法治宣传队队长结合自身从军及入党经历、社区矫治工作经验等对3名涉罪未成年人开展红色教育。社工师结合心理测评、社会调查等，对未成年人进行针对性法治教育，同时围绕家庭教育理念、方法等对未成年人家长进行指导。检察官还从典型案例入手，重点讲解《预防未成年人犯罪法》具体内容及未成年人高发的六类犯罪行为。

【开展案件质量交叉评查专项活动】 8月，盐都检察院、南通通州检察院共同开展案件质量交叉评查专项活动。两院联合制定《案件质量交换评查工作实施方案》。两院“一把手”检察长对检委会委员的案件评查情况进行评鉴，评查过程中，评查员从案件事实认定、法律适用、办案程序、法律文书制作及卷宗装订等方面对选取案件进行全面质检，并填录《案件评查表》，实行“一案一表”，对发现的疑似问题案件线索，进行汇总梳理登记。对案件的优点及值得借鉴的方面进行学习并做好记录，做到边评查、边学习，取长补短，以案促学。此次结对共建交叉评查案件60件，针对评查中发现的普遍性、倾向性问题，双方进行沟通反馈，同时结合实际，围绕办案焦点难点问题、如何提升司法水平等进行探讨。

【提升检察为民实效】 年内，完善民生检察机制，联合法院、司法行政部门构建协同机制，通过“支持起诉+法律援助+诉前调解”方式开辟农民工讨薪绿色通道，帮助18名农民工讨回工资55.69万元。落实最高检“七号”“八号”检察建议，与邮政部门签订合作备忘录，与驾校签订共建协议，堵住流动的危险，维护车轮下的安全。落实普法责任制，坚持“谁执法谁普法”，组织检察官结合典型案例深入社区、企业、校园，开展以案释法活动30余场次。打造特色化法治教育阵地，建成“习近平法治思想研习长廊”“未成年人法治教育展馆”，改建法治文化广场，省检察院主要领导视察肯定，院被表彰为全市“七五”普法先进单位。深化文明创建工作，检察官“爱心妈妈”志愿服务做法在全市交流，院被授予全省检察机关唯一的“江苏省女性融媒体创意基地”称号。

【提升诉讼监督效果】 年内，刑事检察优化提升，监督立案撤案36件，追加逮捕起诉17人，对侦查活动和审判活动提出监督意见53次；对不构成犯罪和证据不足的不批准逮捕14人、不起诉6人；加强刑罚执行监督，监督收监执行5人；落实监察与检察衔接机制，提升反腐肃贪工作合力，提起公诉职务犯罪7人。1名干警被表彰为“全国打击骗取留抵退税违法犯罪工作成绩突出个人”。民事检察精准发力，提请抗诉4件、发出再审检察建议6份，均被采纳；对民事执行活动发出检察建议17份，均被采纳；对法院正确的裁判，推动息诉罢访9件；对捏造事实、恶意串通等“假官司”监督纠正10件，对涉嫌犯罪的移送公安机关2人。行政检察稳步做实，坚持权力监督与权利救济相结合，办结行政监督案件15件，推动依法行政和公正司法；实质性化解行政争议15件，促进案结事了政和，1件以磋商促共管“一揽子”化解多项行政争议案被省检察院主要领导批示肯定。

【彰显公益保护价值】 年内，注重以检察建议和会商等非诉方式督促行政机关履职到位，发出诉前检察建议77份，行政机关整改率100%。稳妥拓展“等”外范围，对公共安全、网络空间治理、文化遗产保护等新领域问题，立案13件。积极汇聚保护合力，联合交通、住建等10余家单位建立协作机制，对全区破损桥梁进行排查修复；聘请5名政协委员担任“益心为公”检察云平台志愿者，构建民主监督和检察监督协同作战的公益保护格局。起诉追偿公益损害赔偿金430万元，用于公益修复。

8月，南通市通州区检察院在盐都区检察院开展学习交流活动　检察院　供

【加强队伍建设】 年内，强化政治引领，持续抓好理论武装，组织开展中共二十大精神学习宣传贯彻系列活动，以党组中心组学习、政治轮训、专题教育等形式开展学习研讨18次，坚定拥护“两个确立”，坚决做到“两个维护”。狠抓能力提升，持续开展班子成员“五个一”和中层干部“五个在前”示范引领行动，常态化推进“红黄旗排座次”“进位争先创牌”“最佳岗位实践成果评比”等活动，多名干警分获全国检察宣传先进个人、全省妇女儿童工作先进个人、盐城市劳动模范、全市公诉业务竞赛“最佳答辩奖”。坚持全面从严治党从严治检，开展专题纪律作风教育3次，新建、修改管理制度5项；常态化开展入离职谈话、廉政谈话、提醒谈话，做到“警钟长鸣”；全力抓好“三个规定”填报，实行过问必填、打探必录，每月报告、定期核查，全年填报46条，领导班子和员额检察官填报率均100%；自觉接受区委联动巡察，坚决抓好反馈意见整改落实。

（谭　冲　丁玲玲）

法　院

【概况】 2022年，在区委的坚强领导下，在市中院的监督指导下，在区人大及其常委会监督、区政府支持、区政协民主监督及社会各界的关心下，区法院以习近平新时代中国特色社会主义思想为统领，深入学习中共二十大精神，全面贯彻习近平法治思想，围绕“努力让人民群众在每一个司法案件中感受到公平正义”目标，牢牢把握司法为民、公正司法工作主线，忠实履行宪法和法律赋予的职责，各项工作取得了新的业绩。全年受理各类案件16855件，审结、执结15493件。

【服务重点工作推进】 年内，认真贯彻区委决策部署，出台服务保障盐都勇当沿海地区高质量发展排头兵的24条意见，区委、区政府主要领导批示肯定。助力产业转型发展。制定服务保障全区产业高质量发展的16条措施，及时化解涉全区“两重一实”项目推进中的各类纠纷25件。加强司法保障，审结涉及汽车、机械、纺织等领域案件416件，推动传统产业加速转型升级。组建“4+2+4”速裁团队，快速审结涉新能源、高端装备、电子信息等新业态案件288件，服务打造产业新标杆。助力城市经济发展。保障城乡空间布局建设，审结建设工程、拆迁补偿等案件194件，有力保障盐都新城、城市副中心及城北改造等重点城建项目，推动构建市域发展新格局。设立工作专班，审结涉城市综合体项目建设中的合伙协议、加工承揽、装饰装潢等案件183件，促进繁荣城市新经济。助力绿色低碳发展。践行“两山”理念，深化环境资源保护执法司法联动机制，为环保行政执法提供法律支撑。聚焦绿色制造，推进9家高耗能企业市场出清。完善旅游巡回法庭和司法服务站建设，综合运用多元解纷手段化解矛盾37件，为创成省级全域旅游示范区贡献司法力量。

【保障经济社会发展】 年内，发挥司法引领保障职能，切实找准法院工作服务保障经济社会健康发展的切入点和着力点。扎实服务“六稳”“六保”。稳妥推进破产房企“保交楼”，推动创世纪公司8个楼盘续建楼宇43.80万平方米，市人大常委会主要领导批示肯定。秉持善意文明理念，为133家市场主体采取“活查封、活保全”、给予“宽限期”等执行措施，最大限度降低司法活动对生产生活的影响。暖心保障民营经济。审结股东出资、股权转让、挂靠经营等民营公司类案件46件，依法判决支持某科技公司诉其原股东侵害企业权益案入选全市法院服务民营经济典型案例。扎实开展“企业大走访”活动，落实“1+N”对接服务机

4月，盐都法院开展涉工人工资案款集中发放活动　　法院　供

制，走访东山精密等民营企业93家，发放风险防范法律手册600余份，2则案例入选全市法院“暖企护企”十大典型案例。积极应对疫情挑战。统筹疫情防控和审判执行工作，主动适应常态化疫情防控新要求，利用互联网庭审等平台线上开庭254件，实现公平正义不止步。正确运用不可抗力、情势变更等规则，妥善审结买卖合同、租赁合同等案件996件，引导各方共渡难关。

【推动营商环境优化】 年内，牢固树立“法治是最好的营商环境”理念，审结各类商事案件812件，涉案金额约6.70亿元。优化营商环境的工作经验在全省法院会议作大会交流。促进社会诚信体系建设。扎实开展“优化法治化营商环境执行年”1+4专项行动，联合区发改委、信用办出台实施意见，以企业信用修复“暖企”行动为牵引，一体推进“助企、护企、惠企、安企”工作，促进83家企业签订分期履行和解协议，对294家企业采取屏蔽信息、取消限高和纳失等信用修复措施，全区失信企业数占注册企业数比例大幅下降。打造信用证明“绿色通道”等创新做法被《最高人民法院执行工作动态》采用并获最高人民法院院长周强批示肯定。服务供给侧结构性改革。审结破产案件92件，化解债务3.20亿元，某置业公司预重整案入选全市法院破产审判典型案例。强化破产府院联动，与市场监管局、行政审批局联合出台《关于建立经营异常企业公益清算强制退出机制的实施意见》，52家企业经清算有序退出市场，14家企业快速注销。深化服务“三项清理”工作，与工信局联合出台《关于建立全区工业载体焕新与司法处置联动运行机制的实施意见》，盘活土地16.3公顷、厂房10.30万平方米，为市场“腾笼换鸟”和“开笼引凤”提供保障。助推法治政府建设。深化服务“放管服”改革，监督和支持行政机关依法履职，审结各类行政案件718件。聚焦行政争议实质化解，与区检察院联合出台实施意见，与集中管辖片区司法局签订联动调处框架协议，协调撤诉139件。强化“关键少数”法治思维，组织开展“百名领导干部观庭审”活动，推动行政机关负责人出庭应诉率保持100%。行政审判工作荣获集体和个人省级表彰“双先进”，6则案例入选全市法院行政审判十大典型案例。

【惩治各类刑事犯罪】 年内，贯彻总体国家安全观，常态化开展扫黑除恶斗争，审结刑事案件348件，判处被告人473人，坚决用刑事审判利剑守护社会安定、人民安宁。认真落实《中华人民共和国反有组织犯罪法》，多形式开展专题宣传，持续保持对涉黑涉恶犯罪的高压态

9月，以"法伴青春，护航成长"为主题开展"法院开放日"活动　　法院　供

势，与地方金融监管局专题会商金融放贷领域整治工作，有力促进"案件清结""行业清源"。全力保障群众生命财产安全，审结故意伤害、强奸、侮辱诽谤及侵犯公民个人信息等犯罪案件35件，审结盗窃、诈骗、侵占等犯罪案件72件。全力维护社会公共秩序稳定，审结寻衅滋事、聚众斗殴、开设赌场、帮助信息网络犯罪活动等犯罪案件61件。全力推进网络法治建设，参与"净网2022"专项行动，对利用"拼单团购""兼职刷单"等方式实施电信网络诈骗的32名境内外犯罪分子依法严惩，坚决斩断网络犯罪"黑灰产业链"。

【防范化解重大风险】 年内，聚焦重点领域，强化司法规制，运用法治思维和法治方式维护社会和谐稳定。依法维护金融秩序。审结金融借款、票据、保险等案件395件，审结非法吸收公众存款、传销等涉众型经济犯罪案件11件，执结金融债权案件132件，切实防范金融风险。严守法定利率红线，审结民间借贷案件1552件，依法否定"砍头息"、高利贷等违法协议的效力。依法化解信访矛盾。扎实推进"涉诉信访突出问题攻坚化解年"行动，完善诉访分离、信访终结等机制，深入推进治理重复信访、化解信访积案等专项工作，坚持领导定期接访、包案化解，实质化解信访矛盾11件。依法保障安全生产。审结危险驾驶、重大责任事故等刑事案件142件，审结道路交通事故、提供劳务受害、医疗损害等与安全生产有关的民事案件743件。常态走进社区、企业开展"安全生产法治教育"活动，坚决筑牢安全生产法治屏障。

【完善社会化支持体系建设】 年内，完善社会化支持体系建设，健全府院联动机制。依托"党委领导、政府主导、法院主办、各部门协作参与"的综合协调大格局，发挥破产府院联动机制功能，定期研究解决"僵尸企业"和去产能企业的债务处置、市场退出以及"办理破产"指标提升等工作。构建破产法律事务与社会事务协同共治平台，与市场监管局加大破产企业注销登记便利化服务，促成14家企业快速注销；与市场监管局、行政审批局联合出台《关于建立经营异常企业公益清算强制退出机制的实施意见》，顺利推进长期吊销但未注销30家企业强制清算工作；与工信局联合出台《关于建立全区工业载体焕新与司法处置联动运行机制的实施意见》，实时共享全区企业腾退、工业用地和低效厂房盘活等数据信息库，提前介入甄别"僵尸企业"。

【推行"府院联动+司法和解"的帮扶模式】 年内，推行"府院联动+司法和解"的帮扶模式，准确识别破产和解的可能性，依托政府帮扶、司法保障等机制，引导债权人与债务人和解，以时间换空间，助力具备再生能力的凯丽服饰等4家企业免陷困境，实现劳动力资源重新回归市场主体、闲置资产重新盘活利用。用好清算程序，助力出清。借鉴服务保障"三项清理"工作有益经验，对于救治无望且严重影响市场资源配置和使用效率的"僵尸企业"，通过破产清算实现27家公司市场出清，为"腾笼换鸟"和扩益增效提供保障。推动破产审判指标更优。

【推行"执破融合、分类处置"模式】 年内，推动破产审判指标趋优，以精细化理念提升协作合力。推行"执破融合、分类处置"模式，落实执行局专门办理无财产可破以及资产已经处置完毕的"执转破"案件，落实民二庭专门办理强制清算及其他破产案件，实现破产案件快慢分道。健全简单破产案件快速审理机制，适用简易程序审理破产案件15件，简易审理比例达55.56%，压降审理周期，实现破产审判繁简分流。以专业化理念提升业务素能。组建专职破产业务团队，执行局设立由一名副局长和一名法官助理组成的"执转破"团队，民二庭实行由庭长牵头和一名员额法官、一名法官助理组成的"1+1+1"破产审判团队，专职负责、协同推进。落实破产审判"传帮带"工作，推行优秀法官助理跟班学习、重大案件跟案锻炼制度，相关调研文章在全省破产法学年会上获奖。

【提升办案效率】 年内，研发并运用"终本案件管理云平台"，一键智能梳理企业失信信息，对纳失10次以上、涉案金额达5000万元以上且经营停止的企业快速导入"执转破"程序。加大资产处置力度，通过网络拍卖标的6件，成交金额达6373万元，实现资产处置效益最大化，提升破产债权清偿率。

【推进"三项工程"　助企复"信"纾困】 年内，成立专项行动领导小组，出台《1+4专项行动、企业信用修复"暖企"专项行动实施方案》。联合区发改委、信用办出台实施意见，推动企业信用修复纳入全区信用建设体系。发挥“执行+网格”等参与基层治理优势，实现在库274家失信企业走访“全覆盖”，精准掌握企业经营现状、资产信息、履行能力等情况。完善联席会议制度，突出法院指导职能，扩大企业信用修复工作“朋友圈”，建立企业信用修复专门微信群，常态交流信用修复经验，研讨信用修复过程中失信企业负责人难找、财产调查工作量大等难题，已线上答疑70余次。建立辖区内失信企业信用情况直报研判机制，协调区税务局、市场监管局等部门向法院发送每一家失信企业的三年税收缴纳信息和营业执照吊销、注销信息，并根据每个企业的不同情况，确定个性化信用修复方式。

【打通信用修复潮汐车道】 年内，梳理符合直接退出情形的企业，依法删除18家企业失信信息。依据纳失次数等情形区别处理，对纳失3次以下且自觉履行的15家企业失信信息予以删除；对纳失10次以上、涉案金额达5000万元以上且经营停止的8家企业依法导入“执转破”程序；对连续三年未纳税、经查控无财产且申请人未提供线索的162家企业失信信息依法删除。强化善意文明理念，给予有履行意愿但暂无履行能力的企业“宽延期”，促使达成和解协议52件，对其中已履行完毕的16家企业出具证明，打通信用证明“绿色通道”。在执行某水产养殖公司案件中，采用“活查封”方式促成活蟹活卖并顺利偿债，涉案企业信用得以修复。

【建立“执破衔接、分类处置”机制】 年内，在执行局新增“执转破”团队，快速办理无财产可供执行、主要财产已被处置等涉企破产案件。联合市场监管局创新破产企业注销登记便利化机制，促成14家企业快速注销，盐城市政府专门召开现场会总结推广该经验。打造“都执亮剑”品牌，常态开展涉企专项执行行动24次，创新建立“执行+拘留”直通平台，与盐城市拘留所、盐都区疾控中心签订合作协议，率先开通司法拘留、核酸检测“绿色通道”，该平台获评盐城市政法领域改革“十大创新项目”并在全市法院执行现场会作经验介绍。通过上述措施，47件案件迫于威慑主动履行或被强制执行完毕，28家企业免陷失信窘境。保障信用修复规范运行。

【“终本案件管理云平台”投入使用】 年内，自主研发的“终本案件管理云平台”投入使用，该做法获省法院分管院负责人批示肯定并被《江苏法院简报》刊发。“云平台”设置“信用修复”模块，着重对终本以及非实体终结案件中失信企业进行智能化、滚动化、常态化管理。依托“云平台”数据资源，动态掌握“终本库”中的失信企业情况，对指导、约束和退出的案件进行智能划分，同步云端记录法院调查信息和申请人提供的线索，涉及274家失信企业的997件终本案件的强制措施、线下调查、履行情况、失信信息等数据“即点即查、一键厘清”。“云平台”可以对企业失信信息进行长期跟踪、滚动审查，每3个月对失信企业进行周期性评估，对于经营正常的被执行企业，通过正向激励措施，助力6家积极履行的失信企业走出困境；对不符合条件的被执行企业，坚决杜绝借机逃避信用惩戒措施。在企业信用修复“暖企”专项行动中，联合区信用办、乡镇职能部门开展线下走访调查，“云平台”随案记录并汇总分析，为专项行动提供强大数据支撑。

【推进基层基础建设】 年内，坚持强基导向，聚力协同共治，不断推进市域治理体系和治理能力现代化。服务乡村振兴。充分发挥人民法庭“桥头堡”“前哨站”职能，审结各类案件4249件。开展司法便农、护农、惠农“三大行动”，依法妥善化解涉乡村产业发展、土地流转、高效农业等纠纷147件。完善“法庭+巡回审判点+审务工作站”的便民服务网络，推行“百姓说事·法官说法”工作机制，发送平安报告、司法建议22份，推动健全自治、法治、德治相结合的乡村治理体系。加强诉源治理。创新和发展新时代“枫桥经验”，坚持力量下沉、重心下移、服务下倾，全院所有员额法官和法官助理开展“三进”活动，走访村居、社区114个、网格765个，提供法律咨询1400余人（次），化解纠纷268件，做实做好源头减量工作，让更多的矛盾止于诉前。强化普法宣传。落实“谁执法谁普法”责任制，开展“法治赶集”“法企同行”“法院开放日”等活动97场次，制作发放国家安全、毒品危害等主题宣传手册800余份，发布典型案例33件，积极打造基层喜闻乐见的法治公开课。《人民法院报》、《江苏法治报》、“学习强国”平台多次报道法院普法工作。

11月，开展“冬季攻势2022”集中搜查、集中拘传、拘留行动，集中查找“老赖”并实施强制措施　　法院　供

【打造一站式工作品牌】 年内，提升现代诉讼服务品质，全方位、全领域纵深推进一站式多元解纷和诉讼服务体系建设，市委主要领导调研“都诉服、都满意”工作品牌给予充分肯定。完善便民利民诉讼服务布局，立案、调解、保全、鉴定、速裁等功能“一厅通办、一站通办、一网通办”，高效办结诉讼服务事项2.30万件（次），“双一流”诉讼服务中心入选全市法治惠民实事项目。优化多元普惠在线服务措施，提供全国跨域立案服务，网上立案2098件，微信、短信等电子方式送达法律文书20773件，让群众更好享受“家门口”式服务。健全矛盾化解联调共治格局，整合家事、商事、劳动争议等类型化纠纷诉调对接资源，积极推广应用“江苏微解纷”在线调解平台，诉前分流纠纷5091件，调解成功率达62.50%，让纠纷解决更多元、更便捷。

【织密民生司法保障网】 年内，大力弘扬社会主义核心价值观，审结各类涉民生案件2030件。审结房屋买卖、房屋租赁等案件193件，审结劳动争议、追索劳动报酬等案件218件，保障住有所居、劳有所得、弱有所扶。会同区妇联完善反家暴联动、人身保护令等制度，审结离婚、婚约财产等案件842件，调解撤诉370件，切实保障妇女合法权益。关爱未成年人健康成长，成立家庭教育指导中心并督促46名父母履行家庭教育责任，16名“法治副校长”走进校园开展“法治第二课堂”活动25场，以司法建议形式规范校车安全管理，让“法治润泽青春”成为常态。开展打击整治养老诈骗专项行动，快速审结涉养老诈骗犯罪案件并成功挽回老人损失，赴社区、村居、养老院举办主题宣传活动9场，用法治力量守好“养老钱”。制作的微动漫《热心姐的“分身术”》被“江苏政法”微信公众号和省法院官方微博推广。

【持续攻坚破解执行难】 年内，执结案件6539件，执行到位4.50亿元，坚定向着“切实解决执行难”目标迈进。强化执行威慑力度。常态开展“都执亮剑”专项执行行动46次，实施搜查23次，强制拘传87人，以拒执犯罪移送公安机关8人，发布失信名单5140人（次），限制高消费3399人（次），以雷霆之势震慑拒不执行、规避执行行为，坚决向心存侥幸者“施压”。优化执行方式方法。全方位推进“执行+”工作模式，畅通与市拘留所、市车管所、区网格化服务中心联动平台建设，实施拘留28人，查控车辆3957辆，协助送达2936件，市中院与市公安局联合召开推进会总结推广法院“执行+拘留”工作经验，多家主流媒体专题报道。深化执行规范管理。严格案款管理，落实“一案一账号”制度，发放执行案款4.20亿元。公开透明处置财产，网络拍卖872件，成交1.60亿元，溢价率12%。推进终本案件管理“蝶变工程”，全市率先自主研发“终本案件管理云平台”系统，实现所有终本案件智能化、规范化、可视化管理，省法院领导批示肯定并在全省法院推广。

【筑牢政治忠诚】 年内，全面掀起学习中共二十大精神热潮，用党的创新理论武装头脑、指导实践、推动工作，不断增强“四个意识”、坚定“四个自信”、做到“两个维护”。忠诚拥护“两个确立”，组织开展“深刻领悟‘两个确立’决定性意义，坚决做到‘两个维护’”主题教育，党组中心组专题学习12次，举办“重走红色路·奋进再出发”等专题活动，不断筑牢对党忠诚根基。始终坚持党的绝对领导，深入贯彻《中国共产党政法工作条例》，严格落实意识形态工作责任制，主动向区委和区委政法委报告重大事项34件次。

【深化司法改革】 年内，院庭长主办案件7232件，员额法官人均办结案件352件，均居全市基层法院前列，法官办案主体地位充分体现。坚持“用权必监督”，健全民商事专业法官会议规则，对624件案件开展质量评查，实现有序放权与有效监督有机统一。落实诉讼制度改革。坚持以审判为中心，对395名认罪认罚的被告人从宽处理，为188名被告人指定或指派辩护律师，有力提升刑事庭审实质化水平。强化案件繁简分流，适用速裁、小额诉讼等程序办结案件5477件，平均审理用时同比下降13.40%。

【社会各界监督】 全年，区法院始终把接受监督作为公正司法的重要保障，把全过程人民民主要求贯彻到法院工作全领域、各环节。主动接受区人大及其常委会监督和政协民主监督，认真落实区十七届人大一次会议决议，全面落实区人大常委会关于员额法官履职评议等审议意见，积极配合区政协开展便民诉讼服务工作专题调研，邀请人大代表、政协委员视察工作、旁听庭审、监督执行147人（次）。依法接受检察机关法律监督，办结检察监督案件8件，共同维护公平正义。认真贯彻《中华人民共和国人民陪审员法》，换届选任129名人民陪审员，陪审员参审案件1175件，有力推进司法民主。全面接受社会监督，推送审判执行流程信息2.4万条，网上直播庭审4268场，发布裁判文书5632份。

（王彦宇）

司法行政

【概况】 2022年，盐都区司法局在区委、区政府的正确领导和区委政法委的精心指导下，深入贯彻落实习近平新时代中国特色社会主义思想和习近平法治思想，扎实工作、主动作为，高质量完成全面依法治区和司法行政各项工作任务。在省司法厅高质量发展绩效评价考核中，区司法局位列全省第四，获评“高质量发展先进司法局”，被市司法局表彰为“全市司法行政系统先进集体”。依法治区工作在中央依法治国办江苏调研座谈会上作交流发言，在省委依法治省办委托第三方进行的法治建设综合满意度调查中盐都区得分全市第一。区司法局被省司法厅表彰为“新闻宣传工作先进集体”，被市法宣办表彰为“全市‘七五’普法先进单位”，区司法局会员联络组被市法学会表彰为“先进会员联络组”。

【统筹协调全面依法治区】 年内，做好区委全面依法治区委员会第四次会议和办公室全体会议召开的牵头筹备工作，建设安排部分板块和部门主要负责人就履行推进法治建设第一责任人职责进行专门述法。牵头起草"十四五"期间法治盐都、法治政府、法治社会相关规划和实施方案，经会议审议通过并举办全区"学习贯彻习近平法治思想"专题培训班。实现基层村（社区）"援法议事"全覆盖，10个村（社区）获批市首批城乡基层"援法议事"典型范例。

【提升依法行政能力水平】 年内，开展基层综合执法规范化建设专项行动，促进全区政府购买服务规范化，会同编办、行政审批局对85项赋权事项实施评估。组织行政执法人员培训考试，完成全区第一批336名执法人员的全国执法证核发工作。深入推进证明事项告知承诺制，公布第二批证明事项清单共计23项。做好行政复议应诉工作，办结行政复议案件94件、行政应诉案件110件，制发行政复议建议书7份，行政机关负责人出庭应诉率100%。对文件、合同进行合法性审核45件。

【护航经济社会高质量发展】 年内，落实服务"企业大走访、项目大推进、产业大招商"各项措施，组织"产业链+法律服务"、纾困解难促循环、"千名基层法律服务工作者为乡村企业解千难"专项行动，开展"法企同行　助力发展"系列活动，2个案例获评全市律所服务企业（商会）优秀案例。创树"公证+知识产权保护"服务品牌，公证服务知识产权强区建设工作获省司法厅领导批示肯定。

【完善普治共举基层格局】 年内，深入实施"八五"普法，开展"4·8"司法日、"4·15"国家安全日、"民法典宣传月"、"12·4"宪法日等主题宣传活动，组织"法润盐都"法治文化作品评选。推进"谁执法　谁普法"普法责任制贯彻落实，召开"谁执法　谁普法"履职评议报告会，组织开展全区国家工作人员学法用法考试。组织开展民主法治示范村（社区）创建及提档升级工作，新创成省级民主法治示范村（社区）8个，国家级民主法治示范村1个。

【为残疾老人铺平维权路】 年内，区司法局按照法律援助便民惠民的要求，完善法律援助网络，创新服务方式，开通绿色通道，加强监管力度，做好残疾人等弱势群体的维权工作。近3年共办理残疾人法律援助案件35件，为残疾人免除律师代理费12万余元，挽回经济损失近70万元，维护社会公平正义，促进社会和谐发展。

【打造"法耀盐都"普法品牌】 年内，在全区组织开展"美好生活法典相伴""农民工学法活动周""尚法昭廉纪法同行""情暖三农送法下乡""宪法宣传周"等主题宣传活动共40场次。落实"一村（居）一法律顾问"制度，实施村（居）"法律明白人"培养工程，累计培养1702人，在各村（居）建有"法律明白人"辅导站。区司法局运用"新媒体+普法"技术手段开展普法宣传，印发《关于在全区开展全媒体矩阵法治宣传专项行动的通知》，构建"全媒体普法体系"。

【未成年人普法宣传工作】 年内，联合区教育局和检察院，发动"夕阳红"法治宣传队的志愿者，开展"夕阳红"+"检察蓝"为未成年人架设法治彩虹为主题的普法进校园系列活动。通过案情分析、法理教育、互动问答、发放民法典、治安管理处罚法、预防未成年人犯罪法等法律宣传手册等方式，增强未成年人的遵法守法观念和用法靠法意识。活动共走入全区22所中学，共17000余名师生参加。

【组建未成年人法律援助律师团】 年内，联合公安、法院、检察院等单位开展调查研究，结合本地未成年人法律保护工作的特点、规律等，完善未成年人法律保护机制。同时，在律师、基层法律服务工作者队伍中，遴选业务能力强且熟悉未成年人心理特征的法律从业人员，组建起一支未成年人法律援助律师团，提供法律咨询、代理、刑事辩护等法律服务。

【打造未成年社区矫正全周期管理机制】 年内，针对未成年人社区矫正对象存在隐私保护、心理矫治等特定需求，打造未成年社区矫正对象刑事案件全周期管理机制，为未成年对象个案矫正匹配"个性化"方案，由专业社会组织统一承接，实现从检察院社会调查阶段到社区矫正机构教育矫正全流程无缝衔接，确保隐私安全有保障、情感信任有依靠、教育帮扶有成效。自开展全周期专案矫正管理以来，未发生涉嫌犯罪或再犯罪现象。

5月，民法典宣传月活动　　司法局　供

10月，"律企同行·稳企复产"律师专项服务行动走进丹顶鹤公司　司法局　供

【助力企业纾困解难】　7月，区司法局牵头多家优秀律师事务所联合组建律师服务团，在江苏康佰医疗器械有限公司、丹顶鹤智能科技（江苏）有限公司及盐城福瑞德服饰有限公司等多家企业，通过座谈交流，倾听企业心声，了解企业生产经营情况，帮助企业解决发展中所面临的困难和问题。

【完善涉企法律服务机制】　年内，完善企业服务活动联席会议工作制度，坚持每季度召开1次联席会议，协调解决涉企服务的重大问题。建立企业问题办理责任制，按照职责分工搭建平台、健全机制、主动服务，形成服务企业发展的合力。开辟民营企业法律服务绿色通道，在律师、公证等法律服务机构开设民营企业咨询服务窗口，对涉民营企业法律服务事项，优先接待、优先受理。建立民营企业风险防范预警防范机制，加强对涉民营企业的诉讼指导和风险提示，指导其正确收集证据、理性参与诉讼。

【开展民营企业"法律体检"】　年内，针对民营企业法律服务需求，组织律师、基层法律服务工作者开展民营企业"法律体检"活动，引导、鼓励民营企业设立公司律师或聘请法律顾问，分析研判民营企业法律需求和风险点。对企业进行法治体检，以及对企业合同、市场营销、招投标管理、人力资源、知识产权、资本运作等方面存在隐患作出风险提示，就有关风险管控措施和企业发展提出合理化建议，根据企业需求提供"一揽子"定制式法律服务。已走访企业225家，为企业出具法律意见书、风险提示函63件。

【开展涉企纠纷大排查】　年内，全区各级调委会抽调精干力量，集中开展涉企纠纷大排查大化解，特别是对未配备法律顾问的小微企业，加大走访排查力度，对受疫情影响较大的出口外贸企业、劳动密集型企业进行摸排，全面掌握签订合同、劳资双方、债权债务、融资租赁等纠纷。完善涉民营企业矛盾纠纷联调联动机制，促进人民调解、行政调解、司法调解有机衔接，化解涉企矛盾纠纷。

【"乡村振兴　法治同行"活动】　年内，盐都区结合"乡村振兴　法治同行"活动，组织村（社区）法律顾问在田间地头，宣传乡村振兴和惠农富农政策法规，发放联系卡，现场解答法律咨询。重点宣传新修订《中华人民共和国农产品质量安全法》《中华人民共和国民法典》以及与乡村振兴、农药使用等相关涉农法律法规，全区各级公共法律服务中心利用大屏对《中华人民共和国乡村振兴促进法》宣传视频、宣传标语等进行宣传。各村（社区）也利用大屏、宣传栏、平安灯箱等对《中华人民共和国乡村振兴促进法》宣传视频、标语等进行宣传。组织安排全区各村（社区）法律顾问利用法润民生微信群，对《中华人民共和国乡村振兴促进法》宣传视频、宣传标语等进行宣传，接受群成员的相关涉农法律政策的咨询。

【提升公共法律服务质效】　年内，推进省政府民生实事工程，全区新培育773名"法律明白人"，新增建5家法律援助工作站，1人获评市首届"十佳法律明白人"。建立"鼎律相助·美丽乡村"组团式法律服务模式，全区250个村（社区）法律顾问全覆盖。以服务"一老一小"为重点，畅通困难群体法律援助"绿色通道"，开展"三叶草"爱心公证援助活动。2022年，共办理各类公证8349件，办理法律援助案件781件，1个案件获评"盐城市十佳法律援助案件"。

【筑牢安全稳定发展屏障】　年内，圆满完成中共二十大维稳安保工作，深化"一站式"矛盾纠纷多元化解体系建设，扎实推进"信访突出问题攻坚化解年"行动，组织开展"大排查、大化解、促和谐"等专项活动，2022年各级、各类调解组织共调解矛盾纠纷11794件。组建"都律动"律师助矫团，组织开展社区矫正和安置帮教提质行动、"喜迎二十大安保万户行"等专项行动。完成"智慧矫正中心"阵地建设，创成省级安置帮教阳光帮扶基地1个。开展"夕阳助矫"特色工作，相关经验做法获省厅领导批示肯定。

【打造过硬司法行政队伍】　年内，召开绩效评价工作汇报会、分析会、推进会，细化目标任务，落实责任分工。推进司法所分类建设动态管理，完成一个大型司法所达标改造。部署开展"喜庆二十大　阅读颂辉煌"阅读活动、专题集中学习、交流研讨等主题活动，积极参加省司法行政网上学院培训学习，参训率100%。召开全面从严治党暨作风建设工作会议，签订党风廉政、意识形态责任书，筑牢局机关及法律服务行业风险防控墙。

（李慧敏）

旅游 资源 环境

综　　述

【概况】 2022年盐都区全年接待游客435万人(次),实现旅游收入51亿元,同比分别下降20.9%、17.74%。6月,盐都区创成省级全域旅游示范区,潘黄街道仰徐村创成全国乡村旅游重点村,盐渎街道花吉村创成省乡村旅游重点村。蟒蛇河水上文化生态廊道基本建成。

【举办大纵湖露营嘉年华活动】 7月1日至8月31日,由盐城市文化广电和旅游局、盐城市盐都区人民政府主办,盐城市盐都区文化广电和旅游局、大纵湖旅游度假区、大纵湖文旅集团承办的2022盐城暑期游暨大纵湖露营嘉年华活动开启。盐城市各露营基地负责人、盐城市房车协会、"网红"大V等参加活动。活动贯彻落实全市文化和旅游产业发展大会要求,把握露营旅游风口,促进文旅消费,展示盐都文化底蕴与文化建设成果。省内外30余家主流媒体参加,聚焦报道活动。 (袁明浩)

旅游景区建设

【概况】 2022年全区旅游工作突出以生态旅游为核心,以景区景点建设为重点,以重大文旅项目为抓手,构建"一个龙头带动、三条长廊贯通、全域旅游覆盖"的大生态文旅格局,全区旅游重点项目加速推进。乡村旅游重点村围绕留住里下河风情的乡愁,挖掘地方特色,把发展旅游与富民强村结合起来,实现"以点为主"向"由点到面"的转变。

【完成研学夏令营路线产品】 7月,盐都以草房子乐园为核心,与三胡故里、蟒蛇河水上文化生态廊道联动,完成文学研学夏令营线路产品。

【大纵湖景区提升】 年内,水润天成酒店完成装修改造;河道环境整治工程开始招标流程;幼儿园消防设施改造完成;部分基础设施提升;红色大礼堂、景区游客服务中心和购物中心商店装修基本完成,景区增加部分娱乐设施;水城酒店零星维修。

【乡村旅游"五朵金花"】 7月底,杨侍农业生态园游客中心完成施工并营业。7月,组织开展暑期中小学生国防"夏令营"实践活动研学基地。仰徐乡村乐园筹办世界草莓大会前期准备工作,启动建设草莓主题公园。泾口湿地风情园游客接待中心装修结束并试运营。台创园台海花卉港花卉展示馆规划完善。三官新型农村示范区196户主体竣工。

【推进文旅产业招商】 6月18日,组织省内外文旅客商10位文旅企业负责人

9月,大型现代淮剧《宋公堤》晋京献礼党的二十大演出　　宣传部　供

参加全市文旅产业大会。常州恐龙园文化旅游集团股份有限公司和盐都区蟒蛇河水上文化生态廊道营运管理项目签约。约定共同负责蟒蛇河水上文化生态廊道的开发营运，将蟒蛇河水上文化生态廊道打造成集文化休闲、生态湿地、水利保护、运动康养、亲子研学于一体的长三角知名城市郊野水岸花园。

【对上争取资金】 2022年，区文广旅局联合区财政局完成2021省级旅游业发展引导资金的材料申报工作。根据省文旅厅和省财厅关于支持政文旅企业应对疫情防控期间经营困难的若干措施精神，争取产业引导资金5800多万元（低息和贴息贷款）。按照《关于印发〈落实企业防疫支出补贴政策帮助市场主体纾困解难实施细则〉的通知》《关于印发〈落实困难企业贷款扶持政策帮助市场主体纾困解难实施细则〉的通知》和《区政府关于进一步帮助市场主体纾困解难稳定增长的政策意见》文件，针对2022年度3—5月受疫情冲击严重的文旅行业按政策纾困解难。（张忠琴）

国土资源开发与管理

【概况】 2022年，盐都自然资源和规划分局被国家第三次全国国土调查领导小组办公室、自然资源部表彰为“第三次全国土地调查先进集体”，获全省自然资源系统“综合先进集体”、“全省系统法治建设和普法工作成绩优秀单位”称号，局党总支获全省自然资源系统“先进基层党组织”。盐都区获全省自然资源节约集约利用模范区、全省土地执法模范区、市级耕地保护激励单位。节约集约利用获省政府真抓实干督查激励。林长制工作经验获省林长办专题向全省推介。

【落实耕地保护政策】 年初，出台耕地保护激励暂行办法、建设占用耕地耕作层剥离利用等文件，对临时用地、出让土地、划拨用地占用耕地的，实行耕作层剥离，全年剥离面积21.53公顷，实现建设占用耕地耕作层剥离全覆盖、常态化。备案设施农业用地77宗，整治临时用地复垦问题8宗。耕地保护工作出色的学富、台创园分别获200万元、150万元奖励，楼王、秦南2个镇和16个村（居），分别获50万元、10万元奖励。

【突击退林还耕】 年初，建立“专班制、指导制、督查制、通报制、会办制”五位一体工作机制，出台耕地保护奖补办法，出动各类机械设备6300多台（次），组织人员5.7万多人（次），现场督查200余（次），工作通报17期，利用1个月突击行动，超额完成全省、全市耕地减少问题整改数量最多的重任，整改图斑1939个，面积1600公顷，受到省市肯定。

【保障重大项目】 年内，完成预支46.67公顷规划空间规模指标上图方案，编制并获批9个片区233.33公顷土地征收成片开发方案；国家计划指标46.67公顷；完成西环路高架、新洋港大道等64个项目、113公顷用地转征收，实现重大项目应保尽保。

【优化资源配置】 2022年，区政府完善出台《盐都区土地指标使用管理办法》，通过市场化手段，调整土地指标标准。年内供应各类土地78宗425.47公顷。上市经营性用地6宗面积45.67公顷，成交总额37亿元；推进集体经营性建设用地入市6宗面积25.53公顷，成交总额2.64亿元。完成经营性用地清零30宗面积194.7公顷。

【推进资源节约集约利用】 年内，开展产业园区用地状况调查、用地整治提升试点工作，助力“载体焕新”行动。强化“亩均效益”“存量优先”发展导向，加大存量用地盘活力度，年内盘活明辉饲料、飞天照明等闲置土地、低效用地52公顷，消化康佳等批而未供地块43宗127.13公顷。

【实施生态保护修复】 年内，提前完成市区环城高速圈生态廊道建设任务，拆搬迁农村居民点住户797户，腾退低效工业企业40家，补植林带56.5公顷，建设生态河道52条，实施高标准农田项目建设1处。制定“十四五”湿地保护规划和湿地保护小区建设方案，湿地保护率持续保持在60%。推进宅基地自愿有偿退出农户1104户，新增耕地38.4公顷；实施占补平衡项目库项目36个，新增耕地79.87公顷。

【发展绿色产业】 年内，推行林长制，新增成片造林面积17.33公顷，超额完成市下达任务；新建省级绿美村庄6个，实施森林抚育1600公顷；林木覆盖率达26.24%，位列全市第三；林业产值超19亿元。

【抓好安全生产】 年内，细化责任分工，统筹推进森林防火、地质灾害防治等风险防控工作，及时整改各类生态安全隐患，有害生物防治率98%以上。实现全年森林火灾、地质灾害、安全生产事故零发生。

【整改各类违法用地】 年内，推进历史违法用地“清零”行动，报批用地使用指标57.4公顷，筹集报批资金达1.48亿元。年内整改各类违法用地348宗、140.53公顷，拆除各类建筑1.38万平方米，立案查处违法用地57宗，收缴罚款767万元，处分53人（次）。

【开展“助企纾困”活动】 年内，参与市区“企业大走访、项目大推进、产业大招商”三大活动，出台按幢分层发证、工业提质增效等文件。全年办理建设用地预审与选址意见书63份，各类规划许可证265份，审定方案107份，竣工核实379份。开展业务融合会办47期417个项目。

【提升服务效率】 2022年，为京泉华等6个项目提供容缺预审制服务，建设用地规划许可证、建设工程规划许可证分别由原来的1个工作日、3个工作日办结缩短到立等可取。推进德润电子等6个项目“拿地即开工”、盐龙垃圾中转站等35宗89.6公顷土地“交地即发证”，实现优山美地花园等18个小区2760户群众“交房即发证”。

【化解历史遗留问题】 2022年，全区登记农村房地一体不动产12万宗，完成秦南、大冈等镇65宗历史遗留问题用地规划确认，办理企事业单位补充办证64家，化解源缘小区29号楼等23个历史性问题小区，解决群众"办证难"问题6500余户。全年办理各类信访、12345信箱等750余件，各类民生咨询事项办结率100%、满意率100%。

【完善基础业务】 年内，推进全市系统自然资源"一张图"和监管决策应用系统试点建设工作。高标准完成第三次国土变更调查。2021年度变更调查成果通过部省审核，被省厅确定为2022年日常变更试点单位。

【党建业务融合】 年内，开展"一支部一特色"创建，树创"自然都好"党建品牌。创新"一节日一主题""每月党日大家谈"活动，颁发"光荣在党50年"纪念章，组织党员集中过"政治生日"。《坚持"四个一"推动"自然都好"党建与业务融合》案例获评全省系统党建与业务融合优秀案例。

【强化队伍建设】 年内，首次开展"两优一先"和最美自然资源人评选活动，2个基层所党支部和12人获得表彰，多人获"最美家庭""三八红旗手""十大杰出青年""十佳兵妈妈"等称号。加强干部使用管理，全年共提拔中层干部3名，新录用3名参公人员。 （胥国海）

矿产资源开发与管理

【概况】 2022年，贯彻落实国务院关于全面整顿和规范矿产资源开发秩序的通知精神，结合全区实际，规范矿业审批权限和程序，完成矿产权申请、延续、变更、注销和历史遗留矿山图斑核查工作。

【规范矿业管理】 年内，按照自然资源部、省厅部署，开展历史遗留矿山图斑核查及举证，全部通过自然资源部审查。组织对历年工矿问题地块进行整改。实行矿业权有偿制度，规范黏土矿产开采，黏土采矿企业"一宗一卷"，强化矿产黏土资源专项考核。 （胥国海）

江苏蛟龙集团秦航工65船只深海作业 区媒体中心 供

水资源开发与管理

【概况】 2022年，全区用水总量4.90亿立方米，其中，农业用水4.01亿立方米；工业用水0.20亿立方米；生活用水0.57亿立方米；人工生态环境补水量0.12亿立方米；全区单位GDP用水量54.31立方米/万元；万元工业增加值用水量为7.68立方米/万元；农业灌溉水利用系数0.6716；水功能区水质达标率100%，集中式饮用水源地达标率为100%；获第五批国家级节水型社会建设达标县称号；创成4家省级节水型载体，4家市级节水型载体；对全区16家取水工程（设施）进行规范化管理；对72个地下取水工程、6个监测井开展登记造册；开采地下水42.46万立方米，封填（存）地下水井2眼，地下水位保持稳定；征收水资源费63.90万元；编制完成《盐城市盐都区地下水保护利用规划（2022—2030年）》《盐城市盐都区节约用水规划（2022—2030）》《盐城市盐都区水资源管理与保护规划（2022—2030）》。

【落实水资源减征费政策】 年内，根据省水利厅、省财政厅、省发展和改革委员会《关于做好助企纾困水资源费相关工作的通知》要求，取水企业水资源费按现行标准的94.6%收缴，实施期限为2022年4月1日至12月31日。同时，根据有关文件精神，对2022年10月1日至12月31日期间应缴纳的水资源费缓缴1个季度，不收取滞纳金。自接到通知后，区水务局明确对全区水资源费征收实行减征，并认真做好收费核算和退减工作。至9月底，全区共计减免水资源费2.74万元；对缓缴期内已缴纳水资源费的，由执收部门退还已缴费用，政策惠及全区取用水户33家，涉及金额累计50.81万元。

【国、省考断面水质全部达标】 年初，省政府挂牌督办兴盐界河民主村断面水质不达标问题后，组织沿河5个板块和6个相关部门整治水环境问题195个，推动退养养殖塘口137个，实施3.33公顷以上养殖塘口生态化改造，完成沿河929户居民生活污水收集处置，清淤河道21条，打捞水葫芦约230万立方米，新建水葫芦集中处置中心1座。自3月起，兴盐界河水质达标Ⅲ类水质标准。1—12月，全区兴盐界河民主村、龙冈凤凰桥、冈沟河世纪大道桥、尖胡桥、大纵湖湖心和出口6个

4月，开展有效治理和提升农村水环境质量相关会议　　政协办　供

国、省考断面水质全部达到Ⅲ类水质考核要求。

【完成各类节水载体创建】　2022年，完成盐都区气象局省级节水型机关创建、南京师范大学盐城实验学校省级节水型学校创建、盐城东山精密制造有限公司省级节水型企业创建、江苏东九重工股份有限公司省级节水型企业创建。完成盐都区教育局市级节水型机关创建、盐都区交通运输局市级节水型机关创建、江苏悦达棉纺有限公司市级节水型企业创建、江苏中石纤维股份有限公司市级节水型企业创建。（沈慧莺）

农业资源开发与管理

【概况】　2022年，盐都区高标准农田建设工作在区委、区政府的正确领导和上级主管部门精心指导下，围绕国家和省市高标准农田建设工作的指导思想和总体要求，完成全年各项目标任务。

【完成2067公顷高标准农田建设任务】　6月，2021年度高标准农田建设项目竣工，并通过市级验收交付使用。项目于2021年8月底开工，建设总规模2067公顷（高效节水灌溉面积133公顷），总投资5575万元，包括：龙冈镇高标准农田建设项目733.5公顷，总投资1997.75万元；台创园高标准农田建设项目600公顷，总投资1610.25万元；秦南镇高标准农田建设项目400公顷，总投资1066.5万元；楼王镇高标准农田建设项目333.5公顷，总投资900.5万元。

【开工新建2173公顷高标准农田】　7月，2022年度高标准农田建设项目开工建设。项目总规模2173公顷，计划总投资9780万元，包含楼王、秦南、学富共3个片区。

【自建提升1333公顷高标准农田】　12月，2022年度区自建提升高标准农田项目开工建设，项目总规模1333公顷，计划总投资4000万元，包含秦南、大纵湖、尚庄、七星农场以及自有地块：伍康、凤楼、同桂、书楼、新星村。（余荣诚）

自然资源开发与管理

【自然资源管理】　2022年，全区土壤主要分为水稻土、沼泽土两大类，其中水稻土分布面积最广，占耕地面积90%以上。全区共有湿地面积14253.12公顷，其中，自然湿地面积4213.67公顷，受保护的自然湿地面积2528.2公顷，主要是盐城市区饮用水源地蟒蛇河、朱沥沟、冈沟河、大纵湖等。全区自然湿地保护率达60%。境内野生动物资源中，鱼纲类有鲤鱼、鲫鱼、乌鱼、鳊鱼等30多种；爬行纲类有龟、鳖、蛇等20多种；鸟纲类有野鸡、野鸭、鹰、雀等30多种；哺乳纲类有野兔、刺猬、鼠等10余种。野生植物资源有数十科几百个品种，分布在田间、河边、滩边，用于农牧渔业生产、手工业编织及治疗疾病。

【规范自然资源管理制度】　年内，建立自然资源档案制度、自然资源许可制度

3月，小麦生产春季田间管理　　农业农村局　供

等，规范自然资源的开发、利用、进出口。在土地资源方面，有农村土地承包经营权证；在森林资源方面，有林木采伐许可证；在渔业资源方面，有水域滩涂养殖证、捕捞许可证；在水资源方面，有取水许可证等，对自然资源实行监督、管理和保护。

【耕地质量保护与提升】 2022年，全区以土壤酸化、盐渍化、养分非均衡化等障碍因子为导向，以“改”（改良土壤）、“培”（培肥地力）、“保”（保水保肥）、“控”（控污修复）为主要技术路径，在稻麦轮作的基础上，引导农民配方施肥、种肥同播、秸秆还田、深耕深松，改善土壤理化性状。在设施园艺上，优化茬口衔接，水肥耦合，强化土壤调理，增施有机肥，减少土传病害发生和盐分积累，从而提高土壤有机质含量及保水保肥能力。

【推广肥料应用体系】 年内，强化农企对接，引导大型肥料企业生产销售适宜盐都区配方的配方肥料，在售的有史丹利、金沂蒙、华昌、农大、中农、茂施等品牌，形成“农业部门+肥料企业+区内代理商+种植大户”的配方肥推广应用良好体系。（徐俊成）

废弃物资源综合利用

【秸秆综合利用】 2022年年底，盐都耕地面积4.94万公顷，农作物常年播种面积7.27万公顷，播种面积大，秸秆资源丰富。2022年，全区秸秆理论资源量62.9万吨，秸秆可收集资源量46.2万吨，秸秆综合利用量45.6万吨，秸秆综合利用率达98.7%。其中，秸秆机械化还田4.71万公顷，利用秸秆33.7万吨，秸秆机械化还田利用率达73%；秸秆离田面积1.77万公顷，离田秸秆11.9万吨，秸秆离田利用率达25.8%，离田秸秆多以能源化利用为主，部分作为饲料化、基料化、原料化利用。

4月，组织开展世界地球日宣传活动　　自然资源管理与规划局　供

【废旧农膜回收利用】 年内，围绕“减量化、资源化、再利用”循环经济理念，区政府下发《关于印发盐都区废旧农膜回收利用实施意见的通知》，推动再利用价值不高的废旧地膜进入城乡生活垃圾分类回收系统，形成长效机制，提高废旧地膜处置率，实现无害化处置和能源化利用。建立“乡镇长效办+农场（大户）+垃圾发电厂”的回收处置闭环模式。2022年，全区废旧农膜回收利用率达98%以上。（徐俊成）

再生资源回收管理

【再生资源经营单位摸查】 2022年，摸排全区15家再生资源回收经营单位，其中单独从事废旧金属收购业务的1家，单独从事废造纸原料业务的11家，同时从事废造纸原料和废旧金属收购业务的2家，同时从事废造纸原料、废旧金属收购和废玻璃收购业务的1家，从业人员共49人，4家已在商务部备案。

【开展安全检查】 2022年，盐都区对再生资源回收企业进行安全检查共6次，发现问题20余处，全部督促整改到位。（董素梅）

环境保护

【概况】 2022年，坚持以持续改善生态环境质量为目标，坚守“生态环境质量只能变好，不能变差”底线，加强工作协调，打好污染防治攻坚战，解决环境突出问题，较好完成年度工作目标任务。

【化肥减量化使用】 年初，制定出台《盐都区2022年化肥减量增效行动实施方案》，开展化肥减量增效行动，加强科学施肥技术指导服务与宣传，推广测土配方施肥、有机肥替代化肥、水肥一体化、种肥同播等施肥新技术，减少不合理化肥投入；推广缓控释肥、腐植酸肥料、中微量元素复配肥等新型肥料。2022年全区化肥使用总量约33300吨（折纯）。（徐俊成）

【开展空气“提质增优”攻坚专项行动】 8月，在全区开展空气“提质增优”攻坚专项行动，向部门和板块传导压力和责任；以月亮广场周边5千米范围为重点，开展集中整治行动，共清单交办工地扬尘、道路保洁、餐饮油烟、工业废气等污染问题317个；集体约谈6个板块、6个部门和2家单位；利用全市生态环境调

3月，盐都区新时代文明实践志愿服务总队环保法律宣传进园区活动

生态环境局　供

度会，共下发通报15份；将涉气问题整改与区红黄旗考核。根据市大气办确认，至12月31日，月亮广场站点$PM_{2.5}$浓度26.2微克/立方米（攻坚改善3.3微克/立方米）。

【整治水环境突出问题】　年内，区委、区政府先后9次召开会办会和推进会议，组织沿河5个板块和6个相关部门集中攻坚整治水环境突出问题195个，推动退养养殖塘口137个，实施50亩以上养殖塘口生态化改造，完成沿河929户居民生活污水收集处置，清淤河道21条，打捞水葫芦约230万立方米，新建水葫芦集中处置中心1座。1—12月，全区兴盐界河民主村、龙冈凤凰桥、冈沟河世纪大道桥、尖胡桥、大纵湖湖心和出口等6个国、省考断面水质全部达到Ⅲ类水质考核要求。

【落实土壤环境安全工作】　年内，落实省、市安全生产“三年大灶”行动部署，坚守环境安全底线，加强对242家产废单位、12个风险地块和地下水安全监管，全年共规范转移和处置危险废物7180.47吨、医疗废弃物1200.36吨，土壤风险管控和安全利用率100%。

【中央督察交办问题完成整改】　年内，组织开展全区环境问题大起底、大排查、大整治，对首轮督察以来各级交办的80个环境突出问题、2297件环境信访件整改落实情况逐一“回头看”，督促问题真整改、改到位。组织开展小化铝、小铸造、河道拦网养殖、饮用水源保护和乡镇污水处理提标五大专项行动，解决一批环境污染“老大难”问题。2022年，全区共关闭小化铝、小铸造作坊126家，拆除河道拦网养殖31处，整治饮用水源一、二级保护区内环境问题52个，提升12个乡镇污水处理厂运行负荷率。至年底，第二轮中央督察组交办的21个问题全部落实整改，并通过市级现场核查。

【解决生活污水治理难题】　年内，开展农村环境综合整治，组织清理农村积存垃圾、河塘沟渠、农业废弃物，美化村庄人居环境；组织对日处理20吨以上的农村生活污水处理设施和153座建制村居生活污水处理设施运行情况进行督查和维护。6月22日，市政府在盐都区召开现场推进会，观摩农村河道整治、生活污水处理和黑臭水体整治现场，并组织经验汇报交流。

【丰富“两山”实践内涵】　年初，编制完成《盐都区国家生态文明建设规划（2022—2025年）》，通过省厅组织的专家评审，组织申请国家生态文明建设示范区复核；推进实施生态环境保护“十大工程”，启动省级“无废城市”建设，培育绿色领军企业，全年完成62个农村自然村居污水处理设施建设，建成郭猛生态安全缓冲区，开展大纵湖湿地生态修复，

5月，盐龙街道开展抗旱护绿行动　　盐龙街道　供

浓厚盐都的生态底色，丰富“两山”实践内涵。

【生态文明建设成果参加全国展示】 12月19—21日，盐都作为全省4家市、县(区)(泰州市、盐都区、南通崇川区、常州溧阳市)唯一的代表队，参加在西安举行的全国生态文明建设成果展览，盐都生态文明建设成果展示获得成功，受到参展各方的肯定，提升生态盐都社会影响力。

【服务绿色发展】 年内，生态环境局服务窗口共审批服务建设项目51个，帮助推进东山IC载板、国电投高效储能电池、悦虎晶芯、京泉华变压器、江苏金火炬等17个“三争一创”重点建设项目获得环评审批、排污许可等环保手续，支持项目及早开工建设投产。按照“疫情要防住、经济要稳住，发展要安全”的工作要求，落实《江苏省生态环境系统惠企纾困稳经济十二条举措》，创新线上、线下、不见面审批、特事特办等服务方法，提升审批效能。

【依法强化监管执法】 全区全年共出动执法人员5692人次，检查企业2644家次，发现并查处环境违法行为46起，罚款金额242.2646万元，运用环保法配套办法查处案件1起(查封扣押)。执法局通过开展专项行动、专案执法、“双随机”检查等多种方式，加大环境监管执法力度。

【规范做好环境信访调处工作】 2022年，生态环境局系统共受理环境信访共443件，环境信访问题交办处理率100%，较2021年同比下降53.5%。完善信访工作机制，建立信息通报、信访会办、领导包案、督查销号工作机制，将环境信访调处与执法检查相结合，通过执法检查督促企业落实整改，消除降低环境影响，化解环境信访矛盾。 (唐保山)

12月，河道生态保护工作　　大纵湖旅游度假区　供

【开展大气污染防治工作】 10月，围绕建筑垃圾、餐饮油烟、道路保洁等方面问题，开展大气污染防治工作，推动全区环境空气质量得到持续改善。加大保洁洒水喷雾频次，降低道路扬尘污染。每天9:00至21:00，该局对建成区主次干道、便道、国省大气污染监测控站点1千米重点控制区等道路采取“人工细扫、道路冲洗、机械化湿扫、洒水喷雾”等方式，加大连续作业频次，做到人机配合、相辅相成，有效抑制道路扬尘污染。

【加强餐饮室外油烟监管治理】 年内，组织执法人员以常态化高压对主城区内夜宵烧烤、餐饮油烟、使用燃煤等大气污染等问题进行排查、整治，以“零容忍”的态度坚决取缔各种露天烧烤，解决主城区夜市排档占道经营、油烟噪声扰民等问题，确保主城区空气质量优、环境秩序好。

【强化工地日常监管】 年内，对辖区范围内在建施工工地出入口设施建设进行检查，并要求严格落实扬尘污染防治措施，对未按要求完善降尘设施设备造成渣土运输扬尘污染的企业，责令其立即整改到位，方可装车运输。加大巡查频次，特别是对裸土的防尘网覆盖和“湿土作业”的落实情况，执法人员约谈其负责人并下发整改通知书要求限期整改，控制建筑施工扬尘污染。

【农村户厕改造】 2022年，盐都区以全面消除旱厕、全面建成无害化卫生户厕为目标，推进农村户厕改造工程，打造生态宜居美丽家园，为乡村振兴建设奠定有力基础。根据省乡村振兴局、省财政厅8部门印发的《关于高质量推进“十四五”农村厕所革命的实施意见》和市委办公室关于印发《盐城市“十四五”农村人居环境整治提升行动方案》的要求，全区全年共完成农村户厕改造任务4535户，其中完成省定农村户厕改造任务2220户(新建改造750户，整改达标1470户)，任务完成率204%。其中2个省政府民生实事整村推进项目村大冈镇佳富村(新建改造470座，整改达标68座)和尚庄镇民胜村(新建改造280户，整改达标80户)共完成改造898户，全部通过区、镇、村三级验收和省、市级抽验。

(吴德标)

城乡建设
交通　供电

规划工作

【划定“三区三线”】 2022年，全区划定耕地保护目标面积48853公顷、永久基本农田42707公顷，分别核减3967公顷、4313公顷，调减城北地区、高新区青年路北、盐渎南环路北、冈中园区基本农田666.67公顷。将14373公顷生态保护红线调为2553公顷，核减12120公顷；将蟒蛇河和朱沥沟两侧1000米缩减为100米，龙冈森林公园全部调出。划定城镇开发边界116.3平方千米，其中，中心城区78.2平方千米，增加近25平方千米。

【编制专项规划】 年初，编制城西片区青年路两侧2个区域控规。启动盐都区环卫设施布点、里下河水乡风貌特色等4个专项规划，龙冈老集镇城市更新规划形成中间成果，“美好盐都2035”发展战略规划、盐都新城规划、盐都副中心规划取得重要成果。

【推进镇村规划】 2022年，组织村庄规划实施评估，申请1000亩村庄规划专项流量指标。大纵湖镇三官村等15个“多规合一”实用性村庄规划获批。大纵湖镇规划师下乡工作站入选省优秀规划师工作站。 （胥国海）

城市建设

【概况】 2022年，盐都区共实施101项城建重点工程，城镇功能更加配套完善，城市建设品质提升。

【完善配套功能】 年内，新建一批道路、医院、学校、养老中心、“网红”街区等项目，科技广场中央商务区等功能性项目加速推进，青年路高架西延等一批交通项目加快实施，新建东进路、黎明路、宝才路等10条道路，建成赶海路、蓝海路、前进路、经二路、义丰路、马桥路等一批断头路，建成东进路中小学、吴抬路中小学、科创城中小学、智创小镇中小学、智创幼儿园、盐城复兴医院、区老年医院、国投健康智慧养老中心等项目，南师大盐城实验学校智创校区揭牌成立，城市核心区基础设施和服务功能更加完善，产城融合度提升。

【加快城市更新】 2022年，实施潘黄街道6个地块房屋搬迁项目，拓展城市发展空间。完成3个提质达标区和10个社区雨污分流改造，建成口袋公园15个。对渎上老西门片区实施改造，惠及1042户。打造日月路、黎明路特色样板街区，“渎上·老西门”获评省级放心消费示范街区。

4月，智能终端产业园　　住建局　供

【建强特色小镇】 2022年，指导实施镇区立面出新、背街小巷整治、公园绿地建设、道路桥梁修缮、污水管网敷设、住宅小区改造等项目，打造一批城建精品工程。大纵湖旅游度假区积极推进平湖南路美食一条街规划建设和项目招商，大纵湖镇实施工业园区污水管网工程，秦南镇整治修复集镇道路，尚庄镇改造提升人民公园，龙冈镇加快腾龙嘉园二期、消防站工程建设，郭猛镇实施街心公园、农贸市场污水改造及电力改造施工工程，大冈镇、楼王镇提升森林小镇建设品位，推进产镇融合发展，夯实全国重点镇、全国特色小镇、省园林城镇建设根基。

7月，大纵湖旅游度假区环卫工人保洁工作　　大纵湖旅游度假区　供

【推进城北改造】 2022年，城北地区改造共安排棚改征收、市政基础设施、园林绿化、水环境整治、公共服务、市容市貌环境整治、住房建设、产业投资八大类48个项目，年内开工建设38个项目，完成投资53.4亿元。实施百姓安居、服务惠民、产业发展工程，新洋港断头河连通、张庄高压线下埋、馨盛苑安置房等项目全面竣工，大孙菜场、宝馨花园菜场等项目竣工交付使用，同时推进8个产业项目建设。

【探测地下管线】 年内，对盐龙、张庄、龙冈（含鞍湖）建成区内地下管线进行普查、探测、数据信息核准、校对，共完成雨污水、供水、天然所、供电、移动、联通、电信、有线电视、路灯、蒸汽、监控、电力通信、军用等3225千米各类管线（道）数据信息探测、普查，绘制1∶500综合地下管线图1685幅，编制1∶1000专业管线图3043幅，编订管线点成果表66册。地下管线数据成果经盐城市自然资源和规划局地理信息管理中心检验，符合《盐城市区地下管线数据标准》要求，并移交盐城市基础地理信息管理中心入库，为大市区地下安全施工提供技术保障。

【依法行政管理】 年内，对房屋征收、施工许可、商品房预售、燃气经营等行政审批事项，依法实施行政许可；对破路毁绿、扬尘污染、违规交房等违法违规行为，依法进行惩处。全年受理各类业务11600多件，办结率100%，办结消防项目174件，出具工程质量安全监督报告84项，规范核批使用物业维修资金1594万元，依法查处违法建设案件26起，实施行政处罚128万元。

【优化服务质量】 年内，梳理全区房贴发放情况，拟定全区退休人员一次性房贴发放方案。对人防工程加强封闭管理，采集抗震设防信息1246条，组织4家省特级村镇建设档案室复查验收，对群艺馆等重点项目加强白蚁防治服务，妥善处置宝馨花园、优山美地等项目劳资纠纷，实名制系统发放农民工工资近10亿元。及时答复办理12345平台信访件1865件，群众满意度95.2%以上；主办人大议案6件、政协提案16件，代表委员满意度达到100%，获区人大"议案建议办理先进单位"。
（朱　进）

城市管理

【概况】 2022年，全区城管系统坚持以习近平新时代中国特色社会主义思想定向领航，坚决贯彻"疫情要防住、经济要稳住、发展要安全"重大要求，落实中央和省市区决策部署，贯彻"五新城管"发展路径，城市管理高质量发展迈开坚实步伐。

【生活垃圾治理】 年初，落实农村人居环境整治提升五年行动任务，开展村庄清洁行动，累计摸排问题7000余处，共清理村头巷尾、桥下岸坡和房前屋后垃圾及乱堆乱放8000余处，清理水生杂物约25.5万立方米，清理杂船1300余条。开展二级水源保护区和兴盐界河周边环境综合整治，清理河道两侧乱堆杂物850余处，清理河道杂物约7.5万立方米。推进农村生活垃圾转运标准化、规范化，在全市率先实现农村生活垃圾全区域全封闭转运，累计清运处理城乡生活垃圾约15万吨。分类分步推进城乡生活垃圾分类，购置移动式垃圾四分类车辆6台，建成40座垃圾分类收集房，创成36个生活垃圾"四分类"小区和20个省级达标小区。新设置农村垃圾集中收集点50余个、户用收集容器5000余只。10月，楼王镇通过省级生活垃圾分类示范镇考核验收。

【推进城建重点工程建设】 年初，推进城管领域民生实事工程建设，全年在城市主要道路交叉口增设遮阳挡雨棚18座，对区内50座遮阳挡雨棚进行巡检整修，消除安全隐患，保障群众出行安全。完成8座农村公厕新建任务，补齐重点

6月，推进建筑垃圾（渣土）运输车辆违法行为综合整治工作　　城管局　供

村居公厕缺口。推进“五个一”精细化示范创建项目，建成日月路精细化样板街、黎明路样板巷和龙冈镇样板镇，创建一批有特色、能复制的城市精品空间。大庆路、腾飞路店招店牌安全监管系统投入使用。生活垃圾压缩液处理项目和分拣中心二期工程进场施工，城乡生活垃圾治理能力提升。实施城市亮化第三方维保项目，新都路周边楼宇亮化实行设施设备统一检修维护，亮灯率、完好率保持在95%以上。

【强化疫情防控工作】 2月，强化全员外出管理，建立并落实请假审批制度。加强办公场所管理，实行来客登记、规范佩戴口罩，严格测温验码。同时储备一次性医疗口罩约2.5万只、84消毒液29箱、喷壶130只，全力满足疫情防控需要。实行闭环操作，及时清运生活垃圾。开展市区环境卫生清洁行动，299名环卫工人全员在岗。合理调度垃圾清运车辆，实行生活垃圾“收转运处”四个环节闭环操作，做到生活垃圾及时收集、密闭转运、规范处置，彻底阻断生活垃圾病毒源的传播途径，日清运城乡生活垃圾480吨左右，全部实行无害化焚烧处理。紧盯重点领域，加强设施日常消杀。落实垃圾清运车辆、垃圾中转站、公共厕所、垃圾桶、果壳箱等环卫设施每日消毒任务，确保公共卫生安全。主城区35座公共卫生间，每天消杀4次；中转站全自动消毒设备每间隔30分钟消杀1次；一级清运车14辆以及二级清运车辆21辆，每天消杀4次以上；公交站台及道路两侧垃圾桶、果壳箱每3小时消杀1次。

【规范市容秩序管理】 年内，开展神州路、盐枕路和盐渎明城等重点区域集中整治行动，通过驻点执法、延时执法、错时执法和巡回执法等多种措施，全方位、全时段筑牢市容管理屏障，12345市长热线重复投诉明显减少。推进文明城市创建重点任务，组建4个创文督查小组实施文明城市创建督查17次，整改问题448项，在文明城市创建复查中再次取得城管系统“零失分”的佳绩。开展违法建设专项整治行动，集中力量重点对潘黄兆泉社区、秦南北陇线、大纵湖旅游度假区迎湖村等村（居）开展整治攻坚，累计拆除违法建设410余起，拆除面积5.1万平方米。开展建筑垃圾“净车”“净地”“净场”整治行动，整治规范建设工地6家，设置绿植围挡4000平方米，安装冲洗平台7个、高压水枪7个，累计检查建筑垃圾（渣土）运输车辆350车（次），处罚渣土车辆违法违规行为8起，处罚金额1.17万元，规范建筑垃圾运输秩序。

【开展扬尘治理工作】 4月，为有效抑制道路扬尘，减少扬尘对空气质量的影响，改善城市环境、提高服务质量和管理水平，区城管局多措并举，扎实开展扬尘治理工作。强化巡查监督，不定期开展安全工作专项检查，对群众反映强烈的重点区域、重点路段逐一排查，摸清渣土车违规行驶底数，排清管理项目底数、设立精准基础台账。通过“讲法规、明事实、促整改、严处罚、勤复查”五步走的顺序与施工方沟通，强化相关单位负责人的扬尘治理意识，并督促整改。对于屡教不改者，责令停工整治并依法严格惩处。提升保洁标准，采取“扫、冲、洗、保、洒”立体化作业模式，科学动态调整作业频次和时间，增加人工动态巡回保洁频次，合理开展道路冲洗、喷雾降尘等机械化作业，减少道路积尘。

【提升城管队伍形象】 年内，每月组织执法业务培训，召开月度例会查摆突出问题，加强执法监管，规范执法行为，全年办理行政处罚案件24件，无行政诉讼败诉案件。执行《江苏省城市管理执法规范化建设标准》，指导各镇（区、街道）有序开展执法中队规范化建设工作，全区基层执法中队达标率达30%以上。开展“马路办公”、执法岗亭服务、环卫“爱心驿站”等城管志愿服务活动，取缔行政执法服务外包行为，推行城市管理辅助人员持证上岗制度，规范行政执法行为。派遣67人参加疫情防控一线任务，近20人在高速西出口卡点日夜奋战近7个月，彰显为民服务形象。

【开展“安全宣传咨询日”活动】 6月16日上午，区城管局组织工作人员在盐龙街道科技广场开展户外广告安全宣传咨询日活动。活动共发放各类宣传资料500余份，接受前来咨询、现场答题群众400余人（次），发放扇子、太阳帽、雨伞、电风扇等宣传品500余份。活动中，工作人员通过设立咨询台、摆放宣传展板、发放宣传资料、现场设置答题等形式，向市民普及店招标牌设置的原则、沿街建筑物店招标牌设置标准、传统风貌区域店招设置标准及店招设施施工及维护标准，宣传户外广告安全检查重点、检查项

目、存在问题等常识，强化全社会对城市户外广告、店招标牌等设施安全管理的认知度。（李　浩　左武叶）

新农村建设

【概况】　2022年，坚持以乡村振兴战略为引领，开展乡村建设行动，加大农民群众住房条件改善、特色田园乡村建设和传统村落创建力度，共建宜居宜业和美乡村。

【完成2021年度农村人居环境工作评估】　年初，根据省市要求，组织区人居联席办相关部门开展农村人居环境整治提升工作评估，获全省2021年度农村人居环境整治工作评估第一等次。

【整治民房安全隐患】　4月，湖南长沙“4·29”居民自建房倒塌事故发生后，按照区委、区政府部署，对全区城乡所有自建房，特别是用作经营生产的各类自建房，组织开展拉网式、全覆盖排查，共排查31.08万栋自建房，其中，经营性自建房6746栋，其他自建房30.4万栋。经复查或安全鉴定，危房180栋、建筑面积64434平方米，其中C级88栋、建筑面积32219平方米；D级92栋、建筑面积33215平方米。年内完成90栋危房整治任务。

8月，郭猛镇省级生态宜居美丽示范镇建设　　农业农村局　供

【组织开展村庄清洁行动】　6月，区委、区政府两办下发《关于更高水平推进农村人居环境整治提升三年行动的实施意见（2022—2024年）》。分别以“村净户美迎新年”“助力农村地区疫情防控”“喜迎二十大，共建净美家园”和“洁净家园，喜迎新春”为主题，组织开展四次村庄清洁行动。

【拓建新型农村社区】　年内，扩建三官、蒋河、华府3个新型农村社区。三官村新型农村社区（二期）占地5.3公顷，建成196户，主要用于大纵湖镇房屋改善村民入住，根据村民意愿自主选择。蒋河村新型农村社区（插建）占地0.91公顷，建成39户，主要用于学富镇退宅挂钩复垦及重大项目拆迁农户安置；蒋河村新型农村社区（三期）占地5.1公顷，建成161户，主要用于学富镇退宅挂钩复垦及重大项目拆迁农户安置。华府村新型农村社区占地5.528公顷，建成178户，主要用于学富镇退宅挂钩复垦及重大项目拆迁农户安置。全年改善农房2208户，超额完成省市任务。

【创建特色田园乡村】　2022年，创成学富蒋河、尚庄民胜2个省级特色田园乡村，创建总数13个。蒋河村由蒋湖、杨河和沈河3个自然村合并而成，其中规划发展村庄为蒋河庄吴家舍，新型农村社区位于蒋河庄吴家舍境内，规划总用地10.76公顷，保留老村庄145户，拟新建364户，是第一批江苏省农房改善示范项目。民胜村下辖3个自然村，其中规划发展村庄为于家庄，新型农村社区位于于家庄境内，规划新建型村庄，该社区占地2.79公顷，建筑面积10440平方米，是第二批江苏省农房改善示范项目，围绕农业增效、农民增收、农村繁荣目标，发挥主导产业、生态环境、党组织核心作用，做大做强生态种植、水产养殖等特色产业，推进高标准农田项目建设，加快农旅融合发展，年内集聚106户。

4月，新型农村社区龙冈镇军营村外景　　住建局　供

5月，江苏省特色田园乡村——尚庄镇民胜新型农村社区全景　　住建局　供

【创建传统建筑村落】　年内，创成丁马港、张本、蒋河3个中国传统村落，总量占全市50%。丁马港村地处楼王镇西北部，依托一大批明清风格老宅资源，按照修旧如旧原址，重点保护传统古村落。龙冈镇张本村位于蟒蛇河畔，保留近百年的轮船码头遗址和百年银杏树，保持里下河地区古村落的独特风貌。学富镇蒋河村重点保护百年古树、古码头、古宗祠，留下美丽乡愁。创成潭溪、葛武康居示范点2个省级传统村落，总数达到13个。创成丁马港村3个省级建筑组群，创建数量位居全市第一、全省前列。

【建设农污处理设施】　全区全年共实施62个自然村生活污水处理设施建设项目，工程建设投入928.4万元，纳管农户1812户。全区农村生活污水累计治理行政村153个、自然村221个，共计建设小型和分散处理设施共262座，惠及农户52434户。全区行政村污水设施覆盖率达100%，自然村污水处理设施覆盖率达62.4%，农户覆盖率达65.2%。（朱　进）

【完成年度农村户厕改造任务】　年内，完成农村户厕改造自建任务4535户，超出省任务2220户204.3%，高标准完成大冈镇佳富村、尚庄镇民胜村户厕改造省政府民生实事工程，各项户厕改造工程通过省市验收。

【开展生态宜居美丽示范乡村创建工作】　年内，指导全区各板块开展生态宜居美丽示范乡村创建，尚庄镇民胜村、大冈镇抬头村、秦南镇千秋村获评2022年度盐城市农村人居环境整治提升示范村。郭猛镇、学富镇蒋河村、台创园三湾村、秦南镇千秋村、大冈镇佳富村、尚庄镇塘桥村、潘黄街道新民村创成2022年度江苏省生态宜居美丽示范镇村。

（吴德标）

交通运输

【概况】　2022年，推进阜溧高速公路建设，完成总量80%；完成盐靖高速改扩建盐都段方案设计，确定设置省道125线出入口、改建张庄出入口；投资1300万元完成盐都治超站项目，投入使用；推进创建“全国城乡交通运输一体化示范县”；推进青年路高架西延和大庆路西延工程建设，达到时序进度；完成南环路西延和东进路西延互通、分离式立交的总体方案，东进路西延纳入盐靖高速改扩建方案研究；完成176千米农村公路安全生命防护、23千米省道一级公路中央分隔带护栏完善提升和13千米农村公路11座桥梁维修等工程建设；完成国道343线改道工程前期调研，形成初步路线方案。

【送出暖心“腊八粥”】　1月10日，交通局工会联合会组织红马甲志愿者一行20多人，向劳动一线清洁工、公路养护工、快递小哥和执勤民警等人员，送上200多份“腊八套餐”。

【获全省“十佳城乡物流服务品牌”】　年初，参加全省城乡物流服务品牌评选活动，6月，经省交通运输厅评审，“交通+客货同网”获全省“十佳城乡物流服务品牌”。盐都区整合辖区内农村物流配送资源，引导滴滴速配、圆通快递等物流公司开通区、镇、村货运班线，形成“一站多用、一点多能、深度融合、共建共享”的农村物流发展新模式。在建成区级分拨中心、镇级交通运输服务站、村级物流服务点的基础上，利用镇村公交开展客运配货业务，降低物流成本。

【提升农村桥梁安全管理水平】　年初，秦南镇张燕桥被省交通运输厅评为“水韵江苏　最美农桥”系列之“平安放心桥”。8月，盐都危桥改造工作在全市范围内率先完成。突出全区大中桥梁和老旧桥梁检测，组织农村公路桥梁安全隐患排查，县道桥梁由区公路事业发展中心排查，乡村道路桥梁由各镇（区、街道）排查，覆盖全区所有农路桥梁2100座。在2021年拆建139座老旧危桥的基础上，2022年投入3000万元开展路桥维修工作，重点改造宽路窄桥15座，所改造维修桥梁均为风险桥梁。

【开展“学雷锋”志愿服务活动】　3月4日上午，区交通运输局参与“打扫公交站、擦亮城市窗口”主题活动，组织红马甲志愿者服务队开展志愿服务。20名志愿者流动在125省道各个公交站台，经过半天的打扫，把16座站台地面清理干净。志愿者表示，在“学雷锋”志愿服务月期间，将持续开展各种志愿服务活动，弘扬雷锋精神，构建和谐交通，让志愿服务在文明实践中闪亮。

【服务中考运输保障】　6月，结合疫情防控常态化工作实际，区交通局落实接送车辆和驾驶员疫情防控措施，做好中考期间道路运输安全保障工作，共安排108辆保障运输服务用车，安全接送

4642名学生，为全区考生安全考试保驾护航。

【省交通运输厅规划研究中心在盐都调研】 8月3日下午，省交通运输厅规划研究中心一行8人在盐都区调研康庄大道及“农村公路+新农村建设”“农村公路+乡村旅游”“农村公路+产业发展”等建设，对盐都区巩固“四好农村路”全国示范县创建成果，打通农村公路“最后一公里”，推进农村公路提档升级，实现所有集中居住小区双车道四级及以上公路通达等建设成效给予肯定。

【列全省深化农村公路管理养护体制改革试点】 8月，省交通运输厅和省财政厅联合发文，盐都区列全省深化农村公路管理养护体制改革省级试点地区。

【提升服务民生水平】 年内，优化城市、市镇和镇村公交线路4条，开通1条跨市毗邻公交线路，新增2座镇村公交站台。落实安全生产责任，深入“两客一危”整治，闭环处理交通工程和农村道路安全隐患229个。开展内河码头专项整治行动“回头看”，完成码头场地清理3500平方米，岸线复绿1.28千米。规范港口企业船舶水污染物接收转运处置流程，各类垃圾转运处置率达95%以上。坚持安全生产“党政同责、一岗双责、失职追责”不动摇，全系统未发生一起安全责任事故，保持行业安全稳定。

【打造“都信服”品牌】 年内，盐都区交通运输局打造“都信服”政务服务品牌，将社会信用体系建设工作和“放管服”改革、优化营商环境、提升监管效能相结合，以“考评、奖惩、引导”举措推进社会信用体系建设，构建新型行业治理模式，切实维护公平公正的交通运输市场秩序，以“考评”促诚信，以“奖惩”促服务，以“引导”扩声势。对因受行政处罚失信的运输企业有针对性地开展信用修复指导，帮助企业完成相关修复工作退出失信名单，推动形成良好行业信用生态。

【获全省城乡公交一体化达标县】 10月18—19日，省交通运输厅组建“专家组”一行7人，通过实地查看外业建设情况、查阅内业资料、专家打分、评议反馈等环节，对盐都区“省级城乡公交一体化达标县”建设成果进行综合评估。12月4日，省交通运输厅通报全省第一批“城乡公交一体化达标县（市、区）”名单，盐都区完成各项建设任务，通过申报材料复核和重点指标检查，经综合评估，确定为城乡公交一体化达标县。

【城乡发展督导交流会在盐都区召开】 11月15—16日，全省城乡交通运输一体化发展督导交流会在盐都区召开，盐都完成“全国城乡交通运输一体化示范县”创建评估验收前的各项工作，并在会上作经验交流发言。

【推进货车司机党建试点】 年内，成立交通运输行业党委，制定《盐都区货车司机群体党建试点工作实施方案》，组建党建试点工作领导小组及工作专班，设立货车司机流动党支部，形成“行业党委+道路货运（平台）企业+实体党支部+流动党支部”的组织体系。摸清货运企业和货运司机的基本情况，共有18家道路货运企业建立党组织，货车司机群体中有党员193人，对4家应建未建的货运企业提供帮助指导，其中1家提交建立党组织申请，3家加入货车司机流动党支部。根据货车司机聚集情况，选取区域内车辆检测站建立盐城衡通机动车综合性能检测有限公司盐路红色驿站党群服务阵地试点，为货车司机提供停车加油、餐饮住宿、娱乐休闲等服务，畅通货车司机诉求反映渠道，及时收集货车司机诉求。

【举办公路养护职业技能竞赛】 12月14日上午，区交通运输局工会联合会牵头，在区公路事业发展中心冈中养护工区举办全区公路养护职业技能竞赛。4支代表队共16名队员报名参加比赛。竞赛结合实际情况，设置理论和操作技能2个竞赛科目。其中，操作技能竞赛包括裂缝处治和路肩割草，考察选手的专业素养和操作能力。在竞赛过程中，各位选手展现较高的专业水准，展现新时代公路养护职工职业素养和良好形象，提高公路养护的规范化、精细化、科学化水平。

【疫情防控工作】 2022年，发挥交通管控组牵头部门职能作用，抓好高速出口、服务区和国省干道疫情防控，完善《交通管控组新冠肺炎疫情常态化防控工作方案》，先后在4个高速出口、4个省道与邻市交界处和10个国省干道交叉口设置交通查验点、服务点，实行24小时值守检查，落实“严防输入”的低风险区总体防控策略，做好交通运输行业重点人群核酸“应检尽检”；提高防控的科学性、精准性、有效性，尽可能减轻对经济发展和群众正常生活的影响，增强群众对疫情防控政策的信心和耐心。 （王银忠）

9月，交通安全宣讲活动　　　　区融媒体中心　供

供　电

【概况】 公司全年完成供电量33.07亿千瓦时，售电量32.10亿千瓦时，同比分别增长7.46%、8.2%。完成接电容量56.3万千伏安，全年供电可靠率为99.974%。

【安全生产有序稳定】 年内，公司未发生人身事故、设备事故、电网事故，保持较好的安全生产局面，实现连续12年安全生产零事故，安全运行4591天。公司定期组织召开安全生产分析会和安全网会议，对生产班组、供电所、网格驻点单位开展安全警示教育；层层签订安全生产目标责任状，实现安全目标分级控制、分级考核，修订完善各类人员安全责任清单，严肃安全生产责任追究；开展安全生产大检查，进行设备安全性评价，针对排查出的缺陷隐患进行闭环跟踪监督整治；加大现场违章查处力度，对违章单位定期通报曝光、安全约谈，做到“查处一处警示一片”。开展全市重要客户、重点场所安全评价工作，协同发改委、应急管理局等主管部门深度参与安全隐患治理。建立健全用户安全基础信息台账，实现与政府职能部门的信息共建、共享。

【优质服务质效提升】 年内，公司高效完成博胜新能源、聚力城、华麟电子、德力迅达等12个省市重点项目接电工作；推动出台《盐都区建设项目水电气暖接入工程费纳入土地储备成本操作办法（试行）》《盐都区市政公用设施联合报装接入“一件事”改革实施方案》等营商环境专项支持文件，提升工程建设项目配套市政公用设施报装接入效率；推进计量精益管控，计量故障及计量退补工单数量压降明显；完成HPLC升级改造、表计专项轮换和光伏台区改造等工作任务，治理不合格台区，提高台区线损合格率；累计创建线损百强供电所47所（次），实现线损百强所全覆盖。

【党的建设深入人心】 10月，组织全体党员到市委党校参加党的二十大精神专题学习班，常态化开展党史学习教育；定期开展党委中心组学习，成立盐电“铁军”·红浩共产党员服务队，党员先锋队员主动靠前服务，完成“两区一市”政府单位重点场所“二十大”“两会”等重要活动保供电工作80余次；稳妥处理信访问题，维护企业和谐发展形象。

【风清气正作风优良】 年内，公司加强对“一把手”和领导班子监督，推动权力规范运行，做好巡察整改“后半篇文章”；落实两级党委“两个责任清单”的填写和使用，签订重点岗位人员及一般员工廉洁从业承诺书，编制《岗位廉洁风险手册》，对重点岗位员工开展廉政谈话38次；开展内部安全生产专项检查，落实整改到位。

【人才队伍培养】 年内，供电公司中心户外劳动者爱心服务站点获得中华全国总工会办公厅“2022年最美户工会户外劳动者服务站点”表彰，获得市总工会“2022年盐城市应急电源供电保障技能竞赛团体一等奖”表彰，盐电“铁军”·红浩志愿服务队都电赞志愿服务项目获得“市委宣传部、盐城市文明办首届盐城市志愿服务项目大赛优秀项目”表彰，中心团支部获得共青团国网江苏省电力有限公司委员会“2021年度五四红旗团支部”表彰。职工许小春作品《相约》获得中国人民解放军江苏省军区政治工作局、省退役军人事务厅、省文学艺术界联合会“‘赞颂新时代　喜迎二十大’书画摄像展入展作品”表彰，作品《晴空下的专注》获得省总工会“‘喜迎二十大　绘就新时代’美术作品入选作品”表彰。职工刘毅获得市委、市政府“2022年盐城市劳动模范”表彰，周飞获得市军分区“2022年盐城市民兵应急1连集中轮训备勤轻武器分解结合先进个人”表彰，宋红浩获得市文明办“盐城好人”表彰，朱城澍获得市总工会“盐城市五一创新能手”表彰，刘海松获得江苏省电力有限公司“先进工作者”表彰，孙成林获得江苏省电力有限公司安全生产委员会“2022年度安全生产先进个人”表彰，王学军获得区总工会“盐都区五一劳动奖章”表彰，刘磊获得区委组织部、宣传部、共青团、区青年联合会“盐都区第十四届‘十大杰出青年’提名奖”表彰。盐城供电公司表彰盐都供电服务中心“‘四好’领导班子”，表彰中心高压客户经理班为“工人先锋号”，表彰张同州为“优秀经营管理者”，表彰李春为“先进工作者”。

（陈靓婧）

9月，供电公司于神州路沿线更换环网柜　　供电公司　供

信息化建设

网络建设

【概况】 2022年，全区电子政务外网加快非涉密业务专网整合迁移步伐，拓宽业务应用场景，筑牢安全防线，为做好政务信息系统整合共享，推进“一窗受理”，深化“一次办好”改革提供基础支撑。

【拓宽基础建设覆盖范围】 至年底，全区共有55个区级部门，14个镇（区、街道）、250个村、93个学校和19个乡镇卫生院，实现区、镇、村的全面贯通，为全区各级政务部门社会管理和公共服务提供统一的网络支撑保障。网络覆盖范围深入基层，形成区、镇、村三级的电子政务外网覆盖体系。

【推进业务专网整合】 至2022年年底，区市场监督管理专网、残联专网、审计局专网、水利局专网、医保专网、人社专网、交通运输专网、应急管理专网、司法专网等11个部门业务专网整体整合迁移到区电子政务外网。为推动全区信息化基础设施集约化建设，按省政务外网安全接入技术规范要求，推进各部门非涉密业务专网陆续向区电子政务外网整合迁移，电子政务外网建设成效进凸显。

【筑牢电子政务外网安全防线】 2022年，落实《中华人民共和国网络安全法》，按照“谁使用、谁负责”原则履行网络安全主体责任，修订完善相关安全管理制度，完成区级电子政务外网等保测评工作。加强对网络管理，配备技术力量落实防护策略配置及优化，定期对防火墙、防篡改、入侵防御系统IDS、网络行为审计系统等网络安全设备进行巡检。启用探针管理平台，实时分析电子政务外网运行状态，发现高危漏洞及时修复。完成“中共二十大”“国庆”等重大时间节点网络安全保障工作。

（周晶晶）

邮　　政

【概况】 2022年，盐都区分公司累计实现业务收入11893万元，完成全年计划的107%，较上年增长16.8%。其中，金融收入10760万元，完成计划的107.06%，较上年增长18.09%；集邮与文传收入379.4万元，完成计划的111%；渠道平台收入724万元，完成计划的101.8%。

【加强教育培训】 年初，结合盐都实际，梳理所有人员持证情况，发布考试相关信息，结合区公司实际开展形式多样的素质提升工作。年内，邮储高级4人、理财经理高级3人。2022年全省内控合规知识竞赛中，陆平获“优秀个人奖”二等奖。

【金融板块指标完成情况】 至12月底，三多三增15项指标达成12项。年均余额净增10.8亿元，其中（时点）定期存款净增12.01亿元（较上年同期多增5.58亿）。全年保费2.62亿元，同比减少15.7%；标准保费7.82亿元，同比增加1.3亿元。其中，中邮长期交销售2505万元，完成率100%；中邮健康险销量91.2万元，完成率100.2%。

【生态金融情况】 手机银行净增实绩8815户，完成全年目标的51%；手机银行月活1.9万户，完成目标的90.5%；快捷绑卡净增实绩1.31万户，完成全年目标的86%；数字人民币净增实绩7576户，完成全年目标的79%；信用卡净增实绩1032户，完成全年目标的103%；电子支付收入162万元，其中，商户端28万元，同比增幅21%；有效价值商户结存规模5859户，完成全年目标的143%；资产净增1.78亿元，完成全年目标的192%。

【文化与传媒业务】 2022年，函件收入80.34万元，全年目标完成率达267.78%；报刊收入247.33万元，全年目标完成率达101%；集邮收入72.91万元，全年目标完成率达107%。

1月，市、区邮政分公司到支局慰问　　邮政公司　供

【渠道平台板块业务】 2022年，分销收入724万元，全年目标完成率103%；中秋专项营销活动销售额194万元，全年目标完成率104%；啤酒累计销售2.8万箱，销售额84万元，全年目标完成率100%；销售农资881吨，销售额260万元，全年目标完成率100%；家电节销售额63.7万元，全年目标完成率127%；代办车险1137户，全年目标完成率达65%；办理警邮业务2385笔，累计收入3.7万元。2022年，寄递业务累计收入25.36万元，全年目完成率达211.3%。

【邮银融合、信用村建设】 10月底，6个信用村建设达成市公司目标（郭猛西湖村、中兴陈祁村、大冈岐山村、大纵湖平湖村、北龙港北龙居委会、龙冈青龙居委会），信用卡业务率先完成全年目标。

【提高服务水平】 年内，开展普服工作整改，对照问题清单，逐一销号，落实“六达标、六整治”要求。组织对员工进行普服规范、“扫黄打非”等服务规范的学习培训，提高员工的服务意识，确保普服工作达标。组织参加政府创文工作，通过“助残”邮路、“禁毒”邮路、“食安”邮路等多种形式履行邮政社会义务，提升邮政企业形象。大冈茆红芳被评盐城市劳动模范，楼王支局投递员王元被市邮政管理局评为“最美快递员”。

【经营管理亮点工作】 2022年，收单场景落地。盐都申报9个建成6个收单场景，完成目标的150%，位列全市第二；交易资金4.3亿元，完成目标的1630%，位列全市第一。商贸客群双向引流深度开发。先后建成义丰商超引流1.0版和葛武线上引流2.0版。得到省市公司领导肯定并在全市进行复制推广。政务类图书市场占有率稳重有升。参与“携手便民阅读，共建书香盐城”全民阅读志愿服务合作签约。开发盐都农业农村局“农家书屋”图书室项目，销售图书码洋30余万元。开发函件传媒业务项目，开发保险公司、房地产业、乡镇企业形象年册，形成收入28万元。2022年尚庄、楼王支局拦截非法出版物，受到市邮管局、市公司的表扬、嘉奖。　（郭林勇）

电　信

【防诈防骚扰守底线】 年初，根据《国务院打击治理电信网络新型违法犯罪工作部际联席会议办公室“断卡行动”》要求，成立专项工作小组。学习执行《关于做好营业厅新入网用户防诈工作的通知》。对新入网疑似风险号码加强监控，重点是风险用户（学生、老年人等）办理，要监控到区域、渠道。通过对被举报号码案例分析，完善事前、事中的风险措施，形成闭环。落实加载诈骗电话、骚扰电话及垃圾短信违规及涉诈涉案涉诉用户黑名单制度。

【新量规模发展】 年初，明确重点业务分场景侧重营销：自有主厅、社区店利用主推5G融合169及以上高值套餐发展，

2月，参加全民读书活动　　邮政公司　供

高速宽带引领；乡镇商圈卖场店侧重5G终端及生态异业合作橙分期引领，卡槽争夺；城市结合数字化综合网格建设，利用沙盘精准派单，打造Wi-Fi示范小区建设；农村依托“平安乡村”天翼看家切入，由上而下，由下而上，通过客情关系，新建扩群拉新，树立标杆。

【加快网络优化建设】 年初，市公司下达盐都2022年工程投资预算701万元，至11月底，共立项684万元，立项比例96.4%，完成投资666万元，完成比例93.8%，12月底，完成全年预算。全年新增FTTH端口8743个，累计到达205361个，实占端口124245个，实占率达60.5%；重点加快10G EPON部署，新增10G EPON端口1280个，新建6台OLT设备；加快移动网建设进度，2022年盐都累计开通5G站点37个、5G室分站点26个、4G站点12个、4G室分站点11个。

【云改数转落支局】 3月，签约核酸采样点监控项目，通过看家平台，实现盐都区卫健委400处核酸采样点监控。10月，行客、文卫等支局协同，通过云眼产品创新后推荐给卫健委，签约盐都19个乡镇街道、240个卫生室，1000部云眼监控，收入贡献75万元。12月，学富支局通过AI监控车牌识别等功能，协助镇政府实现疫情精细化防控，收入贡献43万无。

【政大商机签约情况】 年内，ICT项目累计签约32单，签约收入1947万元，企业上云维持良性发展，5G+智能车间实现零的突破。区县级平台型项目签约盐城市盐都区农业农村大数据平台项目，金额389.8万元；盐都区粮食科技产业园仓储智能信息化项目（二次），金额342万元，均为全区同类平台型项目首单，为后续业务增长及商机拓展打下良好基础，同时带动云联网、物联网等业务收入。新增8家四星级企业上云签约，签约金额89万元。签约江苏方意5G+智能车间项目，签约金额22.1万元。

【优化渠道布局】 年内，承接市公司各项营销活动，分城市、农村、政企三条线，落实专人牵头组织，带领门店一线营销人员、政企客户经理每周四至六开展3天走出去面对面精准上门营销活动，锁定低渗透小区、村、沿街商铺、快递店、公众三类市场及商务楼宇、集宿区和新商圈，进行异网比算策反活动。每月针对各支局低产能门店进行一对一盘活，培训赋能，提升门店销售能力，提高代理商的营销主动性。城市划小承包，新建社区店为主。农村锁定重点乡镇核心商圈建大店为主线。全年共新建9家门店，其中社区店6家。自有主厅收回直营5家。

【存量保有工作】 年内，围绕存量客户价值运营，开展主拆挽留、全量价值提升迁改、包年转5G融合续约、全量欠停离网激活等活动。通过智呼平台派单到各门店超10万条。定期开展专项活动，推进单加单、单进融、融加融、存量加智家、同城宽带等，规模拉动新量的发展。每月按照时间节点派单至支局、到店、到人。对各类目标用户派单至门店，门店经理每天闭环检查，每月通报点评考核。存量专线，逐条派单、逐条分析，开展专线重耕现场活动50余次，拉动融合套餐326套。

【提升云网质量】 2022年，新增龙冈、郭猛，5GB对设备，提升5G设备的接入能力；加快OLT上行10G改造，完成龙冈大潘、冈中高杨等4台中兴C300上行10G改造，剩余3台千兆上行中兴OLT年底前完成改造；通过内部板卡调整，潘黄DC交换机新增2台虚机；为解决张庄西北片区光衰，新增张庄郑通有源接入点；为支撑3000兆业务发展，累计割接万兆PON口1000多个；随着采购的C600和华为MA5800到货，调整现网C300上的万兆PON口到C600，累计退网拆除张庄、野丁、冈中、万胜、碧桂园、新日月机房C300设备共计8台，推动在网OLT升级换代。做好光衰整治工作，11月底，光衰指标为98.32%，达到省公司97%的指标要求。

【网络安全隐患整治】 年内，完成潘黄至马沟、郭猛至大冈、大冈至葛武、葛武至尚庄、学富至中兴等中继光缆扩容工程；完成楼王至中兴、龙冈至张庄等12条中继光缆路由优化工作；完成葛武、楼王周花等接入网OLT上联双路由改造，至年底，OLT双路由率100%；按照市公司B设备下挂A设备光缆路由与B设备（互联和上联）同路由排查要求，完成路由隐患排查整治；做好远程桌面隐患整治、内网IP地址纳管整治工作；开展过路、过河、防强电、电杆、吊线、拉线等影响杆路及承载光缆安全的隐患排查，加大巡查频次，累计发现、整治120余处隐患，做好

7月，盐都区电信局党建联盟　　电信局　供

1月，开展党史学习教育活动　　电信局　供

线路巡视看护、交底工作，全年完成150次现场对接，降低线路中断概率。

【政企支撑及通信保障】 年内，逐步推进存量MSTP电路向OTN迁移，累计开通14条到南京、无锡等地的电路；完成盐都区到镇会议系统组网调整，由原来的二层VPN改造为IPRAN电路星型组网，提升会议系统稳定性和可靠性，支撑政府疫情防控和其他重要会议活动。及时高质量完成盐都相关互联网专线、数字电路、VPN专线业务开通工作，开通安全网关产品7户；保障盐都区政府相关部门到国投大酒店集中疫情调度指挥的相关专线电路紧急开通工作；完成冬奥会、中共二十大等重要保障工作。完成2022年中考、教师资格考试保障、盐城市城第四次集中开工仪式盐都分会场相关保障等70多次通信保障任务，较好的支撑政企客户需求。

【提升装维服务水平】 年内，制定下发《关于做好2022年服务工作通知》《关于实行装维服务执照的通知》等一系列文件，强化装维服务质量的过程管控，装维画像提升明显，投诉数量远低于指标值，区局会定期组织装维新学员、技能落后人员参加技能培训与考核，提升业务能力。2022年，盐都装维人员100%通过智慧家庭工程师5级等级认证；抽选优秀装维人员集中培训，参加市公司技能竞赛选拔，在2022年盐城市组织的智慧家庭服务工程师技能竞赛中，盐都获得团体二等奖，装维人员宋小龙获个人二等奖，徐浩、徐景、陈志来获个人三等奖；2022年省公司组织的第三届中国电信场景化销售大赛创智杯中袁军获个人一等奖。

【党史学习教育】 1月，工会组织"重温百年党史，弘扬长津湖精神"党史学习教育活动，激励广大党员干部群众传承发扬伟大抗美援朝精神。6月，组织"喜迎二十大　奋进新征程"主题党日活动，追忆革命故事，发扬铁军精神。

【疫情防控工作】 新冠疫情期间，郭晓春为盐都区疫情防控办发送584万多人（次），1600多万条信息。杨明配合街道防控办安装门磁650人（次）。3月19日17:00盐都区疫情防控指挥调充中心召集专门会议，要求将指挥中心从区政府办公楼搬到国投大酒店四楼，经过仓青山、陈存、袁军、郝爱祥等人近10个小时的奋战，视频会议系统、公安流调指挥作战中心的专线电路、互联网宽带、指挥电话全部按要求工通。3月14日晚8点，盐都区卫健委提出迅速建设400处核酸采样点监控系统，3月15日上午，盐都电信公司完成业务受理及相关准备工作，3月16日，维护部牵头召开紧急会议，一周内全部建成。

【落实安全责任】 年内，落实《关于做好近期通信建设安全生产工作的通知》《关于印发中国电信江苏公司安全生产管理办法实施细则（2022版）的通知》《关于开展全区2022年"安全生产月"活动的通知》等文件精神和工作要求，结合区局实际情况，制定下发《关于明确盐都区局各部门安全生产第一责任人、兼职安全员及相关安全职责的通知》《关于加强装维安全管理的通知》《盐都区局关于进一步做好疫情防控工作的紧急通知》等文件，每月制定安全月度工作计划，组织召开支局长、装维班组长和外协单位安全会议。（朱保文）

6月，组织红色教育活动　　电信局　供

农 业

综 述

【概况】 2022年，为全国首批、全市唯一入选国家乡村振兴示范县创建名单，获评全国休闲农业重点县、全国农业农村信息化发展先进县、全国畜牧业统计监测评估优秀县，“盐麦3号”“盐糯20”通过国家新品种审定，“盐都草莓”跻身全国受市场欢迎区域公用品牌，全省首家试点开通农村集体资产智慧监管服务平台，全省首创村级服务采购全闭环管理模式，农村“三资”管理、小微权力清单化管理等创新模式入选全省典型案例，乡村振兴实绩考核连续三年位列全省第一等次。农村人民环境整治工作连续五年获评全省第一等次。

（蔡 辉）

【农产品质量监管】 2022年，开展规模主体入网监管行动，将全区2575户种植养殖主体纳入管理，指导主体完善生产信息档案、开具承诺达标合格证，加强农产品质量安全追溯管理。推进农产品质量安全追溯体管理体系信息化建设，在区农业农村局、镇（区、街道）农业中心设立触摸查询终端，通过多媒体终端将生产主体生产信息、产品生产流程、产品检测和合格证开具等信息对群众开放，接受社会监督。完善区、镇、村三级监管网络，实现农产品质量安全监管网络体系全覆盖。全区共建立镇级网格14个，配备监管人员85人；村级网格270个，配备监管人员326人。

（杨加祥）

农业产业化

【概况】 2022年年底，全区规模农业龙头企业发展到172家，其中，省级农业产业化龙头企业10家，市级农业产业化龙头企业36家，年销售收入超380亿元。实施农业产业化龙头企业提升行动，重点培育发展优质粮油、经济林果、现代禽业、特色水产4条农业全产业链，拓展培育大闸蟹、草莓、现代种业3条特色产业链，推进农村一、二、三产融合发展，2022年，全区33家粮油果蔬和肉制品加工企业累计实现销售额26.28亿元，同比增16%。至年底，共有农民专业合作社578家，入社人数7.5万人，年经营收入27.8亿元，邵氏水产专业合作社入选省农民合作社典型案例，鼎绿蔬菜专业合作社入选中国农民合作社500强。

【发展乡村旅游与休闲农业】 年内，推动休闲农业转型升级，拓展农业休闲、观光、生态、娱乐、康养、文化等多种功能，创成全国休闲农业重点县，举办2022“苏韵乡情”乡村休闲旅游农业（盐城）专

8月，2022“葡写美景 陶醉郭猛”盐都葡萄节活动现场　　农业农村局 供

8月，杨侍生态美食园外景　　农业农村局　供

场推介暨“葡写美景萄醉郭猛”盐都葡萄节，休闲农业年接待游客超800万人(次)，实现旅游综合收入超36亿元。

【建立示范基地】　年内，针对11个重点品种，结合盐都实际，在台创园三湾村建立百亩韭菜绿色防控示范基地，在郭猛镇孙英村、学富镇施湾村、大冈镇佳富村以及龙冈镇冈北管理区分别建立葡萄、冬枣、桃、梨绿色防控示范基地共47公顷；在台创园绿之岛蛋鸡场、康农牧猪场建立两处兽用抗菌药减量使用试点基地，示范绿色防控农(兽)药减量使用技术；在尚庄邵氏水产养殖专业合作社、四海龙虾专业合作社、楼王水产垦殖有限公司等10家水产养殖基地开展健康示范养殖，起到良好的示范引领效果。

【争牌创牌】　11月，盐都区楼王镇(异育银鲫)获评2022年全国乡村特色产业超十亿元镇，盐都区潘黄街道新民村(草莓)获评乡村特色产业超亿元村。年内，盐城市现代养蜂专业合作社、盐城市盐都区林峰粮食专业合作社、盐城市盐都区新华仁农机专业合作社创成省级农民合作社示范社，盐城市盐都区邵氏水产养殖专业合作社入选省农民合作社典型案例，盐城市盐都区鼎绿蔬菜专业合作社入选中国农民合作社500强。草房子乐园中国儿童文学研学实践项目、杨侍村欢乐王国和水世界项目获评省乡村休闲旅游农业特色模式(项目)，三官北京农庄休闲运动基地、大纵湖湿地公园休闲运动基地获评省乡村休闲运动基地，盐龙街道健仁社区高新区体育公园、楼王镇文昌公园获评省最美乡村健身公园(广场)，盐城市盐都区印象乡村农业发展有限公司(花吉葵园)获评省休闲农业与乡村旅游四星级企业，盐城市大纵湖湖区资源开发有限公司(大纵湖·湖塘花海)、江苏大纵湖文旅发展集团有限公司草房子乐园分公司(草房子乐园)获评批全国休闲农业与乡村旅游五星级企业。

【农产品加工集中区和项目建设】　2022年，盐都农产品加工集中区新入驻企业1家，为江苏省圣舟食品有限公司，集中区全部入驻企业达到25家，2022年销售收入超32亿元。全年新开工建设千万元以上农产品加工项目13个，总投资4.925亿元，其中，亿元项目2个，为海南涛生银杏叶深加工项目和盐都区粮食科技产业园项目。　(黄天云)

种植业

【概况】　2022年，全区全年实现粮食面积64.57千公顷、平均每公顷产量7296.7767千克、总产47.12万吨，超额完成粮食生产目标任务。

【完成大豆扩种任务】　年初，围绕中央和省市扩种大豆精神，瞄准大豆扩种目标，结合各地生产实际，细化分解目标任务，利用新增复垦地块，引导农户合理轮作，大豆种植面积达3433.33公顷，任务完成率达100%。此外，根据省市要求，在龙冈镇港北村完成示范大豆玉米带状复合种植13.33公顷种植任务。

【开展禁种铲毒工作】　3月，开展禁种铲毒工作，助推全国禁毒示范城市创建，守住非法种植毒品原植物“零种植”“零产量”成果。通过户外媒介展示、发放宣传图册、展板集中宣传等传统手段和微信、微博等新型媒介，宣传非法种植毒品原植物的危害。强化场圃禁种铲毒工作，逐户发放告知书。加大毒品原植物种子的管理力度，利用行政执法检查时机，对全区农药经营单位、种子门店进行排查检查，签订禁种铲毒承诺书。发挥利用网格员、禁毒社工“铁脚板”作用，成立禁种铲毒工作队，深入田间地头、废弃厂房、封闭院落、房屋夹档、河塘池边、养殖场棚等区域，开展多轮次、地毯式踏查，确保不漏一户、一地，坚决把毒品原植物铲除在苗期。

【参评“江苏好大米”“苏米工匠”】　5月，第六届“江苏好大米”品鉴推介活动中，盐都两个选送样品获得奖项，其中江苏神农大丰种业科技有限公司神农美玉大米(选送品种为南粳5718)获“江苏好大米”金奖，盐城市丰悦农业科技有限公司近湖谷大米(选送品种南粳9108)获“江苏好大米”银奖；首届“苏米工匠”评选活动中，盐都区大冈镇卞加祥获评“苏米工匠”。

【植物检疫监督管理】　6月，组织开展“植保植检法治宣传周”活动，通过在盐都电视台、在区农业农村局和乡镇中心路段户外LED屏、微信公众号、出动植保宣传车、悬挂横幅宣传标语等方式，增强公众维护生物安全的社会责任意识，保障农业生产安全和生态环境安全。全年共受理的麦、稻品种共有54个，开具产地检疫合格证书46份。按照“双随机·一公开”的要求，组织专职植检员在春季水稻种子和秋季小麦种子市场进行检疫监管检查，检查种子生产企业1个，种子批发企业1个，种子零售门店35个，累计检查稻、麦等农作物种子146个批（次）627744千克，稻、麦种子包装检疫编号正确率100%，调运带证率100%。开展外来入侵有害生物查除。先后开展加拿大一枝黄花、黄瓜绿斑驳花叶病毒病、水稻细菌性条斑病、福寿螺等检疫对象及外来有害生物调查20多次。

10月，盐龙街道水稻绿色高质高效创建实测验收　　农业农村局　供

【开展农药专项培训】　6月29日，组织对盐都区13个镇（区、街道）监管站的检测人员以及生产企业的自检人员共48人组织开展胶体金检测技术培训，强化农药残留快检的针对性，提升基层农产品质量安全精准监管。开展农产品质量安全监管员和农药经营人员培训工作，7月，对盐都区200多名监管人员和40名农药经营人员进行培训，明确监管员职责，通过涉农法律法规的宣传讲解，使用禁限用农药、农药残留超标等典型案例的详细剖析，提高监管人员和经营户的法律意识。同时，深入种养殖基地，现场发放《禁限用药名录》《农产品质量安全告知书》和农产品质量安全海报等宣传资料5000余份。

【粮食生产保持稳定】　年内，夏收小麦面积29.57千公顷，平均每公顷产量5756.983千克，比上年增加27.7千克，增0.48%。小麦综合售价每千克2.92元，比上年增加0.48元；每公顷成本10590元，比上年增加1365元；每公顷纯效益6220.39元，比上年增加1465.94元，增30.83%，种植效益为近几年最高。秋收水稻面积30.52千公顷，平均每公顷产量9392.89千克，比上年减少3.22千克，减少0.03%；秋季适期收获稻谷综合售价每千克2.6元左右，收获后期价格呈下降趋势，总体售价较上年降低，受高温干旱影响，杂草危害严重，灌排、除草等人工投入每公顷提高1050~1500元，收割费基本恢复常年平均水平，累计生产成本投入与上年相当，依然明显高于常年，农户生产效益持续较低。

【创建水稻绿色高质高效示范片】　年内，在秦南镇和盐龙街道创建2个333.33公顷示范片，在大纵湖镇、楼王镇、龙冈镇、大冈镇（盐渎街道）、郭猛镇、尚庄镇（台创园）共创建6个66.67公顷示范片，完成省下达的创建任务。所有示范片核心区经组织实产抽测，全部完成每公顷9750千克产量目标，其中，盐龙街道示范片核心区实测产量最高、达每公顷11298千克。

10月，台湾农民创业园新杨村水稻收获　　农业农村局　供

【台湾农民创业园获评“味稻小镇”】　年内，台湾农民创业园以省级绿优稻谷基地建设工作为重点，做好优质食味型稻米品种引进、试验、示范和推行绿色生产与营销一体化推进产业融合，创建绿色防控示范区、水稻绿色高质高效示范片，依托江苏腾悦米业有限公司实现订单种植销售。2022年度江苏“味稻小镇”推介工作中，台湾农民创业园在基地建设、稻米加工、品牌培育与营销等方面开展的工作和取得的成效获评审专家组一致肯定，获评江苏“味稻小镇”。

【落实惠农补贴政策】　全区全年共发放农业支持保护补贴（耕地地力保护）

41972670元(补贴面积23318.15公顷)、稻谷补贴32226783.33(补贴面积25229.55公顷)、实际种粮农民一次性补贴三次共发放21896573.5元(补贴面积146718.32公顷)。 (杨 帆)

【重大病虫防控工作】 2022年,全区累计发动农作物重大病虫草害防治60.7万公顷次,总体防效达90%以上,以小麦赤霉病为主的穗期病虫"一喷三防"累计防治面积5.8万公顷次,亩平均防治1.96次,统防统治覆盖率68.5%。大面积小麦田经过防控后田间效果很好,查不到赤霉病病穗,产量零损失。水稻后期总体战累计防治9.1万公顷次,亩平均防治2.9次,统防统治覆盖率74.99%,危害损失率1.2%以下。全年粮食病虫危害损失率平均控制在1%以下,果、蔬等经济作物病虫危害损失率平均控制在5%以下,共挽回粮食12.09万吨,油料2675吨,蔬菜3.76万吨,累计挽回经济损失约4.41亿元。

【绿色防控示范区建设】 2022年,全区新(扩)建稻麦、果蔬绿色防控示范区51个,每个镇建立绿色防控示范区2~3个,示范作物由过去水稻、蔬菜两类作物向水稻、小麦、蔬菜、果树、草莓等规模农作物和特色农产品拓展,核心区合计面积888.6公顷,辐射18631.2公顷,其中,省级示范区7个,市级示范区1个,区级示范区3个。郭猛镇省级水稻病虫害绿色防控示范区、学富镇省级冬枣病虫害绿色防控示范区,绿色防控技术应用科学合理,化学农药减量成效显著,发挥示范辐射作用,被评为省A级示范区。秉承绿色发展理念,推进绿色防控示范区建设,通过强化组织领导,加强监测预警,开展服务指导等措施,推广绿色防控技术模式,提高病虫防治效果,减少化学农药使用量,助力农业提质增效。据统计部门数据,2022年全区农药用量(商品)1333.693吨,比2021年减少8.13%,比2015年减少26.72%。

【开展植保科研技术攻关】 年内,参加的《氰烯菌酯防控小麦病害技术集成创新和推广应用》项目被农业农村部评为2019—2022年度全国农牧渔业丰收奖二等奖。承担全国农业有害生物抗性监测和风险评估、农药使用强度情况调查、全国农技推广中心安排的四唑虫酰胺防控水稻主要害虫试验、小麦农药减量增效技术示范等植保新技术攻关及新农药试验示范4项,均取得预期效果。在《中国植保导刊》《现代农药》等省以上专业刊物发表第一作者论文3篇。开展农药使用强度调查,落实有代表性的农药使用强度监测点40个,其中,麦稻30个,蔬菜10个,落实专人负责,区镇分工配合,制定调查方案,明确具体要求,定期网络上报,严格数据审核,确保数据真实。通过调查记载不同作物年度单位面积农药使用情况,准确掌握农户实际用药的品种、数量、毒性、成本等情况,了解不同作物、不同地区、不同类型农户农药使用习惯和特点,为针对性制定农药减量提效实施方案、推广科学规范用药技术提供依据。 (吴寒斌)

7月,秦南镇康农牧家庭农场猪沼液还田利用　　农业农村局　供

畜牧业

【概况】 2022年,全区生猪饲养量14.7万头,同比增加0.19%,其中,生猪存栏5.4万头,同比增加0.4%、出栏9.3万头,同比增加0.06%;家禽饲养量568.9万羽,同比减少7.3%,其中,家禽存栏255.3万羽,同比减少11.4%、出栏313.6万羽,同比减少3.8%。完成市定生猪稳产保供任务能繁母猪存栏量3000头的154%、规模猪场保有量40个的130%。

【畜牧生产】 年内,开展标准化生态健康养殖普及行动,创建部级畜禽养殖标准化示范场和省级生态健康养殖示范场,全区畜禽生态健康养殖比重(应用率)达100%,申报盐城华猛畜牧业有限公司为省级畜牧生态健康养殖示范场,1家省级畜牧生态健康养殖场到期复检合格。建立多级生猪产能调控基地,在全区范围内遴选一批规模猪场作为国家级、省级、市级和区级生猪产能调控基地,盐城市盐都区秦南镇康农牧家庭农场成功入选省级生猪产能调控基地,另有4家规模养殖场入选市级生猪产能调控基地,9家规模养殖场入选区级生猪产能调控基地。开展生猪"保险+期货"价格险试点,化解生猪价格下跌风险,应对"猪周期"和增强行业抗风险能力,盐都区是全省首批生猪"保险+期货"项目试点的9个县(市、区)之一,秦南镇康农牧家庭农场作为全市第一单成功签单。

【畜禽养殖场粪污治理和资源化利用】 年内,规范畜禽养殖污染治理,区农业农村局组织技术人员分片包干到镇,进场入户开展技术指导,对指导过程中发现的问题,发放整改通知单、到镇告知单、通告生态环境局,联合生态环境局开展养殖场技术治理认定,全区规模养殖场(89个)、小型规模养殖场(356个)治理率均达100%,畜禽粪污综合利用率达95%以上,盐城市盐都区又一村蛋鸡养殖场生物有机肥生产利用模式获省农业农村厅推荐为典型案例。畜禽粪污集中处理中心常态化运行，大冈、秦南、楼王、龙冈、台创园、学富6个畜禽粪便集中处理中心，种养殖户设施设备全部常态化运行。开展兴盐界河畜禽养殖整治，排查兴盐界河小规模畜禽养殖场，常态化开展清洁、运粪、消毒、监管等各项工作。配合生态环境局制定《2021—2025盐都区畜禽养殖污染防治规划》、农业农村局畜禽养殖大数据平台建设。

【畜牧业统计监测】　年内，全区畜牧统计工作共监测规模场共67户；生猪监测村10个、生猪生产效益户3户，蛋鸡监测村5个、蛋鸡生产效益户15户。区农业农村局与区统计局每月开展数据库对接，掌握畜禽特别是生猪的生产动态，完成畜牧业统计监测各项任务，为畜牧业生产形势分析和产业政策调控提供数据支撑。盐都区畜牧兽医站再次获全国优秀生产监测县称号。

【动物防疫职业技能培训与竞赛】　8月，区农业农村局联合区总工会、区人力资源和社会保障局组织区级动物防疫职业技能培训及大比武活动，并对竞赛前18名选手进行表彰，第一名选手张莲获得区五一劳动奖章。张莲、王霞、詹海琴3人组队参加全市动物防疫职业技能竞赛，区畜牧兽医站被市农业农村局表彰为全市动物防疫职业技能竞赛先进集体二等奖，张莲、王霞2人被表彰为先进个人。

【兽医队伍管理】　年内，开展全区兽医行业行风专项整治行动，聚焦业务工作、项目管理及廉政建设等重要领域和关键环节，督促检查强制免疫疫苗、畜禽标识的管理和使用。楼王镇兽医社会化服务组织，盐城市盐都区启腾动物防疫服务有限公司正式开始规范运行，完成全镇年度动物防疫工作任务。全区225名网格员，巡查510个动物疫病防控网格1.2万轮（次）。

【重大动物疫病防控】　年内，做好非洲猪瘟等重大动物疫病防控工作，加强重大动物疫病强制免疫“先打后补”工作力度。开展春、夏、秋季集中免疫行动3次，指导养殖场户做到常年免疫和程序免疫，动物强制免疫应免畜禽免疫密度100%，免疫抗体平均合格率90%以上。开展4次灭蚊灭蝇灭鼠和清洗消毒行动，全年全区使用消毒药5.5吨，对5000个场所进行消毒。强制免疫“先打后补”申报规模场数量8家，做到应补尽补。集中开展全区狂犬病免疫，免疫密度达到90%以上。建设天惠食品有限公司（屠宰场）、楼王镇、下书红养猪场、泰和畜牧有限公司4个洗消中心，完成市局下达的建设任务。

8月，动物防疫职业技能竞赛活动现场　　*农业农村局　供*

【动物防疫监测】　2022年，免疫生猪8.96万头、羊2.79万只、家禽479.97万羽。开展全区重大动物疫病监测，完成年度监测工作任务，全年监测样品4265份，覆盖全区各品种畜禽养殖规模场和散养户。对规模猪场、屠宰场和无害化处理中心等各类非洲猪瘟高风险场点开展非洲猪瘟病原学检测，合计采集各类场点62个，660份样品，经非洲猪瘟病原学检测，结果都为阴性。　　（顾行兵）

水产养殖业

【概况】　2022年，全区水产养殖面积8333.3公顷，名特优养殖面积7890公顷；水产品总产量11.3万吨，同比增长2.93%，渔业总产值41.52亿元，渔业增加值28.06亿元。在尚庄邵氏水产养殖专业合作社、兴湖扣蟹基地、海浪大闸蟹水产养殖有限公司等10多家水产养殖基地，开展健康示范养殖。

【渔业品牌建设】　年内，推进渔业品牌建设，“大纵湖大闸蟹”获评江苏省特色农产品优势区、“江苏省区域十佳公用品牌”，“大纵湖小龙虾”获得国家地理标志证明商标。

【渔业绿色循环发展尾水达标排放】　年内，争取中央渔业发展资金1880万元，在楼王镇现代渔业产业园开展国家绿色循环发展试点项目。全区全年实施池塘标准化改造626.7公顷，全区范围内开展池塘生态化改造行动，落实冬春清塘尾水排放备案登记制度，确保清塘尾水达标排放。

【兴盐界河沿线养殖塘口专项整治】　年内，对兴盐界河沿线300米范围内影响水质达标的137个塘口实行“退塘还田”，累计退养总面积440公顷。

【推进渔业生态资源恢复】　5月25日，联合区人民检察院在大纵湖湖区设立检察公益水上生态修复基地，同时开展渔业生态资源补偿放流活动；6月5日，承办盐城市“6·6”全国放鱼日大纵湖湖区

6月，全国放鱼日同步活动盐城市增殖放流活动现场　　农业农村局　供

增殖放流活动；11月3—4日，在盐都区各骨干河道开展增殖放流活动，全年累计放流蟹苗52万只，四大家鱼鱼种约29.88万尾。　（陈正轩）

果蔬园艺业

【入围省“三大名录”】 4月，省农业农村厅发布2021年度农产品质量追溯平台领先主体名录，龙冈桃缘果蔬专业合作社、秦南秋之韵家庭农场等7个生产主体入选全省农产品质量追溯领先主体1000家名录，龙冈桃缘果蔬专业合作社生产的“还氏水蜜桃”入选全省农产品质量追溯网红产品500家名录，大冈镇农产品质量安全监管站、大纵湖镇农产品质量安全监管站入选全省日常监管巡查100家先进乡镇监管站名录。　（杨加祥）

【设施草莓】 2022年，全区按照“规模化、特色化、绿色化、品牌化”的发展思路，发展草莓产业，加快推进金色庄园等项目建设，为2025年世界草莓大会打好基础。3月，“盐都草莓”获2022年度受市场欢迎草莓区域公用品牌。12月，盐城市草莓产业发展促进会在盐都成立，更好发挥“盐都草莓”品牌作用，做大做强盐城草莓产业。

【苗木花卉】 2022年，全区苗木花卉种植面积达1620公顷，主要分布在台创园、郭猛、秦南、大纵湖等板块，品种有蝴蝶兰、菊花、玫瑰、多肉植物等。至年底，美青花卉生产的6000枝白色品种蝴蝶兰首次从盐城出口，发往日本市场。

【蚕桑种植】 盐都区蚕桑业以蚕种培育为主，2022年，盐都区蚕种场育种1.62万张，其中，春蚕1.18万张，秋蚕0.44万张，产值81万元，主要供应东台、射阳、亭湖等地。　（孙传文）

林果特产业

【经济林果】 2022年，全区稳步推进经济林果产业，果树面积稳定在1750公顷。葡萄、桃、梨等果树标准化、精品化、高端化发展水平显著提升。7月，在江苏（泰兴）优质梨评比活动中，盐城市果树良种场选送的“苏翠1号”梨获金奖。8月，盐城市“葡写美景　萄醉郭猛”葡萄节在盐都举办。

【举办盐都葡萄节】 8月28日上午，2022“苏韵乡情”乡村休闲旅游农业（盐城）专场推介暨“葡写美景　萄醉郭猛”盐都葡萄节启动仪式在杨侍生态园举行。省农业农村厅副厅长孙翔，市委副书记羊维达，副市长、区委书记王娟，区委副书记、区长马正华等出席活动。全市近百家葡萄种植基地的葡萄进行角逐，经由专家评审打分，共评选出特等奖2个、一等奖3个、二等奖5个，活动现场公布获奖结果并进行颁奖。启动仪式结束后，与会人员在郭猛国胜家庭农场、盐都现代农业产业示范园等现场参观。　（孙传文）

8月，全市优质葡萄评比大赛在盐都区举办　　农业农村局　供

农产品市场与品牌建设

【第六届特色农产品展销会】 9月8—10日，为庆祝2022年度中国农民丰收节，展示盐都乡村振兴发展成果，在万达广场举办第六届特色农产品展销会。副市长、区委书记王娟在展销会现场视察活动开展情况。展销会共设置17个展区，大纵湖大闸蟹、张庄藕粉圆、秦程咸鸭蛋、秦南水牛肉、龙冈荏梨等200多种特色农产品参展。

【大纵湖大闸蟹开捕节】 9月23日上午，2022中国·盐都大纵湖大闸蟹开捕节启动仪式在大纵湖湖畔举行，盐都区人民政府副区长孙高明出席活动。“好湖好水出好蟹”，大纵湖是盐都人民的“母亲湖”，大纵湖大闸蟹具有“劲大肥满、鲜腥甘脆”的独特品质，并入选2022年江苏省特色农产品优势区名单。

【“鲜之都·盐都”品牌建设】 2022年，“鲜之都·盐都”围绕品牌形象展示店+终端产品提升店+特色农产品定制中心定位，在渎上·老乡门街区分别开设大纵湖大闸蟹旗舰店和“鲜之都·盐都”大市区官方旗舰店，创新举办“鲜之都集市”，开展与大市场、大超市、大电商的“三对接”工作，主动对接叮咚买菜、京东到家等头部线上的销售平台，已实现线上、下商城全面运营。 （李文杰）

11月，农产品电商直播间 农业农村局 供

【农产品电商发展】 年内，联合“盐之有物”网红直播基地，邀请著名“网红”、主持人在抖音等平台为“鲜之都·盐都”农产品直播带货。承办盐城政协·民生论坛——发展农村电商，促进农产品销售和农村消费分会场。开展省农产品电商万人培训，组织120余名家庭农场主、致富带头人，分3批次开展助农增收直播带货实训。举办云上草莓文化旅游节，线下引流4500余人到园区采摘。盐都区新民村“网红”刘程媛直播网销草莓入选省“互联网+”帮促助农活动典型案例。 （王振省）

4月，小麦课题组开展赤霉病接种工作 农业农村局 供

农业科学研究

【概况】 2022年，区农业科学研究所紧扣现代粮食生产发展主题，转变发展理念，落实工作举措，加速农作物新品种选育研究进程，品种研发、项目实施、成果转化等各项工作取得较好成绩。

【项目实施】 年内，承担省级以上科研项目4项，市、区级科研项目5项。2020—2021年度江苏省现代农业产业技术体系建设项目（JATS〔2020〕208）完成实施并顺利通过省市专家组验收；盐都区科技成果转化专项资金项目《小麦双单倍体（DH）群体构建技术在新品种选育中的利用及效应》（YD—2021NY015）通过专家组验收；承担的省种业振兴“揭榜挂帅”项目《抗赤霉病小麦新品种选育及推广》（JBGS〔2021〕048）有序实施；参与实施江苏省农业重大新品种创制项目——抗稻瘟病优良食味粳稻新品种的培育和江苏省科技项目——淮北地区绿色优质高产中粳稻新品种选育。

【品种研发】 年内，稻麦新品种“盐糯20”和“盐麦3号”通过国家农作物品种

审定委员会审定，6个稻麦新品种申报江苏省审定，5个稻麦新品系分别进入不同组别生产试验，12个稻麦新品系进入对应组别第二年试验，2个水稻新品系被江苏水稻产业技术体系推荐为优良食味新品系。与此同时，为加快育种研究进程，完成水稻海南、三麦昆明加代繁育任务。

【成果转化】 年内，与省内外种业企业联手，加大新品种的推介力度。新审定的水稻新品种“盐糯20”与江苏金土地种业有限公司完成成果转化签约，签约额为江苏近年来糯稻转让价格新高；小麦新品种“盐麦2号”和江苏楠峰种业科技有限公司签约。

【技术推广】 5月，盐都农科所被认定为省级农作物品种展示评价基地，江苏(盐都)现代农业科技(稻麦)综合示范基地2022—2023年度水稻体系考核优秀。全区全年通过主流媒体宣传报道18次，提供省、市级宣传报道素材2次，区级宣传报道20次。农科所首次承担全省水稻新品种现场观摩会，举办盐城市第三届优质稻米品鉴会，组织培训4场、市级观摩3次、区级观摩4次，发放宣传材料数千份，观摩人次达1000余人次。

【获多项表彰】 年内，区农业科学研究所获评省“优质服务示范单位”、市“公共机构生活垃圾分类四星级单位”、区“五一劳动奖状”等称号。1人获评“全国五好家庭”，1人获“全国农牧渔业丰收奖”一等奖和“盐城市文明职工”称号，1人获省“333高层次人才培养工程”第三层次培养对象，1人获得“盐都区十大杰出青年”。

(张永京)

农业综合执法

【概况】 2022年，农业综合行政执法工作紧扣“三零”(办案零差错、安全零事故、服务零投诉)全年目标，立足执法、安全、服务三大职能，打造一支能打硬仗、善打胜仗、逢牌必争、逢奖必夺的农业综合行政执法队伍，推进全区农业综合行政执法工作再上新台阶。

【规范化建设】 年初，建立“日出操、周学习、月培训、季考评、年竞赛”学习机制、“执法之星”评选机制和“红黄旗”考评制度，提升队伍业务水平和体能素质，让每位执法人员成为执法办案的“多面手”。推行行政执法“三项制度”和“双随机、一公开”监管工作制度，所有执法人员配齐执法记录装备，对办案全过程留痕、可追溯管理，防范失职渎职行为，让办案结果更具法律效力。完善执法评议考核制度，落实行政执法责任制，将43项涉农执法类权限赋权乡镇。

【执法专项行动】 年内，联合公安、市场、交通等区直部门开展农资打假、“中国渔政·亮剑2022”“铁牛卫士”以及打击“瘦肉精”等系列专项行动，全年共查处涉农违法案件137件，其中，水产品质量案件7件，乡镇赋权办理案件8件，打击各类涉农违法行为。获评省级优秀案件卷宗1件，省级典型案例1件，市级优秀卷宗2件，市级典型案例1件。

【网格化监管】 2022年“三夏”“三秋”期间，248名网格员统一身着红马甲“进网入格”，盐都“网格红”成为田间地头一道亮丽的风景线。推进“双清”工程，全年共清理海洋渔船7艘、上道路拖拉机151台。海洋渔船实行“定人联船”包保责任制，全区唯一的楼王内陆渔船停靠点实施24小时远程视频监控。共排查整改安全隐患25条，全年未发生安全生产责任事故。

【送检服务】 年内，开展农机“送检下乡”活动，打通为民服务“最后一公里”在冈沟河仰徐段新建渔船集中检验码头优化周边环境，打造类似公园景点式的效果。将每月逢“5”确定为农机、渔船检验日。全区全年共检验渔船962艘，拖拉机、联合收割机1600台，检疫生猪17万头，农机服务大厅被区评为先进分中心。

(孙启星)

农业招商引资项目

【概况】 8月30日，盐都在福建泉州成功举办绿色食品产业投资说明会，现场签约项目涉及食品生产和加工、食品外包装以及食品添加剂等多个领域。会后，区政府带队拜访盼盼集团、阿一波食品等重点企业，并邀约企业主要负责人考察盐城，与泉州市食品行业协会签约委托招商战略合作协议，合作交流更加深入。年内，引进越丰水产品加工项目、

5月，小麦新品系0815在田间表现优异　　农业农村局　供

美青花卉组培育苗中心等项目，均竣工投产。

【红花醉食品深加工项目】 年内，项目总投资5000万元，租赁改造2000平方米标准厂房，新建标准化无尘车间，新上自动化分拣、清洗流水线，配套液压速冻设备，专业从事醉蟹、醉虾、醉螺等特色农副产品加工。

【美青花卉组培育苗中心项目】 年内，项目总投资5000万元，建设5.33公顷花卉工厂化育苗中心，改造智能化炼苗、育苗车间，发展蝴蝶兰、兜兰等花卉种苗、育繁及成花销售，年产各类兰花种苗500万株，带动当地100余人就业，人均增收3万元。 （徐　皓）

农业机械化

【概况】 2022年，全区共使用中央和省财政农机购置补贴资金1110.6540万元，报废补贴60.28万元，带动农户和服务组织投入购机资金达5137.2446万元。至2022年年底，全区农机总动力达59.76万千瓦，全区稻麦生产全程机械化水平达97.4%。全年共发放跨区作业证523份，全年投入作业联合收割机、拖拉机2320余台，跨区作业为民增收6500余万元。

【秸秆机械化还田】 2022年，全区共完成秸秆机械化还田面积40867公顷，其中夏季20080公顷，秋季20787公顷，机械化还田率达84%，超额完成省下达的还田率52%目标任务。全区共投入作业的大中型拖拉机1062台，联合收割机1260台。全区投入秸秆还田作业补助资金1532.5万元，其中省补1213万元。

【打赢“三秋”农机化攻坚战】 8月底，区农业农村局制订《2022年“三秋”农机化生产工作方案》，确保“三秋”（秋收、秋种、秋季田间管理）作业丰产丰收。至10月，全区累计收获大豆3466.7公顷、制种稻1200公顷、玉米400公顷，机收率均达95%以上。组织对各类农机进行清洗保养，对故障和损坏机械及时进行维修和更换，共维修、保养、更换各类农机8200余台（套）。

【开展农机安全生产专题培训】 年内，镇、村272名农机安全网格员参加学习，夯实“三秋”平安农机建设基础工作。开展现场技术培训，在台创园桃生缘家庭农场举办林果生产机械化现场演示会，展演特色机具操作，传授机艺融合技术。

【特色农机化发展】 至8月底，全区农业生产全程全面机械化示范镇建成率达90%、农作物耕种收综合机械化率达96%、粮食生产全程机械化率达97%。围绕畜牧、林果、水产养殖、设施农业和农产品初加工产业领域，加强“小而精”特色农业机具推广工作。全区全年累计新发展特色农机装备665台（套），其中，畜牧机械97台（套）、林果业机械270台（套）、水产养殖机械131台（套）、设施农业装备87台（套）、农产品初加工机械80台（套）。示范引领，培植“引力”。累计建成智能农机应用示范基地6个、特色农机标准化示范园16个、物联网技术示范基地5个、果蔬种植高档智能温室10多万平方米。建立设施农业、渔业、蔬菜类专业社会化服务实体10个，打造“全程机械化+综合农事”服务中心建设4个。

【农机新机具新技术推广】 全区全年通过财政补贴引导共推广各种财政补贴农机具816台套，受益农户355户。其中，大中型拖拉机77台；联合收割机110台；粮食烘干机33台；施肥机15台；插秧机36台；秸秆粉碎还田机7台；秧盘播种成套设备3套；增氧机119台；旋耕机85台；开沟机15台；旋耕播种机37台；喷杆式喷雾机36台；平地机9台；铧式犁6台；投饲机16台；加温设备7台；筑埂机1台；农用北斗终端及辅助驾驶系统97台；植保无人机28台；埋茬起浆机32台等等。

【农机社会化服务】 2022年，全区农机合作社达87个，农机合作社固定资产达7560万元，共吸纳社员2610人，拥有农机具近4296台（其中，收割机、拖拉机、烘干机、插秧机等大中型机械近2860台），2022年作业面积24万公顷左右，年服务总收入达7500万元，平均每个合作社营业收入100余万元。

【农机安全监理】 2022年，农机安全工作以“集中检验”“窗口受理”与“送检上门”相结合的办法进行农业机械的安全检验，全年检验率达98%，与农机驾驶人签订安全管理责任书2200份。组织人员深入农机服务组织、农机作业场所，对重点人员、关键机具、重要部位进行排查。全年共出动检查人员251人次，检查单位和场所132个，检查烘干机316组，检查拖拉机、联合收割机282台，发现隐患23个，全部限期整改到位。

3月，开展“农机3·15”暨“送农机服务，促春耕备耕”活动
农业农村局　供

2022年共办理农机案件55个，其中普通程序50个，简易程序5个，农机执法行动成效显著。引导上道路拖拉机减机转产，用好用活财政2000元/车的扶持政策，鼓励驾驶员换购低速汽车、电动汽车，最大限度减少监管对象，降低安全风险，2022年清退上道路拖拉机151台。（葛亚辉）

水利建设

【概况】 2022年，在区委、区政府的领导下，区水务局统筹"水安全、水资源、水生态、水文化、水管理"五篇"水文章"，投入1.7亿元，构筑灌区水利、重点水利、生态水利、民生水利，打造人居幸福水环境，有效提升防洪减灾能力，夯实乡村振兴水利基础，促进河湖生态持续改善。

【提升河湖生态质量】 年初，开展"河湖长+检察长"联合执法专项行动，对河湖违法突出问题进行专项督导检查，至年底，共完成整治19处。推动幸福河湖建设，组织编制"十四五"幸福河湖建设实施方案并通过区政府批复，修编"一河一策"，率先完成13条幸福河湖建设目标。

【提升水利配套设施】 2022年，指导区水务公司实施涉及全区198个村(居)，工程总投资约980万元的2022年农村供水设施改造提升工程项目，完成1265座过桥钢管改造、5座考核水表改造以及全区供水设施安防装置提标升级，完善农村供水管网设施，提升末梢水水质，保障冬季农村供水安全。

【提升综合服务水平】 年内，组织开展安全生产宣传教育培训、"区、镇、村"三级水费计收人员业务培训、河湖长制工作培训等活动，参加全国统一行政执法证执法培训，提升人员的工作能力和业务水平，提高队伍的整体素质。升级水利基础设施，在全区主要河道桥梁处新建60处巡查监控点，配合"5G和对讲"平台，实现对河道巡查工作的实时监测，形成线上巡查、实时调度、及时交办的管理模式，提升工作效率；完成水情教育基地云展厅建设，借助互联网优势，真正讲好"水故事"、做活"水文章"。优化提升审批工作，按照"外网受理、内网办理、快递送达、网端推送"新的审批服务模式，实行不见面办事流程，加快推进"一件事一次办"，提升政务服务标准化、规范化、便利化水平。

【灌区水利】 年内，开展龙冈灌区续建配套与节水改造项目，年度投入资金3900万元，建成闸站工程5座、水闸工程6座、渠道工程2条，有效提升灌区灌排保障能力。

【重点水利】 年内，继续冈沟河综合治理工程建设，年度投入资金9532万元，清淤疏浚河道22千米、建设护岸工程18.54千米、拆建配套建筑物14座，有效提升骨干河道引排保障能力。

5月，冈沟河治理工程——盐金线桥全景　　水务局　供

【生态水利】 全年投入资金2000万元，坚持农村河道生态治理，建设农村生态河道17条、78.16千米，覆盖率达37.98%，位居全市首位。同时配合做好秸秆"双禁"工作，学习领会农村秸秆"禁抛禁烧"的指示精神，成立秸秆双禁工作巡察组，在田间地头巡查秸秆"双禁"情况，确保河堤、河道无抛弃物。

【民生水利】 年内，按照"一村一河"治理原则，年度投入资金1600万元，整治村庄河塘152条、共192千米，改善村庄周边水环境，满足人民群众生产生活需求。（沈慧莺）

防汛抗旱

【提升防汛保障能力】 年内，完成全部883座防洪闸和370座排涝站试开试关、试机试水工作。建立水雨情会商制度，实现水雨情信息移动端自助查询，组织开展防汛抗旱专题培训，科学制定转移撤离方案，备足备全防汛抢险物资，成立专业抢险队伍，真正做到预报从准、预警从快、预演从真、预案从实。

【提高汛期防御能力】 5月，做好防汛物资储备管理和设备维修保养工作，确保汛期物资设备调运及时、保障有力。区水利物资供应总站落实各类物资储备存量，进行规范化管理，及时对防汛物资进行盘点清查。对各类防汛物资、设备分门别类，编织袋、混流泵、电动机、柴油机等抢险物资分区摆放整齐。至5月，全区共储备编织袋31万条、木材80立方米、土工布5800平方米、抢排泵269台(套)。

【防御梅雨期强降雨】 2022年，盐都区自6月23日入梅，7月11日出梅。梅雨期持续18天，区国家站梅雨期降雨量44.5毫米，与常年相比异常偏少8成，梅雨期

6月，召开防汛会议　　　　水务局　供

多短时强降水、雷暴大风等强对流天气，最多降水量为北龙港街道88.6毫米。自入梅以来，区防办对水雨情和水利工程调度多次组织会商，科学调度水利工程，低洼圩区全部关闭防洪闸，内河水位接近警戒水位的圩区开机预降水位；第三防洪区服从市防指统一调度；其他圩区闸站工程要做好随时关闸开机排涝的准备，加强运行维护。根据全区水利工程特点，科学开展调度工作，梅雨期莘野圩、大潭圩、盐兴堤、捷西堤等西部低洼圩区除留下主要人字门防洪闸活水外，其余直升门等防洪闸全部关闭。受7月17日受强降雨影响，外河水位持续上涨，19日楼王镇莘野圩立即关闭防洪闸进行排涝；楼王镇大潭圩、大纵湖镇盐兴堤和捷西堤、秦南镇仇吉北圩、第三防洪区、第七防洪区关闸。其他圩区闸站工程做好随时关闸开机排涝的准备，并加强运行维护，确保全区水利工程发挥效益。区水利物资总站做好护城河应急排涝工作。

【应对干旱灾害】　8月初至8月27日期间（盐城市防汛抗旱指挥部宣布终止全市抗旱Ⅳ应急响应），盐都区强化抗旱预警措施，密切关注天情、水情、旱情发展变化，与气象、农业农村、住建、交通等部门开展联合会商，提前落实抗旱措施，把握抗旱工作主动权。督促各板块组织劳力、机械突击开展清障工作，挖深流动机泵或农田灌溉泵站的机口，确保生产河道“有水引、引得进、灌得上”。各板块通过组织抽水机和灌溉泵站开机保农田灌溉，确保盐都农田没有出现大的旱情。

【防御强台风“梅花”】　9月12—15日第12号台风期间，盐都区普降暴雨，其中最大累计降雨量张庄81.4毫米，盐都区国家站梅雨期降雨量60.9毫米；外河最高水位，出现在北龙港1.35米。大纵湖镇盐兴堤，捷西堤，楼王镇莘野圩、大潭圩，台创园南大圩，龙冈镇鞍湖圩、年余圩，秦南镇仇吉北圩，第二、第三、第七、第八防洪区进行排涝。部署应对第12号台风“梅花”。加强应急值守，执行24小时值班制度。抽调专业技术人员组建4支督导组，前往各板块开展技术指导，督促各项防台措施落实到位，防范强降水可能造成的城市、农田内涝等灾害。及时转移避险。台风期间共转移人员532人，20艘海洋捕捞渔船的46人全部进港避风，内河回港避风船只115艘共233人，排查消除市政隐患66处、建筑工地隐患26处，停工企业22处、工地63处，关闭景区、景点等7处，加固农业大棚158处。统筹内外河水位，科学调度水利工程，调蓄河湖水位。城市防洪区及大部分农业圩区均根据降雨量适时关闸排涝，保证城市及农田不受淹。

（沈慧莺）

5月，做好防汛准备工作　　　　水务局　供

工 业

综 述

【概况】 2022年，实现全口径工业开票销售额604亿元、总量全市第7，增长17.6%、增幅全市第9；规模以上工业开票销售额473.6亿元、总量全市第8，增长15.1%、增幅全市第7；规模以上工业增加值增长7.4%，增幅全市第11；规模以上工业企业344家，2022年新增规模以上企业62家、数量全市第6；规模以上企业增长面47.7%，全市第七名。

【主导产业发展良好】 2022年，盐都三大主导产业（电子信息、高端装备、新能源）实现开票销售额375.2亿元，占规模以上工业总量79.2%。三大主导产业规模扩大，涵盖盐都区13条重点产业链中的10条。

【智改数转扎实推进】 年内，率先实施智改数转三年行动，高新区获批省工业大数据应用能力评估示范区，规模以上企业免费诊断231家，维信电子获批省智能工厂、省两化融合管理体系贯标AAA级试点示范企业（全市唯一），新增省示范智能车间3家，入选市“智改数转”服务商资源池企业3家，东山精密获批省工业互联网标识解析二级节点，全年认定省级上云企业88家，总数达302家，其中，五星上云企业7家、四星上云企业97家。

【龙头企业加快突破】 2022年，全区开票销售额超亿元企业82家，其中50亿元以上企业2家，10亿元以上企业3家，5亿～10亿元企业7家，1亿～5亿元企业70家；纳税超百万元企业222家，其中，1000万元以上企业34家。全区共认定市三星级以上企业38家，数量全市第一，其中，市五星企业8家、市四星企业4家、市三星企业26家。

【品牌创建工作】 年内，国家级品牌实现重大突破，新增国家“专精特新”小巨人3个（亚一智能、盛安传动、大明生物装备），新增省“专精特新”中小企业25个，总数分别达11个、52个，均列全市第一。新增省服务型制造示范企业5个、省工业设计中心4个、省企业技术中心7个，总数分别达16家、20家、71家，新增数和总数均列全市第一。

【龙创首台白车身产品下线】 7月11日，龙创首台白车身产品下线，龙创智能驾驶项目是盐都区招引投产的重大项目，是盐都人“整车梦”的起点。自5月起，历经2个多月的生产准备，首台白车身产品正式下线，在效率和质量方面赢得客户肯定，车间生产线及设备完成调试的同时也得到验证。车身是原始设备制造商最关键的，也是投入最大的自制

1月，盐都新城重点项目开工观摩活动在高新区举行 高新区 供

7月，龙创智能驾驶项目　　　　　　　　高新区　供

件。作为车辆一切性能的基础，白车身的下线标志着造车四大工艺中的冲压、焊接工艺已得到较为充分的验证，车辆的骨架结构设计和生产工艺基本定型。所谓“白车身”，是指完成焊接但未涂装之前的车身，不包括车门、机舱盖等运动件。白车身装配好车门、机舱盖后，经过电泳、涂装喷漆等工艺，便可以上总装线。完成内外饰、电器零部件和顶盖的装配工作，最后落装在自研的纯电动底盘上，就组成装配完整可交付的整车。据了解，龙创智能驾驶项目是由上海龙创汽车设计股份有限公司投资建设。该公司是国内汽车设计领域的龙头企业，拥有20余年的发展历史，是国内首批具备整车正向设计能力的公司，是国内新能源、SUV、商用车和自动驾驶车型研发领跑者。项目专注于智能驾驶整车系统集成开发，为客户提供汽车整车设计、研发、测试和制造全产业链“交钥匙工程”服务。一期新建智能驾驶乘用车和重卡装配线、小型无人驾驶物流车产线和智能驾驶研究院，年产各类智能驾驶整车1万辆、无人驾驶通用平台1万套和智能驾驶核心零部件10万套，填补盐城汽车产业链整车交钥匙研发和智能驾驶整车系统集成方面的空白，提升全市汽车产业研发能力。

【园区载体建设】　全区全年腾退D档企业97个，盘活闲置工业用地52.1公顷，盘活低效厂房51.5万平方米，新入驻项目76个；新建标准化厂房1532万平方米。高新区打造电子信息、高端装备、新能源三大主导产业，分园区联动发展配套项目、特色项目，实现品牌共用、资源共享、信息互通。通过载体焕新，转变发展方式、优化经济结构、转换增长动能，提升各类园区、厂房、土地的产出率和贡献率。

【数字经济发展】　全年新增数字经济核心产业规模以上企业23家，列市5000万元以上项目库数字产品制造业项目33个，123家数字经济核心产业规模以上企业开票销售额达280亿元，同比增长27%；举办数字经济与超算产业化发展论坛等活动。集聚维信电子、龙创智能、钺罗机器人等一批数字经济龙头企业；盐城高新区承接全市“智改数转”综合服务平台上线；盐城超算中心建成运营。

【收听收看全市工业经济运行视频调度会议】　12月23日，市委书记徐缨主持召开全市工业经济运行视频调度会议，学习贯彻中共二十大和中央经济工作会议精神，会上，盐都汇报工业经济运行、企业疫情防控和基层医疗保障、物资储备情况。重点围绕“保健康、防重症”目标，保群众看病有药、保服务企业服务百姓更加便捷、保物流畅通、保医卫力量，关注“一老一小”等重点人群、养老院和福利院等重点场所、120呼叫和急诊救治等重点环节，做好重要专家团队、医疗物资保障，最大程度保护人民生命安全和身体健康，最大限度减少疫情对企业运行的影响，确保平稳转段和社会秩序稳定。

（姚城琳）

镇村工业

【概况】　2022年，为促进中小企业健康发展，盐都鼓励和支持镇村中小企业聚焦主业，实现高质量发展，走专业化、精

10月，维信电子全景　　　　　　区融媒体中心　供

细化、特色化发展，创新能力强的“专精特新”发展道路。

【发展现状】 至年底，盐都区省级以上专精特新“小巨人”企业数量均居各县（市、区）之首。共获得省级以上专精特新“小巨人”和国家单项冠军企业称号63个，其中，国家单项冠军1个。国家专精特新“小巨人”企业10个，数量占全市35.71%。省级“专精特新”中小企业52个，数量占全市20.16%。

【企业营业收入情况】 2022年，43家省级以上“专精特新”企业实现营业收入138.24亿元，同比分别增长13.13%。全年实现利润3.01亿元。从营业收入上看，43家省级以上“专精特新”企业中27家营业收入实现同比正增长。从全区总量占比看，43家企业2022年实现的营业收入、税收分别占全区规模以上企业实绩的29.19%、35.84%。（姚城琳）

棉纺工业

【概况】 2022年，在宏观形势和常态化疫情双重影响下，纺织行业形势艰难。江苏日升纺织有限公司采取应对措施，强化调度管理，创新产品研发，产品质量稳步提升，全年累计完成棉纱产量3801吨，其中，白纱2442吨，色纱1359吨，实现销售收入1.05亿元。

【科学调整布局】 2022年，全年白纱接单超400吨，色纱接单量达1260吨。紧贴市场需求，以订单生产为主，灵活安排生产。合理组织生产，调优品种结构。科学合理配棉，提高技术水平，开发研究新产品，创造经济效益。

【提升棉纺工业效能】 年内，加大研发力度，严格工艺管理，做好质量跟踪，确保产品质量稳定提高；增强环保意识，抓好安全生产。加强设备管理，做好技术改造，定期组织检查，满足安全生产需求。但由于企业订单不足、一线工人短缺，生产调度难度大，全年开台数70%，设备运转率57.65%，比上年的92.81%低35.16%，产量严重不足，企业生产经营困难。（陈玉林　郝　菁）

私营个体工业

【强化宣传教育】 年内，重点宣传中共二十大精神，增强个体工商户和私营企业主“跟党走、促发展”的信心。全年累计组织宣讲9场（次），发放宣传材料2万多份，微信短信息300多条。春节前“送温暖、促和谐”活动共慰问特困会员、贫困学生、烈军属、孤寡老人185人，累计捐款捐物5.5万元。

【开展普惠服务】 2022年，全区协会共开展培训服务900人（次），维权服务220次，帮助会员融资1.2亿元，年报等代理服务1.7万次，帮助企业招工2700人。调研会员诉求，帮助会员纾困解难。

【非公党建工作】 年内，举办2次小微企业、个体工商户、专业市场领域党建工作视频培训。组织开展全市“小个专”基层党建“示范点”和共产党员“先锋岗”推选活动。

【民关工委工作】 年内，按照“五有五好”要求，坚持党建引领，强化组织建设，聚力联合推动，重点培育坤泰机械制造公司等一批新的民营企业关工委典型。1名民营企业主被区委、区政府表彰，1人受到市委市政府表彰。

【优化信用服务】 年初，盐都区开展“稳企强链、助企塑信”信用修复指导服务专项行动，主动开展信用修复提醒，通过多种方式提醒企业及时申请信用修复。对因住所失联被列入严重违法失信名单的企业，通过登记的法定代表人和联络员的联系电话逐一联系，对能联系上的企业进行主动提醒和专项指导，根据企业的实际情况，“一企一策”，指导企业采取不同的方式申请注销。对未按规定期限公示年度报告被列入经营异常名录的企业通过EMS信函邮寄年报提醒函和电话告知等方式进行信用修复提醒，共计邮寄1452户、电话联系286户企业。上半年，累计将203户（次）符合条件的企业移出经营异常名录。另外对因疫情影响暂时失联的114户企业暂不列入经营异常名录。（苗才清）

·盐都区“质量驿站”：优化服务　助企兴商·

有问题找驿站，质量管家帮您办。由盐城市盐都区市场监管局联合盐城高新区创新打造的质量基础设施“一站式”服务平台“盐城高新区——质量驿站”自运行起，至8月，累计发布10个方面内容、12个办理事项、25项咨询等服务清单，累计帮助指导企业248家，为企业培训检测、管理人员500余人（次），开展产品检测280余批（次）。一串串数据，折射出盐都区深化“互联网+政务服务”、持续优化营商环境取得的实效。

“盐城高新区——质量驿站”是以省移动通信智能终端产品质量监督检验中心为基础，依托市区各检验检测机构，借助网络平台，构建起以计量、标准、认证认可、检验检测、质量管理等业务为主，以知识产权、品牌培育等业务为延伸的“一站式”服务工作站。它创新实现业务全程网上办理、机构服务优势互补、企业需求多方协作的服务新模式，致力破解企业发展的痛点、难点、堵点、盲点问题，可为企业量身定制“服务菜单”，护航企业发展“全生命周期”。

一个窗口　让服务更便捷

“现在，我们企业产品研发、专利申请、许可审批、标准制定、技能培训等一系列问题都可以在这里得到解决，真是太方便了。”近日，提起盐都区“质量驿站”的发展成效，某户外装备有限公司企业负责人徐先生赞不绝口。

5月中旬，徐先生来到该区“质量驿站”，咨询质量奖及国际标准制定等政策。过程中，徐先生向工作人员倾诉企业发展受物流运输、汇率贬值的影响资金紧缺，工作人员王正林告诉他，公司可以办理知识产权质押融资事项。

当仔细了解质量奖、国际标准制

定、知识产权质押融资的事项之后，徐先生问道：“那我应该去哪个窗口办理？”“是这样的，以往，这些业务由于分属不同部门管理，需要到3个窗口找3个部门分别办理，如今，3个事项在我们窗口就可以一键办理。”王正林耐心地向徐先生解释道。“只跑一趟，只对一个窗，一次性办齐，太好了！”徐先生高兴地说。该企业已成功向银行融资2000万元资金。

为彻底解决过去企业业务办理审批环节多、流程长、手续繁杂等问题，盐都区“质量驿站”努力打造“为企服务综合窗口”，办事人在任一窗口提交材料，即可实现多项业务“一键办理”。

“简单理解，就是一个窗口可以办理多类事项，不需要企业和群众自己‘满堂跑’，同时也极大提高窗口的办事效率。”盐都区市场监管局质量管理与监督科负责人说。

一张清单　让服务更高效

“今年，我公司成功获评全市建筑行业首个‘市长质量奖’，在组织申报、辅导培训、材料把关审核、短板提升等方面，‘质量驿站’全程提供指导服务。”江苏金贸建设集团有限公司董事长胡友华表示，在申报市长质量奖过程中，该驿站发挥重要作用，帮助企业导入卓越绩效评价准则，通过数据化、精细化的指导服务，提升企业的申报质量，加快申报速度，也为该企业持续提升质量管理、加快高质量发展提供支撑。

盐都区市场监管局以“质量驿站”服务为核心，围绕全区智能终端、高端装备、新能源新兴产业和传统产业发展需求，对产业和行业质量需求进行专业细分，为企业提供计量、标准、认证认可、检验检测、质量、品牌、人才培养、知识产权等个性化一揽子质量服务清单，梳理形成计量、标准、认证认可、检测检验、质量管理5个方面服务；知识产权、品牌培育、特种设备、教育培训、商业秘密保护5个方面延伸服务，涵盖12项办理服务事项、25项咨询服务，为企业提供更及时更便捷的质量基础服务。

8月，盐城高新区——质量驿站　　高新区　供

同时，大力宣传“质量驿站”微信小程序线上操作流程，从“面对面”到“键对键”，实现更及时、更便捷、更智能的质量服务集约供给，切实打通质量服务“最后一公里”，给企业带来更多获得感。

一线走访　让服务更精准

每月对企业开展实地走访一次，每月与企业负责人交谈一次，每月为企业反馈落实问题一次，通过“三个一次”把服务做到企业“心坎上”，正是盐都区“质量驿站”切实帮助企业纾困解难、助力企业提升发展质效的生动缩影。

作为盐城市首家“一站式”服务平台，“质量驿站”依托现有服务平台和窗口，了解小微企业质量提升的实际困难和现实需求，成立企业管家、质量管家、质量特派员等与企业面对面的服务团队，并对辖区内53家2022年全区“两重”项目和80家区挂钩重点服务企业进行挂钩服务，通过下沉一线、深入一线，进一步加强与企业之间的联系，切实“问诊”企业需求。

走访过程中，工作人员发现，很多企业受疫情影响，存在资金流转困难问题。为帮助企业走出困境，该区市场监管局借助“质量驿站”平台，联合南京银行向企业解读纾困小微企业借贷银行方面的惠企政策以及申办条件，全心、全力、全速提升小微企业借贷服务水平，为小微企业提供更加精准化的金融服务，推动实体经济高质量发展。至8月，共走访企业150余家，整理出企业需求80条；指导企业完成知识产权质押融资项目38件，质押融资金额1.95亿元。

建筑和房地产业

◆建 筑 业

◆房地产业

建 筑 业

【概况】 2022年，全区建筑业完成产值531.4亿元，同比增长15.27%；完成增加值133.25亿元，同比增长15.8%；完成入库税收9.64亿元，占全市建筑业税收14.11%，在财政税收、创业就业、城乡建设、社会稳定等方面发挥重要作用。

【培育龙头企业】 全区全年培植产值超70亿元企业1家、超30亿元企业2家、超20亿元企业3家、超10亿元企业5家。培育市五星企业3家、市四星企业1家、市三星企业3家、市星级企业4家。帮助凝艺建设公司晋升一级资质，全年新增资质企业315家，新增规模以上企业29家，全区规上模以企业发展到208家。

【护航农民工工资发放】 3—4月，区内33个工程项目共发放农民工工资6132万元。4月6日起，盐都区委第三巡察组针对疫情下“建筑工地开工不足、楼盘交易不火、民工工资下降”的情况，结合12345平台农民工工资投诉较多的实际，要求区住建局迅速办理农民工诉求，及时发放春节前后拖欠工资。接到交办单后，区住建局对全区房建装修、市政绿化等在建工程项目进行摸排，对春节前后欠薪、发生投诉的工程进行重点督查，共梳理出金禧家园、优山美地等25个项目104件投诉上访件，涉及拖欠农民工工资1458万元。经过组织约谈、签订协议、协调银企关系、挂牌跟踪督办，4月下旬发放拖欠工资756万元，“五一”节期间发放拖欠工资499万元。

【举办建筑施工安全培训会】 6月22日，召开2022年“安全生产月”建筑施工安全培训会，全区部分在建工程建设、监理、施工单位负责人、区质安中心全体人员参加培训。会上，安全监管领域专家就新出台的《房屋市政工程生产安全重大事故隐患判定标准(2022版)》展开解读，帮助建筑施工行业人员提高安全意识，为全区建筑施工领域安全稳定奠定基础。

【新规保障被征地农民合法权益】 8月1日，盐都区《盐城市盐都区被征地农民社会保障实施办法》施行。盐都区认真贯彻落实省、市政府颁布新政，结合盐都区被征农民社会保障工作实际，制定出台《盐城市盐都区被征地农民社会保障实施办法》，对安置补助费的支付方式、社会保障费用筹资标准的测算参数、社会保障方式及资金管理都作明确规定，同时明确省市授权性条款和相关部门的职责。该规定的出台，指导全区被征地农民社会保障工作规范开展，维护被征地农民的合法权益。

【加强安全生产监管】 6月，开展安全生产月、危大工程安全、高空作业安全等专项整治行动，整改一般安全隐患3000多条，重大安全隐患整改合格率达100%，实现安全生产无重大事故。推进“七个一”工作，开展燃气安全排查整治“百日行动”，292处一般安全隐患全部整改到位；全区瓶装燃气用户入户安检率100%，1716家非居民用户燃气预警设备在线率达到98%。对162栋危房进行鉴定，完成18栋C、D级经营性自建房危房、90栋既有建筑C、D级危房整治。对全区所有在建工程开展拉网式检查，每月督促完成“整改、销号、责任”三项清单，每月召开建筑施工安全生产情况通报会议，推进安全生产信息化、集成化、规范化。推广“班前教育”“有奖举报”工作，组织标化工地、应急救援等观摩活动，开展质量安全专项巡查19次，发出质量安全整改通知单621份，整改质量安全隐患3651条，重大质量安全隐患整改合格率100%，实现安全生产无重大事故。抽调机关单位92人结对挂钩建筑工地、在售楼盘，督促43个受监和22个非受监项目加强疫情防控。

【拓展建筑市场】 年内，建立以京津冀、长三角、中西部、东三省、珠三角为重点的集约型市场布局，全区全年完成出市施工产值354.39亿元，占全市出市施工产值的16.95%，总量位居全市第二。施工队伍分布全国37个省、市、自治区，全年培植施工产值10亿元以上省外规模市场7个，培植5亿元以上省内、市外市场9个。

【打造精品工程】 年内，获得华东地区优质工程奖1项，江苏省“扬子杯”“安济杯”等省级优质工程9项，获得华东地区建筑施工标准化工地、河北省优质工程各1项、省建筑施工标准化星级工地22项，市建筑施工标准化星级工地24项，获得省绿色施工示范工地1项，创成江苏省水利优质工程2项，获得国家、省级工程各1项，国家级质量管理成果4项、省级质量管理成果6项，打响“盐都建筑”品牌。

【助力经济稳增长】 2022年，兑现奖励资金955.5万元；培植金贸、明华、水利3家企业为市五星级企业，发挥龙头带动作用；支持金贸、博拓等企业发展装配式建筑，创成37个市级“智慧工地”。加大招商选资力度，招引1个亿元以上项目入驻盐渎街道、5个楼宇经济项目，助推全区经济稳增长。（朱　进）

8月，省扬子杯工程——东方之洲　　住建局　供

2022年盐都区获奖工程选介情况表

表3

所获奖项等级	获奖工程名称	工程所在地点	施工企业名称
2021年度江苏省优质工程奖“扬子杯”	盐城航空大厦	盐城市	江苏明华建设有限公司
2021年度江苏省优质工程奖“扬子杯”	徐圩新区灭火救援应急中心	连云港市	江苏明华建设有限公司
2021年度江苏省优质工程奖“扬子杯”	中韩盐城产业园东方之洲项目一标厂区C4、C7	盐城市开发区	江苏金贸建设集团有限公司
2021年度江苏省优质工程奖“扬子杯”	车立方商务中心	盐城市开发区	江苏金贸建设集团有限公司
2021年度江苏省优质工程奖“扬子杯”	盐城高新区纬三路地下综合管廊	盐城市盐都区	江苏金贸建设集团有限公司
2021年度江苏省优质工程奖“扬子杯”	盐城市快速路网三期工程黄海路东延高架项目	盐城市	盐城市兴都市政工程建设有限公司
华东地区优质工程奖“华东杯”	长安湖景大厦	东营	江苏明华建设有限公司
江苏省水利优质工程	大丰市王港闸下移工程新闸主体工程2022年度江苏省水利优质工程(江苏省水利厅)	盐城市大丰	江苏盐城水利建设有限公司
江苏省水利优质工程	太湖流域永安河拓浚整治工程	常州市	江苏盐城水利建设有限公司
安济杯(河北省优质工程)	任丘市植物园建设项目施工	河北省任丘市	江苏辰海建设集团有限公司
2022年度盐城市市级优质工程	盐城市老年大学改扩建工程	盐城市	江苏明华建设有限公司
2022年度盐城市市级优质工程	新建东进路小学、初中项目	盐城市	江苏明华建设有限公司
2022年度盐城市市级优质工程	盐城市建军路全民健身中心	盐城市市区	江苏金贸建设集团有限公司
2022年度盐城市市级优质工程	大数据信息技术应用基地商办楼	盐城市城南新区	江苏金贸建设集团有限公司
2022年度盐城市市级优质工程	义丰装备制造工业园区标准化厂房一期工程	盐城市盐都区	江苏金贸建设集团有限公司

续表3

所获奖项等级	获奖工程名称	工程所在地点	施工企业名称
2022年度盐城市市级优质工程	高新嘉园1~13号楼、地下车库	盐城市盐都区	江苏金贸建设集团有限公司
2022年度盐城市市级优质工程	中韩盐城产业园东方之洲B9、B10地块土建总承包工程(B9研发办公楼)	盐城市开发区	江苏金贸建设集团有限公司
2022年度盐城市市级优质工程	盐城经济技术开发区实验小学	盐城市开发区	江苏金贸建设集团有限公司
2022年度盐城市市级优质工程	盐城大学科技园C1楼、C2楼、C3楼、1区、2区地下汽车车库	盐城市开发区	江苏金贸建设集团有限公司
2022年度盐城市市级优质工程	响水县灌江研学实践基地A区(城南小学)、B区(城南高中)工程	盐城市响水县	江苏金贸建设集团有限公司
2022年度盐城市市级优质工程	盐城市蟒蛇河水利生态开发工程总承包项目	盐城市盐都区	江苏金贸建设集团有限公司
2022年度盐城市市级优质工程	盐城市市区高架地面系统BRT环线二期项目工程总承包(epc)	盐城市	盐城市兴都市政工程建设有限公司
2022年度盐城市市级优质工程	盐城市区高铁站公交停车场项目	盐城市	盐城市兴都市政工程建设有限公司
2022年度盐城市市级优质工程	鹿鸣路(西环路—盐马路)道路提升改造工程	盐城市	盐城市兴都市政工程建设有限公司
2022年度盐城市市级优质工程	海兴中央公园小区1~3号楼、5~9号楼、11号楼(盐城市住房和城乡建设局)	盐城市	江苏翔远建设集团有限公司
2022年度盐城市市级优质工程	海兴中央公园小区4号、10号、12号楼(盐城市住房和城乡建设局)	盐城市	江苏翔远建设集团有限公司
2022年度盐城市市级优质工程	海兴中央公园小区地下人防汽车库工程(盐城市住房和城乡建设局)	盐城市	江苏翔远建设集团有限公司
2022年度盐城市市级优质工程	黄海森林公园新建民宿室外景观配套工程	盐城市	江苏辰海建设集团有限公司
2022年度盐城市市级优质工程	2—3号标准厂房工程	盐城市	江苏跃发建设工程有限公司
2022年度盐城市市级优质工程	盐州商业广场	盐城市	江苏华悦建设集团有限公司
2022年度盐城市市级优质工程	盐城市名望府项目二期一标段(17号)建筑安装总承包工程	盐城市	盐城华荣建设工程有限公司
2022年度盐城市市级优质工程	年产5000吨中药饮片项目	盐城市	盐城华荣建设工程有限公司
2022年度盐城市市级优质工程	集镇综合整治提升工程	盐城市	江苏光正建设工程
2021年度徐州市优质结构工程	疏港大道北侧地块二项目(2019—5)二标段3号、4号、5号、6号、13号楼工程	徐州市	江苏凝艺建设工程有限公司
市优质工程	太湖流域永安河拓浚整治工程	常州市	江苏盐城水利建设有限公司

房地产业

【概况】 2022年，坚持“房住不炒”总定位，推进行政市场两手齐抓，促进房地产市场平稳健康发展，实现稳房价稳地价稳预期目标，同时推动住房改善，保障住有所居，实现住有宜居。

【平稳销售商品住房】 年内，加大房地产“新八条”政策宣传，组织房企参加市房博会，鼓励企业灵活促销，加强价格备案管理，强化预售资金监管，推动全区32个在建在售房产项目平稳运行，华樾花园、合景汇悦城、凤麟府、金禧家园、西璟文苑、名望府、都邑名邸等楼盘销售均在100套以上。

【稳住房产市场预期】 年内，针对挂牌土地拍不火、建设资金跟不上、约期房子交不出、上市楼盘卖不动、居民等待观望的态势，研判房地产市场“恒大债务暴雷”效应，对金禧家园、铂都观邸、合景汇悦城等45个楼盘进行大量调查摸底沟通交流，加强预售资金监管和规范拨付，实现保交楼稳民生。聚焦御景湾、神州豪苑等14个“问题楼盘”，加大矛盾协调化解力度，优化2000户网签服务，帮助5291户具备办证条件。抢抓动迁安置契机，加大政府团购力度，盐龙、潘黄、盐渎等街道直接团购、调剂消化2445套，逐步消化库存住房。

【缓解房产开发资金压力】 6月，盐城市发布《关于有效应对疫情影响促进市区房地产市场健康发展的八项政策》，围绕购房补贴、助企纾困解难、延长土地出让金缴纳期限等方面推出八项政策，新出让土地出让金缴款期限可适当延长，1个月内缴纳总价款的50%，余款可在合同签订后12个月内缴清，并在合同中约定。弘阳地产在盐都开发建设多个楼盘，上半年企业资金紧张，相关政策的出台提振企业发展信心，特别是政策提出要延长土地出让金缴纳期限，为符合条件的房地产开发企业办理留抵退税，为企业解决燃眉之急。

【化解历史遗留问题】 至7月底，全区共办理房产登记面积64万平方米；处置群众办证历史遗留问题楼盘8个，共4500户；化解拆迁安置房小区不动产登记问题5个，共2370户。成立区企事业单位不动产登记补充办证工作领导小组，出台企事业单位不动产登记补充办证实施方案，对涉及拆迁安置小区补充办证问题，明确由区住建局牵头，盐都自然资源和规划分局配合，对全区具有代表性的安置小区进行实地走访查看，了解小区建设现状、规划核实、竣工备案等实际情况，入户与群众进行沟通，了解存在的困难和问题，为尽快申请办理登记提供便利。

【推进住房公积金扩面工作】 至10月底，盐都区共新增住房公积金缴存单位353个，较上年同期302个增长16.89%，扩面人数9720人，完成年度目标任务140.87%；归集9.66亿元，完成年度目标任务103.87%；10月实缴率96.5%，超过目标值4.5个百分点，2022年月均实缴率稳定在95%以上。至10月底，盐都正常缴存住房公积金的新市民4390人，占全市比重的16.86%，累计发放补贴315万元。

【消除房屋安全隐患】 年内，对全区53639栋城镇房屋、119189户农村住房进行全面排查摸底，对疑似C、D级危房分类整治。对全区城镇4198栋自建房建立档案，鉴定253栋危房，对26栋有安全隐患的自建房制定“一栋一策”整改方案。开展群居住房“清患安居”行动，恒大名都等小区公寓房管理迈上新台阶。

【处置动迁安置矛盾】 年内，针对盐都区征迁未安置81个项目、5506户，解决遗留问题，从解决动迁居民安居乐业、降低财政支出等方面出发，采取政府团购商品房的方式，与合景汇悦城、驿龙华府、西郊庄园、富力科创城等8个房产项目合作，团购商品住房3277套，逐步解决动迁安置民生问题。

【加快建设保障房源】 2022年，团购改建合景汇悦城、新城商务楼、汇文花园、保租房2186套(间)，兴建人才公寓4400余套；新开工高新嘉园二期、康庄雅苑、西宸府等安置房项目2825套，基本建成馨盛苑、馨德苑、开创家园、东晖锦园等安置小区4118套。至年底，馨盛苑安置小区竣工交付；开创家园、馨德苑安置小区主体竣工；宝馨花园、龙湖名邸安置小区主体封顶；高新嘉园二期主体施工。

【提质改造老旧小区】 年内，实施衡泰冠城、翠洲嘉园等8个老旧小区改造，改造雨污管网，打通消防通道，增设充电桩停车位，改善人居环境。联合实施群租房“清患安居”行动，开展住宅小区物业管理品质提升三年行动，实施“四美小区·共同缔造”工程，合心花苑党建引领物业管理服务工作列为省级示范点，并为全省城镇老旧小区改造暨物业管理提供观摩现场。 （朱　进）

2月，富力金禧家园　　住建局　供

商贸服务业

综　　述

【概况】 2022年,全区实现社会消费品零售总额272.79亿元,同比下降0.90%,占全市社会消费品零售总额的10.10%,为年度目标(299亿元)的91.24%。新增限额以上批零住餐企业123家,同比增长192%。

【提升消费场景】 2022年,打造海洋路国潮星空、渎上·老西门两大夜市,点亮城市“夜经济”,点燃发展新引擎。加大为民办实事投入,新建农贸市场1个、改造提升2个,建成“一刻钟”便民生活圈2个、乡镇商贸中心3个,持续优化城乡居民消费环境。

【约惠盐都·乐享消费】 5月,承办“5·15”盐城消费节启动仪式,开展“约惠盐都·乐享消费”主题系列活动百余场,联合微博、抖音和鹤鸣亭等媒体发布消费资讯近千条,通过微信小程序发放各类消费券8万余张,惠及297家中小商户,拉动消费超1.5亿元(其中带动汽车消费约1.2亿元)。

【盐都获批全省现代商贸流通体系示范创建区】 5月,省商务厅发布全省现代商贸流通体系建设示范区名单,盐都区被认定为全省现代商贸流通体系示范创建区,为全市唯一。盐都致力推进数字化转型,建设智慧农贸市场,市场配置智慧电子秤、电子监控系统、自动扶梯、食安检测室、服务台等。消费者可通过数据显示屏查询摊主姓名、营业执照、菜品价格、菜品溯源等信息。创建省级数字商务企业——江苏宠银电子商务有限公司。建设电商直播基地——盐之有物网红直播基地,建设集直播带货、主播孵化、直播社群、智能云仓物流服务于一体电商直播平台,签约入驻英特视频科技、后浪传媒等10家直播电商企业。建设商业综合体。富力科创城项目包含富力商业广场、商业街区、五星级凯悦酒店及凯悦嘉轩酒店。商业中心汇聚国际办公、五星级酒店、商业广场,提供国际高端商务服务,多元复合业态,创造办公、商务、文化、娱乐、教育、交流等一系列城市功能场域。

【完成企业入库任务】 2022年,新增限额以上批零住餐企业123家(批发业40家、零售业68家、住餐业15家),同比增长192%,为市计划(100家)的123%,区计划(120家)的102.5%,圆满完成市区两级目标任务。

【品牌建设工作】 2022年,吾悦广场创成国家级“绿色商场”,盐都区入选省现代商贸流通体系示范创建区名录,为全市唯一。盐都医疗器械电商产业集聚区入选省县域电商产业集聚区名单,区商

5月,承办515盐城消费节启动仪式　　商务局　供

务局获首届江苏电商直播技能大赛优秀组织奖，旭日社区获批市级“一刻钟”便民生活圈建设试点。（陈　进）

【强化商务领域疫情防控】　年初，根据市区疫情防控相关要求，结合商贸行业重点场所和重点单位实际，要求各重点单位及时修订完善疫情防控工作方案和应急处置演练预案；加强从业人员管理，对员工进行健康监测、按规定频次进行核酸检测、及时报备人员流动情况；加强场所管理，对进入人员落实“一戴、一测、三查、一扫”查验措施、加强外省外市货车“落地检”的查验、重视场所消毒等。（董素梅）

商业流通

【概况】　2022年，全区实现网络零售额38亿元，占全市比重13.58%，排名第三；其中，限额以上网络零售额2.70亿元，占全市比重6.79%，排名第六。

【网络销售情况】　全区全年完成实物网络零售额27.80亿元，占全区网络零售额总量的73.16%；完成非实物网络零售额10.20亿元，占全区网络零售额总量的26.84%。其中实物销售排名前三分别为日用品（9.11亿元）、化妆品（5.36亿元）、五金电料（3.53亿元），非实物销售排名前三分别为在线餐饮（7.54亿元）、虚拟商品（4013.70万元）、在线文娱（2120.85万元）。

【重点电商企业销售】　2022年，全区网络零售额排名前三的企业分别为安德普泰（盐城）医疗科技（7115.85万元）、盐城迈通贸易（6205.20万元）、江苏康佰医疗器械（5956.05万元）。（顾　欣）

【加快推动直播经济发展】　7月14日，举办2022年全区首届直播电商带头人培育专题培训班，旨在以电子商务助推产业提升、推动乡村振兴、促进百姓致富为目标，以增强电子商务相关从业人员实操技能为重点，加快电子商务人才体系建设。8—11月，组织参加2022年首届江苏电商直播技能大赛，最终区商务局荣获优秀组织奖，秦程咸鸭蛋获评“直播节优品”，选手王艳晋级决赛30强。（董素梅）

【保障生活物资供应工作】　2022年，区商务局梳理全区3家大中型超市、6家餐饮单位、1家粮油肉储备企业、21家农产品保供企业6小时内对生活必需品的保供能力，建立生活物资应急保障体系，为新冠肺炎疫情居家隔离医学观察应急处置做好准备。

【强化市场监测预警】　年内，坚持重点商超生活必需品市场监测和趋势预测，执行市场供应异常情况每日零报告制度，及时了解掌握市场动态，提高预警时效性。

【拓宽商品货源】　年内，依托重点商超和农贸市场，加大对生活必需品储备量，做好粮油、肉、蛋、菜、水果、瓶装水、方便食品的市场储备，确保疫情期间生活必需品正常供应。加大对重点商超和农贸市场物价监测。如发现哄抬物价、囤积居奇等市场投机行为，配合相关部门进行坚决打击。（刘雨宁）

【加强安全宣传引导】　2022年，开展商贸领域“百团进百万企业千万员工”安全宣讲、“安全生产月”宣传活动，组织开展不同层次的学习教育培训，参加近100人（次）。利用中国移动云MAS短信平台，向全区商贸企业主要负责人和安全生产负责人发送安全宣传短信2万多条，强化全员安全意识和能力。制作并悬挂横幅、标语200余条，发放《企业落实安全生产主体责任重点事项清单》《安全生产工作应知应会汇编手册》《盐都区餐饮经营单位危险化学品使用安全专项治理行动》《瓶装液化石油气用户安全用气告知书》《第一责任人安全倡议书》《盐城市安全生产条例》和新《中华人民共和国安全生产法》等安全宣传资料8000余份。组织观看《生命重于泰山——学习习近平总书记关于安全生产重要论述》电视专题片，强化“生命至上、安全第一”思想。

【落实安全生产整治】　至年底，全区重点监管的商贸领域企业有：38家加油站（点），万达广场、吾悦广场2家大型商业综合体，麦德龙1家大型商超，海外海和浩通2家较大二手车交易市场。区商务局多次开展联合检查抽查，推动商贸企业主体责任落实，消除各类安全隐患。区商务局全年累计出动166人（次），检查企业数量145家（次），帮助企业检查发现205条隐患，整改205条，整改率100%。（宋俊奇）

【妥善处理预付卡纠纷】　2022年，区商务局共受理“12345”工单共计767件，工单按时受理率、办结率均为100%，第一次回访服务对象满意率95%以上。同时受理市长信箱、区长信箱投诉类事项5件，均按时答复。（顾　晓）

·盐都：“网红直播”开辟农产品销售“大市场”·

数字成为新农资，手机成为新农具，直播成为新农活，这一景象在盐都区成为新常态。近年来，盐都区委组织部借助盐城网红直播基地，积极探索党建引领乡村振兴的新路子、新模式，充分发挥基层党组织的战斗堡垒和村（社区）书记“头雁”作用，推进基层党建和乡村振兴深度融合，用“小直播”开辟农产品销售“大市场”，以流量经济为乡村振兴赋能，让党旗在乡村振兴最前沿高高飘扬。

“网红直播”是电子商务的新业态、创造消费的新模式。“盐之有物”盐城网红直播基地项目总投资5亿元，占地2.2公顷，建筑面积4万平方米，是打造集溯源直播带货、主播孵化基地、线下直播社群、智能云仓物流服务于一体的网红直播基地，把盐城的好产品、好品牌推销出去。

6月起，盐都区委组织部先后举办面向全区家庭农场主、村（社区）党组织书记、40周岁以下村（社区）“两委”的助农增收直播带货实训营，让他们了解新业态新模式下直播电商的发展趋势，学好用活网络经济新思维，提升他们的直播带货技能，为乡村振兴添彩。

7月，2022年盐都区首届直播电商带头人培育专题培训班现场　　商务局　供

直播带货实训营　致富增收新渠道

6月12日，盐都区委组织部举办全区助农增收直播带货实训营家庭农场主专场，来自全区各镇（区、街道）60余名规模家庭农场主齐聚一堂，共同了解新业态新模式下直播电商的发展趋势，学好用活网络经济新思维，提升直播带货技能，完成从农场主到直播带货达人的蜕变。

6月17日，盐都区委组织部举办全区助农增收直播带货实训营村书记专场，以“村书记直播”模式，着力打造一批网红直播示范村，培育一批直播带货“领头雁”。来自盐都区各镇（区、街道）40余名村书记集中学习直播带货技能。

“一米体验式草莓园”主理人刘程媛为村书记们分享农产品带货经验，这名90后新农民通过生动的直播案例、接地气的讲解方式和活泼的互动模式，赢得书记们的阵阵掌声。盐城工业职业技术学院经贸管理学院张漫老师为大家培训电商直播实操，对直播目的、直播平台、直播设备、直播基本步骤做详细讲解。

在实战演练现场，培训老师让村书记们互动起来，锻炼他们的胆量和口头表达能力。40余名村书记在老师的指导下，逐一进入“书记直播间”，学习利用新媒体设备带货盐都农产品。在老师的鼓励下，村书记们从紧张到游刃有余，自信地推销产品、展示乡村文化、展露书记风采。

这次实训营是一次乡村发展与自媒体电商融合的思想破冰之旅，更是助力抓党建促乡村振兴的生动实践示范。盐渎街道花吉村党总支第一书记曹梦灵说，“以前认为抖音不过是平时消遣用的App，从未想过可以用这种方式来推广盐都优质的农产品。我要把学到的‘干货’教给村‘两委’干部，带动更多的党员干部群众特别是返乡大学生、经济能人、专业大户参与进来，充分运用信息化手段拓宽农产品销售渠道，助推村级经济发展。”

7月7—9日，盐都区委组织部又一次举办助农增收直播带货实训营，对全区部分40周岁以下村（社区）“两委”进行直播带货实务培训。课程形式多样，内涵丰富，互动教学精彩纷呈，为青年村干部提供优质的学习和交流平台。

实训营举办期间，来自园艺、水产和粮食3个类别的家庭农场主代表与直播带货公司签订意向协议书，网红直播村书记代表与平台公司签订意向协议书，搭建直播带货平台。

盐都区委组织部还组织网络直播专项职业技能考核，将对考核合格的学员发放电商销售员证。

书记直播进果园　乡村产业增后劲

实训营结束后，签约的公司纷纷与各镇（区、街道）对接直播助农活动，指导乡镇利用新媒体平台推广本土农旅产品。江苏唯优印象文化传媒有限公司与潘黄街道新民村合作开展党建引领乡村振兴之抗疫助农专场直播；盐都区广播电视文化传媒有限公司与台创园三湾村合作开展党建引领乡村振兴系列之助农增收直播专场。

7月9日上午，一场党建引领乡村振兴助农增收直播专场在盐都区郭猛镇杨侍村举行，杨侍村党委书记成正铭带着直播间的观众一起观赏葡萄园里的“绿宝石”，共同品鉴阳光玫瑰葡萄的甜蜜果香。

杨侍村近年来大力发展旅游产业，发展国胜家庭农场、锦叶玫瑰园、神农种业等农旅融合项目，深度促进文旅、农旅融合。先后获评“江苏省五星级乡村旅游示范点”“全国乡村旅游重点村”“国家森林乡村”等荣誉，走出一条农旅融合发展的富民之路。

国胜家庭农场形成“夏摘葡萄、冬采草莓”的经营模式，成正铭带领大家边聊边看，一起感受阳光玫瑰葡萄的魅力。当天通过平台直播1小时，累计吸引超万名观众在线观看，实时在线观看人数最高达5500余人。10分钟内售出阳光玫瑰葡萄近80千克，同步发放20张免费采摘券。

“通过直播，我们村的阳光玫瑰葡萄的知名度和关注度都得到进一步提高，也更直观地感受到电商线上营销影响力，可以推动农场主们主动创新营销模式，增强全村农产品的核心竞争力。”成正铭感慨地说。

“欢迎大家走进我们的直播间，潘黄草莓果肉多汁，酸甜可口”，在直播间里，新民村书记董兆付滔滔不绝地介绍着大棚内的草莓。“大家赶紧参与直播间抽奖，我们将送出5斤的草莓免费券，还有可口的草莓酒、草莓酱”，主播不断地给进直播间的观众发福利。

直播现场，主持人介绍示范草莓园及潘黄街道新民村党建引领带动农民致富的历程，带着大家游览新民村人居环境新面貌。直播间同时在线人数超5000人，累计观看超2万人(次)，点赞18.8万(次)，单场销售200余千克草莓。

“3月份受疫情影响，潘黄草莓销售就开始锐减，区委组织部非常重视，与街道党委共商党建引领乡村振兴，共同举办抗疫助农专场活动，没想到首播就火了！”潘黄街道副主任孙正元说。

党建农旅新融合　乡村振兴添活力

“今天要和大家一起云‘游’草房子乐园，是不是很期待呢，相信一定能勾起80后、90后一些熟悉的记忆，希望所有喜欢《草房子》IP的大朋友、小朋友都能够在这里获得满满的幸福感。”

5月29日，盐都区委组织部开展党建引领乡村振兴系列之助力复工复产草房子乐园直播活动，草房子乐园坐落在学富镇周伙村，村书记李天庆化身“导游”，通过抖音直播间推介草房子乐园，书记直播让大家重回纯真年代。当天，现场共派出100张草房子乐园门票，2张草房子酒店房券，4份草房子乐园伴手礼，直播观看累计上万人次，1700人参与评论互动。

随着国民旅游的消费升级，以文化旅游为代表的新业态成为旅游景区吸引游客的“标配”。周伙村抢抓机遇，走党建引领农旅融合的发展道路，探索出一条“用乡村追忆童年、引青年回家创业、请游客品味‘慢’生活的特色乡村振兴新路子”。在李天庆的带领下，新建“草房子”党支部，创新“支部+企业+农户”模式，将党的组织优势转化为推动发展的强大动力，实现村企合作共赢。他们坚持村容村貌与草房子乐园景区联动提升，通过发展乡村旅游、研学旅游、文创产品研发等途径，实现文创产品销售收入、住宿收入等盈利模式，带动当地百姓增收致富，实现文化振兴与经济效益的双丰收。

石油销售

【加强成品油市场流通管理】 年内，安全检查加油站(点)26家(次)，发现安全隐患44条，已整改44条，整改率100%；通过江苏加油App督导企业进行每日安全巡查、月度巡检、安全学习等，6月省商务厅通报点赞盐都月度巡检完成率100%；加强对成品油经营企业涉及油气回收及排放环节的监管，排查国省控站点周边11家加油站的油气回收设备使用维护情况。

【参加全市加油站消防比武】 9月28日，盐城市商务局、盐城市成品油流通协会在盐城石油新兴油库举行全市第二届加油站员工消防应急技能比武大赛。比赛共设理论考试(闭卷)、4千克干粉灭火器30米灭小油盆火、灭火毯30米灭模拟车辆油箱口火、加油站车辆油箱口灭火演练四大科目，全市11支代表队参赛，盐都区代表队取得团体第一名、2个单项第一名。

【组织成品油年检】 2022年，组织成品油年检人员学习成品油年检工作的时间、内容、方法、步骤等，要求各加油站(点)按要求开展自查，完善年检材料，区商务局审查企业报送的成品油经营企业年度检查登记表、成品油零售经营批准证书等是否合法、齐全、有效，确保成品油经营企业年检工作按质、按时完成。12月1日，《江苏省成品油流通管理办法实施细则》正式实施，区商务局学习贯彻并发至各加油站(点)，加强服务指导，彻底解决部分加油站(点)证照“三证不一致”历史问题。

【石油销售平稳】 年内，贯彻落实《中华人民共和国安全生产法》《江苏省成品油流通管理办法》等法律法规，做好成品油市场日常监管工作，确保全区加油站(点)的正常营运，促进成品油市场健康发展。至年底，全区加油站(点)共销售柴油28566吨、汽油61196吨，与上年度基本持平。（顾　晓）

消费休闲

【开展消费促进工作】 年内，同步“苏新消费”四季主题，开展“约惠盐都”系列促消费活动。其中，承办“5·15”盐城消费节启动仪式并于5月20日至8月31日开展“约惠盐都·乐享消费”活动；9月8日至10月31日开展“约惠盐都·乐享金秋”活动。2022年“约惠盐都”系列促消费活动涵盖汽车、购物、餐饮、家电等领域，参与活动商户297家，举办各类促销活动超200场，有效激发市场活力，促进消费增长。2022年“约惠盐都”系列促进消费活动共计发放各类消费券550万元，核销各类消费券419.788万元。（柏雨薇）

【推动高品位步行街建设】 渎上·老西门总建筑面积6.5万平方米，拥有五大商业街区，由13幢民国风情沿街商铺构成，是一个以文化创意、时尚购物、休闲娱乐、餐饮消费、网红夜市为特色的新潮聚集地。业态主要划分为四大类别：美食餐饮、生活配套、商业办公、艺术培训类。2022年重点推荐渎上·老西门步行街申报省级第二批步行街改造提升试点，多次现场查看步行街布局以及相关台账资料，指出20余处问题并督促改正。（董素梅）

物　流

【盐城市城西南现代物流园区】 盐城市城西南现代物流园是盐城国家高新区服务业发展重点园区，位于盐都区盐渎街道境内，是盐城国家高新区的重要组成部分和重点产业板块。园区地处高速圈内大市区核心板块，规划用地325.2公顷，西侧边界紧邻204国道和宁靖盐高速，距南洋国际机场、盐城高铁枢纽10千米内，创成“江苏省现代服务业集聚区”“江苏省省级示范物流园区”“江苏省重点物流基地”及“全国优秀物流园区”，2019—2022年认定为盐城市AAAAA级园区，并列入江苏省新一轮服务业综合改革试点区，2022年获得苏北地区唯一创牌的省十佳物流园区。至2022年年底，盐城市城西南现代物流园共引进建设悦达摩比斯、顺丰速运、康佰医药、炫洋科技、怡宁综合能源、华晓医药物流等

6月，盐城顺丰速运有限公司全景　　商务局　供

亿元项目33个，共建成办公面积达20万平方米，配套仓储85万平方米，其中，顺丰、邮政、韵达、速尔、苏宁等大型快递企业自建仓储及分拣设施面积达27万平方米，快递日均处理量占大市区流通量的80%；园区注册企业总数累计达1000多家，就业人数达6000多人，龙头企业包括悦达摩比斯、华晓医药、悦达包装储运、顺丰速运分拨中心、顺丰呼叫中心、中国邮政、康佰医疗器械等；园区总体实现营业收入110亿元，税收2.79亿元。盐都顺应电商、快递产业发展趋势，完善以电商提升快递服务、以快递推动电商发展、电商与快递互为支撑、相互依存的集聚发展模式，打造以电子商务为主导、生态体系完整、配套服务完善、产业特色鲜明的电子商务产业集聚区。

【华晓医药物流】 年内，华晓医药物流项目投入6000万元引进智能化药品仓储物流系统，减少人工，提升药品的仓储和流通效率。华晓医药物流为盐都区医药物流企业的龙头，是江苏江北地区吞吐量最大，专业化、规模化、信息化、集约化程度较高的医药物流企业。公司新上的物流中心项目，规划建筑面积6.5万平方米，其中仓储面积4万平方米，为企业"智改数转"的一大亮点，能支撑起60亿元的销售规模，单体企业规模位列全省前十，进入全国药品物流百强企业行列。

【盐城康佰医疗器械有限公司】 康佰医疗器械有限公司是一家专注于医疗器械、康复护理、保健理疗和保健食品研发和销售的企业。年内，公司凭借自身电商优势，成为多家大型企业的线上运营商，是天猫、阿里巴巴、京东商城等多家第三方电商平台的重要商家，经营品类达400多种，公司销售名列国内电商家用医疗器械企业前三强。公司销售规模从1亿～5亿元。园区集聚顺丰、韵达、康佰医疗等电商物流的行业龙头企业。

【帮助解决顺丰速运难题】 城西南现代物流园内的盐城顺丰速运有限公司是盐城市最大的快递物流企业，车辆流通大、操作人员多，员工1700多人，日收件9万件、派送件15万件。疫情期间，物流不畅导致盐城顺丰速运有限公司在资金上压力加大，针对企业员工社保、厂房租金、防疫物资购买等方面遇到的一系列问题，区发改委帮助争取服务业引导资金130万元，至5月，共办理减税降费3.95亿元，超1.8亿元的专项资金拨付区内企业。　（潘　凡）

楼宇经济

【概况】 2022年，全区招引楼宇项目168个，36幢楼宇完成税收8.83亿元，同比增长10.24%。其中，税收超千万元楼宇10幢，税收超亿元楼宇2幢。

【楼宇经济项目招引】 2022年，全区共招引楼宇项目168个，其中，科创78个、总部45个、中介23个、金融10个、文创7个、数字5个，楼宇产业集聚度进一步提高。14个板块共招引项目128个，11个任务部门共招引项目30个，其他部门共招引项目10个。从板块看：盐渎街道32个，高新区、潘黄街道各30个，张庄街道7个，大冈镇、大纵湖镇、尚庄镇各4个，龙冈镇、秦南镇、楼王镇、学富镇各3个，郭猛镇、大纵湖度假区各2个，台创园1个；从任务部门看：商务局8个，住建局4个，科技局、城镇化集团各3个，发改委、工信局、金融局、财政局、国投公司各2个，文旅局、盐高投集团各1个；从其他部门看：统战部3个，人社局2个，组织

3月，怡宁综合能源产业园　　住建局　供

部、交运局、审计局、教育局、水务局各1个。

【楼宇税收提升】 2022年，36幢楼宇完成税收8.83亿元（上年同期8.01亿元），同比增长10.24%。其中，超亿元楼宇2幢，为盐渎街道汽车服务大厦（2.44亿元）、盐龙街道研创大厦（1.99亿元）；超千万元楼宇10幢，其中超5000万元楼宇4幢，为潘黄街道盐西大厦（7770.09万元）、盐渎街道物联大厦（6481.90万元）、大冈镇科创大厦（5685万元）、潘黄街道明华大厦（5619.81万元）。从板块看，高新区2.41亿元、盐渎街道3.51亿元、潘黄街道1.92亿元、张庄街道3783.18万元、大冈镇5685万元、郭猛镇396万元。从行业看，平台公司3.06亿元，建筑业房地产3.83亿元，其他行业1.94亿元。

【推进载体焕新】 2022年，全区共清退企业38家，占计划（55家）的69.09%，清退面积15397平方米。其中，高新区清退10家（计划12家，汇鑫大厦和兴宇国际建议整体清退改造），完成任务的83.33%；盐渎、潘黄完成全年任务。

（喻 健）

供销合作商业

【概况】 2022年，盐都供销合作社深入贯彻落实习近平总书记关于做好供销合作社工作的重要指示精神，为农服务能力和水平提升，在服务全区农业现代化与乡村振兴中发挥积极作用。

【为农服务提质优化】 年内，塑创“农益惠”区域农业社会化服务品牌，创新“1+N”农业社会化服务，开展植保飞防、配方施肥、农事作业等菜单式服务，服务面积6万公顷；联合扬州大学农学院在盐都区进行水稻化肥控释技术集成示范，示范推广面积3公顷，扬州大学农学院报告显示，示范工作取得省工、节肥、增产、品质提升的效果。

8月，“鲜之都·盐都”名特优农产品（南京）推介会　　供销社　供

【稳定农资供应】 全区全年供应化肥1.2万吨，其中，配方肥4000吨，配供农药2340万元，回收农药废弃包装物110万件、废旧农膜40吨，无害化处置农药废弃包装物26吨。发挥主渠道作用，做好农资保供稳价工作，农药集中配供实现全覆盖，集采统配农药包装废弃物、农膜全量回收。

【稳定疫情期间产品供应】 4月，针对上海疫情爆发，农产品供应渠道受阻的实际，主动对接上海市场保供部门，向闵行区捐赠价值45.6万元的“盐溢香”富硒有机大米10吨，向浦东新区配送新鲜蔬菜57吨、禽蛋10.2吨，支持上海疫情防控。

【流通网络提升】 年内，改造中兴、北蒋、郭猛、大冈等流通服务网点，新建现代农业服务中心1家，为农服务社2家，供销e站1家，改造提升乡镇超市1个。

【拓宽农产品销售渠道】 8月，承办“鲜之都·盐都”名特优农产品（南京）推介会，现场展示48类盐都名特优农产品，12家企业签署战略合作协议，协议金额3.2亿元。组织参加江苏名优农产品进上海展销会、长三角名优农产品展销会等活动，拓宽盐都特色农产品销售渠道。

【深化社企改革】 2022年，组建“盐都区供销合作有限公司”，整合系统资产资源，推行现代企业制度，融入系统项目、平台、网络建设，推动传统经营服务网络创新重组，逐步建立起以社有企业为支撑的新型经营服务体系。

（陈玉林 郝 菁）

医药经营

【概况】 2022年，全区共有医疗用品产业规模以上工业企业5家。区医疗用品产业工业企业主要生产和经营医用缝合针、医用手术刀片、医用带线缝合针、可吸收缝合线（金松生产生物，全球第八家，填补国内生产空白）、医用实验室耗材、防护口罩、医用口罩、体温计、病毒采样管、切口保护套等多种医疗用品。药品批发企业2家，药品连锁总部4家，药品零售企业218家，三类医疗器械批发企业88家。其中，年销售额超亿元企业3家，均属于第三产业中的医药服务业。药械领域从业人员3500多人，2022年度全区医药行业销售额达51亿元，上缴税收7600万元。

【药房物流全力保供】 12月，为保障门店物资的供应，盐都诸多药业公司仓储中心的工作人员坚守在物流一线，24小时轮转，保障防疫物资供应。12月22日上午，高新区江苏万佳药业有限公司仓储中心工作人员将退热、止咳、抗病毒、抗感冒等打包出库，仓储、配送24小时不停，以确保满足市民的需求。了解上游生产厂家对108种新冠治疗常用药品生产量及出库周期，对具有退热效果的重点药品采取预先打款、厂家优先发货的方式，保证药品的及时到货，对不能及时到货的药品选择其他疗效相同的药品进行替换并宣传到终端药店。改变原有48小时配送时间，实行8小时配送至各大药店以满足市民的需求。

【疫情防控工作】 年内，常态化开展零售药店等重点场所疫情防控，加强零售药店销售退热、止咳、抗生素和抗病毒监管，发挥零售药店“哨点”作用。疫情防控政策调整后，召集2家药品批发企业、9家药品零售连锁总部负责人召开座谈会，动员药企履行社会责任，加大防疫药品供应投放力度，保障防疫药品供应。启动零售药店感冒退烧药品拆零销售机制，在全区175家零售药店拆零销售21.6万片退热药片，缓解群众购药需求。 （陈志龙）

粮食购销

【概况】 2022年，全区夏季收购入库小麦9.84万吨，其中，盐粮集团6.18万吨。秋季收购入库稻谷8.99万吨，其中，盐粮集团7.09万吨。

【成立地方储备粮管理公司】 7月，根据省粮食和物资储备局《关于加快推进地方粮食储备体制机制改革的通知》《关于地方储备粮政策性职能和经营性职能分开的实施意见》文件精神，盐都区推进储备粮体制机制改革，按照地方储备粮管理“两分离、四分开”要求，成立“盐都区储备粮管理有限公司”，专门承储区级政府储备粮，不从事商业经营，实行承储企业储备运营业务与商业经营分离，人员、实物、财务、账务分开，区级储备粮由原8个承储库，集并至2个承储库，规范地方储备粮管理。

9月，科技产业园外景　　盐粮集团　供

【地方储备粮通过检查】 为推进粮食购销领域专项整治工作，加强地方储备粮管理，国家粮食和物资储备局对江苏等6省2022年度新入库的地方储备小麦进行检查。9月16—17日，安徽省检查组受国家粮食和物资储备局委托，对盐都区2022年新入库地方储备小麦开展全覆盖、全方位的检查。检查组对盐都区地方储备粮管理给予肯定。

【粮食科技产业园一期工程建成投产】 至年底，盐都区粮食科技产业园一期5幢仓容7.31万吨的现代化平房仓和信息检测中心建成投产。产业园位于学富镇大成村，占地面积8.47公顷，总投资2.75亿元。分两期建设平房仓8幢、立筒仓8幢，总仓容11.47万吨，建设一条日产300吨大米生产线和日处理潮粮360吨循环式烘干线，规划建设2个500吨级泊位码头。项目集盐都区粮食仓储物流中心、农产品加工中心、粮食产后服务中心、检测中心及粮食应急保供中心于一体，带动全区农民增收、农业增效，保障粮食安全。 （黄　帅）

市场建设

农贸市场

【概况】　2022年，盐都共投资1300万元对列入市政府为民办事工程的3家农贸市场进行建设改造，新建潘黄街道大孙农贸市场，升级改造盐渎街道神州路农贸市场和潘黄街道兆泉农贸市场，突出智慧化、便利化、绿色化、人性化服务功能，扩大惠民成果，让老百姓的“菜篮子”拎出幸福感。　（柏雨薇）

【农贸市场管理】　年内，牵头做好农贸市场公益宣传、环卫秩序、安全秩序、交易秩序等常态化、长效化管理工作。发放《价格政策提醒函》《价格政策提醒告诫书》等，关注消费量较大的粮油、肉、禽、蛋、菜、奶等食品市场价格动态，加大查处哄抬价格、价格欺诈、不按规定明码标价的价格违法行为力度。

【农贸市场产品抽检】　全区全年抽检700多批次全区农贸市场农产品，委托检测机构对质量安全进行抽检。每月联合区农村农业局、公安局等部门对农贸市场猪肉进行突击抽查。督查各市场按标准建立食品快检室，21家农贸市场设有快检室，并配有不等的设施设备，2家未建快检室及所有农贸市场快检室的提升工程纳入2023年度为民办实事项目。

【星级农贸市场评比】　年内，联合区商务局、城管局、农村农业局、卫健委等部门开展“星级农贸市场”评比活动，全区共有6个农贸市场获得“星级农贸市场”称号。组织对农贸市场文明创建情况进行8次模拟测评，在中央文明办测评中未失分。　（刘雨宁）

·盐都区8家食品小作坊谋展大舞台·

年内，为压实监管责任、挖掘本地特色，促进食品小作坊提档升级，盐都区市场监管局在上年创成3家省级“名特优”食品小作坊基础上，又筛选出8家传统优良食品小作坊，对其帮扶，使其规范成长。

传统手工承载家乡味道

6月23日，定居苏州的龚先生回老家盐都台创园探亲时，特意来到位于台创园富祥路的孙茂余酱园买了一大壶酱油带回家。“不管走到哪里，我始终惦记着家乡的这个味道。”龚先生说，传统手工制作的酱油，颜色清亮、味道浓郁、黏

2月，加强农贸市场检查　　市场监管局　供

稠度高，不管是凉拌还是烧菜都特别好吃。

台创园孙茂余酱园的酱油采用古法酿造、自然发酵、日晒夜露180天而成，其浓郁的酱香味、无添加剂，深受百姓厚爱。孙茂余从事酱油制作行业已有40多年，本着怀旧初心、弘扬传统工艺，他于2020年组建盐都区台创园孙茂余酱园，旨在让这份技艺一代代传承发展，把家乡的老味道保留下去。

“我自己很喜欢做酱油，这项手艺不但是体力劳动，更是一门技术活。”孙茂余介绍，酿造酱油中最为重要的一环，是将发酵成功的饼块泡入盐卤中之后，一周内要翻滚7次，通过调和温度确保发酵均匀，从而保证酱油的口感，“相较于机械生产，手工酿造的酱油，周期长、产量少，但是味道更加浓郁鲜美。”

和孙茂余酱园一样，位于盐都区大冈镇的珍香油坊，以其传统手工技艺吸引一大批忠实粉丝。油坊飘香是不少人的童年记忆，一走近珍香油坊，就闻到弥漫在空气中的油香味。走进油坊，只见墙面、地面清爽干净，油坊负责人邵学勇夫妻俩正在忙活着用振动筛给菜籽除尘。

“在经过除杂、软化、压片、蒸炒等7道工序后，纯手工菜籽油就新鲜出炉了。”邵学勇父子两代传承，拥有60余年食用油生产加工经验，其介绍，传统手工方式榨出的油不掺杂任何化学原料，经过一个星期的沉淀后就可以出售，油味纯正、食用安全，是纯天然的绿色健康食品，油品销路一直较好。

接轨现代化走向“精工坊”

“推动小作坊走向大舞台，既要传承，也要创新。”盐都区市场监管局工作人员在指导帮扶食品小作坊的过程中发现，不少作坊开始引进机械化、自动化设备，生产效率大大提高，生产成本得以降低，产品品质和安全更加得到消费者的认可和信赖。

位于盐都区龙冈镇的孙氏酱菜誉满方圆数百公里，孙氏萝卜干、雪菜系列腌制品选用本地绿色无污染优质原料，加工精细、色泽金黄、味道鲜美、香气浓郁、脆嫩爽口，是深受盐阜人民喜爱的地道农家小菜。

6月23日下午，在孙氏酱菜厂生产车间，七八名工人正在紧张忙碌着，两台切菜机正迅速地将萝卜切成片状。“为提高生产效率，2021年购进2台切菜机。”孙氏酱菜厂负责人孙登海介绍，用切菜机切萝卜、雪菜等，不仅形状均匀好看，而且省时省力。

盐都区大冈镇阿玛兰家庭农场主打产品黑羽番鸭，是法国原始森林里的特禽与中国本土鸭经过13年改良的优良品种，此鸭遍体通黑，外形优美，体重达3千克时，尚能飞行50米高、500米远，肉味具特殊香味，是天然补品，吸引许多当地和外地的食客慕名线上线下订购。

据介绍，黑羽番鸭的蒸煮、包装、灭菌等这一系列制作环节都是通过现代化的设备来进行操作。“只要设置好温度和时间，就能自动蒸煮、灭菌。”阿玛兰家庭农场负责人陈晶高兴地说，告别一道道人工的投入，农场迎来的不仅是劳动力的解放和生产效率的提高，而且产品品质得到大大的提升。

现代设备的引进为盐都区张庄街道吴九油坊插上发展的翅膀。在吴九油坊，从进料、压饼、炒料等一系列工序都是自动化完成，生产效率提高7倍。“就比如说压饼环节，以前人工要压三四次才好，现在机械一次性成功。”吴九油坊负责人吴桂松介绍道，我们一直注重品质和口碑，确保每一滴油都是纯天然食用油，“而机械化生产让榨油过程更加规范高效，进一步打开市场，油坊负责供应多家政府和企业食堂。”

盐都老字号焕发新活力

人间烟火气，最抚凡人心。旧时光里的老味道承载着一座城市特有的文化记忆和精神内涵。位于盐城市建军路竹林大饭店的应洪荣油坊展示窗口，因其悠久的历史、传统的土榨工艺，吸引众多市民前来参观、购买。“我一直买应洪荣油坊的豆油，香味浓郁、颜色清亮，煮粥的时候滴几滴，特别好吃。”6月24日上午，市民张奶奶拎着2壶豆油乐呵呵地说。

据了解，应洪荣油坊初创于1941年，经过三代人的传承，不断将传统土榨工艺改进、创新，让乡亲们吃到又纯又香的小榨油。应洪荣油坊负责人应开智介绍，油坊采用传统结合现代的生产方式，利用电炒锅炒料让料子受热均匀，油的香味更加浓郁。

在盐城，说起牛肉，大家就想到秦南牛肉，秦南镇“秦杨牛肉”更是声名在外。“秦杨牛肉”创建于20世纪80年代，并于90年代成功注册“秦杨牛肉”商标，自父辈传承至今已有40余年历程。

“为保证产品质量源头可溯，我们仅在秦南镇设销售门店1处”。“秦杨牛肉”负责人杨明军介绍，门店以诚信、务实、质量至上的生产销售理念，一直秉承纯祖传工艺，精选原料，控制火候，把握时间，保持肉质鲜美，风味独特，广受各界消费者赞誉和青睐。

盐都区楼王镇秀兰豆制品店负责人单秀兰传承其姑爷爷手工制作豆制品技艺，保留豆制品最“本真”的味道，生产的特色香干色泽酱红、又香又嫩，深受市民欢迎。“选豆、浸泡、磨浆、煮浆等十几道工序都是纯手工完成。”单秀兰透露，“点卤”是保证香干香嫩最关键的一步，火候和卤水的量都要把握得很好，这样香干口感才鲜嫩。

为促进更多的小作坊由“小散低”向“精特美”转型升级，进一步传承文化，留住乡愁，盐都区市场监管局邀请盐城市食品行业协会专家专程到一家家食品小作坊进行现场指导。指导组从证照公示、管理制度、加工过程控制等12个方面对小作坊一一进行“把脉”，提出“会诊”方案，找出生产中的“难点”，解决生产中的“痛点”，强化指导帮扶，切实加强日常监管，让小产业、小作坊、小食品焕发生机与魅力。

乡镇商贸中心

【概况】 2022年，联合区发改委、区农业农村局、区交运局等15个部门印发《盐都区县域商业体系建设实施方案》，结合实际提出“十四五”时期建设的主要任务和目标，细化每年度工作安排。年内，主要推动盐渎街道、龙冈镇建成3处乡镇商贸中心，获得中央服务业资金支持206.5万元。

2022年全区县域商业体系建设明细——乡镇商贸中心

表4

序号	建设单位	项目名称	建设内容及实现功能	支持金额（万元）
1	盐城悦之家超市有限公司	乡镇商贸中心建设（盐渎）	扩建7个冷藏库、增加冷藏车2辆、铲车1台	48.21
2	盐城市盐都新美尚超市	乡镇商贸中心建设（龙冈1）	经营场所改造提升，增添更换部分陈列设施	38.57
3	盐城市中森贸易有限公司	乡镇商贸中心建设（龙冈2）	改造装潢老旧招商场，增添设备，形成中森好生活购物中心	119.72

【便民生活圈建设】 2022年，盐都区“一刻钟”便民生活圈试点社区共2家，分别为潘黄街道旭日社区和盐渎街道福才社区。旭日社区以建设服务完善、生活便利、关系和谐、平安有序社区为目标，以“快捷、精准、高效”服务为原则，以民生需求为导向，以党建为统领，着眼居民购物、看病、家政、中介、维修等日常需求合理布局，提升居民生活品质，推动基本公共服务资源进一步向小区及周边下沉。推进便民生活圈、养老保障服务圈、体育健身活动圈“三圈合一”。福才社区围绕打造特色商业圈和一站式便民服务中心开展“一刻钟”便民生活圈建设，完善基础商业设施，推动诚信建设；依托社区红色阵地，开展优质服务。（顾　晓）

大型商业综合体

【概况】 2022年年底，全区2个大型商业综合体，共有经营户326户，年经营额约11亿元。其中，万达广场、吾悦广场各有经营户163户。涉及行业有餐饮、服装、超市、黄金珠宝、儿童体验、文娱、数码、新能源汽车等，7—ELEVEn便利店于7月16日入驻盐都万达（为首店）。

8月，省商务厅对区绿色商场创建工作进行现场评审　　商务局　供

【绿色商场创建】 8月29—30日，省商务厅评审小组一行4人对区吾悦广场绿色商场创建工作进行现场评审。评审主要从制度建立、设施设备管理、绿色供应链建设、绿色服务、绿色消费、资源循环利用与环保公益等方面进行，通过查阅台账资料、开展现地核查、发放调查问卷等方式，专家对盐都指导吾悦广场推广绿色低碳理念、应用绿色节能技术、引导绿色生产和消费等工作给予肯定，获90.58分。至年底，创成国家级绿色商场。（董素梅）

【万达广场】 盐城万达广场位于潘黄街道西环路88号，广场总面积14.5万平方米，总投资15亿元，分为地下一层、地上三层、局部四层，其中，地上10.5万平方米，地下4万平方米。该项目在万达广场项目中首创O形动线设计，是万达第五代商业运作模式产品，含购物中心、餐饮服务、连锁超市、IMAX万达影城、电玩竞技中心等业态。至年底，共有232个商铺，其中，主力店品牌13个，步行街品牌219个，日均客流3万人，年度销售额近7亿元，逐步成长为地标式商业综合体。（顾　晓）

【吾悦广场】 盐城吾悦广场是新城商业布局盐城地区的第1座吾悦广场，总体量48万平方米，商业面积12万平方米，其中，购物中心面积9万平方米。吾悦广场于2019年12月14日盛大启幕，场内在营商户200余家，从业人员1000余名。秉承“有情怀、不复制、具规模”的理念，把吾悦商业概念中“悦时尚、悦风尚、悦童趣、悦欢乐、悦享受、悦时代、悦生活”全新吾悦价值体系带来盐城，打造集中心大商业、外滩风情商业街于一体，融购物、餐饮、休闲、运动、商务、社交等多元化功能为一身的全新城市主题型生活中心。（顾　晓）

【科技广场】 推动城建重点项目建设是打造高能级现代城市的有力抓手，也是拉动经济社会高质量发展的重要引擎。科技广场CBD中央商务区项目总投资20亿元，是集商务经济、科研办公、金融服务、品牌酒店于一体的大型城市综合体。8月8日，项目施工现场高温，工地避开高温时段，在确保安全的情况下，推进工程进度。至年底，整个项目主体全

部封顶，进行内外装修施工。项目建成后，将成为盐城西翼标志性建筑群以及高新区重要的商务核心，提高城市功能和品位。

【麦德龙商业集团】 麦德龙商业集团有限公司盐城盐都分公司2013年进入盐城市场，一直以高品质的商品和优良的服务给盐城人民带来全新的购物体验。现有在职员工96人，2022年度销售金额达到1.7亿元，税收210万元。现日均账单数1000人左右，经营超过1.1万个食品和非食品。麦德龙商场是业内唯一一家通过HACCP认证审核和每年6次的第三方SGS，CCIC审核的全国商场。

（顾　晓）

【海外海二手车市场】 海外海盐城汽车城有限公司成立于2017年，共有员工61人，总占地面积17.87公顷，一期建筑面积10万平方米，经营面积近6.7万平方米，商户270家，从业人数近1000人。海外海盐城汽车城项目，是海外海集团与盐城东方汽车广场投资发展有限公司共同创建的汽车后服务市场，是集团公司实施跨区域战略合作、推动二手车市场全面升级的积极实践与有益探索。市场主要经营二手车销售，开展机动车安全与环保检测、机动车转移登记、金融保险、快修美容及汽车会展等业务。

（顾　晓）

人才与人力资源市场

【概况】 2022年，盐都区引进高校毕业生4685人，发放人才“绿卡”1035张，兑现各类人才补贴累计4477.91万元。实施人才强区战略，贯彻落实“黄海明珠”人才政策和“都智汇”优才计划，为勇当沿海地区高质量发展排头兵提供人才支撑。

【开展招才引智活动】 全年累计组织537家单位到南京、徐州、镇江等地参加招聘活动32场，提供岗位1515个，招聘6781人，达成就业意向人数2568人，做大做强“都有你、向未来”特色引才服务品牌。

【落实黄海明珠人才计划】 年内，推进“快办行动”兑现人才待遇。开展政策找人活动，通过社保数据库对比，筛选出符合条件未申报人才316人，将申报流程进行宣传讲解，做到符合人才“都”申报。联系盐城维信、国投健康等15家公司，率先组织全市首场“黄海明珠”人才素质拓展活动，扩大盐城“黄海明珠”人才的交流圈、朋友圈。

【推进“人才快办”服务】 全年，发放三星级、四星级人才“绿卡”1035张，兑现各项人才补贴4477.91万元推进人才服务快办行动，通过“一站式”办理、“一张网”覆盖、“一对一”服务、“一口清”咨询、“一日办”审核，实行即报即审、秒批秒办，及时兑现各项人才补贴待遇，让人才“十分满意”。

【举办重点产业链直播荐岗活动】 5月，举办“都有你，向未来”重点产业链直播荐岗专场活动。组织东山精密、华锐风电、群力技术、中科高通量4家公司参加，共提供80个招聘岗位。线上直播荐岗，围绕该区光电显示、印制电路板、智能视听三条重点产业链，1个多小时的直播荐岗活动吸引南京信息工程大学2678名学子关注并收看，线下达成意向582人。直播现场，区人社局工作人员从人文底蕴、生态环境、区位优势、产业发展等方面，介绍盐都经济社会发展情况，重点推介市“黄海明珠人才计划”和区“都智汇”优才计划。

【推进人才服务提档升级】 5月，围绕“黄海明珠、缘来是你”人才服务做示范目标，贯彻落实“黄海明珠人才计划”，重点服务产业链引才。滚动建立重点产业链企业信息库，推进进校园、进企业宣讲活动148次，走访盐城维信电子有限公司、江苏中恒宠物用品股份有限公司等重点产业链企业，征集95家企业949条人才需求信息。用好盐城市合作高校人才地图，联系专业匹配度高的院校开展宣讲招聘活动。组织盐城东山精密制造有限公司、江苏群力技术有限公司等160家企业参加中国科学技术大学、安徽工业大学、南京信息工程大学等13场宣讲招聘活动，提供岗位375个，招聘1309人，登记求职人数1057人。

【加强人才载体建设】 年内，挖掘见习基地人员需求，开发就业见习岗位715个，新增江苏华盛电气股份有限公司、江苏同力食品科技等5家就业见习基地。组织314名高校毕业生和失业青年参加就业见习活动，累计发放就业见习补贴123.7万元。

【搭建人才开发平台】 2022年，在人才引进、培养等领域完善校地合作模式，与徐州工程学院、安徽大学等高校建立校地合作关系，新设立引才工作站10家，聘请黄唯、史亮等引才大使20人。强化博士后创新实践基地实质化运转。协助盐城科奥机械有限公司，对接中国地质大学（武汉），指导完善各项引进必备手续材料，引进博士后孙庆磊1人。（杨　杰）

【全市首家零工市场投入运营】 10月28日，市、区联合建成盐城市零工市场并正式揭牌运行，这是全市第一家、全省第一批省级规范化零工市场，“线上+线下”支持多渠道灵活就业，建立零工“24小时+365天”求职服务新模式。全年举办各类专题招聘活动45场（其中，乡镇24场）、直播招聘4场、开市63次，帮助企业达成用工意向5965人。

（陈学兵　封月琴）

文化市场

【概况】 2022年，全区文化市场管理按照在省级以上高新区实施“证照分离”改革的文件要求，清理文化和旅游等领域涉及经营许可，完善简约透明的行业准入规则，扩大企业经营自主权，激发市场活力，推动文化和旅游产业高质量发展。

【排查行政权力事项】 年初，对行政权力事项进行排查和整理，区文旅局共有行政权力事项43项，其中，行政许可17项、行政奖励6项、行政确认6项、行政其他14项。对其中17项许可事项实行“外网受理、内网办理、全程公开、快递送达、网端推送、无偿代办”不见面审批，并重新编制政务服务清单和内部流程图。全年共完成新审批歌舞娱乐经营场所2家，互联网上网营业场所3家。对全区互联网上网场所和娱乐场所进行线上年检并全部换发文化市场经营许可证。

（沈　岗）

宾馆　餐饮

【概况】 盐城驿都金陵大酒店是盐城市区唯一一家挂牌五星级大酒店，酒店占地面积3.47公顷，建筑总面积共计近10万平方米，由2栋综合体大楼组合而成，堪称“双子楼”。酒店一期拥有346间/套豪华客房，床位数514张。二期拥有167间（套）豪华客房，还拥有1450平方米、800平方米和340平方米面积的3个宴会大厅及5间不同规格会议室组成的国际会议中心，餐饮设施包括中餐零点、豪华包间、风味餐厅、咖啡厅、大堂吧、茶吧等，会议宴会、康体娱乐、精品商场、花店等配套设施一应俱全，盐城驿都金陵大酒店是接待商务贵宾、举办会议研讨、体验细意浓情，享受良辰美景的最佳选择。

【第七届中国杨侍生态美食节暨盐城地方菜烹饪技能大赛】 9月17日，由盐城市商务局、盐城市人力资源和社会保障局、盐城市文化广电和旅游局、盐城市总工会、盐城市烹饪行业协会主办；盐都区郭猛镇人民政府、盐都区文旅局、区总工会、区旅游协会承办；盐城市餐饮行业工会联合会、江苏杨侍农业生态园发展有限公司、盐城新奥燃气发展有限公司协办的第七届中国杨侍生态美食节暨盐城地方菜烹饪技能大赛开赛。活动邀请盐城市烹饪行业工作者们，制作以盐城地方原料为主食材的乡土地标菜，通过中餐热菜、中式面点、冷拼与食雕，展示具有典型的创新意识，适应当地消费者的需求。

（袁明浩）

9月，第七届中国杨侍生态美食节暨盐城地方菜烹饪技能大赛　　商务局　供

房产交易市场

【规范房产市场管理】 2022年，建立维护全区房地产项目动态库，围绕“房住不炒”总基调，执行市局商品房价格备案制度，从预售方案备案、预售资金监管等环节入手，通过日常普查和“双随机”重点抽查等多种方式，对区内楼盘案场公示、合同签订、销售价格等销售行为进行检查，规范经营行为，维护房地产市场秩序。以稳民生、保交楼为目标，强化商品房预售资金监管，尤其是风险较大的房地产项目，转变监管模式，完善监管流程，确保预售资金优先用于工程建设，维护广大业主合法利益，能够交房办证。

【培育房产交易市场】 全区全年新增都邑名邸、华航科技广场2个房地产项目，新开发建设83栋楼，建筑面积112.11万平方米。全区商品房上市112.11万平方米，列全市第二位。其中，商品住房上市量72.9万平方米，上市套数6302套。全区商品房销售84.42万平方米，占大市区26%，列全市第二位。其中，商品住房销售70.52万平方米、6220套。全区商品住房（不含保障房）成交均价为每平方米10406元，商品房库存265.2万平方米，同比增长11.7%，去化周期38个月。商品住房库存129.73万平方米，同比增长2%，去化周期22个月。

（朱　进）

财政 税务 审计

◆财　　政

◆税　　务

◆审　　计

财　　政

【概况】　2022年，全区全年实现一般公共预算收入42.85亿元，同口径增幅7.7%。坚持阶段性措施和制度性安排相结合，减税退税缓税并举，增强市场主体活力。全年累计9.61亿元的留抵退税，以及16.79亿元的减税降费红利直达企业；兑付涉企类奖补资金、专项资金等达3.36亿元。

【优化财政支出结构】　年内，组合运用“苏科贷”“小微贷”累计新增贷款投放8.3亿元，为102户企业提供担保过桥资金23.5亿元，真金白银纾困减负有力有效。财政支出保持适当强度，财政支出结构进一步优化，民生类支出占一般公共预算支出的比重达80.5%，列入省高质量指标监测体系的7项公共服务支出55.18亿元，其中，支农支出和抗疫资金分别达10.91亿元、2.97亿元。分配下达财政直达资金8.96亿元，直接惠企利民。

【政府债务治理】　年内，建立项目审批和融资成本动态管理制度，控制经营性债务增长；通过减人、控事、压减一般性非刚性支出，化解债务，完成省定政府隐性债务化解目标，较好实现降规模、债务率、融资成本、风险等级持续“四降”目标。重抓融资资金接续，合理把控资金到账节奏和总量规模，健全资金互通互助机制，发挥好30亿元国企信用资金池作用，守牢债务风险底线。

【举办第六期“都财微论坛”】　8月，区财政局举办第6期“都财微论坛”，聚焦财政监督突破年、国企改革攻坚年、基层财政建设年三个主题行动，推动盐都财政高质量发展。微论坛旨在搭建业务与学术之间交流的桥梁，科室负责人、乡镇财资局相关负责人等共同探讨主题行动推进及落实过程中存在的问题和建议。

【推动财政改革创新】　全区全年累计压减预算6亿元，压降“三公两费”。联动运作预算评审、财政投资评审、绩效评价，预算绩效管理三年行动计划基本达成，构建起“全方位、全过程、全覆盖”预算绩效管理格局。推行财政预算管理一体化改革，梳理核实人员、日常运转、基本民生“三保”支出基数，坚持对无序、过度保障进行“瘦身”“减负”，落实好过“紧日子”要求。

【聚焦乡村振兴】　年内，调优“大专项+任务清单”管理模式，筹集更多资金支持农业基础设施、高标准农田建设和农房改造；财政金融联手，入围省级政策性生猪“保险+期货”价格险项目试点县（区），落地全市生猪“保险+期货”项目第一单。

【国资监督管理】　年内，国企改革三年行动计划收官，成立区政府国企改革工作专班，助力改革稳步推进，91项改革任务全面完成。省委督查组现场评估给予较高评价，通过“省考”。出台国资管理暂行办法等10余项政策性文件，形成较具区域特色的国资管理制度体系，落实“镇债区管”要求，巩固深化镇级平台上收管理改革，构建起以盐高投集团、市城镇化集团和区国投集团为主导的“3+3+3”国企格局，顺利完成股权整并，国有经济布局优化。以财政所变更为财政和资产管理局为契机，全区14个镇级财资局基本达到省级基层财政公共服务标准化“五个规范”要求，打通基层资产监管“最后一公里”。

【会计集中核算】　2022年，区会计集中核算中心立足“核算、监督、服务”三大职能，规范会计核算基础工作，把好审核关，提高资金使用效率，降低财务风险。贯彻落实省财政厅深化预算管理制度改革的部署要求，树立“一盘棋”思想，推进预算管理一体化建设工作。加强对区直行政事业单位的财务监督管理。审核原始凭证，及时办理网上支付和会计核算，全年共审核支付财政资金53.66亿元。强化预算约束，严格预算执行，无预算、超预算的支出不予报支。降低行政运行成本，加强对“三公两费”的控制，全年压降“三公”经费233万元，压降率达13%。

（蒋丽雯）

税　务

【概况】 2022年，盐都区税务局组织完成各项税收收入60.46亿元，总量居全市第三，完成一般预算税收收入31.69亿元，实现既定组织收入目标。全区新增减税降费18.34亿元，其中，缓征4.67亿元，留抵退税9.61亿元，其他税收减免4.06亿元。留抵退税总量排名全市第三。

【强化政策宣传】 年初，编印《2022年组合式税费支持政策文件汇编》等15个纳税服务产品送至纳税人手中，运用电子税务局、盐税通智能平台推送6批次4.6万条"个性化"税费政策礼包，辅导纳税人缴费人3500余户（次），确保优惠政策精准宣传，直达快享。开展"春雨润苗""走流程、听建议""税务体验师"等专项行动问需求计，收集6000余户纳税人缴费人意见，处理12345、12366工单872件，解决14类实际问题，全渠道综合性满意度99.68%。

【减税降费助企业发展】 6月，针对部分企业痛点难点，加大推进减税退税、降费政策的实施力度，减轻企业现金流困难，助力经济平稳健康运行。组织专员上门服务，帮助江苏神龙集团企业完成增值税留抵退税194.2万元，解决企业实际困难。7月，区税务局联系现代农业产业园，为企业办理29万元的留抵退税。与专业从事物流配送的现代服务业企业滴滴速配对接，推动税收优惠政策的精准落地。通过线上线下多种宣传渠道，利用税收大数据，精准识别提醒。同时规范退税审核流程，主动与财政部门对接，建立健全财税银三方协作机制，确保企业应享尽享。

【推行税务"廉行卡"】 自8月起，盐都税务推行"廉行卡"，至年底，共向纳税人和缴费人发放"廉行卡"200多张，未收到一件投诉举报反馈，通过电话等抽样调查，纳税人对税务机关的服务、执法等工作满意。"廉行卡"是盐都区税务局主动接受外界廉政监督、持续改进工作作风和优化税收营商环境的重要举措，旨在防范税务干部在税收管理服务中乱作为、慢作为，以及其他侵害纳税人合法权益的行为，要求税务干部在办理涉税业务、提供涉税服务、开展税收执法的同时，一并向当事人发放"廉行卡"，主动接受对方监督。纳税缴费人可以通过电话、邮递、短信、微信等方式随时随地反映税务干部不规范、不合理等工作情况，在纳税人和缴费人中引起较好反响。

【打造"税务蓝"新时代文明阵地】 2022年，区税务局通过"免费邮寄到家"服务，为1.57万户（次）纳税户邮寄发票，让纳税人足不出户就享受到税务部门的优质服务。组建青年志愿者小分队，围绕最新税费政策，通过动漫视频、政策公告、宣传手册、直播讲解等方式，面向纳税人缴费人做好政策解读，有力策应大规模退税减税政策落实，建立与辖区企业、基层党组织携手结对机制，开展税费政策宣传辅导80场（次），走访基层单位和企业300个，让税费政策直抵惠企暖企第一线。

【防范税务风险】 2022年，区税务局共形成监管成效3.29亿元，有效防范留抵退税、发票虚开等方面风险。取得风险应对总成效10.96亿元，入库成效1.84亿元，入库数和总成效持续保持全市前列。撰写税收经济分析，服务地方经济和领导决策，形成高质量分析报告42余篇，受到区委、区政府主要负责人肯定性批示8次，全年工作得到区委、区政府认可。

【完善税费协同共治】 2022年，共采集34个单位84类2.18万条信息，实现纳税人查补税款及滞纳金6897万元。与区法院建立涉税事项合作备忘录，实现债权申报缴税一次办，帮助破产企业申报债权1354.85万元，缴税873.46万元。

【推进一体化办税】 年内，将社保、非税等业务全面融入地方政务服务体系"一张网"。与行政审批部门协同优化企业开办事项，实现半小时"一站结"。2022年，3875件前移事项平均办理时长缩减70%以上。实现593类事项线上办理，非接触办税率达94%，位列全市第二。

（王彬儒）

审　计

【概况】 2022年，区审计局全年共实施计划内项目13个，市局组织上年计划内项目1个。完成上级审计机关和区政府交办事项48个，获市审计局及区主要负责人批示8次，投资项目报审额17.6亿

6月，为纳税人讲解最新税收优惠政策　　税务局　供

元，一审核减1.54亿元，二审核减7827万元，出台规范化管理文件2个。获评江苏省文明单位、全市城北地区改造先进集体、全市审计机关"党建强审"先进单位。

【强化内审指导】 年初，召开全区内审工作推进会，压实责任，选树典型，坚持班子成员挂钩联系制度，抽调内审人员"以审代训"，提升实战能力，盐都内审相关做法在《江苏审计》刊载介绍，产生积极反响。

【强化项目质量管理】 年初，健全质量考核体系，做好审计实施方案编制以及审计任务清单、任务完成清单、发现问题清单的编制。规范项目现场会议制度，提高审计现场工作和管理的效率和效果。发现问题整改。全年共组织2次审计整改回头看，对5个国企平台审计整改专项督查。发送整改督查函18份，推动整改审计问题52个，完善内部管理制度3个。制定并提请区两办出台《关于贯彻落实建立健全审计查出问题整改长效机制精神的通知》，推动整改工作制度化、规范化。

【打造"都审为民"党建品牌】 年内，动员全局20多名党员报名参加应急志愿者和抗疫突击队，发挥党员先锋模范作用。实施"让党旗在审计组飘扬"书记项目，在3个驻外审计组成立临时党支部，发挥党支部战斗堡垒作用。与徐州驻盐都区审计组2个临时党支部联合开展党日共建活动，加强学习交流。开展庆祝中国共产主义青年团成立100周年和中国共产党成立101周年主题活动，鼓励审计人员担当作为。多方式组织党员干部学习宣传中共二十大精神。组织机关第二届"学习强国"暨党史知识竞赛等活动，巩固拓展党史学习教育成果。对意识形态领域排查出的4个方面风险及时落实整改。服务文明典范城市创建，推进单位文明创建。

【完成审计项目任务】 全年完成财政同级审等自定项目7个，完成地方政府隐性债务化解情况审计等上级统一组织实施项目6个，跨年完成响水县债务交叉审计项目。配合完成生态环保资金专项审计、稻谷补贴审计等市局交办项目，坚持边审边改，推动各项重大政策措施落地见效。

【规范投资审计行为】 年内，强化对全区重特大项目的审计，其中，草房子项目的结算审计，净核减资金2155.50万元，核减率达22.58%。对2021年3月起完成一审的36个项目进行质量复核并形成综合报告报政府。研究制定《政府投资限额以下项目审计聘用社会中介机构实施办法》，保证限额以下政府投资项目聘用中介审计的公开透明。

5月，开展党性教育主题活动　　审计局　供

【打造精品审计项目】 年内，全程谋划优秀项目创建工作。加强源头谋划，实施全过程管控，定期督查推进。同时做好优秀审计项目申报工作，确保实现既定创优目标。倡导研究型审计。加强审计人员专业能力、研究能力建设，推动形成崇尚审计科研的良好氛围。研究成果在《中国审计》等报刊杂志发表，基于对EPC项目审计的绩效研究课题报省厅立项。全年信息宣传文章被省级及以上采用20篇（次）、市级采用65篇。注重项目统筹融合。将重大政策措施落实情况跟踪审计与财政同级审相融合；将乡镇财政运行情况审计、自然资源资产审计与经济责任审计项目融合实施，实行成果共享。

【推进大数据审计的学习运用】 年内，加强全员对于大数据知识的学习积累，强化"金审三期"平台的运用，组织或选派人员参加专项培训，提升审计人员大数据审计能力水平。践行"双主审、双方案"大数据审计模式，提高审计质效。创新机关学习方式方法。通过机关学习、工作群等各类载体加强理论和业务知识的学习，做到集中学与自学、线上学与线下学、书本学与实践学相结合。

【审计人才队伍建设】 年内，加大学历职称教育力度，单位1人研究生在读，1人通过高级审计师资格考试。全年招录公务员2名，提拔进班子1人，职级晋升3人。稳步推进专技类公务员分类管理，首次评定高级任职资格8人，中级任职资格8人，对符合条件的13人完成职级套转。

【打造清廉审计机关】 年内，对廉政建设责任层层分解落实，"5·10"期间开展警示教育系列活动，提升党员干部拒腐防变的能力。定期开展岗位廉政风险排查，加强对在外审计组作风纪律情况的督查，纠正"四风"问题。强化与纪检监察、巡察等机构的联动协作，共派出6人参与7次区委巡察，"巡察+审计"的典型做法被中纪委、省纪委网站刊载报道。

（王成臣）

中国工商银行股份有限公司盐城盐都支行

【概况】 2022年，支行营业收入首次突破2亿元，达2.01亿元，较上年增幅35.8%，拨备前利润1.90亿元，较上年增幅35.9%，净利润1.19亿元，较上年增幅35.2%，中间业务收入6356万元，较上年增幅77.4%，增额、增幅均创历史最高水平。

【存款任务完成较好】 2022年，支行存款余额首次突破50亿元大关，达52.68亿元。储蓄存款增势强劲，储蓄存款时点余额32.13亿元，较年初净增6.62亿元；储蓄存款日均余额29.47亿元，较年初新增4.94亿元。公司存款时点余额17.27亿元，年初面临贷款派生的4.5亿元存款，以及机构划转的新网点对公存款下降近5亿元，支行自加压力，营销重点客户闲置资金存入定期存款4亿元，年末对公存款较12月15日实现正增长。机构存款时点余额4.28亿元，年末机构存款较年末增长7200万元，超额完成任务。

【优化贷款结构】 2022年，支行贷款余额首次突破50亿元大关，达53.29亿元。其中，普惠双口径贷款余额6.4亿元，较年初增加2.15亿元，超额完成市行下达的普惠贷款增量计划，支行营业部实现网点普惠余额突破亿元大关，为基层网点普惠做大做强起到示范性作用。项目投放好中选优，全年实现过预审并过贷审会项目12个，含城市更新贷款、经营性物业、光伏项目、并购贷款。项目贷款余额32.43亿元，全年投放项目贷款6.8亿元，净增5亿元。全年银票贴现额2.3亿元，计划完成率列全市第二。12月，在市行公司部的支持下，支行首次办理国内信用证包买他行福费廷业务，金额合计1.6亿元，提升年底表内贷款增量。

【个人贷款发展提速】 2022年，支行个人住房贷款投放204笔，金额1.49亿元，较年初净增0.65亿元，同业占比第一，下半年房抵贷业务进展突飞猛进，共实现投放65笔，金额5407万元，系统内排名第三；新增分期1947万元，系统内排名第三，营销准入汽车经销商2户，在四季度发放汽车分期6笔，76万元，汽车分期业务实现破冰。资产质量得以有效管控，贷款不良率0.003%。

【拓展银行客户规模】 2022年，支行个人全量客户19.04万户，新增7909户，其中5万元以上中高端客户8092户，新增917户，私人银行600万元客户24户，新增10户，完成率111%，新增对公结算账户623户，位列同业第一，较6月末提升一个位次。

【强化内控工作】 年内，支行通过健全经营管理体制，优化内部运行机制，开发和配置资源，在稳健经营中实现长期可持续发展，强化学习培训和检查督导，提高员工的制度观念和案防意识，促进全行内控案防工作管控深入、执行有力、监督持续、整改有效，全行内控案防工作呈现良好局面。组织党员干部到盐城廉政教育基地开展廉洁教育，对岗位调整的员工和新提拔中层干部进行廉洁谈话，对营销员工进行廉洁提醒，重点进行“节假日”廉洁教育，常态化与企业客户沟通进行监督，形成内控外防和内外监督的长效机制。

【实现私银客户业绩贡献】 年内，支行借助拓户行动整体联动、一体拓户，抢占盐都地区高净值客户资源高地，围绕“存量客户精细管理、目标客群精准营销”，深耕获客粘客、聚焦行外吸金、提升私银客户综合价值贡献。实现私银客户较年初增加10户，完成市行下达的目标计划，时点计划完成率排名考前，月日均计划完成率排名全市第二。

【增强互联网金融核心竞争力】 年内，支行打造本地化的重点支付场景，开展智慧项目的营销工作，通过设备的投入实现闭环营销以及存款在C端落地。至年底，盐都支行智慧工地项

6月，盐都工行与旭日居委会共同举办党建共建活动　　工商银行　供

目落地7户；智慧食堂项目落地1户；营销MIS项目1户；兴农通项目G端营销9户，C端营销563户，成果全市排名前列。

【拓展客户渠道】 2022年，南元支行、黄海支行利用所处城市综合体较多的良好位置，突出对公拓户业务，对公开户以每日1~2户的速度加快提升，前进支行、创业园支行利用城乡结合新发展地段优势，突出普惠业务推动，E抵快贷业务增势强劲，支行营业部突出"人多势众"，以建安企业为切入点，组建外拓小分队，突出重点乡镇市场和重点建设项目的营销，三项存款持续向上。针对支行营业部柜面繁忙情况，通过批量办卡、上门服务、增加窗口等方法维护和服务好广大客户，扩大客户总量，提升客户贡献度。

【加强党群共建】 年内，由支行行长带队，组织全行党员及青年团员，利用休息日，到工矿企业及大型社区，与农民工朋友、普通社区居民零距离接触，宣传支行金融产品知识及防诈骗技巧，开展"冬日暖阳行动""守护安全　畅通消费——3·15行动"等系列活动，与旭日居委会、盐都区消防救援大队党组织联建共创。

（刘久华）

中国农业银行股份有限公司盐城盐都支行

【概况】 2022年，盐都支行实现营业收入4.09亿元，目标完成率102.5%，较上年增加5500万元，增幅达15.54%；实现中间业务净收入6260万元，完成市分行目标任务，其中，对公中间业务净收入3782万元，比上年增加698万元，增幅达22.6%；中间业务净收入市场份额达5.70%，实现拨备后利润2.95亿元，比上年增加3800万元，增幅达14.79%。

【银行存款增长】 至年底，全行各项存款余额达成142.23亿元，比年初增加21.65亿元，同比多增13.53亿元，其中个人存款余额113.51亿元，比年初增加22.25亿元，同比多增12.16亿元。个人资金总量及增量、个人存款总量及增量、个人存款日均余额和增量均列全市第二。人民币各项存款日均增量达17.4亿元，较上年增加8.73亿元，增幅达100.7%。

【推动项目贷款】 至年底，全行各项贷款余额87.94亿元，比年初增加21.99亿元，同比多增10.17亿元。在项目贷款方面，新增项目投放7笔共14.53亿元，分别为盐城市伍佑生态高效农业示范园区开发建设有限公司"盐南高新区伍佑街道三星等村土地综合治理项目"2.27亿元，盐城市尚湖旅游发展有限公司"尚庄镇特色农业科技示范基地建设项目"1.1亿元，盐城大纵湖旅游发展有限公司"大纵湖旅游生态环境提升工程项目"1.8亿元和盐城富盈农村资源开发有限公司"盐都区学富镇土地综合整治二期项目"1.9亿元，江苏鲜之都现代农业集团有限公司"盐都区自建高标准农田建设项目"2亿元、盐城市盐都区盐渎路城市更新建设有限公司"盐城市盐都区吴抬路东侧城市更新项目"6.37亿元，盐城大纵湖东晋水城景区管理有限公司"大纵湖蜜语田园项目"贷款0.3亿元。贷款的投放，带动新开立账户12户，其中新增日均50万元以上账户8户，新增存款5.7亿元。

【推进个人生产经营及法人小微贷款】 年初，通过市场调研和行业对接，上报"苏北·红星美凯龙家具建材旗舰博览中心项目"总授信1亿元，首批白名单客户30户以上，于2022年3月17日过省分行预审会、6月14日过市分行贷审会，为全行个人生产经营贷款扩户拓面打下坚实基础；"盐城盐都区西乡地区疏浚打捞产业集群"于9月14日过省分行预审会，该项目总授信0.5亿元，首批白名单客户10户以上。

【支持民营企业贷款】 2022年，支持民营企业贷款增量达2.52亿元，年度目标完成率168%；国家级、省级专精特新"小巨人"企业开户率和信贷合作率均为100%。制造业贷款增量达3.73亿元，年度目标完成率149.2%。

【普惠金融总量增加】 2022年，江苏农行口径支行普惠贷款总量达17.44亿元，较年初增加3.87亿元，增幅达28.51%。2022年全行普惠三类贷款均实现正增长，普惠贷款总量和增量分别位居市区四大行19家支行第二位、第四位。全行14家网点普惠贷款均实现正增长，总量超亿元的网点有9家，较年初增加2家。

【加强客户建设】 2022年，支行个人贵宾客户总数33046户，净增6601户，总数、增量均位于全市前列，全行贡献度达15%；个人高净值客户总数1318户，净增383户，净增数列全市第二，目标完成率109%；折效商户净增277户，目标完成率109%，列全市第一；有效场景净增35户，目标完成率106%，有效场景新增客户存款增量达1.24亿元，完成全年目标的226%。新开对公账户四行份额达8.1%，目标完成率101.25%；新开人民币对公结算账户1184户，较上年多开189户，盐都区四行份额第一；新增本外币日均5万元以上对公客户224户，较上年多增9户；新增上线银客链接客户3户，目标完成率100%；第三方存管客户净增3352户，目标完成率101.58%；代发工资对公客户发生数达251户，目标完成率100.4%。推进“三资”平台和“银警通”系统建设，盐都区“银警通”系统上线，盐都区“三资”平台系统实现全省首家上线运营。

1月，召开2022年“春天行动”综合营销启动会议　　农业银行　供

【加快经营转型步伐】 支行全年实现基金销售2.29亿元，完成全年目标的135%，列全市第一；实现贵金属中收95.11万元，全行贡献度20.7%，完成绝对值及贡献度均位于全市前列。1月，召开2022年“春天行动”综合营销启动会议。12月13日，举办“福兔迎春 金玉满堂”贵金属巡展活动，累计实现销售额458万元；农银保险销售额320万元，完成全年目标的100%；实现代理保险业务收入655万元，目标完成率136%，其中趸缴保费规模达3440万元，期缴保费规模达1559万元；实现网金业务中收1144.6万元，列全市第二；金融市场交易量9.4亿元，目标完成率104.44%；同业存款日均增量2936亿元，目标完成率293.6%，排名全市前列。重启国际结算大户盐城维信电子有限公司业务合作，年末外币账户余额3000万美元，完成全年净增目标；国际结算量超2亿美元，提升市场份额；联动营销其关联公司超维微电子（盐城）有限公司资本金账户，到账2000万美元。

3月，开展“3·15”金融消费者权益保护日宣传活动　　农业银行　供

【提升管理质量】 至年底，全行不良贷款余额1790万元，比年初增加184万元，均为个人不良贷款，无法人不良贷款，不良贷款管控达成目标。信用卡不良余额277万元，比年初下降21万元。不良贷款余额控制在市分行下达的管控目标范围内。通过现金清收、不良贷款核销、信用卡不良打包处理等方式，全行共处置不良资产1167万元，完成全年处置目标。

【规范运营管理】 年内，在全省农行106家支行运营穿透式考核中，盐都支行列全省第6位，在市分行运营管理综合考核中列全市第二。在市分行第二十一届业务技术比赛（劳动竞赛）中获得团体第一，陈根如获得“优秀教练”称号。

【推动企业文化建设】 年内，开展“三线一网格”管理工作、信贷客户风险排查、运营操作风险排查，突出抓好重点部位、重点领域、重点时期、重要系统安全专项整治，加强消防安全管理；开展打击非法集资、诈骗案件防控、反洗钱、金融消费者权益保护等户外宣传活动；重抓网点职工小家建设，按计划对2家网点“职工小家”实施提档升级改造，职工满意度得到提升；开展安全“三化三达标”创建，对部分网点安防工程进行升级改造，及时改造物防技防设施，补齐安全短板，提升全行安全基础管理水平。

【党支部活动阵地建设】 2022年，对秦南支行等网点党员活动室进行升级改造，并规范使用党组织经费，支行全年发展党员5人，到期转正5人。3月31日，盐都支行本部党支部、营业部党支部联合开展“缅怀革命先烈 传承红色基因——网上祭英烈”主题党日活动，40多名党员通过观看纪录片、讲述盐都烈士事迹、集体默哀、线上祭扫、重温入党誓词等方式追思先烈、致敬英雄，弘扬建党精神。6月27日，农行盐城盐都支行党委与盐城市盐都区学富镇党委开展党建共建结对活动。通过对金融支持“三农”项目实地调研、到学富镇红色基地观学、进行党建共建签约、对习总书记系列重要讲话精神座谈研学等一系列活动，谱写党建引领、政银携手共谋乡村振兴发展的新篇章。7月1日，盐都支行组织开展“迎七一·庆华诞”主题党日系列活动。通过参观盐都革命陈列馆、召开支行“两优一先”表彰大会、党委书记上主题党课、纪委书记作反腐倡廉形势分析报告等形式，庆祝中国共产党成立101周年，激励广大党员干部继承和发扬党的优良作风和传统，立足岗位、争先创优。

【强化客群营销】 2022年，支行共组织开展“芳华绽放·财富永续”等个人高端贵宾客户专属活动6场，深化银客关系，增强客户黏性。个人高净值客户全年净增383户，净增数列全市第二。拜访专业市场商户，现场宣讲普惠金融产品、结算渠道，营销金条、熊猫币等贵金属产品，并预约资金、获取下游客户清单。对种粮大户、经纪人大户、烘焙快消品、养殖大户等开展联谊活动。在“后十年”装饰公司向装修设计师宣讲家装分期产品，拓展业务渠道。

【对公客户提升】 年内，指派专人到盐都区行政服务中心宣传、对接农行对公账户开立业务，从源头上开展营销。全年新开人民币对公结算账户1184户，比上年多开189户，盐都区四行份额第一；新增本外币日均5万元以上对公客户224户，比上年多增9户。推进“三资”平台和“银警通”系统建设。通过省、市、区、镇四线联动，政、银、第三方服务公司多次对接，在全省率先签订农村集体“三资”监管服务平台合作协议，并上线平台功能。平台上线后，支行“三资”账户营销实现突破，新开账户22户，年末存款余额5661万元，日均存款4170万元。经过沟通协调，盐都区公安局在支行开立专用账户，并上线“银警通”系统，为涉案资金收缴、登记、保管提供服务。

7月，开展“迎七一·庆华诞”主题党日活动　　农业银行　供

【提高服务实体经济能力】 年内，与维信电子、神鹤科技、盐电阀门等大中型企业开展信贷合作，在本外币存款及表内外信贷业务上合作提升，制造业贷款比年初增加3.73亿元。国际结算量超2亿美元，提升市场份额。借助活动“东风”，强化普惠贷款目标意识。在市分行一季度法人小微贷款“春蕾行动”活动中，盐都支行获第二名；二季度普惠贷款竞赛活动中，有3家网点得分在80分以上，其中秦南、城南支行均超100分；三季度普惠专项竞赛活动中，有2家网点超额完成普惠三类贷款净增总额的目标任务；四季度专项竞赛活动中，中兴支行普惠贷款净增1947万元，超额完成四季度净增任务。新区、秦南支行等4家网点完成行长经营目标责任制的年度增量总目标。

【推进数字化转型】 年内，拓展高新区小学、神州路小学及初中、学富实验等学校缴费，全年有效场景净增35户，目标完成率106%，有效场景新增客户存款增量达1.24亿元，完成全年目标的226%。做好大堂主动营销工作。落实超柜引导员、高柜柜员与大堂经理联动营销责任，重视来行重点客户掌银渗透营销。全年实现网金业务中收1144.6万元，总量位列全市第二。加快有效收单商户拓展。对照客户清单安排人员进行针对性精准营销，在开立对公账户时同步营销，加大智能POS机、商户聚合码的宣传推广，全年折效商户净增277户，目标完成率109%，列全市第一位。

【普惠贷款线上融资产品营销】 至年底，普惠线上贷款总额达14.52亿元，较年初增加3.98亿元，普惠贷款总量中线上占比83.3%，较年初增加6.15个百分点。在线上法人小微贷款中，全行抵押e贷余额5.74亿元，较年初增加1.36亿元，抵押e贷总量、增量分别位居全市农行第一位、第三位。 （丁　祥）

中国银行盐城盐都支行

【概况】 2022年，支行营业净收入32730万元，全辖排名第二。支行拨备前利润29702万元，全辖排名第二。支行净利润17521万元，全辖排名第一。全年中间业务收入6590万元。其中，公司板块中间业务收入5334万元；个金板块中间业务收入1256万元。

【存贷款业务】 至年底，支行各项存款日均合计62.08亿元，较年初新增6.95亿元。其中公司存款日均余额36.43亿元，较年初新增3.58亿元；储蓄存款25.62亿元，较年初新增3.34亿元。至年底，人民币贷款余额101.24亿元，较年初新增21.73亿元。其中，个人贷款余额43.82亿元，较年初下降2.15亿元；支行公司贷款余额57.42亿元，较年初新增23.88亿元。至年底，普惠金融余额12亿元。

【开展专项检查工作】 年初，开展8项专项检查，涵盖个金业务、公司业务、运营业务、反洗钱业务等，共发现21个问题。开展"一把手"讲合规、"内控合规管理建设年"合规征文，内控案防"大反思、大讨论"演讲比赛、业务连续性演练(断电、清算系统中断)等活动。对市行全面风险重点关注的文峰支行加强指导，基层评价由年初第41名(网点组末位)提升15名。

【加大资产投放】 年内，响应国家稳经济大盘政策，加强政策性工具的使用。注重平台贷款与实体项目的协调，支行成为全辖贷款首超百亿元支行，本外币贷款新增全辖第一。注重普惠金融与大公司业务的齐头并进，普惠金融完成4项全年任务。注重各类白名单的使用和各类新产品尝试，高标准农田项目、产业提升项目、屋顶光伏项目均走在全辖前列。投身蓝海行动，走进社区园区，提高市场攻击力，完成绿色金融、新兴战略企业、涉农贷款、科技金融等指标。强化二手房业务争揽，完成市行个贷投放任务，

7月，组织"七一"党建活动　　中国银行　供

12月完成靠前。突出车分期传统优势地位，营销宝马等4S店，实现恢复性增长，8月份以来月均超千万元。

【加快数字化转型】 年内，推广手机银行工资单业务，新增盐芯微电子、东恒物业等企业750人使用，推动客户熟练使用手机银行，月活比例近99%。强化场景应用，实施项目化校园缴费项目，盐都区实验初中延时服务费缴费项目，实现1200余人的手机银行月活新增。充分利用云维外呼工具，对40岁以下开立手机银行未登录客群、代发薪未登录客群等外呼手机银行业务，提供外呼效率。注重大数据运用及数据模型建立，精准客群画像，对40岁以上，在支行存款10万元以下，且存单低于2张客户客群提取数据，组织定向外呼营销，将数据虚拟财富转化为真金白银的产品销售，持续挖掘存量客户潜力。

【助力民营企业】 年内，贯彻中央金融工作会议精神，践行中央关于服务生态文明战略、服务战略新兴产业、普惠小微企业和民营企业发展战略，拓展绿色信贷、中小微企业客户，助力民营企业发展壮大。服务生态文明战略贷款较上年末新增6.6亿元，完成率254%；战略性新兴产业贷款较上年末新增6.95亿元，完成率695%，科技金融贷款较年初新增1.16亿元，完成率89.53%；民营及制造业贷款完成情况较差，位居全辖末位。

【落实风险管理】 9月，参加"保密观"线上学习培训，工作者中养成良好的保密行为习惯，提高防范能力，不能因为"不知道、不在乎"的小行为而犯糊涂，未发生泄密问题及保密违规行为等。开展"厚植·行远"重点问题整治活动，做实员工异常行为排查。在做好贷款常规管理工作的同时，把不良压降、化解作为甩掉包袱、加快发展的工作重点。(张秋月)

中国建设银行盐城盐都支行

【概况】 2022年，支行各项业务均衡发展，部分指标系统领先，主营业务和效益类指标稳定增长，条线KPI考核排名靠前，员工人均绩效位全行前列，其中：一、二季度人均绩效全行第一；三、四季度人均绩效全行第二，市场竞争力、价值创造力、系统贡献度稳步提升。全年累计新开账户629户，计划完成率96.10%，系统排名第4名，四行排名第2位。

【负债业务稳步增长】 至12月31日，支行一般性存款日均余额41.87亿元，

年新增4.82亿元；时点余额39.46亿元，比年初新增5.43亿元，其中，对公存款日均余额23.84亿元，年新增2.34亿元，新增同业第二；个人存款日均余额18.03亿元，年新增2.48亿元，点均年增长率同业第一，2022年两项存款均有明显提升。

【资产业务发展】 至年底，盐都支行各类贷款余额56.64亿元，较年初新增10.73亿元。其中，公司类贷款余额38.19亿元，较年初新增9.63亿元；系统新增第六名；普惠金融贷款余额7.01亿元，比年初新增5453万元，列系统第六位；个人贷款方面，至年底，个人贷款余额11.74亿元，新增列系统第五位；信用卡分期新增7766万元，完成率系统第三。

【中间业务收入创新高】 至年底，支行实现中间业务净收入6863万元，完成额系统排名第一，其中公司条线中间业务收入5167万元，列系统第一位；国际条线中间收入900万元，列系统第二位。

【提升综合服务能力】 2022年，支行新增项目储备7个，授信38.6亿元，为中信集团高铁新城项目授信18亿元，并组建内外部银团；支行全年实现贷款投放18.25亿元。抓住省分行对城市更新业务的窗口期，投放盐西建设城市更新贷款3.67亿元；响应上级行政策，加大对园区"三剑客"贷款的营销力度，营销高新区智能终端产业园区提档升级项目，完成授信9亿元并投放前端建设贷款4.5亿元；落地高新区投资集团2单标准厂房建设贷款，分别为京泉华电子标厂投放2.3亿元、聚力成半导体标厂投放1.5亿元；完成战略指标住房租赁贷款后续投放0.2亿元；发放盐龙文化体育公园项目贷款2亿元。

【营销拓展制造业客户】 2022年，支行制造业贷款余额8.45亿元，全年新增5.64亿元，完成率系统第二位；专精特新"小巨人"贷款余额1.37亿元，完成率系统第一位；涉农贷款比年初新增9500万元，贷款增长率列系统第二位。强化资产业务龙头作用，密切与客户的深度合作，带动存款、结算、拓户等业务的有效拓展，提升综合金融服务能力。

【强化团队凝聚力】 2022年，在市分行组织的2022年度网点员工综合业务技能竞赛中获"践行新金融，服务新发展"风采展示第二名；在市分行组织的"数字建行，创新建模"个金业务数字化工具应用比赛中，取得"数字应用能手""卓越创新"双第一。加大员工队伍建设，为员工晋升发展提供机会，支行8名员工得到晋升。3月，开展防疫捐赠慰问活动，致敬"疫"线坚守者。 （徐荣斌）

3月，开展防疫捐赠慰问活动 建设银行 供

交通银行盐城城中支行

【概况】 2022年，交通银行盐城城中支行以"补短板、强基础、调结构、控风险"12字方针为指导，奋勇争先，坚持求真务实，落实"一岗双责"。2022年支行围绕区内、乡镇重点制造企业、重点项目，争取盐都区3+3平台的全面覆盖及区内星级企业合作的进一步提升，全年贷款投放全年10.34亿元，居全行第一。

【稳定核心负债】 年内，在票据池、国内证、福费廷上下功夫，提升客户的综合贡献度。在三大场景金融应用场景力争全面突破。成功营销全行首笔票据质押开票及电费证缴费业务，至9月底，该户形成活期存款9635万元，较上年新增7600万元。

【签约中标项目】 一季度，支行中标盐城市市本级职业年金归集账户托管业务，为江苏省分行首单市本级职业年金归集账户托管业务，为支行社保卡等业务的拓展打下良好的合作基础。三季度，签约某医院银惠安康项目，为盐城分行首单政府类场景金融项目，为惠民就医品牌的拓展奠定良好开局。

（杨 燕）

中国农业发展银行盐城盐都支行

【概况】 2022年，中国农业发展银行盐城盐都支行累计发放贷款60693.51万元，收回贷款78963.8万元，各项贷款余额248250万元，同比下降18270万元；对公存款时点余额18472万元，同比下降21005万元；日均存款30297万元，同比下降19066万元；FTP利润5473万元，同比增加3379万元。

【提升风险防控能力】 年初，制定《中国农业发展银行盐城市盐都支行运营业务连续性应急预案》。强化制度执行监督检查。利用风险排查、自检自测、贷后分析等方式对制度执行情况进行全面检查。通过“信贷队伍建设年”、“内控合规建设年”、“2021年支农资金筹集劳动竞赛”、“逐梦起航，奋战2021”、消费者权益保护宣传等活动的开展，以信贷业务全流程标准化为标准，提升基础管理水平。

【推动传统业务发展】 2022年，支行发放粮食储备贷款19824.51万元和粮食自营贷款8000万元，保障全市政策性储备业务和经营性业务正常开展，增强地方政府对农产品市场的调控能力。配合上级行做好2022年地方储备粮收购管理工作，保证政策性收购和储备轮换资金需求，夯实粮油信贷管理基础，防范粮油信贷风险。

【加快项目营销对接进度】 2022年，支行累计投放前期存量项目贷款3350万元，通过存量项目江苏大纵湖文旅发展集团有限公司的盐城市草房子项目的后续贷款发放，保证项目的建设进度和完整度。

【助力乡村振兴业务】 2022年，盐都支行通过组建项目小组的方式，用最快的速度、最优的服务、最好的方案为企业打造项目贷款一站式服务，助力盐都地区乡村振兴业务，向盐城市盐都区新农村建设投资有限公司高标农田建设项目投放农村土地流转和土地规模经营贷款（项目）16010万元。

【充实信贷项目储备】 至年底，盐都支行与城镇化集团、盐南高新区、盐城高新区的主要平台公司进行对接充实项目储备库数量，进入项目库的主要有：江苏盐粮控股集团有限公司2.2亿元盐都区粮食科技产业园建设项目；盐城大纵湖东晋水城景区管理有限公司5亿元大纵湖度假区景观文化改造及旅游生态环境提升工程项目；盐城咏恒投资发展有限公司7.5亿元盐都区大冈镇南片区环境提升工程项目；盐城市盐都建设投资有限公司10亿元盐城市城西南片区奋进路地块城市更新项目。

3月，在盐城幼儿师范高等专科学校开展消费者权益保护宣传　　农发行　供

【推进存款提升】 2022年，支行通过信贷投放增长和细致分解存款营销任务等多种方式，推进存款业务营销。强化回笼货款管理，做好信贷企业存款营销维护。以贷款客户为重点，下达日均存款任务，并延伸至其上下游企业的带动营销，配套相应奖励办法，全年日均存款30297万元。

【档案数字化建设】 年内，按照上级行要求，在规定时间内完成全行档案（非涉密）实体贴签、电子条目与档案实体建立对应关系，实现档案实体、电子档案及档案管理权限的同步上收。

【推广离柜服务】 年内，联合多部门向客户推广网银结算，简化支付流程，优化金融服务。根据上级行工作部署，推行电子支付业务，实时监测并多举措提升电子支付替代率，做好电子渠道覆盖率指标提升工作，全部签约电子对账。推广网银支付业务，引导客户通过网银进行支付结算。与银联合作开展收单业务，2022年，支行累计开通收单业务客户10户，累计结算量2922万元。

（顾洪宇）

浦发银行盐城盐都支行

【概况】 2022年，盐都支行个人储蓄存款余额1.59亿元，个人金融资产余额3.25亿元，零售中高端客户达697户。

【提高营销能力】 年内，对到期资金和大额资金日常进出开展实时监察，做好跟踪营销。公私联动营销，围绕确定的公司目标客户，由公司与零售进行联合营销。加强零售板块内部融合，结合信贷规模收紧的情况，争取优质客户以及房产公司的存款和金融资产。做好周末存款业务外，紧盯爆款产品的销售，加大对存量客户的营销及对行外客户的拓展。

【深化客户经营】 年内，对5万元以下客户制定活客方案，对50万元以上客户登记造册，分层维护，确保客户少流失、少波动，稳存量，提质量。加强客群协同，做好个贷客户、收单客户、信用卡客户双向拓展，强化“总有一款产品适合你”理念。提高代发客户群体数量。每周走进代发企业，用产品和服务增加客户黏性。

【完善内控建设】 年内，加大警示教育力度，开展合规制度与警示案例的学习，组织讲合规、合规大家谈等活动，强化员工的合规意识。提高运营核算质量，梳理网点运营重要事项清单，确保运营重点工作处理无遗漏。加强员工行为管理，每季组织员工异常行为排查，不定期开展合规巡查，组织谈心谈话、征信报告和信用卡专项核查，织密“防护网”，对员工异常行为做到早发现、早处置。加大整改问责力度，对各项检查发现问题建立清单，持续跟踪整改进度，做到问题不整改不放过，并对屡查屡犯问题责任人严肃问责。推动反洗钱工作。加强客户开户源头管控，采取新开户差别化的调查措施。（戴海洋）

江苏银行盐城盐都支行

【概况】 至年底，支行各项存款56.16亿元，比基数增长9.06亿元，其中，对公存款42.05亿元，比基数增长6.19亿元；储蓄存款14.11亿元，比年初增长3.53亿元，储蓄日均新增2亿元，完成全年计划的129.58%；各项贷款38.11亿元，比年初增长13.29亿元，其中，对公实贷余额28.85亿元，比年初增长14.56亿元，普惠口径借款户数211户，比年初增加46户，普惠口径贷款余额4.49亿元，比年初基数增加1.27亿元。

【强化公司业务战略定位】 年初，围绕盐都区、亭湖区城市更新项目、工业园区建设、重点农业项目和规模以上企业，加大营销力度，做大做强表内外业务，提升综合贡献度。创新“国有企业到期债务平滑机制”金融产品，对盐都区国有企业到期债务平滑机制提供10亿元授信，为化解地方债务风险作贡献。

【加大小微业务特色发展】 2022年，制订专项营销激励办法，全员营销经营随E贷，至年底，经营随E贷余额10187万元，较年初新增5088万元，完成全年任务数的133%。聚焦高科技企业，重点营销“专精特新”等国家高新技术企业。对接区工信局、科技局和金融管理局，收集和营销符合支行授信条件的高科技企业。至年底，支行投放国家级专精突新企业2300万元、投放省级研发型企业1000万元。

8月，开展夏日送清凉活动　　江苏银行　供

【加大“三农”营销力度】 年初，围绕乡村振兴，主动对接区农村农业主管部门，批量走访乡镇农业农村单位和农户，精准营销普惠“三农”。至年底，涉农贷款余额33240万元，较年初新增10596万元，完成全年任务数的963.27%；普惠涉农贷款余额5262万元，较年初新增2357万元，完成全年任务数的392.83%；“三农”新客户数较年初新增6.6户，完成全年任务数的94.29%。

【零售业务发展】 年初，针对房地产市场不景气，房贷业务签单难等各种问题，强化与二手房中介的合作关系。为避免外部监管检查风险，支行主动退出销售已达60%的存量地产项目。加强过程激励机制，设立红黑榜制度，每周进行公布。开展主题鲜明的突击竞赛活动。根据指标推进情况，推出信用卡、消费贷、理财、基金等突击专项竞赛活动，至年底，信用卡全行新增发卡2084余张，完成全年目标任务101.51%，消费分期投放2958.43万元/张，完成全年目标任104.91%。

【以资产投放带动存款增长】 年内，做好对财政类重点客户维护工作，加强与盐都区财政、国土等财政类客户的营销对接，保持机构类存款规模稳步提升。加大与平台公司合作的广度和深度，拓展地方重大项目，以资产业务快速投放带动存款的增长。支行全年重大项目投放近15亿元，带动存款增长12亿元；挖掘授信客户的资金回笼，提升授信客户对支行的综合贡献度；重视储蓄存款营销工作，加大储蓄存款的营销力度，发挥网点营销源头作用，通过存量客户巩固留在和潜力客户挖掘提升增加存款；注重利用宣传渠道，以“党员进社区”活动为抓手，每周通过驻点宣传、路演、沙龙等形式，宣传支行特色产品抢抓客户增加存款。至年底，支行储蓄存款增长3.53亿元。

【服务实体经济】 年内，支行先后与尚庄镇政府开展银企接会和“三农”客户对接会，与区税务局开展“民营企业服务月”活动，实现批量获客、高质量获客。支行小企业客户经理对接分行下发的项目库、白名单，主动对接盐都区经发局、盐都各工业园区、盐都、亭湖、开发区3家担保公司，了解客户需求，拓展新客户。开展“三农”产品业务，在尚庄、大冈、中兴、义丰、步凤、滨湖等乡镇对接农办，召集种植养殖大户开产品推介会，现场收集材料后续跟踪服务。

【强化服务意识提升】 年内，支行在服务小微企业发展方面，以客户满意为标准，开展“万企联万村”、民营企业服务、银企业对接、党员进企业，服务践初心等活动，以客户需求为导向，解决企业融资贵融资难题。对高新技术企业，支行传导市政府知识产权质押补贴政策，至12月，支行累计发放知识产权质押贷款1.3亿元，为企业减少近250万元利息成本，降低企业负担，增强客户的满意度。

（贾万华）

6月，开展“党员进企业，服务践初心”主题活动　江苏银行　供

南京银行盐城盐都支行

【概况】 2022年年底，盐都支行公司全口径资产规模为257亿元，其中，公司表内贷款余额137.08亿元、公司表外贷款余额28.28亿元、投行业务91.65亿元。个人贷款余额由6.11亿元增长至6.88亿元，增幅达12.99%。2022年年底，支行存款余额达到46.38亿元，存款日均达到36.21亿元；其中，对公存款余额37.59亿元，个人存款余额8.79亿元，个人全口径金融资产余额17.08亿元。2022年年底，支行累计实现营业收入19003万元。

【零售业务指标完成情况】 至11月底，支行全金规模完成3.28亿元，完成率65%；全金日均完成2.85亿元，完成率81%；个人存款规模完成2.94亿元，完成率129%；个人存款日均完成1.45亿元，完成率182%；个人贷款完成0.72亿元，完成率48%；钻石客户完成22户，完成率157%；基础活跃客户完成1624户，完成率112%。

【小企业业务指标完成情况】 至11月底，支行鑫伙伴新增3户，完成率100%；普惠金融贷款新增3076万元，完成率23.84%，预计年末可全部完成；小微普惠涉农贷款新增1650万元，完成率100%；小微无贷价值户新增20户，完成率166.67%；小微首贷户完成12户，完成率109.09%；科技文化贷款、实体法人客户未能完成。

【交易银行业务指标完成情况】 至11月底，支行国际结算客户完成5户，完成率125%；鑫e伴签约204户，完成率146%；汇兑收益181万元，完成率165%；国际结算量完成7.62亿元，完成率127%；机构户、交易银行价值客户、国内/国际贸易融资客户未能完成。

【公司与投资银行业务指标完成情况】 至11月底，支行贷款余额净增4.78亿元，完成率159%；重点目标客户新增5户，完成率100%；有价值客户提升114户，完成率127%；有效用信客户净增14户，完成率67%；制造业贷款净增2.41亿元，完成率151%；民营贷款净增2.17亿元，完成率155%；全市重大项目投放新增2个，完成率100%；非金融企业债务融资工具新增项目投放20亿元，完成率100%；柜台债一级交易量61万元，完成率102%；有效用信客户净增、用信敞口2000万元以上实体客户、绿色金融贷款、银团贷款未能完成。

【优化业务结构】 至11月底，支行存款总额36.92亿元，活期存款占比60%以上。其中，对公存款余额29.27亿元，占比79.28%；个人存款余额7.65亿元，占比20.72%。支行存款总量居经营单位第3位，日均增量居经营单位第3位，活期存款占比居经营单位第1位，个人存款占比逐步提升，存款结构优化。

【优化存款结构】 年内，以资产业务带动负债业务，全年获批项目贷款8笔，金额合计19.7亿元。以投行业务带动负债业务，年内中标市交控集团中票15亿元，盐高新集团PPN 10亿元，盐城港集团短融10亿元，提升活期存款占比。通过投债与撮合，营销监管托管资金户，全年落地市交控集团公司债监管账户、城镇化集团信托监管户和大纵湖定融募集资金户等。研究总行授信审批导向，获批盐高新集团定融置换5亿元，城镇化集团定融置换5亿元，为支行公私联动打下基础。

【项目储备与投放工作】 年内，支行主动研究总分行授信政策导向，梳理区域内主力平台在手项目，加强分支联动，重点在城市更新、分布式光伏以及乡村振兴等方面取得突破，获批项目贷款8笔，金额合计19.7亿元。其中，城市更新项目2笔，金额7.7亿元；分布式光伏项目2笔，金额5亿元；乡村振兴项目4笔，金额7亿元。（孙明远）

江苏盐城农村商业银行股份有限公司

【概况】 2022年年末，主营业务增长。各项存款余额386.22亿元，比年初增加30.51亿元，增幅8.58%，比辖区内金融机构平均增幅高8.22个百分点（盐城市区不含大丰区金融机构各项存款比年初增长0.36%）；各项贷款余额342.59亿元（人行口径），比年初增加36.18亿元，增幅11.81%，其中实体贷款余额274.93亿元，比年初增加33.02亿元，增幅13.65%，比全省各项贷款平均增幅高0.19个百分点。贷款客户数56009户，比年初增加5496户，增幅10.88%。

【经营成果提升】 2022年年末，总资产516.98亿元，比年初增加62.03亿元，增幅13.63%；资本净额51.24亿元，比年初增加4.47亿元，增幅9.56%。实现各项收入22.56亿元，同比增加1.69亿元，增幅8.08%；净收入13.12亿元，同比增加1.09亿元，增幅9.06%；利润总额5.48亿元，同比增加0.87亿元，增幅18.76%；拨备前利润8.42亿元，同比增加0.76亿元，增幅9.98%；金融增加值12.41亿元，同比增加1.09亿元，增幅9.67%。2022年全年入库税收1.6亿元。

【综合收益情况】 2022年年底，人均考核利润106万元，比上年增加19.33万元，增幅达22.3%；净资产收益率15.1%，比上年增加2.32个百分点；净收入费用率34.9%，比上年下降0.9个百分点。

【风险控制情况】 2022年年底，不良贷款比例1.21%，比年初下降0.15个百分点；拨备覆盖率426.81%，比年初上升59.05个百分点；贷款拨备率5.16%，比年初上升0.16个百分点。普惠金融发展情况，三占比四增速全部达标。股权投资战略上，着眼于长远，完成对阜宁农商行和连云港东方农商行的战略投资，持股比例分别达到8.92%和9.99%。

【不良资产清收情况】 全年不良贷款清收处置工作现金清收任务1.3亿元，实际完成现金清收3.2亿元，其中，表内清收1.2亿元，表外清收2亿元。

【强化内控风险防控】 年初，针对重点业务、重点领域的风险薄弱环节，列出44个案防风险排查项目。全年共发出风险提示书14份。形成2022年风险偏好指标体系，确定指标24个，设定限额指标101个，利用系统实现全流程闭环管理。至年末，不良贷款率为1.21%，较年初下降0.15个百分点。重点关注大额贷款、纯线上贷款、资金业务等风险管控。推动合规关口前移，全年审核规章制度97项。围绕屡查屡犯问题、新产品新业务存在的重大内控合规管理漏洞，对5个领域针对性开展业务流程、管理流程优化工作，推动内控流程优化。

9月，“携手合作 党建共建”暨服务文旅企业发展签约仪式现场 农商行 供

【支持乡村振兴】 年初，推进整村授信工程，对辖内343个村居，19.75万户农户，预授信178.53亿元，户均9.04万元，全年累计为1.11万户农户提供12.4亿元农户小额信用贷款，确保符合条件的客户授信签约全覆盖。至年末，涉农及小微企业贷款累计净增28.06亿元，增速11.84%，高于各项贷款增速0.06个百分点；普惠型涉农贷款净增5.24亿元，增速16.77%，高于各项贷款增速3.29个百分点。下调涉农及小微企业贷款利率，全年主动减费让利3279.04万元。使用人行再贷款政策，至年底，支农支小再贷款余额12.1亿元，降低小微企业融资成本，支持小微及民营企业发展。

【服务实体经济】 年初，支行开展“普惠金融 进村入户”工程、“精准走访稳主体 优化服务保实体”“首贷扩面纾困助稳”等专项走访活动。至年末，累计走访各类企业8727户，个人客户70400户。全年新客户拓展5170户，其中，个人客户4708户，小微企业客户462户，金额共计27.67亿元。紧跟全市“企业大走访、项目大推进、产业大招商”活动目标，加大市属重大项目、重点领域、重点企业的金融支持力度。至年末，公司贷款、制造业贷款、民营企业贷款余额分别比年初增加27.32亿元、5.09亿元、23.31亿元，增速分别为19.7%、11.83%、18.75%。

【提升金融服务普惠性】 年初，规范厅堂服务标准，开展“运营队伍建设年”专项活动，推动网点转型工作，巩固网点转型工作成效。62家支行安装STM机具149台、现金柜142台、便携式STM 66台，电子银行替代率97.93%，比上年末增加1.8个百分点。印发本行适老服务工作推进方案，推进营业网点、手机银行、STM适老便老改造，提升金融服务质量与水平。推动普惠金融站点建设，在辖内建立普惠金融服务点280家，服务触角延伸到每村每户，让老百姓足不出村享受到"一站式"金融、生活服务，将金融服务"最后一公里"延伸到"最后一百米"。

10月，开展2022年"献礼二十大 奋进新时代"采风创作活动 农商行 供

【彰显品牌形象】 年内，支行被市委市政府评为"争星创优"活动服务业五星级企业；被市人行评为"政策执行情况A类机构"；获江苏省总工会2022年江苏省工人先锋号；被共青团江苏省委评为江苏省五四红旗团委(团工委)；被中国人民银行南京分行评为江苏省五星级示范统计单位；获全省农村商业银行系统"产品创新""安全保卫""合规经营管理"3项考核优胜奖。同时，在市人行举办的盐城市适老化金融服务"微视频"展示大赛中获"一等奖"。在全市42家银行满意度评比中列第6名，银保监局监管等级评定在农商行系统第一方阵。

【开展结对共建活动】 全年，支行累计选派87名党员干部到区直单位、镇区街道挂职锻炼。与盐城农发行、市文化广电旅游局、市住房公积金管理中心、市工商业联合会和市供销合作总社等举行党建共建活动。10月，与市文联开展"献礼二十大，奋进新征程"采风创作活动。深化业务合作，其中，为夏粮收购账户代发资金1.73亿元，1670户；为8家重点文旅企业授信4.3亿元；累计完成新市民公积金及企业职工公积金开户1069户，代办住房公积金贷款金额达10.45亿元，仅用5个月时间赶超市23家银行。

【创新产品服务】 2022年，盐阜E贷产品授信户数和余额分别较年初净增20579户、42.88亿元，增幅达88.21%和157.33%。推进免抵押免担保的"信保贷"业务，帮助企业纾困解难，累计投放金额2.21亿元。围绕集镇经营商户，推出"收单贷"，累计投放2972户、10.04亿元；联合人社、财政，推出"创业贷"，充分利用财政贴息政策，降低创业者融资成本，累计投放265户、0.37亿元；推出"房E贷""两苏一小""抗疫贷"等低息产品，累计发放"房E贷"3.26亿元、"两苏一小"11.52亿元、"抗疫贷"5.86亿元，着力解决小微企业融资难融资贵等问题。创新推出"车主E贷""市民宝"等产品，至年底，"车主E贷"新增授信241户、2219.4万元；"市民宝"新增授信117户、9433万元。

【推进线上服务场景建设】 年内，开展1分钱骑车、1元冰激凌、1元洗车、5元洗衣、6元观影等商户优惠购活动，与京东、天猫等大型平台开展"微信/支付宝"月月刷优惠活动，累计有10万余人(次)参与支行开展的系列刷卡优惠活动，获"盐城首届消费金融节"优秀单位称号。推广数字贷记卡，丰富信用卡场景功能，提升客户体验度。推广医保电子凭证和社保卡业务，医保电子凭证激活16.62万户，累计发行社保卡66.67万张。加快推动"智慧校园""工会福利""E驾金""智慧食堂"项目的上线和运用，提升金融服务的便利性。

【发挥金融科技创新引领】 年内，自主建设的"基于大数据技术的农户信贷服务"项目入选人行南京分行"江苏金融科技赋能乡村振兴示范工程"，为普惠金融服务转型再添"利器"。与省联合征信合作建设"基于人工智能技术的小微企业信贷服务"项目，对企业进行多维度画像，为小微企业提供更加适配、更加精准、更加贴心的普惠信贷服务。作为市住房公积金指定行，加大与市住房公积金中心的合作，将惠民政策落到实处，实现公积金功能嵌入STM，在STM系统可登录个人公积金网厅系统，全行69家网点公积金便民服务点正式挂牌。

【强化金融服务保障】 年内，面对疫情，支行在从严从紧抓好疫情防控的同时，发挥金融优势，优化模式，强化金融服务，加大对受困企业的纾困帮扶力度，确保疫情防控期间金融服务"不断档""不降温"，为疫情防控提供坚实有力的保障与支撑，累计为120户企业办理延期还本付息5.18亿元，为96户企业办理无还本续贷1.67亿元。

【履行社会责任】 7月，参与市委组织部、团市委联合开展的2022年"青春留盐"大学生暑期社会实践活动，提供121个实践岗位，为在校大学生提供较好实践机会。连续16年举行青春圆梦助学活动，累计助学金额超过270万元；按照全市富民强村工作计划，向对接帮促单位射阳县海河镇小沙村捐款15万元；联合盐城市卫健委共同举行慰问活动，向返盐援沪抗疫医护人员赠送近10万元

慰问礼包;向省青少年发展基金会2022年“梦想改造+”捐赠6万元。（陈 曦）

昆山农商银行盐城盐都支行

【明确零售转型重点】 至11月底,盐都支行零售存款在开年水下7000万元的情况下较年初净增3000万元,个人贷款(不含普惠)较年初净增1.47亿元,零售业务综合排名位列异地第一。

【调整存款结构】 降低对大户的依赖度,提升信贷客户的存款贡献,确保降规模不降效益。至11月底,支行对公质押类存款日均较上年净减少4.9亿元,占比由上年的65%下降到43%,降本增效低成本存款日均较一季度净增6242万元,提增10%。至11月底,支行实现EVA 3561万元,绝对额位列异地第一,任务完成率排名靠前。

【提升社会形象】 年初,支部与共建单位福才社区组建志愿者队伍投身疫情防控一线,先后派出6名党员志愿者到吾悦广场、城南社区等检测点开展志愿服务。暑期,支部组织对盐都大冈野陆社区5名贫困学子捐赠1.5万元助学资金的活动,传递“传助学之爱,圆学子之梦”的正能量;对接盐渎街道落实对困难群体的慈善捐助。国庆之际,向亭湖区五星小学捐赠价值2万余元的图书。

【开展结对共建】 3月,组织主题团建活动。6月,与盐城市龙冈小学党支部开展“银校携手增合力 结对共建促发展”为主题的共建活动;8月,与盐都大冈镇野陆社区党支部开展“传助学之爱 圆学子之梦”为主题的共建活动;9月,与五星村党委开展以“党建引领金融服务 共建助力乡村振兴”为主题的共建活动;10月,与人民银行盐城市中心支行宣传群工部党支部结对共建,联合货币金银科党支部开展“不忘初心强党性 砥砺前行迎盛会”联学共建主题党日活动,并集体参观盐都革命陈列馆。

【加大重要项目和重点客户的营销】 2022年,支行对接协调财政与平台客户,新增市级财政定期存款5000万元,城南财政活期存款6000万元,市级平台项目资金3500万元,上市公司智慧农业非质押结构性存款4000万元,剔除上年末冲刺影响稳住支行对公存款的大盘。

【加大对公扩面与信贷投放】 年内,支行借力总行数字化、网络化营销推动与创新赋能,顶住外部同业挖转的巨大压力,单边新增对公有贷户28户,实现投放1.4亿元,异地支行对公贷款增量排名由年初垫底提升到前三。

3月,组织主题团建活动　　昆山农商行 供

【强化风险管控】 全年累计清收不良资产816万元,其中:不良贷款256万元,重组贷款560万元,完成总行下达的清收计划。强化客户经理的风险防控意识,加强贷后管理的各项具体工作,及时排除风险隐患,资产质量始终保持良好水平。（邹焱红）

中国邮政储蓄银行盐城盐都支行

【概况】 2022年,盐都支行各项业务发展取得一定的成绩。全年累计实现自营收入10100万元,首次突破亿元大关,完成全年收入必成指标,收入同比增长8.8%。

【存贷款业务情况】 至年底,盐都支行储蓄余额达19.47亿元,年净增0.86亿元,其中,单位存款7.87亿元,个人储蓄余额11.60亿元。新单保费3417万元;信用卡发卡3316张。至年底,盐都支行贷款余额31.39亿元,年净增2.98亿元,其中,企业贷款余额4.67亿元,年净增0.87亿元;个人经营贷款8.56亿元,年净增1.58亿元,非房消费贷余额2.97亿元,年净增0.78亿元,房贷余额15.02亿元,年净增-0.12亿元,全年累计贴现6.51亿元。

【资产质量稳步提升】 2022年,区支行各类贷种逾期金额1167万元,逾期率0.31%,较年初下降0.03%,不良贷款率0.31%,较年初下降0.03%。（姚 娟）

中国人民财产保险股份有限公司盐城市盐都区支公司

【概况】 2022年年底,公司实现全险种保费收入(非大病非社保)17371万元,完成比例为100.17%。其中,个人事业部9604万元,完成比例100.1%(其中车险8741万元,比例102.06%,个非863万元,比例98.37%);法人事业部2466万元,完成比例为94.83%;政府事业部(不含社保)5301万元,完成比例100.02%。

实现报表利润1494万元，综合成本率89.87%，考核口径费用率15.90%。其中，机动车保险-274万元；个人非车险495万元；法人业务440万元；农业保险641万元；社保非大病191万元。

【落实巡视整改责任】 2022年，整改落实中央巡视整改工作台账，制定详细可行的整改措施，共梳理出61条，7个“举一反三”问题，能立行立改的37条，其余在规定期限内限期整改。完善制度，优化流程，使公司巡视整改工作做到常态化、制度化和高效化。（丁莹莹）

8月，开展暑期儿童关爱活动　　人寿保险公司　供

中国人寿保险股份有限公司盐城市盐都区支公司

【概况】 2022年，中国人寿保险股份有限公司盐城市盐都支公司（以下简称中国人寿盐都支公司）实现总保费收入56158.2万元，其中，个险新单保费13072.48万元，同比增长19.84%；团险新单保费4189.25万元，同比增长1.45%；全年续收保费44035.18万元，同比增长94.47%；年度累计赔款及各类给付额10170.61万元，较上年上涨38.6%。

【重点项目并举】 年内，老年险作为传统老牌项目，业务规模和质态均稳步发展；小额险与老年险无缝衔接；妇联业务与各区妇联深度合作，健全完善保障体系和家庭健康保险经济补偿机制；补充工伤保险继续与各区人社局深度合作，减轻用人单位负担，确保参保职工的合法权益，完善全市工伤保险保障体系，助力社会稳定和谐发展。

【分担就业压力】 2022年，受疫情影响，社会就业压力加大，中国人寿作为国有企业，主动承担社会责任，分担社会就业压力，公司全年累计提供700个就业岗位，让更多盐都群众“在家乡创业就业”，辅助政府减轻就业压力。

【提升服务质量】 盐城市盐都区龙冈镇居民周某，1968年4月出生，由其所在单位在2022年4月17日为其投保团体意外伤害保险，周某在2022年8月20日在工作单位工作时不慎从高处坠落后造成开放性脑损伤，经盐城市第三人民医院抢救无效死亡。公司在接到投保单位报案电话后第一时间与其家属和投保单位联系，核实事故发生的原因并派专人协助家属及投保单位索赔，于2022年9月16日将理赔款54290.97元及时汇入受益人账户，投保单位及家属对公司的理赔服务和理赔时效满意。

5月，提供疫情物资保障　　人寿保险公司　供

【坚持合规经营】 2022年，公司常态化推进风险防控“大排查、大处置、大提升”行动，开展“内控合规管理建设年”、反洗钱自查自纠、乱象整治、虚假投保套利排查“断链”行动、防范非法集资等多个内控合规专项排查，在防范处置非法集资、反洗钱、案件防控、等多个板块开展排查自查，对保全非正常退保、销售误导类投诉情况进行排查，排查公司在经营管理中存在的突出问题和风险隐患，边查边改，保障公司高质量、可持续发展。

【参与社会公益活动】 8月，在盐都区妇女联合会的牵头下，中国人寿盐都支公司参加“暖心扶助　与爱‘童’行”儿童关爱活动，为盐都区每乡镇一名困难儿童捐赠助学金500元，通过持续的公益行动，让每一份爱心与善意持续传递，体现国有企业的社会责任和担当。支持疫情防控工作，通过爱心捐赠等形式，为高速卡口的一线工作人员送去生活用品和防疫物资，用实际行动为疫情防控工作出一份力尽一份心，为打赢疫情防控狙击战承担起央企责任。（唐卫国）

金融保险

综合管理与监督

政务服务管理

【概况】 2022年，全年共受理行政事项和便民服务事项476590件，办结率100%，综合满意率99.72%。获2019—2021年度江苏省文明单位、市行政审批服务工作综合先进集体等荣誉。

【开展标准化服务】 年内，开展全区政务服务标准化达标创建活动，盐城高新区行政审批服务国家级标准化试点项目立项。推动46个行政许可事项受理、审核、现场勘查、审批、制证和送达等环节“整链条”划转，编制212项区级行政许可事项清单、88项镇级“应进必进”事项清单、64项村级公共服务事项清单，启用“就近申请—三级联动—邮寄送达”审批服务新模式。编制《盐城市盐都区赋予镇(街道)经济社会管理权限目录》。开设盐城高新区审批服务专区，集中受理34项划转事项和220项赋权事项，协调“外国人来华登记”等事项赋权高新区，建立高新区赋权评估机制，动态检测承接落实情况。

【建立“一窗通办”新模式】 2022年，构建政务服务中心管受理、部门窗口管审批、一体化平台管运行的模式，巩固部门、专项、综合“三个一窗”建设，拓展企业服务、自助办理、一网通办专区业务功能，提优“一件事”、工改、“苏政50条”等专窗受办能力，形成前台零差别受理、中台一键呼叫专业支撑、后台透明工坊分类审批的工作流程。

【优化网办服务】 2022年，全市首创“许可闹钟”模式，推进公共场所卫生许可等事项“到期自动提醒，在线无感办理”。梳理接入“一网通办”的政务服务事项，重点推进办理量Top100的政务服务事项在线办理率达到70%，并同步接入“我的盐城”App。上线“都智办”掌上应用，推进875项区级事项“掌上可办”。推广高频电子证照互认应用，依托“苏服码”开展亮证“零材料”办理改革。推动人社、医保等78个高频事项“秒批秒办”，推进85项高频事项“市内通办”、140项事项“跨省通办”，与142个城市实现“异地代收代办”。

【推进“全链式”工改】 年内，强化工程建设项目设计方案提前协同服务，核发全市首张桩基先行施工许可证。制定工程建设项目全流程缺席默认制事项清单，公布41项涉审中介服务事项清单，简化工建项目全审批流程。推广

11月，企业开办专区整合办理流程　　行政审批局　供

"拿地即开工"改革，运用容缺预审、告知承诺、多测合一等举措，13个工业项目、1个安置房项目实现"四证联发"。通过企业服务专班、89912345营商服务专线，公共资源交易绿色服务通道等，推行企业需要看"出诊"、特事急事走"急诊"、疑难问题搞"会诊"，"三诊式"精准帮代办服务，为京泉华等105家企业、国电投高效储能电池等205个项目提供服务。

【畅通市场准入退出机制】 年内，针对新开办企业，推动"全链通"改革升级，将营业执照办理、公章刻制等5个环节纳入"企业开办"环节，并建设市场主体住所核验系统、推出惠企"大礼包"，为新开办企业提供免费刻章、代办、邮寄、复印"四免"服务。针对小微企业，试点准入准营"一企办"改革，整合"营业执照、经营专项许可证"办理流程，全市率先在便利店、药店等50个高频行业推行业务办理"主题式套餐"，实现"一次告知、一表申请、一窗受理、一站代办、一同勘察、一标核准"。针对注销企业，全市率先推进"歇业"备案，推进注销"五类"法，分类型为企业量身定制注销方式。针对个体工商户，设立"个转企"绿色通道，推行"注开同步、即办即走"审批模式，将原6个工作日缩减至当日"立办立取"，成功办理"个转企"13户。

【深化"一件事"改革】 年内，按照"成熟一个、落地一个"原则，分步分类实施出生、就业、婚育、退休、军旅荣归等14项个人"一件事"，提升"一件事"改革深度。"军旅荣归"改革实现12项军人退役手续"一件事一窗办一次办"。全市独家推进婚育婚检"一厅办理"，实现婚前医学检查、孕前优生健康检查和婚姻登记"一站式"服务。"社会救助"整合最低生活保障等各类救助资源，"都·来助"品牌效应放大。新生儿出生、一手房交易登记、老龄乘车、养老退休、身后等"一件事"改革落地生效，累计服务企业群众3万余次，精简材料18.7万余份，办理时限压缩72.6%。

【规范公共资源交易服务】 年内，落实《盐城市盐都区国有资金投资建设工程项目工程变更管理办法（试行）》《盐城市盐都区公共资源交易流程》等文件，上线电子交易和政府采购一体化平台，交易信息实现数字化。运用建设工程电子保函平台系统，取消资金质押，实行纯信用办理，减轻中小企业的资金周转压力。升级开评标平台，完善银行投标保证金缴纳方式，降低投标企业交易成本。市、区两级平台工程建设类项目191个标段，交易金额19.65亿元，节约资金3.63亿元。

【提升12345在线服务】 4月，出台《盐都区12345在线平台综合管理办法》，开通运行12345营商服务专线，抽调投资、建设、规划、税务、商务等方面46名涉企部门业务骨干组建解答专家组，建立重点企业（星级企业）重大项目信息库，开展"三诊式"服务模式，助力企业纾困解难。2022年，累计帮助127个企业和312位个体工商户解决问题462个，问题主要集中在咨询企业开办手续、项目手续审批、企业税务管理、企业职工社保管理、营业执照办理和变更以及咨询疫情期间政府补助政策等方面，专线满意度达96.32%。

（周晶晶）

招投标管理

【概况】 2022年，全区"不见面"开标191个项目，总预算金额19.65亿元，总中标金额16.02亿元，节约资金3.63亿元，节约率18.48%。打造建设制度健全、规则统一、交易透明、服务高效、监管规范的公共资源交易平台，强化交易监管，招投标管理工作取得新进展。

【打击违法违规行为】 全年共对10家违法违规投标主体作出行政处理，其中对串通投标的违法违规行为作出行政处罚2起，对招标投标活动监督管理中发现的不良行为记录8件。

【推进招标计划提前发布制度】 6月30日起，在全区范围实施工程建设招标计划提前发布制度。根据制度要求，凡是依法必须招标的工程建设项目，除涉及国家安全、国家秘密、抢险救灾或因招标人不可预见等原因急需开展的招标项目外，招标人原则上应在项目招标公告发布之日前不少于30日，通过"盐城市公共资源交易网"信息栏发布招标计划，招标计划应包括项目名称、项目概况、项目总投资额、计划招标时间等内容。

9月，窗口工作人员对群众办事进行指导　　行政审批局　供

【优化招标投标营商环境】 年内，项目登记、招标文件备案、投标开标、异议投诉处理等有关招投标业务的办理，原则上均通过招投标电子化平台办理。招标人可根据项目规模设置不同信用分值，5000万元以下项目设置2分信用分；5000万元至1亿元区间项目设置5～6分信用分值；1亿元以上至10亿元区间项目设置5分信用分值。技术特别复杂、10亿元以上的项目，可以不设置信用分值。市外企业与盐城市内建筑企业组建联合体投标的，以信用分较高一方的信用分作为投标联合体信用分。市外企业与盐城市星级企业组建联合体投标的，享受市政府文件规定的投标保证金、履约保证金免交待遇。全区1000万元以下的具有通用技术、性能标准或招标人对项目技术、性能没有特殊要求的一般性工程建设项目，均采用经评审的最低投标价法，同时允许中标人自主选择向招标人提供保函、保险、担保等形式的差额履约担保。

【推广应用第三方信用报告】 年内，在依法必招的房建和市政基础设施工程项目中应用第三方信用报告，对信用服务机构依据《江苏省企业信用评价指引（试行）》评定为AA级及以上的投标人免收投标保证金；在采用评定分离和资格预审的项目中，将定标候选人和入围单位信用评价结果作为定标因素中企业信誉的组成部分。

【优化评标办法】 2022年，具有通用技术、性能标准或者招标人对其技术、性能没有特殊要求的一般性工程建设项目，鼓励采用经评审的最低投标价法，允许中标人自主选择向招标人提供保函、保险、担保等形式的差额履约担保，在支持中小企业发展的同时，又防止恶意低价中标，打击围标串标行为，优化营商环境。 （周晶晶）

国有资产管理

【概况】 2022年，区国有资产监管工作按照区委、区政府部署要求，贯彻国资监管法律法规，履行职能，强化监督管理，完成年度各项目标任务。

【推进国企改革三年行动】 年内，全区91项改革任务完成。国有资本布局结构调整、现代企业制度建设、市场化经营机制等重点领域和关键环节改革取得突破。3月底，区属国企全面完成股权整合，国有经济布局优化。明晰主责主业实现错位发展，实现从融资平台向现代企业转型。区属国有企业能级提升，盐高投集团进档升级市属二档企业，区国控集团获评双AA+信用等级，市城镇化集团获评AA+信用等级。

【举办第六期“都财微论坛”】 8月，区财政局举办第六期“都财微论坛”，聚焦财政监督突破年、国企改革攻坚年、基层财政建设年“三个主题行动”，科室负责人、乡镇财资局相关负责人等共同探讨主题行动推进及落实过程中存在的问题和建议，并以“三个主题行动”的开展为契机，通过抓整合、抓载体，在业务建设、人才培养上狠下功夫，确保“三个主题行动”取得实际效果。

【加强资产管理】 2022年，为规范和加强全区国有资产管理，优化资产资源配置，提高资产运行效率和使用效益，对照中央、省、市相关要求，结合盐都区实际，出台《关于进一步规范和加强全区国有资产管理暂行办法的通知》等一系列文件，健全国资监管制度体系；按照省、市“数字国资”建设要求，建立“资产云”“盐都国资国企”信息化管理系统，对全区国有资产实时监测，实现全口径国有资产数据的互通和集成。 （王　雯）

·区属企业改制·

【概况】 2022年，在区委、区政府的领导下，围绕改革发展稳定大局，主攻破产旧案终结，加快遗留问题化解，处置信访矛盾，维护社会稳定，各项工作有序推进。

【推进改制清算】 年内，市染织厂清算工作初步结束，1357名职工中除因失去联系未清算的个别职工，均已清算到位；美虹集团1323名职工仅剩2名不愿清算；城中商城仅剩1名职工因失联未清算；标牌厂作为系统中最后一家清算的企业，也已基本结束。仪表、织毯、塑料、水泵、轴承、新驰、雅华、运动鞋、磁材等破产改制遗留问题，在市区棚改、串场河风光带、蟒蛇河整治、城中村改造、城北地区改造中，通过归集资产、争取补偿，职工债权逐步清算到位；内衣、缫丝、农机、标牌、服装、皮革、胶鞋、美虹等破产改制遗留问题正在加紧处理之中。

【配合宿舍区危房整治】 全年，城工系统破产改制企业的38个宿舍区，分布在盐都、亭湖、城南、开发区8个街道、19个居委会。2022年完成内衣、缫丝等4家破产改制企业宿舍区的厕所、道路等公共部位资产的补偿协议签订，帮助征收实施单位调解10多个住房转让户、外借户在拆迁中出现的遗留问题；妥善接处并回复美虹、皮革及胶鞋等13批无房职工要求发放房补的问题。成立专门工作组配合龙冈镇政府、大洋街道、盐龙街道做好化肥二厂、羽绒厂、砖瓦三厂等宿舍区危房整治工作，并取得初步成效。

【应对涉法涉诉】 2022年，接待处理各类信访对象700余人（次），化解矛盾60余项，实现“四个确保”的目标要求。系统内12名政调企人员，通过帮扶解困，不再信访。发生在改制前300余名重大疾病患者、98名聋哑残疾人员、1100余名原特困职工群体，通过平时解困、争取“两区”民政、慈善、红会救助，保持平稳。应对省高院、市中院行2起行政诉讼案件，涉及染织厂、美虹集团2家企业职工清算的遗留问题，通过慎重应对均胜诉。 （李从江）

·盐城市城镇化建设投资集团有限公司·

【概况】 2022年，城镇化集团在区委、区政府的领导下，坚持“稳中求进、稳中向好、稳中提质”的工作基调，抓整改、促改革、谋发展，企业发展质量得到提升，综合实力增强。2022年资产总额684.99

亿元，净资产257.35亿元，营业收入28.88亿元，净利润3.46亿元。获主体信用评级AA+认证。

【组织重要活动】 1月4日，集团召开党委领导班子及班子成员考核大会。1月23日，召开中层干部述职述廉暨干部任职宣布大会。1月29日，召开2021年度总结表彰大会。5月11日，盐都区企业改革专班专项会议在集团召开。7月6日，区委副书记、区长马正华，区委常委、常务副区长吴军，区政协副主席、政府办主任李庆銮及区政府有关职能部门负责人一行9人到集团调研，集团领导班子成员及7名中层正职干部参加调研会议。10月15日，集团召开"务虚谋实 笃行致远"2023年工作务虚会。11月10日，集团总经理孙瑞红带队赴南京玄武湖公园考察，调研学习玄武湖公园在运营管理、建设维护等方面的先进经验。

【防范廉政风险】 1月18日，集团召开党风廉政警示教育大会。5月12日，集团党委书记、董事长倪才春带领党委班子成员、全体党员及中层干部40人在市党风廉政教育中心——尚德昭廉教育馆，接受廉政警示教育。8月12日，区委第一巡察组巡察盐龙湖开发公司工作动员会在龙冈镇政府召开。8月27日，集团召开专题会议，传达上半年全区纪检监察工作总结交流会精神。9月2日，集团组织召开"中秋""国庆"节前集体廉政提醒谈话。年内，完成1421万元债权清收任务。注销银行账户86个，超计划完成16个。化解隐性债务9.55亿元，超额完成0.47亿元。

【企业文化建设】 1月23日，集团组织以"我为草房子乐园景区及蟒蛇河水上文化生态廊道运营发展献计献策"为主题的演讲比赛，10名名校优生参加比赛。3月11日，盐城市委市级机关工委、盐城市总工会、华夏银行盐城分行与集团4家单位以共建形式，在蟒蛇河风光带大纵湖镇南严村乐家窑开展"绿筑美丽华夏"植树节活动，集团党委书记、董事长倪才春带领党委班子成员及全体党员参加植树活动。响应盐都区"倡导全民阅读、共建书香盐都"全民读书活动，集团组织"喜迎二十大·书香润征程·奋进新时代"主题读书征文活动。11月9日至12月31日，组织"定格集团风采·致敬奋斗岁月"摄影比赛；组织全体党员参加网上党员大学习活动，全员参加全省第五届百万党员学宪法学党章考法律活动。

5月，组织党员参观尚德昭廉教育馆现场接受廉政警示教育　城镇化集团　供

【抓实安全生产工作】 1月29日，集团召开安全工作大会，各部门、各项目负责人现场递交《安全生产目标责任书》。4月16日，集团党委书记、董事长倪才春带队开展第一季度安全生产大检查，对在建项目安全生产及疫情防控工作进行检查督导。6月25日，集团开展以"遵守安全生产法 当好第一责任人"为主题的第21个"全国安全生产月"活动，组织安全生产专题讲座。集团工程管理部、集团资产管理部、下属子公司、地产公司等工程条线相关人员，以及园林公司、物业公司等中层以上人员共计56人参加培训。12月16日，集团党委副书记、总经理徐锦荣带队深入施工现场、生产一线，开展年底安全工作大检查。

【社会责任担当】 1月31日，新春佳节来临之际，集团党委书记、董事长倪才春带队赴集团派驻"第一书记"的帮扶村宗凌村开展走访慰问活动，为困难群众送去节日的问候和祝福。支援抗疫工作，草房子乐园酒店完成定点隔离酒店任务，集团3名负责人、10名员工加入志愿抗疫队伍。落实房租减免政策，对26家承租户（其中，服务业小微企业6家，个体工商户20家）减免2022年3—5月租金99.44万元，2名名校优生脱产挂职村党总支副书记，为实现乡村振兴贡献青春力量。全员参加"喜迎二十大，环境大整治"行动，推动市政绿化、建筑工地、酒店、公园、景区等城市文明窗口部位创文工作落实落细。

【健全党群组织体系】 3日7日，依据财政局党委《关于同意设立中共盐城市城镇化集团党委基层党组织的批复》，集团党委下设1个党总支、5个党支部。3月13日，集团召开全体党员大会选举倪才春、孙瑞红、葛长安、仓剑、张伟、费智岗、郝青栋为第一届集团党委委员并组成第一届集团党委委员会，选举倪才春为党委书记，孙瑞红为党委副书记。9月6日，基层党组织分别召开全体党员大会；选举产生大纵湖文旅集团党总支委员会，选举产生第一、二、三、四、五党支部委员会。根据人事调整变化，12月17日召开全体党员大会，选举产生倪才春、徐锦荣、葛长安、张伟、费智岗、郝青栋为第二届中共盐城市城镇化集团委员会委

10月，集中观看二十大开幕现场　　城镇化集团　供

员，并组成第二届中共盐城市城镇化集团委员会，选举倪才春为党委书记，徐锦荣为党委副书记。年内，新吸收中共党员36名，共有中共党员91名。

【开展招商选资工作】 3月22日，集团组织招商选资业务培训，特邀盐都区发改委项目中心主任陈峰给集团员工进行业务培训和经验分享。3月26日，邀请国家税务总局江苏省税务局人才库干部、征管能手韦桂华作税务筹划专题培训。6月18日，特邀盐都区商务局副局长周坤进行招商选资业务授课。6月21日，集团第一期定向资产担保债务融资工具在银行间市场交易商协会成功发行，债券项目规模3亿元，期限3年，为全国首单资产担保债务融资工具。7月11—13日，集团组成招商选资考察团赴广东省进行为期3天的考察工作。考察团一行6人先后到深圳、惠州、广州三地考察企业市场。8月22日，集团召开会议传达学习盐都区招商选资和项目推进"百日竞赛"动员大会精神。年内，完成产业招商项目1个、楼宇项目9个。

【学习宣传二十大】 7月1日，为庆祝中国共产党成立101周年、迎接中共二十大，集团党委书记、董事长倪才春以《学习党章　遵守党章　贯彻党章　维护党章　永葆共产党员的先进性纯洁性》为题讲授专题党课。8月10日，集团组织各板块开展"喜迎二十大·环境大整治"活动。9月16日至10月15日，集团组织"喜迎二十大·书香润征程·奋进新时代"主题读书征文活动。10月16日，集团组织员工收听收看中国共产党第二十次全国代表大会开幕会。12月8日，集团印发《学习宣传贯彻精神工作方案》。12月16日，区委学习贯彻精神宣讲团成员、区商务局局长、党委书记朱龙成在集团作二十大精神专题辅导报告，集团党委班子成员及全体党员参加报告会，党委书记、董事长倪才春主持会议并讲话。

【构建党工青妇"四位一体"工作体系】 11月26日，集团组织召开工会会员代表大会，选举产生第二届集团工会委员会、经费审查委员会及女职工委员会，郝青栋当选为工会主席，胡洁荷为副主席，施扬为经费审查委员会主任，张燕南为女职工委员会主任。同日，共青团盐城市城镇化集团第一届委员会召开选举大会，选举产生7名委员，组成共青团城镇化集团第一届委员会，卢浩洁当选为团委书记，王梦杰为副书记。同日，集团召开第一次妇女代表大会，选举产生第一届妇联执行委员会，选举产生7名执委会委员，组成集团第一届妇联执行委员会，张燕南当选为妇联主席，李培侠为副主席。

【推进重点项目建设】 年内，按照计划完成锦都大厦装修，并具备交付条件；国投健康长者公寓交付运营；驿都大酒店亮化、雨水改造方案通过审批；南三院二期2栋主楼顺利封顶；馨盛苑交付使用；馨德苑全面竣工；东晖锦园完成室外配套工程30%；尚庄番茄小院主要楼层完成主体施工；便民服务的小区充电桩项目完成80个小区建设。完成重点项目。完成区老年大学揭牌仪式；完成市"高质量发展"观摩会会场及周边环境更新；完成世纪公园月亮广场提升改造；完成蟒蛇河观摩活动现场道路及环境提升；完成市集中开工现场会会场建设；完成创文道路提升；完成城北改造三周年项目现场提升。完善机构设置。年内，完成上收平台股权整并，平稳上收整合交建、住建、龙冈、台创园、张庄、湖区板块公司，确立文化旅游、基础设施、土地开发三大主责主业，建立"1+7+32"三级管理架构，文旅集团、盐都绿化园林公司开启实体化运营。清理公司15家，实现四级公司数量归零。

【引进留用培育人才】 年内，引进名校优生24名。实施薪酬改革，鼓励员工考取职称和资格证书，支持员工参加业务培训，名校优生实行"帮带培养"；实施全员绩效考核和经理层任期制与契约化管理；落实内部竞争上岗2人。

【荣誉表彰】 年内，集团获盐城市国家生态文明建设示范区创建先进集体、盐城市绿化养护示范公园绿地、盐城市城北地区改造"三年见成效"工作先进集体；被区表彰为公共资源交易管理工作先进单位、内部审计工作先进单位；获盐都区双拥工作先进单位、盐都区议案建议办理先进单位。集团子公司江苏大纵湖文旅发展集团获全国休闲农业与乡村旅游五星级企业、盐都区劳动关系和谐企业；子公司江苏驿都国际大酒店获江苏省优秀劳动关系和谐企业、江苏省文化和旅游市场红名单，盐城市优秀劳动关系和谐企业、盐城市最佳特色品牌酒店最佳服务奖。集团投融资部部长陈卫平被授予"盐城市劳动模范"称号。

（胡洁荷）

·盐城市盐都区国有资产控股集团有限公司·

【概况】 2022年，在区委、区政府领导下，坚持"党建引领、政府主导、市场化经营、规范化运作"，立足主责主业，防范各类风险，服务社会大局，实体化运营取得成效。至年底，集团总资产470亿元，净资产237亿元，资产负债率49.66%，营业收入突破22亿元。

【党建活动】 5月13日，集团开展风清气正，以廉润心"5·10"警示教育活动。6月3日，集团与秦南镇亭湖村开展"仲夏迎端午，粽香贺安康"党建共建活动。6月20日，开展"戴党徽、亮身份"党员主题活动日。8月26日，召开"中秋""国庆节"前廉政提醒工作会，纠"四风"，营造风清气正的节日氛围。9月23日，开展喜迎"二十大"，强国复兴有我"青春心向党"集中宣讲活动。10月14日，举办"喜迎二十大 建功新时代 奋斗在国投"演讲比赛活动。10月16日，组织全体干部职工收听收看开幕直播。11月9—30日，面向全体干部职工开展报告知识答题活动。国控集团纪委获2022年度"全区纪检监察工作先进集体"，全年组织党建活动8次。

【人才引培工作】 2022年，引进8名名校优生，树立"人才是第一资源"理念，在投融资部、工程项目部等重点岗位、一线岗位摔打淬炼，建立人才引、育、用、留全链条培养机制。注重人员业务能力培养，开展业务培训，常态化开展"周五业务学习"等各类培训18次，经常性开展谈心交流，由"要我做"变"我要做"。

【服务企业】 年内，担保公司服务企业163家，担保金额9.64亿元，与15家银行签订了2:8分险分担合作协议，全市第一。转贷公司共帮助35家企业完成转贷业务69笔，转贷金额5.92亿元，未发生一笔不良贷款。集团落实普惠金融政策，支持中小企业发展。

【资产运营】 2022年，出售资产约1.2亿，新签租赁合同(含续租)共16份，房产面积约13万平方米，全年实现租赁收益5000万元，出租率达95%。推动资产办证，共补办证4处，面积合计6.06万平方米。

【重点项目】 2022年，招引落户1个工业企业和2个楼宇经济，江苏恒隆通新材料科技有限公司招引3C、新能源玻纤结构材料项目。2022年，集团共计承建32个重大项目。"两重"项目义丰工业园区一期南、北地块标准化厂房建设项目、大纵湖全民双创园(龙德路段)标准化厂房项目，竣工验收并交付使用。城乡建设重点项目：盐都治超站建设工程、义丰工业园区道路工程，竣工验收并交付使用。重点基础设施领域项目：区治安防控体系(一、二期)项目、1666.66公顷高标准农田项目、盐都专职消防站项目，竣工验收并交付使用。为民办实事项目：智能公交站台项目、公安局十大场所感知微单元补盲项目，完成验收并投入使用。

【创建信用评级】 10月、12月分别获得远东资信、大公国际出具的AA+评级报告，成为全市区级国企中唯一获得双AA+等级的国有企业，有助于增强集团在资本市场的资金运作能力。

【组建鲜之都集团】 年内，鲜之都集团顺利成立，搭建组织架构。围绕优质稻米、绿色果蔬、生态水产等特色产业建立万亩种养殖基地，坚持先流转后提升的市场化运营模式，盘活全区闲置农业资产，多模式联营，增加优质绿色和中高端农产品供给。锚定优质稻麦和现代种业，推进七星农场改造提升，赋能周边村庄农户；抓好特种水产产业，打造国家级渔业绿色循环发展示范区。首次流转72.4公顷退林还耕地块种植水稻，首批农副产品批量生产，鲜之都线下实体店已试经营，助力打造"鲜之都·盐都"特色地标品牌。 (燕闪闪)

·盐城高新区投资集团有限公司·

【概况】 盐城高新区投资集团有限公司成立于2009年9月，由盐城市人民政府全额出资，注册资本50亿元，主体信用评级为AA+(联合资信、中诚信)，2022年11月集团进档升级为市属二档企业。集团党委为盐城高新区党工委下辖二级党委，下设5个党支部，共有中共党员96名。集团共有职工164人，其中，本科以上学历124人，集团本部职工70人。集团内设"一办六部"：办公室(人力资源部)、财务部、融资部、投资部、资产管理部、风险合规部、审计部，旗下拥有控股、参股公司52家。

【产业投资】 通过"基金+产业"的方式，实现"以投促招"，推动先进制造业集聚高新区。2022年，集团直接投资的燕东微电子、通过远致高新间接持有的京

2月，京泉华电子元器件项目开工仪式现场　　盐高新集团 供

泉华均已上市，目前集团持有股份市值分别约为10.2亿元和8.2亿元。截至年末，引进的悦虎晶芯、西姆医疗、博盛新材料、嘉兆电子等高新区产业链上下游项目26个落户高新区。

【城市开发】 主要从事园区基础设施及工业厂房等项目的建设和运营。截至2022年年末，集团有净地95.93公顷，房产363万平方米，投资建设了智创园、东山精密等工业房产258万平方米，服务大厦、总部研发区等商办房产72万平方米，人才公寓等住宅类房产12.96万平方米，社会事业类等其他资产19万平方米，出租率均达90%以上。

【金融服务】 主要为园区企业提供融资租赁业务、中小企业转贷过桥业务、中小企业融资担保业务等金融服务。2022年，集团在保业务95笔，在保余额8.18亿元，其中新增担保4笔，共5000万元。

（袁朝风）

·盐粮集团·

【概况】 2022年，全年收购粮食14.41万吨，其中，小麦7.02万吨、粳稻7.39万吨；全年累计销售粮食16.06万吨，其中，储备粮轮换3.76万吨、自营粮销售12.3万吨，实现销售收入48452万元，销售毛利3442万元。盐粮集团是2015年年底根据盐都区委、区政府深化国有粮食购销企业改革要求，由原6个国有粮食购销企业改革重组而成，于2016年4月正式运行，为区属国有粮食企业。所属9个子公司和17个收储库点，集粮食种植、收购、检测、仓储、物流、加工、销售于一体，同时受政府委托承担政策性粮食收购、储存、销售等调控任务。

【确保夏粮颗粒归仓】 5月，盐粮集团提前做好收购前的准备工作，及早谋划，加大在库最低收购价粮食挂拍力度，加快储备粮轮出和自营粮销售出库进度，腾并仓容，达10万吨，加之在建的粮食科技产业园仓储一期新建可实际投入仓容4万吨，确保夏收足仓收粮。与有关商业银行和农发行沟通协调，拓宽市场化收购贷款渠道，筹足夏粮收购资金，争取到2.5亿元收购贷款资金，保证农民“粮出手、钱到手”。17个收储库点增添粮食卫生指标检测仪器等设备，并提前做好计量器具、除杂烘干等机械维修保养和收购一线人员业务培训，以及精准制定夏粮收购方案、疫情防控预案。

【获评江苏粮食收储优强企业】 5月上旬，江苏省粮食行业协会公布2020—2021年度全省粮食行业优强企业专项调查结果，盐粮集团被评为江苏粮食收储优强企业。盐粮集团作为区属国有粮食企业，创新粮食收购方式，通过对接家庭农场、种粮大户、农民合作社等新型粮食经营主体，开展优质粮食订单收购，实行优粮优价，稳定优质粮源。夯实仓储基础设施，创建“红旗库、红旗仓”评比活动，提升仓储管理水平，确保库存22.5万吨储粮质量安全，并推进以保质、保鲜为主的科学保粮，全年现存粮科学保粮率达100%。

【获评2022年度江苏省放心消费示范单位】 年内，盐淮米业有限公司在江苏省市场监管局通报的2022年度江苏省放心消费创建示范单位、区域中被评为全省放心消费示范单位。盐淮米业公司隶属于江苏盐粮集团，通过“企业+基地+农户”建立绿色优质粮源生产基地，选用当地优质稻谷，经过精深加工，生产的盐淮牌大米洁白透明、味道香甜、口感柔软，产品销往上海、福建、浙江和苏南等地，获“江苏省消费者信得过产品”和“江苏省著名品牌”称号，入选2020年度“江苏好粮油”产品和首届江苏农业产品品牌目录名单，其南粳香米、软香米、稻花香米经中国绿色食品发展中心审核，被认定为绿色食品A级产品，在2022年度“盐城大米”品鉴大赛中获得金奖。盐淮米业有限公司获评盐城市粮食加工十强企业、江苏省绿色食品示范企业、江苏省农产品质量安全诚信企业、江苏省质量诚信五星级企业、江苏省放心消费创建先进单位等称号。

【粮食科技产业园一期建成投产】 7月6日，由江苏盐粮控股集团投资建设的盐都区粮食科技产业园一期工程建成投产。粮食科技产业园位于学富镇大成村，项目总投资2.75亿元，占地面积8.47公顷，计划分两期，建设平房仓8幢、立筒仓8幢，总仓容12.5万吨；建设一条300吨/天大米生产线和一条处理潮粮300吨/天循环式烘干线；规划建设2个500吨位泊位码头。全年收购小麦0.71万吨、稻谷1.4万吨。至年底仓储二期项目主体已竣工，粮食烘干、大米加工、码

8月，盐淮米业直营门店　　盐粮集团　供

头建设逐步推进。入选2022年全省农业农村省级示范项目和新形态乡村产业项目典型。

【检查地方储备粮情况】 7月25日，盐都区储备粮管理有限公司登记注册成立，隶属于盐粮集团管理。集团所属秦南粮库作为区级储备粮存储库，承储规模为45500吨的区级政府储备粮（原粮），实现承储企业政策性职能与经营性职能分离，人员分开、实物分开、财务分开、账务分开，保障区级政府储备粮集中管理、规模存储，确保数量真实、质量良好、储存安全、管理规范，提高区域粮食安全保障水平。9月16—17日，受国家粮食和物资储备局委托，安徽省检查组到盐粮集团对2022年新入库地方储备小麦开展全覆盖、全方位的检查。秦南粮库和鞍湖粮库是盐粮集团承储地方储备粮的库点。检查组通过听取汇报、查阅台账、进仓入库等方式，检查库存粮食数量、储存质量、轮换管理、政策执行等情况。

【获评中国十佳粮油创新典范企业】 12月10日，第十二届中国粮油榜开榜，盐粮集团获"中国十佳粮油创新典范企业"称号，连续十二届获中国粮油榜奖项。集团完善"从田头到餐桌"的全产业链，参与全区高标准农田建设，建立优质稻麦生产基地，推动"优粮优产"，并通过实施"中国好粮油"项目，加快全区优质稻麦基地规模化种植、标准化生产和产业化经营，全区新增优质粮种植面积0.26万公顷，粮油优质品率提高30%以上。成立以来，集团先后获得"中国百佳粮油企业""中国十佳粮油成长型企业""中国高质量发展粮油集团"和"中国十佳粮油创新典范企业"等称号。 （余广华 张 萍）

市场监督管理与消费权益保护

【市场主体发展】 年内，实现高频政务服务事项"一窗受理、一网通办"。在全市范围内打破地域限制，改变按住所（经营场所）属地办理食品经营许可、药品零售企业许可的模式，在区政务服务中心增设"市内通办"窗口，通过"异地收件、属地办理"，实现食品经营和药品零售企业许可的"市内通办"。全年新增市场主体7221户，其中，企业3105户、个体4094户，同比增幅-10%。

7月，开展有针对性的监管执法　　市场监管局 供

【知识产权发展】 8月，国家知识产权局公布国家知识产权强县建设试点示范县确定名单，盐都区榜上有名，在全省首批入选示范县名单，也是苏北地区唯一一家入选的县（市、区）。12月，盐都区获评江苏省知识产权建设示范县。盐都区拥有有效发明专利2671件，驰名商标15件，地理标志证明商标10件。盐都区市场监管局查办的销售侵犯注册商标专用权润滑油案入选2022年全省涉外知识产权保护十大案例，知识产权学法工作获省知识产权局"学法优胜单位"通报表扬。首届江苏专利奖获奖名单，盐都区兰丰环境工程科技有限公司范兰入选发明人奖。

【物价管理】 年内，加强反不正当竞争执法，围绕群众投诉举报多、反映集中的问题，组织开展有针对性的监管执法。组织开展"四查四护"专项执法行动，严厉打击虚假宣传、违规促销、侵犯商业秘密等行为，共出动执法人员85人次，检查经营单位47家，开展宣传活动9次，接受咨询宣传550人次，共查处反不正当竞争案件2件，罚款3.05万元。

【网监工作】 年内，对江苏省网络交易监测中心系统、市局"网监宝"网络市场监测平台推送的2206个自建网站，9958个网店，218个微信公众号，44个微信小程序，1324个直播主体进行跟踪监测。同时，开展推进电子商务平台贯标工程，"元旦"、涉老"食品""保健品"、长江流域非法捕捞渔获物网络监测、领证网售书店证照公示核查、"中秋"、"一老一小"用品质量、"双十一"、"二十大"等26项专项监测工作。全年累计监测网站网店等2.7万余次，核查疑似线索80多条，预警提醒5次，电话联系整改8次，发现疑似线索11条，指导查处网络案件16件。

【双随机工作】 2022年，全区使用省双随机监管工作平台并建有"一单两库"的26个监管部门全部开展双随机抽查，占比100%；抽取检查对象3681户，检查任务完成率100%；26个市场监管信息平台使用部门全部归集涉企信息，归集部门数量比例100%；其中，21个部门归集2类以上数据，归集部门数量比例92.31%，13个部门归集3类数据。

【消费投诉处理】 年内，围绕“质效提升年”工作主线的重点工作目标，以保护消费者合法权益为己任，健全投诉举报工作长效机制，加强放心消费工作宣传，提升消费维权的处置效能。办理各类投诉举报4676件，投诉按时初查率、投诉按时办结率、举报按时核查率均为100%。申创省级放心消费示范先进单位9家，新发展市级伴手礼申报企业10家。

（苗才清）

质量技术监督

【特种设备安全监管】 2022年，组织“安全生产月”“电梯安全宣传周”等活动，开展“百团进百万企业千万员工”宣讲，督促电梯维保单位开展“电梯安全进小区”。对1162台设备的安装告知进行备案，对1059台新上特种设备进行审核、登记，对815人次特种设备作业人员（含焊接）进行考核发证。强化重点时段监管，组织开展“元旦、春节、中秋、国庆”安全检查，组织开展“盐都区特种设备百日攻坚行动”，对2021年水务系统泵站起重机械整治情况进行“回头看”，水务系统的18个使用单位、79台起重机械均在检验有效期内。全年立案查处特种设备案件20起。

【质量安全管理】 年内，参与区政府制定《关于支持制造业高质量发展政策意见》《进一步加快现代服务业高质量发展的若干政策意见》，将企业首次获得国家质量奖、省长质量奖、市长质量奖、江苏精品、省级质量信用评价、能源认证、低碳认证、节能认证、测量体系认证纳入奖补范畴。5月12日，召开盐都区质量发展委员会联席会议，明确质量发展委员会成员单位工作职责。落实国家、省关于助企纾困各项政策意见，对接区疾控中心及市局驻盐都检验检测机构要求对外地疫情防控相关生产企业委托的用于具有抑菌性作用口罩等相关产品检验检测费用减半收费，对盐都区生产企业委托的用于具有抑菌性作用相关产品检验检测免收费用。

【质量品牌创建】 3月，完成2021年度区长质量奖评审工作，江苏盐电阀门有限公司获2021年度市长质量奖正奖，指导恒康机电、坤泰机械、兰丰环保申报质量信用AAA级，其中恒康机电进入质量信用AAA级公示；指导盐电阀门、神龙明物流、盐都草莓申报江苏精品认证；895家企业和单位获得认证证书2564张，同比2021年企业认证增加430张有效认证证书；高端认证获得企业重视，其中知识产权管理体系认证证书42张、绿色产品认证证书133张、有机农产品认证证书27张、能源管理体系认证7家、测量管理体系认证17家。

（苗才清）

3月，区长质量奖评审工作　　市场监督局　供

食品药品监督管理

【整治食品市场秩序】 全年抽检普通食品3725批次，不合格食品115批次，食用农产品595批次，不合格食品57批次，集中处置猪肉下脚料44吨。推动“两个责任”落地落实，学习全国食安办主任会议精神，建立健全分层分级精准防控、末端发力终端见效工作机制，压紧压实食品安全属地管理和企业主体“两个责任”。督促企业制定食品安全风险管控清单，建立健全日管控、周排查、月调度工作制度和机制。

【开展“守底线、查隐患、保安全”专项行动】 年内，区市场监管局定制《盐都区食品安全“守底线、查隐患、保安全”专项行动方案》。各相关科室根据《盐都区食品安全“守底线、查隐患、保安全”专项行动方案》的要求，结合各自工作职责，认真梳理各领域、各环节、各主体存在的风险隐患，特别是生产、经营的各型企业，借助前阶段第三方的评估报告，结合日常监管的实际情况，利用此次专项行动的契机，摸清各型企业，特别是餐饮单位的动态基数。

【推进“食安盐都”城市品牌】 2022年，健全、强化区、镇、村三级的食品安全“网格化”队伍建设，每年向全区304名食品协管员发放考核补助40余万元，在全区推广食品生产企业的标准化建设。实施食品小作坊整治提优工程，每年助推全区优秀小作坊申报省“名特优”小作坊认证。推进全区餐饮服务单位的量化分级管理，评定面和公示率均达100%。完成市、区重大活动食品安全保障任务。督促全区100家进口冷链食品加工、经营和储存企业注册使用“江苏冷链”管理系统，交易主体比例保持在全市第一。定期对进口冷链食品、进口水果开展疫情防控工作督查。在全区范围建立食品安全宣传专栏，开展食品安全宣传周活动，在全区进行食品安全知识、食安大舞台巡演。

【强化食品生产安全监管】 年内，制定食品生产领域“守底线、查隐患、保安全”专项行动实施方案，建立“一户一档”食品安全风险清单，采取列表销号、逐个清零的办法狠抓整改落实，巩固食品安全“底板”。盐都区持证食品生产企业54家，登记食品小作坊71家，全年食品生产企业检查覆盖率100%，问题处置率100%；食品小作坊检查覆盖率100%，问题处置率100%；查处食品生产领域案件20件。小作坊提档升级工作再推进，经过初评最终确定8家争创2022年省级“名特优”食品小作坊，7家获省“名特优”小作坊称号，创建数量和创建成功率均为全市第一。

【规范药品安全管理】 年内，成立区药品安全委员会，高位推动药品监管能力建设。依托江苏省疫苗追溯管理系统，对全区21家疫苗接种点开展全覆盖监督检查，防范疫苗质量安全风险。突出含麻黄碱复方制剂、无菌和植入性医疗器械、新冠病毒检测试剂、儿童化妆品等重点品种，开展药品质量安全专项整治，共查办药械化案件16件。全区建有国家级药品监测哨点1家，省级化妆品评价基地1家。2022年收集评价药品不良反应1662条，医疗器械不良事件628条，化妆品不良反应187条，药物滥用监测120条，各项指标均位于全市前列。药械监管。全年全区未发生一起药品、医疗器械、化妆品安全事故，也无特殊药品流弊事件发生。

（苗才清）

9月，开展食品生产安全宣传活动　　市场监管局　供

价格管理

【保供稳价】 2022年，制定出台《2022年盐都区价格调控目标责任制实施意见》《盐都区完善重要民生商品价格调控机制实施方案》，完善重要民生商品价格调控机制，抓好“菜篮子”商品供应，完善落实农产品保供稳价工作机制，主动配合相关部门做好重要民生商品生产调度、货源组织、商品储备、物流运输等工作，保障产供储销全链条畅通运行，做到以供应稳保障稳价格，实现年度居民消费价格总水平年度涨幅3%左右预期调控目标。

【成本监审和成本调查】 年内，完成同人怡和园幼儿园成本调查和成本监审工作，组织开展农本调查业务培训，完成农户种植意向专项调查、农户存售粮情况专项调查、规模生猪成本动态月报以及生猪、粳稻、小麦直报数据报送，并完成各类调查品种分析报告，为上级部门决策提供准确的农本数据支撑。

【价格和收费管理】 年初，贯彻省、市关于“简政放权、放管结合、优化服务”的工作部署，履行部门职能，动态调整行政事业、经营服务性收费目录清单，贯彻落实《关于清理规范城镇供水供电供气供暖行业收费　促进行业高质量发展实施方案》，组织开展水电气暖行业收费自查自纠，清理规范涉企收费项目，做到“收费项目进清单、清单以外无收费”；配合市场监管局和教育局对全区中小学教育收费进行专项检查，加强教育乱收费治理，配合民政、市场监管部门开展行业协会商会乱收费专项清理整治“回头看”，巩固和深化盐都区行业协会商会乱收费专项清理整治工作成果；完成同人怡和园幼儿园成本调查和成本监审工作，核定2021年冬供季和2022年非冬供季非居天然气销售价格和新型农村社区管道燃气安装费，完成居民阶梯气价政策调整优化，扩大居民第一和第二阶梯气量，降低居民群众生活用气成本。

【价格监测】 2022年，围绕人民群众关注的“菜篮子”“米袋子”等重要民生商品，重点领域，突出“稳物价、安民生、促经济”，推进价格监测预警体系建设。全年共出动市场价格监测人员480人（次），强化重点时段、重要节点民生商品价格应急监测，密切关注肉、菜、蛋、米、面、油等重要民生商品市场供销情况变化，第一时间掌握市场价格及供求变化情况，制定出台《价格监测补助资金使用管理办法》和《盐都区主副食品价格监测制度》，2022年新增设立8家价格监测点，坚持每周、每旬、每月和每季度定时向市价格监测中心上报汇总商品价格监测情况，全年共报送各类报表515份，分析报告28篇。其中，分析报告被省平台采用24篇，被市平台采用26篇。

（潘　凡）

统计管理

【概况】 2022年，盐都区统计局在区委、区政府的领导下，围绕“稳中求进、统筹发展”的工作主基调，强化统计调查、统计分析、统计监督职能，在深化统计服务、预警监测、创新推动等能力上下功夫，为推动全区经济高质量发展提供统计保障。

【转变服务方式】 年内，面对经济下行压力，提高经济运行预警频次，数据上报期每日汇总工业85强、服务业7个行业、批零住餐30强、建筑业80强企业及分板块投资数据上报情况，第一时间将监测结果上报。每月5号、10号汇总各板块主要经济指标，形成经济运行分析、短板弱项和建议呈报区主要领导。年内，会同相关部门召开GDP统一核算专项会议8次，更新2022版《盐都区地区生产总值统一核算分部门工作清单》，细化核算基础指标，明确所涉及的“四上”企业、规模以下企业、劳动工资抽样单位、农业样本点及网报时间，按季度汇总重点指标数据，提高核算基础指标质量。

【业务指导工作】 年内，对新入库的252家“四上”企业上门服务，指导企业规范统计基础和联网直报工作，从源头上提升数据质量；对951家存量“四上”企业，帮助协调解决统计联网直报中遇到的困难，确保辖区内“四上”企业走访全覆盖，督促建立健全统计台账。编印《2022年省高质量发展综合考核指标说明及计分方法》，定期召开高质量发展共享发展类指标、重点工作考评指标分析会议，常态化加强与各指标责任部门的联络，掌握17个指标牵头部门11项共享发展类指标和16个重点工作考评指标的完成情况和工作进展。

【加强统计宣传】 年初，推动各层级开展统计法律法规宣传。区委常委会、区政府常务会专题学习习近平总书记关于统计工作重要讲话指示批示精神，《关于更加有效发挥统计监督职能作用的意见》等统计法律法规和通报最新统计违法案例。将统计法律法规汇编成册，送至全区各镇（区、街道）、部门领导以及调查对象，宣传统计法律法规，将《关于组织学习党中央、国务院统计工作重要文件和统计法律法规的函》及1000余本《统计法律法规文件汇编》送至各镇（区、街道）和相关区直部门，纳入党委（党组）中心组学习计划中组织学习。

2月，全区统计站长培训　　统计局　供

【接受省统计督察】 年内，提前做好沟通衔接，将《国家统计督察问题整改清单》和《省统计督察调阅文件资料清单》这“两张清单”各项模块做好对照梳理，各责任科室分工合作，共形成整改、调阅材料300余份。围绕“四个必查”和四项重点工作开展全省统计造假不收手不收敛问题专项纠治工作，全面排查“四上”企业数据真实性，强化对联网直报企业、调查对象的数据质量核查指导。

【推进统计业务能力提升】 年内，政治能力、专业能力“双提升”培训班第3期暨“盐都大讲堂”第46讲，邀请市统计局党组书记、局长李宝会以“统计思维和做好统计工作”为题作专题讲座；第6次区政府常委会，邀请市统计局党组成员、副局长李刚辅导固定资产投资统计工作。

【加强统计培训】 2022年以来，共组织投资、工业、贸易、服务业等专业的统计业务培训会16次，培训区、镇、企业1000余人（次），实现对镇（区、街道）统计人员、新入库企业统计员等培训全覆盖。由区委组织部发文或镇（区、街道）党委配备、明确14个镇（区、街道）经发局副局长（科长）专职统计工作；深入基层调研，督促街（区、街道）从人员配备、日常管理、统计台账、工作流程、业务指导等方面发力，筑牢统计根基，推动基层统计工作规范化。

【获多项表彰】 1月，盐都区被省统计局表彰为县级统计基层基础规范化建设成绩显著单位，为全市唯一。8月，省统计局党组书记、局长王汉春一行到盐都区调研统计基层基础工作，参观高新区统计站，了解统计基层基础及统计工作情况，查看人员配备、档案资料管理情况，并与统计员进行面对面交流。

【推进统计调查工作】 年内，完成农业、工业、投资、劳资、贸易、服务业等专业定报工作。做好大样本轮换的预算、宣传、培训、摸底和开户等工作，在全省住户调查样本轮换标语征集活动中，上报的标语被采用2条，全市第一。9月，结合统计开放日联动宣传住户调查大样本轮换工作，邀请市调查队领导观摩，活动内容在盐都区电视台、"学习强国"盐城平台等平台展示。12月1日，新一轮150户记账户进入正式记账阶段，电子记账率达75%，位居全市前列。2022年共完成企业薪酬调查、全面从严治党调查、农民工就业影响调查、农村地区医疗卫生服务能力调研问卷调查、三孩生育配套政策调研问卷调查、普惠性学前教育发展状况调查、旅游调查、居民养老居民出行调查、农民工工资权益调查、居民网购调查等调查任务，劳动力调查工作保持高准确率。 （侯兴安）

9月，举办第十三届"中国统计开放日"暨住户调查样本轮换活动 统计局 供

卫生监督管理

【开展执法能力提升年活动】 年内，专题制定执法能力提升方案，开展"执法能力提升年"活动，明确以40周岁以下卫生监督员为重点学习提升对象，全体卫生监督员共同参与，"学、训、赛"相结合，强化卫生监督员"三基"知识、技能操作、执法办案培训。制定计划实施专业知识和业务技能系统学习培训，做好课题选择，明确授课人员，组织业务培训9次、考试2次，组织卫生监督员旁听法院行政诉讼案件庭审2次，网络课程学习每人达70学时以上。

【省医疗卫生行业综合监管督察组督察】 11月，省医疗卫生行业综合监管第三督察组对盐都区医疗卫生行业综合监管工作进行实地督察。督察组采取听取工作汇报、召开座谈会、现场检查等方式，督察2020年督察反馈意见整改情况、职业健康监督执法情况、医疗乱象专项治理行动开展情况和基层综合执法改革后综合监管工作推进情况。督察组实地察看公立医疗机构、个体诊所、职业病危害因素企业3家单位，对疫情防控、医疗卫生机构落实自我管理和公共卫生服务、用人单位落实职业病防治主体责任等工作进行实地督导检查。

【开展职业卫生监督】 年内，在全区范围内开展职业健康检查"百日行动"。与人社部门联合开展职业病防治宣传周系列活动，组织普法讲座15场次，发放宣传材料1350份，惠及企业852家、职工1057人，签订企业主体责任落实告知承诺书1084份。对63户粉尘危害严重企业开展专项治理，通过三年专项整治基本达到预期目标。排查化解21家省、市挂牌督办企业职业健康风险，对危害严重企业开展告知承诺和约谈预警，运用"交办函"方式，将存在问题下发交办至各镇（区、街道），累计交办99户企业、360条问题，做好跟进整改。推动职业健康体检606家、职业病危害因素检测292家、建设"三同时"验收236家。

【查处卫生违法行为】 年内，推行轻微违法预警制、行政处罚约谈制，强化案件办理，严格案件审查，全年共立案行政处罚154起（一般程序47起，简易程序107起）。其中，非法行医8件、传染病1件、医疗服务30件、公共场所18件、职业卫生95件、学校卫生1件、餐饮具消毒1件，到期结案率100%，共罚没款29.32万元。组织听证1件，申请法院强执3件，2起行政诉讼案件经过法院一审、二审均维持判决。全年未发生行政诉讼败诉、行政复议撤销或变更案件。

【职业卫生】 2022年，对全区871名企业法人和职业卫生管理员开展职业健康知识培训，对695家企业进行职业健康体检，完成企业"三同时"评价272家，完成企业职业危害因素监测336家。 （严梦恬）

应急管理

综　　述

【概况】 2022年，全区上下深入学习贯彻习近平总书记关于安全生产的重要论述和指示批示精神，坚持人民至上、生命至上，统筹发展和安全，把狠抓安全生产作为树牢“四个意识”、坚定“四个自信”、践行“两个维护”的根本要求，作为贯彻新发展理念、增强人民群众幸福感、安全感的具体行动，增强红线意识、底线思维，重抓关键，筑牢基础，夯实举措，保障全区安全生产形势的稳定。

【完善应急救援队伍体系】 8月，区安委办下发《关于印发盐都区应急救援资源共享及事故应急救援补偿制度的通知》，加强应急救援队伍建设，规范应急处置工作，打造5分钟应急出动救援网格，建立以公安、消防、民兵为骨干力量，以应急管理、交通运输、医疗救治等各专业救援处置队伍为基本力量，以企业专兼职救援队伍和应急志愿者队伍为辅助力量的应急救援队伍体系，各类应急队伍共计24支，1333人，加强应急队伍协同能力和现场处置能力，预防和处置突发事件，保障人民群众的利益。

【聚焦城市安全发展建设】 年内，将安全发展城市建设纳入国民经济和社会发展“十四五”规划及相关专项规划和部门规划，编制印发盐都区“十四五”安全生产规划及重点行业领域专项规划。出台《盐城市盐都区创建省级安全发展示范城市工作方案》《盐城市盐都区城市安全发展行动计划（2021—2023年）》，对涉及的16类考核项目、49项评价内容，细分出179项具体任务，逐项分解落实到位。编制了《盐城市盐都区城市风险评估报告》《盐都区城市安全风险四色分布图》，排出较高风险107个、低风险1112个、较低风险146个，建设安全文化主题公园，累计悬挂横幅标语千余条、播出公益广告近万次、宣传字幕10万余次。

【提升应急管理智慧化水平】 年内，在智慧交通、智慧城管、智慧安监等信息化平台全面运行的基础上，整合资源要素，形成数字矩阵，打造区城市应急管理综合应用平台。建立网格化社会治理智能应用平台，网格员日常检查、隐患排查、隐患闭环工作都通过平台进行操作，社区网格化覆盖率100%，网格员发现事故隐患处理率100%。

【培育城市安全文化基因】 年内，以润都公园为基础，建设应急避难场所、文化宣传阵地、安全体验场馆为一体的安全文化主题公园。区安委办专门印发《盐城市盐都区创建省级安全发展示范城市

2月，智能化管控平台　　应急管理局　供

宣传方案》，设计盐都特色宣传海报、创建LOGO、电视公益广告，在汽车站、大型广场等公共场所开展安全公益宣传，累计悬挂横幅标语1万余条、电视频道播出公益广告近万次，区级广播电视、网站报纸及电视游动字幕、在“安全盐都”微信公众号对创建安全发展示范城市过程中涉及的安全生产法律法规、政策文件、常识动态等方面内容进行宣传。

【提升应急救援综合能级】 年内，编制1个总体预案和41个专项预案，规范应急预案管理，发挥应急预案在突发事件防范应对中的作用。强化区应急指挥中心、救援队伍、物资、装备储备体系建设，完善突发事件应急处置体制机制，储足储好各类应急物资，增强突发事件应急处置能力，与地方应急救援机构“蓝天救援队”签订合作协议，支持引导社会力量参与应急工作。 （赵 黎）

安全生产

【概况】 2022年，全区共发生生产安全事故5起、死亡3人，同比减少5起、1人，分别下降50%、25%。

【压实安全生产责任】 年内，高频次召开会议传达学习习近平总书记关于安全生产的论述，研究推进专项整治、巡查督导、事故隐患整改等工作。成立区统筹发展和安全领导小组、专项整治领导小组和安全生产工作专班，统筹协调全区安全生产工作。研究制定部门单位安全生产工作职责任务清单，设立11个安全生产专业委员会，年初签订个性化的年度安全生产目标管理责任书，每半年对安全生产履责情况进行专项考核。对区12个部门351条安全生产重点执法条款进行梳理汇编，编制重点执法事项清单。推行企业主体责任告知和承诺行动，开展工业企业年度安全生产风险报告工作，1536家工业企业排查较大以上安全风险2797条，创建22家风险报告示范企业。开展“岗前一分钟，安全放心中”活动，在30家企业进行试点，让安全生产

4月，安全生产检查工作　　应急管理局　供

主体责任20条入脑入心，打通主体责任，落实“最后一米”。

【安全生产精准执法】 3月6日，区应急管理局成立精准执法工作专班，明确专班组成人员的工作职责和主要任务。区安全生产执法大队编制《安全生产“精准执法”重点事项表》，向全区执法人员及企业下发。4月19日，召开贯彻落实省厅精准执法工作动员部署会议，派出8个执法检查组，对辖区内40家企业开展为期一周的精准执法安全检查，实施“精准执法+优质服务”。

【开展综合风险普查】 4月20日，完成盐都区第一次全国自然灾害综合风险普查项目（应急管理部分）内容。区普查办围绕“数据质量是普查的生命线”标准，严密组织，规范流程，反复求证，高效推进，开展第一次全国自然灾害综合风险普查工作。2022年，区普查办前后共计4次对普查数据在查实的基础上进行修改、汇交，数据录入完成率100%，质检成功率100%，审核通过率100%。

【推进重点产业链企业安全生产工作】 2022年，建立完善产业链项目投资信息共享机制，跟踪产业链新、改、扩项目实施进度，通过召开项目负责人碰头会和开展“送法进企业”等活动，推进项目安全设施“三同时”工作落到实处。组织产业链相关企业签订《企业安全生产主体责任告知书》《企业安全生产主体责任承诺书》，警示企业未依法履行职责和义务需承担的后果。定期组织安全生产专家开展会诊服务和上门培训指导，先后开展上门培训服务1032人（次），指导帮助产业链相关企业排查整治各类安全问题隐患282项。以江苏省安全生产精准执法年活动为契机，开展“精准执法+优质服务”活动。

【安全大检查工作】 4月21日，区安委会召开全区安全生产大检查动员部署会议，印发区安全生产大检查工作方案，将安全生产工作15条“硬措施”分解为54项具体工作举措，针对20个重点行业领域，分别明确15个具体负责部门，细化重点检查内容。主动增加“建筑施工”和“特种设备”2个生产安全事故多发、易发的行业领域，确定8个重点行业领域58条攻坚内容。

【提升源头防控风险能力】 年内，将安全生产、自然灾害、社会安全等涉及城市安全的重点工作纳入经济社会发展总体布局，纳入全区国民经济和社会发展五年规划重点内容；编制应急管理五年总体规划，形成五年规划顶层设计、安全生产发展规划总体统筹、各重点行业领域专项规划分类实施的城市安全规划体系。淘汰落后产能，创新“一区多园”模

式，以高新区为核心区承接重特大项目，义丰、龙冈等5个工业园为分园区承接配套项目，开展“散乱污”、高能耗、小铸造型企业整治行动，共排查出411家，关停取缔310家、整治提升101家。

【提升行业安全水平】 年内，开展城市安全风险评估，建成区内学校、餐饮场所、大型商业综合体等重点场所的开展安全风险辨识评估调研，建立城市安全风险管理信息平台并绘制四色等级安全风险分布图，健全风险管控和隐患排查双重预防机制，邀请省级专家库专家进行审查，并通过验收。全面摸清风险底数，建立重大安全风险联防联控机制，明确属地、部门、企业管控责任，落实分级管控措施。

【创新安全生产宣传方式】 6月16日上午，在盐龙街道科技广场开展“6·16”安全宣传咨询活动，分为“安全宣传咨询区（19个宣传区）+安全教育体验区+有奖竞答区”三大区域。“安全生产月”期间，全区共悬挂横幅、标语2310条，张贴宣传画4059幅，出动宣传车26辆，制作展板760块，发送177980条短信，发放宣传手册、宣传单、宣传折页等资料120199份，发放宣传品14382份，演练409次，开展教育专题班会1200余次。开展安全生产主题法治宣传教育，通过安全宣传咨询、专题宣讲、文艺演出、动漫展播、有奖竞答等活动的开展，建立区镇村三级互动共享、各具特色的安全法治宣传格局。区安委办联合区文旅局开展“安全文化进基层”文艺巡演，其中2个节目被选中参演“江苏省安全应急科普环省行”活动。2022年，共演出28场次，受众近万人。组织发动各镇（区、街道）、高新区党政领导干部和企业人员，在省安委办开通的“学重要论述 促安全发展”网络学习平台，在线学习习近平总书记关于安全生产重要论述、安全生产法律法规等内容以及“一案双罚”等典型案例。

【举办安全培训会】 6月22日，2022年“安全生产月”建筑施工安全培训会召开，来自全区部分在建工程建设、监理、施工单位负责人、区质安中心全体人员参加培训。会上，安全监管领域的专家就新出台的《房屋市政工程生产安全重大事故隐患判定标准（2022版）》展开解读剖析。

【开展“百日清零行动”】 年内，制定下发《盐都区工贸行业安全生产专项整治“百日清零行动”工作方案》，利用“安全盐都”公众号、企业微信群等宣传方式，对“百日清零行动”进行宣传。开展有限空间安全宣传周活动，印发有限空间作业宣传画和系列挂图200余套、《有限空间作业安全指导手册》1000余册给相关企业开展线下学习宣传。开展暖企行动，组织对粉尘涉爆企业、中频炉企业和轻工行业有限空间重点企业开展“专家行”服务指导活动。制定《工贸行业“百日清零行动”专项执法检查实施方案》，2022年以来，组织对粉尘涉爆企业开展专项执法检查67家次，排查整治一般事故隐患371条，立案10起；对涉有限空间重点企业开展专项执法检查9家次，排查整治一般事故隐患49条；对中频炉企业开展专项执法检查58家次，排查整治一般事故隐患388条，立案10起，打击工贸行业的违法行为。

6月，开展“6·16安全宣传咨询”活动　　区融媒体中心　供

【推进安全生产举报奖励工作】 年内，聚合电视、广播、报纸、网站等资源，将“12350”安全生产举报热线及盐都区相关奖励制度传输到全区人民群众面前。对核查情况属实的举报件处理及后续奖励情况定期在政府网站、“安全盐都”微信公众号上进行公示。在奖励标准上，对安全生产有奖举报工作“再升级”，对一般隐患举报，给予每处500~2000元奖励；对重大隐患举报，给予每处最低2000元奖励；对确认为违法行为的举报，给予处罚金额15%（最低1000元）的奖励；对瞒报事故的举报，给予最低2万元奖励，最高可达30万元。

【开展危化品企业百日攻坚行动】 6月28日，盐都区应急管理局省转发应急管理厅印发的《江苏省危险化学品企业安全专项整治“百日攻坚行动”实施方案》，盐都区应急管理局第一时间研究下发《关于印发危化品企业安全生产百日攻坚行动实施方案的通知》，要求全区开展安全生产百日攻坚专项行动，确保全区危险化学品行业安全形势稳定。盐都区危化品企业百日攻坚行动开展以来，共执法检查加油站企业91家次，发现隐患194项，已整改187项，立案2起，行政处罚1.2万元；外购外销开票经营企业共执法检查140家次，发现隐患110项，已整改110项，立案1起，行政处罚0.9万元。

【百日攻坚行动】 7月4日，区委、区政府召开区安委会全体（扩大）会议暨重点行业领域百日攻坚行动部署会议，要求区各牵头部门出台本行业领域百日攻坚行动方案，成立专项督查组，对安全生产大检查和百日攻坚行动，进行周调度、半月督查、月通报。7月中旬，14个板块和区各重点行业领域牵头部门全部印发百日攻坚行动方案。7月底，全区涉及重点整治事项的221家企业全部完成自查，发现并整改问题隐患285条。区安委会成立1个综合督查组和6个专项督查组，每组配行业领域专家1名，对百日攻坚行动开展情况“每周一督查、两周一调度、一月一通报”。区安委办针对11个重点行业领域，编印《“小切口　抓关键”现场安全检查要点》，举办4期全区安全监管人员政治能力、专业能力“双提升”培训班，提升安全监管队伍履职能力和专业素质。

【推进综合行政执法改革】 9月23日，举行盐都区应急管理综合执法大队（下称“执法大队”）揭牌仪式。12月13日，区委编办批复《盐城市盐都区应急管理综合行政执法大队职能配置、内设机构和人员编制规定》，规定执法大队下设2个内设机构（内勤保障科、执法管理科），4个派出机构（执法一至四中队），区委任命调整领导干部到位、原执法大队人员回归、缺岗缺编人员将通过遴选、考录等多种途径充实。

【开展专项行动】 年初，区安委会制定《开展打击假冒政府网站制售假冒安全生产证书专项行动工作方案》，成立专项整治工作领导小组，各镇（区、街道）组织辖区内企业进行自查自纠，自查自纠期间，全区138家危险化学品经营和烟花爆竹批发、零售企业，21家金属冶炼企业，1057家工贸企业，共1216家企业，通过自查自纠，共排查发现无证人员31人，其中，无特种作业操作证5人，无安全生产知识和管理能力考核合格证26人，立案处罚6.375万元。

【提升安全生产专项整治“三年大灶”成效】 2022年，区安委办对安全生产专项整治“三年大灶”进行总结，梳理一批典型经验、出台一系列制度性成果，总结出“三合一”场所综合整治、推动养老机构消防审验整改等14条经验，制定下发《盐都区“三合一”场所消防安全隐患整治实施导则》《盐都区解决养老机构消防审验问题专项整改工作方案》等制度方案，依托这些成果，提出要注重典型经验的推广和制度成果的长效运行，以点带面，提升全区本质安全水平。

（赵　黎）

防震减灾救灾

【概况】 年内，按照上级防震减灾工作目标要求，制定下发盐都区2022年度防震减灾工作计划，加大组织力度，狠抓措施落实，推进防震减灾各项工作有序开展。

【管好应急避难场所】 年初，根据区防震减灾规划以及城乡建设任务，完成1个中心级避难场所（盐龙体育公园）和3个固定避难场所（世纪公园、润都公园、大马沟公园）的新建和改造任务。

【开展宣教培训活动】 年内，利用“5·12”防灾减灾日、“7·28”地震纪念日、国际减灾日等时间节点，在全区开展“防震减灾宣传活动”。5月12日第十四个防灾减灾日的主题是“减轻灾害风险，守护美好家园”，联合应急管理局、气象局等部门，在吾悦广场举办“5·12”全国防灾减灾日科普宣传活动。10月13日是第33个国际减灾日，主题是“早预警，早行动”，在吾悦广场开展宣传活动，营造防震减灾科普宣传氛围，增强群众的防灾减灾意识，避免和减轻地震灾害。

【完善地震测报系统】 2022年，制定《地震动物宏观测报点设置和管理方案》，加强10个地震宏观测报点建设。根据《全省市级地震应急指挥技术系统运维考核办法》，在12322测试平台上对区内的12322灾情速报员发布震情测试信息6次。结合盐都实际，及时完成地下流体观测项目——痕量氢观测点的设备安装、调试工作，观测数据采集正常并与市局互通。

【提高抗震设防要求】 2022年，依法将建设工程抗震设防工作纳入基本建设程序，加强抗震设防要求事中事后监管，做好新一代地震动参数区划图实施工作。9月，组织对辖区内的一般建设工程和学校、医院等工程区划图执行情况检查及现场抽查，并形成自查报告。

【完成地震风险普查】 年内，完成全国自然灾害风险普查房屋建筑和市政设施调查工作，通过国家、省、市级部门验收。完成地震灾害风险普查工作，通过省地震局验收。牵头开展房屋建筑抗震设防信息采集工作，组织专业培训，完成第一阶段的数据采集工作，总计采集1246条房屋建筑抗震设防信息；完成地震前兆观测手段痕量测氢仪安装工作。指导开展区域性地震安全性评价工作，完成高新区、大纵湖镇区域评估工作，评价结果投入应用。

（朱　进）

消防救援

【概况】 2022年，在区委、区政府的领导下，区消防救援大队贯彻落实区委、区政府各项会议精神和工作安排，狠抓社会面火灾防控，夯实消防工作基层基础，创新社会消防安全管理方式，提升防范和化解重大消防安全风险能力，立足固根基、扬优势、补短板、强弱项，坚持问题导向与目标导向相统一，坚持治标与治本相促进，预防和遏制较大以上火灾事故的发生，消防安全形势保持平稳。

【树立防火工作主责主业意识】 年初，区消防救援大队在抓疫情防控与稳经济发展的双重压力下，做好火灾防控工作，借势发力，坚持问题导向，堵塞漏洞、盯紧防范重点，用好“双随机、一公开”检查，依法执法，提升监督检查质效，确保“检查一家，放心一家”，把防风险遏事故作为对经济社会发展最直接的服务、最

2月,开展消防救援工作　　　　消防大队　供

有力的支持,坚决防止发生重特大和有影响的火灾事故。

【推进消防安全专项检查工作】 2022年,共检查社会单位1153家,发现火灾隐患1634处,督促整改火灾隐患1632处,下发责令整改通知书948份,下发行政处罚决定书107份,下发临时查封决定书19份,责令“三停”单位14家。开展了消防通道、高层建筑、人员密集场所、经营租住自建房等各类专项整治活动。

【提升本质消防安全水平】 2022年,全区共推动安装独立式感烟火灾探测报警器412个、简易喷淋装置50套、电动车智能集中充电装置80套。年初通过签订《年度工作责任状》,确定全年建设任务并下放至各板块,推动各镇(区、街道)加强基层基础设施建设。争取30名编制建立镇(区、街道)防火工作站和消防监管所,盐都区14个镇(区、街道)消防工作所实体化运行。区安委会、区消委会联合发文要求,从各镇(区、街道)安监局抽调2人驻各消防站办公,并与原工作单位脱钩,常态化开展消防监督执法工作,区消防救援大队派驻工作人员指导开展日常消防检查和消防执法等工作,弥补消防改制造成基层消防监管脱节的不足。

【举行消防宣传月启动仪式】 11月是消防宣传月,2022年的宣传主题是“抓消防安全　保高质量发展”。11月7日上午,盐都区2022年度“119”消防宣传月启动仪式在吾悦广场举行。活动期间,现场市民观摩可移动式消防科普体验箱、消防员操法科目操作及展示,并通过开展燃气爆炸实验、粉尘爆炸实验、可乐火灾实验、橘子皮爆破气球实验等活动,引导居民学习基础消防知识,注意消防安全。

【强化火灾防范意识宣传】 年内,协调区融媒体平台开展公益消防宣传,曝光消防违法违规行为。与盐都移动通信运营商合作,借助手机短信平台,在重大节日和重要活动发送消防安全提示和节日温馨提醒。借助安全生产月、防灾减灾日、公民道德宣传日等活动开展消防宣传;利用召开消防安全重点单位例会契机和“百名消防指挥长宣讲消防安全活动”,分批次对全区259家消防安全重点单位责任人和管理人开展消防知识培训。

【加强实战化岗位练兵】 2022年,制定全员岗位练兵方案,每周制定消防站周训练计划,推进预案制作和作战编成,紧盯“高低大化”及典型灾害类型。抓好整建制消防站合成训练和化工“五知五会三能”专项训练,共参加火灾扑救和抢险救援942起,共接警出动1039起,其中,火灾537起,抢险救援191起,社会救助311起,处置成功率100%。分级、分岗开展辖区情况熟悉和调研,重点对建筑情况,进行实地熟悉,已完成150家单位的“六熟悉”工作,共开展辖区重点单位灭火演练96家,其中,夜间演练24家。持续强化安全员及紧急避险小组能力建设,开展安全技能培训2次,配备各类安全装备70余件(套)。

【提升专业化救援水平】 年内,立足“全灾种、多领域、综合性”任务需要,整合大队执勤车辆、器材装备与人员实力,制定大队本级和下辖队站作战编成,按支队编成要求组建并完善水域救援、高层建筑、低温冰冻灾害3支专业队伍,开展编成磨合训练与实战拉动测试。

【提升基础建设质量的保障力】 年初,推进消防队站建设,按照“全面覆盖、分布实施、整体推进”的原则,委托区国投代建,投入2.35亿元用于11座新建、改建消防站建设。至年底,11座消防站已全部投入执勤使用,共有19车、177人,基本实现消防救援力量全覆盖。

(陈　婷)

科学技术

综　　述

【概况】　2022年，全区科技系统围绕“双创引领示范区”建设目标定位，实施创新驱动战略，开展“科技创新推进年”活动，推进主体培育、载体建设、成果转化等科技创新重点工程和重大项目，科技工作取得较好成绩。

【创新机制完善】　年内，区委常委会、区政府常务会议定期研究、会办平台建设、企业创新等科技创新重大事项。制定出台《关于加快科技创新促进“双创引领示范区”建设的激励意见》，区财政设立科技创新专项资金8000万元，用于对科技成果转化、平台载体建设、高企培育等方面的奖励与资助。推进省科技创新40条、市激励创新20条政策的落实，全年争取市级以上科技资金4000多万元。把科技创新任务完成情况和工作落实情况纳入镇（区、街道）、相关部门年度综合评价考核体系，强化党政主要负责人抓科技工作的主动意识和责任意识。

【载体建设工作】　年内，中科院计算所高通量研究院在省产研院54家专业研究所中排名第23位，实现开票销售额4000多万元；上硅所新能源创新中心与无锡海潮新能源公司合作，实现技术成果转化，二期电解水制氢电池线试运营，制氢项目申报省双创项目和国家重点研发计划；国家超算无锡中心盐城分中心建成运营，已集聚本科以上高层次人才50名，与中国工程物理研究院、北京航空航天大学、中国电信等达成合作协议，首年实现开票销售额超4000万元。半导体集成技术研究院装修完成，进行试运营；盐龙湖先进技术研究院建成开学且首批400多名研究生入驻。新认定省级科技孵化器1个、众创空间1个，东山通信、盐芯微等18家企业获得省级工程技术研究中心认定。

【主体培育工作】　2022年，实施“科创森林”成长计划，申报国家高企233家，获批146家，通过率达62.66%，招引高企76家，区内高企净增129家、总量达410家，总量及增量全市第一，包含先进制造与自动化、电子信息、新材料、新能源与节能、高技术服务等多个领域。对非高企、科技型企业“一企一策”帮助设计成长路线图，126家企业进入省、市高企培育库，通过国家评价科技型中小企业875家。申报市级瞪羚企业22家，成功认定4家。江苏斯瑞达材料技术股份有限公司获批全市唯一一家省研发型企业。全区高新技术产业产值占规模以上工业产值比重达65%。

【资源集聚工作】　年内，组织举办2022数字经济与超算产业化发展论坛，赴南

8月，江苏斯瑞达材料技术股份有限公司　　区融媒体中心　供

11月，“智联万物、慧赢未来”创新创业大赛选拔赛在南京举行　　高新区　供

京、深圳、上海等地举办技术交流对接会和推介会，组织清华长三角研究院、东南大学项目线上路演等各类产学研活动，新签产学研合作项目173项。举办第三届电子信息行业创新创业大赛，吸引来自北京、广东、浙江等105个项目报名，涵盖电子材料、集成电路、物联网等多个行业，遴选出20个项目进入总决赛。获批省科技副总61名，兰丰环保研发的巷道/隧道干式过滤除尘技术研究与工程应用项目获省科学技术一等奖。全区规模以上工业企业填报研发投入15.86亿元，研发活动企业数占比达82.56%，研发投入强度达3.43%。

【推进高新区建设和综合评价工作】 年内，推进高新区建设和综合评价工作，高新区“一区多园”内列统企业纳入电子围栏内，并获得火炬中心认定；评价数据通过审核，综合排名预计有较大进位；区主要负责人赴火炬中心对接谋划高新区发展，区委区政府建立争先进位领导小组并定期研究工作，设立争先进位专班负责争先进位具体事项。全面完成火炬中心下达的科研助理岗位落实工作，并获科技部感谢信。与北京、苏州中介机构合作，围绕“企业服务、指标监测、政策定制”等方面搭建高新区枢纽平台，提高工作效率和数据分析能力，率先在全市推行高新区创新积分制。

（陈加强　张　喆）

科技活动

【概况】 年内，全区上下以“双创引领示范区”建设为目标导向，结合“科技创新推进年”活动，促进科技工作开展，推动全区科技创新和经济社会高质量发展。

【科技创新暨智改数转工作会议】 3月5日上午，全区科技创新暨智改数转工作会议召开。区委副书记、区长马正华强调，要以更高标准、更大力度、更实举措，加快推进科技创新，全面启动智改数转，壮大实体经济、增强发展动能，为“四个示范区”建设提供支撑。副区长吕杨主持会议并对全区科技创新和智改数转工作进行全面部署。副区长谢戎、贾中军，高新区管委会主任高翔出席会议。

【开展“科技创新推进年”活动】 3月30日，市委、市政府召开全市“科技创新推进年”动员部署会，强调要坚持以习近平新时代中国特色社会主义思想为指引，贯彻中央和省委、省政府决策部署，动员全市上下坚定信心、抢抓机遇，实施创新驱动发展战略，勇于担当作为、开拓进取，把创新号角吹得更响、把转型步伐迈得更实，扛起“争当表率、争做示范、走在前列”的使命，为勇当沿海地区高质量发展排头兵注入强劲动能。副市长、区委书记、高新区党工委书记王娟在盐都区分会场出席。区委副书记、区长马正华在市主会场参会并上台领取“2021年全市科技创新突破奖”奖牌。区领导刘源、周达虎、吴军、周昉、吕杨在盐都区分会场收听收看。

【举行合作签约活动】 4月23日，盐城工学院研究生分院（盐龙湖先进技术研究院）合作签约活动举行。市委常委、组织部部长费坚，盐城工学院党委副书记、校长方海林出席并致辞。副市长、区委书记、高新区党工委书记王娟，市政协副主席、盐城工学院科技处处长丁成，区委副书记、区长马正华，副区长吕杨，高新区管委会主任高翔参加。活动现场，马正华主持签约活动，高翔作研究院筹备情况及工作计划介绍，盐城工学院副校长王路明和高新区党工委副书记李晓东代表双方签署合作协议。

【召开青年企业家座谈会】 5月19日下午，盐都区召开青年企业家座谈会。区委副书记、区长马正华出席会议并讲话，勉励广大青年企业家要学习贯彻习近平总书记关于青年工作的重要论述精神，坚定信心，克难求进，善于学习，奋勇争先，做大做强企业，为盐都经济高质量发展做出贡献。区委常委、统战部部长张素东主持座谈会，副区长吕杨参加会议。

【举办盐都（深圳）电子信息产业投资说明会】 6月21日下午，盐都（深圳）电子信息产业投资说明会在深圳举办，现场签约项目17个，总投资额达50亿元，涉及高端装备制造、电子信息产业等多个领域。会上签约的江门鸿森光电、深圳新艺智能实业、深圳华秋电子、深圳金泓汇科技等17个项目，科技含量高、产业链条长、市场前景好，为盐都区构建电子信息产业“强链、补链、延链”提供强劲动力。

【召开“科技创新推进年”暨高新技术企业招引推进会】 6月28日，盐都区召开“科技创新推进年”动员部署暨高新技术企业招引推进会。会议要求，要建立健全“经科教联动、产学研结合、校所企共赢”的创新合作机制，加大“走出去、请进来”力度，组织产学研专场对接活动，帮助企业瞄准关键环节、市场需求、前瞻技术，与知名高校院所对接，实现科技创新成果为企业发展服务。成立组织体系，把科技创新推进年工作纳入重要议事日程，谋划工作布局，健全工作机制，完善以创新为导向的考核体系，当好科技创新的组织者、协调者和推动者。

9月，超级计算中心　　　　区融媒体中心　供

【举行2022数字经济与超算产业化发展论坛】 7月18—19日，“2022数字经济与超算产业化发展论坛”在高新区举行，出席论坛的众多专家学者相聚这里，共同谋划数字经济和超算产业化未来发展方向。18日下午，与会专家考察高新区规划展示馆、盐城超级计算中心、江苏省产业技术研究院高通量计算研究所等地，了解盐都区在数字化转型、智改数转方面的成效。

【第十五批科技镇长团到任会】 8月12日，盐都区召开第十五批科技镇长团到任会。区委常委、组织部部长周达虎出席会议。会议要求，科技镇长团各成员要拿好“接力棒”，找准角色定位，融入工作岗位，增强工作的目标意识、时间意识和效率意识，度过磨合期，了解盐都发展实际和现状，在服务企业、服务基层、服务发展的生动实践中履职尽责；要当好助推校地合作的“桥梁”，实施“一县一校”对接工程，加强长三角区域知名高校院所对接，构建长效合作机制，多种方式引进各类高层次人才。相关部门要珍惜宝贵资源，对选派成员做到政治上信任，工作上支持，管理上严格要求，生活上悉心照顾。

【“科创江苏”试点区建设“会企合作”对接会】 8月24日上午，“科创江苏”试点区建设“会企合作”对接会在盐都区召开。区领导张京波出席会议。会上，省学会服务中心的专家学者帮助盐都区企业解决生产、科研、项目申报等方面的技术问题，向企业的发展提供人才、智力支持，为盐都区开展科技活动、产业高端学术交流，推动产学研合作奠定基础。

9月，南京信息工程大学与盐都区人民政府举行战略合作签约仪式暨合作交流会
区融媒体中心　供

【2022年全国“双创”活动周江苏分会场活动】 9月15日，2022年全国“大众创业·万众创新”活动周江苏分会场启动仪式在盐城高新区举行。副省长胡广杰出席并致辞。市长周斌，省政府副秘书长张叶飞等出席，市委常委、常务副市长勾凤诚主持，副市长王娟，市政府秘书长刘光球，区长马正华，高新区管委会主任高翔等参加。活动中，江苏省发布“科创江苏”试点区县名单并进行授牌，盐都区入选，并发布省“双创计划”项目优秀单位名单。

【与南京信息工程大学举行战略合作签约仪式】 9月21日，南京信息工程大学与盐都区人民政府举行战略合作签约仪式暨合作交流会。南京信息工程大学党委书记管兆勇出席，党委副书记、校长李北群出席并致辞，党委常委、副校长金自康主持仪式，副校长刘博出席。区委副书记、区长马正华出席并讲话，区领导周达虎、张京波出席活动。合作交流会上，南京信息工程大学和盐都区签署战略合作协议。南京信息工程大学副校长刘博对大学生实习基地授牌。

【盐城高新区（昆山）投资环境说明会】 9月22日上午，盐城高新区（昆山）投资环境说明会在昆山举办，现场集中签约项目27个，总投资达102亿元，100多名来自各地的电子信息、高端装备、科创服务等领域的企业客商应邀参加活动。区长马正华出席会议并致辞，副区长吕杨主持，高新区管委会主任高翔作产业推介。会议表示，盐城高新区的三大主导产业与昆山诸多产业高度匹配，坚持深耕昆山、接轨昆山始终是盐城高新区加快产业发展的现实选择和长期战略。

【盐城工学院研究生院（盐龙湖先进技术研究院）与共建企业签约授牌活动】 10月7日，盐城工学院研究生院（盐龙湖先进技术研究院）与共建企业签约授牌活动举行。盐城工学院党委书记方海林，副市长、区委书记王娟出席并致辞。盐城工学院党委副书记、校长邵荣，党委副书记薛浩，盐城工学院党委常委、副校长崔刚，党委常委、副校长王资生，市政协副主席、盐城工学院副校长丁成，区长马正华，高新区管委会主任高翔参加。活动期间，盐城工学院研究生院（盐龙湖先进技术研究院）与是石科技等2家企业签订共建实验室协议书、与东山通信等6家企业签订共建研究生培养基地协议书，并向研究生培养实践基地授牌。仪式结束后举行盐城工学院2022级研究生开学典礼。

【"科创江苏"科技服务团盐都行暨产业创新发展论坛活动】 10月11日上午，以"助企纾困　科技赋能"为主题的"科创江苏"科技服务团盐都行暨产业创新发展论坛活动在高新区举行。省科协党组成员、副主席冯少东应邀出席。区长马正华致辞，区委常委、组织部部长周达虎主持。区政府党组成员、科技镇长团团长张京波出席。活动现场，江苏省学会服务中心盐都科技服务站揭牌，并举行"科技赋能产业　创新引领未来"——"科创江苏"科技服务团盐都行启动仪式。

【盐都（上海）长三角产业招商推介会】 11月21日，盐都（上海）长三角产业招商推介会成功举办。活动现场共签约项目26个，总投资51.2亿元。中国科学院上海硅酸盐研究所所长宋力昕、闵行区政协原主席吴申耀、同济大学原副校长金正基，市政府驻上海联络处主任王胜应邀出席。区长马正华致辞。区委副书记翟大伟主持。区委常委、组织部部长周达虎，副区长周昉、吕杨，高新区管委会主任高翔出席推介会。活动期间，围绕盐都科技和人才政策、现代农业和文化旅游、现代服务业、先进制造业进行宣传推介。

（陈加强　张　喆）

科技成果

【概况】 2022年，区委、区政府实施创新驱动发展战略，支持具有自主知识产权的新兴产业、主导产业、优势特色产业的科技成果转化和产业化项目以及中小微企业的高层次创新创业项目，提升战略性新兴产业和高新技术产业核心竞争力，构建现代高端区域创新创业体系，为高质量发展提供科技支撑。全区18个项目获得2022年度省级工程技术研究中心项目立项。

11月，盐都（上海）长三角产业招商推介会项目签约仪式　　高新区　供

【江苏省涂装智能装备工程技术研究中心】 年初，致力于工艺布局、设备性能、协同制造、在线检测技术等方面的关键技术研究与攻关，以开发设计行业领先的智能涂装套装备新技术、新产品为目标，为各行业开发模块化涂装车间柔性工艺、新型高效智能喷涂机构、产线智能控制系统、数字化管理平台、节能环保和在线检测等技术。项目承担单位为江苏亚一智能装备有限公司，获得2022年度省级工程技术研究中心项目立项。

【江苏省多功能乒乓球体育器材工程技术研究中心】 年内，以多功能乒乓球体育器材为核心产业，开发科技含量高、竞争能力强的新产品，带动国内同类技术的发展，建成设计研究、制造、生产、测试为一体的综合型工程技术研究中心，加速科技成果尽快转化为生产力。

【江苏省刹车盘片工程技术研究中心】 年初，致力于新型陶瓷摩擦材料的关键技术的研发、新型汽车刹车装置的研发以及高效刹车片喷涂装置的研发等关键技术研究与攻关。技术中心以汽车刹车盘片新产品和新技术的研究、开发及产业化为中心，加强汽车刹车盘片科技成果的转化，为汽车刹车盘片的工程化研究及产品化开发提供人才、技术的支持。项目承担单位为江苏方意汽车配件制造股份有限公司，获得2022年度省级工程技术研究中心项目立项。

【江苏省（晟华）高效功率半导体器件工程技术研究中心】 2022年，围绕半导体功率器件研究，重点攻关高散热型功率器件、新一代IGBT芯片以及SiC、GaN等前沿功率半导体产品的研发，成立以中心为依托的高新技术企业，带动行业经济的增长和配套产业的进步与发展，促进产业链形成，带动产业链发展，为江苏省半导体功率器件行业的发展提供契机，推动行业经济向高新技术型经济发展。项目承担单位为江苏晟华半导体有限公司，获得2022年度省级工程技术研究中心项目立项。

【江苏省（苏力）智能涂装工程技术研究中心】 年内，整合苏力机械和南京理工大学在车间智能化、数字化技术方面特出的优势人才资源，形成江苏省江苏省（苏力）绿色智能涂装工程技术研究中心自主开发能力，建立涂装车间数字化实验室，提高现有涂装车间生产智能化、数字化程度，大幅提高涂装喷涂效率，在高利用率“打印”喷涂、涂装车间数字化等方面开发新型的系列产品，成为江苏省绿色智能涂装的研究、开发和生产重要基地。项目承担单位为江苏苏力机械股份有限公司，获得2022年度省级工程技术研究中心项目立项。

【江苏省智能钻探机械工程技术研究中心】 2022年，整合加美机电和吉林大学盐城智能终端产业研究中心在钻探设备关键技术方面特出的优势人才资源，构建以企业为基础的工程化研发平台，吸纳国内外高层次人才，开展产学研合作，建立产品装置性能检测实验室，提高现有生产的钻具装备的产品质量，研发具有自主知识产权的智能钻探钻具技术，使智能钻具稳定性、可靠性，使用寿命上得到提升，为智能钻具跃居国际一流水平奠定基础。项目承担单位为盐城加美机电科技有限公司，获得2022年度省级工程技术研究中心项目立项。

【江苏省（盐芯微）LGA封装工程技术研究中心】 年内，根据世界上比较先进的集成电路封装技术——LGA封装、PQFN封装及CSP封装等方面，与国际水平存在一定的差距，特别是以金属触点替代针脚触点方面，重点研发LGA封装技术。技术为底面引出细针的形式，包括更大的存储量和更高的电性能。项目承担单位为江苏盐芯微电子有限公司，获得2022年度省级工程技术研究中心项目立项。

【江苏省智能工业涂装装备工程技术研究中心】 2022年，承担智能涂装装备开发的理论创新、技术创新、工艺改进和产品开发工作，包括新型车身喷涂混联喷涂设备的设计研究、干式喷涂室的研究、涂装生产过程控制层的研发以及智能优化调度和质量控制系统的研发，保障企业产品生产基地的建设和发展，并负责接受国内外相关企业的技术咨询与生产承包，为周边企业提供技术支持与检测服务。项目承担单位为鹏飞机械盐城有限公司，获得2022年度省级工程技术研究中心项目立项。

【江苏省5G通信轻量化滤波器工程技术研究中心】 年内，开展应用于5G移动通信领域的高互调低通滤波器、通信滤波器自动化精准焊接技术、通信过滤器耦合腔空间高效利用技术、基于高信号轻量化天线阵子的通信滤波器等方面的关键技术研究与攻关。项目承担单位为盐城东山通信技术有限公司，获得2022年度省级工程技术研究中心项目立项。

【江苏省（亨通蓝德）海洋工程技术研究中心】 年内，主要攻关海上风电安装相关的新型施工工艺及配套工装研发。对新产品、新工艺、新技术的开发与成果转化包括风机组件大部件更换工艺及工装研究，多功能扶桩架开发研究等。项目承担单位为江苏亨通蓝德海洋工程有限公司，获得2022年度省级工程技术研究中心项目立项。

【江苏省高温高压控制阀工程技术研究中心】 2022年，主要攻关高温高压控制阀密封材料的研究、高温高压控制阀材料研究、控制阀焊接工艺的研究、高温高压控制阀结构设计、控制阀双向密封技术的研发以及控制阀执行器的研发，以组建工程技术研究中心为契机，构建以工程技术研究中心为主体、市场为导向、企业合作相结合的控制阀技术创新体系，推动阀门科技合作的开展。项目承担单位为江苏进典控制阀有限公司，获得2022年度省级工程技术研究中心项目立项。

【江苏省高精度环境监测设备工程技术研究中心】 年内，瞄准环保监测装备国际发展前沿技术，围绕国家环保产业发展战略，整合产学研合作各方技术力量，实现成果的工程化、产业化研究，为环保产业提供新产品、新技术、新工艺。针对环保发展对环境监测技术的需求，提出基于紫外差分光谱测量技术对烟气排放实时连续监测系统的关键技术研究、固定污染源挥发性有机物（VOCs）在线监测系统响应因子特性研究、基于微型光谱仪的多参数水质检测仪关键技术研究。项目承担单位为江苏春潮科技发展有限公司，获得2022年度省级工程技术研究中心项目立项。

【江苏省（耀晖）高性能人防防护设备工程技术研究中心】 年初，根据人防工程的建设要求以及人防防护设备的发展趋势，应用现代机械设计方法，进行技术创新、工程化应用和成果转化。形成技术优势和研究开发优势共存，兼具生产制造和技术开发服务的人防防护设备工程技术研究中心，提高公司在人防防护设备领域中的竞争力，推动企业扩大产能和市场占有率，引领江苏乃至国内人防设备行业走科技创新和高质量发展路线，推动产业升级。项目承担单位为盐城耀晖人防防护设备科技有限公司，获得2022年度省级工程技术研究中心项目立项。

【江苏省高性能LED背光模组散热系统工程技术研究中心】 年内，立足于国内外高性能LED背光模组散热系统行业市场，主要研究高性能LED背光模组散热系统领域的高新技术和先进生产工艺，一方面从散热新技术的应用出发，减少电视机的整体功耗，另一方面通过新型铝挤散热片等新产品、新技术研发，大幅度减少生产材料的消耗，减少焊接工艺工作量。项目承担单位为江苏蔚联精密科技有限公司，获得2022年度省级工程技术研究中心项目立项。

【江苏省(赛美特)智能特种轮胎工程技术研究中心】 2022年,主要研究开发轮胎温度及压力智能传感模块,实现轮胎状态的实时检测;开发轮胎温度边缘智能监测终端,可实现轮胎状态的边缘端信号处理,信息传输;搭建轮胎状态采集的大数据平台,实时显示轮胎实时状态,建立监测数据库;根据轮胎实时监测数据情况,设计开发能够延长轮胎寿命的手段及客户使用建议。努力构建以企业为基础的工程化研发平台,开展特种轮胎相关技术研究、试验和成技术服务,促进成果转化和技术辐射。项目承担单位为江苏赛美特机械有限公司,获得2022年度省级工程技术研究中心项目立项。

【江苏省轨道交通列车高效能空调系统工程技术研究中心】 年内,针对轨道交通目前普遍存在的空调系统老旧、系统老旧、冷媒泄漏、不具备新风功能等问题,致力于空调系统的关键零部件研究,开发出与现有轨道交通相匹配的空调零部件,解决传统空调系统存在的问题。满足国民日益增长的轨道交通乘车需求,促进江苏省轨道交通空调系统的发展,助力江苏在该行业能够处于国内领先地位,推进轨道交通事业快速、稳定发展。项目承担单位为江苏荣邦机械制造有限公司,获得2022年度省级工程技术研究中心项目立项。

【江苏省显示屏用功能粘接材料工程技术研究中心】 年内,根据国内显示屏行业大尺寸和窄边框的发展趋势,应用高分子材料复合新技术,进行技术创新、工程化应用和成果转化。研究开发显示屏应用的功能性粘接材料新产品、新技术和新工艺,培养一支层次较高的技术创新队伍,建立和完善工程化和产业化的标准、规范与体系,迅速实现产业化,提高在显示器功能粘接材料领域中的竞争力,形成国际竞争力。项目承担单位为江苏斯瑞达材料技术股份有限公司,获得2022年度省级工程技术研究中心项目立项。

【江苏省(诚益通)熔模精密铸造工程技术研究中心】 2022年,根据国家绿色发展的要求,研究开发熔模精密铸造新技术和新工艺,包括对熔模精密铸造全过程计算机数值模拟仿真技术研究、镍合金熔模精密铸造用氧化物陶瓷制备与生产工艺研究、熔模精密铸造蜡模电泳沉积改性技术研究以及熔模精密铸件质量控制及质量管理系统开发。项目承担单位为盐城市诚益通机械制造有限责任公司,获得2022年度省级工程技术研究中心项目立项。 (陈加强 张 喆)

盐都区2022年获省科技计划立项项目汇总表

表5

序号	项目类别	项目名称	承担单位
1	省级工程技术研究中心	江苏省多功能乒乓球体育器材工程技术研究中心	盐城市艾斯特体育器材有限公司
2		江苏省(赛美特)智能特种轮胎工程技术研究中心	江苏赛美特机械有限公司
3		江苏省(苏力)智能涂装工程技术研究中心	江苏苏力机械股份有限公司
4		江苏省涂装智能装备工程技术研究中心	江苏亚一智能装备有限公司
5		江苏省轨道交通列车高效能空调系统工程技术研究中心	江苏荣邦机械制造有限公司
6		江苏省5G通信轻量化滤波器工程技术研究中心	盐城东山通信技术有限公司
7		江苏省(诚益通)熔模精密铸造工程技术研究中心	盐城市诚益通机械制造有限责任公司
8		江苏省(亨通蓝德)海洋工程技术研究中心	江苏亨通蓝德海洋工程有限公司
9		江苏省高温高压控制阀工程技术研究中心	江苏进典控制阀有限公司
10		江苏省(盐芯微)LGA封装工程技术研究中心	江苏盐芯微电子有限公司
11		江苏省高性能LED背光模组散热系统工程技术研究中心	江苏蔚联精密科技有限公司
12		江苏省(晟华)高效功率半导体器件工程技术研究中心	江苏晟华半导体有限公司
13		江苏省智能工业涂装装备工程技术研究中心	鹏飞机械盐城有限公司
14		江苏省智能钻探机械工程技术研究中心	盐城加美机电科技有限公司
15		江苏省(耀晖)高性能人防防护设备工程技术研究中心	盐城耀晖人防防护设备科技有限公司
16		江苏省显示屏用功能粘接材料工程技术研究中心	江苏斯瑞达材料技术股份有限公司

续表5

序号	项目类别	项目名称	承担单位
17	省工程技术研究中心	江苏省高精度环境监测设备工程技术研究中心	江苏春潮科技发展有限公司
18		江苏省刹车盘片工程技术研究中心	江苏方意汽车配件制造股份有限公司
19	省科技副总	省科技副总	江苏南盐电子商务研究院有限责任公司
20		省科技副总	江苏斯瑞达材料技术股份有限公司
21		省科技副总	盐城东方天成机械有限公司
22		省科技副总	盐城奇林电气有限公司
23		省科技副总	盐城市博优交通科技有限公司
24		省科技副总	盐城市春秋精密机械有限公司
25		省科技副总	江苏华宏昌明科技有限公司
26		省科技副总	江苏恒隆通新材料科技有限公司
27		省科技副总	盐城市昌德机电制造有限公司
28		省科技副总	江苏怡通控制系统有限公司
29		省科技副总	盐城市东荣石油机械有限公司
30		省科技副总	盐城雄鹰精密机械有限公司
31		省科技副总	江苏千秋高空工程有限公司
32		省科技副总	盐城锐特健康发展有限公司
33		省科技副总	盐城恒发精密齿轮有限公司
34		省科技副总	盐城市明亮机械有限公司
35		省科技副总	盐城市锐砂环保科技有限公司
36		省科技副总	盐城市鹤鸣电气制造有限公司
37		省科技副总	盐城市荣南机械制造有限公司
38		省科技副总	江苏群力技术有限公司
39		省科技副总	江苏铭岳智能装备有限公司
40		省科技副总	盐城市龙强机械制造有限公司
41		省科技副总	盐城市欧奇机械有限公司
42		省科技副总	江苏自强环保科技有限公司
43		省科技副总	江苏友和动力机械有限公司
44		省科技副总	盐城国睿信科技有限公司
45		省科技副总	盐城市秦缘农业发展有限公司
46		省科技副总	盐城天邦饲料科技有限公司
47		省科技副总	海悦电缆制造有限公司
48		省科技副总	盐城市权航科技有限公司
49		省科技副总	江苏蔚联精密科技有限公司
50		省科技副总	江苏华东砂轮有限公司

续表5

序号	项目类别	项目名称	承担单位
51	省科技副总	省科技副总	盐城三创农业开发有限公司
52		省科技副总	盐城旭华机械有限公司
53		省科技副总	江苏华驰机械有限公司
54		省科技副总	江苏华荣达热能科技有限公司
55		省科技副总	江苏悦达印刷有限公司
56		省科技副总	江苏明通福路流体控制设备有限公司
57		省科技副总	盐城市宏宇造纸机械有限公司
58		省科技副总	江苏兴邦能源科技有限公司
59		省科技副总	盐城市科恒达材料有限公司
60		省科技副总	江苏瑞晨模塑科技有限公司
61		省科技副总	盐城协亿科技有限公司
62		省科技副总	盐城云涛变压器制造有限公司
63		省科技副总	盐城市欧罗拉科技有限公司
64		省科技副总	盐城市锦瑞石油机械有限公司
65		省科技副总	江苏通亚电热科技有限公司
66		省科技副总	江苏建民工具有限公司
67		省科技副总	江苏惠盈生态农业有限公司
68		省科技副总	江苏春潮科技发展有限公司
69		省科技副总	盐城呈祥园艺育苗有限公司
70		省科技副总	江苏田盛源生态农场有限公司
71		省科技副总	盐城市盐都区轩盛生态养殖有限公司
72		省科技副总	盐城五丰建设工程有限公司
73		省科技副总	盐城市国源电热科技有限公司
74		省科技副总	盐城市常吉机械有限公司
75		省科技副总	盐城市阳光现代农业科技发展有限公司
76		省科技副总	盐城爱琴农业发展有限公司
77		省科技副总	盐城德山德水园林科技有限公司
78		省科技副总	盐城市白桦林园林有限公司
79		省科技副总	盐城青枝农业科技有限公司

教　　育

综　　述

【概况】　2022年，盐都区共有普通中小学53所(公办51所、民办2所)，公办中小学中有小学25所，初中22所，九年一贯制学校4所。另有体育学校1所，直属事业单位1个，社区教育中心17所。有幼儿园64所(公办31所、民办33所)。公办中小学共有教职工4089人(其中专任教师3621人)，幼儿园有教职工2097人(其中，专任教师1074人、保育员452人)。年内，被表彰为全省首批、全市唯一的高质量平安校园建设示范区，全市文明城市创建工作先进集体，“双减”工作案例、思政课教育案例入选全国典型。

【凸显干部示范效应】　年内，共考核提拔校级干部41人，交流校级干部8人，管理干部平均年龄均降至40岁以内。印发《全区学校校级干部管理意见》和《关于规范中小学内设机构设置和中层干部管理的意见》，完善选拔、任用、考核、管理、奖惩机制，助推高素质干部队伍建设。对校级管理干部工作量、任教专业等作出规定，组织校级干部赛课，班子“头雁”示范带动作用凸显。

【提升教师队伍质量】　2022年，全年招录、选调179名教师，安排区级以上培训18424人(次)，其中，国家级培训4961人(次)。新增“苏教名家”1人，省教学名师1人，市“四有”好教师团队3个，市名校长(优秀校长)6人，2人被评为盐城最美教师。编印119名“名师”教学主张，组织百名“骨干教师”送教36场。安排校长教师交流轮岗316人，占应交流人数的15.3%，其中，骨干教师73人占23.1%，均超出省市“两个15%”要求。

【推动教育改革创新】　年内，投入资金14.14亿元，新建6所中小学和4所公办园，新增11500个学位。新创省、市“智慧校园”示范校8所，市内涵建设先进校、优质初中校8所。盐城工学院高新区研究生分院如期开学。与南师大合作增设公办初中部、小学部，并举办智创校区揭牌仪式。所有中小学幼儿园实行集团化办学。区域课程游戏化整体推进获省好评，课后服务质效实现“双提升”。小学教育综合考评位居全市“第一板块”，中考排名全市第二。新增全国校园足球特色校3所，全区国家级体育特色校总数全市第一(共44所)。社区教育年培训超7万人(次)，新增省市优质化项目和特色品牌项目7个。校园“四进”活动、“四特”学生关爱措施全面落实，共聘任法制副校长66人，组织普法宣教近100场。发放困难学生助学金400多万元，为189名大学生办理生源地助学贷款。

3月，数学名师课堂　　　　教育局　供

【推进教育精致管理】 2022年，召开教育高质量发展推进会，印发《关于深化教育改革加快推进教育高质量示范区建设的意见》和“双减”、区管校聘、心理健康教育等5个配套文件，打造“满意教育在盐都”品牌。推进校长负责制改革，理顺乡镇学校党组织归属，5所学校已经先行先试。向民办学校派驻党建指导员，基层学校党组织和党的工作覆盖率达100%。守牢校园疫情防控防线，提升安全工作基础水平，新增市平安校园示范校10所。重抓智能化建设，校车由物联网进行云监管，视频监控全部与公安联网，周界报警系统实现全闭合，全年没有发生安全责任事故、学生非正常死亡事件和校园霸凌事件。

【教育生态健康清朗】 年内，《盐城市中小学教师政治学习制度（试行）》《盐城市中小学教师“十不准”（试行）》等6项制度全面落实。紧盯“关键少数”“关键领域”“关键节点”，明确12个廉政风险防控重点和50个廉政风险点，所有学校配备兼职纪检监察员。重视内部审计工作，获评区内审工作先进单位。治理教育系统在编不在岗“吃空饷”等群众关注的热点难点问题，教育发展生态健康清朗。

（朱海军）

学前教育

【概况】 年内，聚焦“扩供给、提质量”，努力扩大学前教育资源，全面加快课程游戏化项目区建设，聚力推进学前教育优质普惠发展。

【扩大优质资源供给】 2022年，盐渎院子、红郡府、高新嘉园、桃花园4所幼儿园建成开园，并接受市优评审；新增市优质园1所（怡和园幸福幼儿园）。北蒋、大纵湖镇、盐渎路3所幼儿园完成省优复审。

【举行第一责任区户外混龄自主游戏研讨活动】 1月，盐都区学前教育第一责任区户外混龄自主游戏研讨活动在大纵湖镇幼儿园举行，责任区内各公办、民办幼儿园园长和骨干教师聚焦主题进行观摩、研讨。近年来，盐都区探索出园所联动、专家指导、骨干带动等形式的教师队伍建设举措。除与区外幼儿园开展联动外，将全区公民园划分为4个教研责任区，园所间采取到示范园跟岗、名师送教下乡、责任区沉浸式研修等举措，以个人、团队成果展示的方式分享观点、分享思想、分享行动、分享故事、分享快乐，形成个人反思、同伴互助、专业引领“三位一体”的研训模式。

【制定“一老一小”整体方案】 4月，与卫健委、民政局、人社局等相关部门共同制定“一老一小”实施方案。组织部分幼儿园园长参加托育机构负责人培训班。有14所幼儿园开设托班，其中，公办园6个，民办园8个，合计在托幼儿132人。

【推进学前教育普及普惠发展】 5月，盐都区人民政府区长马正华、副区长孙高明会办学前教育普及普惠监测反馈存在问题，明确具体整改措施，印发学前教育普及普惠发展工作责任清单，建立具体工作推进汇报制度。

【组织幼小衔接现场观摩活动】 6月1日上午，盐都区“来吧，我们一起过六一”幼小衔接现场观摩活动在崇礼路小学举行。盐都区教育局分管负责人，各小学、幼儿园主要负责人、骨干教师代表以及各县（市、区）学前教育教研员、园长代表参加活动。盐都实验幼儿园的孩子们观摩崇礼路小学一年级新生入队仪式后，举行游戏互动，一年级学生和幼儿园的孩子一起参加“航天泥塑”“你扔我猜”“七彩数字锁”等形式多样的游戏，并举行情景剧《小学的一天》展演。此外举行由家长、校长、园长、教师参加的幼小衔接沙龙，盐城幼儿高等师范专科学校、学前教育研究所所长肖琦开设题为“质量视域下再谈‘幼小衔接’”专题讲座，市教科院董玲老师对整个活动进行点评。

【副中心幼儿园结对共建】 8月，召开副中心建设重点工作推进会，举行新学期结对共建校（园）签约仪式。10月，举行支持副中心建设暨结对共建校（园）揭牌仪式，明确共建园之间通过送教、游戏活动指导、专题研讨、园本教研互动、跟岗学习等多种形式开展常态化交流，提升办园水平。

【“品牌园”建设亮点】 年内，潘黄幼儿园获得省基础教育前瞻性项目研究立项，填补学前教育该项“空白”；郭猛新城幼儿园成为市内涵建设第二批“种子”项目园；朗达幼儿园等多所幼儿园融合教育经验、园本课程建设经验在全市学前教育交流展示活动中介绍。

【优化队伍素质】 年内，邀请朱丽华、姚亚云、汤海珍知名专家对全区幼儿园长及骨干教师进行专题培训。发挥骨干教师的作用，做好新教师“传帮带”工作。组织教玩具制作和管理案例评审，并组织展示展评活动，推动面上研究活动开展，让教师能力提升成为自觉。选送报市作品全部获奖，且获得团体奖和组织奖。

（朱　磊）

义务教育

【概况】 年内，全区义务教育围绕推进均衡升级，巩固集团化办学成果，通过实施“名校+”战略，扩大优质资源覆盖面，形成“鲶鱼效应”，为创建全省义务教育优质均衡发展区打下基础。

【“双减”案例三次被省“双减”快报刊用】 2022年，区域典型案例《盐都区学校体育助力“双减”增效》被省“双减”快报130期刊用，《赋能作业重设计　轻负优质“都满意”》被评为省第四批“双减”工作典型案例，盐都区实验小学的《每天“五个一探索作业新样态”》被省“双减”快报291期刊用。

【组织“双减”工作“班主任论坛”】 3月4日，组织“新时代班主任风采大赛”立德树人论坛活动。来自各中小学的23名班主任分享班放管理工作与日常教学工作的经验。

【开展“趣味游考”活动】 年内，盐都各小学一、二年级期末考试以核心素养的评价为导向，以“趣味达标性游考”的形式，结合语、数、音、美、体等学科能力检测，加强劳动教育、环境保护等方面素养的综合考评，全方面、多维度对学生进行综合素养考查，让孩子们在多元的达标性考评内容中体验到学习的快乐和成功的喜悦。

【开展“四进活动”】 4月起，在全区中小学开展“四进活动”，即心理健康教育进校园、法治教育进校园、安全教育进校园、家长教育进校园。旨在统筹学校资源、社会资源，加强学校、家庭和社会联动，织密学生健康成长关爱网，护航每一名学生健康成长。

【学生暑期“防溺水”教育工作】 8月，区教育局开展中小学生暑期“防溺水”教育工作。通过线上线下方式，召开“防溺水”工作布置会，要求各学校校(园)长提高认识。各学校开展“防溺水”宣传教育，普及预防溺水安全常识；通过溺水事故案例，警示学生私自下水游泳玩耍的危险性；通过国旗下讲话、手抄报宣传画评比、师生承诺签名、观看《防溺水安全教育课件》等活动，推进“防溺水”教育入心入脑入行。对校内及校园周边水域进行全面排查，协调镇(街道)、村(社区)在水域周边完善安全警示标志。各学校通过家长学校、微信群、发放“致家长的一封信”等形式，增强家长安全意识和责任意识。

6月，快乐大课间　　教育局　供

【开展“开学第一课”活动】 2022年春学期开展“弘扬伟大体育精神，唱响《一起向未来》”为主题的活动，秋学期开展“喜迎二十大，争做新时代好少年”为主题的系列活动。全区各中小学、幼儿园组织开展，相关媒体进行报道。

【“双拥”工作获表彰】 年内，各中小学利用“八一”等节日开展双拥宣传、慰问活动，参与“双拥模范城”创建活动，区教育局被区委、区政府表彰为“先进集体”。

9月，开展”龙仔心向党、喜迎二十大“第一课活动　　区融媒体中心　供

【组织中小学生“学宪法讲宪法”网上答题活动】 8—12月，40086名同学参加“第七届全国学生学宪法讲宪法”活动，平均分达94.11分。郭猛小学的孙新雨参加市中小学生“学宪法讲宪法”活动法治知识竞赛获一等奖，郭猛小学袁子涵和南师大盐城实验学校的王天翰获二等奖。

【开展普通话进校园活动】 9月12—18日是第25届全国推广普通话宣传周，围绕“推广普通话，喜迎二十大”主题，特邀区融媒体中心主持人通过范文朗读、有奖问答、读音纠错等环节，提升孩子们学好普通话的兴趣，让孩子们了解讲好普通话的含义、怎样练好普通话等知识。9月16日上午，在盐城市科创城小学开展推广普通话进校园活动。9月24日，区教育局和区语委办联合组织第25届推广普通话宣传周系列活动——盐都区“喜迎二十大·讲好党史故事”主题演讲比赛。14位来自各镇(区、街道)的不同职业的工作者参赛。

【开展爱牙护牙知识讲座】 9月14日下午，区教育局邀请区疾控中心口腔科医师到腾飞路小学，为三年级的孩子们举办爱牙护牙知识讲座。活动中，邱利华医生围绕“口腔健康，全身健康”主题，通过PPT演示，结合孩子的实际情况，讲解牙齿的构造、换牙、牙齿的作用，以及儿童常见的口腔疾病、预防牙病要注意的问题和正确的刷牙方法等各种口腔保健知识，阐述口腔保健的重要性。

【举办中小学校营养配餐员培训】 9月17日下午，盐都区开展2022年“全国科普日”活动暨全区首期中小学校营养配餐员培训。来自全区中小学校配餐员50余人参加培训。活动中，江苏医药职业学院兼职教授、市营养学会名誉理事长沈进进为学员们作“儿童青少年饮食与健康”讲座，市科协常委、市营养学会理事长戈建虎作营养配餐员职业技能大赛参赛报名指导及集训辅导。

【葛武初中开展校园禁毒反诈宣传活动】 9月24日，葛武初中邀请台创园派出所民警到校开展禁毒反诈教育宣传活动。活动中，民警结合青少年的年龄、生理、心理特点及知识结构、认知能力等情况，通过召开校园禁毒反诈讲座、发放禁毒反诈宣传资料等方式，以案释法，向学生们讲解常见毒品的种类、危害及如何远离毒品、预防毒品等知识。此次宣传活动共180余名师生参与，发放禁毒反诈宣传资料200余份，现场接受咨询20余人（次）。

【优化重组集团化办学】 10月11日，在义丰小学举行盐都幼儿园与大纵湖镇幼儿园、崇礼路小学与义丰小学、区实验初中与义丰初中结对、签约、挂牌仪式。区教育局对原有的小学6个教育集团和7个初中教学发展共同体进行微调，重新组建6个小学教育集团和6个初中教育集团。

【承办市“四仪”教育成长仪式观摩活动】 10月20日，盐城市“四仪”教育成长仪式示范观摩活动在腾飞路小学举行。市委宣传部、市文明办、市教育局、团市委、各县区文明办负责人出席，腾飞路小学师生进行展示。

【参加全国青少年禁毒知识竞赛】 11月，盐都区53所中小学共32947名学生参赛，学校参与率、学生参与率、及格率、满分率均为100%。居全市首位，获得市禁毒委嘉奖。

【开展青少年社会实践活动】 11月3日上午，为期3天的神州路小学学生社会实践活动在区中小学生社会实践活动基地开幕。3天时间里，基地打造消防安全、交通安全、反诈骗和农村文化四大体验馆，构建拓展训练、国防教育、农事劳作、手工技艺、主题教育、研学旅行六大课程体系，让参与社会实践的同学们走进乡村、走进生活，提升实践本领。

【推进合作办学】 11月12日，在智创学校举行南师大与盐都区合作办学签字仪式以及南师大盐城实验学校智创校区挂牌仪式。南京师范大学校长华桂宏、副校长岳嵩，盐城市副市长王连春，副市长、区委书记、高新区党工委书记王娟，区委副书记、区长马正华，高新区管委会主任高翔出席签约仪式。

10月，南京师范大学盐城实验学校智创校区揭牌仪式　　教育局　供

【创建市小学内涵建设先进校和市新优质初中】 年内，义丰小学、尚庄小学、龙冈小学、中兴实验学校小学部创建成“盐城市小学内涵建设先进校”，第一初中、高新区初中、尚庄初中、大纵湖初中创成“盐城市新优质初中”。

【省中小学生品格提升工程项目获奖】 年内，市二小省中小学生品格提升工程项目《“小号手”自主教育的实践探索》顺利结项，并获“优秀”等次。区实小的9《“四生教育”德育课程群：小学生精神明亮的校本实践》成功申报省中小学生品格提升项目。

【建立“护苗”工作站】 2022年，全区中小学、幼儿园共建立118个“护苗”工作站，统一挂牌，各工作站按照建设要求，创新开展工作，保护未成年人健康成长。

（魏先华）

高中教育

【盐城实验学校高考成绩优异】 年内，南京师范大学盐城实验学校2022届高考文化类参考人数315人，达特殊控制线120人，本一进线率38%，本科进线272人，进线率86.1%。其中，高三（1）班本一达线85%，高三（2）班本一达线70%。985院校录取3人，211院校录取15人。

【南京师范大学盐城实验学校学生竞赛获奖】 2022年，南京师范大学盐城实验学校学生参加五大学科竞赛，2名同学获得数学竞赛省二等奖，2名同学获得省三等奖；1名同学获得化学学科省一等奖，10名同学获得省二等奖，8名同学获得省三等奖；1名同学获得生物学科省一等奖，2名同学获得省二等奖。

【盐城枫叶高中学生获省级以上竞赛奖】 年内，江苏省化学奥赛高中组有1

名学生获省级三等奖；第十九届“叶圣陶杯”全国中学生新作文大赛初赛中，1名同学获省级一等奖、全国三等奖，1名同学获省级二等奖，2名同学获省级三等奖；第二十届“叶圣陶杯”全国中学生新作文大赛3名同学获省级一等奖，11名同学获省级二等奖，13名同学获省级三等奖。

【获市区级三好学生】 年内，盐城枫叶高中高二(5)班贺潇被评选为盐城市“优秀学生干部”，高二(1)班谷星辰被评选为盐城市“三好学生”，高一(6)班孙豪被评选为盐都区“优秀学生干部”，高一(6)班周子尧、高二(1)班郭敬被评为盐都区“三好学生”。

【盐城枫叶高中开展社团活动】 2022年，盐城枫叶高中除开展正常的社团活动外，每月聚焦1个主题组织社团活动，通过多彩的社团活动，丰富学生的课余生活，达到交流思想，切磋技艺，互相启迪，共同提高，增进友谊的目的。

（吴荣华）

职业教育与社会教育

【概况】 年内，以建设学习型社会，促进全民终身学习为目标，围绕群众需求，组织各类活动，巩固省社区教育示范区创建成果。

【社会教育获省表彰】 年内，盐渎电商培训讲堂被表彰为2022省级“社区教育品牌项目”。《红色文化浸润绿色张庄》《智慧助老助残学习体验基地》入选省特色品牌培训项目，楼王镇社区教育中心被评为2022年“江苏省社会教育百强单位”。

【里下河民俗文化博物馆成为体验基地获省认定】 2022年，北龙港社区教育中心里下河民俗文化博物馆被确认为省社会教育学习体验基地。里下河民俗文化博物馆占地1200平方米，其中，场馆1000平方米，已建成综合馆、农具馆、水上交通馆、剪纸馆、知青馆、家具馆、瓷器馆、日用品展示馆和4个体验区，收集整理里下河地区民俗物品15类、4000多件。

【举办党史知识竞赛】 1月5日，郭猛成人教育中心校在镇文化中心拱山书场举办以“建功新时代　永远跟党走”为主题的贺新年党史知识竞赛活动。参加活动的有郭猛成人校党支部所有成员、文化中心、部分村居党员共计35人，知识竞赛活动采取书面答卷的形式，现场评分，并给优胜者颁发奖状奖品。

【开展爱耳日宣传】 3月2日，龙冈镇社区教育中心联合镇残联开展第23次全国“爱耳日”宣传活动，活动现场，耳科专家为广大群众进行义诊，解答关于预防耳聋、听力康复等方面的问题。社区志愿者沿街发放宣传资料200多份，宣传爱耳、护耳知识。

【组织考察学习】 6月5日，潘黄街道组织老干部到“中央华中纪念馆”进行考察学习，了解新四军的指战员们在党的领导下与敌寇英勇斗争，抵御外敌的事迹。老党员们表示，要不忘初心牢记使命，坚定理想信念，赓续红色命脉，传承红色精神，讲好红色故事，争当“银发先锋”。

【举办座谈会】 7月1日上午，盐城市“三家春”终身学习共同体成立6周年暨省特色品牌建设座谈会在盐都北蒋社区教育中心举办。座谈会上，省成教协会原副会长唐厚元通过网络视频致辞。

【严查校外培训机构】 7月26—27日，区教育局联合公安局、卫健委、市场监管局、文广旅局、消防大队、应急管理局等各类校外培训机构主管部门，开展校外培训机构暑期专项检查。共检查艺术类培训机构8家、体育类培训机构3家，托管类机构17家(其中多家举办2～3类培训项目)，并针对非学科类培训机构利用暑假违规开展学科培训、以及无办学资质的非培训类机构违法违规开展学科培训等行为进行查处。

【举办青少年普法宣传活动】 8月27日，学富镇社区教育中心联合镇司法所、老年协会在镇成人学校举办暑期法纪讲座。教育引导学生在遇到欺凌时不回避、不退缩，勇于面对校园中的不良风气，用正确的方法切实维护生命财产安全。

【举办重阳节茶话会】 9月30日，张庄街道社区教育中心举办“喜迎二十大　欢度重阳节”茶话会，邀请退休老干部、老教师和老党员代表共240人欢聚一堂共度重阳。青年志愿者询问老人们的身体状况和生活需求，向老人们发放《防范养老诈骗手册》，并为老人们表演乐器演奏、舞蹈、红歌演唱等节目。

【开展老年智能技术应用培训活动】 10月26日，盐渎街道老年学校组织开展以“智慧助老，互联生活”为主题的老年智能技术应用培训活动。围绕如何使用微信、“我的盐城”等常用软件，结合PPT，为老人们作讲解。

【刘万华获最美社区教师表彰】 11月22日，省成人教育协会公布省首届“最美社区教师”评选活动结果，经过专家核实、评审，社会公示后，盐都区北龙港社区教育中心刘万华被评为首届江苏省“最美社区教师”。

【组织广场舞健身推广活动】 12月15日，街道文化服务中心、老龄委和社区教育中心联合在科技广场开展以“喜庆二十大健康你我他”为主题的广场舞健身推广活动，来自各村(区)广场舞爱好者160余人参加活动。

（沈蓓蓓）

开放大学(社区学院)

【概况】 年内，盐都开放大学以现代信息技术为支撑，依托国家、江苏开放大学系统形成多层次、多规格、多功能、多种办学形式，将多种教育教学手段融为一体，学历教育与非学历教育并举的办学格局，为地方经济社会发展培养大批实用型人才。

【提升教育教学各环节的管理水平】 2022年，全年毕业学员1571人，毕业率达95%以上。按照国家、省、市开放大学的文件精神及规范要求，重点做好网络教学资源建设和导学助学服务工作，引导帮助学生利用开放大学在线远程教育平台资源完成各项学习任务，为学生的学习提供技术支持服务。

【招生规模保持全市领先】 年内，学校全年招收新生1792人，学校保持远程教育在籍学员5000多人的规模，在籍学员人数为全省县级开放大学靠前位置。创新招生工作方法，开拓新的思路，落实招生工作责任，把握招生信息，到基层找生源，开拓联合办学渠道，继续进行校企、校校合作。

【疫情防控工作】 年内，做好春、秋季招生和全国、全省期末统一考试期间的疫情防控工作，有1.6万多人次参加的期末统考期间疫情防控工作万无一失。将疫情防控工作作为维护教职员工及广大人民群众生命安全、身体健康和社会稳定的头等大事，制定常态化管理措施和工作防控方案。 （谈莹莹）

教育管理

【概况】 年内，落实省、市教育工作会议精神和教育教学管理规范要求，规范学校办学行为，提升教育管理效益，全区学校幼儿园呈现出规范管理、精致管理的良好态势。

【获省“五好”乡村教工之家称号】 1月6日，省教育厅、教育科技工会公布2021年全省“五好”乡村教工之家名单，盐都区大冈初中、冈中小学获江苏省“五好乡村教工之家”荣誉称号，全市仅10家。

【检查春学期开学工作】 2月14日上午，区委常委、宣传部部长罗时荣，区人大常委会副主任季风、副区长孙高明、副区长周昉、政协副主席阮宜春在部分中小学、幼儿园检查开学工作，了解学校基础设施建设，师生报到及新学期各项工作开展情况。

【开展学生心理健康工作】 2月19日，东进路初中聘任副主任医师、国家二级心理咨询师陈爱华为该校学生心理素质发展中心心理咨询师，并开展新学期首场学生心理健康专题讲座。陈爱华从心理健康的概念、青少年心理健康的标准、影响心理健康的不良因素、心理问题的判别和调适方法等方面，给同学们带来一场内涵丰富、精彩纷呈的讲座。

【全区教育高质量发展推进会召开】 3月11日，全区教育高质量发展推进会召开。区长马正华强调，要以更强责任、更大力度、更实举措，推动盐都教育事业发展，办好人民满意教育。盐城市教育局局长戴红光应邀参加。区委常委、宣传部部长罗时荣主持会议，副区长孙高明作工作部署。

【开展交通安全宣传活动】 3月28日，盐都区公安分局盐渎派出所的民警走进区实验小学，以“安全出行　从我做起”为主题，开展交通安全宣传活动。活动中，民警通过辨认交通标识、交通知识抢答、交通手势现场学等形式，从文明出行、安全乘车等方面，向学生们讲述“如何安全过马路，如何看懂信号灯”等知识，让孩子们在听、讲、演中接受安全知识，提高安全意识。

【加强校园特种设备和燃气管理】 4月，区教育局联合区市场监督管理局对21所学校幼儿园37部电梯、46所学校幼儿园（其中管道燃气37所、罐装煤气9所）燃气安全使用情况开展全覆盖检查，对入户安检不到位、校内检查和培训不到位、天燃气报警装置不符合要求等问题，落实整改措施。

【召开区委巡察教育局党委工作动员会】 4月8日，区委巡察教育局党委工作动员会议召开。会议强调要贯彻中央和省、市委关于巡视巡察工作的最新要求，深化政治巡察，加强党内监督，聚焦问题整改，全力办好人民满意的教育。

【获市文明创建先进集体称号】 4月19日，盐城市委市政府印发《关于表彰2021年度盐城市文明创建工作先进集体和先进个人的决定》，区教育局获“2021年度盐城市文明创建工作先进集体”称号。

【组织心理健康教育培训】 4月24日，区教育局组织全区中小学中层以上干部和班主任参加心理健康教育培训活动，旨在科学指导和规范盐都区中小学心理健康教育工作，提升全区中小学心理健康教育水平。培训会特邀盐城师范学院教授陆芳作心理健康教育专题讲座。

【部署校园安全整治和未成年人关爱工作】 4月24日下午，区教育局召开会议对校园安全整治和关爱未成年健康成长工作进行专题部署。区委教育工委书记、区教育局党委书记、局长沈清涛出席会议并讲话。会上，神州路小学、潘黄初中和区实验幼儿园作交流发言。会议还就学校疫情防控、教育教学工作、实事工程项目推进、招商引资、防汛抗旱等工作进行部署安排。

【聘请法制副校长】 5月10日，区教育局发文公布全区中小学新一轮法治副校长聘任名单，共有66名来自法院、检察院和公安系统一线人员被聘任为法治副校长。聘任新一轮法治副校长既是落实教育部颁布《中小学法治副校长聘任与管理办法》的需要，更是加强青少年法治教育的需要。

【召开基层党建暨党风廉政建设工作会议】 5月29日，区委教育工委、区教育局党委召开全区教育系统基层党建暨党风廉政建设工作会议，传达落实上级关于加强学校党建、全面从严治党、党风廉政建设相关要求，对前一阶段工作进行总结，对今后工作进行部署安排。

【盐都创成省高质量平安校园建设区】 6月14日，省教育厅、省委政法委、省公安厅联合公布2021年全省首批高质量平安校园建设区创建评估结果，盐都名列其中，是全市唯一一家通过评估的县（市、区）。

【调研中小学生心理健康教育情况】 6月21日，区人大组织部分区人大常委会委员和人大代表、区教育局分管负责人、相关科室负责人开展中小学生心理健康教育情况调研。区人大常委会副主任季风参加调研。调研组现场视察义丰初中心理健康咨询室、观摩义丰初中心理健康教育课、义丰小学心理健康咨询室等现场，了解中小学生心理健康教育开展情况。要求各校重视学生心理健康教育工作，压实"一把手负总责，一级抓一级，层层抓落实"的工作责任，负责人要当好表率，做好示范，勇于担当。

【获省前瞻性教学改革实验项目立项】 7月2日，省教育厅公布2022年江苏省基础教育内涵建设项目立项评审结果，潘黄中心幼儿园申报的《共生视域下农村幼儿家庭美育支持模型的建构》获前瞻性教学改革实验项目一类项目立项。该项目既是盐都区学前教育首个立项项目，也是全市农村幼儿园首个立项项目。

【举办校园安保管理干部培训班】 8月，举办教育系统校园安保管理干部培训班。各学校幼儿园主要负责人、分管安全负责人、安保主任和学校教技处主任、化学实验室管理等参加培训。本次培训省教育厅安稳处有关负责人作题为《筑牢安全防线，建设平安校园》的讲座，市公安局内保支队相关负责人作题为《新形势下如何做好校园安全保卫工作》的讲座，区应急管理局相关负责人作题为《关于学校实验室危险化学品安全管理的探讨》的讲座。人保财险盐城市分公司理赔中心有关负责人作题为《校园方责任保险培训》讲座。区委教育工委有关负责人作题为《百团进百万企业千万员工》的安全生产学习宣讲。

【马正华检查学校开学准备及疫情防控工作】 8月29日上午，区委副书记、区长马正华在吴抬路小学初中、科创城小学初中检查开学准备及疫情防控工作，了解学校办学规模、师资配备、生源状况，还走进教室、食堂、行政楼等场所，查看学校软硬件设施配备、基础设施建设、防疫物资储备等情况。副区长孙高明参加。

【检查秋学期开学工作】 9月1日，区人大常委会副主任季风、副区长孙高明、政协副主席阮宜春先后在智创小学、初中，龙冈小学、初中，龙冈桃花园幼儿园，实地检查疫情防控、校园安全、食宿安全等工作情况，要求相关部门要完善硬件设施建设，优化功能场所布局，夯实教育基础；加强学校周边环境整治，紧盯食品安全、消防安全，严防安全事故发生；强化师资队伍建设，提高教师队伍专业化水平，提升教育教学水平。

【举行"八万师生同上一节课　喜迎党的二十大"活动】 9月1日，盐都组织8万名师生聚焦"喜迎二十大，争做新时代好少年"这一主题，上"开学第一课"，激励和引导广大青少年听党话、感党恩、跟党走，厚植爱党爱国爱社会主义的情怀。

【召开纪检委员业务培训会】 9月3日，区委教育工委、区教育局召开基层党组织纪检委员（兼职纪检员）业务培训会，对全区96所中小学、幼儿园、社区教育中心的106名纪检委员进行集中"充电"，提升基层纪检委员监督执纪意识，发挥近距离监督探头作用。

【庆祝第38个教师节座谈会】 9月7日下午，召开庆祝第38个教师节座谈会，区委副书记、区长马正华出席会议并讲话，会议由区委常委、宣传部部长罗时荣主持。会前，参加座谈会的各相关部门负责人走访慰问科创城初中等5所学校的教师代表。会上，区教育局汇报全区教育改革发展情况，校长和教师代表从不同层面作发言。

【举行支持副中心建设暨结对共建校揭牌仪式】 10月11日下午，盐都区在大纵湖镇举行支持副中心建设暨结对共建校揭牌仪式。副区长孙高明出席仪式并为结对共建校（集团成员校）揭牌。区教育局结合职能将义丰初中、义丰小学分别纳入区实验初中教育集团和崇礼路小学教育集团开展集团化办学，将义丰幼儿园、大纵湖镇幼儿园与盐都幼儿园结

10月，支持副中心发展暨结对共建校揭牌仪式　　教育局　供

成结对共建学校。秋学期开学前，崇礼路小学和区实验初中按照“1+2”的模式，各选派3名教师到副中心对应学校工作，其中，明确1人担任中层以上管理干部；盐都幼儿园则按照每月至少“送教上门”1次的要求进行全年教研活动编排。

【召开全区中小学校党建工作会议】 11月4日，全区学校党建工作会议召开。区委常委、组织部部长周达虎出席会议并讲话。会议要求，全区中小学校党组织落实立德树人根本任务，培养德智体美劳全面发展的社会主义建设者和接班人，加快建设高质量教育体系。加强中小学校党建工作，把党的领导根植到基础教育的方方面面，加强师德师风建设，培养高素质教师队伍。把培养教师高尚的道德情操作为重要环节，教育学生培养正确的价值判断能力、价值选择能力、价值塑造能力。把党建工作融入办人民满意教育的全过程，提高工作定位。

【赴秦南镇调研教育高质量发展】 11月7日下午，区教育局调研组赴秦南镇，就镇域教育高质量发展进行调研，加快农村教育发展，服务乡村振兴。座谈会上，相关学校汇报发展情况、存在的困难与问题，以及工作的思考和打算。区教育局相关职能科室就推进发展提出合理化建议。

【获省教科研工作先进集体和先进个人】 7月，省教育科学研究院公布2020—2021年度全省教科研工作先进集体和先进个人评选结果，盐都区共有2个单位3人获奖，其中，盐都区教师发展中心研训部、盐城市第一初级中学获江苏省基础教育教科研工作先进集体，汪明华、吴文琴、梅艳获江苏省基础教育教科研工作先进个人。

【信息化应用取得成效】 年内，盐城市第一初中《五谷丰登》等7件作品获学生信息素养提升实践活动一等奖，区教育局获市优秀组织奖。第一初中徐丽参加省“领航杯”教师信息化优质课大赛获一等奖。东进路小学吴海明被评为省中小学网络名师工作室领衔名师。东进路小学获评江苏省智慧校园示范校。

【获“2022年度内部审计工作先进单位”表彰】 全年，区教育系统内审工作围绕区委、区政府关于内审工作要求，以管好用好教育经费、促进规范执行财务规定为重点，发挥教育内部审计监督作用，加强内部风险防控、问题整改、问责追责，积极推进审计监督全覆盖，被授予盐都区“2022年度内部审计工作先进单位”，连续三年获此殊荣。

8月，开展新录用教师培训班　　教育局　供

【提升校园安防建设水平】 年内，全区校园保安配备合格率100%，持证上岗率100%，校园封闭管理率100%，配有标准化警务室，设置安全缓冲区和校门防冲撞设施。校门口人脸抓拍、车辆识别系统和校内视频监控系统全部与公安部门联网，校园周界报警系统全部闭合，学校安防建设水平位全市前列。

【8所学校创成“盐城市平安校园示范学校”】 年内，实施“盐城市平安校园示范学校”创建计划，推动学校在技防、人防、物防等取得突破。盐城市楼王初中等8所学校创成“盐城市平安校园示范校”。

（朱海军）

教师队伍建设

【概况】 年内，通过招录、培养等途径，打造名师云集的教育发展高地。重视师德师风建设，提升教师队伍整体水平和素养，为盐都教育高质量发展提供人才支撑。

【加强教师培训工作】 年内，安排青年骨干教师参加国家、省、市级各类培训，其中，国家级培训（含网络培训）4961人（次）、省级培训（含网络培训）5245人（次）、市级培训60人（次）。组织新教师岗前培训班、全区名师工作室和“四有”好教师团队建设培训班、中小学新课标培训班、幼儿园教师培训班等20多个区级培训班，累计培训教师8100多人（次）。

【规范做好新教师招录】 2022年，按照公平、公正、公开的原则，采取自主择岗的方式，共录聘用新教师155人，其中，名校优生30人，公开招聘教师90人，区外选调10人，乡村定向师范生20人，南师大盐城实验学校定向考核入编5人。

【实施教师交流】 年内，印发《关于推进全区义务教育学校教师“区管校聘”管理体制改革的实施意见（试行）》和《盐都区义务教育学校教师和校长交流工作意见（试行）》，2022年共交流义务教育学校校长教师316人，占符合交流条件教师总数的15.3%，其中，骨干教师交流73人，占交流轮岗教师总数的23.1%。

【推动名师队伍建设】 年内，制定出台《关于加强“三名工程”建设 推动教育高质量发展的实施意见》，市第一初中张丽入选“苏教名家”培养对象，王琴、陈书桂、朱玉萍3人成为正高级教师，腾飞路小学周正荣获评省教学名师，孙梁玉、刘群、孙兰凤团队入选盐城市第二批“四有好教师”市级重点培育团队，新增1个市级名师工作室。葛秀兰获评市名校长，刘玉梅、王琴、卞书彦、张利华、鲍丽斌5人获评市优秀校（园）长。新增市名教师3人、市学科带头人51人、市教学能手89人。

【入选省“333工程”培养对象】 1月，中共江苏省委人才工作领导小组办公室、江苏省人力资源和社会保障厅公布江苏省第6期“333高层次人才培养工程”第三层次培养对象名单，盐都区杨传冈、洪伟、杨红庆和江宏军4位教师入选。

【周正荣获全国小学英语优秀课例一等奖】 1月7日，第十五届全国小学英语优秀教学课例展评获奖结果公布，盐城市腾飞路小学教师周正荣执教的译林版《英语》五年级下册 Unit5 Helping our parents的单元复习课获一等奖。

【获评盐城“最美教师”称号】 9月3日，由市教育局、盐阜大众报报业集团、盐城广播电视总台联合主办的盐城市“最美教师”评选活动结果揭晓，盐都实验幼儿园教师刘玉梅、腾飞路小学教师周正荣被评为2022年盐城市“最美教师”。同批全市“最美教师”共有31名。

【获评2022年盐城市名校长、优秀校长】 10月31日，盐城市教育局公布2022年盐城市名校长、优秀校长评审结果，盐都区腾飞路小学校长葛秀兰获评2022年盐城市名校长称号，盐都区实验小学校长王琴、腾飞路初级中学校长卞书彦、龙冈初级中学校长张利华、盐都区实验幼儿园园长刘玉梅、吴抬路小学副校长鲍丽斌获评“2022年盐城市优秀校长”称号。 （吉庭军）

10月，盐城最美教师周正荣 教育局 供

教育经费

【概况】 2022年全年教育总投入15.26亿元，其中，公共预算教育经费投入10.71亿元，与上年同期相比，分别增长5.82%和3.68%，区政府将发展教育作为民生事业的首条，保障教育发展需要。

【新投入使用10所学校】 2022年，投入资金12.7亿元新建科创城小学、初中，吴抬路小学、初中，智创小学、初中，高新嘉园幼儿园，盐渎院子幼儿园，红郡府幼儿园，龙冈桃花园幼儿园。新投入使用的10所学校，新增学位约11040个。其中幼儿园4所，新增学位约1440个；小学3所，新增学位约5400个；初中3所，新增学位约4200个。

【参加全国生命教育防灾避险知识竞赛】 5月8日“博爱周”期间，组织系统内2.5万名中小学生参加中国红十字总会举办的生命教育防灾避险知识竞赛。区教育红十字会获单位组织奖一等奖。

【举办应急救护知识与技能培训班】 2022年暑期，在神州路初中举办应急救护知识与技能培训班。全区中小学、幼儿园109名校医和保健老师参加培训。培训内容包括应急救护理论知识和AED操作、气道梗阻等急救技能。

【参与网络募捐活动】 9月9日，腾讯公益日活动期间，教育红会谋划，在全区教育系统组织开展“盐都AED救在身边”网上募集善款活动。本次活动共筹集到善款50031.37元，参与人次达2249人。

【精准资助困难学生】 年内，国家助学金全区共资助困难学生6299人（次），金额计744.61万元；各学段盐都籍困境儿童教育保障共资助187人，金额计52.62万元；开展受疫情影响困难学生专项资助，全区共资助19名学生，金额计9625元；为189名盐都籍大学生办理2022年度国家生源地信用助学贷款，金额计213.91万元，区域内没有一个学生因为家庭经济困难而失学辍学。 （朱海军）

10月，举行亲子活动　　教育局　供

教育督导

【概况】 2022年，以习近平新时代中国特色社会主义思想为指导，以推进区域教育优质均衡发展为抓手，以确保政府履职督评工作继续领先为目标，推动义务教育优质均衡弱项整改，“双减”政策落实落地，常态做好疫情防控督查，完成省、市各类专项督导迎查任务。

【督政考核工作全市领先】 年内，做好省、市对区人民政府履行教育职责工作督导评估的迎查工作，对照评价观测点收集2021年以来的各项佐证材料，呈现盐都教育一年多来取得的各项成绩，将存在问题的整改措施落实落细，确保督政工作全市领先，在10月25—26日市组织的现场督评中，盐都区2021年政府履行教育职责工作收到督评组高度评价。超前谋划省、市对区高质量考核中涉教指标的得分和排位，紧盯义务教育优质均衡监测关键环节，推动相关部门将市直4所学校划出盐都考核，实现年终考核“保四争三”目标。

【推进义务教育整改】 年内，按照2024年创成国家义务教育优质均衡发展区的总体规划，对照国家评估32项指标，提升盐都区义务教育优质均衡指标达成率，针对存在的4项不达标项目（专用教室面积不达标；小学规划数少1所；存在大校额；教育质量不达标），开展整改工作。重抓专用教室面积达标整改，会同校安办逐校摸排，“一校一案”，年底整改到位。

【推动“双减”专项督导】 6月8—9日，区政府教育督导室再次抽调人员组成5个督导组，对全区各中小学、校外培训机构进行为期2天的拉网式专项督查，对各单位推进工作及时把诊问脉，为下阶段工作指明方向。10月中旬组织开展对幼儿园的办园质量督导评估。

【挂牌督导工作获省高度评价】 9月16日，省教育督导委办公室组织的全省中小学（幼儿园）责任督学挂牌督导工作督查组对盐都区责任督学挂牌督导工作进行专项督导检查。督查组认为盐都区挂牌督导制度健全，保障有力，流程规范，成效显著，督学履职平台使用较好，内容全面。《盐阜大众报》、“盐城教育发布”微信公众号等媒体报道盐都区推进挂牌督导机制创新情况。

【典型做法获省市肯定】 年内，《学生、家长、教师以及社区参与学校办学质量评价》项目被市选送报省参加“2022年教育评价改革试点项目”评选；《“选、训、管”并举，“德、能、绩”并重，构建新时代督学队伍建设新机制》作为盐城市唯一的县级典型做法，被市督导部门报送为省级深化新时代教育督导体制机制改革工作总结材料；《精准督导，助力乡村教育华丽蝶变》被市推荐为省“双减”典型案例。　（成会同）

文化 新闻

综　　述

【概况】 2022年，全区文化工作在区委、区政府的坚强领导下，坚持守正创新，聚焦文旅融合，统筹推进疫情防控常态化和文化发展，各方面取得新成绩、新发展。

【打造文艺精品】 年内，大型现代淮剧《宋公堤》、大型曲艺剧《盐阜往事》晋京演出，献礼中共二十大。舞蹈《e起回乡》、音乐短剧《白兰花》、盐阜说唱《荡里小伙在成长》3部作品获第十五届江苏省“五星工程奖”，另有2部作品获网络最佳人气作品奖，获奖数量位列全市第一。曲艺剧《盐阜往事》获2022紫金文化艺术节“优秀剧目奖”。现代戏曲《枣·爱》获第二届紫金戏剧文学奖。

【举办系列文化活动】 全年，开展“我们的节日”“我们的中国梦”——文化进万家等主题活动20多场。打造“欢歌笑语走基层”村村到文化惠民演出活动品牌，送戏下乡400多场。开展迎接中共二十大胜利召开“强国复兴有我”群众文化主题宣传教育活动20多场。举办中国盐都第五期小剧场剧本和表导演孵化班以及小剧场艺术荟萃活动，演出5部戏剧，渎上老西门登瀛老茶馆被省文旅厅认定为第二批江苏省示范小剧场。（王晓亮）

文化场馆建设

【概况】 2022年，加大投入，完善图书馆、文化馆、博物馆、群艺馆4个区级公共文化设施。注重向基层一线倾斜，实施镇（区、街道）文化站、村级综合文化服务中心提升建设工程。

【文化场馆数字化建设】 年内，参与国家、省、市有关数字图书馆活动，对数字图书馆进行推广，投入100多万元打造电子体验区，购置瀑布流资源展示机、电子读书机、电子读报机、少儿电子体验机、朗读亭、电子书法机、电子棋艺机、智能机器人、30万册电子书，5000集视频等。区图书馆总馆配备电脑38台，各镇村图书馆分馆均建有电子阅览室，全区总分馆共享工程实现全覆盖；区文化馆打造优质文化场馆体验区，利用现代科学技术手段，将数字文化体验中心空间升级改造。区博物馆在博物馆官方网站以及微信公众平台上推出线上VR博物馆，为普通观众提供远程参观博物馆的服务。运用数字技术和数字媒体技术，定期在微信公众平台推出文化遗产小课

9月，群艺馆盐渎大舞台　　文广旅局　供

堂，保护文化遗产资源，发挥文化遗产资源的社会效益和经济效益。区群艺馆馆内设置LED大屏及微信公众号平台，用于宣传馆内资讯、演出、创文等内容。

【文化场馆阵地建设】 2022年，共提升建设镇级文化站1个，提升建设村级综合文化服务中心30个，新建全省示范小剧场1个，省最美公共文化空间1个。区图书馆利用综合阅览室、报刊阅览室等开展阅读分享、课题研究、参考咨询、展览、讲座、研讨会、阅读马拉松、征文、猜谜、网上专题等读书活动600多次，“和悦读书润盐都”品牌打响；区文化馆提升数字文化馆云效能建设，开设“展厅观展”“培训服务”“舞台演出”等线上文化服务，提供“非遗篇”和“戏剧篇”等6项服务内容。区博物馆对二楼临时展厅门厅区域两侧的墙面进行改造提升，为举办临时展览提供便利，同时对水浒文化馆及民俗馆展厅内的电子设备进行更新。区群艺馆对馆内办公区域墙面进行改造装修，改善公共文化服务环境。

（耿　君）

戏剧创作及演出

【新创淮剧《宋公堤》排练现场】 1月10日下午，大型现代淮剧《宋公堤》在盐都文化艺术中心彩排，邀请中共盐城市委宣传部副部长徐曼一行及业内专家对该剧进行现场观看审查。演出结束后，在区文化艺术中心召开座谈会，并将原剧本《筑堤县长》更名为《宋公堤》。

【淮剧《宋公堤》致敬区“两会”】 1月27日19时30分，淮剧《宋公堤》应邀在盐都区文化艺术中心为区“两会”试演。全区500多名党员干部观看此次演出。该剧以史鉴今、以史促今、以史为镜，以舞台艺术演出的方式，为全区干部上一堂红色党课。

【举办春节专场惠民演出】 2月4日下午，由区文化广电和旅游局、盐渎街道主办的“我们的中国梦”——文化进万家“欢歌笑语走基层”春节专场惠民演出在世纪公园举行。上演《镜花缘》《家和万事兴》等淮剧唱段。

【戏曲《枣·爱》获奖】 2月，曾汉才创作的现代戏曲《枣·爱》从全国范围内作者报送的117部剧本选题中脱颖而出，入选“2022年江苏重点题材剧目创作辅导孵化活动”；11月，该剧从全国征集参评的245个剧本中获江苏省第二届紫金戏剧文学奖。

【举行淮剧迎新春专场演出】 2月3日，由盐城市盐都区文化广电和旅游局、盐城市盐都区盐渎街道主办，盐城市淮剧团承办的2022年迎新春“我们的中国梦——文化进万家”欢歌笑语走基层春节专场惠民演出在盐都区世纪公园盐渎大舞台上演。盐城市淮剧团带来的经典古装淮剧折子戏《断桥》《小南访》《探寒窑》等逐一上演，为市民们送上节日问候和祝福。

【开展系列助演活动】 5月12日，青年演员参加盐城市“青春心向党，建功新时代”主题团日活动。6月18日17时30分，由盐城市公安局盐都分局主办，“全民反诈·都在行动”宣传活动在万达广场举行。助演的淮歌《我们都是反诈人》及淮剧《黄莺树上声声唱》得到观众的喜爱。8月4日“七夕”夜，一场以“礼乐盐博　锦服华裳”为主题的汉服大秀拉开盐城市博物馆“汉服文化月”序幕，众多汉服演员身着汉民族传统服饰在舞台上展示华服之美，演绎汉礼，探寻源远流长的文化基因，传承流转千年的中华文化。盐城市淮剧团用淮剧唱法助演的《声声慢》《探清水河》获得观众好评。

【淮剧《宋公堤》线上首演】 5月13日，大型现代淮剧《宋公堤》在线上首演，2300多名观众进行观看。该剧由国家一级编剧陈明、二级编剧袁晓亚共同创作，国家一级导演、上海戏剧学院导演系教授、博士生导师李建平执导，文化部优秀专家、江苏省音乐家协会副主席、国家一级作曲吴小平在该剧中担任作曲，福建省戏剧家协会副主席、厦门市戏剧家协会主席、国家一级舞台美术设计黄永碤担任舞美，安徽著名音乐配器专家董润淮、盐城优秀唱腔设计潘龙生等专家友情加盟。演员方面，由一级演员王雷领衔，第二十届中国戏剧梅花奖得主、一级演员王书龙，一级演员程红、徐江珠及全体演员共同演绎。

【淮剧《宋公堤》线下首演】 5月23日，大型现代淮剧《宋公堤》入选2022年度江苏艺术基金大型舞台剧和作品资助项目。6月27日晚，由中共盐城市委宣传部、盐城市文化广电和旅游局、盐城市文学艺术界联合会主办，中共射阳县委宣传部、盐城市淮剧团协办的“强国复兴有

10月，“欢声笑语”走基层惠民演出　　文广旅局　供

我”“喜迎二十大幸福连万家”系列活动启动仪式暨江苏艺术基金2022年度大型舞台资助项目淮剧《宋公堤》首演，在射阳杂技艺术中心举行。

【房小莉演唱的《打神告庙》获奖】 6月，青年演员房小莉参加2022中国·宜兴梁祝文化艺术节“中国戏曲红梅荟萃”项目演出演唱《打神告庙》曲目，被中国田汉研究会、中国宜兴梁祝文化艺术节组委会、宜兴市文体广电和旅游局、中国戏曲红梅荟萃组委会联合授予梁祝文化艺术节戏曲演唱“红梅金花（十佳）”称号。

【淮剧《宋公堤》巡演】 6月28日19时30分，江苏艺术基金2022年度大型舞台艺术资助项目淮剧《宋公堤》巡演在东台王昆大剧院开启。11月6日，《宋公堤》巡演走进响水淮海剧院，于9时、15时为响水观众送上淮剧盛宴。11月8日9时、19时，《宋公堤》在滨海唱响2场。11月10日，在北京师范大学盐城附属学校小学部剧场演出2场（14:30、19:30），近400名党员干部代表观摩演出。12月10日9时、19时，在亭湖文化艺术中心为党员干部群众演绎2场。中国戏曲现代戏研究会致函邀请淮剧《宋公堤》晋京献礼中共二十大。

【盐城市淮剧团惠民演出】 8月24日下午，由盐都区政法委主办、盐城市淮剧团演出的《夕阳情怀，守护平安》——“关爱老人·谨防诈骗”大型综艺晚会在盐都区尚庄镇影剧院举行。来自周边辖区内400多名观众观看演出。

【盐城市淮剧团获奖】 9月，小剧场淮剧《老荆树下》获得2022第二届“中国·盐都小剧场艺术荟萃”的“优秀剧目”。导演陈晓欧获“优秀导演”、作曲徐建东获“最佳作曲”、主演宋浩然获“最佳演员”。

【小剧场淮剧《老荆树下》开演】 “盐风海韵”2022年盐城市小剧场艺术季，市淮参演的第1场小剧场淮剧《老荆树下》在9月9日、11日19:30演出。来

9月，《老荆树下》演出　　文广旅局　供

自市区周边400多名观众欣赏。9月26日，小剧场淮剧《老荆树下》在盐都区百姓剧场参加小剧场艺术季——第二届中国·盐都小剧场艺术荟萃演出活动。

【盐城市淮剧团走进水街演出】 9月30日、10月1日、10月4日，盐城市淮剧团先后走进盐城水街“漂舟戏苑”、江苏淮博馆、盐都世纪公园盐渎大舞台，将淮戏奉献给广大观众朋友们，丰富城市居民的节日文化生活。

【小剧场淮剧入选精品剧目】 10月14日，小剧场淮剧《老荆树下》入选第二批江苏省小剧场精品剧目。

【淮剧《为你绽放》走进盐都区实验小学】 11月23日下午，由江苏省教育厅财政厅组织、盐城市淮剧团演出的2022年度高雅艺术进校园拓展项目——大型现代淮剧《为你绽放》在盐城市盐都区实验小学景行剧场开锣。

【全市新剧本评选活动】 12月，2022年盐城市新剧本评奖获奖名单公布，盐都区曾汉才创作的大型现代戏曲《如果，如果有如果》获大戏类特等奖，徐建东创作的大型现代戏曲《小溪大河》获大戏类二等奖，曾汉才创作的小淮剧《歪不歪》获小戏类二等奖，丁玉林创作的小戏《招魂》《乔喜子喜乔迁》分别获小戏类二等奖、三等奖。（李桂媛）

社会文化

【概况】 2022年，全区文化工作者结合自身实际，以中共二十大精神和习近平新时代中国特色社会主义新思想为指导，突出高质量考核指标和乡村振兴实绩考核工作，推进文艺精品打造、文化惠民和中共二十大主题宣传教育活动工作。上半年，全区的高质量考核指标人均接受文化场馆服务次数和乡村振兴实绩考核指标公共数字文化服务乡村覆盖率的考核处于全市第一等次。

【打造文艺精品】 打造大型曲艺剧《盐阜往事》，完成去省晋京演出任务。8月31日，完成晋京献礼中共二十大的演出任务，9月8日去南京参加全省优秀基层文艺院团巡演，获得好评。

【获多项表彰】 年内，在省五星工程奖评奖活动中，盐都共获5个大奖，获奖数量位列全市第一。其中，3部作品获第十五届江苏省“五星工程奖”，2部作品获得网络最佳人气作品奖。区文化馆和盐渎街道文化服务中心的舞蹈《e起回乡》、区文化馆的音乐短剧《白兰花》、区

群艺馆和龙冈文化站的盐阜说唱《荡里小伙在成长》3部获奖作品获舞蹈类、戏剧类、曲艺类前三名，获奖作品全省县市区级含金量第一。快板剧《卖鱼曲》和盐阜说唱《荡里小伙在成长》获网络最佳人气作品奖。

【开展文化惠民活动】 2022年，开展“欢歌笑语走基层”村村到文化惠民演出活动500余场，送展览350余场，各类文化活动400余场，其中开展江苏省第四届快板大赛、“盐风海韵”盐都文化馆百姓剧场、群艺馆怡民戏苑以及渎上老西门登瀛老茶馆精品剧目展演、盐都区小剧场艺术荟萃、曲艺剧《盐阜往事》基层巡演、中国·盐都第二届淮剧嘉年华暨淮剧演员演唱大展等文化活动20余场。

【开展中共二十大主题宣传教育活动】 2022年，开展“喜迎二十大　奋进新征程”读书征文、“喜迎二十大奋进新征程”欢歌笑语走基层文化惠民巡演、“红动盐城”红色文化主题联展联演、“喜迎二十大　幸福连万家”红色经典诗词朗诵·合唱音乐会、“铁军魂　盐城红”2022红色文化主题月启动仪式、“喜迎二十大　奋进新征程”盐都红色藏品展等活动。中共二十大召开以来，开展学习贯彻中共二十大主题文艺作品创演活动，创作音乐快板《贯彻二十大　再谱新华章》、歌曲《前进吧　中国共产党》、歌曲《领航》、花鼓说唱《榜样》、表演唱《二十大精神指航向》、表演唱《四大嫂夸盐城》等文艺作品，并全部进行舞台呈现。（耿　君）

电影放映

【概况】 2022年，农村公益电影公共服务保障及“红色电影主旋律”公益电影展映，按照“政府购买、百姓受惠”的发展思路，把握电影工作正确导向，立足实际，服务农村，以镇(街道)为重点、行政村为基点，建立和完善农村电影公共服务体系。

【基础业务工作】 年内，区电影公司全年订购数字节目3234场，其中故事片86部，科教片26部，“影教育人工程”学生爱教片放映274场，学生观影达6.9万人(次)。至10月底，超额完成3060场的全年放映任务。在影片的题材选择上，以革命历史红色电影主旋律内容为题材，既有科教片、又有故事片，所选百部优秀影片受广大人民群众喜欢。（费同庆）

文博工作

【概况】 2022年，坚持以科学发展观为指导，以服务文化建设为宗旨，按照“强化服务、提高质量、狠抓落实、办出特色”的总体工作思路，坚持“弘扬民族文化，繁荣地方文化，丰富人民群众精神生活”的宗旨，探索发展文化事业和文化产业的有效途径。

【开展博物馆展览活动】 2022年，博物馆在做好疫情防控工作的同时，有序开展基本陈列展览，在展览中限制客流量，对参观群众进行登记、测量体温等。2月1—15日，在南三楼临展厅举办“庆祝2022北京冬奥会——彭文高冬奥会体育明信片展览”；2月1—6日、10月1—5日，在盐都革命陈列馆广场举办盐都民间藏品展；2月1日至3月15日，在南二楼临展厅举办“喜迎新春”少儿绘画作品展暨沫蓓少儿美术成立八周年活动；3月25—28日，在盐都区博物馆公众号发布“艺起防疫　抗疫有我——盐都区博物馆抗疫主题剪纸系列作品展”；6月11日上午，在盐都区龙冈镇举办“文化和自然遗产日”盐都特色非遗文化展示活动；9月10日至10月8日，在南二楼临展厅开展“喜迎二十大　奋进新征程”馆藏书画展。10月29日至11月12日，在南二楼临展厅举办“辉煌金秋书画展”。

【宣传教育活动】 7月2日，在盐都革命陈列馆举办“强国复兴有我”——“盐都区红色文化研学联盟”成立暨庆祝盐都革命陈列馆开馆一周年活动；10—11月，开展“暗影中的同行者——新冠疫情防治教育展进校园进社区”巡回展览活动；在省、市、区举办的“强国复兴有我”活动中，讲解员施意捷、茆圆圆分别获“江苏双十佳革命文物讲述人”(志愿组)称号、盐城市第四届红色故事宣讲大赛“金牌讲解员”称号，参加区宣传部举办的红色故事巡讲活动。

【文物保护工作】 2022年，区文旅局、区博物馆定期对文物建筑类文保单位进行检查，确保文物安全。盐都区现有33个文物保护单位，其中，省级1个，为郝氏宗祠及住宅；市级8个，分别为胡乔木故居、潘黄烈士陵园、宋泽夫烈士墓、朱升墓、王氏宅、王家宅院、薛氏宅、宋泽夫故居；区级24个，完成第四批文保单位

10月，开展喜迎二十大文化惠民演出　　何　丹　王监书　供

申报工作。区博物馆按照文物库房规范化管理标准，建立文物库房巡查制度，每月对库房进行2次全面巡查，做好记录，并执行文物入库出库手续。征集红色革命文物，接收刘文等捐赠的红色老物件，并完成登记、整理工作。 （周 雪）

名人展馆

【三胡故里】 2022年，完成三胡故里的讲解接待工作。完成讲解接待团体参观272场（次），其中游客接待12万人（次），发挥三胡故里新时期党性教育特色基地作用。三胡故里以胡乔木、胡启东、胡公石名人文化为依托，打造以"红色文化、书法文化"及社会主义新农村为主题的现代乡村旅游典范，"胡氏三杰"分别在中华民国史、中国近现代史、中共党史、中国书法艺术史上留下光辉的业迹和丰厚的文化遗产。胡乔木生平陈列馆还被确定为盐城市党史教育基地、党员教育基地、盐城市干部党性教育现场教学示范点、江苏省华侨文化交流基地、盐城市盐都区廉政文化示范基地、盐都区社区教育游学基地等。

【新增一处省级革命文物】 6月，省文化旅游厅公布江苏省革命文物名录（第二批），胡乔木故居入选不可移动革命文物名录。胡乔木故居原为四合大院，东西42米，南北33米多，占地约1400多平方米，共25间房，前后三进。现存砖木结构原配套用房3间，面积50多平方米。 （周 雪）

非物质文化遗产评定

【概况】 2022年，全区高度重视非遗的保护传承工作，组织、参与各类非遗展示活动及申报工作。

【非遗保护成果展示展演】 1月30日，盐都非遗老虎鞋、剪纸、糖画、面塑在东晋水城参加"非遗过大年"非遗展示活动；5月17—21日，盐都区葛武嫩姜片、大纵湖醉蟹制作技艺、藕粉圆制作技艺、大冈脆饼等7个项目在大洋湾唐渎里景区参加"2022盐城生态三鲜美食节"展销活动；6月11日上午，盐都区文化广电和旅游局、盐都区博物馆在龙冈镇举办"文化和自然遗产日"盐都特色文化展示活动，邀请盐都非遗老虎鞋、柳编、面塑、剪纸、糖画、泥塑等项目传承人进行展示；7月1—2日，盐城老虎鞋、龙冈柳编、北龙港剪纸、糖画、龙冈面塑等在大纵湖旅游度假区参加"2022盐城暑期游暨大纵湖露营嘉年华"活动；7月7—8日，义丰龙舞、打莲湘、剪纸、张庄藕粉圆等项目在渎上·老西门参加网红夜市街开幕仪式，并参与江苏卫视"乐游江苏盛夏夜未央"直播活动；7月28日，盐城老虎鞋、北龙港剪纸、龙冈面塑等参加"八一军旗红民艺进军营"活动等。

【非遗名录申报】 2月，组织徐洪祥、郭平等9位区级传承人开展第五批市级非物质文化遗产项目代表性传承人申报工作；7月，推荐国家级非物质文化遗产项目中淮剧传承人王书龙申报第六批国家级非物质文化遗产代表性传承人；11月，组织市级非遗项目何家笛箫制作技艺、藕粉圆制作技艺、义丰龙舞开展江苏省第五批非物质文化遗产代表性项目申报工作。 （赵 娜）

三胡故里新貌 住建局 供

图书工作

【概况】 2022年，盐都区图书馆坚持"读者第一，服务至上"宗旨，围绕"动、静、研、新、宣、恒"六字诀开展工作。狠抓阵地服务，促进业务建设，最大限度满足读者阅读需求；注重发挥社会教育职能，利用图书馆阵地和人员，为读者开展形式多样的读书活动；强化内部管理，搞好综合配套改革，保证图书馆工作协调发展。

【组织书法家下乡送春联】 1月18日下午，盐都区书法家协会7位书法家到张庄街道王庄村农家小院，举行"颂党恩歌盛世"迎新送福文化惠民活动，为广大群众义务写春联，营造新春气息。

【举办系列主题活动】 年内，区图书馆三楼学术报告厅举办系列主题读书活动，1月16日下午举办草房子景区主题读书活动；1月23日下午承办虎年说虎主题读书活动；2月6日下午承办冬奥会主题读书活动；2月13日下午承办元宵节主题系列读书活动；7月3日下午承办中医夏季养生讲座；7月10日下午承办中国航海日主题读书活动；7月24日下午承办大纵湖主题读书活动；7月

7月，承办的大纵湖主题读书活动在盐都区图书馆三楼学术报告厅举办

文广旅局　供

31日下午承办八一主题读书活动；7月31日下午承办七夕主题读书活动；8月7日下午承办“三好人生”是如何炼成主题讲座；8月21日下午承办全国律师咨询日主题读书活动；8月28日下午承办刘福才烈士主题读书活动；9月10日下午承办中秋节主题读书活动；9月25日下午承办烈士纪念日主题读书活动；10月1日下午承办重阳节主题读书活动；10月2日下午承办传承五谷树文化讲座。

【学术研究成果】 2月，主持盐城市政府课题《盐城家谱文献资源建设研究》结项。参与的《绿色智慧导向下盐城综合交通枢纽区域景观环境提升》结项；项目编号(21skC158)。3月主持盐城市政府课题《盐城县域弘扬节日民俗研究》立项；项目编号(22skC87)。主持盐城市政府课题《红色文化对图书馆公共服务的提升作用及开发路径研究》立项；项目编号(22skC47)。论文《盐城县域弘扬节日民俗研究》在2022年第九期《文苑》发表。论文《互联网环境下图书馆文化传承服务策略研究》在2022年第2期《盐城工学院学报》发表。10月著作《盐城县域民俗文化建设研究——以盐都区图书馆的探索为例》获盐城市第十四次哲学社会科学优秀成果奖三等奖。出刊《农家信息》《决策参考》各4期。

【举办“弘扬雷锋精神　传承红色基因”读书活动】 3月5日下午，以时代楷模——“学习雷锋精神”为主题的收藏展在盐都区图书馆开幕，展出雷锋同志相关主题宣传画、纪念章、图书等200余件藏品，吸引众多市民自发前往参观和缅怀。展出雷锋主题宣传画、图书、报刊、书签、笔记本、纪念章等，活动现场各式各样的雷锋文献、收藏实物吸引群众驻足观看，一幅幅照片、一枚枚纪念章，让人们感悟雷锋精神的时代内涵。

【王登佐获盐城市优秀阅读推广人称号】 4月20日，在2021年度盐城市全民阅读“十百千万”工程先进典型评选中，王登佐被盐城市全民阅读活动领导小组评为“优秀阅读推广人”。

【开展服务宣传周等活动】 4月23日“世界读书日”及“全民读书月”“图书馆服务宣传周”，区图书馆开展形式多样、内容丰富的读书活动，旨在满足全区读者的多样化阅读需求，营造“人人好读书，人人读好书”的良好氛围，引导广大读者把读书学习当成一种生活态度、工作责任、精神追求，使阅读成为习惯，让学习伴随终生。

【乐华泽获评全国乡村振兴十大阅读推广人】 4月24日上午，全国首届全民阅读大会.乡村阅读推进论坛2022“新时代乡村阅读季”启动仪式在北京举行。盐都区图书馆华泽书社分馆馆长乐华泽获评全国乡村振兴十大阅读推广人。

【陈明捐赠图书杂志】 5月7日，盐城著名剧作家陈明向盐都区图书馆国投健康盐城长者公寓分馆捐赠图书杂志1000多册，主要有曹文轩的《草房子》《蜻蜓眼》《山羊不吃天堂草》《青铜葵花》《天瓢》《根鸟》等，莫言的《蛙》《红高粱家族》《檀香刑》《丰乳肥臀》《四十一炮》《红树林》等，历年的《剧本》《盐渎》杂志等。盐都区图书馆国投健康盐城长者公寓分馆是由国投健康养老产业发展(盐城)有限

10月，乐华泽理论宣讲工作室

宣传部　供

公司和盐都区图书馆共同建设，拥有纸质图书阅览室和电子资源体验区两大功能区共400多平方米，有纸质图书10000多册，电子图书40多万册和海量的听书等电子资源。

3月，举办“弘扬雷锋精神·传承红色基因”主题读书系列活动　　文旅局　供

【举办消防知识讲座】　6月6日下午，盐都区图书馆特邀盐城普安消防服务有限公司张文月教官进行专业消防知识讲座。为增强盐都区图书馆全体工作人员的消防安全意识，提高消防设施、设备的使用能力，提升工作人员处置突发事件和消防火灾事故的应对能力，防范事故的发生以及最大限度减少或降低事故损失，为全体读者提供一个安全可靠的阅读环境。

【“盐渎风”读书节活动获奖】　年内，盐城市组织开展以“阅读新时代　逐梦新征程”为主题的“盐渎风”盐城市第十届读书节系列活动。盐都区图书馆获优秀组织奖，该馆选送的作品《翰墨书香颂党恩　阅读逐梦新征程》获“盐渎风”盐城市第十届读书节演讲比赛成人组一等奖，作品《阅读新时代　逐梦新征程》获“盐渎风”盐城市第十届读书节演讲比赛学生组二等奖；征文《〈觉醒年代〉，牵动着我的情思》获“盐渎风”盐城市第十届读书节征文比赛中学组一等奖，征文《变》获“盐渎风”盐城市第十届读书节征文比赛小学组一等奖，征文《百年初心日久弥新，风雨兼程跟党前行》获“盐渎风”盐城市第十届读书节征文比赛成人组二等奖，征文《浮舟沧海，立马昆仑——百年荣光照我心》《祖国，你令我自豪》获“盐渎风”盐城市第十届读书节征文比赛中学组二等奖，征文《我要大声赞美你——中国共产党（下水文）》获“盐渎风”盐城市第十届读书节征文比赛成人组三等奖，征文《赞美你——伟大的中国共产党》获“盐渎风”盐城市第十届读书节征文比赛中学组三等奖，征文《我和我的祖国》《以梦为马　与书为伴》《平凡铸就伟大　奋斗逐梦未来》获“盐渎风”盐城市第十届读书节征文比赛小学组三等奖。

【获赠《江苏历代方志全书》】　10月25日，江苏省地方志办公室向盐都区图书馆捐赠《江苏历代方志全书》，该丛书共530多册，价值40多万元。盐都区图书馆将保存好、研究好、利用好该套丛书文献资源，为盐都区高质量发展提供智力支撑，为盐都区阅读推广工作做出新的贡献。

【2022长三角阅读马拉松大赛完赛】　11月19日，2022长三角阅读马拉松大赛在江、浙、沪、皖“三省一市”的164家公共图书馆开幕。汇集沪苏浙皖5685名参赛者，组成1137支团队，设164个赛点。其中，江苏省设立31个赛点，共计1040人报名参赛。本届长三角阅读马拉松大赛是由南京图书馆、上海图书馆、浙江图书馆、安徽省图书馆、阅马组委会主办，长三角地区各级公共图书馆联合主办。盐都区图书馆三楼学术报告厅是本次大赛的赛场之一，6支队伍共30位选手参赛。

【民间藏品进农村展览】　自2006年起，区图书馆主办的盐都区民间藏品进农村展举办200多场，累计20多万名农民在村头看到平时难得一见的物品。

（王登佐　王连巧）

盐都区区、镇两级图书馆藏书一览表

表6

区（镇）街道	现有藏书	区（镇）街道	现有藏书
区图书馆	783607（含电子书61.1万册）	大纵湖镇	28450
盐渎街道（含冈中）	58465	秦南镇（含北蒋）	59395
潘黄街道	27354	郭猛镇	56327
大纵湖旅游度假区（含滨湖街道）	13117	楼王镇（含北龙港街道）	29189
台湾农民创业园（含葛武街道）	19418	学富镇（含中兴街道）	37119

续表 6

区(镇)街道	现有藏书	区(镇)街道	现有藏书
龙冈镇(含鞍湖街道)	56807	尚庄镇	36471
大冈镇	33200	盐龙街道	59594
张庄街道	15898		

融媒体中心

【概况】 2022年,区融媒体中心以勇当沿海地区县级融媒体中心高质量发展排头兵为目标,践行党媒职责使命,推进事业产业发展,完成各项目标任务,工作质效提升。

【舆论引导有力有效】 2022年,区融媒体中心围绕迎接宣传贯彻中共二十大这条主线,推进"奋进新征程建功新时代"大型主题采访报道,开展"总书记请放心""我们的新时代""强国复兴有我""建设示范区 奋进新征程""喜迎二十大 '都'作新贡献"等50多个主题宣传,开展"勇当排头兵一起向未来""春潮涌动看项目""贯彻中共二十大精神 踔厉奋发争排头"等10多个新闻行动,开设各类专题专栏60多个,彰显重大主题报道中的"融媒力量"。

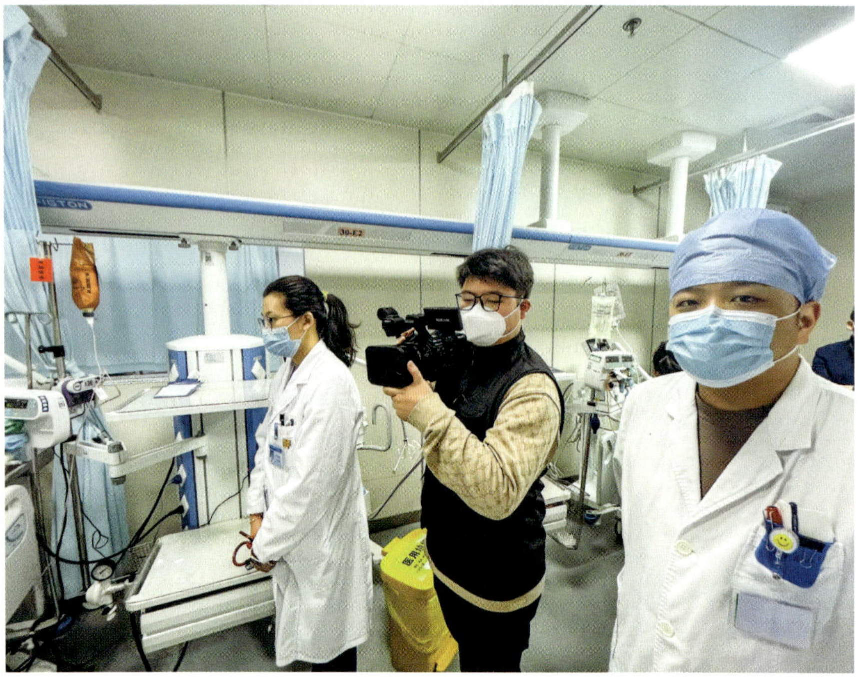

5月,融媒体中心拍摄现场　　融媒体中心　供

【发挥媒体融合传播优势】 年内,按照统筹线上线下、深化融合传播的要求,新媒体自有平台和矩阵号同时发力,"盐都人"微信公众号、"盐都人"App等自有新媒体平台以及"盐都发布"微博,"盐都人"视频号、抖音号、头条号、小苏号等矩阵号更加注重原创内容发布,并实现全天候在线。2022年共发布各类图文信息和短视频6000多条,其中:5000+图文149条;1万+图文79条;短视频播放量10万+39条,100万+12条。组织策划40多场次的现场直播活动,其中,为连云港来盐隔离小朋友组织的"盐连同心、云上同行"直播活动共计12场。与工信局联合开展的送政策送服务业进企业直播活动,吸引区内600多家企业在线聆听。中共二十大召开期间,新媒体矩阵创新传播手段,丰富报道形式,围绕民之所望、政之所向,推出融媒体系列报道,深度解读大会,反映人民期待,取得良好传播效果。在省委宣传部对县级融媒体中心移动传播矩阵季度评估中,位居全市前列。

【对外宣传工作】 2022年,与中央和省市主流媒体采编通联组建立合作渠道,策划邀请上级媒体在盐都采风。全区全年在央视用稿30多篇,在江苏卫视用稿248篇,其中,《江苏新时空》92篇。在盐城台用稿545篇,其中,《盐城新闻》用稿375篇。在《盐阜大众报》头版用稿30多篇。对外宣传工作位于全市领先、全省前十位置。

【获区外媒关注】 2月2日,第26个世界湿地日,央视《新闻联播》《朝闻天下》聚焦盐城大纵湖湿地公园。3月17日,央视纪录频道《大美中国·春天系列》江苏篇点赞盐城大纵湖湿地公园水鸟鱼共存的良性生态系统。4月4日,央视农业农村频道《我的美丽乡村》栏目以"新民村的'莓'好生活"为题,向全国观众介绍盐都区潘黄街道新民村依托草莓产业,央视国际频道《中国舆论场》五一特别节目"美好生活 奋斗有我"以"盐城盐都区:春耕备耕忙乘车 不负农时不负春"为题,专题报道盐都农户用勤劳双手精耕细作。7月8日,央视新闻频道《新闻直播间》栏目,以"江苏盐城:激发城市活力'夜经济'快步复苏"为题,报道盐都渎上·老西门街区通过发放消费券、云上购物节、直播间探店等方式,让城市人气"聚"起来、夜间消费"火"起来、群众生活"乐"起来。10月3日,央视《新闻直播间》两次聚焦盐都,介绍东晋水城景区、草房子乐园,通过水乡民俗特色节目和活动欢度国庆。学习宣传中共二十大精神主题宣传得到中央和省市主流媒体的关注，10月17日，央视《晚间新闻》“二十大时光”报道盐城盐都基层干群坚定决心跟党走，对国家繁荣稳定发展充满信心，《省台江苏新时空》“中共二十大报告在江苏引发热烈反响”《新闻空间站》“江苏各地党员群众热议二十大报告”等多条新闻展现盐都广大干部群众学习贯彻中共二十大精神的场面。11月12日，在《湿地公约》第十四届缔约方大会期间，中心采写的“大纵湖国家湿地公园十万多只候鸟越冬，创历史之最”先后在央视《新闻直播间》《24小时》《经济信息联播》播出。11月14日，《人民日报》刊发盐都区农旅融合现代农业产业示范园的图文。

11月，大纵湖国家湿地公园在央视频道播出　　区融媒体中心　供

【扩大媒体影响】 2022年，在“学习强国”、新华社客户端、人民网、交汇点等省级以上新媒体平台用稿近300条，其中“学习强国”用稿143条，新华社客户端用稿32条，其中，26条图文、短视频产品阅读量达百万+，在央广网用稿55条，“我苏网”用稿69条。有近30条图文信息被“盐城发布”“盐城宣传”转载。推荐乐华泽为新华网、新华社承办的“中国网事·感动2022”二季度网络感动人物候选人，盐都人姚万顺和工友在太湖勇救落水母女的事迹，在《人民日报》《央视新闻》等微信公众号、抖音号广泛传播，《人民日报》抖音号视频点赞量近600万，41.2万人留言点评；报送的大纵湖国家湿地公园慢直播在中国国际频道脸书平台上线，为海外观众展示大纵湖湿地风情；7月8日，“乐游江苏盛夏夜未央”50分钟对渎上老西门进行网络直播，收看人数超160万人。

【技术创新全省领先】 10月30日，正式入驻新址。按照“省内一流全国领先”目标，中心依托5G+4K+AI技术维度，实现4K采编、4K制作、高清化播出。对照省对县级融媒体考核标准，重点加强新平台的构建、新技术的运用，把数据化、智能化、开放化、数字化融入采编播发实际工作中，指挥中心系统实现“一体策划、一次采集、多种生成、全媒发布、全覆盖传播”的融媒体传播新格局。

【平台功能服务全面】 2022年，“盐都人”App注册量超24万，注册量、日活在全市均排前列。“盐都人”App、微信公众号继续加强与数字资源、行政服务、公共民生等部门的对接与合作，融媒栏口实现电视、广播、报纸全平台入驻；便民服务提供政务服务、医疗服务、社保服务、灾害预警等11大类88项查询和办理服务，在政务互动、政务服务、网上受理、网上办事上打通服务群众的“最后一公里”。紧盯服务热点，围绕群众所需，科学设置栏口，上半年针对疫情反复，及时在App推荐页置顶“苏康码”“行程卡”“核酸检测查询”按钮；在公众号、App同时上线防疫求助平台，解答广大市民关心的疫情防控相关问题；与区工信局合作开发“都链通”平台，为企业快速适配本地供应商，解决企业供应链难题，保障疫情期间重点产业链供应链的稳定畅通；做强盐都号，与镇（区、街道）部门联动，将“盐都号”打造成“区域信息枢纽”。

【安全刊播常态化管理工作】 年内，落实播出机房日检、周检、月检制度及机房24小时值班制度，修订完善《盐都区融媒体中心反恐和消防安全应急预案》《盐都区融媒体中心供配电管理制度及应急预案》《盐都区融媒体中心突发事件应急预案》等多项制度，开展各类安全播出培训6次，开展应急演练2次，及时排查消除安全隐患，保障网络安全运行。特别是在安全播出保障期内，完成中国共产党第二十次全国代表大会等重大活动、重要节日、重点时段转播和自办节目停播时间为零秒，确保舆论导向正确，全年安全刊播实现“零责任事故”。加强技术研究，荣获市级广播电视技术质量奖一、二等奖5项。做好区委、区政府重要会议、重大活动服务工作，服务区“两会”和市、省道德模范与身边好人现场交流活动等相关活动的会务保障工作。

【经营平台优化提升】 2022年，经营总额近千万元。结合中心实际，实行公司经营，平台具体负责制。按照“立足主业、多元拓展、加强管理、注重效益”的方略，创新营销体系，强化全媒体平台营销策略，构建多种经营并举、社会效益与经济效益并重的产业经营体系，推进各平台内容生产与营销创收融合，实现营收新突破。

【运营模式转型升级】 2022年，中心与15家部门、单位开设联办节目达16个，内容涵盖政法、经济、旅游、科普、健康等各个方面；举办、承办、协办“农业农村丰收节”“夜市抖音直播”“助农直播”等各类活动60多场（次）；制作各类专题片、短视频200多部（篇）。按照“全媒体+商务"经营规划,纸媒、广播、电视、新媒体等平台携手合作,开展特色营销,通过经营平台负责、承载部门联动,增强内容与营销的黏合。拓展新媒体托管项目,利用好新媒体资源,加大线上、线下市场开拓力度。加大与板块、部门对接合作力度,打造项目品牌,业务拓展取得新进展。

【经营管理模式创新】 年初,制定出台《2022年盐都区融媒体中心产业经营考核方案》,经营主体采取"责任经营、承担风险、提成分配"的方式,对公司所属各经营主体确定目标任务,责任人承担相应责任,缴纳经营风险金,并按照约定方式提取经营创收提成。完善经营项目运行工作机制,对项目信息搜集、洽谈、落地、后续服务等环节明晰分工、明确要求。规范项目审批流程、价格体系、合同签订、款项收取、成本支出、业务外包等管理细则,做到流程清晰、规范、透明。

(戴启健)

新闻出版

【概况】 年内,区新闻出版(版权)条线围绕"学习宣传贯彻中共二十大精神"主题主线,聚焦首要任务、重点领域,以重点突破带动全局提升,在全民阅读、"扫黄打非"、版权保护等方面完成年度目标任务。

【全民阅读工作】 2022年,全区各类阅读组织,融入新时代文明实践,打造贴心阅读活动。举办盐都区全民阅读"春风行动"、第九届农民读书节启动仪式暨华泽书社读书月、学习贯彻二十大·书香盐城向未来主题读书活动暨"阅"见美好乡村全民阅读镇村行盐都专场启动仪式等"都读"系列活动项目1250个。推进农家书屋"下楼"行动,全区257家农家书屋常年坚守乡村,成为群众喜爱的"打卡地"。乐华泽获评全国首届乡村振兴十大阅读推广人。2022年,在全省年度全民阅读指数考核中以76.67分,位列盐城市第一。

7月,开展全民阅读活动　　　　区融媒体中心　供

【扫黄打非工作】 2022年,共受理、办结新闻(文化)出版市场许可事项15项,按时、按规、按质完成全区62家出版物发行单位和46家印刷企业的年检工作、年度统计填报工作,在全市排位前列。联合市文化综合执法大队、公安、消防等部门,开展"扫黄打非"行动,加强对印刷复制企业、出版物经营单位、校园周边文化市场的检查力度。全年共出动检查50人(次),查缴疑似盗版图书音像制品570册,发放"绿书签"5500张,张贴"绿书签"宣传画2800余张。

【举办知识产权宣传周活动】 4月,利用"4·26"第22个世界知识产权日,区委宣传部、区新闻出版局(版权局)在吾悦广场联合举办"保护正版　为原创者点赞——全面开启版权强省建设新征程"主题的知识产权宣传周活动。活动中通过户外大屏播放版权知识公益宣传片,发放版权知识宣传单,现场还以快板、数来宝等群众喜闻乐见的形式,宣传保护和合理运用版权,活动累计发放各类宣传资料1500余份,接受群众现场咨询50余次。

【版权保护工作】 年内,对软件的采购、安装、升级等工作流程做明确的要求,凡是新购置的计算机必须配置正版操作系统。按照各项制度指标,加强软件源头监管,对软硬件设备的招标、采购、登记等环节全流程规范化管理。日常通过不定期对使用办公软件、操作系统、杀毒软件进行检查和自查,并宣讲专业知识。

(潘微伟　乐华泽)

卫生 健康

综　　述

【概况】 2022年，盐都区有区、镇两级医疗机构21所，其中，三级医院1所：盐城市第三人民医院；二级医院3所：盐都区第二人民医院、盐都区中西医结合医院和盐都区大冈中心卫生院；专科疾病防治院1所：区精神病防治院；卫生院12所；社区卫生服务中心4所；村卫生室236所；社区卫生服务站5所。有社会办医疗机构64所。8月，盐都区中西医结合医院被省卫生健康委员会评为省健康促进医院。全区有执业（助理）医师1738人，执业护士1903人；村级有乡村医生746人。医疗机构共开设病床3371张。2022年，区、镇、村三级医疗机构诊疗量222.54万人（次），收住入院病人70952人（次）。

【健康教育】 年内，推进省级健康促进医院、无烟党政机关建设，到机关、企事业单位、社区、学校开展健康讲座，全年开展健康巡讲1722场（次）、受益8万余人（次），发放健康教育宣传材料37万份；共开展重大卫生节日宣传255场（次），展出展板920块、受益近5万人（次）。 （严梦恬）

疾病控制

【精神病患者免费救治】 年内，共为4200名患者提供免费门诊治疗，发药1.8万人（次），为500余名重性精神疾病患者提供免费住院治疗，登记在册患者服药率92.27%、规律服药率84.88%（其中，精神分裂症服药率94.91%）。

【精防工作】 2022年，区精神病防治院创成二级精神病专科医院。全区严重精神障碍报告患病率5.73‰，省严重精神障碍信息管理系统登记在册患者3519人、在管3443人，规范管理率97.84%、面访率96.79%、体检率83.94%。

【严重精神障碍患者监护以奖代补全覆盖】 2022年，实际核发监护以奖代补资金130.47万元。开展严重精神障碍患者服务管理排查整治专项行动，在实施易肇事肇祸严重精神障碍患者监护以奖代补政策的基础上，向所有严重精神障碍患者覆盖。

【急性传染病防控】 年内，报告乙类传染病9种636例，报告发病率89.43/10万，较2021年同期上升9.28%；及时规范处置9起学校水痘、诺如病毒感染、手足口、流感等聚集性疫情。

【慢病综合防控】 年内，坚持常规监测、慢病管理、项目实施三条主线，高血压、糖尿病分别管理服务62750人和20012人，规范管理率分别达71.4%和70.2%，血压、血糖达标率分别达63.5%和61.8%。

【艾滋病防治工作】 年内，累计发现并报告管理感染者和病人248例，年内新报告感染者和病人16例，较2021年同期（25例）下降36%，管理存活感染者和病人321例。

【结核病防治工作】 全年报告活动性肺结核200例，比2021年同期下降7.41%，病原学阳性占比55.03%，抗结核治疗治疗率100%，年内规范处置学校结核病疫情处置13起。

【麻风病防治工作】 全年共随访治愈存活病人236人、家属205人，报告并转介20名麻风疑似病人，强化主动发现，开展麻风病治愈存活者签约服务。

【寄生虫病地方病防制】 全年共采制血片2278张，未发现阳性病人；经监测，碘盐覆盖率为98.7%，合格碘盐食用率为95.3%；完成省小龙虾寄生虫专项监测工作任务。

【免疫规划】 年内，坚持新冠疫苗接种、常规免疫接种两不误，年内新建卡儿童2208人，在管0～6周岁儿童27623人，

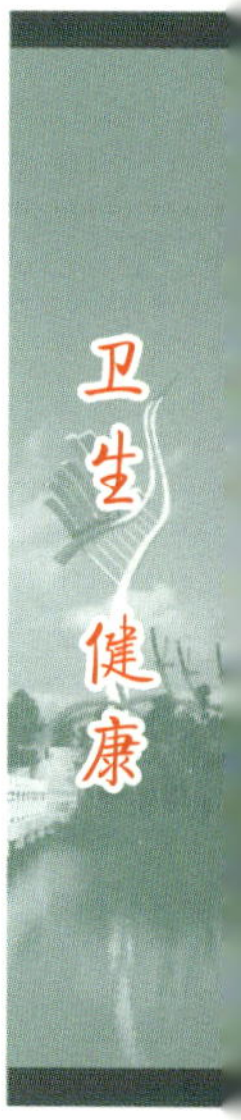

累计接种各类常规疫苗21万剂(次),各类疫苗接种率均达省市规定指标,全年安全接种无事故。

【学校环境卫生】 年内,落实农村末梢水、城市末梢水和备用水源监测,各项监测指标均达省市要求;加强学校因病缺课监测,共监测中小学校83所、学生52168人,年平均上报率91.29%,非零上报率75.84%。 (严梦恬)

基层卫生

【优质服务基层行】 年内,围绕"高起点、高品质、高标准"要求,开展优质服务基层行活动,提升基层服务能力。自2019年启动实施,常态化开展优质服务基层行活动,全区基层医疗卫生机构均达到国家服务能力基本标准,新增2个单位(盐龙、学富)、累计10个单位通过国家推荐标准验收、占比52.63%,提前实现市"十四五"规划目标(35%)。

【示范特色建设】 年内,推进农村区域性医疗中心和省社区医院等建设。全区规划建设的楼王、秦南和大冈3所农村区域性医疗卫生中心先后被确认为"省农村区域性医疗卫生中心基本建成单位",巩固农村区域性医疗卫生中心建设成果。新增大冈、秦南中心卫生院和郭猛镇卫生院3个省社区医院、全区累计建成7所,建成率36.84%。新增市级基层医疗卫生机构特色科室2个,全区累计建成基层特色科室41个,其中,省级4个;对照《江苏省村卫生室服务能力建设标准(2021版)》,完善村级卫生机构功能定位,强化服务能力建设,新增甲级村卫生室4个、累计建成8个,推动村级服务能力提档升级。

【推进分级诊疗制度】 2022年,盐城市三院与盐龙街道社区卫生服务中心共体试点进入实质性运行。以楼王区域医疗卫生中心为龙头,北龙港、学富和中兴等3所卫生院参与,打造"1+3"区域医共体,10月进入实体化运行。盐都区所有基层卫生院均达国家优质服务基层行基本标准,8家通过国家推荐标准评估。全区基层卫生人员实训基地4个,建成省农村区域性医疗卫生中心3个、省社区医院4所、省基层医疗卫生机构特色科室4个。组织临床医生、医护人员和乡村医生参加国家基层卫生人才能力培训和省基层卫生机构管理人员培训,遴选第四轮基层卫生骨干人才102名,其中,省级51人。

【举办"医保政策宣传镇村行"宣讲活动】 6月以来,市医保中心盐都分中心在全区各镇(区、街道)组织开展"医保政策宣传镇村行"宣讲活动,7个宣讲小组包干结对全区14个镇(区、街道)250个村(居)基层医保经办人员培训,培训达900多人(次),发放宣传30000余份。宣讲活动主要针对基本医疗保险参保、打击欺诈骗保、医疗费用报销、医保待遇登记等方面的最新政策进行解读,并对日常工作中存在的实际问题现场交流互动。

10月,盐城市第三人民医院与大纵湖镇卫生院医共体揭牌仪式在大纵湖镇卫生院成功举行 卫健委 供

【职业病预防控制】 8月3日起,盐都区疾控中心根据《2022年盐城市工作场所职业病危害因素监测技术方案》要求,结合该区企业危害因素现状,抽取36家企业涉及的噪声、粉尘、苯等多种有害因素开展监测,推进盐都区2022年度企业工作场所职业病危害因素监测工作。

【区域医共体试点】 年内,推进区域医共体建设。2021年10月,市三院与盐龙街道社区卫生服务中心组建的医共体进入实质性运行,2022年,与大纵湖镇卫生院组建医共体。巩固市三院紧密型医共体试点建设成果,发挥市三院的龙头引领作用。结合全区实际,健全领导组织,强化职责落实,制定实施方案和相关配套文件,规划以市三院和3所省农村区域性医疗卫生中心为牵头机构,组建4个区域医共体。巩固市三院胸痛、卒中、创伤、孕产妇和新生儿危急重症救治"五大中心"建设成果,推进区域健康管理信息平台以及远程医疗、远程心电、远程影像、区域检验等中心建设,提升区级指导能力。2022年年底,楼王紧密型区域医共体进入实体化运行,方便基层群众在区内享有优质的医疗服务。

【国家基本公卫项目】 年内,实施国家基本公卫项目,人均补助标准从88元增加到93元,新增5元统筹用于基本公共卫生服务和基层医疗卫生机构疫情防控工作。建立补助资金与项目服务量、绩效考核结果双挂钩的分配机制,全年先后下拨项目补助资金5712.06万元,资金拨付率、及时率均达100%,发挥项目资金在绩效考核中的引导和激励作用。

【建立电子档案】 年内，加强与村（居）委员会公共卫生委员会工作协同，强化基层网格化管理，加大疫情防控宣传和健康教育工作力度。形成居民健康档案清理核查常态机制，推进电子健康档案“随身带”行动，建立居民电子健康档案55.36万份、建档率90.13%，可供查询开放50.44万份、开放率91.11%。

【推进医防融合】 年内，加强慢性病综合防控门诊和糖尿病并发症筛查基地建设，建成运行率分别为89.5%、26.3%，在管高血压、Ⅱ型糖尿病患者规范管理率分别达71.7%和70.4%；为8.74万名65岁以上老年人开展免费健康体检，健康管理率达64.1%；累计接种免疫规划疫苗71104针（次），未发生接种差错事故，规范处置120例疑似预防接种异常反应；为4200余名精神障碍患者提供免费门诊治疗，发药1.8万余人（次），为500余名严重精神障碍患者提供免费住治疗，投入医疗救助资金1190余万元；建立育龄妇女花名册，动态监测孕情、执行孕产妇首诊负责制，提高孕产妇早孕建册率，达95.93%，未发生孕产妇死亡。

【基层卫生能力建设】 2022年，完成农村订单定向医学生招录7人，均为本科生，其中，临床医学3人、中医学2人、预防医学2人；组织3名临床医生、15名乡村医生参加国家基层卫生人才能力提升项目培训，组织15名医护人员参加省级基层卫生适宜技术师资培训，选派3名人员参加省级基层卫生机构管理人员培训，所有参培人员均取得培训合格证书，提升基层卫生服务能力；在所有村级卫生机构的诊疗、观察、药房和治疗室等部位部署视频监控系统，强化村级服务安全管理。

【实验室生物安全】 年内，加强全区23家实验室生物安全管理，健全实验室生物安全监管责任体系和长效工作机制，组织实验室生物安全督查，确保各项安全管理措施落实到实处。完善各实验室生物安全事件应急预案，按季度组织生物安全工作督查，安排4名实验室人员参加市级实验室生物安全管理培训，所有实验室设备定期维护、每日监测，功能正常、状态良好，符合实验室生物安全工作要求。

【家庭医生签约服务】 年内，完成5个家医工作室建设，探索开展以基层首诊负责制和转诊审核责任制为目标导向的家庭医生签约服务模式，秦南中心卫生院和张庄街道卫生服务中心参加慢病运动健康干预试点，盐渎街道卫生服务中心创新构建医防融合签约服务新模式，全区共组建健康服务团队104个，全区常住人口、重点人群家医签约率分别达到44.43%、87.87%；农村低收入人口、特困老党员家医签约全覆盖，按年度为所有农村低收入人口提供1次免费健康体检，按月为贫困老党员和离退休老干部提供上门送医送药等健康服务。

（严梦恬）

妇幼健康

【孕产妇管理工作】 年内，强化孕产妇规范管理。对妊娠风险筛查阳性孕妇，转至上级医疗机构接受妊娠风险评估，转诊到位率达100%；紧盯重点人群，对高危孕产妇实行分级管理，动态监测，高危孕妇专案管理率达100%。1—12月全区共上报妊娠风险评估“橙色”孕产妇728例、红色孕产妇19例，符合危重症10例，抢救成功率100%。未发生孕产妇死亡。对3例具有代表性的危重症病例，进行现场评审。

【母婴安全保障培训】 年内，强化母婴安全保障教育培训。学习贯彻《盐城市卫生健康委关于进一步规范全市医疗卫生机构引产手术管理的通知》，组织专家解读《孕期保健指南》和预防艾滋病、梅毒、乙肝母婴传播项目阻断方案。实行母婴保健技术服务考核备案机制。10名新上岗人员通过理论考试和实践技能考核，母婴保健技术服务执业许可证评审新发证1家，换发证18家，市三院通过“爱婴医院”复核评估。

【避孕药具服务与管理】 2022年，全区免费提供避孕药具11127人（次），上报IUD不良反应事件357例，药品不良反应报告35例。区妇幼保健所通过江苏省PAC联盟医院评审，被国家卫生健康委计划生育药具不良反应监测中心评为先进单位，被省药品药具管理中心授予药具工作创新创优优秀奖单位。

【开展传染病防控及卫生指导】 9月，盐都区疾控中心联合区教育局对辖区内10所新办学校（幼儿园）开展学校传染病防控及学校卫生工作指导。根据当前学校新冠肺炎疫情防控工作要求，对各学校提出科学的疫情防控指导意见；对新学校的晨午检落实、因病缺课监测报告、传染病疫情监测报告及应急处置、校园内重点区域消毒、生病学生复课等工作开展重点指导；并对校园环境卫生、消杀和防护物资储备等内容进行逐一查看。

【实施“两癌”项目】 全区全年共完成宫颈癌筛查19137人、乳腺癌筛查19236人，共确诊宫颈癌7例、宫颈高级别病变62例，乳腺癌15例，均已进行手术治疗。

【妇幼健康宣教】 年内，利用“盐都妇幼健康”微信公众号共发布妇幼健康相关知识科普文章67篇；印制妇幼保健相关宣传手册共计70460份。制作《“癌前病变”≠“癌”》科普视频，获省级“两癌”综合防治科普作品征集大赛二等奖，《“两癌”防治健康教育核心知识》宣传手册获省级优秀奖。

（严梦恬）

老龄健康

【落实老年人优待政策】 2022年，共为3540名老人办理老年优待证；组织百岁祝寿活动25场（次），为80周岁以上老年人发放尊老金3385.02万元；推进老年人意外伤害保险，加强老年群体的保障，区政府出资174.6万元为2.91万名“五保”和城市“三无”人员中60周岁以上、低保户中60周岁以上和所有80周岁以上人员，免费购买老年人意外伤害保险。鼓励社会及子女购买，各乡镇参与投保的老人达10.33万人，老年人参保覆盖率达75.11%。

【开展老年健康宣传】 年内，通过老年健康宣传周、“敬老月”等专题宣传活动，宣传老年人健康管理、老年健康与医养结合等相关政策，普及老年健康科普知识，开展养老防诈骗宣传，提高老年人识骗防骗能力。组织开展“敬老文明号”和“敬老爱老”模范人物评选活动。

【创建“敬老文明号”活动】 2022年，盐都区创建第四届“敬老文明号”活动，经过申报、审核确定21家获得区“敬老文明号”单位，并从中择优3家报市老龄办申报市敬老文明号；参与市十佳“孝亲敬老之星”“最美健康老人”评选活动，盐都区申报的2位同志获此荣誉。申报创建城乡老年友好型社区建设。尚庄镇庆福村获“全国示范性老年友好型社区”，郭猛镇杨侍村和秦南镇泾口村获得江苏省“老年友好型社区”。

【开展老年文化活动】 2022年，敬老月期间各单位组织发动走访慰问和关爱帮扶活动、推进“智慧助老”行动、为老志愿服务、老年法律维权、敬老宣传教育等系列活动，参与人数近千人，慰问人数达4.3万人左右。区第十二届老年文化艺术节活动期间，组织镇级老年文艺会演16场（次），村级文体活动40场（次），参加活动的老年人2万人（次），吸引全区250个村（居）老龄分会踊跃参与，丰富老年人文化生活。

【开展智能技术专项普及培训】 年内，作为省、市为民办实事工程，盐都区利用各卫生院平台，以村居为单位，采取小班制，针对微信聊天、预约挂号、健康扫码、手机支付、网约车出行、养老防诈骗等内容进行培训，2022年共培训2914人，提前完成市下达的2800人的培训任务数，解决部分老年人运用智能技术的困难，化解老年人面临的“数字鸿沟”。

（严梦恬）

人口监测与家庭发展

【概况】 2022年，人口监测与家庭发展、计划生育协会工作，坚持以习近平新时代中国特色社会主义思想为指导，按照中央、省、市部署要求，把贯彻落实《中共中央国务院关于优化生育政策促进人口长期均衡发展的决定》作为重要政治任务，坚持以人民为中心，以促进人口长期均衡发展为目标，以实施三孩政策、聚焦“一老一小”工作、加强行业管理体系和能力建设为重点，推进落实优化生育政策各项重点任务为切入点、以法治为保障，提升人口监测水平、家庭发展能力。年内，盐都区将发展0～3周岁婴幼儿托育工作列入区委重点工作任务和区政府主要目标任务，年末，盐都区共有1765个托位，普惠性托育机构3家（省普惠1家、市普惠2家），每千人拥有托位数2.87个。

【生育登记服务制度】 年内，落实完善生育登记服务制度，优化生育登记服务，实现生育登记网上通办，同时优化网上办理流程，督促基层及时办理，提高服务管理效能。2022年共办理生育登记2311件（一孩1460件，二孩796件，三孩55），其中，网上办理753件。

新冠肺炎疫情防控

【核酸检测】 年内，规范开展重点人群“应检尽检”，中心采样点提供全天候采样服务，建成并运行核酸检测基地，核酸检测专班保持24小时运转，全年累计检测各类样本587万份，其中，阳性结果21995份。

【人员管控】 年内，中心数据专班24小时值守，以“重点人员管理系统”“落地管系统”“落地查系统”等信息化手段助力人员管控。全年累计排查管控各类重点人员10.5万人，集中隔离观察高风险人员10159人。

【保障支援】 2022年，为“市‘两会’、区‘两会’、区党代会、建造师资格考试、教师资格考试、公务员考试、研究生考试、中高考”等市、区重大活动提供疫情防控保障，全年共保障61场（次）、出动保障人员143人（次）；派出多名流调、检测人员赴重庆、苏州、徐州、市内其他县区支援当地疫情防控；完成5批627名上海人员、4批313名连云港人员外转隔离工作。

4月，区核酸检测基地　　卫健委　供

【疫苗接种】 2022年,推进老年人新冠病毒疫苗接种工作,先后两次组织疫苗接种"突击月、突击旬"活动,在全市率先引入第三方保险补偿机制,截至2022年12月31日累计接种新冠病毒疫苗165万剂(次),60岁以上人群首针接种率88.8%,符合条件的目标人群全程接种率98.6%、加强针接种率95.8%。

【推进发热门诊规范化建设】 年内,区精神病防治院完成发热门诊新建;大纵湖镇、尚庄镇、学富镇、北龙港、冈中、滨湖、葛武、鞍湖、北蒋、中兴卫生院以及潘黄、盐渎、张庄街道社区卫生服务中心建成发热诊室。

【建成区核酸检测基地】 3月下旬,在盐龙街道纬八路9号(原振升液压机械有限公司厂房)启动建设区核酸检测基地,新购置PCR扩增仪71台、核酸提取仪35台、生物安全柜30台等仪器设备,4月30日投入使用,统筹调度全区医疗卫生机构检验人员参与检测,全区日核酸检测能力达7.686万管。

【建设"健康小屋"】 4月底,在4个街道新增设"健康小屋"20个(潘黄7个、盐渎5个、盐龙4个、张庄4个),并将原有21个院外采样点调整为"健康小屋",统一标识样式、统一编号管理、统一设置规范、统一工作流程。全区共设置"健康小屋"41个,打造"15分钟核酸采样服务圈"。

【应急处置】 年内,中心流调、数据、协查专班先后两次近3个月转战国投大酒店、区公安分局流调溯源中心,疫情处置工作坚持事不过夜、当日事当日清,骨干成员日夜作战成为常态。上海疫情期间确保不发生本土二代病例,中共二十大以后第二波疫情期间先后集中处置"连云港婚宴关联疫情""南师附中聚集性疫情""驿都婚宴聚集性疫情"。全年累计处置阳性感染人员205人,其中,社会面阳性132人、上海外转19人、南师大学生43人、阳性轨迹协查11人,阳性物品8起。

【疫情防控监督检查工作】 年内,按照区党委政府统一安排,把疫情防控督查

3月,基层党员抗"疫"一线　　　　区融媒体中心　供

作为全年的首要任务,强化医疗机构和重点场所督查,共督查一级以上医疗机构96次、社会办医疗机构425户(次),抽查村级医疗机构132户(次),督查学校(园)216户(次)、公共场所1506户(次),整改问题485条。参与区防控办、区纪委督查组、社会及社区防控组组织开展的社会面疫情防控常态化督查,参与交通卡口防疫工作。组织开展重点场所从业人员核酸检测,采取"所+分所+卫生院(社区卫生服务中心)"三级督导模式,确保做到"应检尽检",消除防控隐患。

【新冠重点人群健康管理】 2022年,组织核查全区65岁以上重点人群130543人,其中,红色标记人员11726人,黄色标记22358人,绿色标记96459人。将2.29万名0~6岁儿童、2086名孕产妇和394名血透患者等一并列入重点人群健康管理。建立老年人等重点人群健康服务团队261个,共有580人(区级57人、镇级179人、村级344人)医务人员参与、联系到村(社区)服务;19所卫生院建立微信和QQ群22个,共有638名医务人员在线服务(区级57人、镇级242人、村级339人)。发放重点人群爱心告知书(老年健康服务卡)和"绿色通道就诊卡"共计7.6万人(次)。组建盐都区重点人群健康状况数据库并上传至"江苏省重点人群健康状况管理系统",组建245个包保团队、创建456个包保账号和246个机构账号,重点人群线上管理率和包保分配率均达100%。

【乙类乙管转段】 年内,自2021年12月7日"新十条"出台后,及时调整防控策略,对近千名阳性检测人员开展电话流调,对养老机构等重点场所开展流调,排查同住密接,告知隔离事项,延缓流行高峰的到来,为医疗救治准备争取时间。加强疫情监测,每日编发疫情防控监测日报,在全市率先开展全人群感染率调查和老年人感染率专项调查,为防控决策提供科学依据;按照省市要求规范开展哨点医院监测、社区人群血清学监测、重点场所监测、病毒变异株监测,实现平稳转段、常态管理。 (严梦恬)

爱国卫生

【卫生创建工作】 2022年,郭猛镇建设省健康镇,泾口村、护西村、佳富村、新民村、民乐村、宝才社区、吴杨社区、旭日社区、东升社区9个村(社区)建设省健康

4月，全区积极开展全国第34个爱国卫生月宣传活动　　卫健委　供

村，秦北村、关陈村、江窑村、福泉村、三河村、合兴村、雨生村等20个村创成省卫生村。截至2022年年底，建设省健康镇7个、省健康村22个，创成省卫生村75个。

【爱国卫生月】　4月，为做好全国第34个爱国卫生月活动，区爱卫办、区文明办、区健康办联合下发《关于开展第34个爱国卫生月活动的通知》通知。活动期间，全区集中整治集贸市场23个，清除卫生死角1120处，清理垃圾3267.5吨，灭杀1676处，开展健康宣传20余场次，发放宣传资料256582份，为全区广大居民群众营造一个卫生舒心的生活环境。

【世界无烟日】　5月31日是第35个世界无烟日，主题是“烟草威胁环境”。5月31日，与市爱卫办、市疾控中心在万达广场联合举办全市第35个世界无烟日大型宣传义诊活动。推进无烟党政机关、无烟医院、无烟学校等无烟环境建设，全区无烟党政机关、无烟医院、无烟学校建成率均达100%。

【健康教育与健康促进】　2022年，开展健康知识普及行动，全民健康水平持续保持在30%。全区镇村共开展健康巡讲1722场，累计受益达8.2万余人(次)，发放健康教育宣传折页37万张。开展“全民营养周”和“5·20”中国学生营养日等主题宣传活动，累计推送科普文章15篇、制作自媒体视频26条、发放宣传折页3万余份，做到区内各板块及学校全覆盖。

【病媒生物防制】　全年开展鼠密度监测6次，累计布鼠夹900夹次，未捕获鼠；蝇密度监测9次，累计布诱蝇笼72笼次，捕获各类蝇400余只；蜚蠊密度监测6次，累计布粘蟑纸300张，捕获蟑螂82只；蚊密度监测18次，累计挂诱蚊灯144盏，捕获各类蚊虫1000余只。蜱虫密度监测方面，在大纵湖旅游度假区影视基地草坡开展2次游离蜱虫密度监测，未监测到蜱虫孳生。登革热伊蚊监测方面，开展布雷图伊蚊幼虫监测6次，累计调查各类水体300余处，伊蚊阳性水体14处，布雷图指数2.23，属于安全范围。全年开展2次病媒生物密度控制水平评估，评估结果未出现明显密度异常，符合全国卫生城市相关要求。　（严梦恬）

医政医管

【推进医疗机构医疗废物信息化管理】　年内，贯彻落实全市医疗废弃物管理信息化建设工作推进会会议精神，根据《关于规范推进医疗废物管理(业务)系统建设工作的通知》要求，将辖区内所有医疗机构医疗废物监管纳入实时、全程、在线监控。组织开展全区基层医疗机构医疗废物信息化管理系统建设培训会议，规范操作流程。市三院、区二院、区中西医结合医院、大冈中心卫生院、区精神病防治院医疗废物信息化管理系统建成联网。

【规范护理质量控制】　8月，为保障全区护理质量控制工作有效运行，促进护理质量改进，经研究于2022年8月成立盐都区护理质控中心，组织架构设主任1名、副主任2名、秘书1名、成员31名，制定区护理质控中心工作制度，明确区护理质控中心工作职责，下辖19家基层医疗机构。

5月，市、区爱卫办和市、区疾控中心在万达广场联合开展“世界无烟日”宣传活动　　卫健委　供

【基层中医药服务能力提档升级】 年内，经省市区中医药部门确认，盐龙街道社区卫生服务中心、龙冈镇卫生院2家单位中医馆为五级中医馆，盐都区第二人民医院中医馆为五级中医馆建设单位；盐都区大纵湖卫生院、学富镇中兴卫生院2家为四级中医馆；大纵湖镇滨湖卫生院等4家为三级中医馆。鼓励和引导社会力量举办中医医疗机构，新备案2家中医诊所。

【中医药参与新冠疫情防控工作】 2022年，为隔离点人员免费提供3168份清肺排毒汤，阳性居家隔离患者提供治疗包700只，发挥中医药防治疫病的独特优势。

（严梦恬）

10月，江苏省肝胆外科临床医学中心盐城分中心揭牌仪式　　卫健委　供

·盐城市第三人民医院·

【签约赵强名医工作室】 1月7日下午，“上海交通大学附属瑞金医院——江苏省盐城市第三人民医院心脏大血管外科共建学科（赵强名医工作室）”签约仪式在盐城市第三人民医院（南院区）举办，这是响应市委、市政府“接轨大上海、融入长三角”战略，推进医疗卫生领域对标上海，在合作形式、合作内容和合作层次上深化的硕果。

【首次独立开展心房颤动射频消融术】 4月1日下午，心内科主任吴春阳团队成功为1名心房颤动患者实施房颤射频消融术，这项手术首次在市三院独立完成，标志着市三院心内科心电生理技术迈上新台阶。

【与响水县人民医院建立医联体】 6月14号下午，盐城市三院与响水县人民医院举行医联体签约仪式，标志着两院正式开启深度共建、合作发展新征程。盐城市第三人民医院党委书记、院长戴真煜，响水县副县长张炜生，响水县卫健委主任高兆军，响水县人民医院党委书记周道新，响水县人民医院院长王洪华及盐城市三院相关科室负责人等参加签约仪式。

【与滨海县人民医院建立医联体】 7月28日下午，盐城市第三人民医院与滨海县人民医院医联体举行签约揭牌仪式，市三院党委书记、院长戴真煜，副院长滕锦楠、李文会携医院介入放射科、影像科、神经内科、心血管内科、心胸外科、内分泌科、消化内科、全科医学科、泌尿外科、检验科、药学科、麻醉科手术室、营养科等负责人及技术骨干前往参会。

【江苏省肝胆外科临床医学中心盐城分中心揭牌仪式】 10月5日上午，中国工程院院士、江苏省人民医院肝胆中心主任王学浩院士专家团队签约暨江苏省肝胆外科临床医学中心盐城分中心揭牌仪式在盐城市三院举行。盐城市副市长王连春、市卫健委主任崔国静，王学浩院士及其专家团队，市三院领导班子成员及各科室代表出席签约仪式。签约仪式由盐都区副区长孙高明主持。

【与大纵湖镇卫生院建立医共体】 10月11日，盐城市第三人民医院与大纵湖镇卫生院医共体揭牌仪式在大纵湖镇卫生院举行。

【通过三级甲等综合医院复核评审】 11月，江苏省卫生健康委员会确认盐城市第三人民医院为三级甲等综合医院。2021年11月，江苏省医院评审委员会对盐城市第三人民医院进行现场评审，2022年11月通过三级甲等综合医院复核评审。

【通过国家二级癫痫中心评审】 11月18日，“第八届CAAE脑电图与神经电生理大会”上在青岛召开，中国抗癫痫协会正式发布全国“第二批CAAE一、二级癫痫中心”名单，盐城市第三人民医院获全国“CAAE二级癫痫中心”，被正式纳入中国癫痫就诊地图，标志着盐城市第三人民医院癫痫综合诊疗水平达到区域性领先水平。

【获评2022年江苏省老年友善医疗机构优秀单位】 11月30日，江苏省卫生健康委、江苏省中医药管理局联合发布《关于2022年江苏省老年友善医疗机构名单及2022年江苏省老年友善医疗机构优秀单位名单的公示》，盐城市第三人民医院入选2022年江苏省老年友善医疗机构优秀单位榜单。

【检验科通过ISO15189复审】 12月2—4日，中国合格评定国家认可委员会（CNAS）委派五位评审专家对市三院医学检验科进行为期三天的ISO15189认可复评审。专家组一致认为盐城三院检验科质量管理体系和技术能够满足CNAS认可要求，宣布盐城三院检验科顺利通过复评审，同意向CNAS推荐维持认可。

（严梦恬）

体　　育

◆综　　述

◆全民健身

◆青少年体育

◆老年体育

◆体育社会组织

◆体育产业

综　　述

【概况】 2022年，在全市率先制定出台《盐城市盐都区全民健身实施计划（2021—2025年）》，全民健身工作先进做法在省市交流并获推广，参加省县级体育重点工作督查考核总分列全省第二，连续第八年获评“江苏省县级体育工作先进单位”，体育工作成绩载入盐都区年度十大新闻。全年举办承办“乐动万家　健美盐都”群众体育品牌区级以上赛事和活动50多项，培训1000多名一线社会体育指导员，2人获评全省最美社会体育指导员，重大节假日和寒暑假期间发放免费健身券近4万张，参加“活力盐城”评选并囊括所有奖项。

【学校体育工作】 年内，举行全区中小学篮球、乒乓球、航空模型运动等项目教练员、裁判员培训和少儿体适能项目师资培训，“区长杯”校园足球联赛覆盖所有中小学，3所学校被命名为全国足球特色校园，1个俱乐部被命名为省级青少年奥林匹克体育俱乐部，参加省运会青少年部比赛。

【体育设施建设工作】 年内，体育设施建设取得成效，完成政府为民办实事体育项目建设任务，大纵湖镇体育公园建设获中央专项彩票公益金1000万元支持，2个乡村健身公园获评全省最美，全区人均体育场地面积超过5.2平方米，连续四年位列全市第一、全省前列。

【发展体育产业】 年内，盐龙体育公园为全市唯一被认定为江苏省智慧体育场馆示范项目，3个体育产业项目获得江苏省体育产业发展专项支持资金310万元，3个“体育+”融合发展项目被推介为省乡村休闲旅游农业特色模式（康美健身模式）和省乡村休闲运动基地。

【体育社会组织开展系列活动】 年内，区老年体协等9个区级体育协会和部分镇（区、街道）体育社团完成换届，区乒乓球协会等10多个体育社会组织全年开展较大规模体育活动30多项（次）。

【体育宣传工作】 1月，组织开展北京2022年冬奥会宣传活动，全区49个单位和学校踊跃参加，省体育局录用盐都区宣传信息200多条，总数为全省第一。

（陈为人　葛留祥）

全民健身

【概况】 年内，“乐动万家　健美盐都”群众体育活动品牌影响力提升，举办2022元旦迎新年长跑活动，举行庆祝“全民健身日”活动，全年各地举行区镇村各级各类体育赛事和全民健身活动400多项（次），吸引30多万名群众参与，组织参加2022年江苏省健身气功网络比赛总人数、总成绩均列全市第一。全区体育场地设施建设和管护水平提高，盐龙街道高新区体育公园、楼王镇文昌

1月，发放免费健身券　　教育局　供

1月，开展喜迎北京2022年冬奥会宣传活动　　　　教育局　供

公园获评全省最美乡村健身公园，人均体育场地面积在全市领先。

【举行元旦迎新年长跑活动】 1月1日上午，2022盐城市元旦迎新年长跑盐都区分会场活动在吾悦广场举行。活动由区政府主办，盐渎街道办事处、区教育局（体育局）、区体育总会承办，活动主要内容为5000米健身跑，活动途经线路包括吾悦广场周边的海洋路、达信路、赶海路、弘智路和尚义路，共吸引全区约3000名跑步爱好者参加，近万名群众前往现场围观喝彩、加油助力。

【开展喜迎2022年冬奥会宣传活动】 1月12日，区全民健身工作部门联席会议办公室启动全区迎接北京2022年冬奥会宣传活动。在为期2个多月的活动中，全区共有49个镇（区、街道）、区直部门单位、中小学（幼儿园）、区级体育社会组织和体育健身场馆，通过在群众经常健身场地，人员流动量较大的室内外场所，各类体育赛事、健身活动的举行场所悬挂横幅、张贴宣传画、摆放宣传牌、电子大屏滚动播放，以及组织观看比赛、微信公众号推送等形式，对冬奥会知识和体育健身常识进行宣传普及。

【举办健身气功·八段锦网络比赛】 1月上旬，健身气功·八段锦网络比赛与“庆冬奥迎新春抗疫情”第二届江苏省健身气功八段锦网络公开赛同步举行，其间吸引全区各地300多名健身气功爱好者、社会体育指导员和体育健身服务志愿者的参与。

【公共体育设施建设列为2022年政府重大民生实事】 1月30日，区政府发布2022年十件民生实事，“实施体育惠民工程”位列其中。全年共投资430万元，提档升级34个社区室外体育健身器材，新建健身步道5千米，新建、改建镇（街道）级体育公园2个。

【体育工作成绩载入全区十大新闻】 2月1日，《盐都日报》公布2021年盐都十大新闻，体育工作重要成绩“连续3次获评全国群众体育先进单位”列于其中。2013年、2017年和2021年，盐都区连续3次被评为“全国群众体育先进单位”。2015年以来，盐都区参加江苏省县级体育重点工作考核，连年获评“江苏省县级体育工作先进单位”，多次位居苏北苏中前列。

【举办春节专场文体惠民演出活动】 2月6日，盐都区“欢歌笑语走基层”春节专场文体惠民演出活动在世纪公园盐渎大舞台举行。活动中，区广场健身舞运动协会为近200名在场观众表演《盛世秧歌》《美丽盐城是我家》《一起向未来》《盐都人乐的好潇洒》等广场舞、扇舞节目，展示健身腰鼓、健身球等体育健身项目。

【制定出台全民健身实施计划】 4月20日，《盐城市盐都区全民健身实施计划（2021—2025年）》正式发布。内容分别为指导思想、发展目标、主要任务和保障措施，对全区2021年至2025年期间全民健身工作的总体目标和基本思路提出原则性要求，附件为重点任务措施，在8个方面明确全区2021年至2025年期间全民健身工作重点和各板块、区各相关部门的工作职责。

【获评全市体育工作先进集体】 4月26日，召开2022年全市体育局长会议，区体育局被表彰为“2021年度盐城市体育工作先进集体”。

举行元旦迎新年长跑活动　　　　教育局　供

6月，举办体育赛事活动应急救护培训班　　教育局　供

【参加“活力盐城”评选】 4月26日，市体育局公布“活力盐城”评选结果，盐都区所有参评项目全部上榜，盐都区获评“活力之城”，盐渎街道获评“活力小镇”，潘黄街道宝才社区获评“活力社区”，悦健乒乓球俱乐部、“未来之星”青少年体育俱乐部获评“活力俱乐部”，明翔体育健身场馆获评“活力场馆”。

【制定室内健身场所工作规范】 4月28日，区体育局印发《关于做好全区室内健身场所有序开放工作的通知》，明确全区列入开放范围的健身房、游泳馆、瑜伽馆、体育舞蹈房四类室内健身场所，在正式恢复开放前均须履行申请复工程序，提交公共场所疫情防控承诺书、公共场所复工申请表和营业执照复印件等，经区体育局和健身场所所在地疫情防控机构审核同意后，可有序实施开放。

【举行“健身走江苏”公益健步走活动】 6月3—5日，2022“健身走江苏”大型公益系列活动——盐龙体育公园“迎端午　健步走”活动举行。活动主题为“不忘初心跟党走　健步迈向新时代”，活动内容为10千米健身跑或健步走(绕盐龙体育公园环形步道3圈)，活动不计时、不排名。在为期3天的活动中，共吸引来自盐城大市区1200多名跑步爱好者和周边群众的参与和围观助力。

【举办区级机关乒乓球联赛】 6月12日，第四届“盛州杯”盐都区区级机关乒乓球联赛在盐渎街道盛州全民健身中心悦健乒乓球馆开拍。联赛分四个阶段进行，11月20日落幕，共吸引各区级机关单位的16支代表队100多名运动员参加、2000多名乒乓球爱好者围观加油。

【举办体育赛事活动应急救护培训班】 6月21日，2022年盐都区体育赛事活动(篮球)应急救护培训班在蓝朋友篮球馆举行。本次培训由区篮球协会和区红十字会联合组织，培训内容主要包括心肺复苏操作流程、自动体外除颤器(AED)原理及使用方法、创伤救护、现场急救常识、气道异物阻塞与急救方法和篮球比赛中运动员以及观众常见意外伤害现场救护措施，所有参培人员还进行实操技能练习，共吸引来自全区10多个篮球俱乐部的近40名专兼职教练员、裁判员和工作人员报名参加。

【参加市龙舟赛】 6月24—26日，举行盐城市第五届龙舟赛，盐都东晋水城代表队夺得1枚金牌、2枚银牌和4枚铜牌，团体总分排名第三，并获优秀组织奖。

【举办职工羽毛球比赛】 6月25日，2022年盐都区“强健体魄　灭羟禁毒”职工羽毛球比赛在区体育馆举行。比赛设区直组男子双打、男女混合双打和乡镇组男子单打、女子单打4个竞赛项目，参赛对象为盐都区各机关、企事业单位参保职工，全区19个代表队近100名羽毛球运动爱好者报名参加。

【举办技能培训班】 7月2日，2022年盐都区莲湘项目一线社会体育指导员技能培训班在区体育馆举行。培训班特邀国家级社会体育指导员授课，培训对象主要是全区各地服务于基层一线全民健身工作、具有良好运动基础的社会体育指导员，培训内容主要为莲湘运动技术要领和整套动作，所有学员参加技术动作考核和全套动作集体展示。主办方还向考核合格人员颁发培训结业证书。7月3日、9月24—25日、10月11—12日，分别举行全区健身球项目、健身气功八段锦项目和太极拳项目一线社会体育指导员技能培训班。

【举办夏季国际象棋等级赛】 7月5日，2022年盐都区夏季国际象棋等级赛举行。比赛执行国家体育总局审定的最新竞赛规则，设四级、五级、六级、七级、八级、九级、十级棋士组和定级组8个竞赛组别，每个组别进行瑞士制7轮比赛，吸引来自各地少年宫、中小学、俱乐部、培训中心的学员、学生等近900名小棋手报名参加。

【获评全省最美社会体育指导员】 7月14日，省体育局公布“江苏省最美青年社会体育指导员”评选结果，区健身气功运动协会副秘书长、一级社会体育指导员刘淑芸和区广场健身舞运动协会副会长、一级社会体育指导员魏原野入选。

【举办2022年“全民健身日”盐都区分会场活动】 8月8日，江苏省2022年“全民健身日”盐都区分会场活动在盐都副中心大纵湖镇举行。活动由区政府主办，区体育局、大纵湖镇政府和区体育总会共同承办，活动主要内容为健身莲湘、健身球和健身龙舞等群众性体育健身项目集体展演，吸引来自全区各界社会群众1000多人参加。

【举办乡镇全民健身运动会】 8月8日，盐都区第十六届乡镇全民健身运动会在盐都副中心大纵湖镇举行。本届运动会由区政府主办，区体育局、大纵湖镇政府和区体育总会共同承办，竞赛项目为健身莲湘和健身球，共有来自全区14个镇（区、街道）的28支代表队300多名体育健身爱好者报名参加。

【举办“草房子杯”广场舞大赛】 8月26—27日，“喜迎二十大　共舞新征程”盐都区首届“草房子杯”广场舞大赛在国家AAAA级旅游景区——草房子乐园举行。比赛项目为广场舞规定套路《美丽盐城是我家》和广场舞自选套路（舞种不限），共吸引来自盐城大市区各地的17支代表队近200名广场健身舞爱好者报名参加。

【完成2022年度社区健身房建设任务】 9月6日，盐都区潘黄街道旭日社区健身房建设工作通过区体育局的验收，盐都区2022年度3个社区健身房建设任务全部完成。根据省、市政府为民办实事项目安排，2022年盐都区在实施体育惠民方面承担的任务主要包括新建5千米健身步道、新建或改建社区健身房3个、新建或改建2个镇级体育公园以及为2个公共体育场馆实施免费或低收费开放服务发放补贴。至9月，5千米健身步道和3个社区健身房全部建成投入使用；建成1个镇级体育公园；2个公共体育场馆（区体育馆、区游泳馆）于元旦、寒假、春节、暑假和全民健身日期间实施免费开放。

【举办篮球定点投篮网络视频比赛】 9月30日，“谁与争锋”——2022年盐都区“体彩杯”篮球定点投篮网络视频比赛落幕。全区14个镇（区、街道）分别依托各自辖区内的镇级多功能健身广场和村级文体广场自行组织举行。比赛内容为2分钟连续投篮（罚球线定点投篮和三分线外投篮各1分钟），比赛用球、球网由主办方提供，比赛结束后由各镇（区、街道）按照竞赛规程将符合要求的投篮视频报送给主办方，在为期10多天的比赛中共吸引500多名城乡居民报名参加。

【参加市业余俱乐部篮球比赛】 在10月29日落幕的2022年盐城市第二届业余俱乐部联赛篮球比赛暨2022年盐城市第五届篮球俱乐部超级联赛中老年组比赛中，盐都区中老年A组（1962年年底前出生，含1962年）代表队夺得冠军，中年B组（1972年年底前出生，含1972年）代表队获得第三名。

【参加社会体育指导员技能大赛】 10月30日，在2022年盐城市（社区）业余俱乐部联赛“西溪杯”健身龙舞项目一线社会体育指导员技能大赛中，代表盐都区参赛的区广场健身舞运动协会发挥出色，在彩带龙、莲湘和健身球3个项目的比赛中，夺得彩带龙和莲湘2个项目的第一名和团体优胜奖，并获评体育道德风尚奖。

【举行象棋围棋国际象棋锦标赛】 11月5—6日，2022年盐城市象棋围棋国际象棋锦标赛在盐都区举行。本次比赛由市棋牌运动协会主办，区棋牌运动协会等承办。比赛设象棋、围棋和国际象棋3个竞赛项目，共吸引全市各县（市、区）的80多名棋类运动爱好者报名参加。

【举行全国象棋业余棋王赛江苏赛区盐城地区选拔赛】 11月13日，2022全国象棋业余棋王赛“乐在棋中”江苏赛区盐城地区选拔赛在盐都区举行。比赛设公开组、老年组、少年组、儿童组（男、女分别计算名次）4个竞赛组别，共吸引来自全市各县（市、区）棋牌协会、棋院、棋类俱乐部的12支代表队近100名中国象棋爱好者报名参加。

【两个乡村健身公园获评全省最美】 12月1日，省体育总会、省农民体育协会通报2022全省最美乡村健身公园（广场）年度榜活动情况，全省共有30家乡村健身公园（广场）上榜，盐都区盐龙街道健仁社区高新区体育公园、楼王镇文昌公园名列其中。

【举行2023元旦迎新年长跑活动】 12月30日，“竞逐新赛道　美好向未来”——盐城市2023元旦迎新年长跑活动在盐龙体育公园举行。本次活动由市体育总会主办，区体育总会、潘黄街道办事处承办，活动主要内容为环绕盐龙体育公园步行道7千米健身跑，共吸引来自盐城市区10多个跑步俱乐部的500多名跑友和志愿者参加。（陈为人　葛留祥）

青少年体育

【概况】 2022年，体育特色学校和体育俱乐部建设发力，青少年体育活动丰富多彩，校园体育力量壮大，体教融合向纵深推进，参加省二十届运动会成绩突出。

【三所足球特色校园踢进“国家队”】 2月14日，教育部公布2021年度全国青少

11月，举行全国象棋业余棋王赛江苏赛区盐城地区选拔赛　　教育局　供

年校园足球特色学校等名单，郭猛实验初中、肇基小学被命名为2021年度全国青少年校园足球特色学校，盐城高新区幼儿园被命名为2021年度全国校园足球特色幼儿园。经盐都区组织申报并获得国家级命名的足球特色校园已达38所，覆盖率居全市前列。

【举行围棋象棋国际象棋锦标赛暨省运动会选拔赛】 5月29日，2022年盐城市青少年围棋象棋国际象棋锦标赛暨省第二十届运动会选拔赛在盐都区举行。比赛设围棋、象棋和国际象棋3个竞赛项目，各项目分设6个组别，共吸引全市近100名运动员报名参加。

【举行江苏省小篮球联赛盐城盐都赛区比赛】 6月27—28日，2022年江苏省小篮球联赛盐城盐都赛区比赛在蓝朋友体育文化馆举行。本次比赛为“乐动万家　健美盐都”群众体育品牌“谁与争锋”系列篮球赛事活动之一，由省篮球运动协会主办，区篮球协会承办。比赛设U8男子和U10男子2个组别，共吸引来自全市各青少年篮球俱乐部的24支代表队144名篮球少年报名参加。

【举行国际象棋等级赛】 7月1—2日，2022年江苏省国际象棋等级赛（苏北赛区）在盐都区举行。本次比赛设二级棋士组和三级棋士组2个竞赛组别，采用中国国际象棋协会审定的最新竞赛规则，分组进行瑞士制7轮比赛，共吸引来自省内各地由少年宫、中小学、俱乐部、培训中心的学员、学生以及国际象棋个人爱好者近300人组成的33支代表队报名参加。

【举办校园篮球教练员裁判员培训班】 7月28日，2022年盐都区初中篮球教练员裁判员培训班在神州路初中举行，全区各初中学校的30多名体育教师报名参加。本次教练员培训特邀盐城师范学院篮球运动专业教师负责授课，培训内容主要包括青少年校园篮球发展现状介绍、技术特点讲解、基本技能训练方法讲解、体能训练方法讲解、比赛技战术方法以及篮球教学中的德育策略等。裁判员培训专门邀请具有国际和国内大型篮球赛事丰富执裁经验的国家级裁判员授课，培训内容主要为最新篮球规则及解释、篮球裁判法、篮球裁判员基本功与裁判法运用实践等。培训采取理论讲解和实践演练相结合的方式进行，培训结束前所有参培人员集中展示篮球执裁规范动作。

【举办小学乒乓球教练员裁判员培训班】 8月5日，2022年盐都区小学乒乓球教练员裁判员培训班在腾飞路小学举行，全区20多所小学的近30名负责乒乓球运动项目训练工作的专兼职教师报名参加。本次培训内容主要包括少儿乒乓球运动基础理论，乒乓球运动苗子选材方法，乒乓球基本功训练方法和乒乓球竞赛规则与赛事组织方法，乒乓球竞赛裁判法及临场操作规范等。

7月，举行国际象棋等级赛　　　　教育局　供

【举办体育与健康课程标准暑期培训活动】 8月10—11日，盐都区2022年体育与健康课程标准暑期培训活动在潘黄初中举行，全区义务教育阶段学校所有任教体育学科的教师全部参加培训。培训班特邀相关专家就体育与健康课程标准的变化带来的课程性质、课程价值与课程特性、课程基本理念、课程标准设计思路、学习目标的不同之处进行比对，对最新版体育与健康课程标准所强调的做中学、用中学、创中学，让认识基于实践并通过实践得到提升等方面进行解析。

【参加省小学生乒乓球比赛】 在8月15日结束的江苏省第七届小学生乒乓球锦标赛中，盐都区派出参赛的市二小代表队收获1枚金牌、1枚银牌和3枚铜牌，其中，张严浩一在男子甲组单打比赛中夺冠，沈美在女子乙组单打比赛中获得亚军，王怡达获得男子丁组单打比赛第三名，同时代表队还在男子甲组和男子丁组团体比赛中取得2个第三名。

【举办少儿体适能项目师资培训班】 8月20日，2022年盐都区少儿体适能趣味田径园长及骨干教师培训班在盐城高新区幼儿园举办。培训班特邀省内名师和相关专业人员授课，培训采用理论与实践相结合的方式进行，培训内容主要为“全获得”理念下趣味田径的实践探索、趣味田径运动课程总目标、趣味田径课程基本介绍及在晨间锻炼中的应用、趣味田径基本动作形式示范与讲解等，共吸引全区各幼儿园的近120名园长和骨干教师参加。

【举办乒乓球赛暨市乒乓球锦标赛选拔赛】 8月26日，2022年盐都区中小学生乒乓球赛暨盐城市中小学生乒乓球锦标赛盐都区选拔赛在龙冈小学省级青少年奥林匹克俱乐部举行。比赛设16～19岁组、14～15岁组、13岁组、12岁组、11岁组、10岁组、9岁组和8岁及以下组男、女单打项目，分小组循环赛和淘汰赛两个阶段进行，共吸引全区110多名中小学生参加。

【参加省第二十届运动会】 9月5日，江苏省第二十届运动会闭幕。在本届运动会中，盐都区共有100多名运动员参加轮滑、游泳、乒乓球、举重、散打、击剑、田径、街舞、篮球等项目的比赛，其中，崔智哲在轮滑比赛中分别获得金、银、铜牌各1枚，周子博在游泳比赛中获团体第一名，钱森在举重比赛中获得1枚金牌，赵致泽在乒乓球比赛中获男子双打第一名，李雨倩在射击比赛中获得1枚金牌，羊叶、吉语馨在网球比赛中获女子双打第一名，盐都区被组委会表彰为“江苏省第二十届运动会青少年部县（市、区）优秀组织奖（苏北片第一名）”。

9月，举行全国青少年航空航天模型教育竞赛活动总决赛分区赛　教育局　供

【举办航空模型运动项目教练员裁判员培训活动】 9月15—16日，盐都区航空模型运动项目教练员裁判员培训活动在神州路小学举行。培训班特邀航空模型运动专业教练员和中国航空协会中级考官、航空模型运动一级裁判员负责授课，培训期间，所有参加培训人员进行三级裁判员任职资格考核。

【开展青少年轮滑运动“校校行”活动】 9月27日，盐都区青少年轮滑运动“校校行”活动在神州路小学启动。该校30多名不同年级学生利用体育活动大课间，进行少儿轮滑运动基础动作和竞速轮滑、花样轮滑等青少年轮滑竞赛项目基本技能展示。本次“校校行”活动的主要内容是轮滑运动开展现状和发展工作调研，活动时间为期1个月，活动范围覆盖全区已经开展轮滑运动的各学校。

【举办体育优质课比赛】 9月27—30日，盐都区小学体育优质课大赛在腾飞路小学举行。本次比赛主要围绕“体育与健康”课程新课标理念下如何构建优质高效课堂，如何推进以大单元教学落实“教会、勤练、常赛”要求，如何通过体育课教学激发学生运动热情、掌握体育锻炼方法等目标进行，比赛项目包括课程内容、教学方法、教学评价、学生个体差异性等方面的设计和展现，共吸引全区相关学校的27名体育教师报名参加。

10月，举办中小学生田径运动会　教育局　供

【举行国际象棋棋协大师赛】 10月4—7日，2022年“友邦杯”国际象棋棋协大师赛在盐都区举行。比赛采用中国国际象棋协会审定的最新竞赛规则，设男子候补棋协大师组、女子候补棋协大师组、男子一级棋士组、女子一级棋士组4个竞赛组别，共有来自全省各地的28支代表队近200名青少年运动员报名参加。

【举办中小学生田径运动会】 10月29—30日，2022年盐都区中小学生田径运动会在盐城高新区实验小学举行。运动会设小学男子、女子和初中男子、女子4个竞赛组别，竞赛项目包括100米、200米、400米、800米、1500米、4×100米接力、4×400米接力、跳高、跳远、立定跳远、掷实心球（2公斤）、后抛实心球（1公斤）等，共有来自全区50所中小学的700多名运动员报名参加。

【举办少儿趣味体育线上教研活动】 11月1日，盐都区学前教育趣味体育线上教研活动在盐城高新区幼儿园举行。本次教研活动主题为“研学趣体育　赋能助发展”，教研内容主要包括对少儿趣味体育的科学认知、如何上好少儿趣味体育课、少儿趣味体育活动的组织开展和趣味体育教学如何更好地促进少儿身心发展、如何更好地助力幼儿园特色建设等。活动特邀中国田径运动协会E级教练员授课、示范和答疑，活动采取线上直播的方式进行，共吸引全区50多所幼儿园近800名教师参加。

【举行全国青少年航空航天模型教育竞赛】 11月5—6日，2022年第二十三届“飞向北京·飞向太空”全国青少年航空航天模型教育竞赛活动总决赛盐城盐都分区赛在科创城小学举行。本次比赛由国家体育总局航空无线电模型运动管理中心、中国航空运动协会主办，比赛设三类竞赛项目，具体包括橡筋滑翔机、遥控直升机、模拟定点着落、小水火箭距离挑战等12个小项，共有来自全区25所学校的近300名青少年航空运动爱好者报名参加。

【举办第八届“区长杯”校园足球联赛】 11月10日，盐都区第八届“区长杯”校园足球联赛揭幕。本届联赛设小学男、女甲组，小学男、女乙组和初中男、女组6个组别，分预赛和交叉淘汰赛2个阶段进行，预赛阶段小学组各组别比赛分别由神州路小学等9所学校领衔组织，初中组各组别比赛分别由大纵湖初中等6所学校领衔组织，交叉淘汰赛阶段比赛由区教育局、区体育局统一组织。整个联赛共有97支代表队报名参加，参赛学生总数超过3000人。

【举办少儿体适能展示活动】 12月7日，2022年盐都区少儿体适能展示活动落幕。本次活动由各幼儿园根据自身实际，结合2021年江苏省趣味田径省级竞赛项目(主要包括过障碍掷准、十字跳、行进十字跳、纵跳过栏、速度绳梯、短跑跨栏、一级方程式等)，自主选择展示内容。在为期10天的展示活动期间，共吸引全区60多所幼儿园的1万多名幼儿参加。

（陈为人　葛留祥）

11月，举办第八届“区长杯”校园足球联赛　　教育局　供

老年体育

【概况】 2022年，区老年人体育工作在区委、区政府的支持指导下，学习贯彻中共十九届六中全会和中共二十大精神以及中共中央、国务院关于老龄、老年体育工作的方针，履职尽能，主动作为，克服疫情影响，组织广大老年人开展体育健身活动，为老年人科学健身、快乐健身做好事、办实事，推动全区老年人体育事业取得新成绩，做出新贡献。

【开展学习教育活动】 年内，协会组织驻会人员集中学习，通过读报告原文、听辅导讲座、看新闻视频、谈学习体会等方式领会报告精神。5月10日，区协会组织召开座谈会议，学习贯彻《中共中央、国务院关于加强新时代老龄工作的意见》(简称《意见》)和《体育总局关于进一步做好老年人体育工作的通知》。《意见》明确提出将老龄事业发展纳入统筹推进“五位一体”总体布局和协调推进“四个全面”战略布局，阐述关于老年人养老服务、健康服务、社会保障、社会参与、权益保障等问题。7月12日，区协会组织镇(街道)、部门分会会长，区项目委员会负责人及老年体育健身辅导员代表进行专题学习座谈。对新《中华人民共和国体育法》中关于老年人体育的内容进行重点研读。通过系列学习，增强大家做好新时代老年人体育工作的责任感、使命感。

【组织建设工作】 年内，区协会换届财政专门安排7万元用于添置电脑、打印机、办公桌椅、空调等设施；新增办公室1间；优化人员结构，驻会工作人员平均年龄降至57.8岁。镇(街道)、部门将老体工作纳入年度工作计划，提出工作要求，做到年初有部署，年中有督导检查，年终有考核。潘黄街道党委和办事处开展“老年文体特色村居、健身示范村居”竞赛评比。

【老体保障工作】 年内，全区村居(社区)老体工作基本达到“六有”即有专(兼)职人员，有活动中心，有健身场地，有活动队伍，有骨干指导，有基本经费。借助换届之年，多地对年龄偏大的村级老体分会长，进行结构调整，充实一批60岁左右的新鲜血液。尚庄，楼王等地对新上岗人员，开展岗前培训，促使快速进入角色，开展工作。楼王分会增加1项老年人使用智能手机培训。2022年盐龙街道投资33万元在集镇和乔庄分建两片门球场；大冈镇投资170万元新建篮球，足球，门球，乒乓球，羽毛球场，新增8个老年人健身活动场地；学富镇在集镇所在地增加3个老年人健身点，总数达6个。

【组织骨干培训】 年内，据统计全区老年体育骨干参加中国老年体协系列培训活动，培训广场舞，柔力球，瑜珈，门球，桌上冰壶球，太极拳，莲湘等项目，累计达500多人(次)。

【开展学习调研活动】 年内，区协会张会长率驻会人员开展系列调研活动。采用分组调研，发出预备通知，将14个镇（区、街道）分会分成2个组，区直部门8家分会1个组，协会项目委员会1个组，用4天时间，就各地组织网络、人员构成、经费落实、场地站点建设、传统特色项目、老年人品牌健身活动以及2023年工作思路措施、创新活动方式、打造特色品牌的打算等方面，进行研讨交流，剖析存在问题，发现特色亮点。

8月，老年人体育协会第八次会员代表大会　　老年体协　供

【做好防疫和健身工作】 3月12日，区协会通知各分会，暂停所有聚集性培训、比赛、展示活动；延期举办2022年全区老年人扑克“掼蛋”比赛；老年体育健身活动坚持线上为主、分散为主、居家为主的原则。各分会将原来规模较大的站点、团队“化整为零”，分解成10人左右的活动小组，并配备临时负责人和辅导员，指导分散或居家开展健身活动。不少分会还定期发放辅导材料，组织辅导员送教上门，并运用网络组建“快乐健身微信群”进行交流。

【举行主题活动】 年内，区协会举办全区老年人扑克“掼蛋”比赛、全区老年人中国象棋比赛、全区首届老年人门球赛、区老年人乒乓球赛，组织开展“喜迎二十大体验新文旅健康蟒河行”主题活动。

【老年体育节活动】 2022年，各镇（街道）以5月29日启动的全省老年人体育节为载体，开展丰富多彩的老年体育活动。学富、郭猛、张庄、尚庄、台创园、大纵湖旅游度假区等地开展广场舞、扇子舞、太极拳剑、健身球操、莲湘、柔力球、腰鼓、扑克、象棋、钓鱼等传统项目。潘黄、盐龙、大纵湖等地开展门球、手龙飘龙舞、彩龙舞、花球等品牌特色创新项目，参加的人数占比达50%以上。学富、楼王、秦南、大纵湖、大冈等地在七一、重阳节、国庆节和“喜庆二十大”期间开展竞赛、展示活动。区农口系统、政法系统分会分别举办第20届和第15届老年人运动会，区交运分会连续11年举办“交运杯”扑克邀请赛。区住建、商务、供销社、卫健等分会，每年至少集中活动1次。交运、商务分会举办健康保健知识讲座。

6月，喜迎二十大体验新文旅健康蟒河行　　老年体协　供

【获得多项表彰】 年内，健身气功项目负责人沈红英，带队参加省健身气功“五禽戏”长版比赛，获一等奖，全省仅5家。由拳剑项目负责人韦建华任教练的秦南分会柔力球队，代表盐都区参加全市“喜庆二十大，助力新征程”老年体育节柔力球交流展示活动，获优秀表演奖。操舞项目负责人朱育红受命组队，代表盐都参加全市“喜迎二十大幸福舞起来”广场舞网上交流展示活动，完成任务。棋类项目负责人陈康美参加市中国象棋老年男子组比赛获第一名，取得参加江苏省棋王赛的资格。

【完成协会换届选举】 8月18日，召开区老年体协第八次会员代表大会，会议总结五年多来区老年体协工作和成绩，对之后五年工作提出建议，对协会章程作部分修改，选举产生新一届理事会组成人员和监事，八届理事会第一次会议选举张荣銮为理事会会长，姚天、应文忠为副会长，陈霞为秘书长。区协会七届委员会主席武进甲、八届理事会会长张荣銮分别讲话。

【赴潘黄街道、秦南镇调研】 10月24—26日，区协会分赴潘黄街道、秦南镇，就贯彻中共二十大精神，如何在新形势下开展老年人体育健身工作，探索老年健身活动新路径，与镇主要负责人、分管负责人进行汇报、交流、沟通、研讨。

1月，区乒乓球协会自主举办赛事活动　　教育局　供

【舆论宣传工作】 年内，利用“盐都老年体协”公众号，《盐都乐天》简报，“盐都乐天”工作群等载体，宣传老年体育工作动态、经验做法和先进典型，特别是老年体育工作者无私奉献、志愿服务的感人事迹和高尚的品德。利用座谈讨论、会议宣传方式，宣传《中共中央国务院关于加强新时代老龄工作的意见》《中华人民共和国体育法》以及国家体育总局《关于进一步做好老年人体育工作的通知》，扩大老年体育工作的影响。开展典型宣传，学富、盐龙、龙冈、大纵湖旅游度假区等地安排本地的老年人中的“运动达人”“健康之星”骨干指导员，到基层村组，用身边人、身边事及锻炼前后的对比，算健康账、算经济账；算小家账、算国家账，离开麻将，走向健身场。表彰先进，采取三年轮换方式，表彰不同对象。

【考察盐城市航空运动协会】 12月7日，考察学习全国知名、全省领先的盐城市航空运动协会。协会成立以来，在会长柏亚的带领下，举办36期培训班，为全市培养800多名航拍能手；与150多所学校合作，推广航模进校园；成立市场化服务公司，为各级政府和部门开展执法和治理服务，实现经济效益和社会效益双丰收。从开办的自垫资金30万元，到现有资产近千万元。通过调研总结，查找不足，明确方向，拓宽眼界，提高做好全区老年人体育工作的能力和水平。

（徐克铭）

体育社会组织

【概况】 2022年，9个区级体育协会和40多个基层体育社团完成换届，各体育社会组织全年开展体育活动30多项（次），参与公共体育服务能力增强。

【区乒乓球协会自主举办赛事活动】 1月9日，区乒乓球协会在盐渎盛洲全民健身中心悦健乒乓球馆举行“贵州贵酒杯”2022年盐城市乒乓球邀请赛，比赛项目为团体对抗赛（五对五单打），参赛对象为全市各机关单位、企业和俱乐部，共吸引盐城晚报、盛花构件、沿海农场等25支代表队近200名运动员报名参加。3月6日，2022“盐渎盛州杯”第十一届盐城悦健乒乓球联赛揭幕，共有来自全市各县（市、区）、各企业和各乒乓球俱乐部150多名乒乓球爱好者组成的27支代表队参赛，联赛分四个阶段，分别于5月、7月、9月和11月进行。6月19日，举行2022年“港龙地产杯”盐城市乒乓球邀请赛，比赛项目为团体对抗赛（三对三单打），共吸引东台乒协、张庄街道、童成俱乐部等16支代表队近100名运动员报名参加。9月11日，区乒乓球协会大冈分会举行乒乓球团体友谊赛，共吸引来自大冈镇和周边地区的8支代表队40多名乒乓球运动爱好者报名参加。2022年，由区乒乓球协会自主举办的规模性体育赛事活动达20多次，吸引近万人（次）参与和观看，协会所依托的活动基地悦健乒乓球俱乐部获评盐城市“活力俱乐部”。

【开展区马拉松运动协会体育赛事和健身活动】 3月8日，区马拉松运动协会在盐龙体育公园举行庆“三八”妇女健身跑，跑步里程3.8千米，来自协会和部分健身俱乐部的近30名女同志报名。5月8日，举行庆祝母亲节健身跑，活动内容为绕行盐龙体育公园步行道2圈（约7千米），30多名会员报名参加。6月26日，举行盐都区庆“七一”全民健身跑，跑步里程约7千米（环盐龙体育公园步行道2圈），共吸引来自全区各地和盐城市区的200多名跑步爱好者参加。7月31日，举行盐都区庆祝“八一”建军节全民健身跑，跑步里程8.1千米，盐城市区的200多名跑步爱好者和退役军人报名参加。8月7日，举行盐都区迎接第十四个“全民健身日”迷你马拉松跑步活动，活动内容为环盐龙体育公园步行道10千米健身跑，共吸引来自盐城市区的120多名跑步爱好者报名参加。9月18日，举行“不忘九一八”主题跑步活动，跑步里程9.18千米，共吸引盐城市区100多名跑步运动爱好者报名。区马拉松运动协会成立以来，依托盐龙体育公园等公共体育设施，经常性组织开展跑步健身活动，以5千米跑、10千米跑和半程马拉松为主要内容的“周周练”从未间断。

【举办“羽民同乐”羽毛球比赛】 6月19日，区羽毛球协会在兴泰体育馆举行盐都区“盛洲杯”首届“羽民同乐”羽毛球联赛，比赛设男、女单打和男女混合双打等竞赛项目，共吸引全区各地和各羽毛球俱乐部的40多名羽毛球运动爱好者报名参加。10月16日，举行2022盐城市“脊能量”羽毛球混合团体邀请赛，比赛项目为男女混合团体对抗，共吸引盐城市区8支代表队50多名羽毛球运动爱好者报名参加。

【举办特色骑行活动】 8月24日，区自行车运动协会举行蟒蛇河风光带自行车骑行活动。活动骑行线路为盐都区重点建设的蟒蛇河风光带步行骑行景观道，整个骑行线路全程约100千米，共吸引来自盐城市区的50多名自行车运动爱好者参加。9月18日，举行最美田园乡村路自行车骑行活动。活动主要骑行线路为盐都旅游公路2号线，整个骑行活动全程约80千米（往返），共吸引来自盐城市区的20多名自行车运动爱好者参加。

【宣传科学健身方法】 9月5日，由区太极拳协会主办的盐都区太极养生杖运动健身项目培训进社区活动在潘黄街道旭日社区万达广场结束。本次培训由区太极拳协会业务骨干负责授课，培训内容主要为太极养生杖功法特点、基本手型手法、基本步型和功法技术等。为期15天的培训，共吸引杨坝、大孙、美丽、兆泉、宝才、东进路、旭日等社区近100名体育健身运动爱好者参加。

【举办棋牌友谊赛】 9月18日，潘黄街道老年人棋牌友谊赛在街道会议中心举行。本次比赛由潘黄街道老年人体育协会组织，比赛项目为中国象棋和扑克牌“掼蛋”，共吸引来自潘黄街道各部门单位和村（居）的50多名中老年同志报名参加。

【开展集体演练活动】 9月19日，区健身气功运动协会在区行政中心南广场举行健身气功传统功法集体演练活动。本次集体演练由区健身气功运动协会组织，演练主要内容为《八段锦》《五禽戏》《易筋经》《六字诀》等健身气功传统功法，共吸引盐城市区多个健身站点的60名健身气功运动爱好者参加。

【举办街舞大赛】 10月3—4日，区体育舞蹈运动协会举办第六届文承舞将街舞大赛。本次比赛设少儿组1V1、成年组1V1和成人组3V3三个竞赛组别，竞赛项目为Hiphop、齐舞和Breaking，共吸引山东、吉林、上海、浙江、北京、湖北和江苏等20多个地区的300多名街舞爱好者报名参加。

【开展换届工作】 12月底，区老年人体育协会、区广场健身舞运动协会、区门球协会、区乒乓球协会、区太极拳协会、区体育舞蹈运动协会、区游泳协会、区羽毛球协会、区航空运动协会9个区级体育社团和各镇（区、街道）的40多个基层体育社团，在2022年内完成换届工作。

（陈为人　葛留祥）

体育产业

【概况】 2022年，体育产业项目获省级支持和推介，体育场馆智慧化建设富有成效，体育消费市场安全有序。

【明翔体育健身场馆获评“活力场馆”】 4月26日，市体育局公布“活力盐城”评选结果，区体育中心明翔体育健身场馆获评“活力场馆”。本次评选活动经过各地申报、网络推评和投票、专家评审和公示、视频呈现等程序，最终在全市范围内评定“活力场馆”10个。

【三个体旅融合项目获省推介】 8月23日，省农业农村厅推介发布乡村休闲旅游农业特色模式（项目）和乡村休闲运动基地，盐都区郭猛镇杨侍村欢乐王国和水世界项目被推介为江苏省乡村休闲旅游农业特色模式（项目）（康美健身模式），大纵湖镇三官北京农庄休闲运动基地（户外野营、水上自行车）、大纵湖旅游度假区大纵湖湿地公园休闲运动基地（游泳、攀岩）被推介为江苏省乡村休闲运动基地。

【盐龙体育公园成为省智慧体育场馆示范项目】 8月31日，省体育局公布体育场馆自主品牌赛事（活动）体育培训示范项目及智慧体育场馆示范项目认定名单，盐都区盐龙体育公园榜上有名，为全市唯一被认定为江苏省智慧体育场馆示范项目。

【三个体育产业项目获省专项资金支持】 10月18日，省体育局公布2022年度江苏体育产业发展专项资金拟支持项目名单，由盐都区组织申报的打造特色体育公园综合体（盐龙体育公园）、涵邦健身以新开扩大连锁经营和迈克仕体育健身休闲综合体3个项目入选，获得310万元发展支持资金。

（陈为人　葛留祥）

8月，盐龙体育公园成为省智慧体育场馆示范项目　　　教育局　供

就业再就业工作

【概况】 2022年，牵头完善、调整区就业工作领导小组、农民工工作领导小组成员，全区就业工作组织领导和统筹协调工作得到加强。11月16日，在区政协十五届三次会议上作题为《打好就业组合拳 筑牢民生基本盘》的工作报告，接受并落实区政协《关于推动实现更加充分更高质量就业的建议》建议案。全年印发就业工作部署文件38个、请示文件6个，组织召开就业工作部署会议12次，制订各项活动方案18个，承担市局安排省厅领导及兄弟市人社局负责人现场察看任务4次，承担市年度重大建设任务1个。

【就业援助工作】 年内，列入区政府为民办实事工程。按照“应知尽享”的要求，全年新认定就业困难人员4111人，审批发放灵活就业人员社保补贴9688人共6630.48万元。审批发放小微企业吸纳高校毕业生社保补贴125人共59.08万元。审批发放单位吸纳就业困难人员社保补贴90人共78.69万元。审批发放女职工产假期间社保补贴12人共4.36万元。

【开展“暖企行动”】 年内，出台“保障企业用工需求”一次性吸纳就业补贴政策，审批发放132家工业企业，1787人符合一次性吸纳就业补贴214.44万元；组织开展重点企业用工服务专项行动，为高新区智创园企业输送一线员工3217人，举办7期重点企业人事经理培训班。

【毕业生实名登记活动】 年内，为1188名省内外应届离校未就业高校毕业生提供就业服务，召开专题工作会议4次，人员去向清楚，就业服务到位，实现登记率100%，服务率100%，就业率98.2%。举办“盐都籍高校毕业生暑期家乡行”活动，引导大学生返乡就业创业，有151名盐都籍高校毕业生参加，为全市唯一。举办2022年离校未就业高校毕业生求职技巧培训班，52名高校毕业生参加，为全市唯一。

【开展劳务品牌建设】 年内，对全区劳务品牌进行梳理，指导相关企业参与劳务品牌建设和项目申报。推荐2个项目参加省、市劳务品牌大赛，全部获奖；创成2个省级劳务品牌，分别为盐都智能制造操作员和盐都悦家师。

【开展重点群体职业技能培训】 2022年，举办重点群体职业技能培训班93期，培训3578人，获证奖补2545人223.24万元。向登记失业人员、就业困难人员发送“盐都就业”短信27万条，提

10月，盐都区三产服务业专场招聘会　　人社局　供

供就业政策宣传、现场求职邀请、就业岗位信息推介等服务。

【做实公益性岗位托底安置工作】 年内，印发《关于做好疫情防控期间临时性公益性岗位开发管理及安置就业工作的通知》《关于做好2022年一般性公益性岗位托底安置就业工作的通知》，开发疫情防控临时性公益性岗位550个，实际安置就业507人；开发一般性公益性岗位30个，实际安置大龄就业困难人员就业27人（其中残疾人3人）。全年累计发放公益性岗位补贴331.2万元、社保补贴171.91万元。公益性岗位人员日常管理到位，能按照《江苏省公益性岗位开发管理办法》，开展岗位开发、招聘和日常管理工作，并落实退出机制，全年退出3人。

（陈学兵　封月琴）

10月，盐都区2022年返乡创业大赛　　人社局　供

创业盐都建设

【概况】 2022年，全年支持成功自主创业4514人，完成市目标任务的270.29%；扶持农民自主创业2896人，完成市目标任务的321.78%；引领大学生创业人数343人，完成市目标任务的155.91%。

【“创在盐都”工作】 年内，创成1家省级创业培训示范基地（盐城南大电商研究院）、2个市级创业示范载体（东晋水城创业园、盐城伦科技孵化器），2家区级创业孵化基地。组织开展省级创业示范基地动态管理工作，将5个省级创业载体（4家创业孵化基地、1家培训基地）纳入省平台系统日常管理。有4个项目在第五届“中国创翼”创业创新大赛江苏选拔赛暨“创响江苏”创业创新大赛中获奖，包揽“创响江苏”创业创新大赛盐城市级初赛制造业、服务业主体赛和青年创意、乡村振兴4个项目第一名；推荐3人获聘省创业指导专家团专家，开展创业指导专家基层行活动5次，与盐城师范学院联合举办2022年盐都创业精英培训班。举办盐都区2022年返乡创业大赛，有23个项目参赛。

【“乐业盐都”工作】 12月，盐城高新区人力资源服务产业园获批筹建省级人力资源产业园；开展“盐都籍高校毕业生暑期家乡行”活动，举办2022年离校未就业高校毕业生求职技巧培训班；根据市局安排，提供省厅调研和兄弟市人社局负责人交流就业工作现场4次。

【宣传引导创业】 年内，与区融媒体中心合作，加大创业宣传，在盐都电视台开设“双创看盐都”专栏，播出24期，发布各类创新创业信息256条。利用中国盐都网人社主页面、盐都智慧就业服务网、盐都就业微信公众号、盐都就业App等新媒体，宣传创业政策、创业典型。同时，开展对外宣传，全年在市级以上报纸、电视等媒体发表信息、报道32篇。

【落实政策鼓励创业】 2022年，落实一次性创业补贴、创业场地租金补贴、创业带动就业补贴、创业担保贷款、创业担保贷款贴息等政策，符合条件的做到应兑尽兑。加强与盐城农商行合作，召开人社、财政、银行三方联席会议4次，全年发放富民创业担保贷款3200万元，滚存结余1.36亿元。配合中国银行盐都支行，摸排、推荐238个符合条件企业，并成立工作组，开展为期1周的企业到现场政策推介活动，审批发放“苏岗贷”23家1.22亿元。创新政策落实措施，大数据找人，点对点服务，全年审批发放各类创业补贴30.4万元，全市第一。

（陈学兵　封月琴）

劳动关系

【概况】 年内，转发《关于公布盐城市2022年企业薪酬调查部分职位工资价位和人工成本水平的通知》和《关于发布2022年度全市企业工资指导线的通知》，引导企业合理确定职工工资水平，建立健全企业职工工资增长机制。全年共审批特殊工时35件，涉及22户企业，其中，审批不定时工作制15件，综合计算工时工作制20件，保证职工的工作、休息时间得到合理安排。

【开展企业培育行动】 年内，开展劳动关系和谐企业培育行动，江苏驿都国际大酒店有限公司驿都金陵大酒店被评定为江苏省优秀劳动关系和谐企业，江苏蛟龙打捞航务工程有限公司、江苏同力食品科技有限公司、江苏辰宇医疗器械有限公司、江苏悦达家纺有限公司、江苏东九重工股份有限公司被评定为盐城市优秀劳动关系和谐企业。　（王乃华）

劳动监察

【概况】 全年劳动监察受理处理各类投诉、举报案件近3000起，查实的案件结案率达100%。处理国务院欠薪线索平台案件1005起，省联动平台流转案件489起，市级投诉平台案件373起，线下举报投诉830起。组织开展7次专项行动，完成对1657户用人单位的劳动保障审查工作，书面审查完成率达90%以上，主动监察用人单位279户。2022年，代表全市接受省保障农民工工资支付工作考核组实地考核，2021年度盐城市保障农民工工资支付工作在省政府考核中获得全省第2名，蝉联A级城市，苏北唯一。

【落实"三项制度"】 年内，落实"三项制度"，坚持行政执法公示、执法全过程记录和重大执法决定法制审核制度。在落实普法责任制、书面审查工作、劳动合同签订、专项检查、根治欠薪等方面做工作，取得较好成绩。

【组织专项行动】 全年开展劳动保障监察"互联网+书面审查"专项行动、"双随机"抽查检查活动、清理整顿人力资源市场秩序专项执法检查活动和保障农民工工资支付夏冬季专项行动。发挥区根治拖欠农民工工资工作领导小组办公室牵头作用，牵头成立3个督查指导处置工作组，抽调人社、公安、工会的业务骨干，对各板块和相关部门根治欠薪工作进行专项督查，督查情况每周通报。提请区政府每周召开欠薪推进会，调度全区欠薪销号情况，推进根治欠薪工作开展。2022年下半年，督促检查重点用人单位366户，排查出55户重点欠薪监控单位，压实属地管理和行业主管部门监管责任，安排专人跟踪督促，查实的欠薪问题2023年2月前全部销号清零。

【劳动保障监察联动平台建设】 年内，全区12个一级网格、24个二级网格，覆盖率达100%，行政执法、网格监控更高效。一、二级网格日常运行包括：协办记录、监测预警、指导服务、法规宣传、咨询、简单纠纷调处等工作。全年基层平台业务咨询达1955条，基层矛盾调处540件，调处成功率100%，平台运行率100%。提高企业的规范用工意识，实现劳资双方利益共赢。 （徐伟荣）

劳动人事争议调解仲裁

【概况】 2022年，立案受理劳动争议仲裁案件667件，结案667件，结案率100%，其中，调解结案429件，裁决结案238件，案件调撤率65%。通过江苏省劳动人事争议调解网解决劳动人事争议案件725件，通过全国劳动人事争议在线调解平台处理劳动争议117件。基层调解组织调解劳动人事争议900余件，占劳动人事争议案件总数的近60%，将大部分劳动争议化解在基层。在立案受理案件中，涉及劳动报酬385件，占受理数58%，涉及社会保险待遇122件(其中工伤待遇121件)，占受理数18%，涉及解除、终止劳动合同123件，占受理数18%。全年受理案件涉案金额3014.12万元。裁决支付劳动者劳动报酬767.33万元、支付经济补偿金463.32万元、支付工伤待遇510.22万元。裁决案件劳动者胜诉178件，用人单位胜诉58件。裁决案件劳动者胜诉占70%以上。

【调解仲裁工作】 年内，按照劳动人事争议案件受理、处理工作规范，确保一般案件45天结案，复杂案件不超过60天结案。同时要求仲裁员采取各项措施，促进案件调解，提高案件调解的成功率，追求案结事了的处理结果。依法依规处理好劳动人事争议案件。坚持对劳动争议案件的源头管控，把好入口关，引导来访群众依法维权，做好疫情防控期间劳动关系运行态势预警工作，化解与单位的矛盾纠纷。实时上传仲裁案件信息，推进管理信息化，仲裁案件的网上运行率100%。推行裁决文书公开制度，实施"阳光仲裁"。仲裁案件在省仲裁管理信息系统网上运行率100%，同时在省一级网站对已生效裁决书进行公开，裁决案件不仅接受上级主管部门的监督，还要接受社会监督，以公开促公正。

【搭建线上平台】 2022年，盐都区通过"江苏人社一体化"调解处理劳动争议案件725件，通过"全国劳动人事争议调解平台"调解处理劳动争议117件，通过调解平台处理劳动争议案件数超过立案处理案件数。在立案受理窗口摆放宣传资料，随时向来访劳动者发放，并帮助不熟悉电脑技术的劳动者通过线上平台解决争议事项。

【工伤速裁模式建立工作】 年内，根据《全市人社系统"争先进位创一流"活动实施方案》精神，开展"争先进位创一流"活动，以工伤类劳动争议案件在35日内结案为目标，探索"快立快调快审"工伤速裁模式。在劳动争议案件受理窗口设立工伤维权绿色通道，对工伤案件专门分类、优先办理，采取多样的调解方式进行案件调解，对于调解不成的案件及时进行裁决，将办案时限从60天内压缩至35天内。2022年，共立案处理工伤待遇类劳动争议案件121件，其中，调解结案96件，裁决结案25件，工伤类劳动争议案件调撤率80%，工伤待遇类劳动争议大多数在35天内办结，初步形成"快立快调快审"工伤速裁模式。联合区总工会，通过法律援助工作站为无委托代理人的工伤职工提供免费法律援助，根据工伤职工的需求推行"即时办理""预约办理"，实现工伤案件法律援助全覆盖。

【队伍建设工作】 8月，提升业务技能，参加长三角地区暨上海市西片区劳动人事争议仲裁工作联合培训。根据统一安排，在8月每周五下午参加长三角地区暨上海市西片区劳动人事争议仲裁工作联合培训，通过腾讯会议平台以线上方式开展。通过此次培训，学习长三角其他地区先进的裁审理念，是产学研用的融合，提升调解仲裁工作人员的业务技能和专业素养。

【劳动人事争议多元化解工作】 年内，推进劳动人事争议多元化解行动，根据省、市相关文件要求，学习先进地区做法办法，联合区人民法院、区总工会、区司法局等部门建设区劳动人事争议联合调处中心，提升劳动人事争议调解仲裁工作的工作效率和社会效果，对劳动争议调处流程的优化、案后释疑工作有着深远意义。（陈云林）

职业技能培训

【概况】 全年开展补贴性职业技能培训10244人（次），新增高技能人才811人。

【组织人才素质拓展活动】 9月3日上午，盐都区组织来自22家单位的40名“黄海明珠”人才到东晋水城景区开展素质拓展活动。此次素质拓展活动上午9点开始，由总教练讲解活动项目和注意事项，分为“挑战150”和“飞盘嘉年华”2个环节，涵盖“不倒森林”“击鼓颠球”、飞盘九宫格、飞盘保龄球等8个项目，通过分队展示、明确领导力并进行职责分配，增强活动中人才的沟通和交流。

【实施高技能人才培养】 6月，开展保育师技能培训班。年内，共开展补贴性技能培训10244人（次），职业技能鉴定取证2791人。举办盐都区职业技能大赛，以赛促训，以赛促学，营造技能人才比学赶超氛围。新建成省级乡土人才大师示范工作室1家（董兆付省级乡土人才大师示范工作室），新增全国技术能手1人（刘静），新增国家特级技师1人（范宗勤），新增市级首席技师2人（刘静、时正香），培养高技能人才811人。（董　超）

企业职工养老保险

【概况】 年内，推进全民参保扩面专项行动，确保适龄法定参保人员“应保尽保”。加大社保扩面基金征缴工作力度，全年新增参保1.13万人，基金征缴14.55亿元。应对新冠肺炎疫情，贯彻落实国务院社保费缓缴政策，助力企业复工复产。

6月，盐都区保育师技能培训班　　人社局　供

【养老保险金发放】 2022年，全区企业离退休人员5.48万人，全年按时足额发放养老金14.48亿元，养老金按时足额发放率、社会化发放率均达100%，企业退休人员档案接收管理率和社会化管理服务率均达100%。

【调增退休人员养老待遇】 2022年，按省市统一部署，为全区符合调整待遇的5.21万名企业离退休人员按规定标准调增养老金待遇，月人均调资108元，月增发总额558.66万元。待遇调整后，全区企业退休人员养老金人均达2264.8元。（季　鹏）

机关事业单位养老保险

【概况】 2022年，全年全区机关事业单位参保人数11514人，退休人员7167人，基本养老保险征收2.71亿元、财政补助收入3.22亿元、职业年金征收3.04亿元、支付退休待遇5.74亿元。

【退休人员待遇调整】 年内，按国家及省相关部门要求，对全区7282名退休人员养老金进行调整，补发养老金1055万元，人均月增资207元、月增资率3.2%。

【“中人”待遇审核】 年内，按照省人社厅统一布置，年初启动2021年“中人”待遇审核和复审入库工作，在全市率先完成2021年“中人”待遇改办工作。对符合改办的216人，待遇全部补发到位，共补发养老金326万元，完成基本养老待遇、职业年金的计发和补发工作。

【业务档案电子化】 年内，在业务档案规范归档和立卷的基础上，对中心成立以来的所有养老保险业务档案进行扫描，累计扫描档案1.2万卷、18.6万页，扫描后的档案，标准化制定索引目录，系统归入数据库，在全市首家实现业务档案电子化。

【养老保险待遇资格确认工作】 8月，区机关事业社会保险中心组织开展退休人员养老保险待遇资格确认工作。认证工作从8月1日开始，到8月30日结束，认证工作的对象为在江苏人社一体化系统参加区级机关事业养老保险且已领取养老保险待遇的退休人员。退休人员可通过“江苏智慧人社”App、微信小程序、支付宝小程序三种方式自助认证；单位经办人可随时查询单位退休人员App认证情况，对于无法自己认证且无子女代办的退休人员，单位可在规定提交时间前确认其并办理相关认证手续。

【退休人员免费体检】 9月13—23日，组织全区1500余名非全额事业单位退休人员在市三院和美年大健康进行免费体检。体检后，为参检人员建立健康电子档案。

【基金安全管理】 年内，围绕"社会保险基金管理提升年"行动，完善内控制度，加强系统管理，建立风控机制，建立社保基金风险防控长效机制，构建具备事前预防控制、事中核验比对、事后监督检查功能的经办风险防控体系。在省、市组织的社保基金管理督查中，受到督查组的肯定，市局给予通报表扬。（薛 翔）

城乡居民社会养老保险

【概况】 2022年，盐都区城乡居民社会基本养老保险（以下简称城乡居保）累计参保人数19.81万人，15.05万人领取养老待遇，基础养老金发放率100%，被征地农民社会保障覆盖率100%。

【提高养老待遇】 2022年，落实城乡居民基本养老保险待遇确定和基础养老金正常调整机制，2次提高全区城乡居保待遇领取人员基础养老金标准。6月，全区城乡居民基本养老保险基础养老金最低标准从每人每月210元提高到230元，从2022年1月1日起补发。8月，基础养老金标准在原有的基础上每人每月再增加5元，调整为每人每月235元。至2022年年底，全区城乡居民基本养老保险保障水平达295.47元，实现应发尽发。

【打造样板工程】 年内，依托省人社一体化信息平台，推进城乡居民基本养老保险公共服务标准化建设工作，探索推行城乡居保多样化服务新模式，构建线上线下联动、覆盖城乡的服务体系，围绕打通人社基层公共服务"最后一公里"，打造便民惠民的盐都城乡居保服务"新样板"。2022年，先后两次在省市人社工作会议上作经验交流，并被省城乡居保中心确定为"暖心居保"服务品牌建设试点区。

【"都居保"服务】 年内，引导城乡居民通过"江苏智慧人社"App办理社保业务。结合45周岁以上未参保居民核查，组织区、镇经办人员深入村居，指导群众线上办理参保登记、参保信息查询、信息变更和待遇申请等业务，并围绕服务"不见面"，完善纵向从区到镇村、横向到部门的审批服务网络平台。联合区委编办出台文件，明确镇级服务平台统一要求，将税务征缴、金融服务等与城乡居保业务有效耦合，融为一体，打造盐龙、秦南、龙冈、大冈4个镇（街道）示范点。

【开展"村村服务行"活动】 2022年，城乡居保开展"村村服务行"活动，通过政策宣传到村、业务培训到村、参保助保到村、平台覆盖到村、管理延伸到村的"五到村"服务，帮助基层解决工作中的实际问题，为参保人提供有针对性的需求和高质量服务。

【出台《盐都区被征地农民社会保障实施办法》】 盐都区根据省、市文件要求，于7月1日，在全市率先出台《盐城市盐都区被征地农民社会保障实施办法》。组织各镇（区、街道）征地保障业务经办人员业务培训，帮助基层理解政策，提升熟练运用政策解决实际工作中问题的能力。至年底，盐都区被征地农民社会保障办法已顺利实施。（丁 祥）

失业保险

【概况】 全年失业保险参保8.96万人，参保缴费率达95%以上，实现失业保险基金征缴收入5346.15万元。《关于做好失业保险稳岗位提技能防失业工作的通知》，延续实施阶段性降低失业保险，工伤保险费率政策1年，执行期限至2023年4月30日。

【失业保险企业缴费费率下降】 年内，根据省人社厅、财政厅、税务局《关于做好失业保险稳岗位提技能防失业工作的通知》，延续实施阶段性降低失业保险，工伤保险费率政策率1年执行期限至2023年4月30日。实施失业保险阶段性降低失业保险费率政策，减轻企业失业保险负担2674万元。

【落实稳岗返还政策】 年内，采取"免申即享"的经办模式，发放企业稳岗返还2886家共1825.04万元，受惠职工数45984人。兑现一次性留工培训补助354家4632人231.6万元；审批四大行业企业一次性稳岗补助118家企业776人共16.8万元；发放一次性扩岗补助172家430人共64.5万元，发放技能提升补贴402人共65.99万元。

【失业保险扩围政策落地落实】 年内，发挥失业保险保生活、防失业、促就业功能，全年发放失业保险金2414人共2188.39万元、失业补助金973人共284.18万元。（陈学兵 封月琴）

工伤保险

【概况】 2022年，工伤保险参保人数达11.41万人，基金征缴收入4062万元。

【开展工伤和职业病预防培训】 5月20日至6月2日，盐都区卫生和健康委员会与区人力资源和社会保障局联合对盐都区区域内用人单位开展为期14天的职业健康工伤保险法律法规和工伤预防等相关知识培训。本次培训采用"家家到"的形式，在全区设置13个培训点，将用人单位负责人、安全管理人员纳入培训范围。培训特邀盐城市社保中心副主任郭维柱对工伤政策及工伤预防知识进行宣讲；区卫生监督所副所长张扬祥对职业健康法律法规进行解读。培训会上，主讲人用理论联系实际案例的方式，让参培人员感受到安全生产、交通事故以及职业病对职工的危害。

【开展工伤预防】 年内，盐都区人社局在工地、企业和社区开展工伤预防宣传培训工作。8月，为工友们准备防护口罩、消毒液、退热贴等日用物资，开展"送知识""送政策""送清凉"进工地活动。9

月，组织开展互动式工伤预防培训进企业工作。先对企业进行职业病及生产安全和工伤事故易发隐患排查，共选取27家工伤事故发生率较高的企业开展培训工作，再根据每个企业实际情况有针对性地制作培训课件，采用面授和视频相结合的形式，进行工伤预防教育培训。10月，对10个居民社区开展工伤预防知识进社区工作。在社区建设宣传阵地，采用拉横幅、发放宣传手册和宣传礼品的方式，面对面的宣传工伤预防知识。

【工伤保险待遇支付】 2022年，全年工伤保险基金待遇支出4140万元，共2930人（次）享受工伤保险待遇（含旧伤复发人员）。

（季　鹏）

收入与消费

【概况】 2022年，全区统筹疫情防控和经济社会发展，人民生活水平稳步回升，城镇居民人均可支配收入保持平稳增长，达49567元，增长4.6%；农村居民人均可支配收入增速快于城镇居民，首超“3万元”，达30387元，增长6.5%。

【城镇居民生活消费增长】 2022年，全区城镇居民人均消费支出33114元，增长3.3%。城镇居民“八大类”消费呈现“七升一降”态势，其中，人均食品烟酒消费9390元，增长2.9%，城镇居民恩格尔系数28.4%，比上年下降0.1个百分点；人均衣着消费2822元，增长4.0%；人均居住消费7980元，增长5.1%；人均生活用品及服务消费1879元，增长6.8%；人均交通通信消费2995元，增长6.9%；人均教育文化娱乐消费4913元，下降5.9%；人均医疗保健消费1663元，增长8.8%；人均其他用品和服务消费1472元，增长11.8%。2022年，全区城镇居民人均现住房建筑面积达54.91平方米，城镇居民家庭耐用品拥有量处于“饱和”状态，每百户城镇居民家庭拥有家用汽车42辆、洗衣机106台、电冰箱100台、彩色电视机202台、移动电话306部、空调223台、计算机101台。

【农村居民生活消费增长】 2022年，全区农村居民人均生活费支出20711元，增长8.1%，“八大类”消费呈现“六升二降”态势。其中，人均食品烟酒消费6198元，增长7.4%，农村居民恩格尔系数29.9%，下降0.2个百分点；人均衣着消费1280元，下降1.0%；人均居住消费5675元，增长12.0%；人均生活用品及服务消费1382元，增长11.7%；人均交通通信消费1811元，增长17.1%；人均教育文化娱乐消费2443元，下降5.5%；人均医疗保健消费1085元，增长12.3%；人均其他用品和服务消费837元，增长19.9%。2022年，全区农村居民人均现住房建筑面积达56.11平方米。全区每百户农村居民家庭拥有汽车13辆、洗衣机95台、电冰箱97台、彩色电视机143台、移动电话236部、空调77台、计算机42台。

（王悦峰）

社会福利

【关爱保护未成年人】 年内，全区困境儿童665人，其中，孤儿11人，发放标准为每人2300元/月，监护缺失12人，发放标准为每人1900元/月，无力监护109人，发放标准为每人1500元/月，重病重残儿童533人，发放标准为每人1300元/月。全年共计发放金额758万余元。保障4名就读全日制院校的大学生继续享受孤儿生活补贴和每年1万元的孤儿助学资金。成立由31个部门组成的“区未成年人保护工作委员会”，让政府职责前置，职能部门共同参与，协同发力，强化家庭监护、学校保护、社会保护、网络保护、政府保护、司法保护力度，创建首批全国未成年人保护示范区。

【组织慰问活动】 年初，组织形式多样的关爱慰问活动，和慈善总会联合组织开展第六届“情暖童心，关爱成长”春节主题活动；在寒假期间各社会组织开展“缤纷冬日”未成年人系列活动，丰富未成年人假期生活。区、镇、村三级关爱机制发力，社会组织关爱活动常态化，促进儿童身心健康发展。

【残疾人“两项”补贴发放有序】 2022年，全区享受“两项”补贴的残疾人数约12026人，共发放补贴8096.13万元；其中享受无固定收入重残生活补贴的残疾人共有5529人，共发放资金4968.83万元；享受一户多残（依老养残）生活补贴的残疾人共有1306人，共发放资金712.14万元；享受无固定收入三、四级智力（精神）残生活补贴的残疾人共有1096人，共发放资金364.53万元；享受低保内重残生活补贴的残疾人共有650人，共发放资金

3月，推进儿童关爱之家（未成年人保护工作站）建设　　民政局　供

208.64万元；享受低保内非重残生活补贴的残疾人共有656人，共发放资金140.84万元；低保家庭外无固定收入的一、二级听力言语残疾人生活补贴的残疾人共有310人，共发放资金23.43万元；享受成年无业肢体三级残生活补贴的残疾人共有1605人，共发放资金344.03万元；享受护理补贴的残疾人共有8886人，共发放资金1333.69万元。

【推进殡葬改革工作】 年内，贯彻落实民政部关于殡葬工作的要求，全区《三年行动方案》迁移散坟2048座，奖补614400元。有序推进殡葬改革，开展殡葬改革主题宣传活动。指导制定殡葬事业发展和设施布局规划。准备新增加23家公益性公墓，推进公益性公墓和殡葬服务设施建设。 （戴荣松）

社会救助

【概况】 2022年，贯彻落实民政部、中央农村工作领导小组办公室、财政部、国家乡村振兴局联合出台《关于进一步做好最低生活保障等社会救助兜底保障工作的通知》，省委办公厅《关于改革完善社会救助制度的实施意见》等文件精神，按照保基本、兜底线、救急难、可持续的总体思路，以统筹救助资源、增强兜底功能、提升服务能力为重点，完善法规制度，健全体制机制，强化改革创新，加大温情社会救助改革力度，推动社会救助事业高质量发展，增强困难群众的获得感、幸福感、安全感。

【社会救助网络织牢】 2022年，全区城乡低保对象共2503户4211人，支出低保金3801.96万元；城乡特困供养对象3153人，全年支出供养金4823.7万元，对分散特困中半护理、全护理人员给予每月120元、240元标准购买照护服务，全区有1630名分散特困享受居家照料服务；实施临时救助1460人（次），支出救助金441.69万元，人均救助3025元；认定低保边缘家庭170户401人、支出型困难家庭19户55人；实施区级托底救助22人（次），支出救助金33.92万元，人均救助1.54万元。民生托底救助综合保险共投入515.05万元，主要包括因灾支出型困难救助保险、重病支出型困难救助保险、特困人员护理困难救助保险，全年共理赔1028例，赔付459.42万元，对困难群众遭受自然灾害、重大疾病、失能失智等突发情况时给予商业保险补偿救助的保险救助机制。

【开展“特殊困难群众大排查”行动】 全年累计排查特殊困难群众20920人（次），其中，低保对象2638户4440人、分散供养特困对象2631人，空巢独居老人483人，困境儿童621人，留守儿童933人，生活困难残疾人11812人；排查未纳入保障可能存在特殊困难或风险的困难群众404人。通过专项大排查主动发现问题，并全部解决到位；需要重点跟踪帮扶人员884人，全部明确镇（街道）、村（居）两级帮扶责任人。 （沈　芳）

2月，盐都四全社工工作场景　　　　民政局　供

社会行政管理

【概况】 2022年，坚持以城乡社区建设为切入点，围绕社区治理与服务的各项目标任务，以创建全省现代社区治理创新实验区为契机，突出重点，培植亮点，主动进位，积极作为，按照省厅“五有五化”要求，形成“治理有核心、队伍有保障、社区需求有回应、居民服务有平台”的“响应式”社区治理格局，以“156”社区工作体系，推行“情系都来1146”社区工作法。对照创建标准，注重典型培育，总结创建成果，建成以基层党建为关键、政府治理为主导、人民群众为主体、居民需求为导向、改革创新为动力，体系健全、和谐有序、共建共享、融合发展的省现代社区治理创新实验区。突出“四全”社区工作者队伍职业体系建设主题，提升治理服务效能和水平，围绕“建、育、管、保”等环节健全完善制度机制。

【获多项表彰】 4月，创建成全省现代社区治理创新实验区，潘黄街道宝才社区党总支书记陆众山获全国优秀城乡社区工作者表彰，省级社区综合服务中心改造提升项目的大冈丰乐村、张庄东徐居、盐渎同桂村、楼王朝阳居为民办实事工程完成，大冈佳富村获首批省级新型农村社区治理服务示范点，盐渎列入盐城市首批市级地名文化遗产古城类保护名单，盐都区创新做法先后被中宣部“学习强国”平台、《中国社区报》《江苏民政》等多家主流媒体宣传报道。

【组织队伍建设】 年内，强化盐都区“四全”社工职业标准化队伍、社区自治服务专职工作者工作团队建设，提升社区自治服务能力；加强250个村（社区）民主选举、民主决策、民主管理、民主监督的自治工作，落实全区“四议四公开一监督”，开展“村级民主监督日”和“一清单两报告两评议”，以制度机制提升基层治理能力、以规范规则引导群众性自治组织建设、以改革创新加强社区治理服务来推动盐都区城乡社区治理服务；夯实社区治理工作举措，在“转型升级”上发力、在查找与解决问题上发力、在健全制度机制上发力，以乡村之治，促乡村之变，助乡村振兴。

【社会治理改革】 年内，总结推广城市美好和谐社区“都参与”治理经验做法，加强和创新农村社区治理，规范和健全群众参与村（居）公共事务管理和监督，实现众人的事情众人商量着办，推进移风易俗，紧盯农村铺张浪费、高额彩礼、大操大办、薄养厚葬等陈规陋习，修订完善村规民约，推动形成文明乡风、淳朴民风、良好家风，激活城乡治理的“一池春水”。 （叶会仁）

民族宗教事务

【概况】 2022年，区民宗工作在区委、区政府的正确领导下，贯彻落实各级民族宗教工作会议精神，以铸牢中华民族共同体意识为主线，以推进宗教中国化为方向，以守牢宗教活动场所安全底线为重点，抓好民宗各项工作，开创民宗工作新局面。

【民族团结进步】 全年新建红石榴家园7个，其中，秦南、尚庄、龙冈3镇创成省级红石榴家园，东山精密创成首批省级民族团结示范单位，并作为全省城市民族工作培训班现场。全市各族群众互嵌式发展计划暨“红石榴就业行动”现场会、“全市推广普通话，铸牢中华民族共同体意识”主题宣传等5项活动在盐都区举办。依托红石榴家园扎实开展“唱起同心结 喜迎二十大”等不同主题民族团结进步活动20余场次。开展少数

5月，婚俗改革树新风 移风易俗“都·幸福” 民政局 供

民族通用语言、法律、技能培训21期，帮助16名少数民族群众子女解决入学问题，财政安排资金5万元，帮助26名困难少数民族群众解决医疗费用。推进“红石榴就业行动”，全区民营企业吸纳少数民族用工256人，其中八省（区）170人。

【思想引领成效】 年内，坚持宗教中国化方向，组织国庆集中升旗仪式，开展“四送”“四进”活动，开展“三爱”“崇俭戒奢”“喜迎二十大”“学习二十大”等教育实践活动22场次，推进宗教与社会主义社会相适应。推行聚会前10分钟学习宗教法律法规和“统一讲章、分级讲道”制度，履行宗教领域意识形态责任制。建立区镇两级宗教与公安协同机制，先后查处3起宗教违法案件。成立“1+2+14”工作专班，组织宗教专项检查，排查整改6个问题。区财政安排专项资金197万元，实施宗教场所技防系统提升工程，建成数字宗教和顺平台。

【场所安全获得新进展】 2022年，联合住建等部门对全区宗教活动场所156处建筑物，尤其20世纪八九十年代建造的68处开展安全复鉴。将宗教活动场所不动产确权登记列入2022年区委常委联系重点改革任务，已完成盐城市基督教堂、大云山寺、净土寺等6处宗教活动场所的登记工作。推行场所周自查、镇级月检查、区级季督查制度，落实殿堂内全面禁止点烛烧香规定。全年共开展宗教活动场所安全检查538人（次），排查整改隐患59条，实现宗教场所安全无事故。在全区推行基督教场所全面禁用燃气制度，对继续使用燃气的6处佛教场所全部安装预警切断装置，并与供气企业全面签订供用气合同，实现可溯源管理。10月，联合住建、消防等部门对全区所有宗教场所进行安全年审。

【疫情防控工作】 年内，疫情严重时，基督教场所推行“12345”工作法，对规模较大的基督教场所执行每场不超过200人的规定，分场次组织活动，控制单场次聚会规模。佛教场所推行法会活动提前一周报备制度。活动开展时，落实镇、村、网格员、志愿者4名工作人员全程在场跟踪监管，确保活动安全。针对“老人机”信众，探索提出二维码查证法、信众结对绑定法等五法查验核酸阴性证明，利用智能手机信众微信小程序“行程卡”，对“老人机”信众查验行程，推行实时承诺代替健康码查验，现场登记代替扫场所码。市转发盐都区做法，向全市推广。 （胡建军）

婚姻家庭

【概况】 年内，婚姻登记处主要负责为内地居民办理婚姻登记、补发婚姻登记

9月，举办喜迎二十大活动　　　　诗书画社　供

证、建立和管理婚姻登记档案、宣传婚姻法律法规、倡导文明婚俗、开展婚姻家庭辅导服务。承办涉外、涉港澳台居民及华侨婚姻登记业务。

【结婚离婚登记】　2022年，全区内地居民结婚登记4152对，其中，补办1042对，补发结婚证1060对，补发离婚证125本；离婚申请2245对，主动撤回10对，离婚登记1247对；涉外、涉港澳台、华侨结婚登记34对，离婚登记3对。　（胡　燕）

盐都诗书画社

【参加扬州平山诗社迎春联谊活动】　1月1日，名誉社长何玲龙、副社长成立斌应邀赴扬州，参加扬州平山诗社迎春联谊活动，学习平山诗社组织活动的方式方法；与社务会成员交换关于发现、发展古体诗词爱好者的话题，平山诗社介绍从在职人员中发展诗社社员的做法与经验。

【参加第五届江苏曲会】　1月2—3日，名誉社长何玲龙、副社长成立斌应邀赴苏州，出席第五届江苏曲会，名誉社长何玲龙在会上作专题发言。省政协原主席、省曲会名誉主席陆军专门听取盐都诗书画社关于宣传、传承、发展昆曲的汇报，肯定盐都诗书画社"古谱新唱"和依昆曲曲牌原创曲辞演唱、编舞的做法，并要求成立昆曲社。

【获盐城市2021年度"新剧本创作"二等奖】　年内，盐都诗书画社社长邵秀华创作的剧本《李清照》获得盐城市2021年度"新剧本创作"二等奖。剧本全部用李清照原创诗词为唱词，创意独特，获得好评。

【举行盐渎昆曲社筹备会议】　1月20日，盐都诗书画社在砚州茶苑召开"筹备成立昆曲社预备会"，社长邵秀华、名誉社长何玲龙、副社长成立斌、秘书长毛广云、常务理事陈煜，原昆曲班班长潘爱国、班委王近銮出席，邀请关心支持成立昆曲社社会人士封如楼、雷春、高颐琴、李如成、姚桂凤参加。与会者一致认为，盐都诗书画社经过两年多的酝酿和准备，已经具备成立昆曲社的条件，成立昆曲社符合盐都诗书画社继承、弘扬、发展、创新传统文化的宗旨，与国家重视传统文化的方针、政策精神一致，也顺应当前昆曲普及和时代化的潮流与趋势，适合盐城地区的实际情况。与会者对昆曲社的命名、组织架构、活动形式等具体事项进行讨论。会议落实何玲龙撰写章程（草案），潘爱国制定2022年春季活动计划。

【举办虎年元宵雅会】　2月14日下午，在盐都群艺馆盐都诗书画社组织策划并举办"虎啸元宵月　人吟盛世诗"第十一届壬寅虎年元宵雅会，近百名诗社成员身着盛装，热情赴会，诗词歌赋吟，吹拉弹唱舞，参与这一场诗与歌的雅集。

【举办书画艺术交流活动】　7月5日，与文德堂共办"琴墨笔会"。盐都诗书画社与盐城文德堂书画院在中韩文化名城举办"琴声相伴　墨染仲夏"书画艺术交流活动。活动由盐都诗书画社社长邵秀华开笔，十多位知名书画家现场挥毫泼墨，展示国画、书法艺术；中韩文化名城的琴师演奏传统古琴曲《文王操》和《潇湘水云》，盐都诗书画社副社长成立斌、秘书

10月，昆曲进课堂活动　　　　诗书画社　供

6月，盐都区气象局科普志愿者在科技广场开展安全生产月宣传活动

气象局　供

长毛广云现场解读两首古琴曲。盐渎昆曲社表演《碎金谱》合唱《忆江南》和清唱昆剧《牡丹亭·惊梦》【懒画眉】，顾问封如楼参加书法展示。

【组织"蟒蛇河文化采风行"活动】 7月11日，组织"蟒蛇河文化采风行"活动，邵秀华带队，雷春、史鸿才、陈煜、何玲龙、施道明、张长霖、成立斌、朱鹏、智体富、王展鸿、罗德泉、周成龙等参加活动。采风人员从蟒蛇河源头沙沟镇开始，沿蟒蛇河共考察大纵湖、燕子阁、三官村、草房子、三胡纪念馆、泾口渡、龙冈镇、九里窑等13个文化景点，并分别拈题作诗咏诵。

【举办第七届"国庆·中秋"诗歌会】 9月9日，盐都诗书画社与《现代快报》在盐都潘黄中学礼堂举办第七届"国庆·中秋"诗歌会。收到全国除西藏、澳门、台湾外的稿件2000余首，分别评出古典诗词、现代诗、美文、学生诗词4个项目的一、二、三等和纪念奖奖项。

【喜迎二十大活动】 9月29日，盐都诗书画社、浠沧月文创传媒与郭猛文化中心、盐都诗书画社郭猛分社共同举办"喜迎二十大，永远跟党走"诗词吟诵会。10月15日，喜迎二十大期间共收到社员创作的主题作品300余首，通过社刊登载、公众号专辑、微信群选录、在各种活动中吟诵等方式发布。（成立斌）

气象服务

【概况】 年内，贯彻执行《中华人民共和国气象法》《江苏省气象管理办法》《江苏省气象灾害防御条例》，坚持"一年四季不放松，每个过程不放过"的方针，做好日常各项气象服务工作，在春耕春播、夏收夏种、秋收秋种、防汛抗旱等工作中，主动向区领导及有关部门提供重要天气信息。先后为高考、中考、春运和"安全生产月"等重要活动，"五一""国庆"黄金周等节假日提供准确的定时、定点、定量气象预报。

【决策气象服务】 2022年，共发布决策气象服务材料192期，其中，重要天气报告18期、气象信息参考64期、专题气象服务74期、旬报36期，预警信号发布85次，服务短信发布930次。对暴雨、大风、寒潮、台风等灾害性天气，预报服务及时准确。开展基层气象防灾减灾"一本账、一张图、一张网、一把尺、一队伍、一平台"的"六个一"基本能力建设，实现基层气象灾害预警服务的科学化、标准化、规范化。

【发布气象预警信息】 年内，利用电视、广播、微博、微信、大喇叭、显示屏等多种渠道发布日常天气预报、及时更新，不定期发布灾害性天气的实时情况和警报，在重大天气到来前及时发布预警信息。气象局拓展燃信、村(居)应急广播预报服务发布渠道，解决预警信息发布"最后一公里"问题。观测方面保证日常地面观测、大气颗粒物$PM_{2.5}$、PM_{10}、微波辐射计、反应性气体和土壤水分观测数据的及时收集上报，灾害天气情况的及时发现。围绕气象服务生态文明建设要求，建成9处负氧离子监测示范点，做到每点有一块电子显示屏、一套负氧离子监测站、一台自动站。制定决策气象服务周年方案，更新省突和服务平台气象预报预警信息接收人员名单。成立汛期气象服务工作领导小组，做到早部署、早准备、早检查、早落实。完成加密自动站、激光雷达、温室气象站建设，完善监测预报预警体系。

【为三农做好气象服务】 2022年，盐都区被列为气象为农服务示范县，建立2个示范镇、1个示范村、2个示范点，在此基础上，完善示范县的后期服务、保障工作，每天定时向农村气象预警机和显示屏发送天气预报和预警信号，并定期前往农村调查农情，推进气象为农服务建设。通过雷达、GPRS等技术实现定区域、同步语音发布，提高气象灾害防御的精细化水平。与农业部门联合建立农业气象灾害预警服务体系，组织全局进行应急演练。

【打造气象科普品牌】 7月，获得江苏省科普教育基地称号。制定有群体针对性的科普产品，常态化气象科普活动，"大手牵小手、科普润童心"气象科普进校园项目获长三角优秀科技志愿服务项目，1人获长三角优秀科技志愿者。面向决策服务对象投放微信朋友圈公益广告、面向区级机关工作人员发送图文并茂的燃信、面向社会公众推送专题微信图文信息，制作发布风雨"都"来说气象科普故事，形成新形态、多渠道、广覆盖的线上线下立体式气象科普宣传氛围。

3月，盐城市东进路初级中学举行“3·23”世界气象日科普知识讲座气象局　供

【创建氧吧品牌】 年内，制订创建“中国天然氧吧”工作实施方案。细化时间节点、任务分工，形成政府重视、条线负责、部门协作的联运机制，推进创建工作开展。按照“统一评价标准、统一监测方法、统一布点规范、统一信息发布”的工作思路，开展监测站的日常检查与数据审核，确保资料准确有效。6月完成网上申报，7月通过江苏省气象服务中心初审，8月通过国家气象局初评，9月通过实地复核，完成技术评估进入终评。

（徐　凯）

老区建设工作

【概况】 2022年，区“两会”（老促会、乡发会）在盐城市老促会，盐城市乡村发展协会的指导下，在盐都区委，区政府的正确领导下，学习中共二十大精神，坚定正确的政治方向，围绕“两会”工作目标，积极作为，努力奋发，在巩固脱贫成果，促进乡村振兴，扶贫助学，红色资源调查以及开展“一行三比”“赛三事”等活动中，取得成效。

【开展扶贫助学】 2022年，选拔推荐优秀贫困学子报考广东国华中学，共推荐3名同学报考，服务贫困学生就读扶贫。按照省“三会”部署，将“滴水·筑梦”助学帮困款30000元，按期如数发放到10名同学手中。根据全区贫困学生的基本情况，落实登记造册，走访核准，以规进行公示，确保善款专用，准确无误。全年区会共发放助学资金40万元，各基层分会也组织配套，共筹集配套助学资金近30万元，共救助贫困学生327人。潘黄、学富、龙冈、楼王、尚庄、盐渎、冈中、盐龙等分会分别自筹配套助学资金1万～9万元。

【关爱孤残特困】 年内，各基层分会发动老党员、老干部和志愿者与孤残贫困户、失能人员开展结对帮扶活动。有的提供就业岗位，有的给予捐资救助，有的进行政策性的扶持，促使脱贫户不再返贫，全年受扶持的农户达210户，受到救助的失能人员、残疾人员、患病群众达605人（次），累计扶持金额达30多万元。盐龙街道分会把重点放在救助残疾儿童，全年向8名残疾儿童发放救助慰问金3.4万元；学富镇分会着眼民生，多办实事，在全镇20个村（居）建立40个老年健身活动点，每年为每个活动点补贴水电费200元，使每个健身活动点有灯光、有音响、有人管理，老年人的生活质量得到提高。

【解决基层困难户生活问题】 年内，在抗击新冠疫情时，针对基层困难户生活困难方面，宣传党和国家的抗疫政策，引导群众养成讲卫生的良好习惯，帮助因疫情影响而失业下岗人员就业，为其解决生活困难。大冈镇阿玛兰农场针对疫情，全年发放28万元救助资金，用于解决群众的生活困难，使240名困难群众渡过难关。

【组织建设工作】 3月3日批复挂牌到位。将原“盐城市盐都区扶贫开发协会”更名为“盐城市盐都区乡村振兴促进会”。“两会”组织得到充实，共有团体会员单位34个，会员理事221人，志愿者达1500人。11月8日，将原“盐城市盐都区乡村振兴促进会”更名为“盐城市盐都区乡村发展协会”，各镇、区（街道）分会统一规范为“盐都区乡村发展协会××镇（区、街道）办事处”，不再称之为分会，属区乡村发展协会的组成部分，区会已基本完成协会更名工作，已于12月20日挂牌到位，各镇（区、街道）分会的变更工作由区“两会”统一部署落实。

【开发红色资源】 2022年，开展红色资源调查，完成“三个一”工作任务。挖掘本区的红色资源，组织人员调研梳理，核对编撰，按照时序进度，完成“三个一”（建立一本台账，编写一册史料，完成一篇调研报告）的工作任务。盐都区有红色基因的镇（区、街道）以及红色遗存较多，组织人员进行梳理，核对，将以烈士命名的镇（街道）、村（居）的由来，编成小故事，合订编纂成《红色盐都》特刊，印发基层，进行宣传。从7月组织班子创笔撰写《红色盐都》专册史资，用3个月时间完成《红色盐都》成书、史料台账和调研报告编制工作，共印制2000套。在红色资源的保护方面，区政府在潘黄街道修建盐都革命陈列馆；尚庄镇分会配合镇政府，村委会在原县抗日民主政府白堡村，修复修建原县政府遗址，已作为对外开放的红色教育基地，龙冈镇建立完善“三胡”纪念馆。

【开展红色教育】 年内，围绕“一行三比”活动这个主题，争创特色，注重实效。2022年上半年，各基层分会按照计划安排，分别组织老干部到“三胡故里”，郭猛烈士陈列馆，盐都革命陈列馆参观、游览，接受红色教育，学富、楼王、龙冈、潘黄等分会还利用党员活动日，组织老党员、青年学生分别到学富烈士墓，潘黄烈士纪念碑，盐城新四军纪念馆，盐城博物馆等红色景点参观游览，接受红色洗礼。6月中旬，区会组织潘黄街道分会及驻城的老同志一行22人到东台市农业示范园、三仓农业示范基地、大丰白驹狮子口新四军、八路军会师纪念馆、新丰镇荷兰花海进行参观学习。

【开展慰问活动】 年内，把“一行三比”细化到实处，“七一”期间，各基层分会利用“七一”活动，与当地民政部门一道，到基层一线，向老党员、烈士后代问寒问暖，进行慰问活动，对家庭困难的老党员，军烈属给予经济补助，帮他们解决生活困难，以告慰先烈，安慰后代，抚慰老区群众，社会反响强烈。

【开展挂钩帮促】 年初，挂钩大冈镇兴隆村，开展结对联系工作，兴隆村位于大冈镇东北部，全村有6个村民小组，884户，总人口2691人，区域面积566.2公顷，耕地面积310.8公顷，承包面积294.83公顷，主要以种植和养殖业为主，与该村挂钩结对后，帮助调整产业结构，输入有效投入资金近30万元，促进增产增效。2022年，集体经营性收入达到3503万元。挂钩大冈镇阿玛兰家庭农场，大冈阿玛兰农场始创于2016年，规模面积27.33公顷，采取土地流转、种养并举，吸纳当地劳务就业、生产等形式，既发展乡村经济，又促进村民增收。农场现有种植、养殖30多个品种，如黑羽飞鸭等多种家禽类以及石榴、杨桃、藏红花、有机蔬菜等。2022年以来，共吸纳当地村民380人(次)进场务工，增加村民的收入，同时还帮助孤、残、病人解决实际生活困难，不再返贫。全年共帮扶人数达240人(次)，扶助资金达28万元。

【组织富民强村行动】 全年，动员组织会员单位和爱心企业，参与富民强村行动，盐都区红色镇村比较多，仅红色村(居)就达19个，通过考察动员，选择19家有帮扶能力，有奉献精神的会员单位和爱心企业结队服务19个红色村(居)开启结对帮扶的服务模式。主要是通过

5月，参观潘黄红色教育基地　　融媒体中心　供

一对一的结队形式，帮助乡村选准发展产业，需要帮扶服务的项目有针对地开展结对服务，使红色村(居)经济社会发展步入快车道。

【组织“三扶两创”和“赛三事”活动】 2022年以来，尚庄镇退休教师王寿红是镇“两会”会员，创办红色北堡纪念馆，盐渎街道分会在疫情期间组织志愿者登门到户，为失能的老人上门理发、洗浴、剪指甲、送餐，进行核酸检测。张庄街道钱庄幼儿园园长吴长红，听说村里要修路，主动捐款近万元。学富镇田盛源生态农场负责人戚思田是个残疾青年，流转土地34.67公顷，投入资金1800多万元进行“水稻+青蛙+蚂蝗”立体种养模式，镇老科技服务队把该农场作为服务点，指导开发新、特、优品种，农场每公顷产优质水稻20余千克，每公顷青蛙产量100千克，每公顷蚂蝗产量40多千克，综合公顷产值达0.67余万元，带动全镇特种养殖53.33公顷，增收600余万元。尚庄镇发挥会员大户的“两带”(带头富、带动富)作用，在原有盐电阀门公司李昌跃、东唐建材老板张勇、联胜村南荡农机专业合作社青年农民秦勇明等会员大户的基础上，加上新发展的会员大户，庆福村青年农民邵志华，大户队伍增多壮大，邵志华经营水产(螃蟹)养殖133.34余公顷，年利润约800万元，带动周边地区的老百姓增收。

(刘安林　高　伟)

老龄协会工作

【概况】 2022年，在区委、区政府的领导和市老龄协会、区老龄委、卫健委、民政局的指导以及镇、村、区直协(分)会、各有关方面的支持下，贯彻中共十九大、二十大和习近平总书记关于老龄工作重要指示精神，落实国家老龄工作方针政策，围绕全区工作大局和“五个老有”目标，创新思维，认真谋划，突出重点，狠抓落实，各项工作取得新的成效，为助推全区经济社会和老龄事业发展发挥作用。

【阵地建设工作】 年内，大纵湖兴湖社区和大范村老年活动中心装修一新，全镇自然村活动点实现全覆盖。学富镇老年活动中心的棋牌室、老科技服务队办公室重新装修，并添置空调等设施。全镇20个村(居)全部建成标准化老年活动室，各种标牌、活动制度统一规范。40个老年人活动点有音响、有灯光、有专人管理、有老年健身队伍，镇财政每年还为各活动点补贴200元水电费。秦南镇南蒋、陇尖、灯塔、千秋村在新建的村部中，分别安排150平方米的村老龄分会活动中心，贺家驿村新建110平方米的老年活动室，红沥村老龄活动中心新址达100多平方米。盐渎街道同桂村为老龄分会落实100余平方米的活动中心，改变一直没有固定阵地的状况。张庄街道

8月，举办喜迎二十大，浓情汇中秋活动　　老龄协会　供

老年活动中心环境舒适、宽敞，实现村村老龄分会有办公场所、老年活动中心和文化广场，并配备各类文体设施。区直农水系统分会活动中心设施齐全，配有空调、电脑、饮水机等，牌桌、凳椅分别达到20张、100多张，麻将、扑克、象棋等娱乐设施齐全。

【队伍建设工作】　2022年，换届工作从9月下旬开始，11月下旬结束，完成三级协（分）会换届工作。区协会调整会长、副会长4人。于11月26日召开第三次会员代表大会，选举郝汉金为会长，许洪德、卞爱群、郎顺利为副会长，卞爱群兼秘书长，胥俊为副秘书长，聘请沈光吼为区协会顾问。镇级协会从20个合并为15个，调整会长11人；7个区直分会调整会长3人；村级分会会长调整102人，分别占比73%、80%、43%、40%。全区三级协（分）会现有会长276人、常务理事2192人、理事7062人，实现新老班子的顺利过渡。

【完善活动制度】　年内，学富、秦南、龙冈等镇老龄协会制定村（居）分会百分考核制度，半年进行督查，年终综合考核。学富、秦南镇将村（居）老龄工作列入全镇三个文明建设综合奖考核，在全区放出样子。龙冈镇党委政府召开专项老龄工作总结表彰大会，对老龄工作先进集体和个人进行表彰，并印发文件下发到各村（居）、部门、单位、企业。冈中老龄协会坚持月学习制度，组织坐会人员和分会长学习中共十九届六中全会和二十大精神，学习涉老法律法规，交流学习体会。农水系统分会每月组织学习时事政治，学习中央、省、市、区重要会议精神，进行集中交流，及时掌握了解国情、省、市、区情。

【举办系列活动】　8月，到大纵湖、秦南等镇举办“喜迎二十大，浓情汇中秋”演出活动。11月，举办盐都区第十二届老年文化艺术节，区协会老年文化艺术团还举办“喜迎二十大，翰墨颂党恩”书画展和文化惠民巡演活动。区直流通系统分会在重阳节举办“共享收藏情、喜迎二十大”书画展，37幅各类名家作品吸引众多老同志和书画爱好者欣赏品鉴。

【创新宣传形式】　年内，潘黄街道老龄协会和各村（居）分会利用春节、国庆节等节日及街道、村重点活动，通过宣传板报和画廊、悬挂横幅等形式宣传老龄工作。大冈镇老龄协会组织各村（居）分会采用张贴宣传板画、悬挂横幅等形式宣传《中华人民共和国民法典》和《中华人民共和国老年人权益保障法》，通过道德讲堂开展家风家训教育，宣传“孝亲爱亲”的典型事迹。盐龙街道通过设立敬老助老公益宣传牌、印发宣传单，张贴宣传标语、文艺演出等形式，开展党和国家的老龄工作方针、涉老法律法规系列宣传活动，龙冈镇、盐龙街道、台创园老龄协会向报刊、电视台等新闻媒体宣传报道开展活动情况和孝老敬老先进典型事迹。

【争创活动】　2022年，区协会被中国老龄协会评为2022年全国基层老龄协会建设典型案例单位。会同区老龄委、民政局在全区老龄老龄协（分）会中组织开

11月，换届会　　老龄协会　供

展跨年度的先进协(分)会、协(分)会工作先进个人、为老服务先进集体和服务明星争创活动。通过争创活动,在基层推荐和组织评审的基础上表彰6个先进协会、40个先进分会、61名协会工作先进个人、42个为老服务先进集体、45名服务明星和23名热心老龄工作的村(居)书记(主任),并在区协会第三届换届选举大会上举行颁奖仪式。

【获多项表彰】 10月,尚庄镇庄福村被命名为"全国示范性老年友好示范性社区"。塘桥村创建江苏省老年友好示范性社区,后期等待验收。大纵湖镇三官村创建全国示范性社区验收申报材料已上报。龙冈镇"敬老文明号"老年友好示范性社区创建,"五好家庭""好儿媳""好女婿""好邻居"创评活动取得成效。高范、杨斌村对获孝亲敬老荣誉的家庭和个人,通过广播、公示栏等醒目处进行宣传,敲锣打鼓上门挂牌。同时,杨斌村、兴龙社区被区老龄委命名为"敬老文明号",晓庄村入选区级老年友好型社区。盐龙街道跃马、丁宴社区老龄分会获区级"敬老文明号"称号。

【健身活动】 10月,区直农水系统分会举办农水系统第20届老年人运动会,近百人分别参加钓鱼、扑克"掼蛋"、象棋、太极拳、气功等项目比赛。同时组织参加区第六届老年人运动会,获农水系统团体综合奖,太极拳、健身气功、钓鱼、扑克"掼蛋"分别获区直机关第一、二、三和第六名。龙冈镇老龄协会组队参加江苏省老年健身气功网络公开赛,获集体奖,其中10人分别获得一、二、三等奖,并在区健身气功八段锦网络赛中获团体优胜奖。盐龙街道老龄协会举办太极拳、气功、健身球、莲湘等项目培训班。组队参加盐城城市(社区)俱乐部联赛"江苏人杯"门球比赛,获优秀奖;组成2个代表队参加区首届老年人门球比赛,分别获得优胜奖和优秀奖;老年健身球团队代表盐都区参加盐城市健身球自选套路和规定套路比赛。潘黄街道老龄协会举办门球个人10强、双人8强赛事,组队参加市、区各类比赛,先后获门球比赛第二、第三名,分别获区首届门球和扑克"掼蛋"、乒乓球比赛第一、二、三名。

【完善老年议事日】 全年提出批评建议14条,都被村(居)接纳,列入改进和实施计划。风楼村"百姓大舞台"因建新区文化中心被拆除,议事会提出要求恢复的意见,村两委通过多渠道筹集资金使村"百姓大舞台"得到重建,并于10月底投入使用。台创园老龄协会通过村(居)老龄分会议事会和到村(居)调研等渠道向园区负责人报送社情民意信息20余条。大纵湖旅游度假区、大冈、秦南、郭猛等镇(区)老龄协会在实践中认识到议事会的重要作用,重视老年议事工作,在选好议题的同时,组织各村(居)分会开好议事会,围绕环境整治、道路绿化、移风易俗、房屋拆迁、村庄建设等方面提出意见,并协助村(居)、社区做好工作,为乡村振兴、乡村文明、社会和谐作出努力。

【疫情防控工作】 2022年,采用分流和错时等方式,既保证老年活动中心正常开放,又避免人员密集扎堆的情况。强化核酸检测配合工作。全区各镇村协(分)建立志愿者服务队,与村(居)干部和网格员一同发动群众,帮助接送行走不便的老年人做核酸检测,提高参检率。楼王镇老龄协会会长杨全良带领协会全体坐班人员到检测点参与维护现场秩序。防疫政策调整后,区协会督促区镇村三级医疗卫生机构强化老年人感染救治服务,控制疫情的深化危害,保障老年人的生命健康稳定。

【开展涉老政策宣传服务】 年内,全区各级协(分)会组织会同民政、卫健、社保等部门采取举办讲座、印发资料、咨询交流等方法,对老年人关心的家庭赡养、社会优待、医疗和养老保险等政策和制度进行宣传解读,为老年人释疑解惑。盐龙街道老龄协会组织开展"2022涉老政策暨老年健康宣传周"活动,并组织医护人员对广大老年人免费提供健康咨询和现场检查等义诊服务。

【开展居家养老服务】 年内,秦南镇东方红、泾口、虹园等村创办"幸福小食堂",为老年人提供代餐服务,泾口村还常年为75岁以上老人免费提供理发、沐浴等一条龙服务。盐龙街道野丁社区和泰家园日间照料中心为社区内70岁以上的孤寡病残老人提供代餐服务。大冈镇同兴村举办第七届重阳敬老节,向全村570名70岁以上老人送上敬老节礼物。潘黄街道旭日居委会200多平方米的老年助残康复中心的各项服务设施全部到位,正在招标运营单位。东升居委会集老年文化建设、卫生服务、老年食堂于一体的综合养老服务中心11月中旬正式开放。

【开展关爱老人服务】 年内,会同有关部门在村(居)为百岁老人祝寿,送去政府的温暖和协会的祝福;重视老年弱势群体的服务工作,组织发动镇级协会和

11月,举办第十二届老年文化艺术节　　区融媒体中心　供

村(居)、区直分会为他们提供家庭护理、亲情关爱、心理抚慰、生活照料、应急救助服务，帮助解决急需解决的困难和问题，提高生活质量和幸福指数。学富镇、村两级协(分)会帮助老年人调解赡养纠纷，处理邻里关系，防范金融、电信、养老诈骗等风险，全年为老年人解决“急难愁盼”事60多件。

【打造“老有所为”服务团】 年内，组建“老有所为”服务团是协会组织开展“为老人为社会服务”的重要举措和品牌。五支为老服务队坚持活动制度，周密活动计划，拓展服务内容，创新活动形式，提高活动质量，注重活动效果，发挥对面上“老有所为”服务活动的示范、引领作用。大冈、龙冈、台创园等镇(园)“五老”队伍、学富等镇老科技服务队、楼王镇金牌调解工作室常年活跃在村(居)、学校、农户、田间，赢得社会的一致好评。

【法制宣传工作】 7—8月间老法制工作者服务队到镇(街道)和村(居)举办12场《中华人民共和国家庭教育促进法》讲座，500余名基层干群、学生家长听取讲座。11月，组织开展《中华人民共和国慈善法》宣传活动，为全区慈善总会近百名骨干成员作“动员社会力量，发展慈善事业”的专题讲座。为宣传新修订的《中华人民共和国预防未成年人犯罪法》，在神州路小学采用开设模拟法庭的方式，以案释法。参与矫正帮教工作，全队39名队员与司法部门共同分析帮教对象的思想动态，确定具体帮教措施，撰写法制宣传讲稿，对全区200余名社区矫正对象作“树立法律意识，争做守法公民”的专题法制讲座，并于60名矫正帮教对象结对开展“一对一”帮教活动。

【医卫和文化工作】 年内，老医卫和文化宣传工作者服务队坚持将“送健康、送欢乐、送祝福”作为基层服务的主要内容，组织为老人和群众进行疾病防治、养生保健讲座和义诊义演，春节前组织书法家自带笔墨纸张免费为群众书写春联，送去新春祝福。

【企管工作】 年内，老企管工作者服务队不但在区内组织老年生活安全知识和企业安全生产讲座，帮助有关企业解决生产技术问题，还应邀为市直机关、单位、企业进行企业管理和安全生产培训。

(胥　俊)

慈善工作

【概况】 2022年，区慈善总会在区委、区政府坚强领导下，在市慈善总会指导下，立足区情实际，紧扣“汇聚慈善力量，共建‘慈善盐都’”主题，创新工作思路，推进共建共享，助力慈善振兴，全区慈善事业实现新的跨越发展。

2月，春节慰问　　慈善总会　供

【组织建设】 1月，完成慈善总会换届工作，选举出盐都区第三届慈善总会组成人员，为做好慈善工作，助力强富美高新盐都建设奠定基础、提供保障。强化分会组织职责。将慈善工作的触角延伸到基层群众家门口，促使“两创建”“两前移”日臻完善。充实志愿服务队伍。组织和动员社会各阶层和社会民众加入志愿服务行列，充实壮大志愿服务队伍2个，志愿人数达到135人。开展形式新颖多样、覆盖城乡的志愿服务内容，为助力乡村振兴，共同富裕画出“同心圆”。

【举办慈善活动】 年内，以“中华慈善日”“江苏慈善周”为集中时间点，放宽活动周期，采取政府搭台、社会大众参与方式，举办形式新颖多样、具有乡村特色、便于群众参与的慈善系列活动。将慈善文化建设拓展到机关、企业、学校、社区、公园等领域，在全区奏响“慈善为民”新时代最强音。宣传《中华人民共和国慈善法》，通过广泛动员，采取劝捐、认捐等形式，一次性募集到位慈善资金2100多万元，其中东山精密制造有限公司捐赠200万元，共有183家企业、单位参加慈善资金捐赠行动，保障盐都区慈善事业的发展振兴。借助网络，拓展募捐新路径。“99”公益期间，“助力乡村振兴　促进共同富裕”网络募捐活动后，坚持以块为主，条块结合，按照“依法组织，领导带头，广泛发动，坚持自愿，鼓励奉献”的原则，通过线下场景的宣传、定向集中动员等途径，全区线上网捐160多万元，实现“99”公益零的突破。

【扶援“爱心超市”】 2022年，扶援“爱心超市”。扶援55万元购买粮、油等生活物品，通过各镇(区、街道)“爱心超市”全部送到特困群众手中，让他们有获得感和幸福感。

【打造“幸福家园”】 年内，将“幸福家园”工程项目纳入民生兜底保障补充工程之中统筹谋划。以区政府办公室名义下发《关于推进全区“幸福家园”村社互助工程实施意见的通知》。搭建专门工作班子，有针对性地指导推进工作。完成秦南镇泾口村等3个村(居)"幸福家园"的试点建设。

【助困施救工作】 年内,安排30余万元开展"情暖盐都"助困活动,用于重点困境儿童、城镇特困职工、重度残障人、突发的灾祸户等特困群众的日常生活施救;资助50万元开展助医活动,对全区130名患有白血病、先天性心脏病和其他18周岁以下儿童实施医疗救助;安排10万元救急金,解决郭猛镇新跃村王荣东骨髓配型医治,以及特殊困难群众特大病的医治;资助26.5万元开展助学活动,共圆莘莘学子求知、求学梦想。开展"善心抗疫"。

【开展"善心抗疫,守望相助"活动】 年内,通过开展"善心抗疫,守望相助"慈心传递系列活动,全区共接收抗疫捐款210余万元,第一时间转至抗疫一线。葛武街道葛青桃,为驰援上海抗击新冠疫情,捐赠10吨大米等防疫物资,慈善总会为他举行捐赠仪式。关注疫情,购置防疫物资消毒片3吨,送至区疫情防控办,助力抗击疫情。

(包云祥)

殡葬工作

【概况】 2022年,盐都区殡葬协会应对疫情反复无常、经济社会运行困难的新情况、新特点,结合新时代殡葬事业发展规律和要求,有计划、有目的地推进各项工作,保证协会工作的连贯性和可持续性,促进殡葬事业的发展,助推社会的文明进步。

【加强培训】 年内,区殡葬协会利用微信群等网络平台,采取线上线下相结合的办法,借助召开常务理事会、会长办公会等契机,组织会员学习政治理论、法律法规,学习殡葬行业的新理念、新创举以及业务技能,增强殡葬从业人员思想政治素质、法治意识和业务能力。

【推进工作交流和业务开展】 年内,区殡葬协会配合各会员单位抓好疫情常态化防控和安全管理工作,提前做好协会住地(设在区社会福利院内)封控前的准备工作,在第一时间取出相关资料和用品等开展居家办公。组织人员参加省殡葬协会召开的殡仪工作和公墓工作年会,促进盐都区殡仪服务和公墓建管水平的双提升。此外,主动为会员单位和殡葬服务机构搭建沟通协调平台,促成他们如愿申请加入省、市殡葬行业组织,推动全区殡葬工作质量和效益的双赢。

11月,殡葬节颁奖仪式　　殡葬协会　供

【牵头组织召开省殡协盐城地区会议】 1月13日,区殡葬协会在东台市牵头组织召开省殡葬协会八届六次盐城地区理事会会议。会议由该协会会长张兆明主持,盐城地区的10多名省殡协理事参加会议,会议审议通过相关内容。6月下旬,区殡葬协会在盐城牵头组织召开盐城地区的省殡协公墓主任年会,完成省殡协拟定的各项议程。

【对外交流协作工作】 11月28日,创新活动项目和比赛规则,举办江苏省第33个殡葬职工活动日暨盐都区第五届殡葬职工运动会,加强民政局负责人与一线职工的互动,丰富殡葬职工的精神文化生活,维护和发展殡葬职工的基本权益。2022年,区殡葬协会配合省殡协完成补充更新盐城殡葬系统通信工作,以及调研信息的收集和资料上报工作。按时足额缴纳国家、省、市殡葬行业组织的会费。6月,组织人员前往射阳公墓参观学习。7月,配合盐城市民政局举行盐城市殡葬事业促进会成立暨第一届会员大会。会上,盐都区共有9人当选为第一届理事会理事,其中,2人当选为副会长。11月9日,配合市殡葬事业促进会在东台市举办为期3天的盐城市殡葬业务专题培训班,全区共8名会员参加培训。12月,派员参加省殡协会长办公(扩大)会,并传达贯彻相关会议精神。

【常规服务工作】 2022年,区殡葬协会做好会员单位的服务工作。通过到现场开展巡查,利用网络、电话等通信工具,动态掌握全区殡葬工作开展情况,主动靠前化解难题,并开展送法律、送政策、送理论活动,为殡葬服务整体推进赋能。区殡葬协会克服疫情限制,跟踪落实殡葬职工健康疗养工作,分批组织殡葬职工赴无锡和连云港参加健康疗养活动,促进身心健康。

【减免年度会费】 2022年,本着"量入为出、注重效益"原则,区殡葬协会减免所有会员单位和会员的会费,并坚持做到"量体裁衣,看菜下饭",节俭使用,依托财政预算保障全年各项工作的开展,确保有限资金全部用在刀刃上。

(姜正林)

镇 街道

◆盐龙街道 ◆大纵湖镇
◆盐渎街道 ◆秦南镇
◆潘黄街道 ◆郭猛镇
◆张庄街道 ◆楼王镇
◆龙冈镇 ◆学富镇
◆大冈镇 ◆尚庄镇

盐龙街道

【概况】 2022年，街道土地面积5263公顷，其中，耕地面积906.67公顷，下辖12个社区、3个村委会，户籍人口4.9万人、常住人口6.6万人。全年实现地区生产总值154.29亿元，同比增长2.7%；全口径工业开票销售额341.35亿元，同比增长30.6%，其中规模以上工业开票销售额315.9亿元，同比增长28.5%；服务业增加值21.78亿元，同比增长1.4%；一般公共预算收入6.62亿元，同比下降16.6%；社会消费品零售总额6.36亿元，同比下降4.1%；注册外资实际到账5287万美元，进出口总额12亿美元；城镇居民人均可支配收入59244元，同比增长4.1%；农村居民人均可支配收入36395元，同比增长6.3%。

提升富民强村实践。坚持项目为王、就业优先导向，发挥模范带头作用，引导全员参与“三大”活动，主攻“3+5”产业链强链补链延链，形成全员摸排有效项目信息，专职招商局跟踪推进的良性招商机制，累计跟踪洽谈11个有效项目信息，其中，50亿元以上项目2个，签约落户芯延半导体装备等亿元项目4个，其中，开工项目3个，为群众就近就业提供选择。通过集体劳务公司运营、闲置土地出租、资金变资产、国有平台投资等市场化方式，拓宽集体经济增收渠道，新投资的55间核心地段门面房陆续交付，一年租金达280万元，健仁社区试点成立红色物业公司，每年可创造收入35万元，15个村（居）集体年经营性收入全部达100万元，富民增收举措入选全省60个农民增收典型案例。新增400余公顷良田，完成土地整理，并发包给大户种植农作物。组织“三夏”大忙、秋季抢收抢种抢管，完成566.67公顷小麦收割，最高产量达每公顷36.67千克，完成773.33公顷水稻种植收割，机插秧面积达75%，在全区处于领先水平。完成秸秆还田、“双禁”任务。

改善宜居宜业环境。聚焦社区小区、集贸市场、背街后巷、线杆线缆等方面专项整治，承办盐都区2022年“学雷锋志愿服务月”启动仪式等活动20场次，获评“盐都好人”2名，推荐“盐城好人”1名，完成全国文明城市、省文明指数测评检查验收。对涉溶剂源企业逐企检查，督促废气达标排放，对餐饮油烟污染、在建工地扬尘、砂石场未覆盖等问题开展联合检查并落实整改措施。启动黄刘、方向截污纳管工程，完成丁晏小区南侧管道整改提升，全线排查封堵冈沟河排污口，全线整治七支河生态河道边坡，做到植被全覆盖。完成3个中央环保交办信访件整改提升并通过省市复核。推进科技广场中央商务区、合景泰富商业综合体等城建项目建设。推进拆迁工作，完成兴宇钢材市场收储、明辉饲料两证注销、中节能项目3户拆迁、蟒南砖瓦厂职工宿舍44户危房拆除工作。紧扣

6月，喜分安置房 圆了安居梦 盐龙街道 供

"零违建"工作目标，完成北港段(凤冈大桥)13户违章、2处活动板房、围墙、树木迁移等清障，依法依规拆除巡查发现的43起违章搭建。

延伸为民服务内涵。完成智创小镇学校、道路遮阳棚、口袋公园等11项民生实事项目。改善丁晏社区、孙吴社区、教师公寓等老旧小区硬件设施，完成雨污分流、墙体出新、消防通道拓宽等工作。完成高新嘉园一期和优步花苑分房工作，1060户群众拿到1514套安置房，洽谈团购3203套新安置房源，剩余1619套房源待洽谈。开展特殊困难群体救助帮扶专项排查整治行动，入户走访1015人，形成问题清单67条并处置销号，其中重点跟踪帮扶42人，明确街道、村(居)两级帮扶责任人，定期开展"回头看"并建立动态台账。开展"喜迎二十大、夏日送清凉""九九重阳、敬老爱老"等慰问活动，对低保、分散五保、空巢独居老人、困境儿童等人员及时发放救助资金。完成"15分钟医保服务圈"示范点村(社区)建设运行。开发疫情防控临时性公益岗位30个、街道劳动就业一般性公益性岗位2个，指导帮助302名"4050"就业困难人员办理资格认定及申请社会保险补贴，申领富民创业贷款400万元。完成城乡劳动者就业技能培训260人(次)、新生代农民工职业技能培训203人(次)、创业培训171人(次)、新型学徒制培训356人(次)、家政及母婴护理等服务培训260人(次)，提升再就业能力。组织5家企业参加盐都区2022年返乡创业大赛。

巩固安全稳定根基。与辖区所有企业签订2022年度安全生产目标责任书，组织企业主要负责人、安全管理人员分批次进行安全教育培训，累计人数达576人。开展危化品、易燃易爆等重点领域安全整治，实现立查立改、闭环销号。完成工贸企业风险报告填报更新，自建房安全风险隐患排查，"三清三关"安全检查，村(居)自然灾害普查材料核查工作。与企业开展联合演练23次，5个村(居)完成应急消防演练。做到落实上级疫情防控会议精神"不隔夜"、街道防控体系24小时运转，做细做优各项防控措施，保障正常生产生活秩序。坚持

5月，"喜迎二十大　阅读颂辉煌"阅读活动　　盐渎街道　供

"控增量、减存量"和"化旱化小"并举，压紧压实领导责任、村(居)责任、部门责任，滚动排查、预警、研判社会矛盾，解决"12345"反映问题。建立"大安全"统筹管理机制，一体化推进安全、政法、信访、城管等条线工作。在全区率先成立街道法律咨询委员会，深化依法行政。建设"精网微格"工程，组建624名以党员为主体、群众志愿者为基础的"红袖标"队伍。加大高空抛物预警系统等智能技术应用，常态化开展维稳巡逻、文明劝导、矛盾排查、环境治理等工作，初步形成共建共治共享格局。

【文明创建获得省级表彰】 1月17日，省文明办公布2019—2021年度江苏省文明村镇、文明单位、文明校园(中小学)和江苏省文明行业名单：盐城市盐都区盐龙街道乔庄社区(村)被评为江苏省文明村，盐城市盐都区人民政府盐龙街道办事处、江苏金贸建设集团有限公司(本部)被评为江苏省文明单位。

【入选江苏省卫生村】 年内，完善村居基础设施、强化健康教育、提高全民健康素养，2月14日，孙吴社区、先锋社区、北港村入选为江苏省卫生村。

【盐龙派出所获得国家级荣誉】 5月25日上午，全国公安系统英雄模范立功集体表彰大会在北京人民大会堂召开表彰近5年来在各项公安工作中做出突出贡献的先进集体和个人，盐龙派出所被授予"全国优秀公安基层单位"称号。

【安置房分配】 6月10日，盐龙街道高新嘉园小区安置房分房，安置分房工作涉及先锋、合心、跃马等村(社区)，安置地点为高新嘉园一期剩余房源和团购商品房优步花苑小区安置房源共679套，包括90平方米、70平方米两种户型。盐龙街道多举措推进安置房项目建设，确保群众早日住上放心房、安心房。

【促进项目建设】 年内，通过云招商、云洽谈、云签约等途径，先后招引落户瑞莱铂智能科技、悦虎晶芯等10亿元以上重大产业项目13个，协议投资110亿元，至5月，开工建设东山IC载板、长盈精密等重大项目12个，竣工投产龙创智能驾驶、博盛新材料等重大项目7个，完成项目投资62亿元，先后为中恒宠物用品、东九重工等企业拆借融通资金1.3亿元，延期资金借贷15笔、1.8亿元。在用工保障上，与市、区人社部门开辟网上招工"绿色通道"，发布员工招聘信息，组织开展网上招工活动，先后为中恒宠物用品、维信电子等用工需求量较大的重点企业网上招聘各类员工1000多名。

【保障夏季正常供水】 年内，成立夏季高峰供水保障工作领导小组，制定供水

12月，入选省级宜居示范居住区　　盐龙街道　供

调度保障和应急处置预案。落实应急抢修队伍、抢修机械，备足抢修物资，抢修人员24小时待命应对突发状况，定时定点监测管网压力变化，科学安排巡线人员，做好管网、管线巡检工作，随时待命处理各类突发性供水故障抢修。盐龙水务公司还加强高温期间水质监测，严格监控水质情况。关注小区和企业供水量变化情况，做好供水调度。公司供水服务热线24小时畅通，回复各类咨询和报修电话。

2022年盐龙街道各村(居)主要负责人一览表

表7

村(居)	村(居)书记、主任
乔　庄	王学林
黄　刘	刘基坤
吴　徐	孙鉴国
大　李	周洪杰
丁　晏	曹红斌
先　锋	徐银山
合　心	张　钦
健　仁	韩剑琴
古　亭	张　军
跃　马	薛文灿
北　港	张玉国
蟒　南	张长明
益　民	陈卫亚
方　向	徐大海
孙　吴	孙大勇

【碧水嘉苑入选省级宜居示范居住区】12月22日，江苏省住建厅通报2021年度省级宜居示范居住区创建项目，高新区碧水嘉苑小区上榜。

【入选全省最美乡村健身公园】 年内，江苏省体育总会、江苏省农民体育协会联合发布《2022全省最美乡村健身公园(广场)年度榜活动情况通报》，其中高新区体育公园上榜，高新区体育公园位于盐龙街道健仁社区境内，全长2.7千米，规划占地20公顷。

(施海峰　朱　健　吴龙文)

盐渎街道

【概况】 2022年，街道总面积61平方千米，下辖15个社区(村居)，户籍人口约7.5万人，常住人口约12.48万人。2022年街道全年实现一般公共预算收入10.3亿元(含增值税留抵退税3.8亿元)，地区生产总值115亿元，保持十亿、百亿元规模；社会消费品零售总额160亿元，增幅3.5%，总量和增幅全区第一。

城市经济发展。东方汽车广场被评为2022年省现代服务业高质量发展集聚示范区，全年销售新车4.9万辆，销售额90亿元，占大市区60%；海外海汽车城二手车交易2.4万辆、交易额18.3亿元。汽车消费营业总额120亿元。城西南物流园获省级示范园区10强，园区快递日处理量超大市区80%，园区年营收83亿元、税收3.8亿元；“网红”直播基地培育、签约主播达人超100人，带货销售额3亿元。商务商贸业。全年新增楼宇企业47家、税收3800万元；神州路商业街区和海洋路网红街区商业氛围浓厚；吾悦广场、盐渎明城、恒大名都三大商圈年营收达9亿元。商务商贸营业总额120亿元。

工业经济发展。分别完成全口径、规模以上工业开票销售额42亿元、33.5亿元，总量全区第二；入库税收1.75亿元、1.45亿元，同比分别增长8%、40%。重点工业企业悦达棉纺年开票销售额10.1亿元，全区仅4家超10亿元。

乡村经济发展。退林还耕400公顷，集体农场超466.67公顷，实现规模化种植。提升杨韦花卉、凤楼甲鱼、同桂龙虾、花吉加兵大米、民生葡萄等高效特色农业。全市首个街道乡村治理体系建设获得全国农村综合改革标准化试点项目立项。花吉村被评为省乡村旅游重点村，葵园获得2022全国及省休闲农业与乡村旅游四星级园区，并入选全国乡村旅游精品路线。

共建美丽城乡。建设凤麟府、华樾花园等楼盘；实施蓝海路、前进路等6条城市道路；以创建文明典范城市为契机，开展“生命通道整治”等专项行动，实施口袋公园6个，增划、出新小区停车线2.8万米。开展大气污染和水环境治理，对379家餐饮油烟、15家建筑工地以及道路扬尘、汽车喷涂进行集中整治，完成2个提质增效达标区建设和2个小区雨污分流改造。全年拆除违建112起8900平方米。打造水润冈中。实施7000平方米农村道路、建设8座农村桥梁，疏浚9条农村河道，创成生态河道4条，幸福河湖3条；实施方向河、大寨河河堤绿化1.5万平方米；完成冈中工业园部分企业污水接管；对冈中居民户生活污水进行管网改造和“微生物”处置。

惠民生办实事。亚定点救治医院建成备用，发热诊室建成运行；吴抬路学校投入使用，新建观棠府、开创家园等普惠性幼儿园4所；实施小米公寓等智慧安防小区4个；建成开创家园保障性住房1532套，帮助群众办理产权证3679户，街道获评省文明单位，原创歌舞《e起回乡》获省“五星工程奖”决赛第一名，全年送戏下乡28场次、自编自演小戏小品32个。

党建推动发展。开展中共二十大精神学习和交流研讨，班子成员到挂钩社区（村居）进行宣讲。上廉政党课20余场，作风效能专项督查4次，约谈提醒40余次。推进党支部“标准+示范”建设，新组建党支部6个，优化调整党组织6个；提档升级杨韦、同桂党群服务中心；围绕“一核四区”党建工作格局，建成电商快递产业园党群服务中心和2个快递小哥暖心驿站。创新开展网红直播基地党建工作，做靓“红话筒”党建品牌，推行“五线谱”党建工作法，先后接待市委组织部等负责人参观调研25场次。建强队伍，全年在工人、农民、知识份子、“两新”组织中发展党员28名。围绕双招双引、项目推进、基层治理等内容，举办机关（村）干部、社工、党务工作者等能力提升培训班，培养“对党忠诚、勇于担当、能力过硬、严守规矩”的党员干部。获评“省党员冬训示范街道”。坚持党委统揽全局、协调各方，人大、政协、统战、人武、妇联和“三老一关”等工作取得进展。

【筑牢疫情防控】 年内，成立“一办八组”，抽调应急人员24小时保持运转；成立接驳专班，最高峰时166名人员奋战在接驳一线；管控重点人员8331人、来盐车辆23566辆，一般人群区域核酸检测273.7万人（次），60岁以上老人新冠疫苗接种率达94%。

【开展“世界知识产权日”宣传活动】 4月26日，在吾悦广场举办“保护正版为原创者点赞——全面开启版权强省建设新征程”主题的知识产权宣传周活动。活动通过户外大屏播放版权知识公益宣传片，发放版权知识宣传单，文艺志愿者以快板、数来宝等形式向群众普及版权的含义、版权的重要性，促进社会公众尊重版权，提升创新的意识。

【入选全国乡村旅游精品线路】 5月，盐都区盐渎街道花吉村“千亩葵园”入选江苏盐城连云港“绚烂花海·康游乡村”赏花舒心游路线。花吉葵园位于盐渎街道花吉村，面积100公顷，是江苏最大的油葵种植基地。葵园分两季种植向日葵，盛花期为6月和10月。花吉村千亩葵园按照三产融合的标准，做好“花”与“果”的文章，打造集“农业+旅游+深加工+产学研”于一体的农旅示范区。

【开展防灾减灾宣传周活动】 5月12日，盐渎街道举办以“减轻灾害风险，守护美好家园”为主题的全国防灾减灾宣传周系列活动，通过宣传普及防灾减灾知识和避灾自救互救技能，提高辖区群众的风险防范意识、知识水平和避灾自救能力。

【开展“全国科技活动周”宣传活动】 5月23日，在福才社区恒大名都小区新时代文明实践点文化广场上，举办“全国科技活动周”暨盐都第34届科普宣传周启动仪式，来自辖区社区（村居）、企事业单位干部群众，盐都区消防救援大队官兵、广大科技工作者以及科普志愿者500多人（次）参加活动。

【网络直播助力发展新业态】 年内，盐渎街道依托“盐之有物”网红直播基地，挖掘网络潜力。年初，盐渎街道“党员冬训网络直播课堂”首期开播，街道青年理论宣讲员朱从庆传达学习江苏省第十四次党代会精神，累计吸引6万多人次在线观看。创新党员冬训方式方法，依托“盐之有物”网红直播基地，开办“党员冬训直播课堂”，组织专家学者、红色村居党组织书记、“两新”组织书记等走进直播间，宣讲、传播、践行党的先进理论。利用“直播达人”自身的流量优势，对盐城进行全方位、多角度的推介，提升盐城农特产品的知名度和美誉度。

【打造跨境电商产业集聚区】 年内，盐渎街道打造以电子商务为主导的跨境电商产业集聚区。截至11月24日，该街道新招引符合产业定位和配套服务商10家，初步建成跨境电商服务体系，业务范围涵盖跨境电商官方平台运营、独立站建设、跨境支付、跨境物流、海外数字营销、ERP建设等，街道计划三年内再招引跨境电商企业100家以上，出口贸易值超10亿元。举办“2022全球速卖通AE MALL新商私享会”“2022年跨境电商‘走出

1月，党员冬训网络直播课堂　　盐渎街道　供

去'专场培训会""Facebook线下运营交流会""9710申报专题培训沙龙"等专场活动。在中国(盐城)跨境电子商务综合试验区平台上开通9710申报模式已达10多家企业,其中包括市、区知名企业兴泰集团、方意汽配、格瑞特外贸等,并与盐城市进出口商会对接市采通入驻事宜。

【第四届快板大赛颁奖仪式暨惠民演出】 8月13日,江苏省第四届快板大赛颁奖仪式暨文化惠民演出在盐都区盐渎街道吾悦广场举行。江苏省曲艺家协会驻会副主席、秘书长孙志兵,盐城市文学艺术界联合会主席李军,盐城市文化广电和旅游局副局长唐文健,中共盐都区委常委、宣传部部长罗时荣,盐都区人民政府副区长周昉等省、市、区相关负责人观看演出并颁奖。

【新时代江苏道德模范与身边好人事迹巡演】 8月24日,"道德的力量"——新时代江苏道德模范与身边好人事迹巡演在盐都区盐渎街道花吉村新时代文明实践站广场启动。省委宣传部副部长赵金松,市委常委、市纪委书记、市监委主任陈璐,市委常委、宣传部部长陈卫红,副市长、区委书记、高新区党工委书记王娟,杨劲松、罗时荣、王柱军出席。徐兆学、乐华泽、乐绍琪、孙益海、武红梅、杨长春6名盐都区"中国好人"受邀参加活动。

(蒋旭中　吴彦萱)

2022年盐渎街道各社区(村)主要负责人一览表

表8

社区(村)	社区(村居)书记、主任
福才社区	孙祥银
刘朋社区	徐建明
兴城社区	张　华
万胜社区	秦佳灿
兴民社区	商中状
野丁社区	仇国祥
新伙社区	柏友华
福利社区	陈长荣
伍康社区	苏　健
民生社区	张　明
风楼社区	王传红
同桂村	陈　芳
杨韦村	罗维华
花吉村	吴晓华
书楼村	戴爱勤

8月,江苏省道德模范事迹巡演首场花吉村　　盐渎街道　供

潘黄街道

【概况】 2022年,街道区域面积26.59平方千米,总耕地面积854.33公顷(含植树造林等),户籍人口52444人,外来流动人口39161人,下辖11个社区、2个行政村。街道党委下设3个二级党委,28个党总支,131个党支部,共有党员2592人。2022年,实现地区生产总值111.49亿元,同比增长2.9%;一般公共预算收入5.81亿元;固定资产投资48.36亿元,同比增长25.1%;城镇居民可支配收入实现62416元,同比增长4.1%;农民可支配收入实现38970元,同比增长6.4%。

综合实力在稳中求进中攀升。全年实现地区生产总值111.49亿元、一般公共预算收入5.8亿元,10项主要经济指标有7项增幅居全区前列。落实稳经济一揽子措施,支持实体经济特别是为中小微企业纾困解难,累计减税降费近1亿元、减免租金480万元,新增"四上"企业36家,23家星级企业达到培育目标,比上年增长12家,其中,市五星级企业2家、市四星级企业1家、三星级企业4家,位居全区前列。开展"企业大走访、项目大推进、产业大招商"和"百日竞赛"活动,总投资5000万美元的瀚赛电子签约开工并竣工投产,工业数字龙头企业颐高科技入驻运营,全年新增开工项目14个、竣工项目11个。

产业质态在转型升级中向好。启迪信通、颐高工业数字等4个项目入驻科创产业园,集聚科创生态企业106家,盐西高新科技园创成省级众创空间,国家高企达39家,集聚式科创数字经济初具雏形。发挥万达广场龙头效应,打造渎上·老西门街区,品牌经济、首店经济等消费新模式蓬勃发展,夜市经济多次被央视点赞,创成省级放心消费示范街区,全街道社会消费品零售总额达46.8亿元,集群式城市品质商圈加速崛起。重点建设运营5个总部楼宇,清退低效楼宇企业14家,新招引入驻建筑房产、金融保险、商务商贸等企业120个,楼宇税收超过2亿元,集约式总部楼宇经济实现特色规模发展。

城市面貌在建管并重中焕新。推进9个市区"两重"和17个市区城建重点项目,完成固定投资31.62亿元,4条道路建成通车,新日月小区改造焕颜,7个项目393户征迁户搬进新房,馨德苑竣工、宝馨花园扫尾,鹤翔路地块摘牌开工,4个房产项目施工快建、如期交房,合心花苑创成全省物管服务示范点。开展文明典范城市创建工作，系统实施线杆线缆、背街后巷等8个专项行动，迎接中央环保督察"体检"，5件交办问题全部整改到位，实施生态环境"十大工程"，辖区内80条河道水质环境改善，4个口袋公园建成开园。

乡村振兴在多元融合中先行。抓住第十届世界草莓大会举办契机，编制优化核心区规划，实施高效设施农业、休闲观光农业和农产品加工等项目，金色庄园草莓基地20公顷建成定植，葡萄酒加工项目竣工投产，组织培育苗、种植、物流、精深加工全产业链逐步完备，新民村获评全国乡村特色产业亿元村，"盐都草莓"成为全国乡村特色产品、受市场欢迎区域公用品牌江苏精品。放大农旅品牌，融合"互联网+"等要素，挖掘徐铎故事、创业文化、农耕文化，完善道路管网、数字基站等功能配套，举办"云上草莓节"，仰徐村创成全国乡村旅游重点村，全年接待游客12万人（次）、旅游收入4100万元。做好农村环境"五位一体"长效管理，完成农村改厕195户，实现全域污水管网全覆盖，仰徐、新民创建省健康村。

民生福祉在品质提升中增进。10大为民办实事项目如期建成，科创城中小学和2所幼儿园建成办学，大孙、兆泉2个农贸市场和宝馨花园幼儿园建成竣工，遮阳棚、体育惠民、智慧广电等项目投入使用。关注"一老一幼"群体，新建开放街道养老综合服务中心，运营儿童关爱之家，未成年人保护通过国检。开展就业创业扶持，全年新增城镇就业创业2000人、社保扩面1000人。精准落实防疫政策，新建发热门诊1个，疫苗接种率全市前列，筑牢保健康、防重症防线，保障人民群众身体健康，人民群众幸福感提升。

社会治理在共建共享中深化。推进"信访突出问题攻坚化解年"行动，落实"一案一策一专班"，全年约访接访50余次，化解各类信访事项62件，妥处重点矛盾23件，完成中共二十大维稳安保政治任务。完成"三年大灶"专项整治任务，挂牌整改老小区、老厂区安全隐患7000个，69个"三合一"场所全部纳入智慧系统管理，推进住建领域安全整改，完成新阳联建楼等C、D级危房3栋整改销号，安全水平提升。细分微网格283个，600名党员干部到社区一线，开展为民服务活动50余次，"八五"普法、"响应式"社区治理等一系列工作推进，社会治理高效。

10月，草莓采摘园　　　　融媒体中心　供

2022年全年外出招商400多次，接待客商200多批（次）、线上会谈60余次；与高新区共同举办互联网大会数字经济发展论坛，举办企业家座谈会、高层次人才交流会20多场（次）；新增开工项目14个、竣工项目11个，实现外资工业项目、数字龙头项目突破。

【开展"红色大讲堂"活动】 年内，潘黄街道推出"红色大讲堂"系列活动。"红色大讲堂"利用街道新时代文明实践所阵地，开展各项活动，线上线下受众超百万人次，全街道党员干部理论素养明显提升，理想信念愈发坚定，红色基因接续传承，党心民心更加凝聚。

【开展禁毒主题宣教活动】 1月，潘黄街道禁毒办联合东进路初级中学开展"温暖迎新春，趣味学禁毒"主题宣教活动。活动通过"案例+视频+互动"的方式，讲解什么是毒品，吸食毒品对自己、对家庭、对社会的危害和青少年如何防范毒品等知识；播放禁毒微电影《成人礼》和系列禁毒公益片，活动穿插"禁毒诗歌朗诵"和"禁毒知识抢答"等环节，内容涉及禁毒历史、禁毒形势、毒品知识等。此次活动共发放禁毒宣传资料280份，禁毒纪念品130件。

【徐缨调研生态文明建设工作】 6月2日下午，市委书记徐缨到潘黄街道前进合心花苑小区调研，了解截污纳管、雨污分流、垃圾分类等情况，对精细化管理水平，宣传倡导文明健康、绿色环保生活方式，改善城乡人居环境给予肯定。市委副书记羊维达，市委常委、秘书长薛盛堂，副市长、区委书记、高新区党工委书记王娟等参加调研。

【周继业调研老年幸福家园服务工作】 6月28日上午，省政协副主席周继业一行到潘黄街道老年幸福家园围绕"完善一老一小服务体系"工作开展专题调研。周继业查看老人们的生活环境，了解基础设施建设、运营管理、工作人员配备等情况，并叮嘱相关负责人要围绕老年人生活需求、精神需求，投入精力、整合资源，把各项保障服务做得更周到更暖心。市政协主席陈红红，副市长王娟，区政协主席王铁根参加调研。

【举行"渎上·老西门"夜市启动仪式】 7月16日晚，"渎上·老西门"夜市启动仪式正式举行。"渎上·老西门"夜市位于盐都区潘黄街道内，毗邻万达广场，总建筑面积65000平方米。拥有五大商业区，13幢民国风味临街建筑商铺，同时还拥有苏北首家三折面裸眼3D大

7月，红色大讲堂活动　　　　潘黄街道　供

屏。渎上·老西门街区遵循“历史有根、文化有脉”的理念，将潘黄红色历史文化融入街区，打造“腾飞书局”“登瀛老茶馆”“花样年华旗袍馆”“青春照相馆”“老物件陈列馆”等特色文化项目。7月8日夜市正式试营业，整个夜市部分签约商家30余家，共计入驻超60个商品品类。

【羊维达调研全国文明城市创建工作】 8月4日下午，市委副书记、统战部部长羊维达到仰徐村调研全国文明城市创建工作。区委副书记、区长马正华，区人大常委会主任、党组书记季晓春，区委常委、宣传部部长罗时荣参加。羊维达在仰徐村，走进新时代文明实践站，了解文化活动、志愿服务、便民服务、未成年人活动等工作开展情况。羊维达强调，文明镇村应加强农村精神文明建设，倡导现代文明理念，通过强化基层文化阵地等内涵建设，开展移风易俗、人居环境整治，提升农村文明水平和群众文明素养，在基层治理建设方面发挥示范引领作用。

【王荣调研基层人大工作】 9月8日，市人大常委会主任、党组书记王荣到潘黄街道人大(议政)代表之家调研基层人大工作，观看盐都人大代表履职平台演示，察看软硬件设施建设情况，翻阅代表接待选民登记簿、代表履职日记、代表活动档案等资料，了解经济社会发展、乡村振兴工作，以及人大代表履职等情况。市人大常委会秘书长肖汝宏，区人大常委会主任、党组书记季晓春参加。

【举办第38个教师节庆祝活动】 9月9日，潘黄街道庆祝第38个教师节表彰大会暨文艺演出活动在潘黄大会场举行。活动中，街道相关人员为教育教学工作实绩突出的盐城市第二小学等先进集体和刘亚等先进个人进行颁奖。此外，辖区内学校、幼儿园的师生同台献艺。

【周斌察看大孙菜市场民生实事项目】 9月19日下午，市长周斌到潘黄街道大孙菜市场察看民生实事项目推进工作。市政府秘书长刘光球，区委副书记、区长马正华参加。周斌要求推进智慧农贸市场建设，让市民逛得舒心、买得放心。周斌强调对照年度任务、紧扣时间节点，以更足干劲、更实作风，推动民生实事早落地、早见效，坚决兑现政府承诺、增强政府公信力。

【开展企业大走访活动】 10月，潘黄街道财资局到企业开展大走访活动。在仰徐工业园区，工作人员察看企业经营、生产现场情况，询问企业的生产经营情况，并就企业当前存在的问题、发展面临的制约因素与企业负责人进行交流。随后，该局工作人员走访江苏韩赛电子有限公司，向企业负责人赠送《减税降费政策汇编》，宣传最新的减税降费政策。

【陈红红调研指导基层协商议事工作】 10月20日，市政协主席陈红红带队到潘黄街道旭日社区协商议事室调研指导基层协商议事工作，查阅台账资料，了解协商平台运行、委员下沉、群众参与、活动开展、成果转化和示范点建设等情况。市政协副主席李东成，秘书长殷勇，区委副书记、区长马正华，区政协主席、党组书记王铁根，区委副书记翟大伟，区政协

1月，主题宣教活动　　　　潘黄街道　供

副主席阮宜春、许丽萍、张鸿新、李庆銮参加。

【魏国强调研乡村振兴工作】 11月16日，省人大常委会副主任魏国强率队到现代农业产业园围绕推进乡村振兴开展专题调研，魏国强在草莓种植大棚，听取经济效益、市场销售及带动农民增收等情况介绍。市委书记徐缨介绍有关情况。省人大常委会委员、农委主任刘大旺，省农业农村厅厅长、省委农办主任杨时云，市人大常委会主任、党组书记王荣，省人大常委会农委副主任姜葵，市人大常委会副主任顾云岭，副市长、区委书记、高新区党工委书记王娟，市人大常委会秘书长肖汝宏，区人大常委会主任、党组书记季晓春参加。

【王飚调研新民村】 11月22日，苏州市委常委、统战部部长王飚率队到盐都考察调研。市委副书记、统战部部长羊维达，区委副书记、副区长朱伟参加调研。调研组一行走进草莓大棚，与村负责人交流，了解该村土地流转、经济作物种植、品牌塑造等实际情况，肯定新民村产学研协同创新、新农村建设等工作成效。

（张惠夷　戴奉仪）

2022年潘黄街道各社区（村）主要负责人一览表

表9

社区（村）	社区（村）书记	社区（村）主任
新　民	董兆付	董兆付
仰　徐	周　瑜（主持工作）	姚　奇
朱　庄	张　栩	张　栩
何　桥	陈　辉（主持工作）	朱玉如
大　孙	孙建国	孙建国
美　丽	吴　剑（主持工作）	孙宏祥
新　阳	孙　军	孙　军
兆　泉	王如斌	王如斌
吴　杨	蔡龙群	蔡龙群
宝　才	陆众山	陆众山
旭　日	朱其冬	朱其冬
东　升	谢小峰	谢小峰
杨　坝	程荣生（主持工作）	程荣生
新　英	陈高生	—

张庄街道

【概况】 2022年，张庄街道全年实现地区生产总值327690万元，一般公共预算收入12448万元，服务业增加值102787万元，规模以上工业增加值增长4.9%，规模以上工业开票销售额16.8亿元，规模以上服务业营业收入21012万元，固定资产投资增长4.8%，社会消费品零售总额24934万元，城镇居民可支配收入52758元，农村居民可配收入32766元。

发展动能强劲。坚持“招商第一、项目为王”理念，围绕电子信息、高端装备、新能源和齿轮动力传动特色产业，接轨上海、苏州、深圳等长三角、珠三角地区，招大引强，全年新招引、新开工、新竣工亿元以上项目6个、4个、3个。重点项目实行专班服务、闭环管理机制，总投资10亿元的盐城复兴医院正式运营，为全市“家家到”项目观摩提供现场；芯丰晶圆先进封装、华腾LED半导体等产业项目投产达效。实体经济稳步发展。激励扶持企业向“专精特新”转型，金洲机械、盛安传动入选国家“专精特新”小巨人企业、省服务型制造示范企业，盛安传动创成省智能制造示范车间、省五星上云企业，芯丰电子、台普动力4家企业创成省四星上云企业。加大人才工作力度，金洲机械引进的沃洛德迈尔·盖楚克院士团队获批国家级人才项目支持，引进高层次创业人才1人，申报省创新团队项目1项、“黄海明珠”市领军人才项目2项。平台能级增强。主动策应“一区多园”改革，用好国家高新区分园区品牌，推动芯丰电子、华腾封装、派振科技等企业投入生产。坚持高起点规划、高标准建设，开展“载体焕新”行动，抬高全民双创园、创新创业产业园项目入驻门槛，改造提升瑞都创业园，园区承载高质量项目落地的能力强化。

城镇面貌改观。完成城北地区改造重点基础设施清障整治项目86户，拆除违章建筑34处，保障项目落地、工程施工的需要。东晖锦园主体封顶，馨盛苑开始分房，康庄雅苑开工建设，集镇段新世家二期、溪林雅居等3个品质小区按序时计划推进。基础设施完善。树立城市道路布局理念，优化片区“微循环”，改善路桥“拥堵点”，加快开创路北延、新洋港大道西延、西环路高架等主干道和204国道以东区域道路建设，构建通畅的交通网络。生态环境优化。强化蟒蛇河、皮岔河沿线环境综合整治，新建纱厂河、建设河等绿带游园，实施204国道两侧水环境整治，加快实现集镇段河道水系畅通。开展“散乱污”、扬尘污染等专项治理行动，取缔“散乱污”企业55家，空气优良天数增多。

社会事业协调发展。壮大集体经济。发挥产城融合发展优势，支持村居通过劳务输出、资产出租、平台投资等方式增加集体收入；坚持“四个一”管理模式，放大西徐、钱庄集体农场效益，集体和群众实现“双赢”；集体经济发展迅速，6个村（社区）集体经营性收入超50万元。强化服务供给。推进养老服务中心“公建民营”改革试点；办理企业职工参保212人、自由职业参保46人，城乡居民养老保险新增49人，新增就业239人；调解劳资纠纷17起；开展全民阅读活动12场，送电影下村108场，送书下村18次，举办“春节送戏下村”“九九重阳”老年文化艺术节，张庄街道被市委、市政府表彰为全市关心下一代工作优秀集体。开展特殊困难群体救助帮扶专项排查整治行动，登门走访排查人口653人，形成问题清单45条并处置销号。加强街道养老中心、村级居家养老站点、儿童之家建设，常态化开展针对老人、留守儿童等慰问关爱活动。

党的建设得到加强。全年开展党委中心组理论学习12次、各类理论宣讲30余次，召开意识形态领域分析研判专

5月，盐城复兴医院　　张庄街道　供

题工作会议，组织《习近平谈治国理政》第四卷学习讨论，加强网络舆情管控，把稳前进的正确方向。强化基层基础建设。开展基层党组织专项整顿，突出党组织带头人建设，郑通村党总支书记徐从波获"江苏省千名领先村书记"。关注"两新"组织建设，新成立非公企业党组织3个，创建盐城复兴医院"医"系列党建品牌。强化阵地建设，市委主要负责人现场督查指导街道党群服务中心。加强监督执纪问责。将正风肃纪反腐与深化改革、完善制度、促进治理贯通起来，通过"二三四"工作法，引领好作风，提振精气神。全年开展明察暗访60余次，下发工作提醒函5份，批评教育3人，提醒谈话18人、诫勉谈话12人，立案查处违纪党员19人。开展精神文明创建。依托新时代文明实践所（站），组织志愿服务活动16场，开展200多项文明实践活动，西徐社区创成省级"三全"示范社区，张庄街道团委被评为"盐城市五四红旗团委"，郑通村周书成家庭当选江苏省"最美家庭"，吴启珍被评为"盐城好人"，成孝勇被评为盐城市道德模范。

【产业高质量发展】 年内，江苏盛安传动股份公司引进俄罗斯工程院图波列夫院士，组建创新团体开展"8AT变速器复合行星传动关键技术研究及产业化"项目，获批市"黄海明珠"领军人才项目资助，资助总额达300万元，为全区最高，公司也于年内被认定为国家级专精特新"小巨人"企业。

【盐城复兴医院投入运营】 5月，医院正式投入运营，总投资10亿元，建筑面积8.2万平方米，合理布局急诊病房楼、门诊医技楼、高端康养楼等楼体建筑，共设置床位800张。医养结合特色鲜明，医院按三级综合医院标准设计，以专业医疗、康复、康养、高端体检及重大疾病筛查、睡眠呼吸监测和抗衰老健康服务为特色。运营管理支撑有力，医院由上海复旦医疗产业创业投资有限公司运营管理，拥有先进的医院运营模式与管理经验，并将开通盐城与上海复旦医疗集团双向转诊绿色通道。医疗服务能力强劲，医院由复旦大学原党委副书记、副校长、上海影像所所长、中国介入界知名专家王小林担任名誉院长，计划开设复旦大学王小林博士工作室、北京中医药大学郭蓉娟博士工作室。

【推进乡村公益医疗互助项目】 5月，张庄街道作为全区乡村公益医疗互助工作试点板块，推进乡村公益医疗互助项目。项目引入具有成熟技术的第三方专业服务公司全程跟踪服务，项目采用病种定额补助方式，参与农户缴纳每年每人60元互助费（含区财政补贴20元），即可享受专项补助政策。单次补助金额每人为300～5万元不等，年度累计补助最高达10万元/人。自5月中旬启动实施以来，街道紧扣"7月1日实施补助"的时间节点，广大党员干部进入农户家中，到田间地头，通过发传单、讲政策、放视频等方式宣传，得到广大群众的响应。

【开展警示教育系列活动】 5月13日，张庄街道召开党员干部"510"警示教育大会，组织集中观看警示教育片《八小时之外》，引导党员干部从典型案例中汲取教训，为增强警示教育效果，张庄街道组织30余名党员干部参观盐都区革命陈列馆党风廉政教育基地。通过重温入党誓词、馆内讲解、视频短片和图文学习等方式，汲取革命先辈身上的前进力量。通过街道纪委书记上廉洁家风廉政党课、交流学习心得等形式，纪检委员分别从纪检监察工作、财务工作纪律、个人品行修养等方面，谈个人思想认识和体会及工作思路。

【城北地区改造】 11月17日，市委、市政府在张庄街道举行全市城乡建设第四批重点项目暨城北地区康庄雅苑项目开

2022年张庄街道各村（社区）主要负责人一览表

表10

村（社区）	村（社区）书记、主任
东　升	孙有华
仓　头	黄中江
东　徐	黄中华
西　徐	滕长青
钱　庄	盛　洪
成　庄	刘　中
王　庄	张永清
龙　海	郑志友
郑　通	徐从波

工活动。康庄雅苑安置房项目位于盐都区张庄街道，规划用地62451平方米（6.25公顷），容积率2.2，总建筑面积约19.2万平方米。其中，住宅建筑面积约13万平方米，普通商品房占20%，约2.6万平方米；安置房占80%，约10.4万平方米，共可安置居民930户。除12幢住宅之外，康庄雅苑还配建1幢商业用房、1幢幼儿园，让被搬迁群众早日回迁，实现安居梦。（杜殿林）

龙冈镇

【概况】 2022年，全镇面积96.83平方千米，人口79060人。下辖2个办事处（鞍湖中心社区、镇街道办事处）、1个果树良种场（盐城市果树良种场），共有34个行政村（社区、管理区）。全年实现地区生产总值71.54亿元，同比增长2.1%，是国家级生态镇国家卫生镇，国家生态公园（试点）镇，省级生态旅游示范区，被评为“和谐中国·全国百佳历史文化名镇”“中国健康养生休闲旅游名镇”“中国乡镇综合实力500强”“全国工会维护农民工合法权益先进集体”“江苏省文明乡镇”“江苏省生态镇”“江苏省卫生镇”“江苏省文明创建先进集体”“苏北五十优乡镇”“江苏省社会综合治理先进乡镇”“盐城市乡土人才名镇”、盐城市重点镇等称号。

经济运行承压前行。全口径工业开票销售额33.1亿元，全口径工业应税销售额32.6亿元、同比增长2.6%，规模以上工业开票销售23.5亿元，规模以上工业不计建材行业实现开票销售额20.8亿元、同比增长14.8%。企业培育质效提升，新增“四上”企业20家，其中工业企业8家，服务业企业2家，批零住餐企业6家。新增开票销售超亿元工业企业2家，新认定（复审）国家高企8家，恒隆通、中贵重工等5家企业认定为省专精特新“小巨人”企业。

项目引建取得突破。新签约智能硬件、圣舟食品等亿元以上项目9个，涛生保健品一期、立尔威电气等7个项目开工建设，中贵重工、力动机械、恒隆通3C增强材料等5个项目竣工投产。列市5000万元项目累计完成投资8.6亿元。固定资产投资13.3亿元，其中，工业投资7.8亿元，同比分别增长15.2%、14.6%。

乡村振兴推进。完成集镇污水管网一期工程，新建军营二期、兴福二期和杨斌等新型农村社区，入住村民180户，完成农村宅基地有偿退出121户、复垦土地4.69公顷，张本村入选第六批中国传统村落名录。桃花园幼儿园建成使用。解决龙湖新村、永明商住楼等小区不动产登记历史遗留问题。

【开展退役军人慰问活动】 1月，龙冈镇开展退役军人慰问活动，先后向退役军人发放临时救助和各类补助金40多万元，并送上春联年画、挂历台历、米油棉被等物品。

【马正华在龙冈调研】 2月10日下午，区委副书记、区长马正华到龙冈镇调研经济社会发展情况。马正华一行先后到中联电气、灰太狼食品、春潮科技、苏州飞玛拓、久动传动轴、中贵重工、力动发动机齿轮等企业，了解龙冈特色产业发展情况。在召开的座谈会上，龙冈镇对2021年经济社会发展工作进行总结，汇报2022年工作目标、工作思路、重要举措和重点工作安排。

【涛生银杏复方制剂保健品项目开工】 3月17日，龙冈镇涛生银杏复方制剂保健品项目举行开工仪式。项目由海南涛生医药股份有限公司投资建设，总投资5亿元，用地4公顷，一期征地2公顷，新建厂房2万平方米，新上年产10亿片（颗）保健品项目。项目投产达效后，年可实现销售2亿元，税收1000万元。

【开展暑期校外教育辅导活动】 2022年暑假期间，由龙冈镇新时代文明实践所牵头，组织关工委、宣传办、妇联、中小学等部门，在该镇34个村（社区、管理区）将陆续开展11场校外教育辅导活动。7月8日上午，在龙冈镇刘垎村新时代文明实践站内，文明宣讲员沈军玲宣讲“江苏好人”姚万顺先进事迹。来自该镇刘垎村、大顾社区、九曲社区的近60名学生和家长参加活动。活动中，不仅分享姚万顺太湖救人的英雄壮举，还参观他家文明美丽庭院，欣赏刘垎村夏日荷塘美景和新农村建设，邀请黄明、徐郁君等校外辅导员作《坚持人民至上》主题宣讲。

【季晓春在龙冈镇督查创文工作】 7月15日上午，区人大常委会主任、党组书记季晓春到龙冈镇，在新时代文明实践所、站，社区、街巷和农贸市场等处，实地督导全国文明城市创建工作。季晓春察

8月，荡里小伙在成长　　龙冈镇　供

看新时代文明实践所、站的阵地建设和志愿活动开展情况，了解公益宣传，组织架构和各项工作制度。季晓春沿盐兴路检查基础设施、停车秩序、卫生保洁、道路绿化、店铺经营、宣传氛围等情况。季晓春实地察看龙冈毓龙农贸市场内部经营环境、公益广告、环境卫生、从业人员文明用语、消防安全、场外停车秩序等情况。

【获五星工程奖】 8月，江苏省群众文艺政府最高奖第十五届江苏省“五星工程奖”获奖作品正式公布，盐城市盐都区群众文化艺术馆、盐城市盐都区龙冈文化站演出的盐阜说唱《荡里的小伙在成长》获得“曲艺类”第三名，获第十五届江苏省五星工程奖。

【王荣调研人大工作】 9月8日，市人大常委会主任、党组书记王荣率队赴盐都区调研基层人大工作，市人大常委会秘书长肖汝宏参加，镇党委书记冯林宏陪同。实地走访江苏恒隆通新材料科技有限公司人大代表联系点，王荣肯定人大代表了解民情民意，关注人民群众关心的热难点问题并做好办理回复工作，提高联系点影响力、树立人大代表良好形象。

【获全国“安康杯”竞赛活动“优胜班组”】 年内，中华全国总工会、应急管理部、国家卫生健康委员会公布全国“安康杯”竞赛活动先进集体和优秀个人名单，盐都水务有限公司龙冈水务分公司安装施工维修班组获2021年度全国“安康杯”竞赛活动“优胜班组”称号。10月20日，区总工会和区水务局的分管负责人赴盐都水务有限公司，为龙冈水务分公司安装施工维修班组颁发荣誉证书和奖牌。

（李　静）

2022年龙冈镇各村（居）主要负责人一览表

表11

村（居）	村（居）书记、主任
毓龙社区	仓定亮
坊桥社区	郑兆柏
永明社区	范伟伟
凤凰社区	熊洪军
青龙社区	李仁贵
兴龙社区	周维权
新冈社区	苏育干
万家社区	丁月锋
港北村	周文海
曲东村	朱阿旺
兴福村	万一明
徐庄村	周炳荣
晓庄村	张　权
三旺村	陈荣庆
大吉村	周荣生
桂吴村	夏万胜
大潘村	万益圣
留璜村	纪　超
军营村	桂　伟
仇家村	陈步国
高范村	施志勇
黄庄村	黄建军
杨斌村	孙登广
储巷村	刘金楼
许巷村	祁正群
冈南管理区	徐志华
冈中管理区	许杏东
冈北管理区	周　海
大顾社区	宋向春
九曲社区	周传顺
洪渡社区	高　鹏
张本村	季龙坤
许桥村	张广勇
刘塔村	姚立萍

大冈镇

【概况】 2022年，以学习宣传贯彻中共二十大精神为主线，按照中央精神、省市区决策部署，统筹疫情防控和经济社会发展，统筹发展与安全，推进沿海城市卫星镇、乡村振兴样板镇建设，应对非常形势、落实非常责任，各项工作取得新进展、新成绩。

经济发展迈上新台阶。开展“企业大走访、项目大推进、产业大招商”活动，全镇一般公共预算收入、地区生产总值等指标保持增长；引进亿元项目5个，其中，5亿元项目1个，已竣工项目3个、已投产即将竣工项目2个；入选省先进制造业和现代服务业深度融合试点企业1家，培育省级专精特新“小巨人”企业4家、省星级上云企业4家，新增区星级企业2家、“四上”企业12家；新认定国家高

8月，大冈镇儿童关爱之家创成省级示范性未成年人保护工作站　大冈镇　供

企18家、“瞪羚”企业1家,新认定省市科技副总项目12个,新立“黄海明珠”领军人才项目2个,引进高层次人才创业项目1个,新增发明专利授权29件,净增22件。

乡村振兴取得新进展。实施乡村振兴战略,推进农业农村现代化,大冈特色桃果产业园区被认定为全国农村创新创业园区,中国农科院郑州果树研究所研究生专业实践训练基地挂牌成立,创成省级合作社示范社1家、省市级示范家庭农场4家;佳富新型社区省市领导多次视察调研,被确定为全区唯一新型农村社区治理服务省级示范点建设单位。

民生福祉交出新答卷。统筹推进稳就业促创业,完成高新区智创园入职在岗136人,新增城镇就业1511人,新参保各类社会保险2016人。医保服务窗口创成“15分钟医保服务圈”市级示范点,大冈中心卫生院创成农村区域性医疗卫生中心、省社区医院,儿童关爱之家创成省级示范性未成年人保护工作站。

平安建设开创新局面。加强法治建设,创成省级民主法治示范村1个、市平安民主法治建设先进单位2个、市首批城乡基层援法议事典型示范单位1个。推进禁毒示范创建,获区禁毒工作优胜单位,大冈镇禁毒办创成市禁毒示范点。

基层党建呈现新气象。学习贯彻中共二十大精神,央视“二十大时光”栏目专题报道大冈镇党员干群收看中共二十大开幕式的感悟。落实基层党建“五聚焦五提升”要求,以党建引领经济发展、乡村振兴、社会治理,各级党组织政治功能和组织功能增强。

【入选新型农村社区治理服务省级示范点】 3月31日,大冈镇佳富新型社区被省民政厅确定为全区唯一新型农村社区治理服务省级示范点建设单位。佳富村先后获国家森林乡村、江苏省文明村、江苏省美丽乡村、江苏省水美乡村、江苏省民主法治示范村、江苏省特色田园乡村和江苏省社会主义新农村建设先进集体等称号。

3月,佳富新型社区被确定为全区唯一新型农村社区治理服务省级示范点建设单位　　大冈镇　供

【举办职业健康法律法规和工伤预防知识培训】 5月26日,大冈镇举办2022年度用人单位职业健康法律法规和工伤预防知识培训班,学习贯彻落实《中华人民共和国职业病防治法》。全镇近100家用人单位负责人、职业卫生管理人员参加培训。培训班聘请市人社局社保中心、区卫生监督所、区疾控中心相关专家前来授课。专家运用小视频、图片等方式,结合实际案例,重点宣讲工伤预防、职业健康法律法规、职业病防治业务能力等方面知识。

【成立果树研究所实践基地】 7月6日,中国农业科学院郑州果树研究所研究生专业实践训练基地(江苏·盐都)在大冈镇挂牌成立。中国农业科学院郑州果树研究所副所长曹珂,盐都区副区长孙高明共同为研究生专业实践训练基地揭牌。大冈特色桃果产业园紧扣“四季有果”目标定位,发展桃果经济,做足做优桃果文章,现桃果产业规模已拓展到200公顷,搭建连栋大棚30万平方米,建成桃果项目17个,其中,部级标准园区1家、市级示范家庭农场3个、区级示范家庭农场4个,水果品种达18个。

【调研基层协商议事工作】 10月20日,盐城市政协主席陈红红,市政协副主席

2022年大冈镇各村(居)主要负责人一览表

表12

村(居)名	村(居)书记、主任
抬头村	刘　兵
勤稼村	王海东
光华村	徐正华
丰乐村	陈　寅
联合村	张兵华
傍徐村	徐维保
北杨村	杨月凯
岐山村	柏　青
新利村	王天炬
瓦屋村	王翔宏
吴港村	顾云龙
兴隆村	王小杰
佳富村	韩立芹
同兴村	颜锦臣
戴伙村	戴玉军
光明村	施镥堂
富港居	刘晓玲
野陆居	王金武
胜利居	陈有鸿
卧龙居	陈党明
团结居	卞　勇

李东成，秘书长殷勇在大冈镇佳富村调研指导基层协商议事工作。

【调研乡村振兴开展工作】 11月16日，江苏省人大常委会副主任魏国强，省人大常委会委员、农委主任刘大旺，省农业农村厅厅长、省委农办主任杨时云、市委书记徐缨，市人大常委会主任、党组书记王荣，副市长、盐都区委书记、高新区党工委书记王娟在大冈镇佳富村专题调研全面推进乡村振兴开展工作。

（王金祥）

大纵湖镇

【概况】 2022年，全镇总面积93.03平方千米，耕地面积4911公顷，下辖16个村，4个社区，总人口48134人。实现地区生产总值31亿元，一般公共预算收入6587万元，规模以上工业增加值同比增长12.5%，全社会固定资产投资同比增长8.2%，城乡人均可支配收入同比增长5.5%。

工业经济。全年招引超亿元工业项目7个，开工项目4个，德源笔电精密配件项目开工并竣工、成为规模以上企业，电子信息产业占规模以上工业开票销售额的比重由2021年的14.8%增长到2022年的20%。完成规模以上企业智能化数字化诊断15家，新获批省四星级上云企业2家、三星4家。新增国家高新技术企业10家，荣邦公司被认定为省企业技术中心、省服务型制造示范企业，科奥、荣邦被认定为省"专精特新"企业，瑞源、联群被认定为市创新型中小企业。建成小微企业培育库，帮助企业纾解难题36条，新增规模以上工业企业4家，开票销售额超亿元、5000万元企业各1家，批零住餐规模以上企业7家，服务业规模以上企业1家。与区国投公司合作建设的4.67公顷、5.3万平方米标准厂房竣工交付；盘活低效企业8家、闲置土地1.63公顷、低效厂房2.8万平方米。

镇村面貌。凤栖路南延、义丰路东延工程竣工，副中心核心区框架拉开，镇区园区实现互联互通。朝阳路拆除陈旧违章搭建10多处，整治临街占道经营30多处；学义线集中整治违章搭建60多处，主干道两侧环境焕然一新。争取上级项目资金，新建4千米污水管网，园区污水处理实现全覆盖；争取中央体育彩票公益基金1000万元，实施县级体育公园项目，打造全民健身新阵地。义丰初中与区实验初中教育集团、义丰小学与崇礼路小学教育集团、义丰幼儿园与盐都幼儿园结对共建，提升教育质量。建成"15分钟医保服务圈"，卫生院与市三院建立医共体，让群众在家门口就能得到"安全、有效、公平、可及"的优质医疗服务。实施幼儿园消防、托育改造，敬老院适老化改造工程，加快"一老一小"工作高质量发展。阳光御园二期开工建设。消防站一期投入使用。

4月，园区标准厂房　　大纵湖镇　供

农业农村。实施266.61公顷的高标准农田项目，红星、骏马、三庄、大范建成4个千亩高产片，新成立市级家庭农场2个、区级3个，专业化统防统治全覆盖。"大纵湖小龙虾"创成国家地理标志产品，全国绿色原料（荷藕）标准化生产基地创建取得阶段性成功；兴湖社区建成千亩连片稻田育扣蟹示范基地，成为全省最大的扣蟹养殖专业村。宅基地自愿有偿退出102户，三官新型示范社区新建196户竣工交付，进城入镇47户，原地翻插建32户，改造"四类人群"危房14户。新建5个自然村农村污水处理设施，户厕改造445户。完成养殖池塘标准化改造112户、1200公顷，实施45千米、30条的农村生态河道治理整镇推进工程，拆除散乱污小化铝企业43家，上级交办环保问题办结销号，大范村、三官村创成省生态文明示范村。

民生实事。开展安全生产大排查、大整治行动，累计出动2214人次，共检查各类生产经营单位978家次，排查问题隐患1426条，闭环整改隐患1426条，整改率100%，上级交办56条安全隐患全部整改销号到位。强化依法治安，开展安全生产精准执法检查，立案查处22家生产经营单位，行政处罚22.59万元。社会治理水平提升。建成微网格163个，落实网格联络员、志愿者489人，打通基层社会治理"最后一公里"。全面推行基层民主协商议事制度，拓展新时代文明实践站所建设，创新社会治理模式，建成省级民主法治示范村1个。新增就业460人，失业人员再就业160人，就业困难人员再就业30人，转移农村劳动力480人，返乡创业121人。提升社会保障水平，社会保险扩面新增350人，住房公积金扩面新增330人，低保新增8户22人、核销18户38人，发放各类救助资金100多万元。

党的建设。"纵湖领读人"获评区"十大优秀阅读品牌活动"，石庄社区、晨阳村农家书屋创成区"三星级示范农家书屋"，王尊福获评"十佳阅读推广人”，郝春皆、韩江华、韩中良入选“盐都好人”。活化宣传方式，与区融媒体中心联合制作的微视频《护苗有我　守护未来》首次登上全国扫黄打非微信公众号；以“诚信”为主题的《卖鱼曲》在获评省“五星工程奖”“网络最佳人气作品奖”。建立33人的村居后备干部队伍，全面推行岗位责任制，建立干部政治表现纪实档案，举行“青出于蓝”师徒结对活动，每季度举办村干部培训班，队伍建设加强。对陈欠上缴清收、农村土地流转剩溢清查行动进行回头看，清收陈欠上缴324.68万元；清查剩溢面积89.53公顷，每年为集体增收163万元。推进村级资源发包专项清查行动，新入库鱼塘、林地等集体资源48个、32.33公顷，可增加集体收入50万元。立足抓早抓小，运用监督执纪第一种形态处理43人；依纪依法查办案件，回访开展受处分干部24人次，调查处理信访件25件，立案16件，处理24人次，发挥案件震慑作用。

【举办村(社区)干部培训班】 1月，大纵湖镇举办新的一期村(社区)干部培训班，全镇村(社区)“两委”干部、后备干部等近130人参加。培训班包含经济发展、意识形态教育、安全责任等方面的业务培训。在专题授课中，大纵湖镇相关负责人分别就工业惠企政策、村级经济发展和全面提升新时代宣传工作的科学化规范化制度化水平为参训人员作讲解；市安全生产专家以落实安全责任、推动安全发展为主题授课；纪检办相关负责人为大家讲解《中国共产党纪律处分条例》。

【推动产业升级】 年内，大纵湖镇把创新作为引领发展的第一动力，重抓涂装设备、化纤机械两大特色传统产业转型升级，加快“智改数转”步伐，推进载体焕新，力争实现特色产业与新兴产业同频发声。壮大以电子信息为代表的新兴产业规模，推进“重大项目突破年”行动，主推标准厂房模式，加大筑巢引凤力度，主攻上市企业、行业龙头，以项目的大突破促进园区快发展。

4月，大纵湖镇兴湖扣蟹养殖标准化基地　　农业农村局　供

【打造新时代文明实践阵地】 年内，大纵湖镇打造新时代文明实践阵地，整合综合文化服务中心、党群服务中心、老村部、老学校等各类资源，优化配置，合理布局，把志愿服务、理论宣讲、文化活动、未成年人关爱保护等特色项目相融合。依托农家书屋、百姓名嘴工作室、职工书角等阅读空间，挖掘“纵湖领读人”。聚焦新时代文明实践云平台和“盐都人”App两大平台，根据群众“微点单”，定期发布新时代文明实践所(站)实践活动计划，针对不同群体和具体需求，设计形式新颖、易于开展，能吸引各方力量积极参与的服务项目。

【开展志愿服务】 2022年，累计发布文明实践活动计划66期，志愿活动653场次，惠及群众1万余人。在党员活动日，除理论学习外，“文明祭扫　助力防疫”“浓浓端午情”“幸福‘义’家人　七夕话文明”等“我们的节日”文明实践活动也别有“味道”，送戏下乡、送电影下乡等活动更是受到群众的一致好评。

【大纵湖小龙虾认定为国家地理标志产品】 1月28日，大纵湖镇收到国家知识产权局核准注册的“大纵湖小龙虾”地理标志证明商标证书。小龙虾是大纵湖重要的淡水经济虾，具有成熟期短、适应性极广的特点，小龙虾虾肉富含镁、锌、碘、硒等微量元素，肉质松软易消化，受大众欢迎。为弥补自然水域产量不足的问题，大纵湖镇利用大纵湖湖水清透、微量元素丰富的特点，发展藕田套养小龙虾，养殖面积已接近万亩，年产小龙虾1500吨，产值1.2亿元。

【兴湖社区建设千亩连片稻田育扣蟹示范基地】 年内，基地位于大纵湖镇兴湖社区，扣蟹养殖面积170.67公顷，从业农户达350户。从2021年开始，大纵湖镇对基地实施造，主要包括池塘改造、生态净化区设置、防逃网统一更新、道路桥梁改造、绿化提升、看护房规范等，2021年已完成26.67公顷，2022年完成蟒蛇河西侧全部53.33公顷改造任务。基地标准化改造后，体现三个效益。经济效益，每公顷产从10千克普遍增产30%～50%，最高可达16.67克；生态效益，建成三级净化区，实现连片基地尾水达标排放；尾水富氧化，可以用来浇灌蟒蛇河沿线绿化，实现有效利用。品牌效益，作为扣蟹培育专业村，标准化基地下培育的扣蟹苗规格整齐，品质可控。

【承办盐城市镇村志评审现场观摩会】 5月31日，盐城市志办在盐都区大纵湖镇召开盐城市镇村志评审现场观摩暨《大纵湖镇志》终审会。盐城市志办副主任王海燕、大纵湖镇党委书记杨正茂、盐都区志办主任王长江，茆贵鸣、于海根、王吉丰、王素云4位评审专家，《大纵湖镇志》编纂人员、各县(市、区)志办镇村志编纂指导员及盐都区部分镇村志主编共40余人参加会议。会上，4位评审专家一致认为，《大纵湖镇志》观点正确、主线明晰，框架合理、结构清楚，层次干净、领属得当，内容全面、记述得体，文风朴实、行文晓畅，是一部基础质量很高的镇志稿；从打造精品良志的要求出发，志书还需打磨和完善，专家从篇目大纲、文字记述、志书规范等方面对《大纵湖镇志》提出具体修改意见。盐城市志办将评审观摩活动作为推动镇村志编纂工作的重要举措，走进乡镇，贴近基层编纂人员，打造镇村志编纂文化工程。

2022年大纵湖镇各村(社区)
主要负责人一览表

表13

村(社区)	书记、主任
兴湖社区	杨秀全
鱼范村	张　雅
向阳村	严书元
振兴村	刘秀明
陈捷村	刘国奇(副书记主持工作)
兴盛村	刘　兵
晨阳村	刘　洋
胥仇村	王学松
三官村	徐正友
花陇村	徐　莹
双官村	乐华明
于任村	杜红中
三庄村	夷叔兵
石庄社区	姜大春(副书记主持工作)
双龙社区	郎　荣
迎阳社区	王其东
骏马村	冯继华
永新村	乐兆成
红星村	杨　军(副书记主持工作)
大范村	聂庭海

【三官村承办全市综合减灾示范现场会】 8月26日，全市综合减灾示范社区创建现场会在大纵湖镇三官村召开，市安委办专职副主任余维云参加活动。各县(市、区)应急管理局负责人及相关创建单位负责人等70余人参加现场观摩活动。活动期间，与会人员观看三官村示范社区巩固提升宣传视频短片、防灾减灾文艺节目，观摩学习三官村示范社区巩固提升台账资料和防灾减灾主题的剪纸和书法作品，参观三官村示范社区应急避难场所。

(宋全中　蔡楚凡)

秦南镇

【概况】 秦南镇，由原秦南镇、北蒋街道合并而成，总面积128平方千米，人口近10万人，下辖32个村(居)，是全国重点镇、国家卫生镇、江苏省重点中心镇、江苏省创新型试点乡镇、江苏省新型示范小城镇、江苏省生态镇、江苏省健康镇、盐城市工业主导镇。

经济运行稳中有进。开展“企业大走访、项目大推进、产业大招商”活动，应对疫情冲击影响和经济下行压力，稳住经济“基本盘”，全年完成地区生产总值41.85亿元，一般公共预算收入8767万元，固定资产投资增长12.5%。规模以上工业开票销售额13.5亿元，规模以上服务业企业营收4.23亿元，社会消费品零售总额2.69亿元。总部经济注册260家，税收3381万元。项目招引步伐加快。推进“重大项目攻坚年”行动，参加上海、苏州、深圳等地招商活动6场次，新签约亿元以上项目7个，铭岳智能二期、龙圣海洋工程保障等4个亿元以上项目开工建设，晶汇半导体、华宏伪装材料等3个亿元以上项目竣工投产。实施“载体焕新”行动，全年腾退低效企业5家，盘活闲置工业用地2公顷、低效厂房1.4万平方米，为招大引强腾足空间。服务企业走深走实。班子成员带头开展“暖企行动”，助推企业培大育强，新增国家高企6家、“四上”企业12家，获批省星级上云企业11家，省科技副总7名，省级工程技术研究中心3家，规模以上企业研发投入强度达4.7%，江苏大明生物工程装备有限公司获国家专精特新“小巨人”称号，江苏蛟龙打捞航务工程有限公司、盐城市兴达建筑工程有限公司创成市三星企业。

镇村面貌改善。完成梭圩路提升、集镇停车场建设、泽夫路亮化工程，拆除集镇破旧房屋14户，更换破旧破损公益广告210处800余平方米，更新集镇沿街店牌店招128个1000平方米，依法拆除违法建筑31处，集镇主干道污水管网提升和破损道路出新工程如期实施。乡村振兴推进。严守粮食安全底线，新建高标准农田1000公顷，粮食生产面积和总产量实现“双增长”。新美满家庭农场获省级示范家庭农场，康农牧家庭农场获批第一批省级生猪产能调控基地、农业生产全程机械化智能化示范基地。新建农村生活污水处理设施10个，改造农村户厕237户，宅基地退让86户。泾口村高分通过全国文明城市国检，为全市深化全国文明城市创建暨乡风文明建设现场会提供观摩现场。生态底色靓丽。迎接中央环保督察“体检”，交办国盛纺织环保问题全部整改到位，32家小铸铝企业全部关停，完成一、二级水源保护区内生活污水纳管工程，整治养殖塘口264户1400公顷，疏浚镇级河道168千米，新建生态河道12千米，千秋村创成省级生态文明示范村。

增进民生福祉。服务智创园用工196人，组织创业培训4期，覆盖468人次，城乡居民人均可支配收入分别达49305元、30440元，增长4.6%和6.7%。完成基本医疗保险征缴46899人，构建“15分钟医保服务圈”，通过省级验收。健全临时救助制度，全年救助大病患者140多人次，累计发放临时救助金103万元、困境儿童生活补贴70万元、困难残

3月，秦南镇工业集中区全景　　　　秦南镇　供

疾人两项补助1151万元，兜住民生底线。社会事业进步。北蒋实验学校中考实绩位列全区农村初中第一，泽夫中学中考成绩实现新突破。全年送戏下乡37场次，丰富群众精神文化生活。关注“一老一小”，新敬老院运营良好，完成20户适老化改造和60户经济困难独居老年人一键呼叫装置安装，开展未成年人保护关爱服务工作。秦南镇创成省级“红石榴家园”，泾口村获省级健康村、省级老年友好型社区。社会治理高效。畅通群众诉求表达渠道，开展“信访突出问题攻坚化解年”行动，全面落实信访工作责任制，加强信访积案化解和源头防范，推动信访总量下降，完成中共二十大维稳安保重大政治任务。开展“八五”普法，全面构建“精网微格”体系，深化平安秦南、法治秦南建设，砖桥社区创成省级民主法治示范社区。

稳定社会大局。投入400多万元的区域发热门诊和核酸检测中心高效运行，建设“健康小屋”2个，60岁以上人群疫苗接种率位居全区前列。安全生产平稳有序。完成“三年大灶”专项整治任务，推进燃气、消防安全等重点领域隐患排查整治，镇消防站高效运行，非居民用户燃气预警系统实现全覆盖。加强道路交通安全管理，完成农村公路临河段生命防护工程11千米，改造农村破损桥梁13座。风险防范坚定有力。树立“过紧日子”思想，规范政府投资项目审核机制，全力推进政府债权清收。排查处置房地产领域风险隐患，推动处理群众办证等不动产历史遗留问题。宣传普及金融反诈知识，防范化解金融领域风险，守好群众的“钱袋子”。

【开展主题阅读活动】 2月11日，秦南镇妇联、镇文化站联合开展“阅读悦精彩——书香童年”主题阅读活动，邀请18名儿童代表及12名家长代表参加。秦南镇机关志愿者分别推荐《吹小号的天鹅》《藏在地图里的中国历史》和《小亮老师的博物课》3本书籍，从介绍书本内容、阅读方法、家庭教育三个角度向参加活动的家长与孩子们分享她们的感想。本次活动重点讲解“苏北鲁迅”宋泽夫先生，初心不悔为革命的孙兰、还寄萍先贤志士，唐雨生、李初久、还宝奎等烈士事迹与“文明秦南”榜样人物的事例。活动最后，秦南镇妇联向参加活动的儿童赠送《汤姆索亚历险记》等课外书籍。

【开展爱心暑托班】 7月18日起，秦南镇推出“心灵护航　童享阳光”爱心暑托班，已有30名学龄儿童参加，每个班配备3名志愿者，确保暑托班的规范运行。在课程设置上，覆盖绘画教学、作业辅导、暑期安全教育、党史学习、动手能力实践、志愿服务体验等，同时在炎热天气送上清凉物资。

【推动基层减负】 年内，秦南镇坚持查摆各项工作中存在的形式主义、官僚主义问题。落实“三减”要求，推行“多会合一”，利用视频会议、线上布置等形式，减少基层干部集中开会次数。同时，加强发文审核把关，提倡“短实新”文风。对照《关于规范行政村社区履职事项切实减轻村级组织负担的实施办法》，明确村(居)的具体职责，对疫情防控、招商选资、安全生产等工作进行规范督查，减少检查频次。科学制定村级组织考核方法，建立村级组织重点推进事项动态调整机制。同时，采取“日常考核+年终考核”方式，以实绩算好增收账、激励账。

【省级新时代文明实践中心建设工作评估组调研】 7月20日上午，省级新时代文明实践中心建设工作评估组在秦南镇泾口村开展实地调研。盐都区委常委、宣传部部长罗时荣陪同。评估组在泾口村新时代文明实践站，听取工作人员的讲解，了解新时代文明实践站组织架构、日常管理、人员配备、群众参与、志愿活动等文明实践工作开展情况。评估组指出，新时代文明实践建设要把握功能定位，突出主题，让新时代文明实践站成为传递党的声音、树立文明新风的基层主阵地。

【开展党史学习教育】 年内，秦南镇结合党史学习教育常态化，成立全民阅读红色经典诵读班，开展“礼赞新时代追梦复兴路”系列新时代文明实践活动。组建理论宣讲阵地——泽夫讲堂，设置学习强国书屋、习语近人读书角，实施“1234N”工作法，开展“红色阅读照初心”“让非遗元素融入全民阅读”等理论宣讲活动60余场。在“文明实践云管理平台”发布全年志愿活动计划，开辟“文化活动”“科普宣传”“健身活动”“理论宣讲”“村民教育”五大专栏。

【阵地联建】 年内，整合党群服务中心、文化站、农家书屋、新时代文明实践站等阵地资源，建设32个文明实践站、32个志愿服务站，构建“15分钟志愿服务圈”，实现“群众在哪里，文明实践就延伸到哪里”。依托“盐都人”App组建网上志愿服务平台，集成理论宣讲、活动发布、点单接单等功能模块，实现文明实践数智赋能。

【打造志愿服务工作体系】 年内，建立“同谋划、同部署、同推进、同考核”的“四同”工作模式，统筹机关、企事业单位为民服务资源，打造“1+3+8”新时代文明实践志愿服务工作体系。“1”即1个新时代文明实践志愿服务线上平台，“3”即新时代文明实践志愿服务总队、中队、小队三级志愿服务组织；“8”即理论宣讲、文化文艺、医疗健康等8类常设志愿服务队伍。各类志愿服务组织264支，服务总时长1.2万小时。

【成立盐都首家村级公共法律服务工作室】 8月8日，盐都区秦南镇泾口村党群服务中心举行“都来问”泾口公共法律服务工作室揭牌仪式，全区首家成立的村级公共法律服务工作室。区委组织部、区司法局及泾口村相关负责人参加揭牌仪式。

【入选国家级第四批专精特新“小巨人”】 8月9日，省工信厅公示第四批国家级专精特新“小巨人”企业名单，江苏大明生物工程装备有限公司入选。江苏大明生物工程装备有限公司，成立于2000年5月，注册资本为5000万元，是国内大型微生物发酵装备的主要供应商，为上海凯赛生物集团、山东鲁抗医药集团等国内生物医药制造大企业、大项目和产业链提供优质生产装备。公司技术实力雄厚，建有省级工程技术研究中心和省级企业技术中心，拥有专利40多件，其中，发明专利5件。作为盐都区秦南镇一家从事微生物食品及制药行业发酵设备开发与制造的公司，其利用十年时间，发展成为国内大型微生物发酵装备行业的“领头羊”。2022年，获评第四批国家级专精特新“小巨人”企业。 （吕志森）

8月，大明重工工人在生产作业　　区融媒体中心　供

2022年秦南镇各村（居）主要负责人一览表

表14

村（居）	村（居）书记、主任
亭湖村	乐成银
凤翔村	黄玉全
南环村	周扣兰
贺家驿村	杨登奎
孙伙村	顾新云
关陈村	杨九华
三河村	陈友春
灯塔村	严慧芹
秦北村	石春景
美满村	宋桂芬
东方红村	严大勇
秦兴村	朱万成
富康村	邱达文
宝奎村	还玉俊
千秋村	武恒山
泾口村	周向东
南蒋村	凌红芹
雨生村	李文刚
楚九村	智为荣
江窑村	杨干香
盛花村	邵昌盛
红沥村	周绍文
合兴村	朱慧芳
陇尖村	葛海荣
福泉村	邹一英
童成村	吉安邦
卢　村	王秀芹
虹桥居委会	朱广来
虹园居委会	杨明忠
砖桥居委会	周建林
远景居委会	王　园
厉民居委会	周学列

郭猛镇

3月，民乐生态安全缓冲区（郭猛镇—葛瑞海）一角　　郭猛镇　供

【概况】 2022年，郭猛镇总面积43平方千米（其中，集镇面积6平方千米，园区面积8平方千米），人口近4万人（户籍人口3.3万人，集镇2.3万人），下辖10个村（社区），基层党组织84个，党员1786人，系国家级生态镇、卫生镇，江苏省文明镇，市首批城乡统筹试点示范镇。2022年全年实现地区生产总值30.97亿元，完成一般公共预算收入1.21亿元，实现全口径开票销售额25亿元，规模以上企业开票销售额20亿元；规模以上工业增加值同比增长7.8%；服务业增加值15.68亿元，同比增长1.1%；城镇居民可支配收入51636元，同比增长5.0%；农村居民可支配收入31651元，同比增长6.6%。固定资产投资增长18%；社会消费品零售总额17.41亿元，进出口总额1060万美元。

发展质态提档升级。开展"重大项目攻坚年"活动，全年完成签约项目7个、开工项目7个、竣工项目3个、总部经济新注册企业25家；培大育强，新增"四上"企业11家，培育星级企业7家（其中，市五星级企业1家、市三星级1家、市星级1家、区星级4家）；向科技要效益，培育省级专精特新"小巨人"企业1家，省示范智能车间1家，复审和新认定（招引）国家高企16家，规模以上工业企业研发投入强度5.07%，省星级上云企业6家，省级企业技术中心2家，智改数转完成率超90%，腾退D档企业7家，盘活低效厂房4.2万平方米，恒康机电获得区长质量奖，新建省级工程技术研究中心1家，获批省级"郭猛江海综合服务标准化试点"。实施人才强镇战略，申报国家重大人才项目2个，省级双创人才项目6个，签订产学研合同12家。

现代农业高产高效。推进基础设施建设，郭猛镇高标准农田建设项目获批省首批高标准农田示范项目，建成国家级农业龙头企业1家；推动农旅融合，放大阳光玫瑰品牌效应，组建葡萄产业联盟，承办2022年"苏韵乡情"乡村休闲旅游农业（盐城）专场推介暨"葡写美景，萄醉郭猛"盐都葡萄节，扩大郭猛葡萄进入上海、苏州、浙江等地市场份额，叫响郭猛葡萄品牌；举办第七届杨侍美食节、常州地标美食名宴进盐城交流展等系列活动，邀请全省名菜名点烹饪名厨汇聚杨侍，提升美食杨侍品牌影响力；杨侍生态园建成游客服务中心，设置文创和土特产产品专柜，更新杨侍旅游标牌，建成盐都区中小学生社会实践基地，可同时入驻1300人，首批接待中小学生790人，获批省乡村休闲旅游农业特色模式，创成AAA景区。

镇村环境绽放新颜。推进品质集镇建设，每月开展"美丽郭猛　全民共创"系列专项行动，共评选最美商户104户（次），最美庭院126户（次），四星级小区12次，完成11条生态河道建设，铺设河道绿化5.13公顷，改造三格式厕所225户，实施4个村庄污水管网建设，创成市级生态文明村2个，打造水清岸绿的秀美田园；8个社区安装健身器材和铺设健身路径，完成杨侍五期及配套设施，杨侍新社区集聚农户576户，以群众的获得感提升幸福感。

群众生活幸福安康。坚持生命至上，精准防控疫情，建成镇发热门诊，全人群疫苗接种率达到省市区规定指标，设置鑫晨、杨侍2个集中隔离点，配齐32名专职网格员，建设平安灯箱35个，实现"一网格一灯箱"2个全镇全覆盖；以创建提升为民服务水平，获评省"智慧广电乡镇"，省健康镇，镇卫生院被评为全国优质服务基层行表现突出单位、省社区医院，复审获评江苏省文明镇，杨侍村复审获评省文明村，孙益海获评全国特级优秀人民警察，护陇社区创成省级民主法治示范村，镇退服站被国家退役军人服务中心评为"延伸建强红色退役军人服务站""梦飞扬爱心托管班"获评省级"爱心托管班"，郭猛初中创成全国青少年校园足球特色校。完成三年大灶专项整治任务，建成郭猛消防站，全镇安全生产、信访工作形势平稳，社会大局和谐稳定。

党建引领有力。学习贯彻中共二十大精神，开展形式多样的宣讲活动，推动中共二十大精神在郭猛落地见效；加强干部培训，以新时代文明实践所（站）、机关晨会、"周六大讲堂"为载体，邀请理论专家、业务能手开展招商引资、项目推进、安全生产、"5·10"警示教育等系列培训，组织赴高新区、尚庄塘桥等观摩学习，提升履职本领；强化党建工作与业务工作融合，聚焦产业培育、乡村旅游发展、人居环境整治、民生普惠项目等工作，发挥党组织的战斗堡垒作用；配强基层干部队伍，选派10名年轻人，到党政部门、项目建设、安全生产、信访维稳等条线轮岗历练，促进干部有序新陈代谢。

【开展新冠肺炎疫情防控应急处置演练活动】 1月，郭猛镇组织防控办、卫生院、派出所、经贸中心、涉及村（社区）工作人员，在工业园区、集镇区重点场所开展新冠肺炎疫情防控应急处置演练活动，提高新冠肺炎疫情处置能力和水平，保障广大人民群众身体健康和生命安全。

【做好涉毒人员管理】 3月，郭猛镇组织禁毒社工对涉毒人员逐一进行走访排查，了解其生产生活情况和思想动态。对社区戒毒(康复)人员，督促其按时到社区戒毒康复办公室报到，依法依规接受日常管理。禁毒社工在入户走访过程中，向涉毒人员等重点群体发放《如何防范新型毒品对青少年的危害》等宣传资料。坚持按月走访、不定期随访，及时与涉毒人员本人及其家人、邻居等进行沟通交流，逐一进行风险评估，按风险级别分级分类落实管控措施。

【省级“郭猛江海综合服务标准化试点”】 5月23日，省市场监管局和省发改委共同发文，由盐都区郭猛镇人民政府承担的省级“郭猛江海综合服务标准化试点”项目正式通过立项。这是2022年全省战略新兴产业和服务业标准化项目84项中的一项，也是盐城市2022年获得省级立项试点3个项目中的一项。江苏亨通蓝德海洋工程有限公司、江苏稳强海洋工程有限公司、江苏亚龙航务打捞有限公司等58家会员企业纳入“郭猛江海综合服务标准化试点”项目。

【孙益海获评全国特级优秀人民警察】 5月25日，全国公安系统英雄模范立功集体表彰大会在北京人民大会堂召开，表彰近5年来在各项公安工作中做出突出贡献的先进集体和个人，“中国好人”孙益海，获“全国特级优秀人民警察”。

【入选全省首批高标准农田示范项目】 年内，盐都区郭猛镇高标准农田建设项目入选全省首批高标准农田示范项目。盐都区郭猛镇高标准农田建设项目规模0.048万公顷，成立神农大丰农业产业化联合体，以国家地理标志“郭猛大米”为品牌，发展订单农业，形成从育种、订单种植、稻米加工、品牌销售，形成稻米全产业链，亩增产75千克左右，可带动村集体和群众增收10%以上。

【获批省试点为全国江海服务领域首家】 6月，省市场监管局、省发展改革委印发《关于下达2022年江苏省战略性新兴产业和服务业标准化试点项目的通知》，盐都区“郭猛江海综合服务标准化试点”获批，为全国江海服务领域首家。近年来，郭猛镇江海综合服务发展迅速，尤其重视以海上风电风机安装及配套工程和水上大件吊装长江、内河、沿海航道疏浚、吹填、船舶、物资打捞等业务为代表的生产型服务性行业，相关业务占据长江区域的70%，为全省之首。

【开展“美丽郭猛 全民共创”系列专项行动】 6月20日上午，“美丽郭猛 全民共创”专项行动正式启动。该专项行动是郭猛镇党委政府推进创文工作和农村人居环境整治工作的重要安排。根据郭猛镇党委政府研究安排，“美丽郭猛全民共创”专项行动将自6月起，每月20日定期开展，推动形成全镇创文工作常态化、长效化机制。

【开展民兵点验活动】 7月，郭猛镇人武部组织开展2022年度民兵点验活动。点验活动在《中国人民解放军军歌》声中开幕，活动通过宣读民兵干部骨干任职命令、宣布出入队人员名单、组织点名、民兵宣誓、出入队民兵代表发言、宣读表彰通报、总结部署工作、明确参训对象等，按照民兵集合点验八项程序逐一组织实施。

【“苏韵乡情”专场推介暨“葡写美景，萄醉郭猛”盐都葡萄节】 8月28日上午，2022“苏韵乡情”乡村休闲旅游农业(盐城)专场推介暨“葡写美景 萄醉郭猛”盐都葡萄节启动仪式在杨侍生态园举行。现场推介盐都区乡村休闲旅游农业，并为葡萄科技合作示范基地揭牌。公布盐城市葡萄评比活动的结果并颁奖。

【第七届盐城杨侍生态美食节】 9月17日，“第七届盐城杨侍生态美食节暨“杨侍”杯盐城地方菜烹饪技能大赛”活动开幕。162名合格选手正式参加中餐热菜和创意冷拼2个项目的决赛。

【开展基层财务检查】 10月，郭猛镇邀请南京广润会计师事务所对全镇10个村(社区)、14个镇直镇办单位进行财务审计。围绕财务收支、专项资金使用、债权债务、集体农场经营等方面，重点对2021年的各基层财务执行情况进行全面“体检”。本次财务审计共出具审计报告24份，提出整改建议156条。

【江苏名菜名点烹饪技能(盐城)邀请赛】 10月11—12日，邀请江苏省内各市协会和部分餐饮企业、老字号和非物质文化遗产产品企业在杨侍参加观摩交

6月，“美丽郭猛全民共创”专项行动启动仪式 郭猛镇 供

2022年郭猛镇各村（社区）
主要负责人一览表

表15

村（社区）	村（社区）书记、主任
刘垛社区	姜　政
护陇社区	侍红卫
新星村	陈勇林（副书记，主持全面工作）
西湖村	仇堂丽（副书记，主持全面工作）
护西村	蒋美祥
杨侍村	成正铭
孙英村	侍永红
明朗村	王　勇
民乐村	仇　云
新跃村	花　健

流活动。各地知名餐饮企业通过一些特色鲜明的菜品、地方名菜、名点、老字号和非遗产品等，进行展示交流。

【常州地标美食名宴进盐城交流展】 10月12日上午，常州地标美食名宴进盐城交流展暨第七届“杨侍”杯盐城地方菜烹饪技能大赛，在中国美丽乡村——盐都区郭猛镇杨侍村举行，活动邀请常州中吴宾馆烹饪大师在杨侍生态美食园内制作“中吴国宾宴”，同时邀请常州当地知名餐饮企业制作特色常州名宴在盐城参加行业展示交流。常州中吴宾馆与盐城迎宾馆签约结为友好单位，常州市烹饪餐饮行业协会和盐城市烹饪行业协会签约结为友好协会。　（徐还兄）

楼王镇

【概况】 2022年，全镇总面积150.7平方千米，下辖22个村，6个社区，人口64196人。2022年，地区生产总值28.4亿元，城镇居民人均可支配收入42835元，农村居民人均可支配收入27000元。

经济发展。开展“企业大走访”活动，帮助企业解决实际困难，全口径工业开票销售和定报工业开票销售额实现正增长，创历史新高，增幅列全区前茅。实现销售额超2亿元企业1家，超1亿元企业2家，超5000万元3家，税收超100万元13家，创成市三星级、市星级、区星级企业各1家，新增工业定报企业3家。开展“重大项目突破年”活动，招引亿元以上项目2个，重点跟踪项目3个，科创楼宇经济开工3个。狠抓低效企业退让，进行载体焕新，完成D档企业腾退5家、低效厂房盘活3家，其中，腾退汇宝厂房引进的润尔达智能涂装项目，作为区三季度“家家到”观摩项目。坚持创新赋能。加快“智改数转”步伐，全镇规模企业共购置喷涂机器人、自动焊接机器人、激光切割机械、数控机床、龙门加工中心等设备50多台套，创成省级四星上云企业1家，三星上云企业8家，新认定国家高企3家，新增省级工程技术研究中心2家、省级研发型企业1家、省科技副总4名，企业与高校院所签订产学研合作项目7项。

乡村振兴。打造品牌农业。连续三年被农业农村部认定为乡村特色产业超10亿元镇，666.67公顷荷藕种植基地通过国家级绿色种植示范基地验收；鼎绿专业合作社跻身全国500强，获评省蔬菜生产全程机械化典型园区；隆顺现代农业创成省蔬菜标准园；建成市级农产品监测服务站，农机安全生产管理工作受到市、区农业农村局嘉奖。全年认证通过绿色食品17个、有机食品2个，省级绿优基地2个。稳定粮食生产。贯彻落实“藏粮于地、藏粮于技”的战略方针，再建高标准农田1200公顷，实现全覆盖，代表全区作为全市高标准农田建设、农业农村重大项目现场推进会观摩点。推进耕地保护行动，坚决遏制耕地“非农化”、防止“非粮化”，退林还耕40公顷，粮食面积达4400公顷、产量3.3万吨。加快渔业转型。承担全市首批国家渔业绿色循环发展试点项目，完成省级渔业产业园333.33公顷养殖水面征收，连片集中进行条块化、生态化、信息化改造，使其成为新品种示范、新模式推广、新技术运用的未来无人渔场模板。针对养殖塘口老化、病害多发等实际问题，实施池塘生态化改造122个733.33公顷。

民生保障。全年农房改善113户，宅基地有偿退出68户1.73公顷。花季园474户及其配套工程全部建成。自建房C、D级危房26栋、城镇既有房屋危房4幢全部整治销号。保护传统村落，丁马港村列入第六批中国传统村落，潭溪村3个自然村庄列入第六批省传统村落，丁马港3个传统建筑组群列入省第二批传统建筑组群。扶持创业212人，带动就业610人，发放富民创业贷款300多万元，在全区试点社保费通过银行代扣代缴，医保经办服务网点全覆盖，被省医保局列为“15分钟医保服务圈”省级示范点。全民健身发展，文昌公园获评省最美乡村健身公园。推进敬老院公建民营，完成楼王敬老院农村区域性养老服务中心建设和北龙港敬老院提档升级工程。营造优美环境。完成品正环保督察问题整改，中央环保督察组督察江苏期间没有发生一起环保信访事件。开展大气污染防治行动，$PM_{2.5}$浓度、优良天数比例、臭氧浓度在全市排名提升。提档升级成片林1公顷，圩堤造林30千米，实施庆丰、花季园等9个行政村农村生活污水设施工程，疏浚整治农村河道24条、37.2千米。推广垃圾分类，拆除老式垃圾池187座，生活垃圾全部采用封闭式侧装车清运，高分通过省级农村垃圾分类试点镇验收。

社会大局。全面贯彻“新十条”的各项优化措施，开展疫情防控政策解读和宣传工作，引导群众正确认识疫情形势和防控措施，提升防护意识。保持战略定力，强化责任担当，规范设置发热门诊（诊室），强化人员配备，增加物资储备，推进疫苗接种尤其老年人群疫苗接种，做好医院、敬老院、中小学、托幼机构等重点场所管控。守住安全生产红线。学习贯彻习近平总书记关于安全生产的重要论述和指示批示精神，围绕“两个不放松”总要求，推进安全生产专项整治“三年大灶”，坚持月月有排查、节节有检查，做到防患于未然，共排查整改隐患726条，完成市、区交办22件156条问题和隐患整改。守牢社会治理底线。加强基层基础建设，专职网格员实现全覆盖，打造花季园村级政法一体化基础示范点，获评全国民主法治示范村，被认定为全市首批城乡基层援法议事典型范例。强化矛盾纠纷排查化解。深化涉羟整治，无去向不明人员，无新增涉羟犯罪，吸毒前科人员全部管控到位。

党的建设。全面加强思想政治建设。开展中共二十大精神“六进七讲”活动32场，带动党员干部和群众主动参与学习。利用微信公众号推出“理论之光.马上学习”栏目，开设“大喇叭故事会”广播栏目，每周2期，拓展广播领学、田间地头“听书”新模式。获省基层党员冬训工作示范镇。推进志愿服务，赋能精神文明，“剪出多彩生活”志愿服务队获评市级优秀志愿服务项目。加强党的组织建设。推进“基层党建示范带”建设，新改建1家党群服务中心。严把发展党员质量关，全年新发展党员36名。新组建企业党组织3家，规模以上非公企业党组织组建率达到100%。打造“非公企业党建‘红色引擎、强基提效’品牌案例体系”，为区组织工作“家家到”现场会提供现场。创树党建典型，打造范得珍省党代表工作室、省劳模创新工作室，培树党建示范点3家、“网红”直播村1家、培育党员直播“网红”1人、孵化党建助力乡村振兴直播账号1个。全面加强党风廉政建设。围绕疫情防控、安全生产、土地违法整改等重点工作开展专项督查，解决镇村干部作风突出问题。运用“第一种形态”处理党员干部70人（次），让红红脸、出出汗成为常态。保持“零容忍”的态度，做到有案必查、有腐必反，全年立案查处违法违纪案件19起，处分党员干部30人。

【拍摄非遗项目】 1月12日上午，盐城《百姓春晚》摄制组走进楼王镇，以剪虎贺年为主题，在该镇文化中心拍摄市级非遗项目——北龙港民间剪纸。楼王镇文化中心非遗项目展示厅内，81岁的市剪纸项目非遗传承人、北龙港小学退休教师王柏林身穿大红色唐装，构思和创作“龙腾虎跃”“好运来”“吉祥如意”“福虎”“虎娃”等剪纸作品。楼王小学的学生们听完王柏林讲授的剪“老虎”的方法与步骤后，拿起剪刀，为喜迎虎年制作一份剪纸作品。

【举办元宵节志愿服务活动】 2月15日，楼王镇宣传办、文化站、妇联、团委联合在楼王中心幼儿园举办“暖冬送关爱　浓情闹元宵”志愿服务活动。活动中，志愿者与幼儿园小朋友互动，教孩子们制作灯笼、搓汤圆，并为幼儿讲述元宵节的来历及其习俗，帮助孩子们加深对传统节日的理解和认同。

【开展农机活动】 3月11日上午，楼王镇开展全市“农机3·15”暨“送农机服务促春耕备耕”活动。为维护广大农机消费者合法权益，提高农机产品质量和农机消费者维权意识，向群众宣传农机使用安全、农机购置补贴流程、农机具维修保养等知识，帮助农机消费者提高识假辨假能力，提升维权意识，维护自身的合法权益。

1月，剪纸非遗　　楼王镇　供

【签约自动喷涂项目】 3月25日上午，楼王镇与江苏润尔达智能科技举行汽车零部件自动喷涂项目签约仪式。此次签约的汽车零部件自动喷涂项目，由江苏润尔达智能科技有限公司投资1亿元，设备投资5200万元，购置24台机器人等一批智能设备，新上4条全自动喷涂线。项目投产达效后，可年产汽车零部件喷涂产品60万件，年销售1亿元、税收400万元。

【召开企业家座谈会】 4月23日上午，楼王镇党委、政府以“应对疫情挑战　助力企业发展”为主题，召开企业家座谈会。座谈会上，企业家们听取全镇一季度工业经济运行情况的通报后，介绍各自疫情防控和生产经营情况，反映企业遇到的交通运输难等困难及需要镇党委、政府和有关职能部门帮助解决的问题，并就如何贯彻落实省市区稳定经济增长的相关政策提出意见和建议。

【检查燃气安全工作】 9月，楼王镇村建中心与楼王市场监管分局、派出所联合开展燃气安全专项检查行动，重点检查辖区瓶装液化气使用场所。工作人员重点察看燃气用户是否使用超期钢瓶、未经检测或检测不合格的钢瓶，是否从正规渠道进气，以及液化石油气器具的使用、软管的安装和安全用气等情况。与此同时，工作人员还向用户介绍燃气使用不当的危害性、液化气的正确使用方法和注意事项等知识，让居民、商户了解和掌握液化气设施的操作规程。针对检查发现的问题，楼王镇将加大安全宣教和检查力度，督查推进更换金属软管和灶具换新等工作。

【入选传统建筑组群目录名单】 10月末，江苏省住建和城乡建设厅发布江苏省传统建筑组群目录(第二批)名单,盐城市3处入选,均在楼王镇丁马港村。

【开展庆祝中共二十大活动】 11月9日上午,楼王镇新时代文明实践所的非遗莲湘志愿队“百花莲湘”在花季园村开展“喜庆中共二十大 非遗莲湘乐水乡”活动,120名农村妇女走上文化广场,走进田野。脚踩欢快的节奏,舞动双枝莲湘,展现出楼王人的时代风采和新时代水乡农民的精气神,身着红衣高举党徽,排列组合成党旗的图案,与金色的田野相互交融,寓意在党的领导下国家愈加繁荣富强,以非遗传承舞动美好未来,热烈庆祝中共二十大召开。

2022年楼王镇各村(社区)
主要负责人一览表

表16

村(社区)	村(社区)书记、主任
公　兴	张红云
庆　丰	王文彬
利　民	王遵刚
花季园	姚干荣
凌　庞	顾加标
姚　顾	顾　亮
文　昌	王　刚
顺　北	聂长军
郭　杨	王义军
潭　溪	彭　海
新　祥	丁文龙
仁　和	王知清
城　头	陶保久
丁马港	刘　斌
果　林	杨加琪
汉　张	宋红庚
朝　阳	顾立华
莘　野	唐安清
龙　兴	蔡大春
江　庄	江海军
凤　池	周青松
新　楼	王翠红
蟒　河	王　群
北　龙	朱党林
庆　西	张根明
凤　南	凌立兵
潭　田	陶开领
南　龙	郭世明

11月,莲相非遗　　楼王镇　供

【水生态环境保护和治理工作】 年内,从推行河长制以来,楼王镇践行“绿水青山就是金山银山”和“五位一体”发展理念,坚持把水生态环境保护和治理作为改善民生的重要工程,加大投入,对镇域水环境实施系统治理、综合治理、源头治理。发挥镇、村河长和民间河长的职能作用,推进各级河长履职尽责,水生态环境得到改善。　(朱相国)

学富镇

【概况】 2022年,全镇土地面积8348公顷,其中,耕地47405公顷,下辖16个村,4个居委会,人口47405人。全年实现一般公共预算收入6731万元;实现地区生产总值19.19亿元、固定资产投资7.35亿元,规模以上企业研发投入占比达5.2%。

工业经济。新培育“四上”企业7家、星级企业4家,其中,市四星1家、三星1家;通过国家高新技术企业验收7家,完成载体焕新项目7个,新注册楼宇企业191家;打造盐城耀晖省级“专精特新”企业,新培育仓储类、文化娱乐类规模以上服务业3家。汇宏病毒采样管、骏达新能源线束、科安达电加热机械等工业项目竣工投产;江苏盐粮集团粮食仓储物流项目一期竣工投用,二期开工建设;瑞本灭菌中心项目落实,为全镇医疗用品产业发展和项目入驻提供配套服务。

农业农村。先后被评为省文明镇、省健康镇、市乡村振兴先进集体,中徐、联河创成省民主法治示范村,蒋河创成省特色田园乡村和国家级传统村落。丰富草房子研学内涵,打造青蛙学院、水蛭学院、冬枣学院等农旅融合项目,草房子乐园创成五星级全国休闲农业与乡村旅游精品企业,施湾冬枣采摘园获评省级农作物病虫害绿色防控示范区,粮食科技产业园入选全省农业农村重大项目,周伙“网红”直播基地建设有序推进。培植冬枣、水生蔬菜等高效设施农业,拓展田盛源稻蛙、稻蛭特色产业链,全年新发展渔业科技入户示范户25户、家庭农场6家,新创成示范家庭农场省级1家、市级2家、区级3家和市级农业龙头企业4家,家庭农场被推荐上报为全国稳粮保供典型案例,全镇村级集体经营性收入达783.6万元,村均达32万元以上。保供粮食生产,白阳村高标准农田项目基本建成;开展水利设施维护保养和农村河道整治,完成镇内33座排涝站和121座圩口闸维修保养任务,建设富康河生态河道和同港村森林村庄。

生态建设。提升环境质量,开展空气质量检测和排放检查整治,中央环境督察组交办的4个环境问题全部整改销号;常态长效抓好文明城市创建和“五位一体”管护工作,改善人居环境,农村户厕率先改造到位,空气质量、地表水质量等指标提升。蒋河三期、华府新型农村社区建设推进,房屋主体全部竣工,附属工程套搭进行,218户分房工作全部完成;土地整理复垦有序推进,实现退宅407户,新增耕地12.98公顷,违法用地有效遏制,整改完成44宗计10.42公顷;农房改善推进,规划发展村庄、保留村庄农房原地翻改建及发证工作推动,危房排查及整治加快实施。14个村(居)农村生活污水管网及处理设施陆续投入使用,全年维修加铺路面9千米,改造改建桥梁7座,完成临河、临水路段生命防护工程13千米。

民生实事。组建数据专班,建立健全居民信息比对数据库,通过地图标注实现数据可视化,推动形成网格员、村医生、社区民警“三合一”督查体系,完善应急处置预警机制。全年摸排救助帮扶特殊困难群体1460户1761人,开展精准慰问3504户,帮助46名残疾人完成实名制就业,全镇463名优抚对象的各种定补、优待金、抚恤金等全部及时足额发放;划分精网微格,对全镇287名严重精神障碍患者开展排查定级和走访管护,群众幸福指数提升。开展矛盾排查和协调化解,信访形势向好,完成2022年北京冬奥会、冬残奥会、全国“两会”、中共二十大安保维稳工作,社会治理现代化平稳有序;狠抓安全生产不放松,提升安全生产三年专项整治行动,重点围绕危化品、燃气等专项整治排查各类隐患,补全各类短板。

党建工作。塑创3个区级党建品牌,新建1个、提档升级5个党群服务中心,建成1个“暖心驿站”,作为区试点开展党员档案管理工作并在市级媒体展播,《多彩水乡美如画》节目获区“喜迎二十大·礼赞新时代”首届职工文艺大赛一等奖;推广党委理论中心组示范学、基层党组织引领学、社会各界广泛学、丰富载体创新学“四学”联动模式,做好中共二十大精神集中学习、交流研讨;落实党风廉政建设,狠抓权力运行监督制约,正风肃纪,筑牢党员干部思想防线。

【开展专项检查工作】 2月,学富镇部署落实2022年安全生产工作,开展安全生产专项督查。学富镇安委办主动牵头,从农业条线开始,衔接各条线部门具体负责,聘请农业方面的第三方专家参与,对全镇家庭农场、养殖塘口、渔业渔船等农业场所进行底数清查,现场抽查安全隐患。对现场排查出的问题隐患,镇安委办以交办单的形式进行交办、督办,形成问题的闭环销号管理,同时要求相关单位举一反三,坚持问题导向,制作出各行业主要安全隐患点手册,发至每个农口场所,拓展重点区域、重点部位等安全生产专项整治。

【助企纾困工作】 年内,学富镇成立由统战办、经贸中心、人社中心、安监站等部门为成员的工作专班,对企业发展出现的问题专项专办、特事特办、加紧快办。召开“携手同抗疫　助企促发展”主题活动座谈会。会上,该镇分管工业的相关负责人向企业家们解读省政府纾困解难42条,市政府纾困解难56条,区政府纾困解难55条,工作人员发放《盐城市中小微企业政策汇编(2022版)》和区重点金融产品手册。此外,在园区曙光路与奎园路、曙光路与幸福路、幸福路与奎园路、幸福路与开创路4个路口增设振动减速标线311.04平方米,解决企业反应的工业园区内道路减速带妨碍车辆行驶问题。

【草房子乐园创成五星级全国休闲农业与乡村旅游精品企业】 年内,学富镇瞄准乡村振兴,推进农旅融合,实施休闲农业与乡村旅游精品提升工程,2022年第一批创成全国休闲农业与乡村旅游星级企业(园区),园区建成后,带动周边村居的经济发展,居民借助休闲农业旅游,所生产的绿色果品,附加值提升,农民就业率有所提升。农户参加休闲农业的热情和参与度增强。“农+旅”的强强联合,将实现产业、文化、旅游、生态等功能的叠加,让农区变景区、田园变公园、农产品变商品,开启学富绿色发展新赛道。

【改善农民住房条件】 年内,按照“规划先行,典型示范,稳步推进”的工作思路,改善农民住房条件,强化政策宣传,设计多户型推介,推进宅基地有偿退出,倡导农民进城入镇和集中居住,打造蒋河新老融合发展提升,开展联河、华府2村试点建设,探索施湾、周伙老村改造。2022年周伙、蒋河创成省特色田园乡村。

5月,草房子乐园一角　　学富镇　供

【获评省级耕地保护激励单位】 11月，省自然资源厅发布《关于2022年度省级耕地保护激励单位的公告》，对耕地保护工作成效突出的县（市、区）和镇予以表彰激励，盐都区学富镇名列其中，获得200万元激励资金。学富镇推进增减挂钩，实施土地整理，补充耕地面积。2022年，规划实施宅基地有偿退出431户，可新增耕地15.07公顷；对104个地块实施“退林还耕”，实现补充耕地53.18公顷。

【推动冬枣产业发展】 年内，学富镇施湾村冬枣采摘园在原有种植的沾化冬枣、葫芦枣等品种基础上引进冰糖枣、蟠枣等新品种，产品主要销往上海等地，采摘园与草房子乐园洽谈合作，计划通过草房子乐园的辐射带动，实现资源共享、优势互补，打造成儿童研学教育外延基地。采摘园作为学富镇镇政府招商引资项目，投入1000多万元建设钢结构大棚8.53公顷，主要种植冬枣、樱桃，年销售额在500万元左右。

11月，冬枣采摘园　　学富镇　供

2022年学富镇各村（居）主要负责人一览表

表17

村（居）名	村（居）书记、主任
戚　庄	吴进华
联　河	郑春华
车　林	彭高富
同　港	杨树友
白　阳	丁扣兰
学　中	周如兵
时　杨	徐九根
蒋　河	杨　华
园　垛	邢美贵
三　永	张代勇
略　沿	王道海
连　心	戚龙华
华　府	王　军
陈　祁	刘友武
大　同	邵　传
大　成	成　华
施　湾	徐国群
中　徐	徐红军
周　伙	李天庆
河　夹	冯　山

【创成国家级传统村落】 2022年，学富镇围绕区委区政府工作部署，提升农村人居环境水平，在推进美丽宜居乡村建设的同时，注重历史文化传重保护与发展。学富镇蒋河村承办市美丽宜居乡村建设、“两山”活动，创成市级农村人居环境示范村、省级特色田园乡村、中国传统村落。（王月霞）

尚庄镇

【概况】 尚庄镇地处盐都区西南部，与兴化市毗邻，国家4级航道——盐邵河穿境而过。2022年，区域总面积72.57平方千米，其中，耕地面积4461公顷，镇区规划面积7.5平方千米，现辖14个行政村、4个居委会，人口41946人。有“番茄之乡”“人文尚庄”称号，是国家级生态镇、卫生镇，江苏省文明镇、文化先进镇，盐城市阀门产业特色镇。

主要指标增长明显。地区生产总值20.58亿元，同比增长3.2%；规模工业增加值增速11.8%；全口径工业开票销售额17.56亿元，同比增长17.2%；规模以上工业开票销售额8.54亿元，增长13.9%；居民人均可支配收入37704元，同比增长6.2%；城镇居民人均可支配收入43651元，同比增长4.1%；农村居民人均可支配收入27255元，同比增长7.2%；一般公共预算收入3074万元，增长1.9%；进出口总额4320万美元，同比增长8%；固定资产投资增长14.5%；社会消费品零售总额4.43亿元，同比增长2.7%；服务业增加值7.93亿元，同比增长1.7%。

工业经济稳健发展。全年签约项目4个、新认定开工项目3个、新认定竣工项目1个。创桓新能源汽车配件、同兴旺智造科技2个亿元以上工业项目落地，创桓新能源汽车配件当年实现开票销售额超2000万元，创成“规模以上”企业。新增“四上”企业4家，国家级专精特新“小巨人”企业盐电阀门获评市长质量奖，保持市三星级企业，年销售额首超5亿元，赛美特年销售额首超亿元。

农业农村成果斐然。争创农业部

"尚庄番茄"地理保护标志。完成2022年精品果蔬"两重"项目,推进联胜50公顷高标准农田建设;推广全镇机插秧面积400公顷,全年粮食面积5820公顷、产量4850万千克;完成兴盐界河"三清一整",清理"两违三乱"4处,沿线塘口退让还田133.33多公顷。实施"接二连三"工程,完成民胜市级环境整治示范村建设、民胜省级绿美村庄建设、塘桥美丽生态宜居乡村建设和塘桥市级乡村振兴国家示范村等。生猪产能逐步提升,全年生猪存栏1002头、出栏783头。示范打造邵氏生态化养殖标杆,进行"四池三坝"建设、农机数字化建设和信息化控制建设等。

民生福祉增进。打造全区"五大示范引领"塘桥村示范点;民胜、北堡整村推进户厕改造,建成605座;联胜新村80户新型社区公建配套交付,新开工建设"番茄小院"126户集中安置小区;民胜村获评省新型社区示范点、省特色田园乡村。聚焦"一老一小"群体,庆福新村新建720平方米"关爱之家",获评国家级老年友好型社区;塘桥新村建成老年助餐点,解决空巢老人吃饭问题;尚庄敬老院完成改造提升,"留守儿童工作站"实现18个村居全覆盖。"15分钟医保服务圈"保持省级示范点,打造5个村居市级示范点。125省道服务区项目开工建设。完成宅基地有偿退让3.13公顷、105户,庆福新村补办证76户。

党建工作高位引领。通过22场次的中心组学习、月度例会、专题研讨等集中传达上级精神和要求,贯彻落实中共二十大精神,组织基层宣讲、黄海大讲堂等学习活动。组织"青春心向党"宣讲活动,引导35名优秀青年向党组织靠拢,完成推优3人,侧重在"两新"组织中实施"双培养"工程,全年新发展的21名党员中,企业骨干占28.6%,解决非公企业党建基础薄弱问题。打造塘桥村综合治理示范点,以新社区治理、志愿者服务为切入点,优化党员志愿服务队伍"点单式"服务内容和服务形式,构建群众常态化参与的社区治理体系。创新选才育才工作,选拔敢于担当作为的优秀人才到重要岗位上,提升干部队伍战斗力。优化新进村后备干部到业务部门轮训制度,用好、培育好市区两级村居后备干部,配齐配强村居干部队伍。

【羊维达在尚庄调研】 1月22日,盐城市委副书记羊维达到尚庄镇民胜村调研人居环境整治工作。羊维达在尚庄镇民胜村,走街串巷、入户出村、内外观察,通过实地走访结合相关材料,调研民胜村人居环境整治工作,肯定工作成效,并进行点评。

4月,"15分钟医保服务圈"创成省级示范点　　　　尚庄镇　供

【马正华在尚庄调研】 2月7日,盐都区区长马正华到尚庄镇调研邵氏水产生态化改造工作。马正华参观邵氏水产"沉淀池、生物毛刷池、曝气池、净化池和过滤坝"的"四池三坝"多级尾水净化系统,对于邵氏水产的生态化改造给予正面评价,肯定工作成果。

【开展疫情防控常态化检查】 2月16日上午,尚庄镇开展疫情防控常态化检查,强化重点场所管控,督查农贸市场、商超、水果店等重点场所消杀、通风措施和"测温、查码、戴口罩、一米线"等防控要求执行情况。

【"15分钟医保服务圈"创成省级示范点】 4月6日,江苏省医保局确定2022年新建132个"15分钟医保服务圈"省级示范点,尚庄镇"15分钟医保服务圈"名列其中。尚庄镇对为民服务中心进行场所改造,新设医保综合窗口2个,可为群众直接经办16项业务,以及8项受理代办业务。还设立引导咨询区、自助服务区、排队叫号区、母婴室等区域;去柜台化,实现面对面办理、一对一VIP服务;开设老年人绿色服务窗口,专人接待,开展"新生儿参保一件事"业务。全部实行智能审核,实现零星报销业务全流程电子化经办和自动智能审核。

【周斌在尚庄调研】 5月5日,盐城市委副书记、市长周斌到尚庄镇塘桥村调研新老村庄建设工作。周斌在塘桥村,实地走访新老村庄聚居地点,检查相关基础建设和配套设施,询问村民对于新老融合的感受和意见。肯定工作成效,并针对实际情况提出建议。

【徐缨在尚庄调研】 6月2日,盐城市委书记徐缨到尚庄镇塘桥村调研生态文明建设工作。徐缨穿巷道、观水系、看产业,勉励再接再厉扮靓村庄颜值、留住最美乡愁。她指出,要始终坚持以人民为

9月，庆福新村创成国家级老年友好型社区　　尚庄镇　供

中心，以争创全国文明典范城市为抓手，加大美丽乡村建设力度，让生态文明建设成果惠及更多群众。

【全市农村生活污水治理现场】 6月23日，全市农村生活污水治理工作现场会在尚庄镇塘桥村设立现场点，盐城市副市长蒋巍率队，盐都区区长马正华、副区长徐启楼陪同，到尚庄镇塘桥村实地观摩农村黑臭水体治理现场。蒋巍强调，要提高政治站位，认识农村生活污水治理工作的重要性和紧迫性，扛起责任担当，推动农村生活污水治理工作再上新台阶，提升人民群众获得感和满意度。

【民胜村入选省特色田园乡村】 7月8日，江苏省农村住房条件改善和特色田园乡村建设工作联席会议印发《关于命名第九批次江苏省特色田园乡村的通知》，其中盐都区尚庄镇民胜村榜上有名。近三年来民胜村紧紧围绕《江苏省特色田园乡村建设行动计划》要求，扣住“生态优、村庄美、产业特、农民富、集体强、乡风好”六项目标，聚焦“特色产业、特色生态、特色文化”三大特色要素，塑造田园风光、田园建筑、田园生活，建设美丽乡村、宜居乡村、活力乡村。

【庆福新村创成国家级老年友好型社区】 9月8日，国家卫生健康委、全国老龄办拟命名1000个社区为2022年全国示范性老年友好型社区并进行公示。盐都区尚庄镇庆福新村名列其中并通过公示。自庆福新村开展老年友好型社区创建以来，庆福新村从“保障到位增定力、适老化改造增便利、优化服务增能力、创新活动增活力、打造最美增动力”五个方面着手，提升为老服务水平，满足老年人的居住环境、日常出行、健康服务、养老服务、社会参与、精神文化生活等方面的需要。

【王娟在尚庄调研】 10月5日，盐城市副市长、盐都区委书记、盐城高新区党工委书记王娟到尚庄镇北堡抗日民主政府旧址、邵氏水产养殖专业合作社、江苏盐电阀门有限公司开展基层走访调研工作。在北堡抗日民主政府旧址，王娟强调，要以红色文化为抓手，讲好红色故事、传承红色基因，凝聚起推动盐都高质量发展的强大精神力量。在邵氏水产养殖专业合作社，王娟指出，产业振兴是乡村振兴的基础和关键，要发挥农业专业合作社作用，带动老百姓增收致富，助推特色产业做大做强。在盐电阀门有限公司，王娟强调，要积极作为、主动对接、靠前服务，优化营商环境，助力企业走上发展“快车道”，助推企业做大做强。

（徐　鑫　孙健伟）

2022年尚庄镇各村（居）主要负责人一览表

表18

村（居）	村（居）书记、主任
东　塘	刘洪兵
花　村	顾祝奎
上　潘	陈金石
五　瑞	蒋成海
瑞　南	王星春
瑞　北	张红全
联　胜	张柏荣
万　和	彭大贵
古　殿	殷纯传
界　河	王　珊
民　胜	尹相东
南　吉	包步宽
塘　桥	周克美
北　堡	王寿丰
荣　昌	王荣芳
吉　爱	王艾龙
庆　福	龚　槿
姚　伙	董　军

人物·先进集体

新闻人物

王爱国

王爱国，男，汉族，1965年12月出生，江苏盐城（盐都盐龙街道）人，在职研究生，军事学博士，少将军衔。中共十九大、二十大代表。曾任武警部队政治部组织部部长。2012年10月出任武警山东省总队政委。2016年任武警新疆总队政委。2022年6月任山东省委常委，省军区党委书记、政委。

孙益海

孙益海，男，汉族，1969年10月出生，盐都郭猛人，中共党员，高中文化，现任盐城市公安局盐都分局郭猛派出所一级警长，系盐城市第八、九届人大代表。2021年8月，被中央文明办评为“中国好人”。2022年5月，被人力资源社会保障部、公安部表彰为全国特级优秀人民警察；9月，被中共中央宣传部、公安部表彰为最美基层民警。

孙益海曾获“全国公安系统二级英雄模范”“江苏省人民满意的公务员”“江苏最美警察”“盐城市十佳政法干警”“盐城市优秀共产党员”“盐城市道德模范”等称号，记个人一等功1次、个人三等功3次。（有关孙益海详情请见已出版的《盐都年鉴》“人物”栏目中的“新闻人物”分目）

邵洪波

邵洪波，男，汉族，1948年4月出生，盐城亭湖人，1983年1月转业至地方，1998年任区司法局副局长。2011年5月，被中共中央宣传部、司法部评为全国法制宣传教育模范个人、2012年9月被中国法学会评为“全国地方法学会系统先进个人”、2022年6月被中国关工委、中央政法委、国家司法部、共青团中央、中国法学会等五部门联合表彰为“全国青少年普法教育优秀辅导员”。（有关邵洪波详情请见已出版的《盐都年鉴》“人物”栏目中的“新闻人物”分目）

郭　红

郭红，女，汉族，1977年4月出生，盐城建湖人，中共党员，本科学历，盐城市盐都区农业科学研究所书记、所长。2022年5月，被中华全国妇女联合会评为“全国五好家庭”。

扎根农业科研基层20年，一直从事稻麦育种研究及新品种、新技术示范推广工作。作为盐都所第三代育种带头人，为保持科研育种的传承，带领科研团队不断延续和创新，先后选育稻麦新品种13个，其中小麦新品种盐麦1号，打破盐城市自主育成小麦新品种空白；获得国家植物新品种权6个、新品种成果转化7个，国审糯稻新品种盐糯20成果转化创近几年全省新高；主持水稻新品种盐粳15号入选为农业部超级稻品种。在育成新品种的技术推广上，盐粳15号、盐麦1号、盐糯20等品种累计在全省推广面积500万亩以上，带动农民致富增收超亿元；作为省级现代农业示范基地主任，每年展示稻麦新品种近60个和新技术10多项，为全市稻麦新品种的筛选和新技术推广发挥重要作用。先后获得省农业技术推广奖2项，省农业丰收奖1项，为省“333高层次人才培养工程”第三层次培养对象（中青年学术技术带头人），被授予盐城市优秀党员、盐城市文明职工，盐城市十佳青年农技推广标兵、盐都区十佳科技标兵，全国五好家庭，江苏省最美家庭等荣誉。为中国共产党盐城市第七次党代表，区第十四次、第十五次党代表，市第九届人大代表。

马　力

马力，男，汉族，1978年8月出生，中共党员，本科学历，盐城市公安局盐都分局盐龙派出所所长。获三等功2次，嘉奖2次，全国公安机关成绩突出个人、全省公安机关庆祝建党100周年安保维稳工作成绩突出个人、盐城市优秀人民警察，中国共产党盐城市盐都区第十四次代表大会代表。2022年4月，被公安部、全国总工会表彰为“全国公安机关成绩突出个人”。

从警24年来，马力在基层一线盐龙派出所的工作中，围绕“市县主战、派出所主防”的职责要求，锚定“创一流、争第一；创品牌、争荣誉”工作定位，不断发扬新时代“枫桥经验”，在平安建设、规范化执法、社会治安防控体系、警网融合方面取得新成效，维稳水平、打处效能、防控建设、治理创新实现新提升。坚持把综合服务窗口作为“我为群众办实事”重点工程，“就近办、一窗办、全能办”成为常态，办事群众满意率99.7%。率先成立警企党建联盟，打造驻企联调室、驻所联调队，72名专职网格员依托“警网通”实现“警网联动”。坚持把群众口碑当做金标准，打造“都言和”云调解阵地，“云上调”成为现实，99%以上矛盾纠纷就地化解。主动置身新时代高质量发展大局，抢抓深化公安改革和创新社会治理机遇，全面铸造现代公安铁军。2021年7月盐龙派出所被省公安厅命名为“全省公安机关成绩突出党员集体”、2022年5月被公安部评为“全国优秀公安基层单位”、2022年10月被省公安厅命名为“全省公安机关执法示范所队”。

王振省

王振省，男，汉族，1988年12月出生，山东莒南人，硕士研究生学历，盐都区第十五次党代会代表，盐都区互联网农业发展中心副主任，2017—2022年，年度考核连续6年获得优秀嘉奖，获记功奖励，2022年12月，被农业农村部授予全国农牧渔业丰收奖二等奖。

围绕数字赋能主线，加快全区农业农村生产经营、管理服务数字化改造，建设物联网传感器、水肥一体机等智能装备650余套，培植5个标杆性数字农场（牧场、渔场）。深入拓展大数据应用场景，在全市率先设计开发渔船动态监管系统，对全区内陆渔船安装定位仪，采集渔船位置、航行里程等作业数据，提高智能化管理水平；率先全省创新开发水产养殖主体尾水排放申报系统，当养殖主体提交尾水排放申请时，通过系统自动精准定位，渔业渔政人员可精准指导检测拟排放的尾水标准，实现“零直排”。在工作中业务水平精，综合素质高，协调能力好，创牌意识强，为全区数字农业提速发展作出较大贡献，盐都区连续3年获评“全国农业农村信息化发展先进县”。先后荣获全国农业农村信息化发展水平评价工作先进个人、盐都区五一劳动奖章。

丁　智

丁智，男，汉族，1977年6月出生，盐都郭猛人，1999年12月参加工作，2001年11月加入中国共产党，研究生学历，盐都区农业农村局副局长。2022年1月，被省委省政府表彰为江苏省乡村振兴先进个人。（有关丁智详情请见已出版的《盐都年鉴》“人物”栏目中的“新闻人物”分目）

组织机构及负责人名录

中共盐城市盐都区委员会

书　记　王　娟（女）
副书记　马正华
　　　　刘　源（5月免）
　　　　朱　伟（9月任）
　　　　翟大伟（9月任）
常　委　王　娟（女）
　　　　马正华
　　　　刘　源（5月免）
　　　　朱　伟（9月任）
　　　　翟大伟（9月任）
　　　　杨劲松　罗时荣　周达虎
　　　　宋海东　张素东　吴　军
　　　　曹志伟

盐城市盐都区人大常委会

主　任　顾其斌（1月免）
　　　　季晓春（1月任）
党组书记　季晓春
党组副书记　陈育群
副主任　陈育群（1月任）　季　风
　　　　葛永良（1月免）
　　　　郝汉金（1月免）　徐永生
　　　　万光清（1月任）

盐城市盐都区人民政府

区长、党组书记　马正华
党组副书记　朱　伟（9月任）　吴　军
副区长　刘　源（5月免）
　　　　朱　伟（9月挂任）
　　　　吴　军（常务副区长）
　　　　孙高明（1月任）　周　昉（女）
　　　　王柱军　徐启楼　吕　杨（女）
　　　　雷　昊（5月挂任）
　　　　谢　戎（8月免）
　　　　贾中军（11月免）
　　　　张京波（9月挂任）

政协盐城市盐都区委员会

主　席　张建洋（1月免）
　　　　王铁根（1月任）
党组书记　王铁根
副主席　阮宜春　张荣銮（女，1月免）
　　　　许丽萍（女）　张鸿新　沈德成
　　　　李庆銮（1月任）
秘书长　邵仁鸿

中共盐城市盐都区纪律检查委员会

书　记　杨劲松
副书记　陈少华（11月免）　朱正成
常　委　杨劲松　陈少华（11月免）
　　　　朱正成　朱道红（9月免）
　　　　周金辉　明庆国　徐银贵
　　　　刘芷杉（女，9月任）

盐城市盐都区监察委员会

主　任　杨劲松
副主任　陈少华（11月免）　朱正成
委　员　杨劲松　陈少华（11月免）
　　　　朱正成　周金辉　徐银贵
　　　　董兆军　李叶秀（女）

盐城高新技术产业开发区（市委、市政府派出机关，正处级）

党工委书记　王　娟（女）
管委会主任　高　翔

党工委副书记　高　翔　李晓东
纪工委书记　王建忠
管委会副主任　沈振兴
程廷亚(9月任)
龙　涛(挂任)
马　健(挂任,12月免)
主任助理　熊　振(挂任)

盐城市盐都区人民法院

院长、党组书记　朱　亮
副院长　徐　宁(女,兼副书记)
李　明(12月免)　杨　奇
郝　月(女)
朱文峰(12月任)
政治部主任　成正宜
审委会专职委员　沈建华　徐林云
刘　川(9月任)
执行局局长　朱文峰

盐城市盐都区人民检察院

检察长、党组书记　张扣华
党组副书记　陆生众(12月免)
副检察长　陆生众(12月免)　武中祥
朱岩琴(女)
专职检委　沈国栋　郭乃萍(女)
政治部主任　谭　冲

大纵湖旅游度假区管理办公室(级别为副处级)

主任、党工委书记　冯林宏(9月任)
党工委副书记　宋鹏程(12月免)
副主任　宋鹏程(12月免)
吴勇根(9月任)
王　磊(9月任)
徐学军(挂任)
大纵湖旅游经济区副主任
吴勇根(9月免)
社会事务科科长　孙金俏(女,9月免)
盐都会计核算中心主任　卢秀国
综合科科长　孙　勇
组织人事科科长　江正朝
规划建设科科长　董　建
旅游经济科科长　姜　飞

区委机构及部门

办公室

主　任　万光清(兼研究室主任、国家密码管理局局长、保密局局长、机要局局长、档案局局长,9月免)
李天青(兼研究室主任、国家密码管理局局长、保密局局长、机要局局长、档案局局长,9月任)
副主任　李　刚　邱必侦　徐　勇
崔建鹏　王德华(9月挂任)

改革办

副主任　陈　蓉(女,9月任)

重点工作服务工作办公室

主　任　刘绍港

组织部

部　长　周达虎
常务副部长　黄约波
副部长　曹　阳　程　稚(女)
曹　勇

党建办

主　任　曹　阳

非公有制企业和社会组织工委

书　记　程　稚(女)
副书记　尤道阳

考核办

副主任　曹　勇

机关工委

副书记　刘开东(12月免)
张　鑫(12月任)

公务员局

副局长　蒋维兵

宣传部

部　长　罗时荣
常务副部长　王迎春
副部长　王权奎　王业先

精神文明建设委员会办公室

主　任　王权奎
副主任　俞文斌

网信办

主　任　王业先
副主任　柏　菁(女)

统战部

部　长　张素东
常务副部长　王　荣
副部长　刘玉春　顾　斌

民族宗教事务局

局　长　刘玉春
副局长　胡建军

政法委员会

书　记　曹志伟
常务副书记　王其华
副书记　宋厚实　尹志坚
政治处主任　李东元

机构编制委员会办公室

主　任　张桂荣(兼事业单位登记管理局局长)
副主任　吴中燕　朱　群

台湾工作办公室(区政府台湾事务办公室)

主　任　彭　峻
副主任　许金山　刘其扣

巡察工作办公室

主　任　明庆国
副主任　王万玉(12月免)
陈　浩(12月任)

区委巡察组

组　长　孙广宇(12月免)　沈国亮
朱道红(9月任)
副组长　蔡长春　陈友山　杨小冬
江　政　蒋红军　胥加耕
施凤刚(9月免)
倪文祥(12月免)
朱　捷(女)
邵镇海(9月任)
王万玉(12月任)

老干部局

局　长　邓　华（12月免）
　　　　刘开东（12月任）
副局长　孙　帅　祁中林

离退休干部工作委员会

书　记　邓　华（12月免）
　　　　刘开东（12月任）

党史工作办公室（地方志编纂委员会办公室）

主　任　王长江
副主任　周　浩（12月免）

档案馆

馆　长　徐　勇
副馆长　吴登财　胡正国

融媒体中心

主　任　邵晓玲（女）
总编辑　应　伟（女）
副主任　俞立峰　施玉景
　　　　王兆光（9月任）
　　　　薛荣炎（9月任）

区人大机关

办公室

主　任　张正红（9月免）
　　　　陈　镖（9月任）
副主任　苏　诚　耿立全

人事代表工委

主　任　还正洪（12月免）
　　　　吴爱群（12月任）
副主任　唐　健（女）

监察和司法工委

主　任　曹文静（女）
副主任　陈立存

教科文卫工委

主　任　陈浩芳（女）
副主任　徐雍苧（女）

财政经济工委

主　任　周镇彬
副主任　陈尚莲（女）

农村工委

主　任　张　斌
副主任　郜文霞（女）

环境资源城乡建设工委

主　任　黄海威

区政府机构及部门

办公室

主任、党组书记　李庆銮（兼研究室主任，12月免）
　　　　　　　　杨正茂（兼研究室主任，12月任）
副主任　朱友祥　童汉华　王　玥
　　　　宋　杨

外事办

主　任　李庆銮（12月免）
　　　　杨正茂（12月任）
副主任　童正宇

接待办

主　任　陈乃清（6月去世）
副主任　范仁俊　崔建鹏（12月任）

发展和改革委员会

主任、党委书记　陈　镖（兼粮食和物资储备局局长，9月免）
　　　　　　　　陈　兵（兼粮食和物资储备局局长，9月任）
副主任　王国钰　刘中斌
　　　　谷　林（12月免）
　　　　孙万忠（12月任）

重大项目服务中心

副主任　陈　峰（12月免）　周长青
　　　　储启军

教育局

局长、党委书记　沈清涛（兼体育局长）
副局长　张爱忠　李建国　许一虎

教育工委

书　记　沈清涛
副书记　周　镔

科技局

局长、党组书记　刘桂琦（9月免）
　　　　　　　　石弘如（9月任）
副局长　杭加林（9月免）　纪　炜
　　　　王中海（挂任）　金　鹏
　　　　高小笑（9月任）
　　　　蒋正海（12月任）

工业和信息化局

局长、党委书记　朱　静（女，12月免）
　　　　　　　　吴德辉（12月任）
副局长　成文军
　　　　陈琪娟（女，12月免）
　　　　刘　京（6月免）
　　　　孙世民（9月任）

民政局

局长、党委书记　祁亚洲
副局长　夏国宝（12月免）　季严彪
　　　　施俊彦（12月任）　吴　海
　　　　王　丽（女，9月任）

司法局

局长、党组书记　王少华（女）
副局长　周　军　张鹤勇　许雪峰
　　　　蔡　斌
政治处主任　张　勇

财政局

局长、党委书记　冯国超（9月免）
局　长　荣　钰（9月任）
党委书记　徐金根（9月任）
副局长　徐正江　刘宏彬
　　　　荣　钰（9月免）
　　　　王旭红（女）

国有资产监督管理办公室

主　任　冯国超（9月免）
　　　　荣　钰（9月任）

人力资源和社会保障局

局长、党委书记　马大庆
副局长　吴以军　王跃军　肖　斌
　　　　宦广忠（4月挂任）

住房和城乡建设局

局长、党委书记　徐文才（兼人防办主任、地震局局长，9月免）

周站军(兼人防办主任、地震局局长,9月任)
副局长　祁　非　戚　俊(挂任)
凌金勇　杨瀚清
陈　进(9月任)

城市管理局(区综合行政执法局)

局长、党组书记　徐建华
副局长　季中斌　乐绍军　彭炳璋
杨秀忠　李雪松(挂任)

交通运输局

局长、党委书记　刘　丰
副局长　刘旺军　滕长春

邮政管理局

局　长　周站军(9月免)
王　宇(11月任)

水务局

局长、党委书记　黄　典
副局长　姜晓冬　张　俊　陈大飞

农业农村局

局长、党委书记　刘志贵(兼乡村振兴局局长)
副局长　陈志清(女,12月免)　韦鸿标
丁　智　陈　曦(女,挂任)
郑巧云(女)　祁国成
农工办副主任　宋建军

商务局

局长、党委书记　朱龙成
副局长　袁晓军　孙凤和　周　坤

文化广电和旅游局

局长、党委书记　韦　琴(女)
副局长　施俊彦(12月免)　周连兵
张治中　杨文元　乔立群

卫生健康委员会

主任、党委书记　周学东
副主任　胡永新　武　晴(女)
朱海波(9月任)
李志勇(9月挂任)

退役军人事务局

局长、党组书记　吴爱群(12月免)
邵爱红(12月任)
副局长　裴余燕(女,12月免)
钮留洋
朱良众(挂任,12月免)
吴荣辉(12月任)

应急管理局

局长、党委书记　徐　斌
副局长　张万根　沈光林　史龙余
明玉桥(12月免)
陆　奎(挂任)
杨书君(12月任)
安委办专职副主任　杨书君(12月免)
张　和(12月任)
安监大队大队长　刘有斌(12月免)
应急管理综合行政执法大队大队长
刘有斌(12月任)

审计局

局长、党组书记　张步森
副局长　徐凤琴(12月免)
裔传斌(12月任)　严　华
丁建婷(女)
陈书汉(4月挂任)
总审计师　姜　任(9月任)

行政审批局

副局长　王小华　陆继军　陈广勤
吴长春　杨卫军(挂任)

电子政务管理办公室

主　任　杨广斌(4月免)
杨卫军(9月任)

市场监督管理局

局长、党组书记　陈　兵(兼知识产权局局长,9月免)
刘桂琦(兼知识产权局局长,9月任)
副局长　嵇宏宽　张孝山　张　立
孙建锋

统计局

局长、党组书记　汪一江
副局长　徐爱民(12月免)
蒋正海(12月免)
郭小娟(女)
程　鑫(8月挂任)

综合经济调查队

队　长　杨丽君(女)

省统计局盐都调查局

局　长　孙传国

信访局

局长、党组书记　王德华
副局长　黄　永　朱立荣
唐建军(12月任)
信访督查专员　倪建玲(女)

地方金融监督管理局

局长、党组书记　沈曰明(兼金融办主任)
副局长　仓　勇　曹　溪(4月挂任)

机关事务服务中心

主任、党组书记　夏长秀(女)
副主任　陈乃清(6月去世)
程水发　孙春权　吴　宠

城市工业办公室

主任、党委书记　刘光坚
副主任　戴留成　明　霞(女)
王　俊

供销合作总社

主任、党委书记　吉连生
副主任　秦明利　徐　博
监事会主任　万守东

盐都开放大学(社区学院)

校长(院长)　邢美高
副校长(副院长)　张　忠
韩　静(女)

区政协机关

办公室

主　任　邵仁鸿
副主任　缪　坤

文史委

主　任　张永忠

提案委

主　任　柏海霞(女)

社法委

主　任　岳清泉(女)

经科委

主　任　戈　伟

农业农村委

主　任　陈　军

区纪委、区监委机构及部门

办公室

主　任　郝春荣(12月任)

纪检监察干部管理监督室

主　任　刘芷杉(女,9月免)
　　　　陈　煜(9月任)

宣传教育室

主　任　邵镇海(9月免)
　　　　江　军(12月任)

党风政风监督室

主　任　曹　坚

信访室

主　任　陈建军

案件监督管理室

主　任　李叶秀(女)

监督审查技术室

主　任　徐才虎

第一审查调查室

主　任　袁保胜

第二审查调查室

主　任　王晓鸣

第三审查调查室

主　任　张　林

第四审查调查室

主　任　沈玉胜

第五监督检查室

主　任　李　梅(女)

第六监督检查室(第一派出监察员办公室)

主　任　董兆军

第七监督检查室(第二派出监察员办公室)

主　任　王均富

第八监督检查室(第三派出监察员办公室)

主　任　徐锦林

第九监督检查室(第四派出监察员办公室)

主　任　周　功(9月免)

案件审理室

主　任　陈江洪

派驻纪检组

第一派驻纪检监察组组长　胡卫成
第二派驻纪检监察组组长　张京宁(女)
第三派驻纪检监察组组长
　　胡　平(女,12月免)
　　裴余燕(女,12月任)
第四派驻纪检监察组组长　王　领
第五派驻纪检监察组组长　袁　琴(女)
第六派驻纪检监察组组长　吉采书
第七派驻纪检监察组组长　倪同群(女)
第八派驻纪检监察组组长　刘井清
第九派驻纪检监察组组长　王成刚
第十派驻纪检监察组组长　夏　兵
第十一派驻纪检监察组组长　汤永昌
第十二派驻纪检监察组组长
　　刘　川(9月免)
　　倪文祥(12月任)
第十三派驻纪检监察组组长　陈　昊
第十四派驻纪检监察组组长　严跃海

人民团体

盐都区总工会

主席、党组书记　郝汉金(4月免)
　　陈育群(4月任,9月免去党组书记)
党组书记　张正红(9月任)
副主席　张正红(9月任)　崔长顺
　　卢雯雯(女,兼任)
　　肖　斌(挂任)

共青团盐都区委员会

书　记　孙　杰
副书记　陈　蓉(女,9月免)
　　徐　晗(9月任)
　　黄勇鑫(挂任,10月免)
　　戴　伟(兼任,10月免)
　　刘程媛(10月挂任)
　　冯江浩(10月挂任)
　　侍　乔(10月兼任)

盐都区妇女联合会

主席、党组书记　何　立(女)
副主席　张志慧(女)

盐都区工商业联合会(总商会)

主　席　阮宜春
党组书记　顾　斌
副主席　顾　斌　万立娟(女)
会　长　阮宜春
副会长　顾　斌　万立娟(女)

盐都区科学技术协会

主　席　朱　萍(女)
党组书记　曹　阳
副主席　马贤兵
　　王中海(挂任)
　　宋建祥(挂任)

盐都区归侨侨眷联合会

主　席　陈荣山

盐都区残疾人联合会

党组书记、理事长　王凤祥(12月免)
　　还正洪(12月任)

盐都区红十字会

会　长　肖乐农(4月免)
　　周　昉(女,4月任)
常务副会长　陈海高

民主党派

中国民主同盟盐城市盐都区基层委员会

主　委　徐　群(9月免)
　　孙焕建(9月任)

副主委　赵　军　杨　芳(女)

中国民主建国会盐城市盐都区基层委员会(2022年8月由中国民主建国会盐城市委盐都总支部更名为中国民主建国会盐城市盐都区基层委员会)

主　委　陈　伟(8月免)
　　　　荣　钰(8月任)
副主委　荣　钰(8月免)
　　　　吴　迅(8月免)
　　　　姜　涛(8月免)
　　　　郭子贤(8月任)
　　　　吴　迅(8月任)
　　　　王金海(8月任)
　　　　徐礼茂(8月任)

中国民主促进会盐城市盐都区基层委员会(2022年8月由中国民主促进会盐城市委盐都总支部更名为中国民主促进会盐城市盐都区基层委员会)

主　委　徐正洲
副主委　蒋爱东(女)　鲍丽斌(8月任)
　　　　杨红庆(8月任)
　　　　王国华(8月任)

中国农工民主党盐城市盐都区基层委员会

主　委　钟建国(9月免)
　　　　赵新国(9月任)
副主委　黄　都　王静波(女)
　　　　施亚明　王　毅

致公党盐城市盐都区支部

主　委　方　演(女)
副主委　吴龙文(9月任)

九三学社盐城市盐都区基层委员会

主　委　朱　萍(女)
副主委　刘咏桦　瞿兆奎
　　　　王　磊(8月任)　陈　进(女)

市驻区单位

盐城市公安局盐都分局

局长、党委书记　王柱军
党委副书记　宗友林　张　明
政　委　宗友林
副局长　张　明　刘　军
　　　　仇东杰　薛启堂
　　　　戴小勇　周万东
纪委书记　蒋国春
治安大队大队长　施志凯

生态环境局

局长、党组书记　朱书红
副局长　刘　洪　刘东升

税务局

局长、党委书记　李东波
副书记　蔡成荣(9月免)
副局长　蔡成荣(9月免)
　　　　徐加根(2月免)
　　　　熊文祥(9月免)
　　　　姚文忠(8月任)
　　　　刘胜春(8月任)
　　　　徐思勇(8月任)
纪检组长　刘胜春(3月任,8月免)
　　　　　汪卫卫(8月任)

自然资源和规划局盐都分局

局　长　商学勇
副局长　夏德高(挂职)　吴明成
　　　　杨　梅(女,8月免)
　　　　周　峰(挂职)　倪菁菁(女)

盐都供电服务中心

总经理　张同州
党委书记　王智宇(11月免)
　　　　　刘海松(11月任)
副总经理　王智宇(11月免)
　　　　　吴兴阳(11月任)
　　　　　花　刚
　　　　　陈以明
纪委书记兼工会主席　吴玉烨

盐都气象局

局长、党组书记　朱晓虎
副局长　郭人杰
纪检组长　施　英(女)

盐都电信分局

局　长　徐兴达
副局长　练俊峰　张开宏
　　　　李　杰(9月任)

盐都邮政分局

总经理　王　强(2月免)
　　　　戴　健(2月任)
副总经理　胥小燕(女)　陈中标

盐都移动分公司

总经理　刘维明(3月免)
　　　　殷震军(3月任)
副总经理　蔡颖蓓(女,7月免)
　　　　　杨兵兵(2月任)
　　　　　胡爱凌(女,7月任)

江苏有线网络发展有限责任公司盐都分公司

书　记　卫爱斌

金融　保险

中国工商银行股份有限公司盐城盐都支行

行　长　祁晶晶(女)
副行长　金　龙　李大海
　　　　钱　锦(女)　李学雷
　　　　武　鹰

中国农业银行股份有限公司盐城盐都支行

行长、党委书记　陈　骥
副行长　陈　磊　花瑞栋
　　　　万正娟(女)　王顺松

中国银行股份有限公司盐城盐都支行

行　长　黄海燕(女,5月免)
　　　　陈　进(5月任)
副行长　杨九洲　张　萍(女)
　　　　蒋　昆　闵东娴(女)

中国建设银行股份有限公司盐城盐都支行

行　长　曹燕华(女)
副行长　戴维洋　孙　茜(女)

交通银行股份有限公司盐城盐都支行

行　长　陈　兵
副行长　卞为伟

中国农业发展银行盐城盐都支行

行　长　陈艾兰(女)
副行长　陈　禹　蔡凤秀(女)

上海浦东发展银行股份有限公司盐城盐都支行

行　长　王　颖

江苏银行股份有限公司盐城盐都支行

行　长　李　寅(女)

副行长　季宏华　许　超(女)

南京银行股份有限公司盐城盐都支行

行　长　乔海育

副行长　朱建伟

江苏盐城农村商业银行股份有限公司

董事长、党委书记　李一平

党委副书记、行长　沙健健

纪委书记、监事长　陈　俊

副行长　陈　旭　徐朝晖　贾中军

杨书琴(女)　陈　立

江苏盐城农村商业银行股份有限公司盐都区支行

行　长　丁一峰

副行长　陈　曦(女)　宦广忠

江苏昆山农村商业银行股份有限公司盐都支行

行　长　倪　浩(12月免)

邓峥晖(12月任)

副行长　曹昌成

中国邮政储蓄银行股份有限公司盐都支行

行　长　姚　娟(女)

中国人民财产保险股份有限公司盐都支公司

总经理　朱茂华

中国人寿保险股份有限公司盐都支公司

总经理　唐卫国

镇(区、街道)

盐龙街道

党委书记　程廷亚

副书记　刘加飞

孙广传(兼政法委书记,4月免)

施海峰(兼政法委书记,4月任)

人大工委主任　张兴华

办事处主任　刘加飞

副主任　施海峰(4月免)

马　力(挂任)　丁玉炎

孙　芳(女,挂任,4月免)

徐洪金　李雪松(4月挂任)

陆　奎(4月挂任)

丁　慧(女,4月挂任)

顾　军(12月任)

组织委员　陆　蔚(女)

纪委书记　戴　江

政法委员　王家海

盐渎街道

党委书记　蒋国兴

副书记　马　骏

邵爱红(兼政法委书记,12月免)

朱　挺(挂任)　董建功(挂任)

陈杨杨(挂任)

孙　芳(女,4月挂任)

人大工委主任　朱海霞(女)

办事处主任　马　骏

副主任　栾卫红(女,12月免)　曹　剑

浦俊兵　冯　敏(女,挂任)

吕　凯(挂任)　潘　浩

吴劲草　裴学怀

组织委员　许　康

纪委书记　王蓉蓉(女)

宣传委员　丁　毅(女)

统战委员　刘　燕(女)

政法委员　祁春剑

潘黄街道

党委书记　徐卫国

副书记　李一松　陈大江(挂任)

孙　杰(9月挂任)

人大工委主任　王海涛

办事处主任　李一松

副主任　袁扣鸿(挂任)　袁其霞(女)

刘兆锦(挂任)

吴荣辉(12月免)

张月芹(女,挂任,1月免)

仲海康(挂任,5月免)

胡文魁　曹春方(挂任)

孙正元　陈春霞(女,4月挂任)

刘兴扣(12月任)

纪委书记　刘兴扣(12月免)

统战委员　周东波

政法委员　孙九刚

宣传委员　程立宏

组织委员　顾云庆(9月任)

台湾农民创业园

党工委书记　刘晓祥(12月免)

宋鹏程(12月任)

管委会主任　沈中明

副主任　朱友余　王　惠(女)

刘　涛　宋　鑫　王　鑫

顾伟俊(挂任)

高　金(4月挂任)

纪工委书记　沈佳韦

龙冈镇

党委书记　冯林宏(12月免)

李金宝(12月任)

副书记　李金宝(12月免)

单　辉(12月任)

王敬国(12月免)

吕　培(兼政法委书记)

人大主席　王启明

镇　长　李金宝(12月免)

单　辉(12月任)

副镇长　刘德志　夏士军　徐保国

许洪华　王卫华(挂任)

徐明才(挂任)　陈华杰(挂任)

尹正洪(挂任)

组织委员　夏泽穷(4月免)

穆昱洁(9月任)

纪委书记　智恒宏

宣传委员　任野兰(女)

统战委员　薛　静(女)

政法委员　周文仁

大冈镇

党委书记　宋　江

党委副书记　周　冉

王海东(兼政法委书记)

李艳华(女)

人大主席　蒋树森

镇　长　周　冉

副镇长　左印华　孙　玲(女)

孙广彪　陈连锋(挂任)

宋传贵　经海虎

组织委员　朱　健

宣传委员　崔　成

统战委员　汪玉蓉(女)
政法委员　周正华
纪委书记　刘　堃

张庄街道

党委书记　王　浩
副书记　黄鹤龙
　　商兆沐(兼政法委书记)
　　陈大飞(9月挂任)
　　贺王鹏(8月挂任)
人大工委主任　陈国良
办事处主任　黄鹤龙
副主任　刘洪富　洪　萍(女)
　　赵　震　束红梅(女,挂任)
　　张红红(女)　陈连红(挂任)
政法委员　吴国康
纪委书记　刘　畅(女)
统战委员　刘　鑫
组织委员　罗　海(12月免)

大纵湖镇

党委书记　杨正茂(12月免)
　　刘　宁(12月任)
副书记　刘　宁(12月免)
　　李　磊(12月任)
　　黄　河(兼政法委书记)
人大主席　孙　琦
镇　长　刘　宁(12月免)
　　李　磊(12月任)
副镇长　樊华勇　吕汉书
　　王小侗(女)　严　浩
　　薛正州　孙云才(挂任)
　　明　烨(4月挂任)
组织委员　顾云庆(9月免)
　　王　凯(12月任)
纪委书记　袁　伟
宣传委员　何　丹(女)
统战委员　徐慧菁(女)
政法委员　刘　军

秦南镇

党委书记　徐林泉
副书记　吉　喆(女)
　　沈从兵(兼政法委书记)
人大主席　徐锦荣(12月免)
镇　长　吉　喆(女)
副镇长　温学良　周德春　张国政
　　王海啸(4月免)　陈如萍(女)
　　刘　琦(女)　曹德鑫(挂任)
　　张金秀(女,4月挂任)
组织委员　张泽峰
纪委书记　成　诚
宣传委员　郭　剑
统战委员　陆丽伊(女)
政法委员　严大勇

郭猛镇

党委书记　周　昉(女)
副书记　司中心　张文灿
　　尤道阳(9月挂任)
人大主席　张文灿
镇　长　司中心
副镇长　孙广芳(女)　刘荣海(挂任)
　　胥加代(挂任)　潘军龙
　　徐　勇　朱海兵　孟　恺(女)
组织委员　冯　盟(4月免)
　　季　元(9月任)
纪委书记　朱　俊
宣传委员　蒋弘扬
统战委员　朱福林(12月免)
　　周　浩(12月任)
政法委员　季　元(9月免)
　　董昊文(女,9月任)

楼王镇

党委书记　徐　为(12月免)
　　刘晓祥(12月任)
副书记　李晓斌
　　卞杨斌(兼政法委书记)
人大主席　孙德华
镇　长　李晓斌
副镇长　陆淦荣　王　磊(9月免)
　　胥　辉(挂任)
　　刘至诚(挂任)　周建全
　　刘道奎　朱福林(12月任)
组织委员　凌晓峰
纪委书记　陶文建
宣传委员　杨　洋(女)
统战委员　王　伟
政法委员　周　杰

学富镇

党委书记　李天青(12月免)
副书记　曹　虎
　　单　辉(兼政法委书记,12月免)
人大主席　金建国
镇　长　曹　虎
副镇长　徐长洪　李海涛
　　杨　刚(9月免)
　　邹玉键(挂任)　周文进
　　王正华(4月挂任)
　　罗华军(9月任)
组织委员　罗华军(9月免)
纪委书记　唐文峰
宣传委员　刘媛媛(女)
政法委员　沈业文
统战委员　刘　行

尚庄镇

党委书记　蔡正平(女)
副书记　任　浩
　　杨　根(兼政法委书记)
人大主席　刘国万
镇　长　任　浩
副镇长　于网扣　卫　峰
　　刘晶晶(女)　潘振东
　　徐　焕(挂任)
　　张金秀(女,4月免)
　　张　祥(4月挂任)
组织委员　陈丹妮(女)
纪委书记　刘卫红
宣传委员　倪　昊
统战委员　王　蒙(12月免)
政法委员　唐建军(12月免)
　　张茂华(12月任)

七星农场(9月单位撤销)

党工委书记　丁兴俊(9月免)
场　长　征书和(9月免)
副场长　马以军(9月免)
　　郁祖良(9月免)

盐城高新区内设机构

党政办公室

主　任　张荣峰
副主任　周广杰(9月任)

组织人事部

部　长　王敬国(12月任)
副部长　万一松(9月任)

招商局

局　长　范　雅

副局长　嵇金成

经济发展局

局　长　夏兆芳(女)

副局长　顾　军(12月免)

　　　　罗　海(12月任)

科技人才局

局　长　刘桂琦(9月免)

副局长　王中海

规划建设局

局　长　戚　俊

财政审计局

局　长　荣　钰(9月免)

副局长　汤其军

安全生产监督管理局(综合行政执法局)

局　长　孙广传(4月任)

副局长　陆　奎

行政审批局

副局长　杨卫军

研究室

副主任　许　峰

盐城智能终端产业园管理办公室

主　任　卢雯雯(女)

副主任　胥加华

上海闵行盐都工业园管理办公室

主　任　周　剑

副主任　朱宏伟

盐城市盐都区中小企业(创业)园管理办公室

副主任　李雪松(12月任)

工业园

龙冈机械装备工业园

党工委书记　冯林宏(12月免)

　　　　　　李金宝(12月任)

党工委副书记　吴德辉(4月免)　葛春松

管委会主任　吴德辉(4月免)

管委会副主任　洪　萍(女)

　　　　　　　杨　炎(12月任)

纪工委书记　智恒宏

义丰装备制造工业园

党工委书记　杨正茂(12月免)

　　　　　　刘　宁(12月任)

党工委副书记　石弘如(9月免)

　　　　　　　陆秀全

管委会主任　石弘如(9月免)

管委会副主任　陆淦荣　杨　刚(9月免)

　　　　　　　杨　康(12月任)

纪工委书记　袁　伟

先进个人

·省(部)级表彰的先进个人·

表19

姓　名	单　位	荣　誉　表　彰
丁　智	农业农村局	1月,被江苏省委、省政府表彰为江苏省乡村振兴先进个人
郭　红	农业农村局	5月,中华全国妇女联合会评为全国五好家庭
马　力	公安局盐都分局	4月,被公安部、全国总工会表彰为“全国公安机关成绩突出个人”
邵洪波	司法局	3月,被中国关心下一代工作委员会、中共中央政法委员会、中华人民共和国司法部、共青团中央委员会、中国法学会表彰为全国青少年普法教育优秀辅导员
孙益海	郭猛镇	5月,被人力资源社会保障部、公安部表彰为全国特级优秀人民警察;9月,被中共中央宣传部、公安部表彰为最美基层民警
王振省	农业农村局	12月,被农业农村部授予全国农牧渔业丰收奖

·市(厅)级表彰的先进个人·

表20

姓　名	单　位	荣　誉　表　彰
卞锦峰	公安局盐都分局	12月,被省公安厅表彰为“全省公安机关党的二十大安保维稳成绩突出个人”
曹德鑫	公安局盐都分局	7月,被省公安厅表彰为“全省优秀人民警察”

续表20

姓　名	单　位	荣誉表彰
陈艾兰	中国农业发展银行盐都支行	12月,被中国农业发展银行江苏省分行表彰为优秀党务工作者
陈步青	司法局	9月,被市委、市政府表彰为全市关心下一代工作优秀个人
陈荣山	侨联	8月,被江苏省人力资源和社会保障厅和江苏省归国华侨联合会授予"全省侨联系统先进工作者"称号
陈书桂	教育局	12月,被江苏省人力资源和社会保障厅授予中小学正高级教师称号
陈正隆	关工委	9月,被市委、市政府授予全市关心下一代工作先进个人
戴凌云	农业农村局	1月,被省人力资源和社会保障厅、省人才工作领导小组选入省第六期"333高层次人才培养工程"第三层次培养对象
狄立成	检察院	2月,被市委、市政府表彰为全市扫黑除恶专项斗争先进个人
董从松	第三人民医院	4月,被江苏省总工会授予"省五一劳动奖章"
范平平	大纵湖旅游度假区	5月,在全国水利科普讲解大赛江苏参赛选手选拔活动暨全省水情教育科普讲解大赛中,被江苏省水利厅、水利学会评为"优秀个人"
冯　凡	农业农村局	12月,被省农业农村厅、省人社厅评为第五届全国农业行业职业技能大赛江苏选拔赛优秀选手
冯林宏	龙冈镇	5月,被市委、市政府评为全市乡村振兴先进个人
顾建志	龙冈镇	5月,被江苏省文明办入选江苏好人榜;12月,被苏州市人民政府授予苏州市见义勇为模范群体称号
关　莹	检察院	6月,被江苏省人民政府妇女儿童工作委员会表彰为全省妇女儿童工作先进个人
杭　洲	检察院	5月,被市委、市政府表彰为盐城市劳动模范
胡　雯	气象学会	10月,被长三角科技志愿服务联盟(上海市、江苏省、浙江省、安徽省科协)表彰为2022年度长三角优秀科技志愿者
黄亚林	消防救援大队	5月,被江苏省总工会表彰为江苏省最美职工
季东骏	关工委	9月,被市委、市政府授予全市关心下一代工作先进个人
李天青	关工委	9月,被市委、市政府授予全市关心下一代工作先进个人
李文杰	公安局盐都分局	8月,被省公安厅表彰为"全省刑事技术标兵"
李莺歌	文旅局	3月,被江苏省委宣传部表彰为江苏省岗位学雷锋标兵
刘　旭	关工委	9月,被市委、市政府授予全市关心下一代工作先进个人
马　力	公安局盐都分局	4月,被省公安厅表彰为"全省公安机关庆祝建党100周年安保维稳工作成绩突出个人"
穆　芹	关工委	9月,被市委、市政府授予全市关心下一代工作先进个人
倪士翠	关工委	9月,被市委、市政府授予全市关心下一代工作先进个人
潘永华	关工委	9月,被市委、市政府授予全市关心下一代工作先进个人
任　郝	公安局盐都分局	9月,被省公安厅表彰为"首届江苏公安优秀青年卫士"
邵　刚	关工委	9月,被市委、市政府授予全市关心下一代工作先进个人
沈德亚	侨联	8月,被江苏省人力资源和社会保障厅和江苏省归国华侨联合会授予"江苏省归侨侨眷先进个人"称号
孙　杰	关工委	9月,被市委、市政府授予全市关心下一代工作先进个人
唐建军	尚庄镇	2月,被市委、市政府表彰为全市扫黑除恶专项斗争先进个人
唐亚东	农业农村局	5月,被市委、市政府表彰为盐城市乡村振兴先进个人
王　彪	公安局盐都分局	10月,被省公安厅表彰为"全省公安机关考试安保维稳工作成绩突出个人"
王　琴	教育局	12月,被省教育厅、省人社厅授予江苏省中小学正高级教师称号

续表20

姓　名	单　位	荣　誉　表　彰
王　跃	检察院	11月，被检察日报社表彰为全国检察宣传先进个人
王传锦	关工委	9月，被市委、市政府授予全市关心下一代工作先进个人
王建金	城管局	5月，被市委、市政府表彰为盐城市劳动模范、盐城市乡村振兴先进个人
王金海	红十字会	10月，被中国红十字会总会办公室评为2022年度中国红十字会总会报刊宣传先进个人三等奖
王俊东	关工委	9月，被市委、市政府授予全市关心下一代工作先进个人
王星月	法院	5月，被江苏省高级人民法院表彰为全省法院行政审判工作先进个人
魏先华	关工委	9月，被市委、市政府授予全市关心下一代工作先进个人
吴　文	盐城市张庄初级中学	2023年2月，被中国科协科普部表彰为2022年科普中国信息员典型代表
吴佩芝	应急管理局	3月，被江苏省省应急管理厅表彰为2022年度全省行政执法工作先进个人
徐从波	张庄街道	2月，被江苏省委组织部表彰为江苏省“千名领先”村书记
徐海港	农业农村局	1月，被省人力资源和社会保障厅、省人才工作领导小组选入省第六期“333高层次人才培养工程”第三层次培养对象
颜　军	张庄街道	5月，被市委、市政府表彰为盐城市乡村振兴先进个人
杨长春	大冈镇	3月，被江苏省文明办评为优秀志愿者；5月，被江苏省科学技术协会评为科技志愿者先进典型，9月，在省科协、教育厅、科技厅、国资委、科工办、中科南京分院举办的征文活动中荣获三等奖
俞勇权	关工委	9月，被市委、市政府授予全市关心下一代工作先进个人
曾榕海	大纵湖旅游度假区	5月，被市委、市政府授予“盐城市劳动模范”称号
张　丽	盐城市第一初中	11月，被省教育厅评为2022年“苏教名家”培养对象
张泽峰	关工委	9月，被市委、市政府授予全市关心下一代工作先进个人
赵永志	公安局盐都分局	9月，被省公安厅授予“省厅个人嘉奖”
郑　清	公安局盐都分局	4月，被市委、市政府表彰为“盐城市文明创建工作先进个人”
智玉超	公安局盐都分局	9月，被市委、市政府授予全市关心下一代工作先进个人；12月，被省公安厅授予“省厅个人二等功”
周欢欢	法院	9月，被江苏省高级人民法院表彰为全省法院政治工作先进个人
周金江	关工委	9月，被市委、市政府授予全市关心下一代工作先进个人
朱霏霏	公安局盐都分局	3月，被省公安厅表彰为“全省公安机关执法办案管理中心建设应用成绩突出个人”
朱玉萍	教育局	5月，被省教育厅评为省中小学正高级教师；12月，被江苏省前方指挥部、伊犁州教育局授予伊犁州优秀援疆教师称号

先进集体

·省(部)级表彰的先进集体·

表21

单　位	荣　誉　表　彰
区人民检察院	1月，被江苏省精神文明建设指导委员会评为江苏省文明单位
大纵湖镇	1月，被国家知识产权局授予“大纵湖小龙虾”国家地理标志
盐龙街道派出所	5月，被公安部评为全国优秀公安基层单位
残联	10月，被国管局、中直管理局、国家发展改革委、财政部评为节约型机关

续表21

单 位	荣 誉 表 彰
交通运输局	10月，被国家机关事务管理局、中共中央直属机关事务管理局、国家发展和改革委员会、财政部评为节约型机关
尚庄镇庆福村	10月，被国家卫生健康委、全国老龄办评为全国示范性老年友好型社区
潘黄街道仰徐村	10月，被文化和旅游部评为全国乡村旅游重点村
科协	12月，被中国科协办公厅表彰为全国科普日活动优秀组织单位
盐城大纵湖水利风景区	12月，被水利部选入国家级《红色基因水利风景区名录》
湖塘花海景区	12月，被中国旅游协会休闲农业与乡村旅游分会评为全国休闲农业与乡村旅游五星级园区
工商联	2023年3月，被中华全国工商业联合会评为2022年民营企业劳动关系监测调查工作示范基层单位。

·市（厅）级表彰的先进集体·

表22

单 位	荣 誉 表 彰
盐都区	1月，被省统计局表彰为县级统计基层基础规范化建设成绩现住单位；6月，被省教育厅、省委政法委、省公安厅表彰为江苏省高质量平安校园建设县（市、区）；8月，被江苏省交通运输厅，省财政厅评为全省深化农村公路管理养护体制改革省级试点地区；12月，被江苏省交通运输厅评为全省第一批“城乡公交一体化达标县（市、区）”
潘黄街道仰徐村	1月，被江苏省精神文明建设指导委员会评为江苏省文明村；3月，被江苏省农业农村厅选入江苏省绿色优质农产品基地名单
潘黄街道	1月，被江苏省文明委评为江苏省文明单位；9月，被市委、市政府授予全市关心下一代工作先进集体
潘黄街道社区卫生服务中心内分泌科	1月，被省卫健委评为2022年城乡基层特色科室建设单位
潘黄街道旭日社区	1月，被江苏省精神文明建设指导委员会评为江苏省文明社区
大冈镇佳富村	1月，被江苏省精神文明建设指导委员会评为“江苏省文明村”称号；12月，被江苏省生态环境厅评为江苏省生态文明建设示范村
龙冈镇	1月，被江苏省精神文明建设指导委员会评为“江苏省文明乡镇”；9月，市委、市政府授予全市关心下一代工作先进集体；2023年1月，被江苏省机关事务管理局、发改委、工信厅、财政厅、生态环境厅评为“2022年度江苏省公共机构节能低碳示范单位”
尚庄镇	1月，被江苏省委宣传部评为江苏省文明镇
尚庄镇塘桥村	1月，被江苏省委全面依法治省委员会办公室、江苏省司法厅、江苏省民政厅评为江苏省民主法治示范村
尚庄镇联河村	1月，被江苏省委全面依法治省委员会办公室、省司法厅、省民政厅评为民主法治示范社区
秦南镇	1月，被江苏省文明委授予“江苏省文明乡镇”称号
秦南镇砖桥社区	1月，被江苏省司法厅授予第十五批“省级民主法治示范社区”称号
秦南镇泾口村	1月，被江苏省文明委授予“江苏省文明村”称号；12月，被江苏省爱国卫生运动委员会授予“江苏省健康村”称号
秦南镇千秋村	1月，被江苏省文明委授予“江苏省文明村”称号；1月，被江苏省生态环境厅授予第四批“江苏省生态文明建设示范村”称号；2月，被江苏省爱国卫生运动委员会授予“江苏省卫生村”称号
龙冈镇晓庄村	1月，被江苏省委全面依法治省委员会办公室、江苏省司法厅、民政厅评为第十五批省级“民主法治示范村”
学富镇中徐村	1月，被江苏省委全面依法治省委员会办公室、省司法厅、省民政厅评为民主法治示范社区
交通运输局	1月，被江苏省精神文明建设指导委员会评为江苏省文明单位

续表22

单　位	荣　誉　表　彰
大纵湖三官村	1月，被江苏省精神文明建设指导委员会评为江苏省文明村；1月，被江苏省生态环境厅评为第四批省级生态文明建设示范村；8月，被江苏省农业农村局评为省级乡村休闲运动基地
大纵湖大范村	1月，被江苏省生态环境厅评为江苏生态文明建设示范村；1月，被盐城市精神文明建设指导委员会评为盐城市文明村
大纵湖陈捷村	1月，被江苏省委全面依法治省委员会办公室、江苏省司法厅、江苏省民政厅评为2022年度江苏省民主法治示范村
城管局	1月，被江苏省精神文明建设指导委员会评为江苏省文明单位
湖塘花海景区	2月，被江苏省休闲旅游农业协会评为江苏休闲旅游农业四星级精品企业；5月，被江苏广播、江苏省文化和旅游厅评为“最受欢迎十大景区”
政法委	2月，被市委、市政府评为全市扫黑除恶专项斗争先进集体
盐龙街道孙吴社区	2月，被江苏省卫健委评为江苏省卫生村
盐龙街道先锋社区	2月，被江苏省卫健委评为江苏省卫生村
盐龙街道北港村	2月，被江苏省卫健委评为江苏省卫生村
区人民检察院	2月，被市委、市政府评为全市扫黑除恶专项斗争先进集体；7月，被江苏省城镇妇女“巾帼建功”活动领导小组、江苏省妇女“双学双比”竞赛活动领导小组、江苏省妇女联合会评为江苏省巾帼建功先进集体
秦南镇凤翔村	2月，被江苏省爱国卫生运动委员会授予“江苏省卫生村”称号
秦南镇康农牧农场	2月，被江苏省农业农村厅授予“江苏省畜牧生态健康养殖示范场”称号；4月，被江苏省农业农村厅授予“第一批省畜禽养殖全程机械化示范场”称号
江苏赛隆节能技术工程股份有限公司	2月，被省卫健委、省爱国卫生运动委员会办公室评为江苏省健康企业
残联	3月，被江苏省残疾人福利基金会表彰2022年“公益助残项目推进奖”；12月，重度残疾人“两项补贴”全覆盖——省内首家出台重度听力、言语残疾人生活补贴制度被省残联表彰为全省残联系统2022年度创新创优项目
秦南中心卫生院	3月，被省卫健委评为江苏省健康促进医院；11月，被省卫健委评为江苏省社区医院基本建成单位
宣传部	3月，“红色故事伴成长”百人百场红领巾宣讲志愿服务项目在第六届江苏志愿服务展示交流会上被中共江苏省委宣传部、江苏省文明办、江苏省民政厅、共青团江苏省委评为“金奖项目”
教育局	4月，被市委、市政府表彰为2021年度盐城市文明创建工作先进集体
公安局盐都分局	4月，被市委、市政府表彰为“盐城市文明创建工作先进集体”
公安局盐都分局刑警大队刑事科学技术室	4月，被省总工会表彰为“江苏省工人先锋号”
盛安传动公司卡帕班	4月，被江苏省总工会表彰为“江苏省工人先锋号”
盐都区人民法院团委	4月，被共青团省委表彰为江苏省五四红旗团委
财政局	5月，被市委、市政府表彰为盐城市乡村振兴先进集体
区法院行政庭	5月，被江苏省高级人民法院评为全省法院行政审判工作先进集体
公安局盐都分局法制大队	5月，被省公安厅表彰为“全省公安信访突出问题攻坚化解专项工作成绩突出集体”
科协	5月，被江苏省科协表彰为“科创江苏”试点区
盐龙街道社区卫生服务中心	5月，被省卫健委评为省级妇幼健康规范化门诊
盐龙街道北港社区	5月，被市委、市政府评为盐城市乡村振兴先进集体
财政局	5月，被市委、市政府授予盐城市乡村振兴先进集体称号

续表22

单　位	荣　誉　表　彰
农业农村局	5月，被市委、市政府表彰为盐城市乡村振兴先进集体
草房子乐园	6月，被江苏省科学技术协会、江苏省哲学社会科学界联合会、江苏省科学技术厅、江苏省教育厅评为江苏省科普教育基地
气象局	6月，被江苏省科学技术协会、江苏省哲学社会科学界联合会、江苏省科学技术厅、江苏省教育厅评为江苏省科普教育基地；11月，被中国气象学会评为全国气象科普教育基地
东晋水城开元酒店	7月，第七届全球中餐业领袖峰会中被江苏省侨联授牌“亲情中华　魅力江苏”中餐文化海外推广中心
科协	7月，被江苏省科协评为第34届科普宣传周优秀组织单位
盐渎街道花吉村	7月，被江苏省文化和旅游厅、江苏省发展和改革委员会授予2022年“江苏省乡村旅游重点村”称号
学富镇蒋河村	7月，被江苏省特色田园乡村建设工作联席会议和江苏省住房和成效建设厅评为省特色田园乡村和国家级传统村落
尚庄镇民胜新型农村社区	7月，被江苏省特色田园乡村建设工作联席会议评为江苏省第九批次特色田园乡村
新美满家庭农场	8月，被江苏省农业农村厅授予“省示范农场”称号
社会福利院	8月，被江苏省民政厅评为省级养老服务人才培养实训基地
盐都区中西医结合医院	8月，被江苏省卫生健康委员评为省健康促进医院
档案馆	8月，被江苏省档案馆授予2022年度档案宣传工作一等奖
宣传部	8月，戏剧作品《白兰花》被江苏省文化和旅游厅授予江苏省群众文艺政府奖——第十五届江苏省“五星工程奖”
公安局盐都分局刑警大队	9月，被省公安厅表彰为“全省公安机关扫黑除恶专项斗争成绩突出集体”
张庄街道	9月，被市委、市政府评为全市关心下一代工作优秀集体
盐龙街道	9月，市委、市政府评为全市关心下一代工作先进集体；12月，被江苏省农业农村厅评为农民增收典型案例
盐龙体育公园	9月，被江苏省体育局评为江苏省智慧体育场馆示范项目；12月被省体育总会表彰为全省最美乡村健身公园
政法委	9月，被市委、市政府评为全市关心下一代工作先进集体
大冈镇冈中社区	9月，被市委、市政府评为全市关心下一代工作先进集体
大冈镇野陆社区	9月，被市委、市政府评为全市关心下一代工作先进集体
神州路初级中学关工委	9月，被市委、市政府评为全市关心下一代工作先进集体
红十字会	10月，被中国红十字总会办公室授予2022年度中国红十字会总会报刊宣传先进集体二等奖
盐龙派出所	10月，被省公安厅表彰为“全省公安机关执法示范所队”
龙冈镇卫生院中医馆	10月，被江苏省中医药管理局评为2022年度基层医疗卫生机构五级中医馆
盐龙街道社区卫生服务中心中医馆	10月，被江苏省中医药管理局评为2022年度基层医疗卫生机构五级中医馆
渎上老西门登瀛老茶馆	10月，被江苏省文化和旅游厅评为江苏省示范小剧场
潘黄街道半岛社区博爱家园	11月，被江苏省红十字会评为2022年度优秀博爱家园
学富镇	11月，被江苏省自然资源厅评为省级耕地保护激励单位
盐都邮政管理局	11月，被江苏省邮政管理局评为“2020—2022全省邮政快递业'扫黄打非'先进集体”
大冈中心卫生院	11月，被省卫健委评为江苏省社区医院基本建成单位
郭猛镇卫生院	11月，被省卫健委评为江苏省社区医院基本建成单位

续表 22

单位	荣誉表彰
侨联	12月，被江苏省归国华侨联合会评为江苏省第六批“双'五有'侨联组织”
残联	12月，重度残疾人“两项补贴”全覆盖——省内首家出台重度听力、言语残疾人生活补贴制度被省残联表彰为全省残联系统2022年度创新创优项目
盐龙街道健仁社区	12月，被江苏省体育总会、江苏省农民体育协会评为江苏省最美乡村健身公园
楼王镇文昌公园	12月，被江苏省体育总会、江苏省农民体育协会评为江苏省最美乡村健身公园
盐都区居家养老服务中心	12月，被省工信厅、省民政厅、省卫健委列为智慧健康养老示范体验馆
盐城市第三人民医院	12月，被省卫健委、省中医药管理局评为江苏省老年友善医疗机构优秀单位
郭猛镇	12月，被省爱卫办、健康江苏建设领导小组办公室评为江苏省健康镇
秦南镇泾口村	12月，被省爱卫办、健康江苏建设领导小组办公室评为江苏省健康村
郭猛镇护西村	12月，被省爱卫办、健康江苏建设领导小组办公室评为江苏省健康村
郭猛镇民乐村	12月，被省爱卫办、健康江苏建设领导小组办公室评为江苏省健康村
郭猛镇民乐残疾人之家	12月，被江苏省残疾人联合会、江苏省全民阅读活动领导小组评为“书香残疾人之家”
大冈镇佳富村	12月，被省爱卫办、健康江苏建设领导小组办公室评为江苏省健康村
潘黄街道新民村	12月，被省爱卫办、健康江苏建设领导小组办公室评为江苏省健康村；12月，被江苏省爱国卫生运动委员会评为江苏省卫生村
潘黄街道宝才社区	12月，被省爱卫办、健康江苏建设领导小组办公室评为江苏省健康社区
潘黄街道吴杨社区	12月，被省爱卫办、健康江苏建设领导小组办公室评为江苏省健康社区
潘黄街道旭日社区	12月，被省爱卫办、健康江苏建设领导小组办公室评为江苏省健康社区
潘黄街道东升社区	12月，被省爱卫办、健康江苏建设领导小组办公室评为江苏省健康社区
盐都区鞋机商会	12月，被省工商联评为2021—2022年度江苏省“四好”商会
盐都区医疗用品商会	12月，被省工商联评为2021—2022年度江苏省“四好”商会
盐都区工商联大冈商会	12月，被省工商联评为2021—2022年度江苏省“四好”商会
盐都区工商联龙冈商会	12月，被省工商联评为2021—2022年度江苏省“四好”商会
张庄街道成庄社区	12月，被江苏省委全面依法治省委员会办公室、江苏省司法厅、江苏省民政厅评为江苏省第十六批省级“民主法治示范社区”
张庄街道郑通村	12月，被江苏省生态环境厅评为江苏省生态文明建设示范村
龙冈镇仇家村	12月，被江苏省委全面依法治省委员会办公室、江苏省司法厅、民政厅评为第十六批省级“民主法治示范村”
龙冈镇军营村	12月，被江苏省委全面依法治省委员会办公室、江苏省司法厅、民政厅评为第十六批省级“民主法治示范村”
中国银行盐都支行	12月，被中国银行江苏省分行工会委员会表彰为先进职工之家
龙冈镇仇家村	2023年2月，被江苏省爱国卫生运动委员会评为2022年江苏省卫生村
龙冈镇晓庄村	2023年2月，被江苏省爱国卫生运动委员会评为2022年江苏省卫生村
龙冈镇储巷村	2023年2月，被江苏省爱国卫生运动委员会评为2022年江苏省卫生村
龙冈镇港北村	2023年2月，被江苏省爱国卫生运动委员会评为2022年江苏省卫生村

文件选编

·重要文件摘要·

中共盐都区委　盐都区人民政府
关于做好2022年全面推进乡村振兴重点工作的实施意见

都发〔2022〕1号　2022年3月2日

2022年是全面推进乡村振兴，加快农业农村现代化的关键之年。做好2022年全区农业农村工作，稳住“三农”基本盘，对于应对各种风险挑战，保持全区经济平稳发展、社会和谐安定具有特殊重要意义。总的要求是，坚持以习近平新时代中国特色社会主义思想为指导，深入贯彻落实党的十九大、十九届历次全会精神和中央、省、市委农村工作会议要求，按照省市区党代会最新部署，坚持稳中求进工作总基调，注重系统思维、着力创塑特色、强化市场运作，聚焦乡村发展、乡村建设和乡村治理，扎实有序做好高标准农田建设、新型农业经营主体培优、农房改善、重大项目、农村改革、强村富民等六个方面重点工作，守牢粮食安全、不发生返贫和农业安全生产三条底线，确保农业稳产增产、农民稳步增收、农村稳定安宁，更富成效推进农业农村现代化和促进共同富裕，坚决扛起“争当表率、争做示范、走在前列”光荣使命，勇当沿海地区高质量发展排头兵，为奋力谱写“强富美高”新盐都建设现代化篇章提供有力支撑。

一、突出粮食安全，坚决扛起稳产保供责任

1. 强化重要农产品保供政治责任。全面落实粮食安全党政同责，严格粮食安全责任制考核，确保粮食播种面积稳定在96.7万亩左右，建设8个水稻绿色高质高效示范片。发挥七星现代化农场、盐粮集团的“龙头”作用，探索场地合作新模式，实施优质粮生产工程，在订单农业、加工增值、品牌赋能等关键环节精准发力，提高种粮综合效益。统筹做好重要农产品的生产和调控，生猪出栏10万头以上，蔬菜播种面积2万亩左右，水产品产量稳定在10万吨以上。

2. 落实最严厉的耕地保护措施。强化耕地用途管制，坚决遏制耕地“非农化”、防止耕地“非粮化”。对现存的“非粮化”问题坚持实事求是，分类稳妥处置，不搞“一刀切”；对新发生的“非粮化”问题，做到及时发现、及时制止、及时处理。加大土地督察发现问题整改力度，稳妥推进农村乱占耕地建房问题专项整治，巩固“大棚房”问题专项整治成果。扎实开展受污染耕地综合治理行动，确保安全利用率达93%。

3. 加快高标准农田建设。按照旱涝保收、高产稳产“吨粮田”建设标准，新建高标准农田3.26万亩，提升区级示范区5个、面积1万亩。完善“区负总责、乡镇落实、村为主体、受益者参与”的管护机制，对建成的高标准农田，统一上图入库管理，实行特殊保护。深入实施耕地质量提升工程，探索开展高标准农田质量评价，实施灌排系统生态化改造。继续加快灌区现代化改造步伐，重点实施龙冈中型灌区续建配套与节水改造项目。

4. 实施农机化“两大行动”。实施农业生产全程全面机械化行动，加快补齐设施园艺种植、果园施肥、畜产品采集、水产养殖起捕等薄弱环节机械化短板，农作物综合机械化水平达到98%以上，特色农机化水平达70%以上，建成特色农业机械化标准示范园（场）15个。实施农机装备智能化绿色化提升行动，促进农机装备转型升级，推广生态犁耕深翻技术，鼓励机插秧田块全部采用侧深

施肥。新增智能农机装备100台套以上，在秦南、郭猛、楼王等镇打造应用数字化、智能化管理场景的“未来农场”3家。

5.重抓自主化种业攻关。加强优质新品种自主选育攻关，力争稻麦新品种通过国审、省审各2个。大力推广优质稻麦品种，推动区农科所自主育成的“盐粳15号”“盐麦1号”在本地及周边种植面积达10万亩。加强南繁育种基地建设，做好农业种质资源的普查、收集和利用，建成“盐都区稻麦种植资源中期保护库”。启动种业监管执法年活动，严厉打击种子种苗违法违规行为。

二、聚焦乡村发展，加快构建现代产业体系

6.加快提升现代农业园区。推进现代农业“一镇一园一特”发展，将设施农业项目用地指标向园区倾斜，盘活利用低效项目土地资源，全力保障“高、精、尖”设施农业项目用地需求。每个园区新增设施农业面积100亩以上，新建省级园艺作物标准园1个。台创园重点瞄准台资企业，融入台湾元素，对闲置设施进行修缮改造，新上鲜切百合花、盆栽绿植等大众市场适销花卉品种种植项目，力争在全国台湾农民创业园评比中获评优秀格次。盐都现代渔业产业园重新完善提升规划，抽调精干力量，推动园区管理实质化运作，重点在大纵湖、楼王等板块建设千亩稻田育扣蟹基地、万亩成蟹标准化养殖塘口、蟹制品加工集中区和大纵湖大闸蟹批发市场，推动大闸蟹全产业链发展。盐都现代农业产业示范园重点放大“一户一棚”示范效应，加强与草莓行业重点龙头企业合作，在潘黄境内新增草莓种植面积1000亩，打造青年农民创业孵化平台，辐射带动面上新增1000亩，为举办世界草莓大会打牢基础。

7.加快实施融合发展行动。依托盐都食品未来科技园，开展福建、上海、苏锡常等地农业招商专题活动，紧盯“链主型”“旗舰型”“龙头型”企业，重点招引中央厨房、主食加工、休闲食品等产业，发展“中央厨房+”等新型业态项目，新落地亿元以上农产品加工企业5家以上。推进农业与旅游、康养、文创等产业深度融合，放大乡村旅游“五朵金花”的示范效应，大力发展赏花摘果、农事体验、民宿客栈等农旅融合业态，办好中国农民丰收节盐都系列活动，积极争创国家、省级休闲农业精品品牌。深入实施“快递进村”工程，加强“一点多能”的村级寄递物流综合服务点建设，确保年内农村物流达标镇级服务站建设覆盖率达85%以上。支持供销合作社建设公共型农产品冷链物流骨干网，改造提升基层供销合作社2个。

8.加快培育农产品特色品牌。深入实施农业品种培优、品质提升、品牌打造和标准化生产“三品一标”提升行动，绿色优质农产品比重达66%，推动盐都草莓、尚庄番茄成功申报国家地理标志农产品、龙冈茌梨进入省级品牌目录，成功申报省级大闸蟹产业优势区。推行食用农产品承诺达标合格证制度，健全农产品质量安全监测及追溯体系，确保地产农产品质量安全例行监测合格率98%以上，创成全国农产品质量安全县。加大“鲜之都·盐都”区域公用品牌宣传和统筹力度，通过开设直销旗舰店，树立产品质量标杆，提升区域公用品牌的公信力和美誉度。建立联席会议制度，着力构建以区域公用品牌为统领、地理标志品牌和企业商标品牌为支撑的品牌培育体系，促进本地农业生产企业对品牌的互认共建。

9.加快推进智慧农业高质量发展。突出园艺、畜牧、水产等产业，加快农业生产数字化改造升级，探索产业数字化转型路径，每个镇新建或提升2个农业物联网基地。支持以“苏农云”平台为纽带，建设区级农业农村大数据平台，推进涉农数据上下连通、共建共享。深化“互联网+”农产品出村进城工程试点，持续实施“数商兴农”行动，支持农业龙头企业、农民专业合作社以及种养殖大户、家庭农场等新型农业经营主体通过网络销售区域特色农产品。开展数字乡村建设试点示范，鼓励拓展乡村数字经济、智慧绿色乡村、乡村数字生活服务、数字乡村治理等应用场景和赋能方式。

10.加快提升农业农村绿色低碳发展水平。坚持生态优先、绿色发展，助力“碳达峰”“碳中和”目标实现。巩固全国农作物病虫害绿色防控示范县创建成果，重点建设10个省级绿色防控示范区，持续推进化肥农药减量增效。实施省生态循环农业试点村项目，总结推广生态循环农业技术模式，全面推进农作物秸秆综合利用，支持农药集中采购统一配供、农药包装废弃物回收、无害化处理，农作物秸秆综合利用率达95%，废旧农膜回收率达90%，畜禽粪污综合利用率达95%。推进水产养殖尾水治理，根据“谁养殖、谁治理”的原则，按照养殖面积10%的标准设置养殖尾水净化区，对50亩以上塘口全面实施池塘生态化改造，确保养殖尾水达标排放。

三、聚焦乡村建设，着力打造生态宜居美丽乡村

11.接续实施农村人居环境整治提升行动。大力实施全域推进村庄清洁、全域推进养殖尾水达标排放、美丽河道、美丽公路、美丽田园、美丽庭院、厕所治理、垃圾治理、污水治理“两全四美三治理”行动。各板块重点推进“11232”建设计划，即：建成10公里生态河道，完成10个自然村庄户厕无害化改造，整村推进2个村实现生活垃圾分类收集和资源化利用，农村生活污水治理率达30%以上，重点打造2个农村人居环境整治典型村（1个基础条件较好的村、1个基础条件薄弱的村）。深入开展以“四清一治一改”（清理农村积存垃圾、河塘沟渠、农业废弃物和无保护价值的残垣断壁，加强乡村公共空间治理，加快改变农民生活习惯）为重点的常态化村庄清洁行动，完善农村环境治理设施管护体系，健全长效保洁机制，美化提升村容村貌，加快推动我区村庄环境从干净整洁向美丽宜居迈进，争创全国村庄清洁行动先进县。

12.持续推进农民群众住房条件改善。加强城乡发展统筹规划，优化乡村空间布局，因地制宜编制和实施实用性村庄规划。通过引导进城入镇、规划发展村庄组团翻建、扩建新型农村社区等方式，重点推进1980年前建的农房改善，支持鼓励1981年至2000年所建农房改善，对有安全隐患的优先及时改造。积极抓好农房改善“后半篇”文章，加强农房风貌塑造，积极开展美丽宜居乡村提升行动，推进村庄基础设施和公共服

务配套，优化农业产业发展，努力建设一批体现水绿盐都、鱼米之乡风貌的美丽田园乡村，创成省级特色田园乡村3个、省级传统保护村落2个。加强重点中心镇、特色小城镇建设，力争大纵湖湖荡风情小镇年内创成省级特色小镇。

13.大力推动农村基础设施提档升级。推进农村公路建设项目向进村入户倾斜，新维修16公里农村公路、7座桥梁。打造3条“美丽农村路”样板路。全面建立覆盖区、镇、村道的“路长制”，落实农村公路管养职责。推进农村生物质能源和清洁能源建设，加快农村电网升级改造，更新改造农村供水管网25公里。农村广电网络全光网改造覆盖率达100%，基本实现5G网络普遍覆盖。深化农村公共基础设施管护体制改革，推进城乡一体化管护改革试点。

四、聚焦乡村治理，加快建设和谐稳定幸福乡村

14.完善乡村治理体系。丰富完善“1+4+1”乡村治理体系，坚持和发展“大数据+网格化+铁脚板”治理机制，有序推进清单制、积分制在乡村治理中的应用，引导开展村级小微权力清单、承担事项清单、公共服务清单等不同类型清单实践，全面深化基层社会治理“五个100%”。推动农村警务与乡村治理相融合，推进镇级“一局三中心”和村级“一中心三室”等乡村社会治理阵地规范化建设全覆盖。健全乡村治理组织架构，鼓励有条件的乡村综合网格配备“四专标准”专职网格员，完善网格联动“服务日”制度，推广建立集矛盾化解、治安防范以及生活家政、医疗健康、养老托幼、自助服务终端等于一体的便民服务区、便民服务点。

15.提升乡村文明水平。统筹整合、共享使用区、镇、村三级各类公共服务资源，加快推进乡村“复兴少年宫”试点建设，全面提升新时代文明实践中心、所、站建设质效。深入推进文明村镇创建活动，县级以上文明村占比达67%以上。创新实施文化惠民工程，持续开展文化进万家、戏曲进乡村等送文化下基层活动。加强农耕文化传承保护，推进非物质文化遗产和重要农业文化遗产保护利用。创新法治乡村建设载体，推动建立乡贤会和村民说事平台，深入推进“援法议事”活动。深化婚丧礼俗改革，开展高价彩礼、大操大办等移风易俗重点领域突出问题专项整治，提升农村殡葬设施建设水平和服务质量。

16.促进城乡公共服务。大力推进区域内教育资源公共服务平台建设，实施新一轮学前教育行动计划。实施“智慧助老”行动，健全区镇村三级养老服务网络，探索农村互助养老服务新模式，全区至少建有符合省定标准的1所失能失智、特困人员集中供养服务机构、3所区域性养老服务中心。深入开展“优质服务基层行”活动，落实困难残疾人生活补贴和重度残疾人护理补贴政策，推进农村精神障碍社区康复服务工作，继续完善3个农村区域性医疗卫生中心建设，力争新增5个甲级村卫生室。鼓励引导新业态从业人员、灵活就业人员、农民工、就业困难人员及劳动年龄段城乡居民等群体参加职工养老、医疗保险，城乡居民医保财政补助最低标准达到每人每年不低于640元，城乡居民基本养老保险基础养老金省定最低标准增幅不低于8%。

17.抓实农村安全生产。毫不松懈抓好安全生产专项整治，建立常态化监管工作机制。巩固涉渔乡镇船舶、涉渔“三无”船舶专项清理整治成果，逐步清退盐都籍海洋渔船；推行内陆渔船GPS定位，建立渔船固定日定点检验制度，全面防范渔业安全生产风险，严厉打击“电毒炸”“绝户网”非法捕捞行为，提高安全监管水平。深入开展“平安农机”建设，继续实施“三夏”“三秋”农机安全网格员管理制度，加快推进城近郊板块运输用拖拉机“清零行动”，重点打造智能化驾考、自动化检测、数字化调度“三位一体”的农机安全监管阵地。加大农村地区道路交通违法整治力度。新实施农村公路生命安全防护工程176公里。加强农作物重大病虫疫情以及非洲猪瘟等重大动物疫病监测预警与防控，落实属地责任，实行定责定岗定人。

五、聚焦改革创新，不断激发农业农村发展动能

18.落实农村综合改革任务。推动部省共建率先基本实现农业农村现代化合作框架协议落地落实，分级创建乡村振兴示范镇、示范村，建成示范镇1个，巩固提升示范村3个，新打造示范村3个、重点村20个。加快推进全域土地综合整治国家试点项目建设，打造通过土地整治实现新增耕地和城乡建设用地、促进农民增收的典型。规范农村宅基地管理，定期召开宅基地管理联席会议，落实部门职责和属地管理责任，推动乡镇政府履行宅基地审批职能，建立一个窗口对外、多部门内部联动运行的联审联办机制。实质化运行农投公司，提升农业投资、品牌营销等组织化、市场化程度。

19.实施富民强村帮促行动。健全低收入人口常态化救助帮扶政策，加强社会救助、就业创业等资源统筹，建立分层分类的常态化救助帮扶机制，防止出现年收入跌入6000元以下的人口和集体经济跌入18万元以下的村。加快构建农民收入持续较快增长长效机制，实现农民人均可支配收入增幅高于城镇居民、农村低收入人口可支配收入增幅高于农民平均增幅。大力发展融合经济和服务经济，推动村村抱团、村企合作、村社融合，鼓励村干部带头领办集体农场和农业服务组织，促成村集体创新益农信息社服务模式，通过网上农资统购、耕种收中介服务等路径，收取服务提成，增加集体收入。建立集体经济发展成效与管理人员报酬增长挂钩机制，充分调动村干部积极性，确保所有村集体经营性收入都达到32万元以上。积极发展综合社、联合社和以家庭农场为主要成员的规模合作社，加快“空壳社”清理进度，新培育省级示范社2家。引导各类家庭农场因业制宜成立行业联盟等联合体，新创成省级示范家庭农场8家。

20.加快推进乡村人才振兴。深入实施“春来归盐、返乡乐业”行动，想方设法育好“村里人”，真心诚意唤回“返乡人”，筑巢引凤集聚“新农人”。积极开展省、市农业农村人才培养“百千万”工程和乡土人才“三带”行动计划，培训高素质农民培训4500人次。开展乡村振兴“百名新农菁英”培育计划，对到村工作的大学毕业生给予政策倾斜，构建完备

的家庭农场社会保障体系，吸引更多的年青人成为乡村振兴的新农菁英。充实基层农技服务力量，每个板块新招录1名农技人员。组织农技推广服务活动，实施农业农村领域重大关键技术攻关，畅通农技推广“最后一公里”。

六、聚焦要素支撑，切实加强“三农”工作党的领导

21.压实全面推进乡村振兴责任。贯彻落实乡村振兴责任制实施办法，实施乡村振兴“书记项目”，推动镇（区、街道）党委书记切实扛起“第一责任”。完善推进乡村振兴战略实绩考核制度，建立乡村振兴年度述职点评机制，对考核排名靠前的镇（区、街道）在乡村振兴资金和项目安排、表彰奖励、干部任用等方面给予倾斜支持，对考核排名靠后、履职不力的进行约谈。开展乡村振兴战略规划实施总结评估，加强区镇党政领导干部特别是分管“三农”工作的领导干部培训。推进党委农村工作领导小组议事协调规范化制度化建设，建立健全重点任务分工落实机制，协同推进乡村振兴。

22.实施党建引领乡村振兴行动。着力加强镇（区、街道）领导班子、村（社区）“两委”班子建设，落实镇、村干部激励、考核、关爱机制，按照《盐都区村党组织书记年度绩效考核实施办法》进行绩效考核。优化提升村（社区）党组织书记队伍建设，定期举办“村书记讲坛”“村干大学堂”等各类培训，严格落实“区镇共管”“联审联查”“分析研判”机制，推进专职化管理工作全覆盖。持续加强村（社区）党支部标准化建设，评选表彰一批示范党支部、排查整顿一批软弱涣散党组织。落实镇（区、街道）领导班子成员包村联户、村“两委”成员入户制度。

23.加大财政支农投入力度。成立区级金融机构服务农业农村现代化战略联盟，鼓励金融机构加大农业农村专属金融产品创新力度，大力推广“苏农贷”“富农易贷”等产品。稳步推进农村土地承包经营权、农民住房财产权抵押贷款工作。推进农村信用体系建设。发挥全区农商行农村金融主力军作用，发挥政府性融资担保公司、农村小额信贷公司等服务“三农”作用。发挥省乡村振兴投资基金作用，加大对涉农企业的投资支持力度。创新农村金融风险防范手段，进一步改善农村金融生态环境，加大对乡村振兴中长期信贷支持。稳妥有序推进农产品收入保险，健全农业再保险制度，发挥“保险+期货”在服务乡村产业发展中的作用。

中共盐都区委　盐都区人民政府
关于推进新时代人才强区建设的意见

都发〔2022〕13号　2022年8月10日

为深入贯彻中央和省委、市委人才工作会议精神，按照区第十五次党代会和区委人才工作会议部署要求，全力打造沿海地区高水平人才创新发展示范区，全方位培养、引进、用好人才，现就推进新时代人才强区建设提出如下意见。

一、坚持高点定位，明确新时代人才强区战略目标

1.指导思想。坚持以习近平新时代中国特色社会主义思想为指导，全面贯彻习近平总书记关于做好新时代人才工作的重要思想，深入落实新时代人才工作新理念新战略新举措，坚持党对人才工作全面领导，牢固树立人才引领发展战略地位，深入推进人才发展体制机制改革，着力营造识才爱才敬才用才良好环境，努力聚天下英才而用之，为谱写“强富美高”新盐都现代化建设新篇章提供坚强智力支持和人才保障。

2.发展目标。全面融入国家建设世界重要人才中心和创新高地战略布局，聚焦盐都地标、优势、潜力产业链，推动产业链、创新链、要素链和人才链深度融合，建设高水平的人才队伍、高能级的载体平台、高含金量的政策举措、高匹配度的人才供给、高品质的人才生态，全力打造沿海地区高水平人才创新发展示范区，在新时代人才强市建设中作出“盐都贡献”、展现“盐都担当”。

——到2025年，人才强区建设取得实质性突破。人才规模迈上新台阶，人才资源总量突破16万；人才结构实现新优化，集聚领军人才300名以上、高层次人才1000名以上；人才效能达到新高度，全社会研发投入占GDP比重超3%，万人发明专利拥有量达50件以上，高新技术产业产值占比超过65%；人才环境焕发新面貌，人才住房、教育、医疗等保障能力明显提升，全社会创新创造活力充分迸发。

——到2030年，基本建成人才强区。人才体制机制改革取得突破性进展，造就电子信息、高端装备、新能源等领域一流人才方阵，在关乎盐都高质量发展的关键核心技术和新兴前沿交叉领域实现突破，形成更具竞争力的人才制度优势，吸引配置全国优秀人才的能力显著增强。

——到2035年，全面建成人才强区。人尽其才、才尽其用，价值彰显、活力迸发的人才生态更加完善，高素质国际化、顶尖型人才加速汇入，高水平人才队伍整体实力位居江苏沿海区域前列，成为长三角地区具有影响力的人才创新高地。

二、抢抓战略机遇，搭建高能级集聚人才平台载体

1.重点打造高水平人才创新发展示范区。对标规划建设长三角一体化融合发展示范区战略部署，高起点、高标准打造人才创新发展示范区。坚持以产业聚人才、以人才兴产业，紧扣市“5+8+10”产业链布局，牵头建设“3+5”产业链，设立电子信息产才融合创新中心，采取“产业技术研究院+科技镇长团+高层次人才协会”三位一体模式，绘制产业图谱和人才地图，同步开展招商选资、招才引智、招院引所。将高新区作为集聚人才的主战场，做大“一区多园”规模，加快集镇工业园全面融入国家高新区步伐，形成龙头园区承接大项目、功能园区提供上下游配套的园区发展格局，为各类优秀人才提供创新创造、展示自我的舞台。

2.全力推进高能级重大创新平台建设。实施科研平台提质计划，探索“院校+园区+龙头企业”合作模式，以增强源头创新与关键技术供给能力为核心，推动产业链上下游企业、园区与高校院所、新型研发机构的协同创新，积极创建院士工作站、博士后工作站(博士后创新实践基地)、工程技术研究中心(企业技术中心、工程研究中心)和省级以上重点实验室，让园区成为原始创新的策源地、企业成为转型升级的主力军。全力引进“双一流”高校，共建一批“人才团队持大股、项目化落地、市场化运作、企业化运营”的新型研发机构，以新的激励机制调动高校院所、科研人员创新创业积极性，有效打通科技成果转移转化“最后一公里”。联合吉林大学、东南大学、盐城工学院等探索建设科创中心、产教综合体、研究生院，全面集聚科教、人才、技术等高端资源。谋划筹建盐城黄海实验室，加快国家超算盐城中心、中科院第三代半导体研究院、电子信息产业学院等平台建设运营，提升中科院计算所高通量研究院、上硅所新能源创新中心等12家科创平台效能，不断扩大“清华系”“中科系”平台载体队伍规模。

3.做大做强高层次创业孵化载体。加快建设一批优质科技企业孵化器，为初创人才项目提供新型创业理念和专业化服务，帮助初创人才项目成长壮大，持续放大初创企业集群效应，打造辐射全市、苏北领先的科创孵化示范区。加速推进盐西高新科技园孵化器、盐城伦科技孵化器等一批新建孵化器认定升级，擦亮盐城大学科技园“国家级大学科技园”名片，吸纳更多孵化项目入驻。在打造好“一南一北”孵化组团的基础上，按照“达标一批、提升一批、新建一批”的工作思路，再引进一批面向初创型和成长型企业的高质量孵化器和众创空间，鼓励企业、机构参与投资科技孵化器。支持社会力量管理运营创客空间、创业咖啡、创新工场等新型孵化载体，引入一批高质量的科创团队和项目。制定和完善“零准入、零租金，给场地、给资金”的支持政策，对引进落户的人才项目实行“全流程、一站式”服务，打造一批开放式创新服务载体。加大“离岸孵化”平台建设力度，坚持“区外创新、盐都应用”，积极对接北京、上海、粤港澳大湾区等高水平人才战略高地，设立离岸孵化平台，吸引更多高层次人才落户盐都、兴业盐都。

三、突出靶向发力，建强高素质创新创业人才队伍

1.实施高端人才领航行动。围绕盐都战略需求，聚焦电子信息、高端装备、新能源三大主导产业，集聚一批掌握核心技术、具有国际水平的科技领军人才和创新团队。到2025年，入选市“黄海明珠人才计划”领军人才项目100个以上，入选省“双创计划”20个以上，遴选50名精于实操、具有突出技术创新能力、善于解决复杂工程问题的卓越工程师。紧扣产才融合和“高精尖缺”需求，分领域建立专家“智库”，做大长三角科创合作“朋友圈”，不断完善高层次人才柔性引进机制，探索“高端人才+创新团队”引进模式。举办“智汇盐都”人才发展大会，邀请两院院士、国家重大人才工程专家等顶尖人才参加，签约一批人才项目，聘请一批招才引智大使。积极推行“揭榜挂帅”、项目经理制、“赛马制”，完善“企业出题、政府发榜、人才攻关”机制，对揭榜成功的，区财政给予相应资金支持。

2.实施青年人才脱颖行动。坚持普惠性支持和竞争性支持相结合，分层分级加大接续培养力度，加快建设一支数量充足、结构合理、素质优良、具有国际竞争力的青年科技人才后备军。到2025年，培育获省级资助优秀青年科技人才100名以上，新增就业大学生15000名，引进优秀毕业生500名以上。持续推进名校优生招引工作，面向国内名校和世界前200强高校，大力引进更多优秀毕业生来盐都工作。建立“青年人才智库”，推行导师结对制度，引导用人单位培养、用好、留住优秀青年人才。加大青年人才资助培养力度，教育、医疗、科技、产业类相关项目支持青年人才比例力争达到30%，定岗进编、职称评聘、选拔任用、学术评比等向青年人才倾斜。

3.实施海外人才引智行动。抢抓海外人才回流机遇，以国家级项目申报为渠道，以产学研合作为媒介，通过全职引进、柔性引进、项目引进、专项资助引进等方式，大力集聚全球高端人才和智力资源。到2025年，在国外人才密集区建立海外引才工作站10个以上，聘请海外人才大使20人以上，引进海外人才100人以上。依托江苏海外人才离岸创新创业(盐城)基地和海外引才工作站，组织海内外优秀创业人才、团队参加中国·盐都海外人才创新创业大赛，遴选一批优质海外人才项目落地。发挥对外友好协会作用，密切与韩国电子协会、汽车研究院等协会联系，扩大与德国茨威考市友好合作领域，汇聚海外优秀人才，引进孵化海外创业项目。建立盐都在外高层次人才信息库，加强对优秀毕业生、乡贤的摸排联系，搭建在外人才联系沟通、对接服务、引进回流的信息平台，发挥“亲情、乡情、友情”的情感纽带作用，开辟靶向引才“快速路”。

4.实施产业人才强链行动。坚持“人才链”与“产业链”同向发力、深度融合，按照“一产业链配套一人才链”的发展思路，启动实施“一产业链一人才计划”。到2025年，培育省科技企业家20名以上、省科技副总200名以上、省产业教授100名以上。定期举办校企多方合作对接活动，充分发挥校企双方核心资源新优势，共同研究创新企业与高校人才培养新模式，打通原始创新到产业发展的壁垒。组织开展中国电子信息行业创新创业大赛和中国·盐都创新创业大赛，以大赛方式集聚优秀创业人才和优质创业项目，吸引各类高层次人才带资金、带创意、带项目、带技术落户盐都创办企业。加快制定服务重点产业链招聘活动计划，根据企业人才需求，着力开发更多适应人才特点和产业链发展需要的岗位，按图索骥赴专业契合度高、综合实力强的高校开展人才招聘活动。

5.实施企业家人才提升行动。传承弘扬企业家精神，建立健全企业家培训体系，以星级企业、高新技术企业、“瞪羚”企业、“专精特新”小巨人企业为重点，每年遴选20名企业家、50名企业经营管理人才开展重点资助培养。实施民营企业“创二代”接力培养计划，定期举办大讲堂、访学行、研修班等活动，组织赴先进制造业发达地区培训学习，提升“创二代”科学素养、创新活力和创造潜能。加快职业经理人培养。加快建设国有企业高素质专业化企业家队伍。

6.实施高技能人才锤炼行动。围绕产业转型升级和新兴产业链培育需要，按行业、年龄分类培养一支掌握绝技绝活、擅长基础工艺的复合型高技能人才队伍，形成技术技能人才“梯次集群”。到2025年，每万名劳动者中高技能人才数达330人以上。组织职业技能专项培训，鼓励企业加大与各类职业院校共建技能人才实训基地，采用“订单式”培养综合素质高、创新能力强的高技能人才。充分发挥企业主体、职业(技工)院校基础以及培训机构、行业组织的支持作用，常年开展职业技能培训。推进技能人才自主评价，大力度放权，让用人单位更有“话语权”，推动企业技术创新、工艺创新和产品创新。积极组织技能人才参加各级各类技能大赛，发挥“以赛促训、以赛评价、以赛选才”作用，不断提高“盐都工匠”品牌影响力。

7.实施名师名医人才引育行动。补齐民生短板，引培并举打造社会事业人才队伍。到2025年，培养省特级教师、教学名师5名以上，培养市级学科带头人50人以上、教学能手100人以上；获评市名医、名中医各1名，新建名医工作室8个。制定出台教育、卫生专项引才政策，吸引人才回流。放大集团化办学和市区优质教育资源联手效应，将新建的科创城中小学、吴抬路中小学和智创中小学打造成盐城标杆校、品牌校。打响盐城市三院“南京医科大学盐城临床医学院”品牌，建成建好上海市第九人民医院盐城分院、区老年医院和区中医院，重点引进掌握核心医疗技术、具有国际国内影响力的医学专家。加强与名院的合作联系，深化院际合作，引进和培养重点学科(专科)带头人。

8.实施乡土人才振兴行动。壮大乡土人才队伍，引导乡土人才在乡村振兴一线发挥更大作用。到2025年，建成省级乡土人才示范基地1个、省级乡土人才大师工作室2家，培育各类乡土人才5000名以上。以生产经营型、专业技能型和专业服务型等三类农民为重点，打造一支“有文化、懂技术、善经营、会管理”的新型职业农民队伍。立足盐都名人文化、淮剧文化、曲艺文化资源，培育和引进一批能够引领盐都文化产业发展的领军人才和文化经营管理人才。积极发掘和培养各领域能工巧匠、民间艺人等乡土人才，建立乡土人才库，鼓励乡土人才带领技艺传承、带强产业发展、带动群众致富。开展各类培训，培养更多“土专家”“田秀才”“民俗艺人”“种养殖能手”，实现乡土人才特长技艺就地转化。开展兴农菁英“强村行动”，进一步创新渠道吸引创业能人、大学生、退役军人等返乡干事创业，着力选优建强乡村治理人才，储备培养一批懂乡村、会经营、为乡村的高素质乡村振兴青年人才队伍。

四、坚持破立并举，激活高水平人才创新创造动能

1.优化提升人才政策。充分拓宽视野，对标北上广深、宁杭苏锡等地的人才、科技、产业政策，在优化整合现有人才政策基础上，集成出台标准更高、力度更大、竞争力更强的引才政策，形成人才培养、引进、使用、服务“四位一体”政策体系。始终坚持立足盐都产业实际，以产业链、创新链、要素链、人才链深度融合为根本导向，聚焦关键领域、关键环节，充分了解掌握人才和企业的实际诉求，建立健全“定制服务”工作机制，及时满足合理地个性化政策需求。配套出台相应细则，进一步精简流程和步骤，提升政策落地效率，对符合条件的各类人才即时兑现相关政策。

2.持续深化校地合作。探索实施“一县一校”对接工程，结合产业和社会事业需求，有针对性地加强与中国科学技术大学、南京信息工程大学等长三角区域知名高校院所对接，构建长效合作机制，常态化承接高校院所研究成果转化落地，全职或柔性引进各类高层次人才。在国内高校集聚区设立高校人才联络站，开展政产学研合作，推动校地双向交流挂职，选派人才来盐都挂职科技镇长团，委派科技人才条线的同志到高校挂职。支持教育、卫生系统加大与国内一流高校的对接力度，设立专门培育基金，探索建立联合培养、打包引进的人才机制，定向输入优秀的教育、卫生人才。

3.贯通项目评价支持。加快政府部门科技、教育、卫生人才工作改革，减少分钱、分物、定项目，把职能职责转到制定政策、创造环境、搞好服务上。在重点科研项目、产业项目、工程项目的评审立项实施中，把人才配置作为必要条件，着力破除“重物轻人”观念。建立产业、科技、人才项目综合评价机制，防止重复申报，实行贯通认定，推动“一评多用”集成支持。完善人才认定制度，对入选特定人才工程项目、得到用人单位认可的重点人才，可免予评审，直接给予相应支持。

4.完善人才减负机制。进一步精简人才工程，不将“帽子”头衔与岗位评聘、薪酬待遇、项目评审等简单挂钩，探索建立以“代表性成果”和实际贡献为主要内容的评价方式，不将论文等作为评价应用型人才的限制性条件。充分发挥用人单位在人才培养、引进、使用中的主导作用，持续深化人才评价改革，加快建立破“四唯”后的人才评价标准体系，重点推行聘期评价、长周期考核、契约化管理。建立完善以信任为基础的资金管理机制，推行经费使用包干制，扩大科研人员经费使用自主权，不简单运用行政管理办法管理科研工作，压减科研人员参加会议、评审等活动，切实减轻人才事务性负担。

5.构建开放包容体系。实行人才管理“放权”清单和“负面”清单制度，明确用人主体和人才在创新活动中的许可事项和禁止性事项。强化职能部门的监管责任，加强对承接授权主体的指导和服务，建立监管评估机制和违规责任倒查制度。健全人才创新创业容错免责制度，对在改革创新、探索性试验、推动发展中的无意过失行为和未取得预期成效，但已尽到诚信和勤勉义务的，不对有关单位和个人进行负面评价，不追究相

关责任。加强审计监督、财会监督与纪检监督的贯通协调,创新监督监察方式,强化案例指导,不断完善包容创新的审慎监管制度。

五、汇聚资源要素,打造高品质人才创新发展生态

1.搭建人才金融支持平台。加大人才项目初创期、人才成长培养期的支持力度,构建投资主体多元化的新型投融资体制,发挥产业发展投资引导基金功能,按照"政府引导、市场运作、社会参与、防范风险、滚动发展"原则,引导社会资本重点投向我区高层次人才创业项目。鼓励金融机构优化"人才投""人才贷"等金融产品,吸引天使投资、创业投资基金在我区落户,根据实缴资本、实际募资和实际投资等情况,给予政策奖励和风险补偿。

2.打响人才满意服务品牌。扩大"都U+"人才服务特色品牌知晓度,运用大数据、云计算等现代信息技术,建设集引进人才、服务人才、赋能人才、引领人才等功能于一体的人才创新创业服务体系,提供政策咨询、创业指导、项目申报、生活保障等全过程服务。建立人才服务专员制度,推动人才诉求"一窗受理"、人才服务"一站供给"、人才发展"一帮到底"。实行高层次人才定制服务、女性人才关爱服务,妥善帮助解决配偶安置、子女入学、医疗保健等问题。大纵湖旅游度假区探索打造"人才小镇",定期组织各类高层次人才来盐都参观休养、开展合作。

3.创优人才宜居宜业环境。着眼不同层次人才的实际需求,分类分层推进人才公寓建设。完成高新区汇文公馆改造提升,加快盐渎街道新城创客、盐龙街道汇悦城等人才公寓建设,构建更具时尚气息、符合青年品味、精细配套服务的城市青年人才社区,完善周边娱乐休闲生活设施。定期开展青年人才联谊、人才沙龙等活动,常态化举办盐都"科技创新大讲堂",服务人才创新、助力创客发展,打造青年人才心仪向往之地。

六、秉持党管人才,以更强担当凝聚人才工作合力

1.完善人才工作领导体制。加强党对人才工作全面领导,健全区委人才工作领导体制,加强人才服务机构建设。明确区委人才工作领导小组成员单位职责,进一步完善区委统一领导、组织部门牵头抓总、各有关部门密切配合、社会力量广泛参与的人才工作格局。建立健全党委(党组)定期研究人才工作制度,每年至少专题研究1次,及时解决工作中的重大问题。各镇(区、街道)和各相关部门以及人才集中的单位应明确人才工作专门机构,配强人才工作力量,打造一支政治强、业务精、懂人才、善协调、作风好的人才工作队伍。

2.强化人才工作考核激励。将人才强区作为区委全面深化改革重点督查任务内容,人才工作纳入全区综合考核重要内容,并提高考核权重。全面推行区镇部门人才工作述职制度,纳入党建工作述职评议考核重要内容。明确区人才工作部门双重责任,既要抓产业发展、又要抓产业人才,既要抓行业人才、又要履行面上人才工作职责。健全各级人才工作统计制度,完善人才发展统计指标体系,加强重点领域人才动态监测。

3.营造人才工作良好氛围。加强政治引领和政治吸纳,健全人才表彰奖励制度,定期评选表彰人才贡献奖、人才工作奖和人才伯乐奖,重点奖励作出突出贡献的杰出人才、先进单位、引才机构或个人。弘扬科学家精神、企业家精神和工匠精神,大力宣传各条战线上的优秀人才典型。注重从高层次人才中发展党员,做好"两代表一委员"推荐工作。落实领导干部联系服务专家制度,密切思想联系和感情交流,把党内和党外、国内和国外各方面优秀人才吸引过来、凝聚起来,努力形成人人渴望成才、人人努力成才、人人皆可成才、人人尽展其才的生动局面,合力谱写走在前列的盐都人才新篇章。

盐都区人民政府
关于实施2022年为民办实事项目的通知

都政发〔2022〕7号　2022年3月7日

各镇人民政府、街道办事处,盐城高新区、大纵湖旅游度假区、台湾农民创业园,区委各部委办,区各委办局,区各直属单位,市属驻盐都各单位:

现将2022年我区承办的16项市政府为民办实事项目和区人大交办的10项民生实事项目任务下达给你们。请各责任部门和承办单位细化实施方案,制定详细计划和项目进度表,强化协同管理,确保实事项目全面完成。区政府将对为民办实事项目推进情况定期督查和每月通报,并将结果纳入年终绩效考核。

特此通知。

附件:1.2022年盐都区承办市政府为民办实事项目任务表

2.2022年盐都区政府为民办实事项目任务表

盐城市盐都区人民政府

2022年3月7日

附件1

2022年盐都区承办市政府为民办实事项目任务表

表23

单位：万元

序号	项目名称	承办任务	2022年计划投资	责任部门	承办单位	挂钩领导
合计(16)项			128920			
1	建设幼儿园	新建合景泰富幼儿园、观棠府幼儿园、东晖锦园幼儿园等3所幼儿园，年内主体竣工。	6100	区教育局	盐龙街道 盐渎街道 张庄街道 城镇化集团	孙高明
2	建设提升中小学	新建科创城小学、科创城初中等2所中小学，年内主体竣工。	43000	区教育局	潘黄街道	孙高明
		改善提升大冈初中、龙冈初中、神州路小学、大冈小学、卧龙小学、肇基小学、楼王初中、郭猛小学、郭猛初中、凤凰小学等10所义务教育学校，年内竣工。	2370	区教育局	各有关镇(区、街道)	孙高明
3	提升养老服务能力	建设1个面积不少于1000平方米的城市街道“枢纽式”养老服务综合体，为老年人提供专业照护、医疗护理、康复保健、精神文化、委托代办、居家安全等服务，年内建成运营。	500	区民政局	潘黄街道	吴　军
		建设10个示范性“长者幸福食堂”，为老年人提供膳食服务，年内建成运营；依托医养机构，实现80名失能失智特困供养对象集中供养；为800名60周岁以上经济困难独居老人在厨房、卫生间、房间安装一键呼叫装置；为200名75周岁至79周岁中度、重度失能社会老人购买居家上门服务。	533	区民政局	各镇(区、街道)	吴　军
4	提升住房保障水平	改善农民群众住房条件2100户。	42000	区住建局	各镇(区、街道)	徐启楼
		改造二纺厂家属区、麦芽厂家属区、农民公寓、教师公寓、孙吴小区、丁晏小区、新日月小区、衡泰冠城小区等8个老旧小区51.54万平方米。	4740	区住建局	盐龙街道 张庄街道 潘黄街道 盐渎街道	徐启楼
5	提升优化城乡交通	新建、改建农村公路道路7公里。	1080	区交通局	区交通局 城镇化集团	徐启楼
		新建、改建农村公路桥梁33座。	2310	区交通局	区交通局 城镇化集团	徐启楼
		实施农村公路生命安全防护工程24公里。	290	区交通局	区交通局 城镇化集团	徐启楼
6	实施体育惠民	新建健身步道5公里。	100	区教育局	盐渎街道 潘黄街道	孙高明
		新建、改建镇(街道)级体育公园2个。	200	区教育局	大纵湖镇 学富镇	孙高明
		新建或改建行政村(社区)健身房3个。	30	区教育局	盐龙街道 盐渎街道 潘黄街道	孙高明
7	提升广电服务	建设智慧广电乡村3个。	300	区文广旅局	盐龙街道 潘黄街道 郭猛镇	周　昉

续表23

序号	项目名称	承办任务	2022年计划投资	责任部门	承办单位	挂钩领导
8	建设口袋公园	建设口袋公园15个。	1000	区住建局	盐龙街道 盐渎街道 潘黄街道 张庄街道	徐启楼
9	治理农村生活污水	完成62个自然村农村生活污水治理。	2170	生态环境局	各镇(区、街道)	徐启楼
10	推进农村河道生态治理	建设大冈镇农村河道生态治理整镇推进示范乡镇。	15077	区水务局	大冈镇	徐启楼
11	新建遮阳挡雨棚	新建遮阳挡雨棚20座。	360	区城管局	区城管局 盐龙街道 盐渎街道 潘黄街道	徐启楼
12	推进厕所革命	新建农村公厕8座。	272	区城管局	大冈镇 大纵湖镇 秦南镇 楼王镇	徐启楼
13	建设农贸市场	新建、改建农贸市场3个(其中新建1个,改建2个)。	1300	区商务局	盐渎街道 潘黄街道	吕　杨
14	建设"梦想小屋"	建成62个"梦想小屋",为事实孤儿为主的困境青少年群体开展关爱活动。	74	团区委	各镇(区、街道)	周　昉
15	提档升级"十大场所"安防设施	对6家医院、7家老旧小区、112家学校、2家商业综合体、23家农贸市场、3家超市等场所实施安防设施提档升级。	2290	公安分局	各镇(区、街道)	王柱军
		建设15个智慧安防小区。	375	公安分局	各有关镇(区、街道)	王柱军
16	实施照护保险	建立照护保险制度,将区内(职工医保12.68万人、居民医保51.29万人)重度失能的基本医疗保险参保人员纳入照护保险保障对象,将其基本生活照料和与生活密切相关的基本医疗护理纳入保障范围。	2429	盐都医保中心 区民政局	盐都医保中心 区民政局	吴　军

附件2

2022年盐都区政府为民办实事项目任务表

表24　　单位:万元

序号	项目名称	承办任务	2022年计划投资额	牵头单位	责任单位	挂钩领导
合计10项			162464.47			
1	▲新建中小学	新建科创城小学、初中,吴抬路小学、初中,智创小学、初中等6所学校,建筑面积分别为7.4万、7万、5.6万平方米。	100000	区教育局	盐龙街道 盐渎街道 潘黄街道	孙高明
2	▲新建幼儿园	新建智创路幼儿园(合景泰富幼儿园)、观棠府幼儿园、东晖锦园幼儿园、宝馨花园幼儿园等4所幼儿园,建筑面积分别为4860、2058、6500、4050平方米。	7100	区教育局	盐龙街道 盐渎街道 潘黄街道 张庄街道 城镇化集团	孙高明

续表24

序号	项目名称	承办任务	2022年计划投资额	牵头单位	责任单位	挂钩领导
3	▲2022年全区敬老院改造提升工程项目	对全区15个公办敬老院内部设施及外部形象进行改造提升达标。	1200	区民政局	各镇(区、街道)	吴　军
4	▲改善农民群众住房条件	改善农民群众住房条件2100户。	42000	区住建局	各镇(区、街道)	徐启楼
5	▲农村公路生命安全防护工程	对大冈、张庄、学富3个镇(区、街道)所管养道路的安全生命防护工程进行整治,共涉及40个路段62.57公里。	1400	区交通局	大冈镇 张庄街道 学富镇	徐启楼
6	▲实施体育惠民工程	提档升级34个小区室外体育健身器材,新建健身步道5公里,新建、改建镇(街道)级体育公园2个,新建或改建行政村(社区)健身房3个。	430	区教育局	各有关镇(区、街道)	孙高明
7	▲提升绿地服务功能	新建15个"口袋公园"。	1000	区住建局	盐龙街道 盐渎街道 潘黄街道 张庄街道	徐启楼
8	全区农村饮用水安全设施改造提升	对全区农村饮用水增压站和备用水源井安防设施提升改造;二级考核水表进行改造更新;改造自来水过桥钢管。	1200	区水务局	水务局	徐启楼
9	就业援助工程	援助10000名就业困难人员实现灵活就业。	8000	区人社局	区人社局 各镇(区、街道)	吴　军
10	建立18周岁以上无固定收入重度听力、言语残疾人生活补贴制度	将18周岁以上无固定收入重度听力、言语残疾人纳入困难残疾人生活补贴范围。该项目受益人数约614人,标准参照18周岁以上无业三级肢体残疾人补贴(低保标准的25%,182.5元/人/月)。	134.47	区残联	民政局	周　昉

注:带▲为列市项目

盐城市盐都区人民政府
关于进一步加快现代服务业高质量发展的若干政策意见

都政发〔2022〕26号　2022年7月4日

各镇人民政府、街道办事处,盐城高新区、大纵湖旅游度假区、台湾农民创业园,区各委、办、局,区各直属单位,市属驻盐都各单位:

《关于进一步加快现代服务业高质量发展的若干政策意见》已经区政府常务会议审议通过,现印发给你们,请认真贯彻落实。

盐城市盐都区人民政府

2022年7月4日

关于进一步加快现代服务业高质量发展的若干政策意见

为贯彻落实新发展理念,推动生产性服务业向专业化和高端化、生活性服务业向高品质和多样化升级,进一步加快我区现代服务业高质量发展,促进经济提质增效、转型升级,区财政设立专项资金,用于激励科技服务业、中介服务业、数字服务业、文创产业、总部经济、金融服务业等高质量发展,具体政策意见如下。

一、促进科技服务业创新发展

1.培育发展科技服务业。主要发展研发设计、创业孵化、技术转移、金融创投、科技咨询、检验检测、知识产权等项目。(1)开办支持。对新入驻的实质运营科创服务业企业或机构(不含科技咨询),按照引进人才数量给予开办费支持,支持期限为1年,标准为本科1万元/

人、硕士2万元/人、博士3万元/人(本科生、硕士生、博士生需在盐都区缴纳社保1年)、“万人专家”10万元/人、国家重大人才工程入选者(不含青年计划)20万元/人、国家杰青30万元/人、长江学者40万元/人、两院院士或发达国家院士50万元/人。(2)运营支持。企业入驻盐都辖区运营,本地缴纳社保3人以上的,前3年按运营费用(主要指承担活动)50%、后2年按运营费用30%给予补贴。(3)设备投入支持。企业开办6个月内新购研发、检测类(不含模具、夹具)新设备超过200万元的,按实际设备投入10%给予补助,最高补助不超过500万元。(4)租金支持。科创服务业企业达到协议约定条件,按照不超过15㎡/人标准,给予前3年房租全额补贴、后2年给予补贴80%。孵化器、众创空间类企业达到协议标准,额外给予物业费用前三年全额补贴、后两年50%补贴。(5)产业基金支持。针对需要产业基金支持的企业,经规定程序认定,区内相关产业基金给予支持。(6)创牌支持。对新获得国家级、省级认定的科技服务业企业一次性分别给予60万元、30万元奖励(逐级获得认定的奖励差额部分)。(7)服务贡献支持(不含孵化器、众创空间)。服务盐都企业按地方贡献留存给予一定比例的奖励;当年服务培育新认定国家高企5家以上的奖励20万元;在我区注册成立并在国家知识产权局备案的知识产权服务企业,当年服务我区专利申请达200件以上,其中发明专利申请占50%以上的,奖励10万元。(8)对开拓国际检验检测市场、开展国际检验检测技术结果和能力互认的检验检测机构,年度新增检测业务收入(不含验货类检测)20万元以上的,给予新增境外及跨国合作检验检测业务量10%、不超过30万元的奖励。(9)对检验检测企业承担服务业标准化试点项目建设并通过国家、省级验收的,分别奖励30万元、20万元。(10)对新获全国重点能源资源计量服务示范项目、全国工业计量标杆示范单位、江苏省能源计量示范的单位,分别给予20万元、20万元、10万元奖励。

二、促进总部经济质态提升

2.大力发展总部经济。主要发展楼宇研发、营销、结算、管理等各种功能性总部。(1)开办支持。经认定的新引进区域销售中心功能总部、运营中心功能总部等总部经济,实收资本3000万元(含)至5000万元的,一次性给予1%的开办补助,实收资本5000万元(含)以上的,一次性给予2%的开办补助,最高不超过200万元。(2)贡献突破奖励。企业(非房地产)按地方贡献留存给予一定比例的奖励。

三、促进中介服务业培育壮大

3.快速发展中介服务业。重点聚焦会计税务、法律、咨询、安评、环评、人力资源等中介服务,形成行业门类齐全、专业结构优化、市场环境规范、辐射竞争力强的高端中介服务体系。(1)开办支持。实收资本500万元(含)至3000万元的,一次性给予1%的开办补助,实收资本3000万元(含)以上的,一次性给予2%的开办补助,最高不超过100万。(2)贡献突破奖励。企业按地方贡献留存给予一定比例的奖励。

四、促进数字服务业提质增效

4.高质量发展数字服务业。激励以数据资源为生产要素、以现代信息网络为主要载体、数字化转型的新经济业态。(1)招引支持。对新招引入驻数字楼宇的全国电子信息百强、软件百强、互联网百强企业,达到协议标准的每户给予一次性奖补100万元;对现有数字企业,首次入选全国电子信息百强、软件百强、互联网百强企业,每户给予一次性奖补100万元;对首次进入省重点软件企业名单的企业,给予一次性奖补50万元。(2)认证评级支持。新通过IT服务管理体系ISO20000、信息安全管理体系ISO27001认证的企业,按实际认证费用50%给予补助,单项最高补助15万元;对新通过“双软评估”的企业一次性给予5万元补贴;对新通过信息技术服务运行维护资质认证(ITSS)三级、二级、一级的企业分别给予补助5万元、10万元和15万元;对新通过数据管理能力成熟度资质认证(DCMM)三级、四级、五级的企业分别给予补助6万元、12万元和18万元;对新通过软件能力成熟度模型集成(CMMI)三级、四级、五级认证的企业,分别给予一次性奖励10万元、15万元和20万元。企业由低等级向高等级跃升的,仅奖励差额部分。

5.积极推进制造企业服务化发展。(1)鼓励制造业龙头企业将研发中心、技术平台、工业设计部门、个性化定制部门、营销部门、物流部门、工程总包模块、云平台等分离,对分离新设独立法人的生产性服务业企业按地方贡献留存给予一定比例的奖励。(2)对首次被认定为国家、省级“两业”融合试点企业(区域),分别给予100万元、50万元的一次性奖励。(3)对新评定的省、市信用管理示范企业分别给予10万元、3万元的奖励。

五、促进文创产业优质发展

6.集聚发展文创企业。鼓励发展影视传媒、创意设计、文旅策划、产品包装、艺培机构、体育娱乐、报刊影像、演出经纪、数字内容、动漫游戏及科技含量高、经济附加值高的新业态企业。(1)文创人才落户支持。对入驻产业规划为文创楼宇的文化名家、创意大师、国家级奖项获奖人才等文创人才,按正高级、副高级、中级标准,分别给予个人一次性奖励10万元、5万元和3万元。(2)市场投放支持。作为第一出品方自主创作的原创音乐、动漫、影视、文学、视听等作品,首次在主流平台上播映或上线,按其收入给予最高5%的补助,最高不超过50万元;对公开出版发行的原创文学作品,线上线下总发行量在5万册以上的,每部作品给予5万元补助;原创文学作品首次被改编成影视、动漫、广播剧、游戏等,并公开发行或播映的,给予版权所有方每部作品10万元补助;原创游戏、漫画、工业设计产品等,按年销售总额1.5%给予补助,最高不超过50万元。(3)文创载体支持。运用产业规划为文创楼宇引进社会资本投资,新入选国家和省重点文化产业园区、文化产业示范园区(基地)、文化科技类园区、电影产业实验区等载体的项目,按国家级和省级分别给予一次性奖励100万元、50万元。

六、促进现代金融业创新发展

7.大力招引优质金融机构。(1)对新引进的银行类金融机构市级分支机构,给予一次性落户补助100万元;对新引进的证券、保险类市级分支机构,给予一次性落户补助50万元。(2)对新引进的金融机构区级分支机构或实收资本1亿元以上的地方金融机构，给予一次性落户补助20万元。(3)对新引进的投资规模大、人口导入多、影响带动力强的金融科技公司，实缴注册资本达到5000万元的，给予一次性落户补助30万元。(4)对新引进的金融功能性机构，按省级、市级分别给予一次性落户补助20万元、10万元。

七、促进商贸服务业优质发展

8.发展壮大会展业。(1)在市区举办展期3天以上的市场化专业展会，展览面积达到1万平方米、2万平方米的，分别给予会展组织企业10万元、20万元补助；境外参展商超过10%的，补助比例提高10%。(2)对新获得国际展览业协会(UFI)等国际组织认证的我区会展企业奖励50万元、展览项目奖励30万元。

9.做强做优电子商务。(1)新认定的国家级、省级垂直化电商平台、专业化网络分销平台、创新网络直播平台的，分别给予20万元、10万元奖励。(2)新认定的国家级、省级电子商务示范基地(或电子商务创新试点项目)的，分别奖励50万元、20万元。(3)直播电商企业被政府部门认定为国家、省级、市级直播电商类示范企业，分别一次性奖励30万元、20万元、10万元。(4)区内注册满1年的电子商务企业按地方贡献留存给予一定比例的奖励。

10.支持跨境电商发展。(1)支持创新创业。对在我区跨境电商平台上注册备案开展业务且当年进出口实绩达50万美元的跨境电商企业，给予2万元一次性奖励。对当年通过跨境电商形式实现进出口实绩达到500万美元的我区外贸企业，按照其实际产生的跨境电商物流费用给予不超过20%支持，给予最高不超过10万元奖励。(2)支持第三方平台发展。鼓励在我区设立跨境电商平台，并为我区企业开展跨境电子商务提供服务。给予跨境电商平台每服务1家外贸企业2万元的奖励，最高不超过100万元(外贸企业需为当年新入驻且跨境电商进出口实绩达50万美元)。(3)支持海外仓建设。鼓励我区跨境电商企业建设、改造或租赁海外仓，面积达1000平方米以上的，按实际投入的30%给予支持，最高不超过20万元。(4)支持招引国内外知名、市场占有率高的跨境电商平台，在我区注册设立独立法人资格的地区运营总部且相关统计指标全部体现在我区，按重大项目一事一议原则给予支持。

11.创新提升传统商贸业。(1)对当年新增入库的规(限)上服务业企业奖励5万元。(2)新认定为国家级、省级著名商业街区(高品质步行街区)的，分别奖励商业街区运营方50万元、30万元。(3)新获得中华老字号、江苏老字号的商贸企业，分别奖励10万元、5万元。(4)社会消费品限上商贸企业按地方贡献留存给予一定比例的奖励。

12.支持物流企业智能化改造。(1)经认定物流企业年内在物流信息化项目上投入超过100万元，其中软件投入超过20%的，给予项目实际投资额15%、不超过100万元的奖励。(2)物流企业根据国家发改委最新产业调整指导目录一年内采购与应用自动识别和标识装备、电子数据交换设备、可视化设备、货物跟踪和快速分拣设备、移动物流信息服务设备、物流信息系统安全设备、立体仓库设备，以及全球定位、地理信息、道路交通信息通讯、智能交通等系统应用设备投入200万元以上的，给予设备实际投入的10%、不超过100万元的奖励。

13.提升物流企业质效。(1)对新评定的国家级重点物流企业、省级重点物流企业，分别给予30万元、10万元的奖励。(2)对首次通过国家5A级、4A级、3A级评估的物流企业，分别一次性补助50万元、30万元、20万元，由3A升4A的、4A升5A的，补差计奖。

八、促进体育产业突破发展

14.鼓励举办体育项目。由社会力量投资，承办国际体育组织、国家体育总局以及省人民政府主办的重要国际赛事，全国性赛会制比赛，全国性分站赛、积分赛、主客场赛，省级比赛，市政府全民健身赛事活动的，经认定，给予举办企业实际总费用30%、不超过100万元的奖励。

15.提升体育产业品牌。(1)新认定的国家体育产业示范单位、示范基地、示范项目，分别奖励30万元、30万元、20万元。(2)新认定的国家级、省级体育服务综合体，分别奖励15万元、10万元。(3)获得省体育发展专项资金扶持的项目，按照省扶持资金10%给予奖励。(4)新认定的省级运动休闲旅游示范基地、精品线路、精品项目、精品旅游目的地、江苏时尚旅游好去处，分别奖励10万元。(5)新认定的省级体育服务业或体育用品制造业示范企业奖励3万元。(6)新认定的5A、4A、3A级体育社会组织，分别奖励8万元、5万元、3万元。(7)评为高水平体育后备人才基地、单项体育后备人才基地的学校和俱乐部，按国家、省两个等级分别补助30万元和20万元、20万元和10万元。

九、促进养老服务业扩容提质

16.支持居家养老服务多样化发展。(1)养老服务站建设运营支持。对符合省定建设标准和功能设置，经评估合格并投入运营的标准化和示范性居家养老服务站给予一次性建设补贴(以租赁形式举办的项目，租赁期限应在5年以上，下同)，新建的分别为10万元/个和15万元/个，改扩建的分别为5万元/个和6万元/个；普通型站点不在建设补助范围内。站点正常运营给予运营补贴，标准化和示范性分别为2万元/年和4万元/年。(2)日间照料中心建设运营支持。对符合省定建设标准和功能设置，经评估合格并投入运营的街道日间照料中心给予一次性建设补贴，新建、改扩建和租赁的补贴标准分别为30万元/个、15万元/个和10万元/个。照料中心正常运营给予4万元/年运营补贴。(3)助餐点建设运营支持。对经评估合格并投入运营6个月以上的老年人助餐点给予一次性建设补贴和运营补贴。普通助餐点：依托日间照料中心和居家养老服务站建设(须具备容纳20名以上人员同时就餐)，建设补贴为2万元/个，单独建立的建设补贴为3万元/个，年助餐老年人在4000人次以上的给予8000元/年运营奖励；中央厨房：建设补贴为10万元/个，年助餐老年人12000人次以上的给予2万元/年运营奖励。(4)助浴点建设运营支持。对经评估合格并运营1年以上、年服务量800人次以上的老年人助浴点给予一次性建设补贴3万元/个，对年助浴1500人次以上的给予5000元/年运营奖励。

17.推动养老机构扩容提质。(1)养老机构建设补贴。对社会资本举办养老机构给予护理型床位一次性建设补贴，以自有产权用房举办的和以租赁用房举办的每张护理型床位分别补助1万元和5000元；(2)养老机构运营补贴。对社会资本举办养老机构给予护理型床位一次性运营补贴，按入住6个月以上老年人数补贴，轻度失能、中度失能、重度失能老年人分别按每人每月30元、60元、100元的标准补贴，其中10%用于补贴持证上岗的养老护理员。(3)创牌支持。对新评定的省级养老服务业综合发展示范基地、市级康养产业基地，分别一次性奖励50万元、20万元。

十、支持盘活发展现有楼宇

18.支持楼宇经济发展。立足全区35幢楼宇(建筑面积5000㎡及以上)，推动都市产业向高端化、集群化、专业化发展。(1)贡献支持。企业(不含房地产和在本区域承接工程的建筑企业)落户盐都商务楼宇的，自落户起三年内，每年按地方贡献留存给予一定比例的奖励。(2)产业集聚支持。板块主导的特色楼宇属地注册率、属地纳税率均达到100%以上，企业入驻率、主导产业集聚度达到70%以上，且楼宇年度纳税规模达到2000元/㎡以上的，给予板块一次性运营补助100万元。(3)宣传支持。通过区融媒体、区内外各类传媒，对特色楼宇中的行业龙头、示范标杆企业和企业负责人，给予宣传展示。(4)楼宇服务支持。凡是商务楼宇聘请品牌物业，签订3年以上(含3年)服务合同的，并在35幢楼宇物业服务年度考核中排名前5的，给予5万元奖励。对外能够提供公共食堂、餐饮服务的商务楼宇(至少能提供300人同时就餐)，按照餐饮服务场所年房租30%给予一次性补助，最高不超过10万元，投资商开设公共食堂的参照政策执行。

附　则

1.关于政策适用对象。文中所指企业、社会组织、机构为在盐都辖区新登记、注册、实际经营，具有独立法人资格的企业或合伙企业、社会组织和机构(金融机构不受纳税和独立法人资格限制)，台资、外资企业同等享受。房地产企业(项目)、列入严重失信名单的企业均不享受本政策全部条款。企业申请奖补须符合并承诺不存在严重性质的违法用地违法建设、不存在未经审批擅自改变功能和当年未发生安全生产、食品安全、环境污染等重大责任事故、未发生较大群体性事件情况。严重失信名单以奖补公示截止前政府提供的最新名单为审核节点。在奖补公示截止前将企业注册地搬离、未在要求时间内申报和不符合奖补资格的，不予奖补。

2.关于奖补资金用途、申报时间。奖补资金用于支持企业高质量发展。各奖补项目组织申报时间以具体申报通知或指南为准。

3.关于重复、叠加和进等奖励。3年内同一项目符合本政策两项或两项以上扶持条款的，可执行最高额，但不重复享受。同一企业(社会组织、机构)不同项目符合本政策两项或两项以上扶持条款的，可叠加执行。3年内同一企业以同一名义(项目)在区级(含功能区)获得财政奖励后又获得更高等次奖励认定的，已奖励部分视作已配套，仅补足奖励差额部分。3年内同一奖项(认定)在低等次已作奖励的，晋升到高等次时，只奖励差额部分。3年内本政策与区级其他政策对同一个企业(项目)的同类型奖励出现重合时，就高执行，不重复享受。本政策与招商引资优惠政策不重复享受。同一企业(个人)以同一年度的地方综合贡献度作为参照依据的各奖补项目、以同一年度的银行贷款利息作为依据的各贴息奖补项目、以同一年度的技改投入作为依据的各奖补项目，奖补金额就高执行，不重复享受。企业同一年度所获奖补资金总额以其上一年度形成的地方综合贡献度为上限(科创服务业企业除外)。

4.本政策自2022年1月1日起施行，有效期至2024年12月31日，由区发改委会同教育局、科技局、工信局、民政局、财政局、商务局、文广旅局、审计局、市场监督管理局、地方金融监管局等部门负责实施。各责任部门制定具体实施细则，提升各项政策的协同性、精准性，推动各项政策真正落地见效。本政策施行前，已按相关程序确定支持(包括有连续年限、符合条件但未兑现完毕)的项目，按原政策兑现，除此之外新申请的奖补项目，按本政策执行。本政策发布后，其他我区已发布的各相关区级产业政策与本政策不一致的，以本政策为准。本政策施行过程中如遇上级有法律法规和重大政策变化，本政策也作相应调整。《关于加快发展服务业促进产业升级的若干意见》(都发〔2016〕12号)、《盐都区产城融合高地建设三年行动计划》(都办发〔2019〕64号)同时废止。

·主要文件目录·

表25

文　号	发文时间	文　件　标　题
都发〔2022〕1号	3月2日	关于做好2022年全面推进乡村振兴重点工作的实施意见
都发〔2022〕2号	1月24日	转发《区委宣传部、区司法局关于开展法治宣传教育的第八个五年规划(2021—2025年)》的通知
都发〔2022〕3号	3月2日	关于促进农业农村高质量发展的政策意见(送审稿)
都发〔2022〕5号	4月27日	关于深化教育改革加快推进教育高质量发展的意见
都发〔2022〕6号	5月31日	关于深入打好污染防治攻坚战的实施意见
都发〔2022〕8号	6月24日	2022年全区产业高质量发展的实施意见
都发〔2022〕9号	6月24日	关于在全区组织开展"重大项目攻坚年"活动的意见
都发〔2022〕10号	7月25日	关于印发《盐都区加强法治政府建设实施意见(2021—2025)》的通知
都发〔2022〕11号	8月4日	关于印发《盐都区法治社会建设实施方案(2021—2025年)》的通知
都发〔2022〕12号	8月10日	关于印发《2022年度镇(区、街道)综合考核意见》《2022年度区级机关单位综合考核意见》的通知
都发〔2022〕13号	8月10日	关于推进新时代人才强区建设的意见
都发〔2022〕14号	10月10日	印发《关于在全区组织开展招商选资和项目推进竞赛的实施意见》的通知
都发〔2022〕15号	11月14日	关于印发《2022年区委全面从严治党主体责任清单》的通知
都委〔2022〕2号	2月18日	关于区四套班子领导挂钩联系镇(区、街道)工作的通知
都委〔2022〕3号	2月6日	关于印发2021的度全区综合考核结果的通知
都委〔2022〕4号	2月10日	关于盐都区2021年意识形态工作情况的专题报告
都委〔2022〕5号	3月2日	关于表彰全区乡村振兴先进集体和先进个人的决定
都委〔2022〕6号	3月23日	关于表彰2020—2021年度文明创建先进集体的决定
都委〔2022〕7号	3月25日	关于《对盐都区委巡察工作开展指导督导的反馈意见》整改工作方案
都委〔2022〕8号	3月26日	关于调整区委审计委员会组成人员的通知
都委〔2022〕10号	4月21日	关于选派省第十五批科技镇长团的请示
都委〔2022〕11号	5月12日	关于调整区关心下一代工作委员会成员的通知
都委〔2022〕14号	5月27日	关于成立中共盐城市盐都区委人才工作领导小组的通知
都委〔2022〕15号	6月22日	关于涉粮问题专项巡察整改情况的报告
都委〔2022〕16号	7月1日	关于调整区委全面依法治区委员会组成人员的通知
都委〔2022〕17号	7月6日	关于成立盐都区碳达峰碳中和工作领导小组的通知
都委〔2022〕18号	8月15日	关于南师大盐城实验学校学生军训事项的报告
都委〔2022〕19号	8月16日	关于召开中共盐城市盐都区委十五届四次全会的报告
都委〔2022〕20号	8月27日	关于巡察工作指导督导反馈意见半年整改进展情况的报告
都委〔2022〕22号	9月30日	关于部分区委常委工作分工的通知
都委〔2022〕23号	9月30日	关于区四套班子领导挂钩联系镇(区、街道)工作的通知
都委〔2022〕24号	9月30日	关于表扬双拥工作先进单位和先进个人的决定
都委〔2022〕25号	10月8日	关于调整区委督促检查工作领导小组组成人员的通知
都委〔2022〕26号	10月14日	关于表扬全区关心下一代工作先进集体和先进工作者的决定
都委〔2022〕27号	11月21日	关于承接盐城市智能网联汽车网络和数据安全检测中心项目的请示
都委〔2022〕28号	11月30日	关于盐都区2022年食品安全工作情况的专题汇报
都委〔2022〕29号	12月7日	关于给予盐都区消防救援大队记集体三等功的决定
都委〔2022〕30号	12月27日	关于盐都区商务局朱龙成同志拟率团访问韩国的请示
都委〔2022〕31号	12月30日	关于盐都区2022年度实施乡村振兴战略情况的报告

续表25

文　号	发文时间	文　件　标　题
都委〔2022〕32号	12月30日	2022年度法治政府建设情况报告
都委〔2022〕33号	12月31日	关于调整盐都区新时代文明实践中心组成人员的通知
都委〔2022〕34号	12月31日	关于调整盐都区新时代文明实践志愿服务总队组成人员的通知
都政发〔2022〕1号	2月6日	关于分解落实2022年政府工作报告主要目标任务的通知
都政发〔2022〕2号	2月6日	关于进一步加强政府系统作风建设的意见
都政发〔2022〕3号	1月5日	关于兑现2020年度服务业引导资金的通知(3类82家,721万元)
都政发〔2022〕4号	1月13日	关于报送2021年度实行最严格水资源管理制度自查情况的报告
都政发〔2022〕5号	1月17日	关于印发盐城市盐都区镇(街道)权力清单的通知
都政发〔2022〕6号	1月21日	关于区政府领导成员工作分工的通知
都政发〔2022〕7号	3月8日	关于实施2022年为民办实事项目的通知
都政发〔2022〕8号	3月16日	关于下达2022年度城乡建设重点项目计划及“十四五”储备项目投资计划的通知
都政发〔2022〕9号	4月11日	关于印发加快推进企业上市挂牌激励政策的通知
都政发〔2022〕10号	4月21日	关于印发盐城市盐都区全民健身实施计划(2021—2025年)的通知
都政发〔2022〕11号	4月24日	关于进一步帮助市场主体纾困解难稳定增长的政策意见
都政发〔2022〕12号	4月27日	关于做好2022年度全区民兵组织整顿工作的通知
都政发〔2022〕13号	5月5日	关于开展农村宅基地有偿退出工作的实施意见
都政发〔2022〕14号	5月10日	关于公布盐都区2021年职业技能大赛获奖名单的通知
都政发〔2022〕15号	5月30日	关于对市九届政协一次会议第130号提案的协办意见
都政发〔2022〕16号	5月30日	关于对市九届人大一次会议第105号建议的协办意见
都政发〔2022〕17号	5月30日	关于对市九届政协一次会议第057号提案的协办意见
都政发〔2022〕18号	5月30日	关于对市九届政协一次会议第470号提案的协办意见
都政发〔2022〕19号	5月30日	关于对市九届政协一次会议第313号提案的协办意见
都政发〔2022〕20号	5月30日	关于对市九届人大一次会议第189号建议的协办意见
都政发〔2022〕21号	5月30日	关于对市九届人大一次会议第008号建议的协办意见
都政发〔2022〕22号	5月30日	关于对市九届人大一次会议第255号建议的协办意见
都政发〔2022〕23号	6月28日	关于对市九届政协一次会议第251号提案的答复
都政发〔2022〕24号	6月28日	关于对市九届人大一次会议第254号建议的答复
都政发〔2022〕25号	6月28日	关于对市九届人大一次会议第13号建议的协办意见
都政发〔2022〕26号	7月7日	关于进一步加快现代服务业高质量发展的若干政策意见
都政发〔2022〕27号	7月29日	关于调整盐城市盐都区城市管理委员会成员单位及工作职责的通知
都政发〔2022〕28号	8月22日	关于下达2022年盐都区国有土地上房屋征收计划的通知
都政发〔2022〕29号	9月2日	关于对市九届人大一次会议第104号议案的协办意见
都政发〔2022〕30号	10月6日	关于区政府部分领导工作分工调整的通知
都政发〔2022〕31号	10月9日	关于印发盐城市盐都区国家知识产权强县建设示范县工作方案(2022—2025年)的通知
都政发〔2022〕32号	10月10日	关于印发盐都区2022年职业技能大赛实施方案的通知
都政发〔2022〕33号	10月29日	关于做好第三次全国土壤普查工作的通知
都政发〔2022〕34号	11月18日	关于公布2022年全区耕地保护工作考核结果的通知
都政发〔2022〕35号	12月31日	关于支持稳企稳岗稳增长十项政策措施
都政发〔2022〕36号	12月31日	关于公布盐都区2022年职业技能大赛获奖名单的通知

统计资料

2022年全区国民经济和社会发展主要指标

表26

指 标 名 称	单位	2022年	增幅(%)
一、人口、村居、土地及耕地面积			
土地面积	平方公里	1016.2	—
年末总人口(户籍)	万人	69.58	-0.7
#城镇人口	万人	47.22	-0.3
年末常住人口	万人	61.25	-0.31
#城镇人口	万人	36.62	0.99
居委会	个	86	—
村委会	个	164	—
二、综合经济			
地区生产总值	亿元	714.81	2.6
第一产业	亿元	62.88	3.2
第二产业	亿元	321.64	3.7
第三产业	亿元	330.29	1.4
人均地区生产总值(按常住人口计算)	元	116523	2.7
三、固定资产投资			
固定资产投资	亿元	—	10.0
#工业投资	亿元	—	16.1
#高技术产业投资	亿元	—	19.9
房地产开发投资	亿元	—	16.0
商品房销售面积	万平方米	—	-55.3
四、财政			
一般公共预算收入(同口径)	亿元	42.82	0.7
#税收收入	亿元	31.7	-9.5
五、规模以上工业、建筑业			
工业总产值	亿元	467.3	6.9
工业增加值	亿元	—	7.4
利润总额	亿元	21.31	33.4
建筑业总产值	亿元	384.4	7.6
六、批发零售贸易、外经			
社会消费品零售总额	亿元	272.79	-0.9
进出口总额	亿美元	14.28	5.5
#出口总额	亿美元	6.15	8.7
实际到账外资(商务部口径)	万美元	3951	-67.1
七、人民生活			
从业人员平均工资	元	102708	7.2
全体居民人均可支配收入	元	42182	5.3
城镇居民人均可支配收入	元	49567	4.6
农村居民人均可支配收入	元	30387	6.5
八、农业产品产量			
农作物总播种面积	万亩	120.9	0.6
其中:粮食播种面积	万亩	96.9	0.2
粮食产量	万吨	47.1	0.0
油料产量	万吨	0.6	0.8
蔬菜产量	万吨	46.3	3.5
生猪饲养量	万头	14.7	0.1
生猪存栏	万头	5.4	0.4
生猪出栏	万头	9.3	0.1
家禽饲养量	万只	569	-7.3
家禽存栏	万只	255	-11.3
家禽出栏	万只	314	-3.8

2022年各镇(区、街道)主要指标统计表

表27

镇 别	地区生产总值(万元)		服务业增加值(万元)		规上工业增加值(万元)		固定资产投资(万元)		社会消费品零售总额(万元)		城镇居民可支配收入(元)		农村居民可支配收入(元)	
	实绩	增幅(%)	实绩	增幅(%)	实绩	增幅(%)	实绩	增幅(%)	实绩	增幅(%)	实绩	增幅(%)	实绩	增幅(%)
盐龙街道	1542692	2.7	217810	1.4	—	6.7	—	0.4	63681	-4.1	59244	4.1	36395	6.3
张庄街道	327690	2.4	102787	1.3	—	4.9	—	4.8	24934	-4.0	52758	4.3	32766	6.4
潘黄街道	1114698	2.9	774460	1.8	—	8.7	—	25.1	467625	2.4	62416	4.1	38970	6.4
盐渎街道	1150592	2.6	858753	1.5	—	11.4	—	24.2	1604376	3.5	61179	4.0	35657	6.4
大纵湖镇	310235	3.0	132050	1.5	—	12.5	—	8.2	54164	1.6	50735	4.7	31245	6.4
楼王镇	284990	3.1	78908	1.1	—	12.3	—	12.7	32686	2.0	42835	4.0	27000	7.0
学富镇	191965	2.2	77818	1.4	—	5.9	—	12.4	14081	-0.1	44208	4.2	27502	6.9
尚庄镇	205790	3.2	79265	1.7	—	11.8	—	14.5	44325	2.7	43651	4.1	27255	7.2
秦南镇	418520	2.5	176908	1.3	—	9.2	—	12.5	26886	-3.8	49305	4.6	30440	6.7
龙冈镇	715486	2.1	349443	1.4	—	4.8	—	17.1	179160	-2.6	53532	4.4	32903	6.3
郭猛镇	309663	2.7	162010	1.6	—	4.3	—	9.1	136177	1.1	51439	4.6	31623	6.5
大冈镇	472020	2.4	233368	1.3	—	7.8	—	-6.2	43760	0.9	51044	4.4	31212	6.3
大纵湖旅游度假区	63545	2.3	51845	1.2	—	—	—	9.7	24189	3.0	49571	5.1	29542	7.0
台创园	40217	2.0	7496	1.1	—	10.8	—	8.1	11040	0.5	49557	4.6	30655	6.7

注:表中"高新区"为"盐龙街道"指标,下同

人口及其变动情况统计年报表

表28

单 位	年末总户数(户)	年末总人口(人)									本年度人口变动(人)									
		合计	城镇人口	乡村人口	性 别		年 龄				出 生			死 亡			迁 入		迁 出	
					男	女	0~17岁	18~34岁	35~59岁	60岁及以上	合计	男	女	合计	男	女	省内迁入	省外迁入	迁往省内	迁往省外
合 计	238154	695768	472233	223535	362525	333243	104250	122741	285693	183084	2974	1547	1427	6218	3375	2843	430	403	1971	903
北 蒋	3473	9119	9119	0	4903	4216	1154	1603	3931	2431	27	15	12	90	53	37	1	3	20	18
大 冈	20309	57247	22339	34908	30022	27225	7338	8749	23689	17471	162	71	91	598	321	277	29	30	184	69
大纵湖旅游度假区	4977	14816	14816	0	7805	7011	1747	2771	6153	4145	60	38	22	140	84	56	12	6	65	29
大纵湖	15514	47372	21259	26113	24943	22429	5430	8187	19853	13902	189	103	86	450	234	216	21	19	176	69
葛 武	10637	33426	33426	0	17949	15477	4982	5828	13776	8840	133	77	56	305	154	151	15	15	120	48
郭 猛	9607	32726	23015	9711	17327	15399	5048	5944	13502	8232	127	69	58	285	152	133	7	20	80	42
龙 冈	26218	71585	46955	24630	37187	34398	9389	12643	29505	20048	270	144	126	703	391	312	27	23	162	87
楼 王	23353	64196	26445	37751	33807	30389	6635	10976	26461	20124	263	134	129	701	369	332	16	23	279	109
潘 黄	17744	52507	52507	0	26827	25680	12219	10256	21698	8334	313	158	155	236	135	101	45	62	123	67
秦 南	24962	69471	28581	40890	36500	32971	6975	11491	29212	21793	259	136	123	772	432	340	16	20	171	89
尚 庄	14497	42129	18468	23661	22465	19664	5558	7236	16783	12552	180	86	94	424	219	205	24	9	175	84
学 富	18011	46673	20802	25871	24425	22248	4495	7393	18859	15926	136	69	67	503	283	220	15	12	153	51
盐 渎	25859	75246	75246	0	38070	37176	19937	14648	28936	11725	461	236	225	398	232	166	159	117	132	74
盐 龙	13500	49690	49690	0	25127	24563	8700	9221	20225	11544	252	140	112	414	219	195	39	40	76	45
张 庄	9493	29565	29565	0	15168	14397	4643	5795	13110	6017	142	71	71	199	97	102	4	4	55	22

索　引

◆说　明

◆A B C……

说　明

一、条目索引采用主题分析法编制，按标引词第一个汉字拼音字母顺序排列。同音字按声调排列，音调相同按所在页码先后顺序排列。

二、特载、大事记、附录，总目、分目、综述、概况和图照表格未编索引。

三、条目索引标引词后数字表示内容数字的页码，数字a、b、c表示左、中、右版面区域。

四、索引标引词一般采用中心词或简称。

A

B

C

E

F

G

H

J

K

L

M

N

P

Q

R

S

T

W

X